法官裁判
智慧丛书

U0433615

法官的首要职责，就是贤明地运用法律。

〔英〕弗兰西斯•培根

MARRIAGE AND FAMILY DISPUTES

JUDICIAL OPINIONS AND APPLICATION RULES

婚姻家庭纠纷
裁判精要与规则适用

王林清　杨心忠　赵　蕾　著

图书在版编目(CIP)数据

婚姻家庭纠纷裁判精要与规则适用/王林清,杨心忠,赵蕾著. —北京:北京大学出版社,2014.10
(法官裁判智慧丛书)
ISBN 978-7-301-24858-4

Ⅰ. ①婚…　Ⅱ. ①王…②杨…③赵…　Ⅲ. ①婚姻家庭纠纷—处理—中国
Ⅳ. ①D923.9

中国版本图书馆CIP数据核字(2014)第221301号

书　　名:婚姻家庭纠纷裁判精要与规则适用
著作责任者:王林清　杨心忠　赵　蕾　著
丛 书 主 持:陆建华
责 任 编 辑:苏燕英
标 准 书 号:ISBN 978-7-301-24858-4/D·3679
出 版 发 行:北京大学出版社
地　　址:北京市海淀区成府路205号　100871
网　　址:http://www.pup.cn　http://www.yandayuanzhao.com
新 浪 微 博:@北京大学出版社　@北大出版社燕大元照法律图书
电 子 信 箱:yandayuanzhao@163.com
电　　话:邮购部62752015　发行部62750672　编辑部62117788
出版部62754962
印 刷 者:北京虎彩文化传播有限公司
经 销 者:新华书店
730毫米×1020毫米　16开本　32印张　622千字
2014年10月第1版　2019年11月第5次印刷
定　　价:84.00元

出版说明

中国特色社会主义法律体系已经形成,这一体系中的各种法律规范对于确保公民权利义务的正确行使和国家机构正常运行起着不可替代的作用。中国特色的法律体系是以中国国情为出发点和落脚点的。中国共产党的领导和社会主义初级阶段这两大基本国情,决定了我国的法律体系在内容和作用上都不同于西方国家,不能用西方国家的法律体系来套中国的法律。我国的法律适用主要是以成文法为根据,但是成文法毕竟有其滞后性,不能适应经济社会需求的迅速变化。在法制发展的过程中,法官的自由裁量权愈加受到重视,案例的作用日益凸显,在实践中,法律规范条文与案例的互补得到了广泛认可。

由此,2010年,最高人民法院正式确立了案例指导制度,以达到总结审判经验、统一法律适用、提高审判质量、维护司法公正的目标。最高人民法院发布的案例是用以指导全国法院的审判、执行工作的,指导性案例发布后,各级人民法院审判类似案件时应当参照适用。而此前,各地已有运用典型案例指导当地审判工作的丰富实践与经验。

案例在审判实践中应当如何运用?最为重要的是使用何种逻辑思维方法才能得出合法的结论?我们认为,应以演绎推理为主,归纳法和演绎法相互补充,即在查明案件事实后,寻找法律之前,先要寻找有关指导案例或典型案例,通过对这些案例的归纳,帮助法官理清思路,进而发现据以适用的法律。无论是最高人民法院发布的指导性案例抑或各地在实践中收集整理的典型案例,都凝聚了法官的智慧和经验,而大量法官的集体智慧和经验,明显要比传统裁判方法所依据的法官个人智慧,更能确保法律适用的统一。

就人民法院的民商事裁判工作而言,我们所能做也应当做的,不是去寻求法律规定的瑕疵,寻找国外立法更为妥当的规定;也不是要去创设一种新的法学理论,在法学理论发展史上留名。我们所要追求的主要是在现行法律框架内,秉持公正之心,探询法律真义,循法律推理和法律适用的一般原则,妥当处理民商事案件。本书的选题策划也可以看做是对这种努力的一种实际回应,旨在为法院审理相应纠纷和当事人、律师进行诉讼提供基本指南,从大量的案件裁判中选择具有典型意义的,提炼分析其中的裁判精要和裁判规则,为法官在审理类似案件时提供更为简练明晰的参酌。这无疑是提高审判质量和效率的重要途径。

本书的特点如下:

第一,编排科学、合理。本书并不是依据纠纷对应的立法章目泛泛而谈,而是根据最高人民法院《民事案件案由规定》,以专题形式分类阐述。

第二,内容丰富、务实。本书以理论为经纬,以实践为脉络,通过对纷繁复杂的诉讼中的大量疑难问题进行高度凝练和归纳演绎,富有创意地剖析明理,富有新意地解惑释疑,从而清晰地展现理论框架,系统地刻画实践纹理,以达到实践丰富理论,理论指导实践的良性互动,提升司法应对现实的能力。

第三,重点突出、得当。本书由"裁判精要""规则适用"构成基本框架。

"裁判精要",通过对诉讼中大量疑难问题的收集、研究成果的归纳和解决方法的分析,总结和提炼了解决纠纷的裁判思路。

"规则适用",是对各级法院典型案例中提炼的裁判规则的理解与适用,其以"规则"为题,并在"规则"下设【规则解读】【案件审理要览】【规则适用】三个栏目。

"规则"部分集中体现了案例的核心内容,有助于准确把握案例的要义。

【规则解读】是建立在提炼规则基础上的解读。裁判规则一般是非特定、非个体的,对法官在同类案件中认定事实、适用法律具有启发、引导、规范和参考作用。这些内容不能直接援引,但完全可以在裁判文书的说理中展现,作为法官裁判、当事人或律师法庭辩论的理由。

【案件审理要览】通过对代表性的案例进行加工整理,将裁判结果更清晰、准确、权威地展现。

【规则适用】结合【规则解读】进行深入分析,也是对前文"裁判精要"的呼应。

在写作过程中,我们参考和引用了司法实务界一些专家法官的著述内容,以及理论界专家学者的研究成果或评述,对此表示衷心感谢。需要说明的是,尽管作者们做出了很大努力,但囿于写作时间有限、作者水平所限,不完善和错误之处在所难免,希望广大读者能够客观审慎地加以对待,不吝批评指正。若读者发现本书有错漏之处,请发信至66xyz88@163.com,以待再版时及时修正。

北京大学出版社蒋浩先生、陆建华先生和责任编辑为本书的编排、设计、装帧、出版付出了辛勤劳动,特致谢忱。

作 者

2014 年 9 月

简　目

第一部分　婚姻家庭纠纷裁判精要

身　份　编

财　产　编

房　产　编

家　庭　编

继　承　编

诉讼程序编

第二部分　婚姻家庭纠纷裁判规则适用

第三部分 婚姻家庭纠纷常用规范性法律文件

详　　目

第一部分　婚姻家庭纠纷裁判精要

身　份　编

财　产　编

家　庭　编

继 承 编

诉讼程序编

第二部分　婚姻家庭纠纷裁判规则适用

第三部分 婚姻家庭纠纷常用规范性法律文件

第一部分

婚姻家庭纠纷裁判精要

身份编

第一章　无效婚姻与可撤销婚姻裁判精要

尽管双方当事人的结婚合意是婚姻的本质,但是,结婚的合意必须经过国家的确认才能够发生法律效力,因此,合法性是婚姻的实质要件之一。如果婚姻不具有合法性要件,就不能产生夫妻的权利义务关系,不能产生婚姻的法律后果。欠缺婚姻成立要件的男女结合,应当依法予以宣告无效或者被撤销。所以,无效婚姻和可撤销婚姻制度就是维护婚姻合法性的必要制度。2001 年修订的《中华人民共和国婚姻法》(以下简称《婚姻法》),已经建立了我国婚姻法的无效婚姻和可撤销婚姻制度。正确适用无效婚姻和撤销婚姻制度,对于坚持结婚的条件和程序,保障婚姻的合法成立,预防和减少婚姻纠纷,保护自然人的婚姻合法权益,具有重要的意义。

一、无效婚姻与可撤销婚姻的界定

(一) 无效婚姻的概念

无效婚姻,是指男女因违反法律规定的结婚要件而不具有法律效力的两性违法结合。无效婚姻是违反婚姻成立要件的违法婚姻,因而不具有婚姻的法律效力。

无效婚姻并不是一种单独的婚姻种类,而是在民法理论中用以说明借婚姻之名而违法结合的概念,属于无效的民事行为。结婚是确立夫妻关系的法律行为,必须符合法律规定的各项条件,只有具备法定实质要件和通过法定程序确立的男女结合,方为合法婚姻,产生婚姻的法律效力。无效婚姻不符合这样的要件,因此属于无效的婚姻关系。各国婚姻法在明文规定结婚的法定条件的同时,大多设有无效婚姻制度,以此作为避免和处理违法婚姻的对策,确保法定的结婚条件和程序付诸实施。无效婚姻制度与有关结婚条件、结婚程序的规定一起,从正反两方面构成了结婚制度的完整内容,二者相辅相成,缺一不可。

(二) 可撤销婚姻概念

可撤销婚姻,亦称可撤销婚,是指已经成立的婚姻关系,因欠缺婚姻合意,受胁迫的一方当事人可向婚姻登记机关或者人民法院申请撤销的违法两性结合。

可撤销婚姻也是欠缺婚姻成立要件的违法婚姻,它与无效婚姻都是违法婚姻。但是,无效婚姻的双方当事人具有真实的结婚合意,是由于违反法律关于结婚的强制性规定而构成的违法两性结合;而可撤销婚姻则是婚姻的基础合意没有达成,但没有违反结婚的法律强制性规定。

二、无效婚姻与可撤销婚姻的区别

在我国,立法明确规定了无效婚姻和可撤销婚姻是违法婚姻形式。我国立法作这样的规定,是基于民法的民事法律行为的规定和原理。在我国民法中,民事行为分为民事法律行为、无效的民事行为、可撤销可变更的民事行为和效力待定的民事行为。在亲属法领域,法律确认无效的结婚民事行为就是无效婚姻,而可撤销的结婚民事行为就是可撤销婚姻。

根据民事法律行为的基本规则和《婚姻法》的具体规定,无效婚姻和可撤销婚姻具有以下区别:

1. 构成两性违法结合的原因不同

无效婚姻是由于违反法律规定的婚姻成立条件而构成的两性违法结合,违反法律的内容是法律规定的强制性规定,即结婚的法定条件。而可撤销婚姻虽然也违反了法律,但是违反法律的内容是关于婚姻当事人的结合必须是真实的婚姻合意的要求,是双方当事人在意志上没有建立真实的婚姻合意,因而违反法律,构成违法婚姻。

2. 构成两性违法结合的法律后果不同

无效婚姻的法律后果是婚姻当然无效、绝对无效,尽管无效婚姻必须通过诉讼程序宣告,但这并不能否认无效婚姻具有当然无效的性质。而可撤销婚姻由于基本具备了婚姻成立的法定条件,仅仅是当事人的合意不够真实,因此不发生当然无效的问题,如果受胁迫的当事人或其他有撤销权的人申请撤销,法院当然可以依照法律予以撤销,发生婚姻自始无效的后果;但是如果当事人不诉请撤销,则婚姻仍得继续存在,发生婚姻的法律效力。

3. 请求宣告无效或者撤销的时限不同

无效婚姻由于是违反法律的强制性规定,因而自始不发生法律效力,所以,主张婚姻无效没有时间的限制,当事人在任何时候都可以请求宣告婚姻无效。而可撤销婚姻仅仅是当事人的婚姻合意欠缺真实的基础,在结婚的强制性法律规定方面并没有违反,因此,当事人请求撤销违法婚姻,必须在一定的时限之内进行,超过规定的时限,则不得提出撤销的请求。

4. 宣告婚姻无效和撤销的请求权人不同

主张婚姻无效的请求权人,应当是婚姻关系当事人和利害关系人,因为在无效婚姻的情况下,有的当事人并不请求无效,但是由于这种婚姻形式违反国家的强制性法律规定,因此法律规定利害关系人也可以行使请求权,宣告婚姻无效,以维护法律的统一实施。而可撤销婚姻仅仅是缺乏当事人的真实合意,仅仅涉及当事人的结婚意愿问题,因此请求撤销婚姻的请求权人则为婚姻当事人,只能由其决定是否撤销婚姻,其他人不享有这种请求权。

三、无效婚姻与可撤销婚姻的法定事由

(一) 无效婚姻的法定事由

我国《婚姻法》第 10 条规定:“有下列情形之一的,婚姻无效:(一) 重婚的;(二) 有禁止结婚的亲属关系的;(三) 婚前患有医学上认为不应当结婚的疾病,婚后尚未治愈的;(四) 未到法定婚龄的。”这四种情形是法定的无效婚姻事由。对这一规定,需要明确两个问题:

第一,这里规定的无效婚姻的法定事由是全面列举,因此仅限于列举的情形为无效婚姻的法定事由。至于其他如无婚姻关系的虚假结婚、弄虚作假骗取结婚证等,都不能作为无效婚姻的法定事由,不得请求、宣告婚姻无效。

第二,这里规定的无效婚姻法定事由是相对原因,而不是绝对原因。相对原因意味着,如果请求宣告婚姻无效时,无效婚姻的法定事由已经消失的,则不得宣告婚姻无效。对此,最高人民法院《关于适用〈中华人民共和国婚姻法〉若干问题的解释(一)》[以下简称《婚姻法司法解释(一)》]第 8 条规定:“当事人依据婚姻法第十条规定向人民法院申请宣告婚姻无效的,申请时,法定的无效婚姻情形已经消失的,人民法院不予支持。”因此,在婚姻关系成立时存在婚姻无效的法定事由,而在申请宣告婚姻无效时已经不具备该事由的,其婚姻已经由无效婚姻转化为有效的婚姻关系。这有利于婚姻关系的稳定和社会的安定。

1. 重婚

一夫一妻是我国《婚姻法》的基本原则,《婚姻法》第 2 条第 1 款对此作出了明确规定。因此,任何人不得有两个或两个以上的配偶,有配偶者在前婚未终止之前不得结婚,否则即构成重婚,后婚当然无效。重婚包括法律上的重婚和事实上的重婚两种。无论哪一种,都构成婚姻无效的法定理由。

2. 有禁止结婚的亲属关系的

“直系血亲和三代以内的旁系血亲,禁止结婚。”这就是我们日常所说的近亲结婚,主要基于两种考虑:一是优生优育;二是伦理道德。中国古代还有一个目的就是“接两姓之好”,扩大亲属范围,扩充自己的实力。我国古代有表兄妹之间结婚的风俗,认为是亲上加亲。1950 年的《婚姻法》曾默认了这种风俗,随后的 1980 年《婚姻法》终止了这种风俗。从优生优育的角度来看,应当禁止“中表婚”。

3. 婚前患有医学上认为不应当结婚的疾病,婚后尚未治愈的

这就是我们日常所说的疾病婚,2001 年修正后的《婚姻法》,改变了 1980 年《婚姻法》例示性规定加上概括性的规定,只采用概括性规定。原因是由于医学技术的发展,以前认为是不治之症,后来有可能治愈。法律禁止有特定疾病的

人结婚,主要是为了优生优育和维护当事人的利益。由于《婚姻法》没有列举禁止结婚的示例,因此主要是参照《中华人民共和国母婴保健法》。其中主要规定了三类:

第一类,严重遗传性疾病。严重遗传性疾病,是指由于遗传因素先天形成,患者全部或者部分丧失自主生活能力,后代再现风险高,是医学上认为不宜生育的遗传性疾病。但是“经男女双方同意,采取长效避孕措施或者施行结扎手术后不生育的,可以结婚。”①

第二类,指定传染病。“指定传染病,是指《中华人民共和国传染病防治法》中规定的艾滋病、淋病、梅毒、麻风病以及医学上认为影响结婚和生育的其他传染病。”②

第三类,有关精神病。“有关精神病,是指精神分裂症、躁狂抑郁型精神病以及其他重型精神病。”③

4. 未达法定婚龄的

结婚年龄,男不得早于22周岁,女不得早于20周岁。晚婚晚育应予鼓励。这就是我们日常所讲的早婚,男女都要达到法定年龄,一方或双方未达到法定年龄,都是无效婚姻,但是结婚时一方或双方未达到婚龄,随着时间的流逝,男女双方都达到法定婚龄时,婚姻自动有效,任何人不得再以婚姻无效主张自己的权利。相比较其他国家来说,我国的法定结婚年龄是最高的,这和我国的国情有关,我国人口压力曾经非常大,这是减少人口数量的一个办法。少数民族地区可以根据本民族的风俗习惯作出适当的变更。

(二)可撤销婚姻的法定事由

《婚姻法》第11条规定:“因胁迫结婚的,受胁迫的一方可以向婚姻登记机关或人民法院请求撤销该婚姻。受胁迫的一方撤销婚姻的请求,应当自结婚登记之日起一年内提出。被非法限制人身自由的当事人请求撤销婚姻的,应当自恢复人身自由之日起一年内提出。”

按照这一规定,我国亲属法规定的可撤销婚姻的法定事由,仅为受胁迫。法定事由是否可以进一步扩大,包括诸如违反婚姻自由原则的当事人一方无表意能力、因认识错误而意思表示不真实、虚假结婚等,都作为可撤销婚姻的法定事由,对此,有两种不同的意见:一种意见认为,婚姻撤销的原因仅为胁迫,其他不能作为撤销婚姻的事由④;另一种意见认为,可撤销婚姻制度的主要价值在于保护婚姻当事人的结婚自由权,因受胁迫属于非自愿的结婚,它与其他形式的非自愿结婚

---

① 《中华人民共和国母婴保健法》第10条。
② 《中华人民共和国母婴保健法》第38条第1款。
③ 《中华人民共和国母婴保健法》第38条第3款。
④ 参见杨大文主编:《婚姻家庭法》,中国人民大学出版社2001年版,第122—123页。

都属于欠缺结婚合意这一法定要件，因此有扩大解释的必要，将婚姻关系当事人无表意能力、因同一性认识错误、人身性质认识错误而结婚、虚假结婚也应当规定为婚姻撤销的事由。[①]

婚姻胁迫，是指行为人以给另一方当事人或者其近亲属以生命、健康、身体、名誉、财产等方面造成损害为要挟，迫使另一方当事人违背自己的真实意愿而结婚的行为。构成婚姻胁迫，须具备以下要件：

(1) 行为人为婚姻当事人或者第三人。婚姻胁迫的行为人不仅包括婚姻当事人，也包括与该婚姻关系有一定关系的第三人。至于受胁迫者，则既可以是婚姻关系当事人，也可以是婚姻关系当事人的近亲属。

(2) 行为人须有胁迫的故意。行为人必须有施加威胁迫使一方当事人就范的故意，其内容是通过自己的威胁而使一方当事人产生恐惧心理，并基于这种心理而被迫同意结婚。

(3) 行为人须实施胁迫行为。行为人实施的行为，须以对受胁迫人或者其近亲属的人身利益或者财产利益造成损害为威胁的不法行为，使其产生恐惧心理。这种行为已经实施。

(4) 受胁迫人同意结婚与胁迫行为之间须有因果关系。受胁迫人之所以同意结婚，是因为胁迫行为致使其产生恐惧心理而不得不采取的行为。

四、重婚与有配偶者与他人同居的区别

重婚分为法律上的重婚和事实上的重婚，有配偶者又与他人登记结婚的，是法律上的重婚；虽未登记但确与他人以夫妻名义同居生活的，为事实上的重婚。根据《中华人民共和国刑法》(以下简称《刑法》)的规定，有配偶而重婚的，或者明知他人有配偶而与之结婚的，处二年以下有期徒刑或者拘役，从法理上讲，上述规定的重婚既包括法律上的重婚，也包括事实上的重婚。但在现实生活中，不少人采取了规避法律的方式，在与他人婚外同居时，既不去登记结婚，也不以夫妻名义同居生活。针对这种情况，修订后的《婚姻法》特别规定“禁止有配偶者与他人同居”。因此，事实上的重婚和有配偶者与他人同居之间最大的区别就在于是否以夫妻名义同居生活，如果双方以夫妻名义同居生活，则构成事实上的重婚；如果双方没有以夫妻名义同居生活，则不属于《刑法》予以处罚的范围，而属于《婚姻法》禁止的行为。当然，重婚的含义与有配偶者与他人同居有交叉重合之处，事实上的重婚也是有配偶者与他人同居，但这种同居是有名分的，即以夫妻名义相称，而不是以所谓的秘书、亲戚、朋友相称。最高人民法院《婚姻法司法解释(一)》第2条规定得很明确：“婚姻法第三条、第三十二条、第四十六条规定的‘有配偶者与他人同居’的情形，是指有配偶者与婚外异性，不以夫妻名义，持续、稳定地共同居

---

① 参见王洪：《婚姻家庭法》，法律出版社2003年版，第93—94页。

住。”有配偶者与他人婚外同居,其直接构成离婚的法定理由,同时无过错的配偶一方有权提起离婚损害赔偿请求。①

五、违法婚姻的请求权行使和法律后果

(一)违法婚姻的请求权行使

确认违法婚姻的法律程序涉及三个方面的内容:一是请求权人的范围;二是请求权行使的期间;三是确认违法婚姻的机构。

1. 请求权人

婚姻无效申请宣告的主体是当事人和利害关系人。由于利害关系人的范围不明确,因此最高人民法院对利害关系人作出了司法解释,把各种情况都说明如下:重婚的婚姻,利害关系人是当事人的近亲属和基层组织;未达到法定婚龄的婚姻,利害关系人是未达到婚龄的当事人的近亲属;有禁止结婚的亲属关系的婚姻,利害关系人是当事人的近亲属;有医学上认为不应当结婚的疾病的婚姻,利害关系人是与患者共同生活的近亲属。

可撤销婚姻申请撤销的主体只能是被胁迫者本人,其他任何人都无权申请。原因是可撤销婚姻本质是双方当事人没有达成合意,意思表示不真实。很有可能的是随着时间的推移,男女双方生活在一起,逐渐产生了感情,被胁迫方不愿再撤销婚姻。这时我们应当尊重当事人的选择。当事人的意思只有当事人知道,其他人不可能完全理解当事人的想法,因此不可能代替当事人作出决定。

2. 请求权行使期间

婚姻无效是自始无效,因此没有时间的限制。只要是婚姻无效的事由还在,请求权人就可以申请宣告婚姻无效,但是法定的婚姻无效事由消灭时,不得再申请宣告婚姻无效。对重婚婚姻而言,重婚者的原配偶死亡或重婚者与原配偶离婚,就可认定为重婚的事实消灭;对婚前患有医学上认为不应当结婚的疾病的婚姻而言,婚后如果治愈就认为是无效事由消灭;对有禁止结婚的亲属关系的婚姻无效事由而言,非拟制不可能消灭,因此任何时候都可以申请宣告婚姻无效,拟制血亲的争议非常大,后面再讲;对未达到婚龄的婚姻而言随着时间的推移和当事人年龄的成长,达到法定婚龄的就认为是无效事由消灭。

可撤销婚姻有时间的限制。《婚姻法》第 11 条规定,受胁迫一方婚姻当事人有权在一年内请求撤销婚姻,这里的一年是除斥期间,不能中止、中断或延长。起算时间一般是从登记结婚之日,如果是被限制人身自由的,从恢复人身自由之日起开始。婚姻家庭是社会单位的最小细胞,不能使婚姻处于长期的不稳定状态,这样不利于社会的稳定,因此规定一年的除斥期间是很有必要的。

---

① 本书研究组:《重婚与“有配偶者与他人同居”的区别》,载奚晓明主编、最高人民法院民事审判第一庭编:《民事审判指导与参考》2009 年第 3 集(总第 39 集),法律出版社 2010 年版,第 289 页。

3. 确认机构

我国无效婚姻采取的是宣告制度,《婚姻法》第11条规定了确认可撤销婚姻的机构有两个;一是人民法院;二是婚姻登记机关。法律并没有明确规定婚姻无效的确认机关,事实上的做法是由人民法院确认。

(二)婚姻被宣告无效或被撤销的法律后果

在我国,婚姻关系被宣告无效或撤销以后的结果相同,都是婚姻关系自始无效。对当事人产生的影响有两个方面:一是人身关系;二是财产关系。婚姻关系自始无效以后,男女双方被认定为同居关系,双方之间没有夫妻间的权利义务。双方的子女是非婚生子女,这样对子女显然是不公平的,但这是由自始婚姻关系无效决定的,自始无效的婚姻,也就没有婚生子女。对这一点,许多学者表达了不同的观点,尤其是对可撤销婚姻。因为婚姻撤销之前是有效的,如果子女在婚姻撤销之前是婚生的,撤销以后是非婚生的,让人不可思议。好在我国还规定了婚生子女和非婚生子女享有同样的权利,任何人不得对非婚生子女加以歧视。

财产在婚姻关系消灭以后分配,这也是当事人的重要权利。我国《婚姻法》第12条规定,婚姻关系无效或被撤销以后,双方被认为是同居关系。同居期间取得的财产,按照共同共有来处理,但是如果一方有证据证明财产属于一方的除外。同居期间取得的财产,首先应当由双方协议处理,如果协议不成,由法院判决,法院要照顾无过错方。如果是重婚导致的婚姻无效,处理财产时不得侵犯合法婚姻当事人的合法权益。因为婚姻关系存续期间,夫妻任何一方的劳动所得和取得的其他非法律规定的一方的财产,都是夫妻共同财产。因此在分配财产时,协议或法院判决都不得侵犯合法婚姻当事人的权益。同时,合法婚姻当事人有权作为有独立请求权第三人出现在诉讼过程中,更有利于保障当事人的权益。

六、程序瑕疵并不必然导致双方婚姻关系无效

存在程序瑕疵的婚姻登记是否有效?司法实践中存在两种不同意见:第一种意见认为,婚姻登记程序,系法律强制性规定,违反强制性规定的行为应当无效。另一种意见认为,婚姻关系是特殊的人身关系,根据《婚姻法》的精神,要维护婚姻关系的稳定,婚姻登记程序中的瑕疵,并不必然导致实体(婚姻)无效。《婚姻法司法解释(三)》第1条对本问题有所涉及,但也仅仅给出了救济途径,而未对程序瑕疵对婚姻登记效力的影响作出判定。

(一)婚姻瑕疵登记的救济

民政部制定的《婚姻登记工作暂行规范》第46条规定:“除受胁迫结婚之外,以任何理由请求宣告婚姻无效或者撤销婚姻的,婚姻登记机关不予受理。”因此,对于申请婚姻登记当事人提供虚假身份证明,骗得婚姻登记的,另一方当事人向婚姻登记机关申请撤销婚姻登记的,婚姻登记机关并无直接作出撤销登记的权限。

同时,根据最高人民法院《关于适用〈中华人民共和国婚姻法〉若干问题的解释(三)》[以下简称《婚姻法司法解释(三)》]第1条中所明确的:“当事人以婚姻法第十条规定以外的情形申请宣告婚姻无效的,人民法院应当判决驳回当事人的申请。当事人以结婚登记程序存在瑕疵为由提起民事诉讼,主张撤销结婚登记的,告知其可以依法申请行政复议或者提起行政诉讼。”故婚姻瑕疵登记应通过行政复议或行政诉讼途径解决。

(二)婚姻登记行为的瑕疵并不必然导致婚姻关系的无效

从立法精神来看,我国《婚姻法》致力于维护婚姻家庭关系的稳定,从这一角度出发,则立法本意在于尽量减少社会生活中无效婚姻的存在。从法律行为的性质来看,行政机关的婚姻登记行为与当事人之间的婚姻关系是两种不同性质的行为,婚姻无效与婚姻登记无效也是两个不同的概念。

婚姻登记是一种确认行为,它不过是对已有法律关系或事实的认可,不同于行政机关所作出的行政许可。有效婚姻的关键在于事实是否存在,双方当事人想结婚是否真实意愿,是否符合法定结婚条件。具备这些条件就是有效的婚姻。婚姻登记只是政府出于公益对婚姻当事人双方结婚意愿和婚姻行为的确认,其主要作用在于通过对已存事实的认可,以期达到一种证明的效力和公示的效果。故婚姻关系只要符合结婚的实质要件即可成立,即婚姻当事人双方既有共同结合的意愿,也有共同生活的事实。若当事人双方满足了结婚的实质要件,即便婚姻登记机关的工作中存在瑕疵,这种登记行为中的瑕疵也并不必然导致婚姻登记无效,更谈不上婚姻无效。

(三)婚姻瑕疵行政诉讼时效的限制

根据《婚姻法司法解释(三)》的规定,婚姻登记程序瑕疵被排除在《婚姻法》第10条规定的可以申请无效婚姻的条件之外,对于主张婚姻登记程序瑕疵的一方,若要进行权力救济,只能通过行政诉讼的方式。这就带来一个问题,即该类诉讼是否受到行政诉讼时效的限制?

从我国的《行政诉讼法》对诉讼时效的规定来看,当事人应当在知道作出具体行政行为之日起3个月内提出诉讼,行政机关作出具体行政行为时,未告知公民、法人或者其他组织诉权或者起诉期限的,起诉期限从公民、法人或者其他组织知道或者应当知道诉权或者起诉期限之日起计算,但从知道或者应当知道具体行政行为内容之日起最长不得超过2年,公民、法人或者其他组织不知道行政机关作出的具体行政行为内容的,具体行政行为从作出之日起超过5年提起诉讼的,人民法院不予受理。

从目前的法律规定来看,以上诉讼时效的规定并没有例外情形,也就是说,《行政诉讼法》中的诉讼时效并不会对婚姻登记瑕疵进行例外适用。但是,婚姻关系具有较强的私密性,一般人很难感知到自己的身份是否被别人冒用而订立了婚姻关系;婚姻关系也具有一定的时间性,故婚姻登记瑕疵问题若严格适用《行政诉讼法》的诉讼时效,可能会在某种程度上造成司法处理上的不公平。因此,最高人民法院法官透露,最高人民法院行政庭也在积极与相关婚姻登记机构进行调研,解决这一矛盾。但在新的规定出台之前,还是应当严格适用诉讼时效的限制。

(四)若行政机关的婚姻登记行为被撤销,无过错一方的赔偿请求认定

从《婚姻登记条例》第7条的规定可以看出,婚姻登记机关对婚姻登记的当事人所提交的材料仅是一种形式上的审查,仅仅对需要提供的申请人身份证件、权属证书等是否符合法定形式要求进行审查,不对这些登记材料的真实性进行审查,因此,对于伪造逼真的证件导致登记错误的,只能由故意提供虚假材料的人负责。除非登记机关有重大过错,如非常明显的身份证伪造都不能分辨,否则登记机关是不用承担责任的。而婚姻登记出现瑕疵,大多都是一方或双方当事人弄虚作假造成的,如没有亲自去登记、借用他人身份、提交虚假材料等,并非国家机关侵犯一方当事人的权利,应该由弄虚作假的过错方对无过错方的损失进行赔偿,这是一种民事关系。

第二章　彩礼返还纠纷裁判精要

在现实社会中，流传了几千年的彩礼和嫁妆习俗早已成为国人缔结婚姻的习惯性程序之一。特别是在广大的农村地区，这种婚嫁习俗更是普遍存在，并伴随着不可避免的纷争。我国《婚姻法》长期以来一直回避有关彩礼纠纷的处理问题，对待彩礼的态度虽几经变化，由最初的否定，到逐渐认可。最高人民法院《关于适用〈中华人民共和国婚姻法〉若干问题的解释（二）》[以下简称《婚姻法司法解释（二）》]首次正视了我国存在的彩礼现象，其第10条规定："当事人请求返还按照习俗给付的彩礼的，如果查明存在以下情况，人民法院应当予以支持：（一）双方未办理结婚登记手续的；（二）双方办理结婚登记手续但确未共同生活的；（三）婚前给付并导致给付人生活困难的。适用前款第（二）、（三）项的规定，应当以双方离婚为条件。"虽然《婚姻法司法解释（二）》的颁布，使得法官在司法实践过程中解决彩礼纠纷有了一定的依据，但笔者认为，该规定仍然比较简单，属于典型的"头痛医头，脚疼医脚"的应急之作，与我国现实生活中复杂多样的婚姻财产纠纷不相适应。在实践中，如何正确及合理地解决此类纠纷，正确引导良好的婚姻观，对于家庭的稳固，社会的和谐是非常有意义的。

一、彩礼的认定

"彩礼"的判断是一个非常复杂的问题，法律上对此没有明确的规定，且各地关于彩礼的习俗也不尽相同。笔者认为，在实践中可以通过以下几个方面对彩礼进行认定：

（1）当地有无给付彩礼的习俗。当地确实存在给付彩礼的习俗，可以作为审理此类纠纷的前提，若当地没有婚约彩礼的习俗存在，则不涉及给付与返还彩礼的问题。对于不能认定为彩礼的，要视具体情况确定是否属于男女交往间给付财物。

（2）彩礼的价值。按一般常理，男女成婚是件大事，因此所送的彩礼价值较大，价值较大的判断应以当地生活水平、经济状况为前提，由法官自由心证确认。

（3）彩礼赠送的方式。彩礼是民间习俗，赠送方式无书面约定，一般按照当地的习惯做法进行，有一定的程序、方式。但双方对该笔钱物属于彩礼则不一定要求言明,往往有共同的默契。

(4) 彩礼赠送、接受的主体。在实践中,彩礼赠送的主体一般为男方或男方近亲属,且借用男方个人或者家庭的名义,而接受彩礼的主体则对应的是女方家庭或女方个人。

需要注意的是,彩礼与一般赠与物不同。在婚约订立前后,男女双方在交往过程中为了取悦对方,增进感情,往往会赠与对方或对方家庭成员某些物品。譬如烟酒、衣服等。这种赠与具有明显的一般赠与的特征——自愿性、无偿性、合法性,这种赠与一旦给付所有权则发生转移。而彩礼则不然,首先,彩礼的给付并不是出于增进感情的目的,其往往具有缔结婚姻的强烈目的性。其次,彩礼交付后其所有权并不一定转移,当婚约不能履行时,给付方有权要求对方予以返还。而一般赠与物交付后,所有权立即发生转移,赠与方不得请求返还。最后,彩礼的给付场合较为正式,一般由男女双方、男女双方父母协同媒人共同完成。总之,婚约期间,男女双方之间钱物往来颇为频繁,因而解决彩礼纠纷的过程中,对彩礼与一般赠与物进行细致的区分,一定要明确在婚约期间,并不是所有的赠与物都是彩礼,只有那些直接为缔结婚姻而给付的较大宗财物才应当被认定为彩礼。

二、彩礼范围的界定

1. 彩礼应不以订立婚约时所给付为限

笔者认为,要确定彩礼的范围,必须结合给付彩礼的实际过程。实践中,男方给付女方财物的时间,可以划分为两个阶段:第一个阶段是订立婚约之时;第二个阶段是从订立婚约到登记结婚之前。在这两个阶段,均会发生财物的给付。若认定第二个阶段给付的财物不属于彩礼而不予返还,则对男方不甚公平。但是,是不是这两个阶段的财物都要认为是彩礼而全部需要返还呢?笔者认为,这种观点也是片面的。现实生活中,男女双方在订立婚约到结婚这一过程中,存在多种多样的财产给付关系。第一种是,一方在结婚之前给付对方价值较大的财物,如:现金、首饰、传家宝、汽车、房屋等,这种给付具有明显订立婚约的意思,应认定为彩礼。第二种是为了培养感情而送给另一方的价值较小的财物,如:衣物、小首饰。此种不宜认定为彩礼,应属于一般赠与。第三种是,一方为缔结婚姻而与另一方共同的花费,如:婚宴、酒席等。此种花费不宜认定为彩礼。

总之,彩礼应不以订立婚约时所给付为限,即在订婚时,期待订婚所为的赠与以及在订婚期间以结婚为目的或其赠与物本身带有此目的的赠与(如祖传戒指),亦包括在内。

2. 第三人在婚约存续期间对缔约方的赠与适用彩礼返还规则

德国民法解释认为,第三人于结婚前所赠与的结婚礼物,应适用关于一般不当得利的规定。瑞士民法学者对此看法不一。由于我国司法解释对此未加限制,笔者认为,第三人所为之赠与,只要是基于供将来结婚所用,就应该予以返还。

三、彩礼返还纠纷当事人的确定

要解决彩礼纠纷,必须明确纠纷的主体。根据最高人民法院颁布的《婚姻法司法解释(二)》第10条:“当事人请求按照习俗给付的……”司法解释对彩礼纠纷的主体采用了“当事人”的概念。对于“当事人”的范围,不同的学者有不同的观点。但主要有以下三种观点:

1. 将给付方和收受方的主体作扩大解释,不局限于准备缔结婚姻关系的男女本人

就给付方来说,既可以是婚姻关系的当事人本人给付,也可以是婚姻关系当事人一方的亲属所为的给付,包括父母兄姐等。同样的道理,就收受彩礼的一方而言,既包括由婚姻关系当事人本人接受的情形,也包括其亲属接受给付的情形。因为许多时候彩礼的给付都是全家用共同财产给付的,接受彩礼的一方也往往是女方一家。如果将给付方的主体和收受方的主体都作限制性解释的话,则不利于这类纠纷的妥善解决。

2. 根据不同的给付情形确定彩礼纠纷案件的当事人

有观点认为,应当根据不同的情况确定当事人:首先,规定在彩礼案件中男女双方为必须的当事人。因为没有婚约关系,也就没有彩礼等财产关系的存在。其次,规定如果彩礼是男方个人给付的,且对方个人接受的,案件的诉讼主体应为男女双方。最后,规定如果彩礼是由男方父母给付的,且由女方父母接受的案件的诉讼主体应为男女双方。

3. 婚约财产纠纷,当事人应当仅限于男女双方

笔者同意第三种说法,主要理由如下:

(1) 从彩礼纠纷的起因来看,彩礼纠纷主要是因为当事人之间婚约的解除,其争议主要存在于订婚的男女之间,由此,此类案件的诉讼主体应该是解除婚约的男女双方且仅限于男女双方。按照民间习惯,男女双方婚约订立的一个明显标志是,男方向女方给付了一定数额的彩礼,它因婚约的订立而出现,并随着婚约的解除而发生返还。虽然我国法律对婚约不予保护,但婚约确实客观存在,不容我们忽视。因此,司法工作者在解决这类纠纷时,不能无视“婚约”,以确定“财产”的适格当事人。牵强地将男女双方及父母列为诉讼当事人的做法,其实是将彩礼纠纷等同于一般的财产争议,这是典型的为了解决矛盾而解决矛盾,从长远来看,对我国的法制建设是十分不利的。

(2) 男女双方的家长只是彩礼交接的代理人或经手人。在民间,男女订婚时,的确是家长在接收财物,但在司法实践中,不能据此断定他们就是彩礼纠纷的适格主体。家长接受彩礼,一是乡土习惯的沿袭,二是订婚仪式成立的证成。订婚是民间的一件重要事情,为了表现出家庭对订婚的诚意,以及对男女双方关系的认可,家长非常看重,由家长交接彩礼十分平常。同时,女方家长接受彩礼后,

大多用来为自己的女儿置办嫁妆,很少有将彩礼用在其他的地方的。对于说单列女方不利于案件判决后的执行,这的确是个比较现实的问题,但立法者不能因考虑到执行而把不适格的主体列为当事人,这不是睿智立法者的做法,这只会使法律出现更多的漏洞,更多的法律现象无法解释。

(3) 将婚约男女列为仅有的适格主体,有助于法律实施的统一。虽然婚约对当事人并无法律上的约束力,解除婚约也不需要诉诸法律程序,但因解除婚约往往会产生向对方索还彩礼的情况,因而产生财产纠纷。故最高人民法院《民事案件案由规定》将此类纠纷定义为婚约财产纠纷。[①] 这里的婚约关系即是指以缔结婚姻为目的而事先达成契约的没有配偶的男女之间的关系。因此,在离婚案件中,不管双方婚史长短,解决彩礼等财产性纠纷时,适格主体只有男女双方。同样性质的婚约财产纠纷,也应当只列男女双方为当事人。这样有利于法律实施的统一性。

四、彩礼返还诉讼不应该与离婚诉讼一并审理

在离婚诉讼中,经常发生下列情形:原告提起离婚诉讼时,同时将请求彩礼返还作为一项诉讼请求,要求法院一并处理。对于原告的离婚诉讼请求与彩礼返还,是合并审理还是分开审理,审判实践中各法院的做法不一。

第一种意见认为,彩礼返还诉讼不应该与离婚诉讼一并审理,因为离婚诉讼审理的是婚姻当事人的婚姻人身关系和婚姻财产关系,彩礼返还不属于对婚姻财产的处理,是法律出于平衡有关当事人利益而作出的特殊保护;而且涉及彩礼给付关系的主体和数额认定,也会涉及案外人的利益,比较复杂。如果在离婚诉讼中一并就彩礼返还作出处理,可能会造成诉讼拖延等情形,不利于查清案件事实,切实保护诉讼当事人的利益。

第二种意见认为,彩礼返还在性质上属于夫妻财产的分割,彩礼返还诉讼与离婚诉讼相互关联,婚姻双方当事人将彩礼返还的要求并作离婚诉讼的请求之一合乎情理,没有错误。因此,在离婚诉讼中,应对彩礼返还诉讼一并审理并作出判决。

笔者赞成第一种意见。

(1) 从诉讼程序和诉讼目的看,离婚诉讼与彩礼返还诉讼不宜合并审理,这可以运用诉的合并之程序条件和诉的合并之目的等理论予以分析。诉的合并分为诉的主观合并和客观合并。诉的主观合并是指诉讼主体的合并,即我们所称的共同诉讼。诉的客观合并,是指同一原告对同一被告,在同一诉讼程序中,主张两个以上诉讼标的。也就是法院在同一诉讼程序中将同一原告对同一被告提起的

---

① 参见奚晓明主编:《最高人民法院民事案件案由规定理解与适宜用》,人民法院出版社2011年版,第61页。

两个以上符合法院受诉条件的独立的诉进行合并审理。我们在这里探讨的是诉的客观合并。诉的客观合并虽然具有多种好处,但是如果不加以限制而无条件地允许原告利用同一诉讼程序要求法院审理多个纠纷,有时反而会造成法院审理的混乱和诉讼延迟,甚至违反民事诉讼原理。因此,许多国家规定了诉的合并的合法要件。

(2) 从实体上看,彩礼返还不属于财产分割问题,而是独立的诉。婚姻男女或其父母在缔结婚姻时付给对方一定的彩礼,该行为在法律上属于赠与行为,赠与行为成立后,受赠人取得的利益便受法律保护。但是,对于"双方办理结婚登记但却未共同生活的",法律允许彩礼赠与人有权请求受赠人返还彩礼,其目的是为了平衡当事人之间的利益,对于赠与人的这种保护属于立法上的特殊保护。因此,对于彩礼返还的诉讼,其诉讼标的既不是婚姻人身关系,也不属于婚姻财产关系,而是一个有关财产返还关系的独立的诉。

离婚诉讼与彩礼返还诉讼在一些情况下是不符合合并审理的程序要件的,如在彩礼返还诉讼中,经常会出现婚姻的一方对另一方的父母提出返还请求的情形,理由是实际接收和掌控彩礼的是对方父母,因此,就会出现诉讼主体不一致的情况,在这种情况下,就不可能将两个诉讼合并审理。更重要的是,将离婚诉讼和彩礼返还诉讼合并审理,往往达不到提高诉讼效率、节省诉讼成本的目的。

离婚诉讼与彩礼返还诉讼所指向的诉讼标的,是两种不同的法律关系和不同的权属争议,如果将其进行合并审理,法院必须调查核实各个诉讼标的之法律事实,考察各个请求的理由与根据。但是,从审判实践上来看,彩礼返还诉讼所涉及的法律事实,很多都与婚姻关系本身无关,其所涉及的人和事的范围很广,同时,彩礼给付往往与当事人的经济背景、当地的风俗习惯等因素相关联。因此,离婚诉讼与彩礼返还诉讼如果合并审理,它不像共同诉讼或其他诉讼的合并审理,可以运用同一证据及诉讼资料,一次查明案情,提高办案效率,相反,在多数情况下,将增加法院的审判工作量。根据《婚姻法司法解释(二)》的有关规定,婚姻彩礼的返还以离婚为前提条件。只有确定当事人离婚,才能对彩礼返还请求予以支持。但是,当事人在起诉离婚后,其离婚请求是否成立,只有等待案件审理完毕才可确定,而合并审理却要求离婚之诉确定之前一并审理彩礼返还之诉,这就造成法院在审理离婚案件时,还需要花费大量的时间和精力去查明彩礼的相关情况,最后却有可能出现夫妻感情尚未破裂,判决不准离婚的结果。因此,如果将离婚诉讼与彩礼返还诉讼合并审理,往往在很大程度上造成诉讼资源浪费、诉讼成本增加和诉讼拖延。

五、彩礼返还规则

对于彩礼纠纷案件的具体返还规则,我国法律没有进行明确的规定。目前,对彩礼纠纷进行调整的,仅有最高人民法院颁布的《婚姻法司法解释(二)》第10

条。由于《婚姻法司法解释(二)》第10条的规定过于粗疏,在实践中很难应对纷繁复杂的彩礼纠纷案件。对此,应当对彩礼返还规则在《婚姻法司法解释(二)》的基础上作进一步细化。笔者的具体建议如下:

1. 双方未办理结婚登记手续的情形

(1) 男女双方未办理结婚登记手续且未共同生活的,婚约解除后,受赠方应当将彩礼予以返还。这样规定是因为婚姻的缔结是男女双方自由选择,双方自愿的结果,双方以真挚的感情为基础。当婚约解除后,根据彩礼的性质,赠与人期待结婚的目的并未实现,所以,在婚约解除后,受赠人应当将彩礼予以返还。

(2) 当事人未办理结婚登记手续,但已经依照乡村风俗举行仪式并长期同居生活的,不予返还。这样立法的理由是:

1) 根据农村的风俗,只要男女双方举行了结婚仪式,便取得了"合法"夫妻的资格,可以以夫妻名义共同生活,共同劳动。在广大的农村,经过结婚仪式所取得的结婚效力,甚至比结婚登记的效力更强。因为,仪式的宣告具有一定的"公示性",在一个"熟人社会"里,一旦男女双方举行了仪式,便很容易得到认可。所以,有时男女双方即使进行了结婚登记,但因为未办理结婚仪式也得不到大家的认可,反而会受到谴责。因此,乡土中存在的关于"结婚"的概念与立法是有很大出入的。如果一对男女举行了结婚仪式后,由于未办理结婚登记手续而分手,男方可以要求女方返还彩礼,这是与广大乡土中所存在的朴素正义观相背离的,不可能取得乡民的支持,反而会滋生不满情绪,影响法律的权威。

2) 是出于对妇女权益的保护。由于我们居住的社会是个"熟人社会",订立婚约的双方当事人居住的村落大多都是相连的,即使远些也不过数十里。一旦订婚男女举行了结婚仪式,往往在这些村落居住的人都会知道。一旦解除了结婚仪式所建立的关系,女方的社会评价会严重下降,

3) 为什么要确立长期共同同居生活呢?因为男方向女方给付彩礼的目的不仅仅在于要与女方结婚,而且包含有长期稳定共同生活的愿望,这是在解决彩礼纠纷时必须考虑的一个问题,否则一旦完全执行"当事人未办理结婚登记手续,但已经依照乡村风俗举行结婚仪式并长期同居生活的,不予返还。"有时会造成对男方不公正的现象。对于"长期"如何认定?笔者认为,应当以6个月为期。因为一般说来,6个月的同居生活足够使一个人了解另一个人,也足够排除当事人诈欺彩礼的可能性。总之,当事人未办理结婚登记手续,但已经依照乡村风俗举行结婚仪式并长期同居生活的,可以拟制地看做女方与男方结婚的义务完成,而不予返还。

2. 已经办理登记结婚手续的,不予返还

因为,一方面,在男女双方完全自愿的情况下,双方办理了结婚登记手续。无论哪一方提出解除婚姻关系,离婚时均不发生订婚时所给付彩礼返还的问题。这样处理,主要考虑到彩礼的性质,彩礼的性质是目的性的赠与,一旦为了个案公

平，确定结婚后仍然予以返还，就违背了彩礼的性质，使得彩礼的法律性质变得扑朔迷离，让当事人和法官无所适从。另一方面，这样立法解决了《婚姻法司法解释(二)》第10条不同款项之间的逻辑矛盾。《婚姻法司法解释(二)》第10条第1款规定了男女双方未办理结婚登记手续的，是赠与行为的目的成就，其效力便消灭，此时赠与行为不再继续有效，应解除当事人之间的权利义务关系。而第2、3款则规定了双方结婚后又离婚时彩礼返还的情形，既然婚约期间的彩礼赠与是目的性赠与，这种赠与因为结婚这一行为发生，导致目的实现而成为合法有效的民事行为，而此处又规定予以返还，显然是相互矛盾的。因此笔者认为，应确定已经办理登记结婚手续的，不予返还。

3. 当婚约一方当事人死亡时，彩礼不追

这样处理是考虑到：一方面，在双方民事法律关系当中，由于缺少了一方主体，民事法律关系也就不复存在了。因此，在婚约关系中，如果一方当事人不幸死亡，婚约也就自然失去其效力。基于婚约所给付的彩礼，由于一方当事人的死亡，赠与人的返还请求权因无法行使而自然消灭。另一方面，订立婚约这种民事行为在很大程度上受到我国伦理道德规范的调整。在赠与人或者受赠人死亡后，另一方请求对彩礼予以返还，都会削弱“熟人社会”中的情感，此时要求返还彩礼往往会被人轻视。所以，确定当婚约一方当事人死亡时彩礼不追，具有特殊的意义，符合我国的社会道德习惯，也容易为人们所理解和支持。

4. 婚姻无效对彩礼返还规则适用的影响

无效婚姻，是指虽已成立但因违反法定的公益有效要件而不受法律保护，自始不发生法律效力的婚姻，如重婚的、有禁止结婚的亲属关系的、婚前患有医学上认为不应当结婚的疾病，婚后尚未治愈的。关于无效婚姻的婚约彩礼问题，不同的国家作出了不同的立法，如《瑞士民法》规定，诈欺者根据法律规定可以要求返还。《德国民法》规定，唯有赠与人在赠与之时不知道婚约不生效时，可以准用婚约财产的规定，而在婚约无效或者因被撤销而无效时，适用不当得利的规定。

在我国，笔者认为可以参照德国之立法制定规则，即唯有在赠与人在赠与时不知道婚约不生效时可以准用彩礼返还的一般规则，而在赠与人知道存在无效要件仍与被赠与人结婚时，不发生彩礼返还的问题。

5. 可撤销婚姻在撤销后对彩礼规则的适用

可撤销婚姻，是指虽已成立但因违反法定的有效要件(主要指私人法益要件)在撤销权人依法申请撤销时，有权机关予以撤销的婚姻。我国《婚姻法》第11条规定：“因胁迫结婚的，受胁迫的一方可以向婚姻登记机关或人民法院请求撤销该婚姻。”即可撤销的原因为胁迫。所谓“胁迫”，依最高人民法院《婚姻法司法解释(一)》第10条第1款规定：“是指行为人以给另一方当事人或者其近亲属的生命、身体健康、名誉、财产等方面造成损害为要挟，迫使另一方当事人违背真实意愿结婚的情况。”对于此种情形，笔者认为，应当考虑胁迫人是否为赠与人。当胁迫人为赠与人时，赠与人不得请求返还。

六、彩礼返还应当适用诉讼时效规则

诉讼时效是权利人怠于行使其权利的状态持续达到法定的期间，其公力救济的权利即归于消灭的一项民事制度。[①] 彩礼返还作为一种请求权、一种债权、一种给付之诉，理所当然应当适用诉讼时效的原则和规定。[②]

1. 诉讼时效期间应为两年

当婚约关系解除，婚姻关系无法成就时，女方便丧失了取得彩礼的根据和理由，其所收受之彩礼便成为不当得利，应当返还，而不当得利之债的诉讼时效期间为两年。

2. 诉讼时效起算时间

就是请求权自何时起产生的问题，应以婚姻关系不能成就为原则。笔者认为，该请求权的产生时间应以婚约关系终止、权利人确信婚姻关系不能成就、同居或婚姻关系解除的时间为准。结合司法实践，彩礼返还请求权的产生，有以下几种情况：

（1）女方明确悔婚，解除婚约之时；

（2）女方因重大过错，男方提出解除婚约关系之时；

（3）婚约期间女方因特殊情况发生，将不能与男方结婚或在将来结婚后不能过正常婚姻生活之情况出现时；

（4）婚约期间女方外出下落不明满两年或确认死亡、宣告死亡之时；

（5）解除同居关系或婚姻关系之时。

在彩礼返还请求权产生后，当导致该请求权产生的原因或情况消失或出现转机时，该请求权时效即中断，若又出现新的导致彩礼返还请求权产生之情形，时效从此时起另行起算。对于该诉讼时效的中止问题，应适用一般规定。

---

① 参见张俊浩主编：《民法学原理》，中国政法大学出版社2000年版，第343页。

② 民事权利依其作用可分为支配权、请求权、形成权、抗辩权，其中请求权（物上请求权除外）适用诉讼时效制度。按传统债权理论，它包括契约债权、侵权行为债权、无因管理债权、不当得利债权，债权均适用诉讼时效。诉可分为确认之诉、给付之诉、变更（形成）之诉，给付之诉属债务纠纷，适用诉讼时效。

第三章 婚姻关系解除裁判精要

婚姻关系解除,也称为离婚,是指夫妻双方生存期间,依照法律规定解除婚姻关系身份的法律行为。离婚的意义,在于夫妻双方在其生存期间通过法律行为消灭既存的婚姻关系。因此,离婚的意义表现在两个方面:一方面,消灭了配偶之间的内部权利义务关系,当事人不再受其拘束,恢复了无婚姻关系的状态,消灭了配偶权的对内权利义务;另一方面,则是消灭了婚姻关系的对世性,也就是消灭了婚姻关系当事人配偶权的对外权利义务。

一、诉前离婚协议效力的认定

诉前离婚协议一般是指夫妻在婚姻关系存续期间,以离婚这一法律事实的出现为条件,就解除婚姻关系以及子女抚养权归属、财产分割等事项达成意思表示一致的协议。为了准确表达夫妻双方的意思,保护当事人的合法权益,诉前离婚协议中关于财产分割部分一般表述为:如果双方协议离婚,夫妻双方或一方的财产作如下分割,等等。夫妻双方在登记离婚时,必须提交就此类相关事项达成一致的协议。然而现实中,往往存在夫妻双方在达成离婚协议后,有一方反悔,另一方转而向法院起诉,通过诉讼手段达成离婚的情况。但是,在此类离婚诉讼中,一方如拿出离婚诉讼前达成的离婚协议,该协议能否作为人民法院分割夫妻双方共同财产的依据,在审判实务界和学界仍存在较大争议,人民法院对诉前离婚协议的效力认识也有不同看法,而由此导致争议,甚至出现“同案不同判”的现象。

(一)实务争点

关于诉前离婚协议的效力,在审判实务中大体可以分为以下两种情况:一是双方已经协议离婚,一方反悔,另一方请求按照离婚协议的约定分割共同财产。此种情况在最高人民法院《婚姻法司法解释(二)》第8条、第9条已有明确的适用依据。二是一方起诉要求离婚,自己或另一方拿出离婚协议,要求人民法院按照协议上的约定对共同财产进行分割,而另一方不同意。在这种情况下,由于没有明确的法律依据作为支撑,有部分省市法院出台《审判业务指导意见》作为规定,且主要分为两种意见:

(1)在主张离婚登记前,离婚协议具有法律效力和法律拘束力,除非协议本身缺乏法律上的生效要件。如江苏省高级人民法院《关于适用〈中华人民共和国婚姻法〉及司法解释若干问题的讨论纪要（征求意见稿）》中规定："男女双方在离婚诉讼前达成的离婚协议中关于子女抚养、财产分割的约定，是以双方协议离婚作为前提，一方或者双方为了达到离婚的目的，可能在子女抚养、财产分割等方面做出有条件的让步。在双方未能在婚姻登记机关登记离婚的情况下，该协议未生效，对双方当事人不产生法律拘束力，其中关于子女抚养、财产分割的约定不能当然作为人民法院处理离婚案件的直接依据。但是这并不妨碍人民法院在处理离婚案件时将之作为子女抚养、财产分割的参考。"

（2）主张离婚登记前，离婚协议无拘束力。如上海市高级人民法院的《关于审理婚姻家庭纠纷若干问题的意见》规定："夫妻共同生活期间或者分居期间达成的财产分割协议，当事人无证据证明其具有无效或者可撤销、可变更的法定情形，或者协议已经履行完毕的，应认定协议对双方有拘束力。如果财产分割协议以离婚为前提条件，而双方未离婚的，应允许当事人反悔。"这与审判机关的"指导意见"截然相反，"同案不同判"的现象自然无从避免。

（二）裁判思路

笔者认为，离婚协议从性质上属于民事法律行为，应当适用民事法律行为的基本原则。但因为婚姻法本身属于亲属法中的一种，涉及人身与身份关系，因而离婚协议的效力应当兼顾身份法律关系的特殊性。

1. 离婚协议是混合型的民事法律行为

法律行为以意思表示作为要素，离婚协议究竟是一个还是多个法律行为，应考察其要表达的意思究竟是一个还是多个。一般情况下，夫妻离婚协议包括夫妻双方自愿解除婚姻关系以及分割财产的内容，部分离婚协议还会涉及未成年子女的抚养、债务的分割、离婚的补偿等内容，将分别产生不同的法律后果。因此，笔者认为，将离婚协议作为多个法律行为的混合更为恰当，即离婚协议本身是数个法律行为的混合，其产生的法律效果也不仅仅只有一个。

2. 离婚协议中的数个法律行为在效力上互有关联

所谓附随行为，是指以形成的行为作为前提，附随某种行为而为的法律行为，如有关夫妻共同财产如何分割的约定、债务如何承担等。离婚协议中既有形成的身份法律行为，即解除夫妻婚姻关系的约定，也有附随的法律行为，如承担未成年子女抚养关系的约定、财产分割的约定等。因此，诉前离婚协议中关于解除婚姻关系的约定属于对身份法律关系的协议，应当适用一般民事法律关系的理论，如主体适格、意思表示真实、内容合法等有效条件；而离婚时的财产分割协议虽然以财产作为内容，但其在效力上具有特殊性，是否生效取决于所附随的形成行为是否生效。如果"离婚"这一形成行为不生效，则财产分割的规定也不应生效。

3. 离婚协议中形成行为和附随行为的生效条件不一致

形成行为，即"离婚"行为，涉及身份关系的稳定，对其公示和透明化对当事人和社会都具有重要意义,因此这一行为除了必须具备一般民事法律行为的基本要件外,还必须具备特殊的生效要件——登记,也就是要式法律行为。因此,离婚协议中的离婚行为,未经登记不发生法律效力。夫妻双方不能以已经达成离婚协议作为向人民法院起诉的依据。而离婚协议中的附随行为,如财产分割协议等,只要具备一般法律行为的生效要件即可。但是,由于附随行为的生效应当以形成行为的生效为前提条件,因此形成行为若没有生效,则附随行为即使具备了一般法律行为的生效要件,也不具有拘束力。例如,当事人在达成离婚协议之后,又采用向人民法院提起诉讼的方式要求离婚,则是否准许离婚、离婚后财产如何分割、子女抚养权归属等,仍应当按照《婚姻法》的相关规定,由人民法院判定。不过,诉前离婚协议在诉讼离婚中也具有一定的证明效力,如可以用来证明双方当事人的感情状况或财产状况等。

综上所述,笔者认为,诉前离婚协议是一个复合协议,既包括解除婚姻关系的形成行为,也包括财产分割和子女抚养等附随行为。附随行为的效力附随于形成行为,形成行为不生效,附随行为亦不生效。形成行为是要式行为,以登记为生效条件,因而未履行登记手续的离婚协议不生效,则其附随的财产分割协议、子女抚养权协议也不生效。

二、夫妻感情确已破裂的认定

我国现行《婚姻法》关于诉讼离婚的法定标准是"感情确已破裂"。传统理论认为,对离婚案件来说,夫妻感情具有浓厚的个性化主观色彩和深层次的隐秘性,即使是当事人自己也往往只能意会不能言传或不可捉摸,这就增加了离婚审判的难度。① 如何判断夫妻感情是否已破裂,在审判实务中确实是一个非常棘手的问题。

(一)实践中的做法

我国当前正处于社会转型期,社会矛盾突出,道德规范的作用日渐微弱,加之个人主义盛行,离婚率呈现暴涨的趋势,离婚问题已经成为最突出的婚姻家庭问题,它带来了一系列的社会问题,对社会的和谐稳定构成了一定的威胁。最高人民法院曾在1989年作出《关于人民法院审理离婚案件如何认定夫妻感情确已破裂的若干意见》(以下简称《若干意见》),对把握"感情确已破裂"提供了一定的条件支持,其中既有对感情是否确已破裂的综合分析方法,又有视为感情确已破裂的14种情形。但是缺陷也较为明显,其中有些情形应认定为婚姻无效,而不是感情破裂情形。现行的《婚姻法》剔除了《若干意见》中属于婚姻无效的具体事由,但遗憾的是,"我国婚姻法列举的五种感情破裂的具体事由,其所例示的离婚理由与

---

① 参见马忆南:《婚姻法第32条实证研究》,载《金陵法律评论》2005年第2期。

审判实践已脱节”[①],已远远无法满足司法实践的需要,缺乏操作性。对夫妻感情的判定标准,主要还是依靠法官的判断和认定。

实践中,判断夫妻感情是否已破裂,不少法院主要有以下三种认定方式:

(1) 是否存在法定的离婚事由。如果存在《婚姻法》规定的五种具体事由,除非出现特殊情况,否则一般都会准予离婚。如果不存在上述情形就应慎重判决是否准予离婚。前述特殊情况一般是指《婚姻法》第 33 条、第 34 条关于军婚和妻子在怀孕、妊娠期间两种情形。

(2) 看离婚次数。如果离婚当事人首次到法院要求离婚,除非双方都协商好离婚(除存在《婚姻法》中规定的 5 种情形),一般不应准予离婚。在过了 6 个月后,如果当事人再次起诉离婚,就应当准予离婚。

(3) 综合情况。审理离婚案件,不仅要看夫妻感情是否已经破裂,还要考虑婚生子女的利益及社会效果。也即在审理离婚案件中,法官往往还会考虑离婚是否会对子女或一方造成伤害,如果存在的话,即使夫妻感情事实上已经破裂,离婚也将不被准许,仍必须维持下去。

(二) 存在的问题

从法理、法律依据、制度等层面看待上述做法,其合理性和正当性弊端将暴露无遗,主要存在以下几种问题:

(1) 机械适用法律。认为只要存在《婚姻法》规定的五种法定离婚事由,就应该判处离婚,否则应推定为夫妻感情尚未破裂。该行为是把法律看成是一成不变或者只有唯一答案的教条主义做法。

(2) 滥用自由裁量权。实践中以离婚次数来衡量夫妻感情是否破裂的做法,违背了我国法律以感情破裂作为离婚标准的规定。这种做法无视我国《婚姻法》的相关规定,滥用了自由裁量权,使法律随心所欲地服从即时的需要或者特定人的需要。

(3) 主观因素难以把握。虽然有部分法官提到在离婚案件中要综合考量,但是要综合考量哪些因素,却众说纷纭。有的指出,要考虑双方的婚姻基础、离婚原因、有无和好可能等因素;有的指出不仅要按照《若干意见》中规定,从婚姻基础、婚后感情、离婚原因、有无和好可能、夫妻关系的现状来考量,还应该参考子女利益、社会影响等因素。但是对于如何认定夫妻的“婚姻基础”“婚后感情”等因素,却没有统一的标准。

(三) 解决路径

笔者认为,判断夫妻感情是否破裂的因素,可分为婚姻基础、婚后感情的好坏、有无和好可能三个方面。

1. 婚姻基础的评判

婚姻基础,是指婚姻关系建立时男女双方的感情状况。婚姻基础又可从双方

---

① 马忆南:《婚姻法第 32 条实证研究》,载《金陵法律评论》2005 年第 2 期。

结合的方式、对结婚对象的了解程度、结婚的动机和目的等反映出来。这样,我们将“婚姻基础”化为三个具体的指标:

(1) 结合的方式,主要反映该婚姻是出于双方当事人自愿,还是受父母或他人包办强迫。如何认定当事人是否属于自愿,在实践中可要求主张受到了强迫的当事人负举证责任,否则一般推定为当事人是自愿结婚的。

(2) 对结婚对象的了解程度,主要反映双方是通过恋爱有充分了解,经过慎重考虑而结合的,还是一时冲动草率结婚。在实践中,一般通过双方恋爱交往的时间来考察,可以 1 年的时间为基准,如果双方交往在 1 年以上,可认定双方婚前感情基础较牢固。

(3) 结婚的动机和目的,主要反映双方结婚是因真心相爱经过慎重考虑的,还是出于同情、怜悯、感恩、虚荣等其他目的,或者是在迫不得已(如已怀孕)的情况下结婚的。同时考虑到由于“门当户对”意识是中国婚姻文化的重要构成部分,因此,我们把婚前双方是否般配,也可作为影响婚姻感情的变量。

2. 婚后感情好坏的评判

婚后感情是指男女结婚以后经过培养、发展形成的相互关切、忠诚、敬爱之情。婚后感情的好坏,可通过婚后感情的发展趋势、离婚时的感情状况、离婚原因这三个方面认定。

(1) 婚后发展趋势,主要是结合婚姻基础,分析婚后感情是向好的方向发展,还是向坏的方向发展。在司法实践中,可从夫妻之间的信任度、亲密度、交流深度来分析。研究婚姻关系的学者们一致认为,婚姻关系中冲突与失败的原因有多种,但归根结底还是沟通的问题。

(2) 离婚时的感情状况,主要是指离婚时夫妻感情的状况,具体通过查明夫妻有无分居,分居时间的长短等因素来认定。在实践中,如果双方因感情问题已分居 1 年以上,则认为该段感情已出现较大裂痕;如果没有分居或分居还不到 1 年,则认为此时婚姻还有挽回的余地。

(3) 离婚原因,可以反映夫妻冲突的主要矛盾或争执的焦点。夫妻冲突主要体现在夫妻之间有无家庭暴力、夫妻争吵的频率、是否存在婚外情。在实践中,应对家庭暴力的程度以轻微伤为标准,如果存在一次轻微伤程度以上的伤害,应认定为该因素不利于夫妻感情的发展。夫妻争吵频率,按争吵总次数除以天数计算结果,如果平均每 3 天就有争吵的话,应认定为该因素不利于夫妻感情发展。如果一方或双方都存在婚外情,应认为对夫妻感情发展非常不利。

3. 夫妻有无和好可能的评判

有无和好的可能,是指有没有争取夫妻和好的条件。在离婚纠纷发生的前后,夫妻关系会有不同程度的冲突和恶化,但感情是会因一定的主观和客观条件而发生转化的,在濒临破裂时,恢复和好也不是没有可能的。判断有无和好可能,应从双方对立情绪的大小、有无子女、坚持不离的一方有无和好的行动,或有过错一方有无悔改表现等方面考察。

(1) 双方对立情绪的大小,主要是看夫妻关系冲突及恶化的程度。

(2) 有无子女,子女是维系夫妻情感的纽带,可以对夫妻感情产生一定的调节作用。

(3) 有无悔改及和好行动,主要是有过错一方有没有悔改的行动,是否向另一方提出希望和好的请求。

总之,婚姻基础是否牢固、婚后感情发展是否良好及有无和好可能等因素,都是判断夫妻感情是否破裂的参考标准,通过对这些内容进行评估判断,可以比较客观地认定夫妻感情是否确已破裂。

三、家庭暴力的认定

家庭暴力是发生在家庭成员之间的暴力行为。日益严重的家庭暴力危害了受害者的身心健康,侵犯了受害者的合法权益,破坏了社会稳定和发展。在我国,由于各种历史原因,虽然在《中华人民共和国宪法》(以下简称《宪法》)《刑法》《婚姻法》《中华人民共和国妇女权益保障法》(以下简称《妇女权益保障法》)《中华人民共和国治安管理处罚法》等法律法规中,对家庭暴力规定了一些禁止性条款,但这些规定过于原则、缺乏具体性和可操作性,对家庭暴力行为的预防和处罚没有发挥应有的功效。鉴于此,最高人民法院通过《婚姻法司法解释(一)》以及《涉及家庭暴力婚姻案件审理指南》,确立了“家庭暴力”的认定和处理规则。

(一) 对“家庭暴力”的认定

第一,从家庭暴力行为的主体范围看。由于《婚姻法》对家庭暴力的内涵没有明确规定,致使人们对家庭暴力的主体范围有不同认识,笔者认为,家庭暴力作为家庭领域的一种社会现象,应是发生在夫妻之间和其他家庭成员之间的共同生活之中。这就决定了家庭暴力的行为主体即施暴人与受害人之间存在特定的亲属身份关系,如配偶、父母子女、兄弟姐妹、祖孙、婆媳等。但也有某些国家则将家庭暴力延伸到非婚同居及夫妻离婚后的暴力行为。这就人为地将家庭暴力扩大到非家庭领域,与家庭暴力之名似有不符,笔者不敢苟同。对家庭成员的范围问题,国内有观点提出,鉴于我国之传统习俗,对没有在一起共同生活的亲属,如父母与已成年分家的子女、婆媳、祖孙、分家另过的兄弟姐妹等,也视为一个大家庭成员,如他们相互之间因家庭琐事发生的暴力侵害行为,是否也可认定为家庭暴力,笔者认为,鉴于家庭暴力的实施是以家庭住所为行为场所的特定性,这里的家庭成员应理解为具有亲属身份关系,且是在日常生活中共同居住生活的人员,即这里的家庭应理解为法律概念,应以户籍登记为准,而不是传统习俗所理解的家族和家族成员。据此,《婚姻法司法解释(一)》将家庭暴力界定在夫妻之间和其他家庭成员间发生的暴力行为。

第二,从家庭暴力的表现形式看。由于家庭暴力的表现形式多样复杂,通常人们将家庭暴力概括为对家庭成员的“身体、精神、性”等三方面实施的暴力行为。由于《婚姻法司法解释(一)》对家庭暴力的认定并不单指夫妻之间的暴力,还包括对子女等其他家庭成员实施的暴力,故采用三者并列的方法并不妥当。所以,《婚姻法司法解释(一)》没有将对“性”方面实施的暴力单独列出,而是仅对家庭暴力给家庭成员造成的“身体”“精神”伤害后果进行了规定,对“性”暴力问题,可以通过身体、精神等两方面加以解决。需要注意的是,《婚姻法司法解释(一)》是囿于条文逻辑性的考虑,未将“性”的侵害与“身体”“精神”并列,但不容置疑,夫妻一方实施侵害另一方的性方面的人身权利,仍属于家庭暴力。这一点从最高人民法院中国应用法学研究所出台的《涉及家庭暴力婚姻案件审理指南》可以看出,该指南明确规定,家庭暴力,是指发生在家庭成员之间,主要是夫妻之间,一方通过暴力或胁迫、侮辱、经济控制等手段实施侵害另一方的身体、性、精神等方面的人身权利,以达到控制另一方的目的的行为。

第三,针对社会各界普遍反映的《婚姻法》对家庭暴力的具体表现形式没有明确规定的问题,为便于对家庭暴力的具体认定和把握,《婚姻法司法解释(一)》采取列举方式对家庭暴力的表现形式予以明确规定。如殴打、捆绑、残害、强行限制人身自由或者其他手段。其他手段主要是针对家庭暴力行为的复杂多样性而作的概括性规定,既便于对司法实践中出现的各种形式的家庭暴力行为灵活认定,也有利于对各种形式的家庭暴力行为给予禁止和制裁。

第四,从家庭暴力的构成看。《婚姻法司法解释(一)》确定了较为严格、客观的标准,即实施的家庭暴力“须给其家庭成员的身体、精神等方面造成一定伤害后果”,达到一定程度的,才可认定为家庭暴力,这就将家庭成员之间的日常争吵、偶尔打闹及尚未造成伤害后果的家庭纠纷行为排除在家庭暴力之外,有利于维护家庭成员间的和睦和促进我国婚姻家庭关系的稳定。

(二)《涉及家庭暴力婚姻案件审理指南》对“家庭暴力”的进一步阐释

随着家庭暴力问题的严重性和特殊性越来越被全社会所了解,人民法院也逐渐认识到涉及家庭暴力的婚姻家庭案件与普通婚姻家庭案件的不同特点和规律,意识到其处理方式应当与普通婚姻家庭案件有所不同。基于此,最高人民法院中国应用法学研究所适时出台了《涉及家庭暴力婚姻案件审理指南》,本指南不能作为法官裁判案件的法律依据,但可以在判决书的说理部分引用,作为论证的依据和素材。法官在运用本指南的过程中,如果发现需要增加的内容,可以继续发展;如果发现有的内容不完全符合本地实际情况,也可以在法律的框架内作出适当调整。指南中有关家庭暴力的几方面重点内容如下:

1. 家庭暴力的类型

家庭暴力包括身体暴力、性暴力、精神暴力和经济控制四种类型。

(1) 身体暴力是加害人通过殴打、捆绑受害人或限制受害人人身自由等使受害人产生恐惧的行为。

（2）性暴力是加害人强迫受害人以其感到屈辱、恐惧、抵触的方式接受性行为，或残害受害人性器官等性侵犯行为。

（3）精神暴力是加害人以侮辱、谩骂，或者不予理睬、不给治病、不肯离婚等手段对受害人进行精神折磨，使受害人产生屈辱、恐惧、无价值感等作为或不作为的行为。

（4）经济控制是加害人通过对夫妻共同财产和家庭收支状况的严格控制，摧毁受害人的自尊心、自信心和自我价值感，以达到控制受害人的目的。

2. 一般夫妻纠纷与家庭暴力的区分

一般夫妻纠纷中也可能存在轻微暴力甚至因失手而造成较为严重的身体伤害，但其与家庭暴力有着本质的区别。对此区别，应当考虑以下因素：

（1）暴力引发的原因和加害人的主观目的是否为了控制受害方。

（2）暴力行为是否呈现周期性。

（3）暴力给受害人造成的损害程度等。

家庭暴力的核心是权力和控制，加害人如果存在通过暴力伤害达到目的的主观故意，暴力行为呈现周期性，并且不同程度地造成受害人的身体或心理伤害后果，导致受害一方因为恐惧而屈从于加害方的意愿。而一般夫妻纠纷不具有这些特征。

3. 人身安全保护措施

在涉及家庭暴力的婚姻案件的审理过程中，普遍存在受害人的人身安全受威胁、精神受控制的情况，甚至存在典型的“分手暴力”现象，严重影响诉讼活动的正常进行。因此，人民法院有必要对被害人采取保护性措施，包括以裁定的形式采取民事强制措施，保护受害人的人身安全，确保诉讼程序的严肃性和公正性。人身安全保护裁定分为紧急保护裁定和长期保护裁定。紧急保护裁定有效期为15天，长期保护裁定有效期为3至6个月。确有必要并经分管副院长批准的，可以延长至12个月。人民法院收到人身安全保护的申请后，应当在48小时内作出是否批准的裁定。人民法院经审查或听证确信存在家庭暴力危险，如果不采取人身安全保护措施将使受害人的合法权益受到难以弥补的损害的，应当及时作出人身安全保护裁定。

4. 证据

人民法院在审理涉及家庭暴力的婚姻案件时，应当根据此类案件的特点和规律，合理分配举证责任。对于家庭暴力行为的事实认定，应当适用民事诉讼的优势证据证明标准，根据逻辑推理、经验法则作出判断，避免采用刑事诉讼的证明标准。原告提供证据证明受侵害事实及伤害后果并指认系被告所为的，举证责任转移到被告。被告虽否认侵害由其所为但无反证的，可以推定被告人为加害人，认定家庭暴力的存在。在案件审理中，双方当事人可能对是否存在家庭暴力有截然不同的说法。加害人往往否认或淡化暴力行为的严重性，受害人则可能淡化自己挨打的事实。但一般情况下,受害人陈述的可信度高于加害人。因为很少有人愿意冒着被人耻笑的风险,捏造自己被配偶殴打、凌辱的事实。家庭暴力具有隐蔽性。家庭暴力发生时,除了双方当事人和其子女之外,一般无外人在场。因此,子女通常是父母家庭暴力唯一的证人,其证言可以成为认定家庭暴力的重要证据。借鉴德国、日本以及我国台湾地区的立法例,具备相应的观察能力、记忆能力和表达能力的两周岁以上的未成年子女,提供与其年龄、智力和精神状况相当的证言,一般应当认定其证据效力。法院判断子女证言的证明力大小时,应当考虑到其有可能受到一方或双方当事人的不当影响,同时应当采取措施,最大限度地减少作证可能给未成年子女带来的伤害。人民法院可以依据当事人的申请或者依职权,聘请相关专家出庭,解释包括受虐配偶综合症在内的家庭暴力的特点和规律。专家辅助人必要时可接受审判人员、双方当事人的询问和质疑。专家辅助人的意见,可以作为裁判的重要参考。

四、不得提出离婚的情形

提出离婚是夫妻双方的权利,但从保护妇女的合法权益和保护军婚的角度出发,《婚姻法》对提出离婚作了如下限制:

第一,《婚姻法》第 34 条规定:“女方在怀孕期间、分娩后一年内或中止妊娠后六个月内,男方不得提出离婚。女方提出离婚的,或人民法院认为确有必要受理男方离婚请求的,不在此限。”本条规定了男方不得提出离婚的三种情形:一是女方在怀孕期间;二是女方分娩后 1 年内;三是女方中止妊娠后 6 个月内。

《婚姻法》对妇女特殊时期的权益作出保护性规定的目的是:在上述三个特殊时期内,一方面,妇女在生理和心理上有一定负担,身体比较虚弱;另一方面,胎儿和婴儿正处在发育阶段,需要精心护理和照顾,如果此时男方提出离婚,既影响妇女的身心健康,也不利于胎儿或婴儿的健康发育和成长。因此,法律作出上述规定,具有必要性和合理性。

但是该条款的适用也是有一定限制的,在上述三个特殊时期,如果女方提出离婚的,不受此规定的限制。女方自愿放弃法律对自己的特殊保护,说明其本人对离婚已有思想准备,或者维持婚姻关系可能对女方自身或胎儿、婴儿造成重大不利。在此情况下,法院对女方提出离婚的请求应当受理,并应根据夫妻关系的实际情况确定是否准予离婚。此外,如果男女双方在上述期间自愿离婚,法院也应当受理。

“人民法院认为确有必要受理男方离婚请求的”情况,是指女方存在过错,严重损害夫妻关系,导致夫妻感情破裂的情形。在这种情况下,即使女方不同意其配偶提起的离婚请求,人民法院依然可以认定夫妻感情确已破裂而依法作出准予离婚的判决。这是因为当女方存在严重过错时,足以证明女方主观上已经不再珍惜自己的婚姻,客观上其过错行为已经严重破坏了夫妻关系,导致夫妻感情破裂。

人民法院受理该离婚请求,不仅符合婚姻自由的原则和婚姻的本质,也合乎社会主义道德的要求。

本条规定只是对男方在一定期限内行使离婚请求权的限制,这是一种程序上的限制性规定,它只是推迟男方提出离婚请求的时间,并不涉及准予或不准予离婚的实体性问题。待上述期间届满后,男方仍可依法行使其离婚请求权。

第二,无论哪一方提出离婚,属于下列情形的,人民法院不予受理:

(1) 判决不准离婚和调解和好的离婚案件,没有新情况、新理由,6 个月内又起诉的。

(2) 原告自动撤诉,没有新情况、新理由,6 个月内又起诉的。

(3) 按撤诉处理的离婚案件,没有新情况、新理由,6 个月内又起诉的。根据该规定,如果原告要求离婚的诉讼请求没有得到法院的支持,通常在 6 个月内原告是不能再提起离婚诉讼的。但是也并不意味着在 6 个月内就绝对不能起诉离婚,关键要看是否出现了不同于第一次离婚时的新情况,或者是否具有新的理由。

第三,现役军人作为普通公民,其离婚一样受到上述限制,然而由于其特殊的性质,法律作出了另一个限制,《婚姻法》第 33 条规定:“现役军人的配偶要求离婚,须得军人同意,但军人一方有重大过错的除外。”《婚姻法司法解释(一)》第 23 条规定:“婚姻法第三十三条所称的‘军人一方有重大过错’,可以依据婚姻法第三十二条第二款前三项规定及军人有其他重大过错导致夫妻感情破裂的情形予以判断。”

(1) 重婚或有配偶者与他人同居的;

(2) 实施家庭暴力或虐待、遗弃家庭成员的;

(3) 有赌博、吸毒等恶习屡教不改的;

(4) 军人有其他重大过错导致夫妻感情破裂的情形。军人的配偶提出离婚,须经军人本人同意,如果军人不同意离婚,法院不得判决离婚,这体现了对军婚的保护。但是也有例外,如果军人本身存在上述列举的重大过错,则无须经过军人同意。

五、“无性婚姻”裁判精要

(一) 法律上对于“无性婚姻”的界定

“无性婚姻”是一种口语化的说法,而并非一个法律上的概念。对于无性婚姻,法律上的规范非常稀少。只有在最高人民法院《关于人民法院审理离婚案件如何认定夫妻感情确已破裂的若干具体意见》第 1 条中提到,“一方患有法定禁止结婚疾病的,或一方有生理缺陷,或其他原因不能发生性行为,且难以治愈的”。除此之外,我们在现行的法律中没有发现有任何其他规定。

我们研读以上这个条款,就会发觉一个问题:法律上有没有对无性婚姻的成因加以限制。从条文上来看,似乎只规定了一种情形,即“一方有生理缺陷或其他原因不能发生性行为,且难以治愈的”,如果一方主观上不愿意与另一方发生性行为,是否也能适用上述条款的规定呢?有些法院在审判实践中,就非常机械地认为,一定需要一方具有严重的生理缺陷导致不能发生性行为的情况存在,否则不能适用该条款。

笔者认为,人应该有享受性爱的权利。而在我国,受到法律认可的性行为只能发生在夫妻配偶之间,如果对条文的解读只将“无性婚姻”限定在因生理缺陷造成的,那么对于因其他状况而被迫接受无性婚姻的一方来说,即是强迫他(她)接受不能过性生活的事实,这无疑是对其基本权利的剥夺。故笔者认为,对于一些其他原因导致双方不能进行夫妻生活的案件,都应参照以上条款适用。

(二)“无性婚姻”的处理

法院对于“无性婚姻”的案件的处理并不全部相同,在一些情况下,法院在原告第一次起诉离婚时即判决离婚;有些情况下,法院则认为双方感情并未破裂,仍有和好可能,以此为由判决双方不予离婚。法院因何对同一问题会作出不同的判决呢?笔者认为,最高人民法院《关于人民法院审理离婚案件如何认定夫妻感情确已破裂的若干具体意见》所规定的14种夫妻感情破裂的情形,属于可以判决离婚的情形,而并非一定要判决离婚的情形。法院在考量双方是否存在“无性婚姻”的同时,还要考虑其他因素。换言之,法院依据“无性婚姻”判决离婚是有前提条件的:

1. 有证据证明存在“无性婚姻”的事实

在诉讼中,主张事实的一方需要对其主张的事实承担举证责任,若无法举证,则要承担举证不能的不利后果。由于“无性婚姻”的事实发生在夫妻之间,一般不会有第三人在场,且涉及当事人的隐私,故在举证上常常会遇到非常大的障碍。一般来说,获取这类证据的途径有两种:一种是通过对方的诊疗记录,这是比较有证明力的证据。但是若一方不愿意去医院做检查,或者说医院为了保护当事人的隐私,拒不提供相关证据,还是存在取证困难的问题。另一种则是通过自身取证。但是笔者认为,随着医疗水平的发达,此种证明材料具有可修复性,其在证据力上会产生一定的瑕疵。综上所述,以“无性婚姻”为由,要求法院判决离婚的关键是证据,能否取到足以证明事实的证据,是案件成败的关键。

2. 一方经过治疗后确认难以治愈

最高人民法院《关于人民法院审理离婚案件如何认定夫妻感情确已破裂的若干具体意见》对于本问题的表述为“不能发生性行为,且难以治愈的”,故在这一问题的理解上,应排除偶发性的,或者可以治愈的。但是,什么叫做难以治愈,如何证明是难以治愈的,又是非常不明确的。

笔者认为,在审判实践中,要求当事人直接举证证明不能发生性行为的病症或生理缺陷是难以治愈的是非常困难的。法律不能强人所难,否则等于剥夺了当事人胜诉的权利。故通过以下两个方式对该问题加以证明的,应当视为已对法律上所要求的“难以治愈”进行了说明。第一种方式是提供相关医疗期刊上的文章，若文章上认为与本案一方有同样的病症，是难以治愈的，则主张一方应已完成了举证责任。第二种方式为，一方当事人提供了对方经过长时间治疗仍未好转或治愈的诊疗记录，也应当视为完成了举证工作。

六、生育权纠纷的处理

近年来，审判实践中出现了不少生育权纠纷，由于职场竞争压力的增大、价值观的多元化以及对婚姻前途缺乏充分信心等原因，有些女性不愿生育，未经丈夫同意擅自中止妊娠，双方因此发生纠纷，男方往往在提出离婚的同时请求损害赔偿。与纷繁复杂的生育权纠纷的司法实践相对应的是法律的相对滞后。为此，最高人民法院通过《婚姻法司法解释(三)》，确立了生育权纠纷的裁判规则。

(一) 生育权纠纷的处理规则

夫妻双方均享有生育权，但男方不得以生育权受侵害为由提起损害赔偿之诉。理由是：妻子为妊娠、分娩较丈夫承担了更多生理风险及心理压力，其为抚育子女成长通常也会付出较丈夫更大的牺牲。因此，生育对女性利益的影响大于男性，罔顾女性意愿而强制其生育，早已为现代文明所不齿。相反，为了顾全女性利益，法律才将生育权内涵扩张至不生育的自由。与生育自由相比，不生育自由更应具有绝对性，夫妻任何一方都可以不经对方同意而行使不生育权，且在法律无明确禁止时，也可以在作出同意生育的意思表示后撤回该意思。若非如此，不生育自由将难以真正贯彻。即便认为夫妻双方的生育利益完全平等，毕竟行使生育权是改变现状的权利，且需要得到配偶的协助，而不生育权是维持或恢复现状的权利，无需配偶履行义务，与前者相比，后者实现权利的成本和对生活现状的影响都要小得多。还应看到，国民普遍存在子女是爱情产物的心理，是否生育往往受夫妻情感左右，一方的不生育除偶为观念支配下的决定外，多由夫妻感情淡漠甚至破裂而引起，没有了感情的生育，只会增加夫妻双方乃至即将出生的子女的痛苦及不便。所以，当夫妻双方无法就生育达成一致意见时，支持不生育一方的决定，也更符合双方的将来利益。

在女方怀孕的情况下，女方有优先于男方的生育决定权，基于生育行为需要具备一定的生理、健康条件并存在生育风险，生育任务主要由妇女承担。妇女承担了更多的生理风险及心理压力。所以，当夫妻生育权发生冲突时，侧重于妇女权益的特殊保护，既符合立法本意，也是司法公正的要求。值得借鉴的是，即便在制定有《反堕胎法》的美国，其最高法院的法官们也通过一系列的判例确认了妇女的堕胎权，并明确指出，在父亲的利益与母亲的私权冲突时，法院倾向于保护后者。

生育权是法律赋予公民的一项基本权利，夫妻双方各自享有生育权，只有夫妻双方协商一致，共同行使这一权利，生育权才能得以实现。《妇女权益保障法》

赋予已婚妇女不生育的自由，是为了强调妇女在生育问题上享有的独立权利，不受丈夫意志的左右。如果妻子不愿意生育，丈夫不得以其享有生育权为由强迫妻子生育。妻子未经丈夫同意擅自中止妊娠，虽可能对夫妻感情造成伤害，甚至危及婚姻关系的稳定，但丈夫并不能以本人享有的生育权对抗妻子享有的生育决定权，故妻子单方中止妊娠，不构成对丈夫生育权的侵犯。

从另一个角度来讲，夫妻双方如果因为生育问题发生冲突导致感情破裂，在调解无效时，可以按照《婚姻法》第 32 条第 3 款第 5 项“其他导致夫妻感情破裂的情形”的规定，判决准予双方离婚。

（二）适用生育权纠纷的处理规则注意事项

1. 夫妻双方签订的生育契约如何认定

该问题在理论界与实务界争议均很大。一种观点认为，如果丈夫可以证明双方存在生育契约，则女方无故不履行约定私自堕胎属于违约行为。比较激进的观点甚至认为，夫妻婚后一直没有采用任何避孕措施构成双方事实上的生育契约关系，女方无故擅自中止妊娠应当承担违约责任。另一种观点认为，不论双方是否签订生育契约，女方对生育的决定权都应保护。笔者认为，当事人双方签订的合同不能违反法律与公序良俗。人身权的限制不能成为合同内容，双方所作的约定无效。既然合同无效，也就不存在女方承担违约责任的问题。

2. 关于非婚姻关系中女方擅自中止妊娠如何处理的问题

对于男女双方属于同居关系，女方中止妊娠的，可参照本规则处理，男方请求损害赔偿的，人民法院不予支持。对于同居关系，男女双方之间的关系本身就不稳定，较之存在合法婚姻关系的女方来讲，更缺乏生育的意愿，女方对双方未来的关系缺乏信心以及对未来出生的孩子将成为非婚生子女的担忧，通常会导致其中止妊娠，在此种情况下，男方不得以侵害其生育权为由主张损害赔偿。从保护妇女的角度出发，认为女方有权利中止妊娠，此时其仍然可以要求男方承担必要的费用，女方即使签订了生育契约，也可以反悔，并无须承担责任。

3. 关于男方不愿生育，女方坚持生育的处理

本规则仅规定了女方不愿生育，男方坚持生育的如何处理，但对男方不愿生育、女方坚持生育的处理并没有作出规定。司法实践中，经常有男方因种种原因，比如经济困难、出现第三者、婚姻即将解体甚至不喜欢孩子而缺乏生育意愿的情况。有些夫妻甚至就不生育孩子问题签署协议。比如，甲男与乙女协议离婚，离婚时女方已经怀有身孕，男方给女方一大笔补偿，明确表示不要孩子，双方并协议约定女方中止妊娠。女方已拿到补偿款，但事后反悔，又生下孩子，此时男方是否要承担抚养义务。笔者认为，在男女双方相互协作而使女方怀孕后，男方不得基于其不愿生育而强迫女方堕胎，因为既然男方在和女性发生性关系时没有采取任何避孕措施，这一行为本身表明其已以默示的方式行使了自身的生育权，这时其虽然不愿女方生育，但不得强迫女方不生育，否则仍然是侵犯女方的人身权。有

的学者认为,在这种情况下生育的子女,丈夫可以不尽抚养义务。笔者认为此种观点欠妥,根据《婚姻法》的规定,父母对未成年子女具有抚养教育的义务,这一义务不受父母关系是否离异的影响,不能因为父母的过错而免除其对子女的应尽义务,这主要是基于未成年子女利益的保护而设的规定。何况男方在自己不想要子女的情况下,在性关系中不采取任何避孕措施,其行为本身也有过错,所以应承担一定的法律责任。因此,男方不愿生育,女方执意生育,仍不能免除男方作为父亲的任何义务。

4. 关于医疗机构是否承担责任的问题

在司法实践中,妻子擅自中止妊娠,丈夫一般以生育权受到侵害为由,让妻子承担赔偿责任,此时,妻子是被告。但也有一些案件是丈夫状告医疗机构未经其同意,损害其生育权,要求医疗机构承担赔偿责任的。在此种情况下,本规则没有明确规定,但是笔者认为,医疗机构不应当承担损害赔偿责任。因为法律并没有赋予丈夫中止妊娠的同意权。医疗机构实施中止妊娠的手术,只要取得女方的同意,就不构成侵权,无须承担赔偿责任。医疗机构是通过医疗行为协助女方堕胎,只有当女方的行为构成侵犯其丈夫的生育权时,医疗机构才会构成共同侵权。而妻子不负有协助丈夫生育的法定义务,其不生育之人格权利的行使,无须丈夫行使同意权。医疗机构在对女方进行人工流产手术时,如果没有违反医疗卫生管理的法律规定和诊疗护理规范,没有过失或故意造成患者人身损害,就不应当承担侵权责任。

第四章　家庭财产的基本原理

一、家庭财产权的类型及法律渊源

家庭财产是私有财产的重要组成部分,也是个人财产权的主要存在形态。可以毫不夸张地说,在人类文明史上,如果没有对家庭财产权的保护制度,就没有社会发展的动力。当前,在强化依法治国及建设法治政府的新形势下,对各种类型的家庭财产权提供充分的法律保护,显然是极其重要的。

1. 家庭财产权的类型

从婚姻家庭的角度出发,家庭财产权包括家庭共同财产及家庭个人财产两大部分。

现行《婚姻法》规定,夫妻可以约定婚姻关系存续期间所得的财产以及婚前财产归各自所有、共同所有或部分各自所有、部分共同所有。约定应当采用书面形式。没有约定或约定不明确的,适用该法第 17 条、第 18 条关于夫妻共同财产和分别财产制度的规定。《婚姻法》明确肯定了夫妻对婚姻关系存续期间所得的财产以及婚前财产的约定对双方具有约束力。也就是说,从婚姻法的立法体系而言,目前我国的家庭财产制度形态分为夫妻共同财产制、夫妻分别财产制和夫妻混合财产制三种权利类型,且除非夫妻双方另有约定,家庭个人财产权不因婚姻关系的存续而转化为夫妻共同财产。不仅如此,夫妻财产制度的约定形态将涉及对第三方的约束力。诸如,《婚姻法》规定,夫妻对婚姻关系存续期间所得的财产约定归各自所有的,夫或妻一方对外所负的债务,第三人知道该约定的,以夫或妻一方所有的财产清偿。

2. 家庭财产权的法律渊源

财产权产生的不同法律渊源,可具体划分为:来源于民法中的动产与不动产权益;来源于物权法中的所有权及用益物权;产生于知识产权法体系中的商标权、专利权、著作权及技术信息权等权利形态中的财产权;根据公司法和企业法而产生的公司股权、企业股权及自然人独资所形成的企业所有权;根据投资关系而产生的股份性权益及基金份额权;依据合同法产生的债权与债务性资产(家庭负资产)等权利形态。

此外,《中华人民共和国妇女权益保障法》《中华人民共和国未成年人保护法》和《中华人民共和国老年人权益保障法》是涉及对三种家庭成员权益予以特殊保障的特别法,其中所设定的有关对妇女、儿童和老人等家庭成员进行特别保护的财产保障法律制度,必须在司法实践中得以体现。

诸如,《中华人民共和国民法通则》(以下简称《民法通则》)要求监护人应当履行监护职责,保护被监护人的人身、财产及其他合法权益,除为被监护人的利益外,不得处理被监护人的财产。同时,对于涉及被监护人权利受到侵害时的法律责任体系,即监护人不履行监护职责或者侵害被监护人的合法权益的,应当承担责任;给被监护人造成财产损失的,应当赔偿损失。人民法院可以根据有关人员或者有关单位的申请,撤销监护人的资格。

涉及家庭财产权保护制度的另一类重要法律渊源是司法解释。目前,最高人民法院对《婚姻法》已经先后3次作出司法解释,对《中华人民共和国继承法》(以下简称《继承法》)的适用也有相应的司法解释,此类解释连同其他司法政策性文件,均是处置家庭财产权确权和析产纠纷的重要依据。

二、物权制度与家庭财产权

应当说,目前可以对家庭财产制度进行调整和规范的法律渊源十分庞杂。最主要的基础性法律制度体现在《民法》《婚姻法》和《继承法》中;《中华人民共和国合同法》(以下简称《合同法》)、《中华人民共和国物权法》(以下简称《物权法》)、《中华人民共和国公司法》(以下简称《公司法》)和知识产权法等,是家庭财产权得以受到保障的重要的实体法。

其中,《物权法》明确规定,私人的物权受法律保护,任何单位和个人不得侵犯。涉及家庭财产权部分最重要的物权制度包括以下三部分:

(1) 所有权体系中的家庭财产权。诸如建筑物区分所有权,即通常意义上体现为"单元房"的房屋所有权;该部分权利为家庭财产的重要组成部分,也是司法实践重点关注的权益形态之一。另一类型是私人或家庭拥有的动产,《民法通则》明确规定,私人对其合法的收入、生活用品、生产工具、原材料等不动产和动产享有所有权。其中私人或家庭的合法储蓄等货币资产属于特别动产,当然受到民法及物权法的保障。公民个人或家庭因投资而产生的股权或股份性权益及其收益均具有物权属性而受到物权法的保护。在一定程度上,企业法人财产权也是家庭财产权的特殊存在形态。这些家庭财产权均可被合法地继承。

(2) 因特殊原因产生的家庭财产权。包括因涉及人民法院、仲裁委员会的法律文书或者人民政府的征收决定等产生的物权权益;因继承或者接受遗赠取得的物权等。

(3) 用益物权体系中的家庭财产权。主要包括土地承包经营权、建设用地使用权和宅基地使用权。这三大用益物权涵盖了农村和城市居民的重要家庭财产权内容。当然,建设用地使用权主要存在于城市及城镇规划区内,但却是公民个人及家庭财产中最具价值的权利内容。

应当明确,《中华人民共和国农村土地承包法》(以下简称《农村土地承包法》)虽是《物权法》的下位法,但其设定的农村土地承包制度是《物权法》中"用益物权"制度的重要组成部分。其中,无论从立法或司法的角度,妇女应该与男子享有平等的权利,且承包中应当保护妇女的合法权益,任何组织和个人不得剥夺、侵害妇女应当享有的土地承包经营权,这已经成为一种共识。目前,对土地承包经营权的颁证确权及对农民承包地流转自由权的保护,使得该项权利已经从用益物权的性质向所有权性质靠拢。农民可以依法对承包经营权采取转包、出租、互换、转让或者其他方式流转。除法律明确规定应当收回承包经营权的情形之外,农民及其后代可以不受辈数限制地对该类权利继承下去。此外,通过招标、拍卖、公开协商等方式取得的承包经营权已经具有了商业化性质,该类承包权益当然可以依照《继承法》和承包合同的规定予以继承。应当注意到,新一届中央政府确定,将继续推进城镇化作为新的改革发展动力。可以预见,用益物权必将在家庭财产中占有更加重要的价值和地位。

家庭共有财产的核心规则是夫妻共同财产制度。现代社会中,因未进行分家析产而存在的家族性共有财产的情形较为少见,但各种形态的家庭共有财产与物权法共有制度直接相关。家庭共有财产由家庭成员共享所有权,这是家庭共有财产权的必然要求。家庭共有财产的来源主要是家庭成员在共同生活期间的共同劳动收入、投资性收益和继受性财产,以及由此产生的增值性收益等财产权益。同时,基于《合同法》《物权法》而产生的共有物权,也是《物权法》第八章的"共有"制度的调整范畴。

《婚姻法》对夫妻财产制度设定了分别财产制、共有财产制和混合财产制三种形态。即夫妻可以约定婚姻关系存续期间所得的财产以及婚前财产归各自所有、共同所有或部分各自所有、部分共同所有。根据有关规定,除明确约定而设定特殊的夫妻按份共有的情形外,夫妻共有财产一般为共同共有。

按份共有人对共有的不动产或者动产按照其份额享有所有权;共同共有人对共有的不动产或者动产共同享有所有权。对共有财产的处分和管理权方面,共同共有实行平等行权的原则,而按份共有则可以按照约定管理共有的物权;没有约定或者约定不明确的,各共有人都有管理的权利和义务。按份共有同时实行比例决策原则,即处分共有物权以及对共有的不动产或者动产做重大修缮的,应当经占份额2/3以上的按份共有人同意。

在实行分别财产制的家庭中,夫妻任何一方对个人所有的财产享有自主的处分权,且夫妻一方所有的财产,不因婚姻关系的延续而转化为夫妻共同财产,但当事人另有约定的除外。《婚姻法》规定,夫或妻对夫妻共同所有的财产,有平等的处理权。《婚姻法司法解释(一)》明确要求,按照下列两项原则来理解夫妻对家庭共同财产的平等处分权：一是夫或妻在处理夫妻共同财产上的权利是平等的，因日常生活需要而处理夫妻共同财产的，任何一方均有权决定。笔者认为，这里的“权利平等”指的是主体资格意义上的平等，而非夫妻双方的事实处分权完全均等化。二是夫或妻非因日常生活需要对夫妻共同财产作重要处理决定时，夫妻双方应当平等协商，取得一致意见。

他人有理由相信其为夫妻双方共同意思表示的，另一方不得以不同意或不知道为由对抗善意第三人。目前司法实践的态度是，除非第三人知道夫妻为分别财产制，否则夫妻任何一方对财产的处分，第三人均有理由相信其系夫妻共同处分意思的体现。但是，如何证实“第三人知道该约定”，现行司法解释明确要求夫妻一方对此负有举证责任。

《物权法》共有制度中规定，按份共有人可以转让其享有的共有物权份额，其他共有人在同等条件下享有优先购买的权利。因此在实行夫妻约定共有制的情形下，任何一方转让自身的按份共有物权时，另一方享有优先购买权，这一点在处分以公司股权为标的的家庭共有财产中尤为重要。

三、知识产权与家庭财产权

知识产权制度是家庭财产权产生的一个重要法律渊源。知识产权涵盖人身权和财产权两大板块，其中财产权在多数情形下涉及法人财产权、家庭财产权和个人财产权三大权利归属。只有在特殊情形下，知识产权涉及国有资产或国家所有权的构成问题。事实上，夫妻共有财产权和个人财产权都是家庭财产权的主要组成部分，也是私有财产权的重要内容。而且，家庭财产权无论如何共存或流转，最终必然要归为个人财产权。

根据婚姻法及各项知识产权制度的规定，“知识产权的收益”，既是夫妻共同财产的构成内容，也是个人财产的重要来源。因为知识产权的一个重要属性就是其具有高度的人身性特征，无论归属于法人或是其他主体的知识产权，必然要由相应的自然人进行创作或发明。因此，只要尊重个人的知识产权，就必然会涉及家庭财产权。

家庭知识产权权益散见于各类知识产权法制度中。例如，《中华人民共和国著作权法》（以下简称《著作权法》）第 2 条第 1 款规定：“中国公民、法人或者其他组织的作品，不论是否发表，依照本法享有著作权。”著作权包括人身权和财产权两部分。其中，财产权包括复制权、发行权、出租权、展览权、表演权、放映权、广播权、信息网络传播权、摄制权、改编权、翻译权和汇编权等 16 项列举性权利及一项兜底性权利。在前述权利构成中，有很多属于法人财产权的内容。但是，凡由个人可以享有的知识产权，均可以成为家庭财产权的构成内容。同时，即便是法人财产权，在涉及家庭析产法律关系时，仍然可以转化为家庭财产权。商标权和专利权具有同样的属性，即其既可以是个人财产权，也可以是法人财产权的构成内容,如果该类知识产权隶属于企业法人财产权的,仍然与家庭财产权直接相关。因为企业法人财产权必然受股权及投资权的控制,而该两类权益又是家庭财产权的重要组成部分。

知识产权基于家庭财产权而言,其主要权利形态最终一般体现为许可权和获得报酬权两种形式。各类知识产权之许可使用和转让等法律行为,都是对知识产权行使处分权的体现,因此产生的"获得报酬权",是家庭财产权在这一领域的最终表现形态。

知识产权收益可以构成家庭财产权的另一途径是因侵权赔偿所得的财产性权益。目前,我国的知识产权法体系已经构建了相对充分的索赔机制。无论是《中华人民共和国专利法》(以下简称《专利法》)《中华人民共和国著作权法》《中华人民共和国商标法》(以下简称《商标法》)以及《中华人民共和国反不正当竞争法》(以下简称《反不正当竞争法》)及有关商业技术秘密或技术信息保护的司法解释等,均是保护知识产权和家庭财产权的重要法律渊源。

需特别指出,家庭财产权中的"知识产权收益",是指婚姻关系存续期间,实际取得或者已经明确可以取得的财产性收益。也就是说,凡是家庭成员合法享有的知识产权,即便没有完成最终的权利分析而以"期待权"的形态存在,依然可以成为家庭财产权的构成部分。

四、家庭债权债务处置规则

债权、债务性资产是家庭财产的重要组成部分,也即,家庭财产权除以物权的形态存在外,债权和债务(负资产)亦是家庭财产权的构成内容。

家庭债权分为内部债权和外部债权;相应的,家庭债务亦分为内部债务和对第三方所负的外部债务。目前的司法实践认可夫妻内部之间的债权债务关系。如夫妻之间订立借款协议,以夫妻共同财产出借给一方从事个人经营活动或用于其他个人事务的,应视为双方约定处分夫妻共同财产的行为,此种情形在离婚时可按照借款协议的约定处理。

对于外部债权和债务的处置而言,如果在夫妻关系合法存续期间,则此类法律关系相对简单,即夫妻双方作为财产共同体和责任共同体,共同对外享有债权并承担债务。需要指出的是,家庭共同债务的承担不以某一时段的夫妻共同财产为限而承担"有限"责任,而是夫妻双方对其家庭债务应当承担"无限"责任。

较为复杂的法律关系是,当家庭共同财产权之责任主体解体后,如何对原有债务承担法律责任?综合现有司法实践的裁判原则,笔者认为,应当按照下列原则进行处置:

(1) 以优先保护第三方的债权为基本原则。即以认定该类债务为家庭共同债务为原则,因为《婚姻法司法解释(二)》规定,债权人就婚姻关系存续期间夫妻一方以个人名义所负债务主张权利的,应当按夫妻共同债务处理。

（2）以认定其为个人债务为例外。即夫妻一方能够证明债权人与债务人明确约定为个人债务，或者能够证明属于《婚姻法》第 19 条第 3 款规定情形的除外。显然，此时应按照证明责任规则准确分析该类债务的性质，分析其到底系原家庭共同债务或是个人债务。《婚姻法》第 19 条第 3 款除外条款，具体是指："夫妻对婚姻关系存续期间所得的财产约定归各自所有的，夫或妻一方对外所负的债务，第三人知道该约定的，以夫或妻一方所有的财产清偿。"但是，"第三人知道该约定的"的法律事实，必须由夫妻一方对此负有举证责任，债权人对此有权以证据反驳该种异议。

（3）将婚前债务纳入家庭共同债务的承担范畴实行举证责任倒置原则。即债权人就一方婚前所负个人债务向债务人的配偶主张权利的，法院的基本原则是"不予支持"。但债权人能够证明所负债务用于婚后家庭共同生活的除外。也即，无论婚姻关系存续期间或解除后，第三方主张债务方的配偶承担婚前债务的，持有异议的配偶一方不负有排除性举证责任，而是实行由债权人举证的倒置证据规则。

（4）婚姻关系解体后，双方对原有家庭共同债务应承担连带责任。即无论是婚内或离婚后或者是夫妻一方死亡的，第三方债权人仍有权就夫妻共同债务向男女双方主张权利。即便当事人的离婚协议或者法院的判决书、裁定书、调解书已经对夫妻财产分割问题作出了处理，并不消灭原夫妻的连带法律责任。但是，任何一方就共同债务承担连带清偿责任后，对于超出自身应当承担份额的，有权基于离婚协议或者法院的法律文书，向另一方主张追偿。

五、家庭财产权析产规则

笔者认为，家庭财产权的存在形态在某个时期可能是以家庭共有财产或是个人财产的方式体现，但其归根结底的流转归属是个人财产权。为正确解决家庭财产权纠纷，必须重视析产规则在司法实践中的适用。

家庭财产权的析产规则分为一般规则和特殊规则。

（一）家庭财产析产的一般规则

1. 正确界别家庭共有财产和个人专有财产

家庭共有财产按照家庭共有制度确定，家庭成员的专有财产涉及某个家庭成员被指定接受的专属赠与财产或继承财产。但是，应当明确的是，在夫妻关系存续期间，任何一方的普通受赠或继承所得的财产，应当归属为夫妻共同财产。

2. 涉及继承时必须析出其他共有人的财产

继承的本质是对被继承自然人的个人财产的再处分法律行为。在家庭关系存续期间，共同财产制度和个人财产制度均可并存，但家庭关系解体后，共有财产必然分解归属于个人财产。

3. 正确区分夫妻共同财产与家族性家庭成员的共同财产

这种情形在现代社会中相对少见，但是不排除在家族性企业在家族解体时所进行的析产活动中适用该规则。夫妻对共同财产有平等的处理权,但对家族性财产没有直接处分权,此时的析产应以夫妻家庭为一个主体,并按照家族内部的产权分割协议将某部分财产划归家庭财产后,夫妻双方才有直接的处分权。

4. 正确区分按份共有和共同共有

一般来说,夫妻之间的共有关系为共同共有,各共有人享有均等份额。但是,如果共有人事先约定了各共有人的份额,就构成按份共有,各共有人按照约定的份额分得财产;如果共有人不能证明按份共有,则按共同共有处理;在按份共有中,各共有人对各自应得份额约定不明的,则按等份原则处理。

5. 正确适用优先受让权原则

家庭财产存在可分割财产与不宜分割财产的区别。对家庭共有财产进行分割时,无论是动产还是不动产,无论是采取实物分割、作价补偿或是对外处置变现后分割,均必须保护共有人内部的优先受让权。

(二)家庭财产析产的特殊规则

1. 特殊情形下可以进行婚内财产分割

一般而言,婚姻关系存续期间,夫妻一方请求分割共同财产的,法院不应当支持。但是,司法实践中存在特殊情形需要进行婚内分割的除外。此时,应当遵循的析产原则包括但不限于:

(1)不损害债权人的利益,即夫妻双方的此种分割不存在规避对外债务或转移资产的情形。

(2)一方有隐藏、转移、变卖、毁损、挥霍夫妻共同财产或者伪造夫妻共同债务等严重损害夫妻共同财产利益行为的,另一方可以请求婚内析产。

(3)一方负有法定扶养义务的人患重大疾病需要医治,另一方不同意支付相关医疗费用的,此有特殊需求的一方可以请求婚内析产。

(4)请求分割的一方有其他重大事项需要办理而另一方不同意的,但是,司法实践应当对此类情形予以审慎对待。

2. 婚姻关系被否决后不影响共同财产权的认定

夫妻共同财产权的构成一般以婚姻关系的合法存续为前提。但《婚姻法司法解释(一)》规定,被宣告无效或被撤销的婚姻,当事人同居期间所得的财产,按共同共有处理,但有证据证明为当事人一方所有的除外,这就意味着原同居当事人有权均等分割同居期间所得的共同财产。

3. 承认婚内赠与的法律效力

目前,司法实践对婚内赠与的法律约束力实行有条件的认可。婚内赠与和夫妻双方实行分别财产制具有类似的法律性质,等同于夫妻双方对共同财产的处分,故该类婚内赠与行为是有效的。但是,对涉及需要以登记方式确认权属的物权赠与时可能存在特殊情形:如婚前或者婚姻关系存续期间,当事人约定将一方所有的不动产赠与另一方,赠与方在赠与产权变更登记之前撤销赠与,另一方请求判令继续履行的,法院应当按照《合同法》第186条的规定处理,即赠与人在权利转移之前可以撤销赠与,但经过公证的赠与合同,赠与方不得撤销。

4. 婚前或婚内受赠具有不同的析产规则

以不动产物权的受赠为例。婚前父母为夫妻双方购置房屋出资的,该出资应当认定为对自己子女的个人赠与,但父母明确表示赠与双方的除外;相反,婚后父母为双方购置房屋出资的,该出资应当认定为对夫妻双方的赠与,但父母明确表示赠与一方的除外。可以看出,婚前受赠的法律效果以归属于个人财产权为原则,归属为家庭共同财产权为例外;而婚内受赠的权利归属原则恰好相反。根据物权法定原则,婚内受赠的法律后果还必须结合物权登记状态来确定。如果婚后由一方父母出资为子女购买的不动产,产权登记在出资人子女名下的,视为只对自己子女一方的赠与,该不动产应认定为夫妻一方的个人财产。与此相对应的是,如果由双方父母出资购买的不动产,产权登记在一方子女名下的,则该不动产可认定为双方按照各自父母的出资份额按份共有,但当事人另有约定的除外。这也是目前家庭财产权“股份化”的主要法律根源。

5. 家庭财产权主体解体后的过错赔偿原则

根据赔偿权机制而获得的权益,也是调整家庭财产归属的一项重要析产规则,如夫妻一方擅自处分共同共有的财产造成另一方损失的,离婚时另一方有权请求赔偿损失。

6. 尊重家庭析产协议的约定和司法终局裁判权

婚姻法虽然规定夫妻一方婚前所有的财产不因婚姻关系的延续而转化为夫妻共同财产,但同时授权当事人另有约定的除外。显然,家庭析产协议的效力高于一般析产原则。因此,离婚协议中关于财产分割的条款或者当事人因离婚就财产分割达成的协议,对男女双方具有法律约束力。在诉讼中,必须尊重司法权对此类协议的终局裁判权。如双方对夫妻共同财产中的价值及归属无法达成协议时,法院可以按照竞价规则、评估规则和变现规则进行裁判。

六、股权与家庭共有财产权

在以股权类财产为标的的家庭析产纠纷中,股东优先购买权与家庭财产共有人的优先受让权之间会产生竞争情形。因此,如何正确适用二者之间的权利竞争规则,是司法实务中的一个重要课题。

股权本身受物权法调整。物权法所有权制度规定,国家、集体和私人依法可以出资设立有限责任公司、股份有限公司或者其他企业。国家、集体和私人所有的不动产或者动产,投到企业的,由出资人按照约定或者出资比例享有资产收益、重大决策以及选择经营管理者等权利并履行义务。因此,公司股权、企业投资权具有物权属性。无论是以家庭共有财产出资或是以个人名义投资所形成的股权,除非当事人约定实行夫妻分别财产制或者直接约定该股权独立于家庭共有财产之外的,其在本质上依然属于家庭共有物权,这一点与公司法人财产权的独立性并不矛盾。之所以作出如此规定,是因为根据公司法人财产制度的规定,公司属于企业法人,具有独立的法人财产,享有法人财产权。公司以其全部财产对公司的债务承担责任。同时,有限责任公司的股东以其认缴的出资额为限对公司承担责任;股份有限公司的股东以其认购的股份为限对公司承担责任。也就是说,一旦家庭财产投资于公司后,该类财产将转化为公司法人的财产,且公司成立后,股东不得抽逃出资。股东以家庭财产投资并置换为公司股权后归股东持有,而持有股权的家庭成员,除实行分别财产制之外,并不独立享有该股权,而是代表家庭持有共有财产。

因此,按照物权法共有制度及婚姻家庭法的规定,在处分该类共有财产权时,其他共有人应当具有优先受让权。但按照公司法的规定,尤其是在有限责任公司法律制度中,明确规定股东对外转让股权时内部股东具有优先购买权。此时不直接持有公司股权的家庭共有权人相对于公司其他股东而言,依然属于公司股东"之外"的范畴。因此,当享有优先权的各方均主张该权利时,则股东的优先购买权即可能与家庭共有权人的优先受让权发生冲突。

目前,有关司法解释已经设置了相应的处置规则。在法院审理离婚案件中,涉及分割夫妻共同财产中以一方名义在有限责任公司的出资额,另一方不是该公司股东的,按以下情形分别处理:一是夫妻双方协商一致将出资额部分或者全部转让给该股东的配偶,过半数股东同意、其他股东明确表示放弃优先购买权的,该股东的配偶可以成为该公司股东;二是夫妻双方就出资额转让份额和转让价格等事项协商一致后,过半数股东不同意转让,但愿意以同等价格购买该出资额的,法院可以对转让出资所得财产进行分割。过半数股东不同意转让,也不愿意以同等价格购买该出资额的,视为其同意转让,该股东的配偶可以成为该公司股东。

七、股东优先权与家庭共有权的竞争

目前,有关司法解释对股权类家庭财产的析产纠纷设立了相应的处置规则,其核心价值观显然是优先保护公司股东的优先购买权。现行制度规定,家庭共有权人对公司股权这一共有财产的优先受让,必须以公司股东的"同意"为前提,一旦公司股东行使优先购买权,则家庭共有权人将丧失继受公司股权的资格。

随着司法实践认知的深入,笔者认为,上述司法价值观有调整的必要,应当保护家庭共有权人的优先继受权。在家庭析产过程中,对有限责任公司股权处置必须坚持自然人股东死亡或家庭财产进行合法析产后,合法继受人才可以直接继受公司之股东资格及股权,公司章程另有规定的除外。

鉴于家庭财产权"共同共有"的法律属性,保护家人对共有财产的继受权当然是最为合理的价值判断。共同共有的基本特性是权利的"一体性"。也就是说,当某一公司股东将股权转移由其家人持有时,该权利的一体性几乎没有发生质变。

坚持保护股东优先购买权的理论基础，是以优先保护公司股东之间的“人合性”为目标，但家人之间的“紧密性”较之于公司股东的“人合性”而言更为紧密。尤其是公司股权涉及家族性财产权时，保护家人对公司股权的继受权更为必要。例如，不能因为某一公司股东的继承人未获公司其他股东的同意，即否认该家族在公司中的股东地位。因此，只有当股权继受人决定退出公司而向公司股东之外的其他主体转让股权时，公司股东才有优先购买权。

当然，公司反对某一股东的继受人成为公司股东的理由如果具有法定情形，则司法权不应当保护股东家人的继受权，而应依法支持公司及其股东的抗辩权或者公司股东的优先购买权。尤其是当该继受人要求继受死亡股东在公司中的原有董事、监事、高级管理人员等管理职务时，公司股东在下列情形下的异议权及抗辩权，应当得到司法权的优先支持：一是无民事行为能力或者限制民事行为能力；二是因贪污、贿赂、侵占财产、挪用财产或者破坏社会主义市场经济秩序，被判处刑罚，执行期满未逾 5 年，或者因犯罪被剥夺政治权利，执行期满未逾 5 年；三是担任破产清算的公司、企业的董事或者厂长、经理，对该公司、企业的破产负有个人责任的，自该公司、企业破产清算完结之日起未逾 3 年；四是担任因违法被吊销营业执照、责令关闭的公司、企业的法定代表人，并负有个人责任的，自该公司、企业被吊销营业执照之日起未逾 3 年；五是个人所负数额较大的债务到期未清偿。

很显然，即便某死亡股东的继受人所继受的股权足以作出相关任职决议，但如果该股权继受人存在上述禁止任职的情形而被诉诸司法裁判的，则司法权应当以该公司决议违反前述法律的强制性规定，确认该选举、委派董事、监事或者聘任高级管理人员的决议无效。

八、非公司股权与家庭共有权

目前，司法实践在家庭析产纠纷中对非公司类投资权益的处置依然遵循优先保护其他投资人的优先购买权的基本原则。

《婚姻法司法解释（二）》第 11 条规定，婚姻关系存续期间，一方以个人财产投资取得的收益财产属于《婚姻法》第 17 条规定的“其他应当归共同所有的财产”。也即，家人在某企业中的投资分红所得系家庭共同财产权的范畴，而对投资权本身是否属于家庭共有财产权则没有作出界别。正因如此，有关司法解释在处置家庭析产纠纷时，依然遵循优先保护其他投资人优先购买权的司法规则。

以合伙企业中的投资权处置为例。法院在涉及分割夫妻共同财产中，以一方名义在合伙企业中的出资，另一方不是该企业合伙人的，当夫妻双方协商一致，将其合伙企业中的财产份额全部或者部分转让给对方时，按以下情形处理：一是其他合伙人一致同意的，该配偶依法取得合伙人地位；二是其他合伙人不同意转让，在同等条件下行使优先受让权的，可以对转让所得的财产进行分割；三是其他合伙人不同意转让，也不行使优先受让权，但同意该合伙人退伙或者退还部分财产份额的,可以对退还的财产进行分割;四是其他合伙人既不同意转让,也不行使优先受让权,又不同意该合伙人退伙或者退还部分财产份额的,视为全体合伙人同意转让,该配偶依法取得合伙人地位。

目前,对于夫妻以一方名义投资设立独资企业的,法院分割夫妻在该独资企业中的共同财产时,按照以下情形处理:一是当一方主张经营该企业的,对企业资产进行评估后,由取得企业的一方给予另一方相应的补偿;二是双方均主张经营该企业的,在双方竞价基础上,由取得企业的一方给予另一方相应的补偿;三是双方均不愿意经营该企业的,按照《中华人民共和国个人独资企业法》等有关规定办理。

笔者认为,此类投资权与公司类股权具有同质性,亦应当属于家庭共有财产权的构成范畴。鉴于家庭共有财产权的“共同共有”属性,应当优先保护家庭财产权继受者对此种投资权的继受权。因为保护一种权利的优先性,取决于该种权利与权利主体之间关系的“紧密性”,类似于法律因果关系中的“近因力”。

公司股权是公司法人财产权存在的构成形态,每个股东对该公司法人财产权的持有以“按份共有”的法律形式存续。但是,家庭共有权却以“共同共有”为存续基础,以按份共有为例外,这在物权法上也有明确的法律依据。根据物权共有制度的规定,共有人对共有的不动产或者动产没有约定为按份共有或者共同共有,或者约定不明确的,除共有人具有家庭关系外,视为按份共有。

笔者认为,鉴于非公司股权与公司股权的同质性,家庭成员在其投资的合伙企业中所享有的投资权及在个人独资企业中所享有的所有权,均具有家庭共同财产的属性,也即,当共有人之间有“家庭关系”时,则共有的法律属性以“共同共有”为优先判定结论。

九、股票类资产与家庭财产权

股票类资产也是家庭财产一种存在形式,其具有“资本”的法律特质,是更为“物权”化的一种权利性财产。这种“资本性”股权是相对于有限责任公司的“人合性”股权而言的,资本性股权的取得及处置,不考虑股东之间的人合性问题,除非公司章程对股权的持有或处分作出明确的限制,股东流转股权具有完全的自主性,不涉及其他股东的优先购买权问题。

根据有关司法解释,夫妻双方分割共同财产中的股票、债券、投资基金份额等有价证券以及未上市股份有限公司的股份时,协商不成或者按市价分配有困难的,法院可以根据数量按比例分配。也就是说,无论该类资本性股权的实际价值是多少,在司法处置中可以不必考虑其来源或其所在经济体的股权治理结构,法院只在数量上作出形式分割即可。

资本性股权的上述处置方式与其在法律上所具有的“资本”属性高度关联,以股份有限公司的股份发行和转让为例,在股份公司中,所有的入股资本被划分为等额股份,并以“股票”的形式体现权利。股东持有的股份可以依法转让,其转让途径既可以是依法设立的证券交易场所,也可以按照国务院规定的其他方式进行。在进行家庭析产时,既可以进行股票变现分割,也可以直接对持有的股票量进行分割。但是,股票类家庭财产在持有及处置中,往往更容易对共有产权人构成侵权。因为股票类家庭财产的缺陷在于,共有权人无法控制股票的流转,也无法通过司法程序撤销股权流转效力,尤其是无记名股票的转让。由股东将该股票交付给受让人后即发生转让的效力,一旦交付第三方受让人,则等同于对货币动产的交付,难以主张司法追及权。

家庭财产中的股票类资产,有一种较为特殊,即“记名股票”的形式。记名股票由法人股东或发起人股东持有,该类股票由股东以背书方式或者以法律、行政法规规定的其他方式转让;转让后由公司将受让人的姓名或者名称及住所记载于股东名册。因此,除非家庭成员为某股份有限公司的发起人,否则家庭财产中很少包括股份公司的记名股票。家庭共有财产中对记名股票的不当处置,其他共有人可以有条件地行使撤销权或追及权。记名股票的特殊限制包括诸如发起人对其所持有的股份自公司成立之日起 1 年内不得转让,或者公司公开发行股份前已发行的股份,自公司股票在证券交易所上市交易之日起 1 年内不得转让。如果持有记名股票的家庭成员在公司担任董事、监事、高级管理人员,则对其所持股份自公司股票上市交易之日起 1 年内不得转让,且离职后半年内,不得转让其所持有的公司股份。公司章程可以对公司董事、监事、高级管理人员转让其所持有的本公司股份作出其他限制性规定。根据记名股票的前述特殊性,当家庭共有产权人不当处分其所持的记名股票时,第三方明知上述限制而仍然受让该股票的,则不能构成善意第三人,家庭共有产权人有权依法维护其合法权益。

第五章　夫妻财产的认定和分割

一、夫妻约定财产制

（一）夫妻约定财产制的条件

现行的夫妻约定财产制，尽管对订立夫妻财产制契约时应当符合哪些条件未作出详细规定，我国学者通说认为，夫妻财产制契约是一种双方的民事法律行为，可参照适用我国《民法通则》和《合同法》关于民事法律行为以及合同生效条件的相关立法规定。因此，订立夫妻财产制契约应具备以下要件：第一，夫妻双方必须具有缔约能力；第二，夫妻双方意思表示真实；第三，约定的内容和形式须合法。[①]

此外，由于缔约主体的夫妻身份和婚姻关系的特殊性，夫妻财产制契约毕竟不同于一般的公民财产契约，依其自身的性质，还应有其特殊的有效要件：即婚姻当事人的婚姻必须合法有效，且必须由夫妻双方亲自订立夫妻财产制契约，不得由父母等其他人代理。

（二）夫妻约定财产制的种类

1. 一般共同财产制

一般共同财产制是指夫妻将双方婚前和婚后的全部财产合并为共同财产，归双方共同共有，从而排斥法定的婚后所得共同制适用的财产制度。在一般共同财产制下，对夫妻双方而言，无论财产是各自婚前所有还是婚后取得，也无论财产是动产还是不动产，都归夫妻共同共有。相比较夫妻法定的婚后所得共同制下的夫妻财产共同共有，一般共同财产制下的夫妻，也可以将各自的婚前财产纳入共有的范围，而不仅限于婚后所得财产。

2. 限定共同财产制

限定共同财产制是指夫妻双方约定将部分婚前财产和部分婚后所得的财产归为夫妻共同财产，其余部分为夫妻各自所有的财产制度。在限定共同财产制

---

① 杨大文主编：《亲属法》，法律出版社 2000 年版，第 161—162 页；蒋月主编：《婚姻家庭与继承法》，厦门大学出版社 2007 年版，第 147—148 页；巫昌祯主编：《婚姻家庭法新论》，中国政法大学出版社 2002 年版，第 202—203 页。

下，由夫妻双方根据实际的生活需要，协商确定个人财产和共同财产各自的范围，如夫妻双方可以将一方婚前购买的房屋约定为双方共同所有，将双方的工资约定为各自所有。

3. 分别财产制

分别财产制是指夫妻将双方的全部财产约定为均归各自所有，以排斥法定共同财产制适用的财产制度。在分别财产制下，夫妻双方各自对自己的财产行使管理、使用、收益和处分的权利，同时也单独承担相应的财产债务。

（三）夫妻约定财产制的法律效力

1. 夫妻约定财产制对夫妻法定财产制的效力

《婚姻法》第19条规定，夫妻法定财产制与夫妻约定财产制两者的适用原则是“有约定从约定，无约定从法定”。也就是说，对于夫妻间的财产关系，只有当夫妻没有选择三种财产制类型中的任何一种或者对财产的约定被认定为无效时，才适用夫妻法定财产制的规定，即夫妻约定财产制相对于夫妻法定财产制在适用上有优先的效力。

2. 夫妻约定财产制对双方当事人的法律约束力

夫妻财产制契约是在没有外力介入的前提下由夫妻双方自愿订立的，它是特定主体间的法律行为，对内无须履行特定的财产变更程序，只要夫妻在财产约定中符合约定的一般条件，不违反法律的强制性规定和社会公共利益，经约定成立后可立即对夫妻双方发生法律约束力。只要夫妻财产制契约成立并生效，夫妻双方都要遵守夫妻财产制契约的约定。

3. 夫妻约定财产制对第三人的效力

《婚姻法》第19条规定，为了保护与订有夫妻财产制契约的夫妻进行交易活动的第三人的合法权益，夫妻约定财产制要对第三人发生效力，只有在夫妻约定实行分别财产制下，债务是由夫妻一方所负担，夫妻财产制契约必须为第三人所明知，才能发生对外的效力，对第三人发生法律约束力。对于第三人是否知道夫妻间订立有财产归各自所有的财产制契约，夫妻一方对此负有举证责任。

二、婚内共同财产分割

我国《婚姻法》规定，夫妻一方只有在离婚时才可以请求分割夫妻共同财产，然而，夫妻一方在婚姻关系存续期间出现特殊情形时，也可能请求分割夫妻共同财产。《物权法》第99条虽然规定了共同共有人在共同共有关系终止或者出现重大理由时，可以请求法院对共有物加以分割，但是“重大理由”的规定过于抽象，各地法院在处理婚内共同财产分割案件时出现了法律适用不统一的问题。在这样的背景下，《婚姻法司法解释（三）》第4条依据《物权法》第99条有关共有财产的规定，在夫妻共同共有财产制下对“重大理由”进行了具体解释：“婚姻关系存续期间,夫妻一方请求分割共同财产的,人民法院不予支持,但有下列重大理由且不损害债权人利益的除外:(一)一方有隐藏、转移、变卖、毁损、挥霍夫妻共同财产或者伪造夫妻共同债务等严重损害夫妻共同财产利益行为的;(二)一方负有法定扶养义务的人患重大疾病需要医治,另一方不同意支付相关医疗费用的。"

(一)婚内共同财产分割的原则

《物权法》是调整财产关系的基础性法律,夫妻共同财产作为共同共有财产的一种典型形式,应当遵循《物权法》有关共同共有财产分割的原则。① 因此,《婚姻法司法解释(三)》依据《物权法》有关共同共有财产分割的原则,确立了婚内共同财产分割的原则。同时,最高人民法院认为,在处理婚内共同财产分割问题时,还可以参考适用《婚姻法》及其司法解释确立的离婚财产分割原则,但是参考适用时,应当结合司法实践的具体情况,考虑是否应当适用离婚财产分割的原则。②

1. 共同共有财产分割的原则

《物权法》规定的财产共有制度,将共有分为按份共有与共同共有两种形式。按份共有财产的分割原则与共同共有财产的分割原则不同,鉴于夫妻共同财产属于共同共有财产的一种典型形式,本文主要介绍共同共有财产的分割原则。根据《物权法》第 99 条有关共同共有财产分割请求权的规定,在共同共有人就共有物的分割问题没有作出约定或者约定不明确时,共同共有人一般不得请求法院分割共有财产,只有在共同共有关系消灭或者出现"重大理由"时,才可以请求分割共有物。可见,《物权法》第 99 条对共同共有财产的分割,以不允许分割为原则,以允许分割为例外,从而维护共同共有关系的稳定。

2. 婚内共同财产分割原则的确立

《婚姻法司法解释(三)》第 4 条依据《物权法》第 99 条,确立了婚内共同财产分割的原则,即以不允许分割为原则,允许分割为例外。在婚姻关系存续期间,原则上不允许分割夫妻共同财产,只有在存在婚内共同财产分割的法定事由且不损害债权人利益的条件下,法院才能允许夫妻一方请求分割夫妻共同财产,如果不具备婚内分割共同财产的必要条件,夫妻一方不能请求分割夫妻共同财产。在审判实践中,法官对婚内共同财产分割的法定事由不能类推适用或者扩大解释,以杜绝共有物分割请求权的滥用,以维护婚姻家庭的稳定。

笔者认为,虽然《物权法》对婚姻家庭立法具有一定的指导作用,但是,《婚姻法司法解释(三)》第 4 条确立的以不允许分割共同财产为原则,以允许分割为例外的根本原因在于维护法定夫妻财产制的严肃性,确保夫妻共同财产保障功能的

---

① 参见龙翼飞:《我国〈物权法〉对家庭财产关系的影响》,载《浙江工商大学学报》2006 年第 6 期。

② 参见奚晓明主编:《最高人民法院婚姻法司法解释(三)理解与适用》,人民法院出版社 2011 年版,第 87 页。

实现,维护婚姻家庭的稳定与和谐。我国法定夫妻财产制为婚后所得共同制,较其他财产制,夫妻共同财产制符合婚姻共同生活的要求,最能展现婚姻的伦理特性;夫妻共同财产制承认妇女对家庭的贡献,有助于实现男女实质平等;夫妻共同财产制符合我国“同居共财”的传统理念。[①] 因此,夫妻共同财产制仍然是我国目前乃至将来立法者首先考虑的夫妻财产制,除非必要,夫妻任何一方均不能随意请求分割夫妻共同财产。

(二)婚内共同财产分割的法定事由

《婚姻法司法解释(三)》第4条规定了夫妻一方可以请求婚内共同财产分割的两种法定事由,作为不允许分割夫妻共同财产的例外。应当注意,符合婚内共同财产分割的法定事由,只是法院允许分割的必要条件,只有不损害债权人的利益,方能得到法院的支持。

1. 夫妻一方实施严重损害夫妻共同财产利益的行为

夫妻一方有隐藏、转移、变卖、毁损、挥霍夫妻共同财产或者伪造夫妻共同债务等严重损害夫妻共同财产利益的行为,另一方有权提起婚内共同财产分割之诉。例如,夫妻一方私自赠送房屋、珠宝等财物给第三者的行为,属于挥霍夫妻共同财产,为了保护自己的财产权利不受侵害,另一方可以请求法院分割夫妻共同财产。“伪造夫妻共同债务”,是指夫妻不负有共同债务,但一方通过伪造证据证明双方负有共同债务,或者虽然夫妻负有共同债务而一方虚报其数额,其目的是打算以夫妻共同财产清偿伪造的共同债务,日后一方可单独侵占该共同财产的全部或部分。[②] 需要注意的是,夫妻一方实施上述行为主观上应当是故意,且有将夫妻共同财产据为己有的目的。如果一方因主观过失致使夫妻共同财产价值受损或者一方实施上述行为的目的在于逃避债务,而非侵害夫妻共同财产权益,则不属于该法定事由规定的情形。夫妻一方实施上述行为,实际上侵害了另一方的夫妻共同财产权,另一方可以诉请分割夫妻共同财产以救济权利。

2. 夫妻一方拒绝支付另一方法定扶养义务人的相关医疗费用

为了能准确理解该法定事由,应当注意以下几个方面:

(1)“法定扶养义务”是广义上的扶养,是指《婚姻法》规定的长辈对晚辈、夫妻之间、同辈之间的扶养义务。根据最高人民法院对《婚姻法司法解释(三)》的释义,该法定事由对夫妻一方的法定赡养人也同等适用。

(2)夫妻一方的法定扶养人患有重大疾病,另一方拒绝使用夫妻共同财产给付必要的治疗费。例如,丈夫陈某的母亲心脏病病发,陈某认为自己的经济情况比姐姐和弟弟好一些,所以想多承担一点医药费,但是妻子李某却极力反对,李某认为陈某只能与姐姐、弟弟平摊医疗费。在此情形下,如果不能协商一致,陈某可

---

① 参见裴桦:《夫妻共同财产制研究》,法律出版社2009年版,第121—130页。

② 参见巫昌桢、夏吟兰:《婚姻家庭法学》,中国政法大学出版社2007年版,第225页。

以诉请法院请求分割夫妻共同财产,将属于其支配的财产用于给母亲治病。最高人民法院认为,“疾病是否重大,参照医学上的认定,借鉴保险行业中对重大疾病的划定范围,一般认为,诸如糖尿病、肿瘤等需要长时间医治、医疗费用开支较大的疾病或者对生命安全构成威胁的疾病等属于重大疾病。相关医疗费用应主要指为治疗疾病需要的必要、合理费用,不应包括营养、陪护等费用”。①

(3) 婚内共同财产分割之诉,不得对债权人的合法权益造成侵害。如果分割夫妻共同财产的请求权与债权人的债权相冲突,则不能以侵害债权人利益为代价履行法定扶养义务。

(三) 婚内共同财产分割的范围

1. 夫妻共同财产的定义与特征

根据《婚姻法司法解释(三)》第4条之规定,夫妻一方请求分割的应当是夫妻共同财产。为了准确划定婚内共同财产的范围,首先应当界定夫妻共同财产的内涵。夫妻共同财产是指夫妻一方或者双方在婚姻关系存续期间所得的财产均由夫妻共同共有,法律另有规定或者夫妻另有约定的除外。②

夫妻共同财产具有如下特征:

(1) 具有合法婚姻关系的夫妻才能成为夫妻共同财产权的主体。婚姻被宣告无效或被撤销的男女双方,以夫妻名义共同生活但未按事实婚姻处理的男女双方,以及未婚同居、婚外同居的男女,不能成为夫妻共同财产的所有权主体。

(2) 取得共同财产的时间应当限定在婚内。恋爱或者订婚期间所得财产不属于夫妻共同财产。分居期间或者婚姻关系依法确立但未共同生活期间,一方或双方所得财产仍为共同财产。

(3) “所得”是指财产权利的取得而非财产实物的占有,且财产权利可以是除所有权外的其他财产权③,所得财产也不问来源,夫妻一方或者双方所得的财产,都应认定为夫妻共同财产。

2. 夫妻共同财产的认定

《婚姻法》及其司法解释对法定或约定的共同财产、夫妻特有财产作出了明确规定。在婚内共同财产分割的司法实践中,应当在适用《婚姻法》第17条的基础上,结合相关司法解释,准确认定夫妻共同财产的范围,对属于夫妻共同共有的财产依法进行婚内分割,并将属于夫妻个人所有的财产排除在外。

(1) 依据《婚姻法》及其司法解释,将法定或者约定的夫妻共同财产纳入分割范围。《婚姻法》第17条将夫妻一方或者双方婚内取得的工资、奖金,生产、经营

---

① 奚晓明主编:《最高人民法院婚姻法司法解释(三)理解与适用》,人民法院出版社2011年版,第86页。

② 参见薛宁兰、金玉珍:《亲属与继承法》,社会科学文献出版社2009年版,第132页。

③ 参见杨大文、龙翼飞、夏吟兰:《婚姻家庭法》,中国人民大学出版社2007年版,第150页。

的收益,知识产权的收益,继承或赠与所得的财产等其他财产规定为夫妻共同财产。需要注意的是,如果遗嘱人或者赠与人明确提出只是将财产给予夫妻一方,则该财产应当认定为夫妻一方的个人财产。《婚姻法》第 19 条允许婚姻当事人对婚姻存续期间以及婚前财产约定为共同所有或者部分各自所有、部分共同所有。《婚姻法》的相关司法解释在适用《婚姻法》时,对夫妻共同财产的认定也作出了具体解释。如《婚姻法司法解释(二)》第 11 条,具体列举了《婚姻法》第 17 条规定的"其他应当归共同所有的财产",第 14 条、第 19 条分别对军人的复员费、自主择业费,使用夫妻一方或双方婚内所得共同财产购买婚前租住的房屋认定为夫妻共同财产。又如,最高人民法院《关于人民法院审理离婚案件处理财产分割问题的若干具体意见》对分居期间所得的财产,婚后未共同生活期间所得的礼金、礼物认定为夫妻共同财产。

(2) 应当注意法律或者婚姻当事人对夫妻共同财产的特别规定或者特别约定,将夫妻个人财产排除在婚内共同财产分割范围之外,防止夫妻个人财产被分割,保障夫妻个人财产权。《婚姻法》第 18 条列举了夫妻个人特有的财产范围,即夫妻一方婚前所得财产,夫妻一方因人身损害赔偿所得的医疗费、残疾人生活补助费等其他费用,遗嘱人或者赠与人明确提出只将财产给予夫妻一方的财产,夫妻一方专用的生活用品等其他属于夫妻一方个人所有的财产。《婚姻法》第 19 条允许婚姻当事人对婚姻存续期间以及婚前财产,约定为夫妻各自所有或者部分各自所有、部分共同所有。

(3) 如果夫妻双方对是否属于夫妻共同财产存有争议,且不能依法对其加以认定时,由主张夫妻个人财产的一方提供证据证明其主张,在夫妻一方无法举证或者举证不力,法官又无法确定时,应当认定为夫妻共同财产。

三、夫妻一方财产婚后收益处理

2011 年最高人民法院《婚姻法司法解释(三)》第 5 条规定:"夫妻一方个人财产在婚后产生的收益,除孳息和自然增值外,应认定为夫妻共同财产。"

(一) 规范性探析

1. 收益与孳息之概念适用及其相互关系的规范性

(1) 收益的概念。所谓收益,简而言之,即生产上或商业上的收入,或者是获得的利益与好处。从历史上看,收益概念最早出现在经济学中,一般定义为"在期末、期初保持同等富裕程度的前提下,一个人可以在该时期消费的最大金额"。

(2) 孳息的概念。孳息又分为天然孳息和法定孳息。天然孳息,是指物依照自然规律而产生的出产物或收获物;法定孳息,是原物参与到租赁、投资等民事法律关系中,依法获得的报酬,通常表现为租金、红利和利息。

(3) 收益与孳息的区别与联系。收益实为孳息的上位概念,收益包括孳息,但远远超出孳息之范围。

2. 增值与自然增值之选择适用的规范性

从广义上理解，只要是物或权利所产生的价值增长，都能划入“增值”之范畴，当然也应包括“收益”和“孳息”。但这不免导致法条中各个概念之间的混淆或者交叉，难以保证法律适用的准确性与规范性。故《婚姻法司法解释(三)》采用“增值”之狭义理解，并对增值所包含的“主动增值”与“自然增值”进行了划分，以夫妻一方个人财产在婚姻存续期间增值所基于的主观主动性行为或客观被动性原因为标准。因此，《婚姻法司法解释(三)》以“收益”“孳息”与“自然增值”等规范性概念，较为准确地划分了夫妻一方个人财产在婚姻存续期间的范围与成分，明确了孳息和自然增值的个人财产属性，便于理解、区分与适用。

(二) 合理性探析

夫妻共同财产制系我国婚姻家庭法律制度之基本形态与一般原则，其立法的价值取向侧重于维护婚姻家庭共同生活。而《婚姻法司法解释(三)》第 5 条的规定，使我国婚姻家庭财产方面的法律法规形成了一般原则加例外规定的模式。

1. 夫妻财产制度的市场因素合理性

从婚姻缔结之前来看，夫妻一方在婚前拥有的私人财产，从数量、规模、地域以及类型来看，都有所增长，如何在以维护双方感情为先的前提下，进一步保障私人财产安全，具有现实的重要意义，必须辅以更为科学完整的夫妻财产制度。从婚姻存续期间来看，随着夫妻一方个人婚前财产的增多，其婚姻存续期间所带来的收益数量、类型以及获取的方式也日益增长与变化，仅依靠简单的夫妻共同财产制并不足以同时维护好家庭与夫妻个人、夫妻个人之间，以及家庭与社会之间的关系。从婚姻的发展状况来看，婚姻家庭因感情因素而走向离婚的情况越来越普遍。因此，法律制度也必须适当地保障离婚中夫妻双方各自的独立人格和经济地位，在一定程度上减少离婚给社会带来的不稳定因素。

2. 夫妻财产制度的法律体系合理性

从一般原则来看，婚姻法本身对此存在规定上的缺失。2001 年新修订的《婚姻法》，仅第 17 条规定了夫妻双方在婚姻存续期间获得的财产中属于夫妻共同财产的认定标准，第 18 条规定了属于夫妻一方个人财产的认定标准，但未能就夫妻一方个人财产在婚后的变化情况加以规范。

《物权法》《合同法》也只在一般原则认定上进行了相关规定。《物权法》第 116 条对“孳息”作了原则性规定：“天然孳息，由所有权人取得；既有所有权人又有用益物权人的，由用益物权人取得。当事人另有约定的，按照约定。法定孳息，当事人有约定的，按照约定取得；没有约定或者约定不明确的，按照交易习惯取得。”《合同法》第 163 条亦有关于“孳息”之规定：“标的物在交付之前产生的孳息，归出卖人所有，交付之后产生的孳息，归买受人所有。”

可以看出，原有相关法律规定仅对“孳息”有“认定为个人财产”的一般原则性规定，存在不完整、不明确、列举缺乏必要及周延性等问题。

（三）实践性探析

《婚姻法司法解释（三）》第5条之规定，使得我国婚姻家庭方面的法律法规形成了一般原则加例外规定的模式，这里仅就几类可能被忽视之问题与权益予以考量。

1．“夫妻一方个人财产”界定之时间结点问题

《婚姻法司法解释（三）》在对“夫妻一方个人财产”作出规定时，并未就个人财产的取得时间予以明确界定，而时间结点因素，对于夫妻财产属性的判断又显得尤为重要，势必造成实践中“婚前”或“婚后”之判断产生争议。类似条文规定对“夫妻一方个人财产”并未局限在“婚前”，故对夫妻在婚姻存续期间所得，且应归属于一方个人财产在婚后所产生的收益如何确定归属，亦适用本条规定的理解，虽有其一定的合理性，但仍有值得研究之处：

（1）从条文本身的理解来看，如将婚后获得的个人财产包括其中，条文又何以再定义“婚后产生的收益”。

（2）从我国婚姻家庭法律规定的基础来看，系夫妻共同财产制，在此原则性框架下，若夫妻婚姻存续期间之部分所得，依照法律条文之规定直接解释或理解为“夫妻一方个人财产”，略显不妥。

（3）从已有法律规定来看，所谓婚姻存续期间可能获得的一方个人财产，极有可能包括一方因身体受到伤害获得的医疗赔偿费、残疾人生活补助等费用，遗嘱或赠与合同中确定只归夫或妻一方的财产，以及一方专用的生活用品等，此类财产所获之收益再重新归入夫妻共同财产，有违法益保护的初衷与社会普遍的道德观念。

2．“孳息”的无差别处理方式问题

依照《婚姻法司法解释（三）》第5条之规定，孳息被一律排除在共同财产之外。然而，一方面，依照《婚姻法》及其相关司法解释，直接投资收益和间接投资收益属于夫妻共同财产。投资收益即货币、实物或其他类型资源投入经营而获取的经营性利润，其中，间接投资收益即是与经营行为本身无直接关联的红利、利息等。可见，投资收益与孳息均有重合或交叉，易导致实践中的困难。另一方面，《物权法》第116条对孳息归属的规定中，区分了天然孳息和法定孳息，并充分考虑了非所有权人占有的目的和当事人自身的意愿，因此，可进一步分不同情形对孳息归属作出认定。

3．夫妻一方的个人财产所有权方“主动增值”行为的保护问题

夫妻一方个人财产在婚姻存续期间的自然增值，是指该增值的发生原因是因通货膨胀或市场行情的变化所致，与夫妻一方或双方是否为该财产投入物资、劳动、投资或管理等无关，这在美国法上称为“被动增值”，其应属于个人财产。反之，如果物或权利价格的提升是人为原因产生的，则不属自然增值，美国法上称之为“主动增值”。依照美国法之观念来看，主动增值的财产视为婚姻财产，并在离

婚时予以公平分割。如此而言,《婚姻法司法解释(三)》将个人财产婚后自然增值排除在夫妻共同财产之外,而将有夫妻人为投入的财产增值作为共同财产是合适的,也符合我国夫妻共同财产制的基础。但是,实践中,若财产所有权方在婚姻存续期间的人为投入,特别是劳动、努力或管理等非物质类的投入,成为个人财产增值的主要动因,则该增值部分可规定为属于其个人所有。

四、夫妻一方将房产约定为另一方所有的效力认定

在现实生活中,常常发生这样的情况,夫妻双方在婚前或婚后协商约定,一方(一般是男方)将登记在自己名下的房产产权转移到另一方的名下。结婚后,由于种种原因一直没有办理房产产权过户手续,后夫妻双方感情破裂起诉离婚,答应转移房产的一方反悔主张撤销该约定。司法实践中对此有两种不同的处理意见。

一种意见认为,《合同法》规定有关婚姻身份关系的协议适用其他法律,因此夫妻双方订立的关于财产的约定均为夫妻财产制契约,应适用《婚姻法》的相关规定,不应适用《合同法》关于赠与的规定。只要夫妻双方订立财产约定是真实意思表示,不存在欺诈、胁迫等法定无效情形,就应认定财产约定合法有效,且对夫妻双方产生法律上的约束力。房屋产权依照《婚姻法》的规定直接发生物权变动效力,因此不能撤销。①

另一种意见认为,《婚姻法》规定,这种夫妻将一方婚前所有财产约定为另一方所有的行为是一种赠与行为,符合赠与的特征,应按照《合同法》关于赠与方面的相关规定处理,赠与房产的一方在特定情况下可以撤销对另一方的赠与。虽然夫妻双方达成了对财产归属的有效约定,但这个契约不是夫妻财产制契约,属于夫妻间订立的其他财产契约,不当然发生物权变动效力,依照《物权法》关于不动产产权变动的相关规定,未办理房屋变更登记手续的,房屋所有权不发生转移,因此可以撤销。②

---

① 李某(男)、王某(女)2006年4月登记结婚,婚后无子女。李某有婚前房一套,产权证登记为其一个人。2007年1月,王某要求将该房产权变更为双方共有。同年5月,两人又签署了《财产约定书》,约定"将双方现在居住的所有权属于夫妻共有的该套房屋的所有权变更为女方个人所有"。2007年8月,王某诉讼离婚并确认财产约定的效力。法院经审理后认为,此约定属于夫妻财产制契约。参见夏吟兰、龙翼飞、郭兵、薛宁兰主编:《婚姻家庭法前沿——聚焦司法解释》,社会科学文献出版社2010年版,第63页。

② 冯某(男)与侯某(女)于2009年2月10日登记结婚。2010年5月,冯某在侯某的要求下出具夫妻协议一份,约定将其在郑州买的房子过户给妻子侯某,后一直未过户,侯某于2011年4月起诉至郑州市某区人民法院,要求将房子过户至自己名下。冯某称这不是其真实意思表示,要求撤销赠与。法院经审理后认为此约定属于赠与。载http://www.chinacourt.org/paper/detail/id/539276.shtml,2012年5月13日访问。

《婚姻法司法解释(三)》第6条采纳了第二种观点。[①] 对此,仍有学者存在质疑,认为无论夫妻本人将婚前财产还是婚后财产约定为对方所有,只要不影响其履行法定义务,都应认为是有效的夫妻财产制契约,立法限制这种约定,违反了契约自由原则。[②]

笔者认为,我国现行《婚姻法》之所以限制夫妻一方将财产约定为另一方所有,是为了平衡和保护夫妻双方的财产权益,避免一方因一时冲动而导致财产被骗。关于违反契约自由原则,是因为我国采取的是选择式夫妻约定财产制,在这种立法模式下,为了维护交易的安全,当事人的契约自由不可避免地要受到限制。

五、夫妻一方将房产约定为双方所有的法律适用

《婚姻法司法解释(三)》第6条明确了夫妻一方将房产约定为另一方所有时,属于赠与,需要履行物权变动手续,房产过户登记完成前,一方可以适用《合同法》关于赠与合同的相关规定行使撤销权。但对于夫妻一方将房产约定为双方所有(现实生活中通常情况是男方婚前有一套产权登记在自己名下的房产,女方同男方约定婚后将女方的名字也加到房产证上)时,是否属于赠与,是否适用《婚姻法司法解释(三)》第6条的规定,目前仍有争议,司法实践中有法院判决认为这属于赠与。[③]

2011年11月5日,张强(男)与冯兰(女)两人签订了一份婚前协议,其中第1条约定:"双方登记结婚后,张强将冯兰的名字写到自己房子的房产证上,并到房管所办理相关手续。"2011年11月11日,双方如约办理了结婚登记手续,婚后冯兰多次要求张强办理房屋过户手续,但张强一直不肯协助办理产权登记,夫妻为此产生矛盾,为此冯兰起诉至法院,要求确认自己为涉案房产的共有权人,并要求张强限期协助办理相关过户手续。法庭上,张强辩称,涉案房屋系张强婚前个人财产,双方在结婚登记之前确实签订过该份婚前协议,但认为该协议违反公序良俗,并且认为冯兰是以财产作为登记结婚的条件,退一步说,协议上要写上冯兰的名字,应理解为是对所有权的赠与,根据《合同法》相关规定,赠与必须交付才能生效,现张强表示不同意登记冯兰为房产共有权人。

法院经审理认为,被告在婚前协议中承诺在双方登记结婚后,将原告名字写到被告所有的房屋所有权证上,应属于是对原告的房产赠与。在赠与的房产办理

---

① 《婚姻法司法解释(三)》第6条规定:"婚前或者婚姻关系存续期间,当事人约定将一方所有的房产赠与另一方,赠与方在赠与房产变更登记之前撤销赠与,另一方请求判令继续履行的,人民法院可以按照合同法第一百八十六条的规定处理。"

② 参见薛宁兰、许莉:《我国夫妻财产制立法若干问题探讨》,载 http://www.civillaw.com.cn/qqf/weizhang.asp? id=54095,2012年5月19日访问;郭丽红:《冲突与平衡:婚姻法实践性问题研究》,人民法院出版社2005年版,第146页。

③ 参见《杭州余杭法院首判夫妻财产约定案婚前房产归属未必有效》,载 http://www.huanqiu.com/2033/2654227.html,2012年5月19日访问。

登记之前,被告不同意变更登记,对赠与合同行使任意撤销权。根据《婚姻法司法解释(三)》第6条的规定,夫妻之间赠与房产应按《合同法》第186条的规定处理,第186条是关于赠与的规定,意思就是说,这种情况要根据赠与的相关规定处理,而赠与是实践性合同,要以房产登记为准。根据《物权法》的相关规定,不动产物权的变更经登记发生效力。所以,在男方作出赠与表示,但未到房产管理局登记之前,仍有权处分该赠与权,可行使撤销权,因此法院驳回了原告的诉讼请求,该案已宣判。

笔者认为,法院将夫妻之间的这种约定视为赠与是不恰当的,不少学者对此也持有异议。[①] 夫妻一方将房产约定为双方共有,符合现行《婚姻法》规定的三种夫妻财产约定的类型之中的部分各自所有、部分共同所有(即限定共同财产制),应属于夫妻财产制契约,虽然这种将一方的财产规定为双方共有本身就带有赠与的意味,但这与纯粹的赠与是不同的。而现有法律对夫妻财产制契约并没有设立任意撤销权制度,所以在上述案例中,夫妻双方的约定对双方都有约束力,不能按照《婚姻法司法解释(三)》第6条的规定处理,应按照《婚姻法》的相关规定处理。

在现实生活中,赠与往往发生在关系亲密的亲朋好友之间,给很多人一种错觉,夫妻是一体的,之间不存在赠与。其实《合同法》并没有限定赠与合同的主体不能是夫妻,只要符合赠与的有效要件,夫妻之间是可以发生赠与的。但我们同时也要注意夫妻财产制契约和赠与协议的区别,不能为了便于行使赠与合同的撤销权,从而轻易地使夫妻之间出于真实意思表示订立的夫妻财产制契约归于无效。

由于我国不动产物权采取的是法定登记制,根据《物权法》的规定,不动产权属变动只有经过登记后才产生效力,即使是夫妻之间的赠与也不例外。夫妻一方把属于自己的房产约定为另一方所有的做法属于赠与,在没有办理过户手续之前,是完全可以撤销的。但如果夫妻在婚前或婚后订立夫妻财产制契约,约定夫妻一方将婚前财产主要是房产类不动产约定婚后共有,此时这种约定属于采取限定共同财产制对夫妻间财产进行调整的情形,是否需要履行物权变动的公示?还是无须经过物权变动手续直接生效呢?我国《婚姻法》和相关司法解释对此没有作出明确规定。

笔者认为,应区分情况予以处理。对夫妻而言,因为只涉及夫妻双方,夫妻财产权属的变动,不会对外界产生影响,夫妻财产权利的归属应适用《婚姻法》的相关规定,即夫妻双方对不动产的约定,直接发生物权变动的法律效力,对夫妻双方都有约束力,这也符合我国民众的一般习惯。一般认为,《物权法》第9条的“法律另有规定的情形”包括建造、继承、征收等,是否包括夫妻间这种关于财产共有权

---

① 参见薛宁兰、许莉:《我国夫妻财产制立法若干问题探讨》,载 http://www.civillaw.com.cn/qqf/weizhang.asp?id=54095,2012年5月19日访问。

取得的约定还未明确。[1] 但根据《婚姻法》第17、18条夫妻法定财产制的规定，夫妻财产共有权因婚姻的成立而当然发生物权变动的效果，而无须物权变动公示。[2]既然在法定共有制下，依照法律的规定，当然发生物权变动的效果，而无须进行物权变动公示，则属于《婚姻法》第19条夫妻约定财产制下的夫妻间这种关于房产约定共有的契约，也应该如此。就夫妻财产共有权的取得来说，《婚姻法》的规定属于特别法，理应属于《物权法》第9条规定的“法律另有规定的情形”，根据该规定，当法律另有规定时，物权变动可以突破不动产登记生效的规定。除非夫妻财产制契约本身存在无效或可撤销的事由，否则契约生效财产所有权即发生转移。如果夫妻财产共有约定不能直接在夫妻间发生物权变动的效果，尚需要进行物权变动公示，那么，享有不动产权利的一方不变更登记，则夫妻双方关于不动产共有的约定就面临不能实现的可能性，这也与夫妻双方当初订立夫妻财产制契约的本意相违背，会给婚姻当事人带来诸多不便。据此，对内而言，夫妻间关于不动产共有的约定，无须另行经过物权变动手续即为有效，即使夫妻双方离婚时尚未办理不动产过户登记手续，另一方也有权依夫妻财产制契约请求确认不动产所有权。对外而言，因为涉及与第三人之间的交易，为保护第三人的利益，应适用《物权法》的相关规定，不动产物权未经登记不得对抗善意第三人。

六、夫妻财产制契约违约责任的法律适用

随着夫妻财产制契约的逐渐增多，夫妻在订立夫妻财产制契约后，一方不履行的情况也时常发生，例如，夫妻双方约定婚后将属于一方的房产过户给另一方，但一直未办理过户手续。在这种情况下，可否要求另一方承担违约责任？这个问题的解决取决于夫妻财产制契约适用法律的问题。我国《婚姻法》只规定了夫妻财产制契约对夫妻双方具有约束力，但未规定违反夫妻财产制契约的民事责任。对违反夫妻财产制契约的行为是否应当适用《合同法》的相关规定，要从夫妻财产制契约的性质去分析，如果认定夫妻财产制契约是一种纯粹的财产行为，就可以适用《合同法》，如果承认夫妻财产制契约的身份性，就不适用《合同法》。目前，关于夫妻财产制契约的性质主要有两种学说：身份行为说和财产行为说。采取身份行为说的学者认为，身份行为可进一步划分为支配的、形成的和附随的三种不同的身份行为，夫妻财产制契约由于必须附随于夫妻双方的婚姻关系，故应属于附随的身份行为，附随的身份行为是身份行为的一种，夫妻财产制契约理应属于身份行为。采取财产行为说的学者认为，夫妻财产制契约的内容并不包含夫妻双方的身份关系变动，属于涉及自然属性的财产法的法律行为，在法律适用上，应适用

---

① 《物权法》第9条规定：“不动产物权的设立、变更、转让和消灭，经依法登记，发生效力；未经登记，不发生效力，但法律另有规定的除外。”

② 参见许莉：《夫妻财产归属之法律适用》，载《法学》2007年第12期。

财产法的一般性规定,但亲属法上有特别规定的除外。①

笔者认为,夫妻财产制契约虽然附随于夫妻身份关系,不同于一般的公民财产性契约,但是它以夫妻之间的财产关系为内容,因此,从本质上看,夫妻财产制契约应当是一种财产行为。因此,在《婚姻法》没有具体规定的时候,可以参照适用《合同法》,要求一方承担违约责任。而且在司法实践中,对夫妻一方不履行夫妻财产制契约的行为,人民法院判决一般支持原告要求被告承担违约责任的请求。②

综上所述,在适用夫妻约定财产制对夫妻财产进行约定时,在法律适用方面,《婚姻法》对夫妻财产关系规定是特殊规定,而《合同法》和《物权法》对财产方面的规定是一般规定,当法律相互之间有冲突时,应适用《婚姻法》对此的相关特殊规定。但由于《婚姻法》关于夫妻约定财产制的规定大多相对简单和原则,不够详细,对很多问题未能具体规定,单纯以《婚姻法》及其相关司法解释来调整夫妻财产关系,很容易产生法律空白及漏洞。而《合同法》关于契约订立的规定,《物权法》关于财产权方面的规定,都比《婚姻法》的规定更为详尽和更加具体。因此,当《婚姻法》对有关内容未作规定时,可援引《合同法》与《物权法》对此的规定,或者适用财产法的一般原则处理。《婚姻法司法解释(三)》第6条的规定,就是因为《婚姻法》对此种情况缺乏具体的规定,而依照《合同法》中赠与一章的有关规定处理。因此在《婚姻法》《物权法》及《合同法》适用发生冲突时,夫妻财产制契约应先准确适用《婚姻法》的具体规定,在《婚姻法》缺乏具体规定时,可以参照适用《合同法》《物权法》的相关规定。

七、婚内财产分割协议可否视为夫妻财产制契约

案例③:崔某(男)与刘某(女)于2000年结婚,2009年11月,刘某发现崔某与第三方有不正当关系,便要求与崔某离婚,并订立一份"财产分割协议",协议载明:双方协议离婚,现双方共有的房屋归刘某所有等。崔某为顾及影响,无奈在协议上签字。后双方在亲朋好友劝说下和好。2010年1月,双方矛盾加剧,刘某一再坚持要与崔某离婚,并再次要求崔某在其事先拟定好的"离婚协议"上签字,崔某不同意离婚并拒绝在"离婚协议"上签字,刘某起诉到法院要求与崔某离婚并请

① 参见林秀雄:《夫妻财产制之研究》,中国政法大学出版社2001年版,第187—189页。

② 王某(男)与李某(女)系夫妻关系,家中有资产数千万,双方因感情不和于2007年签订协议,约定:王某将自己名下的房产一套于2008年6月之前过户到李某名下,王某另支付李某1000万元。若违约,王某承担向李某支付200万元违约金的责任。但王某未按期履行协议,故李某诉至法院要求王某支付违约金200万元。法院审理后认为,原被告就婚姻关系存续期间签订的财产分割协议,系双方真实意思表示,被告未如约履行,应承担违约责任,故依《合同法》第114条判决被告给付原告违约金200万元。参见杨秀发、林晶:《夫妻间协议也非儿戏》,载《人民法院报》2009年2月15日。

③ 载《中国法院网》,http://www.chinacourt.org/paper/detail/id/595669.shtml,2012年5月20日访问。

求按原“财产分割协议”分割双方财产，崔某认为，原来签订的“财产分割协议”已经失去效力，请求判决原来签订的“财产分割协议”无效。

笔者发现，此类案件在实践中普遍存在，在《婚姻法司法解释(三)》出台前，司法实践中存有分歧。一种意见认为，该协议是婚姻当事人在平等自愿的前提下协商一致的结果，具有民事合同性质，只要夫妻双方订立协议时意思表示真实，不存在欺诈、胁迫等法定无效情形，该协议就应自双方协商一致时成立并生效，夫妻双方不得反悔。人民法院可直接将夫妻财产分割协议作为他们对财产处理达成一致的依据，在判决离婚时直接适用。另一种意见认为，以协议离婚为条件的财产分割协议生效时间，应当自办理离婚登记手续后生效。如果最后夫妻双方未能离婚，该协议成立但并不生效，对夫妻双方没有法律约束力。

《婚姻法司法解释(三)》第14条[①]对协议离婚未成的财产分割协议的效力规定采纳了第二种说法，明确了对此类案件该如何处理。但对这类协议的性质，学者们目前仍有争议。有学者认为，这类协议不属于夫妻财产制契约，因为《婚姻法》确立夫妻约定财产制的本意是，允许夫妻双方在婚姻关系存续期间通过约定创设不同于法定财产制的财产归属形式，其目的并不在于如何在婚姻关系终结后对夫妻财产进行分割。[②] 夫妻财产制契约可以作为夫妻离婚时财产处理的依据，但夫妻离婚财产分割协议不能作为夫妻财产制契约。也有学者认为，这类协议应属于夫妻财产制契约，根据亲属法理论，婚姻关系终止时，一方婚前或婚姻关系存续期间财产的清算，是夫妻财产制的内容之一。[③] 夫妻财产制契约属于夫妻财产制的一种类型，夫妻对婚姻关系解除时财产清算等事项作出的约定，自然也属于夫妻财产制契约的内容。夫妻离婚财产分割协议的内容，也是对夫妻共同财产的归属进行的约定，只是该财产归属不是为了婚姻关系的存续，而是因为婚姻关系的解除。不能因为协议的生效条件不同而将离婚财产分割协议排除在夫妻财产制契约之外。笔者认为，这类夫妻离婚财产分割协议从亲属法理论分析，确实应属于夫妻财产制契约，但是在司法实践中，对此类协议一般不认为是夫妻财产制契约，如上述案例中，法院经审理认为，其中关于财产分割的内容不是夫妻财产制契约，根据《婚姻法》及其司法解释的规定，判决原协议没有效力。究其原因，主要考虑认为，这类协议是为了离婚而签订的，一方在签署协议时出于种种考虑，可能会在财产分割时作出一定的让步，对财产的约定不是其真实的意思表示。笔者认为，对于这类协议，我们可以从协议的目的去考虑，如果该协议的目的是为了离婚

① 《婚姻法司法解释(三)》第14条规定：“当事人达成的以登记离婚或者到人民法院协议离婚为条件的财产分割协议，如果双方协议离婚未成，一方在离婚诉讼中反悔的，人民法院应当认定该财产分割协议没有生效，并根据实际情况依法对夫妻共同财产进行分割。”

② 参见王丽萍：《性别平等 婚姻家庭 公共政策研究》，中国人民公安大学出版社2008年版，第225页。

③ 参见范李瑛：《夫妻关系的立法与现实问题研究》，科学出版社2011年版，第105页。

之后实施,应当视为附条件的民事行为,如果离婚这一条件最终没有具备,则该协议自动失效。如果双方并不是为了离婚这一目的,只是纯粹地对财产作出一个分配决定,方便离婚时财产的分配,应当认定为是以离婚为生效条件的有效约定,属于夫妻财产制契约,至于夫妻财产制契约是否可以附条件,虽然我国《婚姻法》并没有明确规定夫妻财产制契约是否可以附加条件,但从立法的精神可以得出,我国《婚姻法》允许婚姻当事人在不违背法律和社会公共道德的情况下对夫妻财产制契约附加条件。

第六章　婚姻纠纷涉及知识产权的处理

一、知识产权属于夫妻共同财产的认定

夫妻共同财产是夫妻双方或一方在婚姻关系存续期间所取得的财产。依照《婚姻法》第17条至第19条的规定，夫妻财产制采用了以法定财产制为主，以约定财产制为辅，另有夫妻特有财产制为补充的夫妻财产制度。依照《婚姻法》第17条及《婚姻法司法解释(二)》第12条的规定，一方或双方在婚姻关系存续期间由知识产权取得的收益，离婚时已经实际取得或已经明确可以取得的财产性收益，属于夫妻共同财产。知识产权是基于智力的创造性所产生的权利，既具有财产权的属性，也体现了人身权的利益。《婚姻法》立法规定，知识产权的收益侧重于财产性收益。知识产权能否实现其财产性权利、何时实现其财产性权利等问题，都具有不确定的因素，知识产权本身的取得和其财产性权益的取得有时并不同步。故认定该知识产权是否属于夫妻共同财产，应以该知识产权的财产性收益的取得是否在婚姻关系存续期间为判断标准，而不应以该知识产权权利本身的取得的时间为判断依据。夫妻离婚时只能对现有财产进行分割，对没有实现其价值的财产性收益不能估价分割，智力成果只有转化为具体的有形财产后才属于夫妻共同财产，而对其配偶在共同生活中付出的劳动，可从其他财产中给予适当补偿、照顾。

二、离婚案件中分割知识产权的前提条件

由于知识产权的特殊性(主要是时间特性)，笔者认为，在离婚诉讼中对知识产权及其相关权益进行分割时，应同时具备以下四个前提条件：

(1) 待分割知识产权中的财产权益系夫妻共有。

(2) 意思自治，也即对该部分财产的处理，夫妻在离婚前没有约定。

(3) 待分割的知识产权及其相关权益在法定的保护期内，不在法定保护期内的知识产权进入公共领域，不再是知识产权人的独占性权利，就没了分割的必要。

(4) 该知识产权可以给当事人带来经济效益。知识产权具有价值，但是这种价值是“可以产生”的，不一定已经产生。在法定保护期内的知识产权有可能由于权利人的放弃或者地域条件而不能实现其经济利益，这样就没有必要再对其进行

分割。

三、离婚案件中分割知识产权的原则

在离婚案件中分割夫妻共有知识产权时，首先要遵循一般夫妻共同财产分割原则，然而根据知识产权的特殊性，在分割夫妻共有知识产权时，也应遵循知识产权及其相关权益分割的一些原则。

1. 离婚案件中分割夫妻共有财产的原则

依照我国《婚姻法》的规定，夫妻婚后所得的共同财产，离婚时适用均等分割原则以及照顾子女和女方权益等。我国现行《婚姻法》第39条第1款规定："离婚时，夫妻的共同财产由双方协议处理；协议不成时，由人民法院根据财产的具体情况，照顾子女和女方权益的原则判决。"在离婚诉讼中，分割共有财产应遵守以下原则：

（1）男女平等原则，这也是婚姻法的基本原则之一。结婚后，在人格上，双方拥有平等地位，保持独立，在权利和义务上都是对等的。男女平等体现在财产方面，就是双方对夫妻共有财产有平等的处理权。

（2）照顾子女和女方权益的原则。现行《婚姻法》体现了对子女和妇女利益的重视。离婚不止是夫妻双方婚姻破裂那么简单，其对子女造成的伤害也是不可忽视的，尤其对未成年子女来讲，很少有未成年子女具有经济来源，在对子女身心造成伤害的情况下，对他们多些经济照顾，尽量为其提供一个健康的环境是合理合情的。在我国现实生活中，在家务上付出更多的是妇女，她们往往将更多的人力资本放在家庭生活中。一旦离婚，很多妇女的谋生能力都变得很差，这就需要对方给予较多的照顾。

（3）有利于当事人的生产和生活的原则。在离婚诉讼中，分割夫妻共同财产时，应该尽可能地使财产的效益最大化，尽量充分地利用经济利益，物尽其用。最高人民法院《关于人民法院审理离婚案件处理财产分割问题的若干具体意见》规定的"照顾"，也体现了这一原则：对一方生活有特殊需要的，应当"照顾"此方。分割财产时，应考虑夫妻双方和子女的需要，真正做到物尽其用。

（4）照顾无过错方原则。在处理离婚诉讼中的财产分割时，如果存在过错方，一般该方应照顾无过错方，分给无过错方适当多的财产。不过，照顾的数额和范围视具体情况而定。有过错方可少分，但不能不分。

（5）尊重当事人意愿原则。在民法范畴中，意志自由是调整私有关系的一个重要特点。对于离婚时的知识产权分割问题，在结婚前或者婚姻存续期间没有约定或者约定不明确的情况下，才能依法予以分割。当然为了明确约定的归属，还要确保约定是真实有效的。

2. 知识产权分割所应遵循的原则

由于知识产权的特殊性，其相关权益作为夫妻共有财产进行分割时，除了应遵循其他一般财产的分割原则外，为了实现离婚诉讼中夫妻财产分割的公平，还应当遵循以下规则。

（1）人身权与财产权分离的原则。我国现有法律体系关于离婚时夫妻间知识产权处理的相关规定，主要解决的是其中有关财产权的问题。知识产权人拥有的人身权益，与知识产权创造者密切相关，是不可分的。知识产权具有双重属性，其中人身权部分与人身密不可分，并不具有财产内容。其中的财产权益，是知识产权人可以自主行使的、通过实施该知识产权获取财产利益的手段。人身权与财产权益的内容不同，实现、保护方式也不同。人身权部分是不可分割的，可分割的仅是财产权益。

（2）适用比例分割原则。讲求比例分割，实际也是实现平衡原则。这种平衡包括知识产权人权利与义务之间的平衡，权利人与他人关系的平衡，权利人与社会利益之间的平衡。在离婚时，可作为夫妻共有的知识产权及其相关权益如何能公平分割是一大难题。现行《婚姻法》第 13 条规定了夫妻在家庭中地位平等，对共有财产有平等处理权。“平等”处理权在实践中主要体现为：① 对共同财产的处理双方享有平等的权利；② 对财产的分割数量上一般实行均分。

在数量上均分，对于有形财产而言，是很容易操作的，但是对于知识产权来讲，则很难实现平等。首先，知识产权蕴含的经济利益在数量上不可见；其次，这些经济利益的实现有很大的不确定性。若只是在离婚时对已经获得的可见利益均分或者对未获得的收益进行一次性的分割，都是不能实现平衡的。若以夫妻双方在该知识产权及其相关权益中的财产比例进行分配，而不是确定具体金额，将更有效地保证公平的实现。

（3）财产分割与债务清偿相结合原则。现有与婚姻相关的法律规定中，几乎都是关于离婚诉讼中分割知识产权及其相关权益的积极性处理，相关法律规定中却几乎没有因知识产权纠纷带来的消极负担问题的规定。权利与义务是相对的。离婚时对财产分割亦不应当损害债权人和善意第三人的合法权益，这也符合现代夫妻财产制的发展趋势，即兼顾交易安全。故在离婚时，分割知识产权应遵循财产分割与债务清偿相结合的原则。在现实生活中，经常会有知识产权侵权情况出现，这些侵权纠纷通常会引起一些赔偿，对于该赔偿的权利与义务的归属，法律未有明确规定。大多数学者都同意一种观点，即侵权纠纷的权利和义务归属应以侵权的时间是否在婚姻关系存续期间为标准来判定。例如，如果侵权发生在婚姻关系存续期间，应将该权利义务纳入夫妻共同权利和义务范围之内。反之，就不属于夫妻共同的权利义务范围。这种处理办法，不但符合权利和义务相统一的原则，而且有利于加强双方的责任感，有利于巩固家庭的和谐与稳定。还可以防止另外一种情况：夫或妻一方的知识产权人，为了不与另一方分割相关赔偿，而故意将发生在婚姻存续期间的侵权在离婚后才提起侵权之诉。

另外，对于离婚时夫妻共有财产的分割，我国《宪法》《婚姻法》《妇女权益保障法》以及其他相关法律法规还有一些原则性规定：如补偿原则、赔偿原则、帮助原则以及有利生产、方便生活原则、不损害国家利益原则、不损害集体和他人利益原则等。这些原则在处理离婚诉讼中的财产问题时,是一些指导性原则。虽然有学者认为,这些原则存在一些问题:照顾原则中机会成本缺失、补偿原则适用面过窄、使用比例原则实施难度较大,以及帮助原则不能提供持之有效的保障等。但是,只要在肯定这些原则的基础上对其进行完善与细化,增强其可操作性,从而尽可能公平合理地分割离婚时夫妻之间的知识产权。

四、离婚案件中知识产权的具体分割措施

确定了分割的前提、原则以后,就涉及如何在离婚案件中分割夫妻共有知识产权的问题了。笔者认为,在离婚案件中分割已经实际取得的夫妻共有知识产权,或者明确可以取得的"收益"的分割相对简单,只需要按照一般财产由夫妻双方协商分割,协商不成的,由法院按照公平原则对其进行均分。但对未获权的知识产品及尚未实现经济利益的知识产权的分割,则比较复杂。

1. 夫妻双方均对知识产品的完成付出了脑力劳动

对夫妻双方均对知识产品的完成或者知识产权的获得付出脑力劳动的情况,按照知识产权制度,夫妻共有该知识产品或者知识产权。离婚时可以不必对其进行分割,保持其共有的关系。如果当事人希望分割,则按照知识产权有关共有的规定进行处理。

2. 夫妻一方对知识产品的完成付出了脑力劳动

对夫妻一方对知识产品的完成或者知识产权的获得付出脑力劳动的情况,处理起来则比较复杂,也是本文要解决的重要问题。笔者认为,可借鉴《婚姻法司法解释(二)》中关于个人独资企业的分割方法,按照以下情形分别处理保持共有。

(1) 夫妻一方主张拥有。如果知识产品是在婚姻存续期间完成的,在离婚诉讼中进行分割时,按照当事人的意愿协商解决。① 对知识产品或知识产权的价值进行评估,根据协商优先和兼顾公平的原则,采用评估与补偿制度结合的方法,由得到知识产品或知识产权的一方,一次性给予另一方相应数额的补偿。② 由于知识产权经济利益实现方式的持续性与长期性,知识产权可以在有效期内多次或者多途径地给所有者带来利益,因此,对方不愿采用一次补偿的,可以由当事人协商或者由法院判决确定财产权益分割比例,对于知识产权适用于其法定保护期限内合法获得的经济利益,对知识产品可以规定适用期限,此知识产品获权时,其适用方法同知识产权。

(2) 夫妻双方都主张拥有。如果该双方均主张拥有,有两种具体的分割方式:一种是双方通过公平竞价的方式,一次性给予另一方相应的价款。另一种方式是在双方对竞价方式不能达成共识,又无法用其他方式分割时,则由人民法院按照公平原则,判定双方维持共有关系。

(3) 夫妻双方都不主张拥有。在这种情况下,可以通过协商或者拍卖的方

式,将该知识产品或知识产权转让给他人。如果双方对协商或拍卖没有达成共识,则由法院判决维持该共有关系,也可以迟延判决,可以由当事人双方提起迟延判决申请。迟延判决不得超过规定期限,过长的期限显然不符合知识产权的时间特性,建议规定在5年以内。

3. 具体知识产权的分割

(1) 对专利权、商标权的分割。与著作权相比,专利权、商标权具有较少的人身权内容。权利人取得专利权、商标权的目的就在于使用其权利,使其知识产品潜在的利益转化为巨大的财富。在分割共同财产时,简单地根据实际情况选择合适的分割方法即可。但是,按以上方法分割专利权、商标权后,如涉及变更登记的,应按规定变更登记,并且不能因此影响第三人的利益。

(2) 著作权的分割。著作权的人身权属性非常明显,其作品一般都包含作者的情感因素。著作权作品通常都反映了作者独特的品格和不同的世界观、人生观、价值观,甚至有些作品涉及作者或者他人的隐私(如传记、自传类作品)。而且与专利权、商标权不同,作者创作作品可能并不完全是经济利益的驱使,可能纯粹是一种表达。因此,笔者认为,竞价措施不适用于著作权。在分割著作权时,权利只能归创作方,但是,既得利益可以分配,未来利益也可以约定分配比例。

五、离婚案件中涉及知识产权产生的财产性收益的处理

随着社会生产力水平的提高,知识产权进入家庭,作为无形资产在家庭财产中所占位置也越来越重要,有关知识产权的争议也越来越多。《婚姻法》第17条第1款第3项中规定,夫妻关系存续期间的知识产权收益归夫妻共同所有。所谓知识产权的收益,是指由于智力成果而取得的一定财产性收益,是基于智力的创造性活动所产生的、由法律赋予知识产权所有人对其智力成果所享有的某些专有权利。传统的知识产权主要指著作权、专利权、商标权。随着社会科技的发展,知识产权还包括商业秘密、专有技术等。知识产权具有明显不同于其他财产权的特点,其中一个显著特点就是知识产权两权的一体性:一方面它具有人身权,是创作者基于其智力成果依法享有的以人身利益为内容的权利,如著作权中的发表权、署名权等;另一方面又具有财产权,是指知识产权人依法通过各种方式利用其智力成果的权利,这种利用通常能给权利人带来经济利益。

《婚姻法》第17条第1款第3项的规定,主要解决的是知识产权中有关财产权的问题。而知识产权中人身权部分,因其基于智力成果创造人的特定身份,与智力成果创造人人身不可分割,争议不大。目前,主要问题集中在:

(1) 知识产权还未曾实现的经济利益,即所谓的财产期待权。

(2) 婚前产生的智力成果,婚后才取得经济利益。

(3) 已具有很高知名度,并能带来巨大经济利益的知识产权权利的归属。

对上述三方面难点问题的处理,应从公平的角度出发,兼顾婚姻法与知识产

权相关法律的规定,既要保护知识产权人的合法利益,也要维护另一方的合法权益,特别是妇女的合法权益,合情、合理、合法地予以处理。

(一) 对知识产权还未曾实现的经济利益的处理

在婚姻关系存续期间,一方所取得的知识产权,离不开配偶方的支持。对已经实现的经济利益,无疑应该按夫妻共同财产分割。问题集中在对离婚时尚未实现的经济利益如何处理。知识产权经济利益的实现是需要一定时间的,并且利益能否实现,还要受诸多因素的影响,存在一定风险。某项智力成果,有可能将来能获得巨大利润,也有可能因没有市场而一文不值。创造者也许愿意实现知识产权的经济利益,但也有可能根本不想让自己的研究成果进入商品市场。这样,无形财产是否有期待利益,这种期待利益到底有多大,就缺少衡量的标准。一种观点认为,对于离婚时未曾实现的知识产权的经济利益,应当根据期待权与既得权的理论解决。在婚姻关系存续期间,夫妻一方就其知识产权尚未与他人订立使用或转让合同,该项知识产权的经济利益只是一种期待利益。创作者获得报酬权也只是期待权,该项经济利益不能归夫妻共有。况且,知识产权具有双重属性,作为人身权,只能由权利人行使而不能转让,而财产权的行使往往与人身权不能分离,即使将其分割给不享有知识产权的一方,因权利行使上的限制,该方当事人实际上也并不能取得财产利益。笔者认为,从正常情况来说,一项知识产权的取得是离不开另一方的支持的,是夫妻双方共同努力的结果,一次成果的取得,投入研究的财产往往都是夫妻共同财产。如果仅仅规定既得知识产权收益为夫妻共同财产,而对期待利益没有一个明确的说法,对当事人中的一方是不公平的。根据民法通则与婚姻法的原则和规定,知识产权中的经济利益应当包括财产期待权。理由是:

(1) 婚姻法是将财产权的取得作为确定财产所有权归属的依据,其中,“取得”是指在婚姻关系存续期间,只要夫妻没有约定,夫妻一方或双方已取得所有权的财产,均应作为夫妻共同财产,这当然包括夫妻一方在婚姻存续期间所取得的知识产权的现实和期待的经济利益,否则将与婚姻法的精神相抵触。

(2) 基于知识产权的专有性,夫妻一方婚内所得知识产权是该方个人享有的专有权,只有由知识产权所生的经济利益才归夫妻共同所有,如果在该知识产权所生经济利益中又排除了期待利益,就意味着缩小了属于夫妻共同财产的范围,有悖民法的公平原则。

(3) 一些国家的立法和司法实践,已将夫妻一方在婚姻关系存续期间取得的某些财产期待权或预期利益作为夫妻共同财产,离婚时由夫妻进行分割,并给予法官较大的自由裁量权。

我国关于离婚时知识产权如何分割,最高人民法院已经审理了类似案件并有过判例,而且也有相关的司法解释。1993 年,最高人民法院《关于人民法院审理离婚案件处理财产分割问题的若干具体意见》第 15 条规定:“离婚时一方尚未取得经济利益的知识产权,归一方所有。在分割夫妻共同财产时,可根据具体情况,对另一方给予适当照顾。”由于知识产权作为夫妻财产的情况十分复杂，该规定只部分解决了知识产权作为夫妻财产分割的问题。有的知识产权虽未实际取得经济利益，但可以预见其未来将产生较大甚至巨大的商业价值，仅给予适当补偿难以充抵。且这“适当”尺度为多少也很难把握。实践中，可采取两种方式解决：

（1）折价补偿，可参照民法中不可分物的分割方法，聘请专业人员对该知识产权的预期利益进行估价，由享有知识产权的一方给予另一方相应的补偿。

（2）暂不分割，在判决中将知识产权中的财产权归双方共有，保留一方的诉权，待今后取得经济利益后再行分割。

（二）对婚前完成的智力成果，婚后才取得经济利益的处理

当事人的婚前财产应属于个人所有，但婚前财产权利在婚后取得的收益，究竟是按婚后所得而成为共同财产，还是按婚前财产而属于个人财产，值得研究。

第一种观点认为，应当认定为夫妻共同财产。理由是：

（1）《婚姻法》第 17 条第 1 款规定的是在婚姻关系存续期间所得的财产，法律没有强调付出劳动的时间是在婚前或者婚后。强调付出劳动的时间在婚姻关系存续期间对婚姻当事人整体而言并不公平。

（2）婚后所得共同制的精神在于强调在婚姻关系存续期间得到的财产都归夫妻共有（特有财产除外），而不论得到的原因和根据。因此，将付出劳动的时间加以深究，是与该财产制度的精神相悖的。

第二种观点认为，该财产不能认定为夫妻共同财产：

（1）因为《婚姻法》第 17 条第 1 款规定的在婚姻关系存续期间所得的财产为夫妻共同财产，这其中“所得”是指财产所有权的取得而非实际财产的取得。当所有权人取得时间与财产实际取得时间不一致时，应该以取得所有权的时间作为区分婚前财产与婚后财产的分界线。一方在婚前已经完成了智力成果，已经取得了知识产权，应为婚前个人财产。

（2）对一方婚前付出大量辛勤劳动和巨大财力的知识产权，一方没有任何付出就均等分割该财产，显然有失公平，且容易导致某些人利用婚姻获取财产。

实际上，婚前完成的智力成果，婚后取得经济利益能否作为共同财产，笔者认为不能一概而论。而要区别不同情况予以处理：

（1）当智力成果，比如著作权，婚前一方已经创作完成并发表，只是在婚后才取得稿酬。对这种情况，应该视为婚前财产。因为婚前一方作品已经发表，即取得了财产权利，是一种既得财产权利，只是在婚后实际取得，所以不影响婚前财产的性质。

（2）当婚前完成智力成果创作，比如一项发明，由于种种原因没有转让或投入市场，而在婚后投入市场。对这种情况，笔者认为，原则上不应视为夫妻共同财产，但对知识产权的经济利益在婚后较长一段时间内才取得的，且另一方对经济利益的取得付出劳动的，可分给适当的财产。

（三）对已具有很高知名度并能带来巨大经济利益的知识产权的归属问题的处理

这种情形一般是指商标所有权在夫妻间的归属。《中华人民共和国商标法》（以下简称《商标法》）第5条规定："自然人、法人或者其他组织可以共同向商标局申请注册同一商标，共同享有和行使商标专用权。"在婚姻关系存续期间成立的公司（夫妻公司）、个体工商户，以公司或个体工商户名义申请商标注册登记并成为商标所有人，或者以夫妻一方名义申请注册的，离婚时该商标已成为驰名商标或具有较高的知名度，双方均要求拥有商标所有权，对此法院能否判决商标所有权为夫妻共有？

笔者认为，如果公司为商标注册人，则不存在夫妻共有的问题，商标所有权应为公司所有。只有在分割夫妻财产时，对不拥有公司产权的一方，就此商标的经济利益可给予适当补偿。但当一方要求法院判决其继续享有该商标的使用许可时，就是一个法律难题，特别是双方对该商标的形成及驰名均作出贡献时。如某省某名牌瓜子公司，其瓜子品牌是夫妻共同创业所得，当男方向法院提出离婚时，女方即要求享有该商标的使用许可。我国《商标法》第40条规定，商标注册人可以通过签订商标使用许可合同，许可他人使用其注册商标，也就是说，双方须签订使用许可合同方能使用。如一方不同意他方使用，法院能否以判决形式许可使用。该案双方通过调解协商解决，男方允许女方继续无偿使用该商标。如果该案双方不能协商解决，法院该如何处理？笔者认为，商标权的内容包括使用权和禁止权两个方面，使用权即是商标权人可以在其注册商标所核定的商品上使用该商标，并取得经济利益，也可根据自己的意愿，将注册商标转让给他人或许可他人使用。事实上，许可他人使用是商标使用权的一个方面，既然是使用权，法院就可以根据民法的相关理论判决给一方使用。

如果商标注册人是以个体工商户或夫妻一方名义申请注册的，则存在离婚时能否由夫妻双方共同共有商标所有权的问题。虽然我国《商标法》规定商标权可以共有，但存在与注册登记不符的问题，以及实践中存在对商标权的使用难以操作的问题。如商标的转让，我国《商标法》虽未规定对共同所有的商标转让的限制，但根据《民法通则》及有关司法解释可知，共同所有的商标为共同财产，共有人对其享有共同的权利，承担共同的义务，在共有关系存续期间，部分共有人擅自处分共有财产的，一般认定无效。所以对共同共有的商标，任何一个共有人或部分共有人均不得私自转让。夫妻如不能协商离婚，矛盾往往都较为尖锐，就商标转让问题也就难以达成一致，导致权利不能很好地实现。除了转让外，在商标的使用许可中亦存在同样的问题。在我国，商标的使用许可形式主要有两种：一种是独占使用许可，另一种是普通使用许可。对于独占使用许可，它具有独占性和排他性，在合同约定的范围内，许可人不能再允许第三人使用其注册商标，许可人自己也不能使用。如果夫妻双方离婚后均享有商标专用权，一方许可他人独占使用,则意味着另一方不能在同一范围内使用注册商标,更不用说许可他人使用。故在实践处理上,最好以工商部门登记的商标注册人为商标的所有人,以避免法律上的冲突。对以个体工商户名义注册的商标,可归继续经营的一方,由于知名商标所带来的利润是巨大的,对另一方可给予较大比例的补偿,或对注册商标无形资产进行评估,以确定补偿数额。

第七章　婚姻纠纷涉及证券投资及其收益的处理

一、股票、债券、基金

（一）股票、债券、基金分割裁判精要

有价证券是财产价值和财产权利的统一表现形式。股票、债券、基金作为有价证券的基本形式，因金融投资或与金融投资有直接联系的活动而产生，可以在证券市场上买卖和流通，交易价格波动大，代表一定量的财产权利，是除房地产市场外，最具吸引力的家庭理财方式之一。

股票是股份有限公司签发的，用以证明出资人的股本身份和权利，并根据持有人所持有的股份数，享有权益和承担义务的凭证。同一类别的每一份股票所代表的公司的所有权是相等的。股票持有者作为股份公司的股东，享有独立的股东权利。股东权是一种综合权利，股东依法享有股息、红利分配请求权、新股认购权、知情权、重大决策权、选择管理者权等权利。股票一经买入，股东只能通过股票买卖方式有偿转让而收回其投资，但不能要求公司返还其出资。股票是投入股份公司资本份额的证券化，并非现实的资本。股份公司通过发行股票筹措的资金是公司用于营运的真实资本。而股票独立于真实资本之外，在股票市场上受宏观经济政策、公司经营状况、行业与部门因素，国际社会政治、经济的变化等综合因素的影响，进行着独立的价值运动。因此，股票的价格并不等于股票票面的金额。股票票面金额代表真实的资本数额。而股票价格通常小于或大于股票的票面金额。利用股票价格的波动进行的买进卖出所获收益，就是一种资本化的收入。在交易过程中，股票与股东账户内的资金存在着相互转换的关系，在同一账户中既有股票，也有资金，相互间随时可以转换。正是由于股票价格的波动性、股票与资金的易转化性，导致夫妻双方在离婚中对股票的分割存在一定的难度。

债券是指社会各类经济主体依照法定程序向公众发行的、承诺在一定期限内还本付息的债券债务凭证。通常，债券票面上有四个基本要素：票面价值、到期期限、票面利率、发行者名称。与股票相比，债券的风险性较小，债券有规定的偿还期限，债务人必须按期向债权人支付利息和偿还本金，且债券持有人的收益相对固定，不随发行者经营收益的变动而变动。债券持有人可以根据实际需要，自由

转让债券,提前收回本金,实现投资收益或者按期收回本金利息。依据发行主体的不同,债券可分为政府债券、金融债券和公司债券。依政府债券发行主体的不同,可分为中央政府债券和地方政府债券。中央政府发行的债券也可以称为国债(即通常所说的国库券)。国库券发行量大、品种多,是涉案纠纷中最常见的债券类型。债券的收益体现在债券市场价值的升值和到期支付的利息上。

基金是指由一定的机构发起并设立组织,然后募集资金,形成基金的独立财产,由专门的管理机构对这部分财产进行投资,投资收益除作必要的扣除以外,全部返还给投资者的一种投资形式。根据运作方式的不同,基金分为封闭式基金和开放式基金。封闭式基金是指经核准的基金份额总额在基金合同期限内固定不变,基金份额可以在依法设立的证券交易场所交易,但基金份额持有人不得申请赎回的基金;开放式基金是指基金份额总额不固定,基金份额可以在基金合同约定的时间和场所申购或者赎回的基金。开放式基金因随时可以赎回,流通性强,在实践中较为常见。基金作为一种现代化的投资工具,将分散的资金集中起来交给专业机构投资于各种金融工具,能够科学有效地降低风险,提高收益。基金的收益是基金资本在运作过程中所产生的超过本金部分的价值。基金分配通常有两种方式:一是分配现金;二是分配基金份额,即将应分配的净收益折为等额的新的基金份额再次分配。

在实务中,涉及有价证券的离婚纠纷诉争焦点主要有两个:一个对有价证券的财产性质及其收益的认定,是个人财产还是夫妻共同财产;二是分割有价证券的时间与分割方法的确定。

一般讲来,婚后购买的股票、债券、基金及收益,除双方有特别约定,属于夫妻双方的共同财产。实践中处理难度较大的是一方婚前购买的股票、债券、基金,婚后未操作,账面出现了净值的增加,对于增值的部分,是否应当作为夫妻共同财产进行分割?再有,一方在婚前购买有价证券,在婚后又以夫妻共同财产注资增加持有,此时账户中的婚前财产与共同财产发生混合,离婚时如何将个人财产与共同财产予以区分?在有价证券特别是股票的分割过程中,由于市场价格的波动性,不同分割时间点会导致有价证券市场价格的不同。在实践中,分割时间点往往是由当事人协商确定的,若无法达成一致意见,法院通常会选择案件受理的时间、开庭的时间或者判决时间作为分割点。在分配方式上,法院也首先会征询当事人的意见,如果夫妻双方能够就有价证券的归属达成一致的,则按照双方的协议进行分配。如果不能或者按市价分配有困难的,根据《婚姻法司法解释(二)》第15条的规定,法院可以根据数量按比例分配。

股票、债券、基金所产生的利益应当认定为孳息还是投资性收益,在理论与实践中有不同的观点。从严格的学理上讲,孳息是指从原物中所生之收益,其划分是根据两物间的一物由另一物所生的关系,即原物是产生收益的物,孳息为由原物所产生的收益。孳息有天然孳息和法定孳息之分,前者指果实、动物的生产物以及其他依物的自然属性而取得的利益。对其归属,现代各国的物权法一般规定,对原物有所有权、租赁权、使用权等权利的人,有收取天然孳息的权利。法定孳息是指依照法律关系取得的利益,如利息、租金、股息、分红等。其权利归属原物所有人,即利息由债权人取得,租金由出租人取得。股票、债券、基金市场价值的升值、股东分红、债券到期支付的利息、基金分红,都是依照法律关系取得的利益。

对于天然孳息与法定孳息的归属,各国民法典均有不同的规定。例如《瑞士民法典》规定,自有财产的收益归入共同财产,但可通过约定改变(第223、224条);《法国民法典》则认为,天然孳息属于夫妻共同财产,法定孳息属于个人财产,其第1406条第1款规定:"以自由财产之附属物的名义取得的财产,以及与自由的有价证券相关的新证券及其他增值,属于各自的自由财产。但如果有必要,对所有人给予补偿之情形,不在此限。"《美国统一婚姻财产法》则规定,个人财产的增值部分以及用个人财产交换所得财产,因其财产性质不变,仍是个人财产,当个人财产的实质性增值是由于配偶不可补偿的努力所致时,其财产性质就转化为共同财产。我国学者对此也有各种各样的不同看法。史尚宽先生就认为,婚前财产的孳息为共同财产,特有财产的孳息仍为特有财产。在2011年8月13日《婚姻法司法解释(三)》实施之前,根据我国《婚姻法》第17条第1款的规定:"夫妻在婚姻关系存续期间所得的下列财产,归夫妻共同所有:(一)工资、奖金;(二)生产、经营的收益;(三)知识产权的收益;(四)继承或赠与所得的财产,但本法第十八条第三项规定的除外;(五)其他应当归共同所有的财产。"《婚姻法司法解释(二)》第11条将一方以个人财产投资取得的收益列入《婚姻法》第17条规定的"其他应当归共同所有的财产"。对此,司法解释的含义是比较清楚的,从其字面含义及立法原意来看,夫妻一方个人财产产生的生产、经营的收益都是共同财产。《婚姻法司法解释(三)(征求意见稿)》曾作出了"另一方对孳息或增值收益有贡献的,可以认定为夫妻共同财产"的规定,即无论是天然孳息还是法定孳息,应以双方是否对孳息的产生过程投入了时间与精力来区分其是属于个人财产还是夫妻共同财产。一方婚前享有的财产产生的孳息,另一方对此投入了时间与精力的,属于夫妻共同财产,没有投入时间和精力的,仍属于夫或妻的个人财产。这种投入,可以是直接的参与选择决定,也可以是间接的支持。但是,多数意见认为,征求意见稿中的"贡献"一词不是法律用语,理解上也会产生歧义,具体到司法裁判领域时,还会涉及对投入时间、精力的举证责任分配的问题,在审判时很难把握。2011年8月12日公布的《婚姻法司法解释(三)》将这一问题最终明确了,第5条规定:"夫妻一方个人财产在婚后产生的收益,除孳息和自然增值外,应认定为夫妻共同财产。"即孳息及自然增值均属于一方的个人财产。然而在实践中,对《婚姻法司法解释(三)》第5条中孳息的理解,有人认为应作单纯的学理上的理解。例如,甲男婚前种植了一亩果树,后甲男与乙女经过大半年的辛勤劳动,收获的苹果就属于孳息。

如果将其认定为甲男的个人财产,乙女大半年以来的辛勤劳动将无任何回报,是极不公平的。因此对《婚姻法司法解释(三)》中的孳息应当作限定性理解,即将夫妻一方个人财产的收益分为经营(投资)性收益与非经营性收益。夫妻双方婚后付出了精力与时间的投资性的收益,应当视为夫妻共同财产。单纯的自然收获或者未经人工操作的账面增值,应当视为个人财产。

当有价证券在账户中进行过多次交易导致婚前财产与共同财产发生混合时,在当事人无法达成一致意见的情形下,法院首先应当确定结婚前个人持有的有价证券的数额,再确认双方投入资金的数额,最终按照两者的资金比例确定个人收益与共同收益。

(二) 股票、债券、基金分割诉讼指引

投入有价证券账户内的资金是夫妻共同财产,还是他人的借款,此时对资金来源的证明度要求较高。在实践中,通常需要提交银行转账凭证以证明资金流向。不仅需要证明资金流入有价证券账户的凭证,还需要证明有价证券卖出或赎回后所得资金转回权利人账户的凭证。此外,当事人及其诉讼代理人申请人民法院调查收集证据,应当在一审举证期内提出并提交书面申请。相关证券营业部协助法院进行查询的时间,依法应当从审限中扣除。

为了避免离婚时与配偶分割财产,在实践中,通常遇到一方当事人向配偶隐匿购买有价证券,或是在离婚前变卖有价证券套取现金后对钱款予以转移的情形。我国《婚姻法》第 47 条规定:“离婚时,一方隐藏、转移、变卖、毁损夫妻共同财产,或伪造债务企图侵占另一方财产的,分割夫妻共同财产时,对隐藏、转移、变卖、毁损夫妻共同财产或伪造债务的一方,可以少分或不分。离婚后,另一方发现有上述行为的,可以向人民法院提起诉讼,请求再次分割夫妻共同财产。人民法院对前款规定的妨害民事诉讼的行为,依照民事诉讼法的规定予以制裁。”即使离婚的时候一方隐匿了购买的有价证券,离婚后,另一方有权请求再次分割。此时,配偶一方可以向法院申请调查令到相关的证券管理、经营机构查询账户信息及交易明细。当事人需要向法院提供开户所在的证券公司名称及拟查询账户户名的身份证号码。

二、股票期权

(一) 股票期权分割裁判精要

股票期权,是指公司给被授予者,即股票期权受益人按约定价格和数量在授权以后的约定时间购买股票的权利。[①]股票期权持有人可以在未来某一时期内按照约定的行权价格购买公司股票,也可以在股票市价低于行权价格的时候选择放

---

① 参见陈清泰、吴敬琏:《股票期权激励制度法规政策研究报告》,中国财政经济出版社 2001 年版,第 13 页。

弃购买股票。其中,在约定期限内按照预先确定的价格购买本公司股票的行为,称为"行使股票期权",即行权;事先确定的价格为"行权价格"。如果该公司管理人员经营有方,公司业绩优良,公司股票升值,股票期权持有人在约定的时期到来之前就可以行权,以行权价格购买一定数量的股票,并可自行决定何时出售。行权之前,股票期权持有人并没有任何的现金收益;行权之后,行权价格与行权日股票市价之间的差价即为个人收益。

一般情况下,股票期权的实现包括授予、等待、授权、行权四个步骤。公司在决定授予员工股票期权后,会向员工寄送协议书和其他说明文件,确定股票期权计划的主要内容,经员工签名盖章,即具有法律效力,成为行权的依据。等待期一般为3—5年,在等待期内,股票期权持有人不能从股票期权中获得任何收益,只有努力工作提升业绩,以期推动公司股票价格上涨。授权,是针对公司而言,对员工则称为获权,根据授予协议书中确定的授权时间安排,公司授予员工行使股票购买选择权的能力,可以一次授权,也可以分批授权。员工从获权之日起,就进入可行权时间段。员工决定行权的时候,应填写行权通知书,并按照约定的价格交付购买股票的价金,公司向员工交付对应的公司股票。行权完毕,持有人即不再受到股票期权计划的约束,享有完全的股权,可以选择在合适的时机在股票交易市场转让股票获得差价收益,也可以选择继续持有公司股票。①

股票期权是一种长效薪酬激励机制,起源于20世纪50年代的美国,设立之初,是为了帮助公司高级管理人员逃避高额的个人所得税,因此又称为经理股票期权。其利用股票价格涨落对经理人员绩效的度量作用,形成对他们的长效激励机制。进入20世纪70年代以后,美国等发达国家开始进行公司治理结构改革,薪酬激励成为公司治理机制中的重要内容。股票期权制度也成为现代公司治理中一项常用的激励方式而风靡全球,被激励的对象扩展到公司核心职能部门的管理人员以及技术骨干在内的普通员工。我国证监会发布的《上市公司股权激励管理办法(试行)》第19条规定:"本办法所称股票期权是指上市公司授予激励对象在未来一定期限内以预先确定的价格和条件购买本公司一定数量股份的权利。激励对象可以其获授的股票期权在规定的期间内以预先确定的价格和条件购买上市公司一定数量的股份,也可以放弃该种权利。"

在实践中,有观点认为,股票期权是一种期待权,且具有一定的人身特性,并非财产权利,因此不应作为夫妻共同财产予以分割。笔者认为,股票期权是以特定身份为基础的财产权,是既得权而非期待权。

(1) 根据权利的内容和客体的不同,民事权利可分为人身权与财产权。人身权以人身利益为内容,客体是体现人格利益或身份利益的生命、健康、名誉、荣誉

---

① 参见陈清泰、吴敬琏主编:《美国企业的股票期权计划》,中国财政经济出版社2001年版,第69页。

等。财产权以经济利益为内容,客体是具有经济价值的物、行为、智力成果及其他财产利益。人身权一般与权利主体不可分离,主要体现的是权利主体的精神利益而非经济利益,不能自由处分。财产权的价值通常可以用金钱衡量,并可以依法处分。虽然股票期权具有类似人身权中基于特定身份取得且不可分离的身份权,具体体现在只有具备本公司员工的身份,才有权获得股票期权,股票期权有不得在市场上自由转让等限制,但是,股票期权并不符合人身权的本质特征,即股票期权对于权利人的价值主要体现在,当估价上升时,可以通过行使权利取得财产利益,而不是精神利益。虽然在一定程度上,股票期权人可以感受到公司的关怀与激励从而获得精神上的满足,但是这并不是权利的主要内容,股票期权是公司员工提高薪酬待遇的重要途径。股票期权制度的核心,是将管理层的个人收益与公司的收益统一起来,促使管理层将公司的利益作为决策行为的准则。也就是说,管理层的收入 = 薪酬 + 期权收益。1998 年,美国前 200 甲大企业首席执行官的平均年薪仅略高于 75 万美元,但其股票期权的税前收入约达 830 万美元。[①] 由此可见,股票期权是以经济利益为主要内容的权利。

(2) 股票期权以公司员工身份为基础,但员工身份的丧失并不必然导致股票期权的消灭。例如,公司员工因工伤、亡故或退休等正当理由与公司提前终止劳动关系时,股票期权并不丧失,可以通过调整数额或提前行权达到权利的实现。或者当公司不履行劳动合同中的基本义务,员工主动辞职时,根据公平原则,股票期权应当得到调整而不是必然丧失。这与人身权以身份为必要前提的严格要求是不同的。

(3) 虽然人身权不可转让,股票期权的设置是为了激励特定员工因而也限制或禁止转让,但是,股票期权人仍可以自由地抛弃等方式处分权利,如放弃行权,后者的限制与人身权在处分上所受的限制也是不同的。因此,股票期权是以特定身份为基础的财产权,从婚姻家庭角度来说,期权收益应当作为个人收入归属夫妻共同财产予以分割。

根据权利是否已经取得为标准,民事权利可分为期待权与既得权。期待权是指将来有取得与实现的可能性的权利,既得权是指权利人已经取得且可以实现的权利。期待权不是一项具有完全独立意义的权利,只是处于取得所期待权利的预备阶段,是具备了取得该权利的部分要件而仍缺乏其他要件的状态,并且期待权只为权利的实现提供较大程度的可能性,其缺乏的要件并不是必然实现的。[②]所以,只要在期限届满后就必然可以行使的权利,不属于期待权。股票期权是具有一种具有独立意义的权利,以授权行为作为产生的法律依据。虽然股票期权多附有行权期,但行权日的届至具有客观必然性,权利尽管需要在将来行使却自授予

① 参见刘崇仪:《股票期权计划与美国公司治理结构》,载《世界经济》2003 年第 1 期。

② 参见〔德〕卡尔·拉伦茨:《德国民法通论》,谢怀拭等译,法律出版社 2001 年版,第 294—297 页。

日已经取得。虽然到期后股票期权是否能为期权人带来实际利益,取决于股票市值的变化情况,但是放弃行权或者行权的权利本身不会受到影响。因为,通过行使权利获得经济利益与权利本身是两个不同概念,前者属于经济学范畴,后者属于法学范畴。因此,股票期权尽管在行使上可能负有期限限制,但期权人自授权时即确定取得了该权利,不属于其他权利的预备阶段,因而是既得权而不是期待权。行权日的届至具有客观必然性,因此产生的收益是夫妻共同财产的,在离婚时应当予以分割。

根据权利的作用为依据,民事权利可以分为支配权、形成权、请求权、抗辩权。形成权是指民事主体一方可以以自己的单方行为使民事法律关系发生变化的权利。选择性是股票期权的一个基本法律特征,即股票期权的权利人享有自主选择的自由,他完全可以根据自己的判断,决定是否行使,他人无权干涉。对于选择权在民法上属于何种性质的权利,理论界有不同的看法。多数学者认为,股票期权属于形成权性质,行使权利后可以要求义务人根据股票买卖合同支付股票;授权公司是否履行义务,全凭权利人是否发动行权的意思表示,符合形成权的特征。[①]有的学者则认为,股票期权不属于形成权,理由是"当经理人员完成授予协议规定的持续劳务提供达到实质上接受公司要约的程度时,股票期权授予协议转变为一个'双务、有偿'的合同,具备强制执行的效力。经理人员的持续劳务提供并没有成立任何新的合同,而是仅仅使一个既存的合同之债沿着它的道路向前迈进了一步,即将公司以经理人员的持续受聘为条件的义务,转变为不再附有条件的义务"。[②] 对形成权说持否定态度的学者否认行权行为形成了新的合同,授权行为即形成附条件的股票买卖合同。笔者倾向认为,期权人一经行权即是对要约作出了承诺,公司与期权人之间就形成了买卖本公司股票的法律关系,根据这一合同的效力,公司须履行交付股票和转移股权的义务,而员工则须履行支付股款的义务。从这一方面讲,股票期权具备形成权的部分特征。至于界定股票期权是否属于形成权,在离婚财产分割中的实务意义不大,本文在此不再作深入探讨。

(二)股票期权分割诉讼指引

婚前取得的股票期权在婚后行权的,一般认定为夫妻共同财产,除非行权人能够证明行权时购买股票的资金来源于婚前的个人财产。

婚姻关系存续期间获得股票期权并行权的,要求分割行权收益一方需要证明股票期权的存在、行权时间以及行权价格。股权授予协议、公司出具的证明、股份数额较大时公司和证券公司网页上股东信息的披露,都是可采纳的证据材料。

婚姻关系存续期间获得的股票期权,在离婚时行权时间未到的情况下如果法

---

① 参见梁慧星编:《民商法丛论》(第17卷),香港金桥文化出版有限公司2000年版,227—280页。

② 颜延、张文贤:《我国推行股票期权制度的法律问题》,载《中国法学》2001年第3期。

院直接判决分割股票期权，由于股票期权对身份的要求及不可转让的限制，在现实中会面临执行难的困境，即配偶一方无法要求公司变更被授予股票期权的主体，只能等行权日到来之际，股票期权持有者主动履行或等待对方实际行权后再次提起诉讼要求再给付折价款。因此，在夫妻离婚时未实际行权的情形下，为避免诉累与执行难的困境，夫妻一方可在离婚后有证据证实对方已实际行权后再提起离婚后财产诉讼，要求直接分割行权所获收益。

第八章　婚姻纠纷涉及保险产品及其收益的处理

一、离婚中保险类纠纷的界定

（一）离婚保险纠纷常用术语阐释

离婚纠纷中，保险作为一种特殊的金融财产，专业性较强，夫妻双方名下的商业保险或社会保险如何处理，在民事案件中是具有相当难度的问题。目前，公众的保险意识逐渐增强，家庭财险及人身险的投保率逐年增加，保险已经成为人民群众规避风险及家庭理财的重要工具。保险本身处于相对专业的领域，保险法律关系相对复杂，同时又因保险品种繁多、投保形式多样等原因，离婚案件中出现的保险问题，往往会成为疑点和难点。在理解与处理该类问题时，首先应当明确一些基本的概念。

（1）投保人：根据《中华人民共和国保险法》（以下简称《保险法》）的相关规定，投保人是指与保险人订立保险合同并按照保险合同负有支付保险费义务的人。在法律上，投保人可以是自然人，也可以是法人。自然人的投保人应当具有相应的权利能力和行为能力。此外，投保人对保险标的应当具有保险利益。

（2）保险人：保险人就是保险公司，与投保人订立保险合同，并承担损害事故发生时的赔偿或者给付保险金责任的法人单位。

（3）被保险人：被保险人是指其财产或者人身受保险合同保障，享有保险金请求权的人，投保人可以成为被保险人。在财产保险中，如果投保人与被保险人不是同一人，则财产保险的被保险人必须是保险财产的所有人，或者财产的经营管理人，或者是与财产有直接利害关系的人，否则不能成为财产保险的被保险人；在人身保险合同中，被保险人可以是投保人本人，如果投保人与被保险人不是同一人，则投保人与被保险人存在行政隶属关系或雇佣关系，或者投保人与被保险人存在债权和债务关系，或者投保人与被保险人存在法律认可的继承、赡养、抚养或监护关系，或者投保人与被保险人存在赠与关系，或者投保人是被保险人的配偶、父母、子女或法律认可的其他人。

（4）受益人：受益人是指在人身保险合同中，由被保险人或者投保人指定的、当保险事故发生或者约定的保险时间到期时，享有保险金请求权的人。

（5）保险标的：保险标的就是保险的对象，包括两大类：一类是财产及其有关利益，另一类是人的寿命和身体。作为保险对象的财产，可以是有形的，如房屋、汽车；也可以是无形的，如商标使用权、专利权等。作为保险对象的人，是指自然人，可以是一个人，也可以是一个特定团体中的所有的人。保险标的直接决定保险的险种，财产保险标的的价值，危险程度直接影响保险人所承担的义务，决定着保险费率的高低，人身保险标的（人的年龄、职业、身体状况等）的不同，保险费、保险险种也不同。

（6）保险利益：保险利益是指投保人或者被保险人对保险标的所具有的非违法性的利害关系。所谓非违法性，是指保险人对保险标的的利害关系不违反法律强制性规定；所谓利害关系，是指投保人或者被保险人对保险标的具有确定的或者正常情况下可以确定的利害关系。

（7）保障性保险：该类保险是传统意义上的保险类别，目的在于对自然风险和社会风险的防范，保障型保险一般期限短、费用低，不具有现金价值。主要包括意外险、定期寿险、财产险等类别。

（8）返还型保险：该类保险除了风险防范功能外，同时具有储蓄功能，保险人通过投保人缴纳款项的利息作为保费，至保险合同约定的年限终止时，保险人返还合同所列明的金额的保险类型。返还型保险保费高，期限长，具有现金价值。

（9）投资型保险：该类保险除风险防范功能外，突出了投资收益功能，保险人利用投保人所缴纳的款项用于债券等类型的投资，从而取得保费及利益分配。投资型保险的期限比较长，费用比较高，具有现金价值。

（10）现金价值：在返还型险种及投资型险种中，投保人缴纳的费用在一定时期内高于同期实际出险率所对应的保险费用，多出的部分会积累下来，这部分积累下来的价值就成为保单的现金价值。在返还型保险中，多出的部分用以填补投保人所缴纳的费用低于实际出险率所对应的保费的差额。在投资型保险中，高出的部分则被用于保险人投资，为投保人带来收益。

（二）离婚保险纠纷的主要表现

1. 保险归属的认定

因为保险既非动产也非不动产，因此此处称为“财产性权益”。在离婚纠纷中，该财产性权益究竟属于夫妻共同财产抑或是个人财产，在认定上应当有所区分。我国《婚姻法》第 17 条前四项已明确列举，除夫妻共同所有的财产外，于第（五）项规定兜底性条款，将其他可能的类型纳入夫妻共同财产。《婚姻法司法解释（二）》第 11 条规定：“婚姻关系存续期间，下列财产属于婚姻法第十七条规定的‘其他应当归共同所有的财产’：（一）一方以个人财产投资取得的收益；（二）男女双方实际取得或者应当取得的住房补贴、住房公积金；（三）男女双方实际取得或者应当取得的养老保险金、破产安置补偿费。”就保险问题，该司法解释仅涉及了养老保险金，事实上，随着保险业的发展，保险的品种已经不可胜数，就个案而言,针对夫妻双方所购买的某一险种所针对的财产性权益,应当属于夫妻共同财产抑或是个人财产,是保险问题处理中的难点。

2. 离婚中保险分割的具体对象

认定保险的财产性权益属性,并在离婚案件中予以分割,所分割的具体对象值得探讨。主要有以下几种:

(1) 保险金。婚姻关系存续期间,保险合同承保的保险标的已经出险或者保险合同约定的给付条件已经达成,被保险人已经领取保险金,在离婚案件中,该保险金可以成为被分割的对象。

(2) 保险费。如果离婚时,作为投保人的夫妻一方或双方选择退保,投保人可以获得保险费。

(3) 投资保险的收益。在某些投资型保险中,投保人可能会获得一定的分红或者其他形式的受益,这部分收益如果在婚姻关系存续期间,可以被认定为共同财产,在离婚中予以分割。

(4) 保险的现金价值。按照我国《保险法》的相关规定,在人寿保险合同中,投保人可以单方行使解除权,以一方意思表示解除合同的,无论投保人是否已经交足2年以上的保险费,保险人都要退还保险的现金价值。在返还型和投资型保险的类型中,大部分保险都具有现金价值。如果缴纳该保险的保费来源于夫妻共同财产,则该现金价值可以成为离婚中的分割对象。

事实上,讲离婚中保险的分割对象是指以上四种类型也是不准确的,因为除去保险金及投资保险的收益可以成为保险直接的分割对象外,如果保险未被退保,保险费及保险的现金价值不能构成保险的直接分割对象,在这种情况下,保险费及保险的现金价值就成为保有保险,继续享有保险上财产性权益的一方,应给对方的补偿,数额为获得方在该数额的限度内按照财产分割的相应比例。

3. 离婚中保险金及投资保险收益的分割

离婚中分割已经领取到的保险金,首先应当对保险金是否属于夫妻共同财产进行认定。在财产保险中,如果所保财产系夫妻一方的个人财产,则所领取的保险金应当认定为该个人财产的替代物,仍应当认定为归个人所有;在人身保险中,如果属于医疗、伤害等与人身性质紧密相关的保险类别,保险金当然属于个人,而对于投资性保险,则无论该保险属于以个人财产投资抑或是以夫妻双方共同财产投资,该保险金收益都应当属于夫妻共同财产。对于认定为夫妻一方所有的保险金,由夫妻一方保有;认定为夫妻共有的保险金,则与其他财产一起,按照个案中相关的分割比例进行实物分割。

4. 离婚时尚在履行过程中的保险合同的处理

该问题是离婚案件中保险问题处理的难点。正在履行过程中的保险合同,首先应当解决的是保险合同是否继续履行的问题,如果双方同意不再继续履行保险合同,选择退保,则双方当事人对保险费进行实物分割;如果当事人双方不选择退保,对保障型保险,由保有一方在保费额度范围内给对方相应比例的补偿;对返还型及投资型保险,保有一方在保险的现金价值额度内给对方一定比例的补偿。

5. 夫妻双方购买的财产保险在离婚中的处理

在财产保险的分割过程中,如果夫妻双方不选择对标的财产进行退保,那么要解决的首要问题是保险标的的所有权变更,原投保人对保险标的丧失保险利益,保险合同的效力能否继续维持。按照我国《保险法》的第49条的规定,保险标的转让的,保险标的的受让人承继被保险人的权利和义务。保险标的转让的,被保险人或者受让人应当及时通知保险人,但货物运输保险合同和另有约定的合同除外。可见在离婚案件中,如果涉及的保险标的的产权发生移转,保险合同并不当然无效,应当由被保险人或者受让人及时通知保险人,由受让人承继被保险人的权利和义务。

保险标的发生移转,相应的保险上的权利义务也发生移转,按照法院出具的相关法律文书获得相应保险标的的一方即获得了一项额外"财产性权益",该财产性权益是由保费转化而来,权利承受一方应当在剩余保险期限对应的保费限额内给对方一定的补偿。

实践中,保险合同效力是否继续维持、保险标的的移转及保险费、保险的现金价值往往不是解决问题的关键,难点往往集中在财产保险是属于夫妻共同财产抑或个人财产的认定上。财产保险的归属既要受到保险标的归属的影响,也要受到保费来源的影响,保险标的的不同分割方式,也会对财产保险的分割带来较大的影响。

6. 夫妻双方购买的人身保险在离婚中的处理

这是离婚案件中保险问题处理的又一难点。一方面保险关系人众多,另一方面又因为这一领域内具体法律规定的欠缺,造成这一领域内问题多、难点多。人身险基本也可以分为保障型保险、返还型保险和投资型保险。在离婚案件的处理中,多种类型的保险种类的分割方式可能有所不同,不具有现金价值的保险种类,不能分割保险的现金价值,分割时可以在对应的保费范围内给予对方一定的补偿;具有现金价值的保险种类,既可以退保,直接分割保险的现金价值,也可以继续维持保险合同的效力的情况下,由被保险人给予对方一定的补偿。在人身保险的离婚分割中,夫妻双方的身份可以在投保人、被保险人、受益人之间作角色轮换,投保财产可以是夫妻共有财产、夫妻一方所有的财产,也可以是第三人财产,被保险人及受益人可以是双方的子女,也可以是一方的血亲,在这些因素的交织下,要解决好离婚中的财产分割问题,首先要对该类问题进行类型化。按照各种不同的投保收受益类型,对人身保险合同进行类型化是一种做法。

(三) 离婚保险纠纷诉讼指引

离婚中的保险问题处于《保险法》与《婚姻法》的交叉领域,在处理过程中,要兼顾两法之间的协调,在同一个案件的处理过程中,应当以家庭法的基本价值为指引，兼顾保险法价值的实现。保险仅是夫妻财产的一种形式，对保险的分割应当遵从《婚姻法》中对财产分割的基本原理，应当多分的多分，应当照顾的给予照顾，同时也应当按照《保险法》的规定处理，力争使保险合同继续履行下去，促进保险交易的顺利进行，实现保险的价值。

作为离婚双方的当事人，在离婚过程中遭遇保险问题，首先应当协议解决。在协议的框架下，只要双方出于自愿，对于协议的内容法律不会过多干预。协商不成诉至法院，人民法院首先会按照不同的类别确定该“财产性权益”的性质。在财产险中，如果是对财产进行价值分割，保险的价值会体现在拍卖或者折价的价格里，双方对该价格进行分割即可，买受人应当按照我国《保险法》的规定，通知保险人变更被保险人；如果人民法院直接判决某项财产归属一方所有，该财产上的保险也应随之转移，获得财产在保险费上应当给对方一定的补偿。在人身保险中，一般来讲，保障型保险一般都是短期的、针对个人的。有观点认为，对保障性保险，因为保险事故是否发生不确定，是否会取得保险收益也不一定，即使取得了保险赔偿，也是对损失的补偿，具有人身性，不能认定为夫妻共同财产，因此，不能在离婚案件中予以分割。也有观点认为，婚姻关系存续期间，一方为另一方购买的保障型保险，应当视为赠与。笔者认为，既然承认离婚中的保险为一种“财产性权益”，离婚后，双方不再共同享有该权益，则享有该权益的一方事实上因为夫妻共同财产的支出而单独享有了一项利益，不对另一方进行补偿是不公平的，因此，在保障型保险中，可以在保险费的额度内给予对方一定的补偿。而在有现金价值的保险类别中，人民法院往往采取分割现金价值的手段对保险进行分割，不得不承认，分割保单的现金价值仍有许多弊端，也可能造成一定的不公平，但分割保单的现金价值是目前可以采取的较公平又最有效率的分割方法。

二、离婚案件中保险问题处理的基本原则

如前所述，随着保险业的发展，保险已经成为民众投资的重要领域，在离婚案件的处理中，遇到的保险问题也越来越多，在司法实践中，因为并没有较为明确的处理规则，裁判结果不统一的现象时有发生。通过对目前理论的总结与对司法实践的调研，对离婚案件中的保险类问题的处理归纳出几项基本的规则十分必要。通过归纳，笔者提供如下几条建议供业内人士参考：

1. 确认保险的“财产”属性，在离婚纠纷中将保险问题一并处理

对返还型和投资型保险，除去传统保险的保障性特征外，保险还被赋予了储蓄或者投资等其他特征，并且这两类保险往往投保期限长，投保数额大，是夫妻双方都较为关注的重要财产利益，在离婚案件中，对该类保险处理不公平或者处理不彻底，都会带来一定的问题。保障型保险则经常被忽视，实务中，一方面保障型保险的保费往往比较低，容易被离婚双方忽略；另一方面，人身保障险出险后的保险金，已经被法律明确规定为夫妻一方的财产，也分散了当事人的注意力。在理

论界，有观点认为，保险属于射幸合同，保险事故能否发生不能确定，被保险人或者受益人能否拿到保险金尚不确定，因此，保险合同所针对的只是一项期待权益，并不能在离婚案件中予以处理。应当肯定，在保障型保险中，取得保险标的的一方或者人身保险的被保险人、受益人，因为共同财产的支出，取得了一项期待权，获取了额外的利益，可以认为该利益是保险费用的转化，应当在保险费用的范围内，给予对方一定的补偿。因此，应当肯定所有类别保险的财产权益性质，在离婚案件中，漏掉或者忽视任何一种保险不予分割，都会导致不公平。

2. 协议处理优先

认定保险是一项“财产性权益”，则其处理应当遵从我国婚姻法对财产处理的一般规则。按照我国婚姻法对离婚中财产问题处理的一般规则，离婚双方当事人应当首先就保险问题协议处理，协议不成的，由人民法院按照相关的财产处理规则予以分割。该协议可以是在婚前达成，可以是在婚姻关系存续期间达成，也可以是在离婚过程中达成。按照我国《合同法》的相关规定，该协议只要不具备合同无效的相关条款，当事人双方都应当按照协议的规定履行。值得注意的是，按照我国《婚姻法司法解释(三)》第14条的规定：“当事人达成的以登记离婚或者到人民法院协议离婚为条件的财产分割协议，如果双方协议离婚未成，一方在离婚诉讼中反悔的，人民法院应当认定该财产分割协议没有生效，并根据实际情况依法对夫妻共同财产进行分割。”在这种情形下，离婚双方如果在协议离婚中达成对保险的分割协议，后协议离婚未成，则该协议不能成为人民法院分割该项财产的依据乃至参考，人民法院仍应当按照法律规定依法分割。

3. 彻底分割、便于执行原则

因为目前保险种类纷繁复杂，针对保障型保险，一般保险期限短，保险内容单一，人民法院可以对保费进行一次性分割。但在实践中，存在期限长、定期受益、计算复杂的诸多类型的保险，如果不计算效率与当事人的执行成本，可能有更多更加公平的处理手段，例如对夫妻关系存续期间缴纳的定期收益保险，可以判决逐期分割收益，这样判决的后果就是每期收益的支付都有可能带来一个执行之诉，对当事人是一个较大的负担。因此，在离婚案件的保险问题的处理上，除非当事人在诉讼中就保险的处理达成一致，人民法院应当坚持一次性彻底分割、便于执行的原则，力争当事人双方通过一次性履行，将保险问题彻底解决。

4. 便于保险合同继续履行原则

如上所述，离婚中的保险问题处于婚姻家庭法与保险法的交叉领域，对保险问题的处理应当以婚姻家庭法的基本价值为指引，同时兼顾保险法的基本价值。对离婚保险问题的处理中，力促保险合同的继续履行，符合保险法的基本价值。在财产保险及保障型保险中，该原则并不突出，一方面，因为该类保险保费比较低，一经投保，当事人不需持续性投入资金或者精力进行管理，无论将保险分给哪一方，对于保险合同的继续履行影响都不大。而对于投资型保险，在法律与案件事实允许的情况下,应当尽力将保险分给有财务能力和管理能力的一方,而由另一方获得相应的补偿,从该财产关系中脱出。例如,在某类财产险中,该保险一直是由夫妻一方经营打理,则人民法院在对该保险的处理上,可以将该标的财产分割由其享有,而给对方以补偿。

无论是传统意义上的保障型保险,还是后来出现的"返还型保险"及"投资型保险",都可以在离婚中予以分割。分割的共同之处在于,都要遵循前文所述的分割的相关原则,不同之处在于分割的方式方法不同。简言之,对于保障型保险,主要在保险费的范围内分割;对于"返还型保险"及"投资型保险",则分割保单的现金价值。

对于养老金的处理问题,《婚姻法司法解释(三)》第13条规定:"离婚时夫妻一方尚未退休、不符合领取养老保险金条件,另一方请求按照夫妻共同财产分割养老保险金的,人民法院不予支持;婚后以夫妻共同财产缴付养老保险费,离婚时一方主张将养老金账户中婚姻关系存续期间个人实际缴付部分作为夫妻共同财产分割的,人民法院应予支持。"

在诉讼实践中,财产类保险的分割与人身类保险的分割又有诸多不同之处,下文还会详述。作为普通的诉讼当事人,明确保险关系中的诸多主体,清楚保险问题分割的基本原则,掌握基本保险类别分割的基本规则,可以对离婚中保险问题的处理结果有一定的预见。

三、离婚中的财产保险问题的处理

家庭财产保险的分割是离婚中保险分割的典型问题。随着家庭财富的增加,财产保险的种类及数额也有所增加,传统意义上的财产保险主要是保障性保险,目的在于风险防范,确保财产受损后能够得到及时补偿。随着保险业的发展、保险产品的研发,针对财产也衍生出诸多返还型及投资型保险。保险事实上成为家庭财产的重要组成部分。对家庭财产保险的分割可能关系到离婚中财产分割的整体公平,应当引起社会的广泛关注。

(一)财产保险归属性质的认定

家庭财产保险分割的前提,是在准确地划定可分割的范围内,如何认定哪些财产保险是"夫妻共同共有的财产保险"。

按照《婚姻法》及《保险法》的相关规定,确定某项财产保险是否为夫妻共有的唯一标准,应当是保费的来源:如果形成一项保险的保费源自夫妻共同财产,则应当认定为夫妻双方对该财产保险都享有份额;如果形成该保险的保费来自于夫妻一方的个人财产,应当认定就该保险所代表的财产性权益由该夫妻一方独享。

需要探讨的第一个问题是,保险标的的归属对财产保险的归属是否有影响。有观点认为,如果一项财产属于夫妻共有财产,则投保于其上的财产保险应当是夫妻共有,反之,如果一项财产属于夫妻一方个人所有,则该财产保险应当属于夫妻一方个人所有。笔者认为,这种观点值得商榷,如果保险标的归夫妻一方所有,以保险标的所有人的个人财产投保的保险归属其一方;如果夫妻一方拿夫妻共有财产为个人所有的财产投保形成的保险,应当认为夫妻中的另一方与该保险合同无关,但因为该财产保险事实上占用了夫妻共同财产,应当认为,在保费范围内,另一方享有一定权益;如果夫妻一方拿个人财产为夫妻共有财产投保,该保险是由个人财产形成的,离婚时另一方如果享有了保险标的的所有权,则应当向对方补偿剩余保险期间的全额保险费。由此可见,保险标的的归属,对财产保险所代表的财产性权益的归属没有必然联系。

《婚姻法》确认了我国法定财产制与约定财产制相结合的夫妻财产制度,其中第19条规定,夫妻双方就财产归属有约定,则从约定,无约定的,适用第17条、18条的法定财产制,对于约定不明确的,也同样适用法定财产制。这样会产生一个问题:财产保险能否脱离财产由离婚双方单独约定归属。例如,基于返还型保险及投资型保险本身具有一定的现金价值,因此夫妻甲乙双方可否约定就夫妻双方共有的房屋归甲所有而投保于房屋上的万全险归乙所有。按照《保险法》的相关规定,被保险人向保险人索赔时,必须对保险标的享有保险利益,据此,如果财产保险与保险标的分离,持有财产保险的一方对保险标的并不享有保险利益,则其不能在保险事故发生或者保险合同载明的条件达成时要求保险公司给付。因此,与财产保险追随保险标的相比,更加准确的表述应当是财产保险追随保险利益,享有保险利益的一方应当享有财产保险。从《保险法》的规定可以看出,保险合同上的权利义务追随保险标的,随保险标的的移转,保险合同上的权利义务由承受人承继,但保险财产所代表的财产利益不同于财产保险,夫妻双方所要分割的是背后的经济利益,而非保险本身,因此夫妻双方完全可以就该利益进行单独约定。在离婚财产保险分割中,认定财产保险上的利益应当平分,并不必然代表保险合同上的权利义务也要平分,财产保险的财产利益属于夫妻中的一方,而保险合同上的权利义务可能属于另一方。保险合同上的权利义务追随保险标的,在不退保的情况下,保险标的归属夫妻中的哪一方,保险合同上的权利义务就由哪一方承继,如果财产保险被认定为共有,保险合同权利义务的承继方应当给另一方一定的补偿。

据此,在财产保险归属性质问题的处理上,可以归纳出如下两项规则:

(1)财产保险所代表的利益的归属,受形成该保险的保费来源决定,保费来源于共同财产,则应当由夫妻共享,来源于个人财产,则应当由个人所有。

(2)财产保险所代表的利益,可以由离婚的当事人双方自行约定,但是财产保险合同上的权利义务则要追随保险标的。

(二)财产保险的分割

1. 保险金的分割

一方以婚前财产投保,在婚姻关系存续期间获得的保险金,应当认定为个人所有,不应当在离婚过程中予以分割。而夫妻一方或者双方就夫妻共同财产所投保险获得的保险金,应当认定为夫妻共同财产,在离婚时予以分割。

值得注意的是,某些保险产品的投入具有持续性,保险人可能以婚前财产为保险标的投保,但是购买保险行为在婚姻关系存续期间持续,这种情形一般在返还型保险及投资型保险中较为常见。在这种情形下,可能出现三种情况:

(1) 保险标的出险,夫妻一方获得保险公司理赔。

(2) 投资型保险的定期收益金。

(3) 保险合同到期后,保险公司按照保险合同的约定返还相应数额的款项。这在返还型保险和投资型保险中都较为常见。

针对第(1)中情形,婚前房屋所有人所获得的保险金是对其婚前财产受损的弥补,是其婚前财产的转化,应当认为该保险金为个人所有,不得分割;对于第(2)种情形,无论持续性的投资是以投入方的个人财产还是以夫妻共同财产投资,在夫妻关系存续期间所获得的该项分红收益,应当认定为夫妻共有财产;对于第(3)种情形,该返还款项相当于投入方的储蓄,因此婚前投入者应当认定为个人所有,婚后投入部分应当认定为共同所有,并予以分割。

2. 正在履行过程中的保险合同的分割

离婚时正在履行过程中的保险合同,同样也具有财产权益,如果认定该经济利益应当归属夫妻共有,应当在离婚过程中予以分割。正在履行中的保险合同的分割方式与保险标的的分割方式息息相关,不同的保险标的的分割方式,有不同的保险合同分割方式。

(1) 保险标的被价值分割的情形。在这种情况下,保险标的被拍卖或者转手给非夫妻双方中任何一方的第三人。这种情况下,针对保险有两种处理方式:一种情况是保险标的被作价时,将保险的价值一并包含在标的的价款中;另一种情况是保险标的作价前,夫妻双方退保。针对第一种情况,保险的价值已经体现在保险标的的作价款或拍卖款中,则双方直接分割保险标的的作价款即可。第二种情形下,离婚夫妻双方退保,由保险公司扣除相应的手续费及相应期间的保险费后,将剩余保费退回,夫妻双方分割退回的保险费用。

(2) 保险标的被分割给夫妻中一方的情形。这种情形下,保险标的被确认为归夫妻中的一方所有。这种情况下也有退保与不退保两种情形:如果获得保险标的的一方选择退保,则双方分割退回的保险费用;如果选择不退保,则获得保险标的的一方应当在剩余保险期限对应的保险费的范围内给对方一定的补偿。

(3) 保险标的被实物分割的情形。离婚案件实物分割保险标的的情形也十分常见,例如针对投保的共有房产,夫妻双方一人享有一半的房屋产权,由原来的共同共有转化为按份共有。在这种情况下,如果保险标的为集合物,或者在产权形式上各自分割的部分可以独立构成一物,则财产保险也可以直接按照相应份额予以分割,各自享有各自的部分或者选择退保。如果被分割保险标的仅成立一个所有权,财产保险仍应当及于保险标的整体,出险后获得的保险金按照对保险标的享有份额予以分割。

3. 财产保险标的的移转对保险合同的影响

离婚中的财产分割,会直接造成保险标的的移转,相应的带来保险利益的移转,保险合同也要相应地要进行变更。按照我国《保险法》第 49 条的规定:"保险标的转让的,保险标的的受让人承继被保险人的权利和义务。保险标的转让的,被保险人或者受让人应当及时通知保险人,但货物运输保险合同和另有约定的合同除外。因保险标的转让导致危险程度显著增加的,保险人自收到前款规定的通知之日起三十日内,可以按照合同约定增加保险费或者解除合同。保险人解除合同的,应当将已收取的保险费,按照合同约定扣除自保险责任开始之日起至合同解除之日止应收的部分后,退还投保人。被保险人、受让人未履行本条第二款规定的通知义务的,因转让导致保险标的危险程度显著增加而发生的保险事故,保险人不承担赔偿保险金的责任。"

按照上述规定,保险标的的移转并不直接终止保险合同的履行。保险标的移转后,权利义务由承继人承继,但是承继人应当负有一定的通知义务,保险人取得对保险合同调整的权利。在离婚案件中,如果保险标的由夫妻共同共有转为夫妻一方所有,则原来的被保险人由夫妻双方变更为一方,原来双方享有的保险利益由一方享有,获得保险标的的一方成为保险标的的被保险人。在这种情况下,获得保险标的的一方应当及时通知保险人。如果被保险人没有及时履行通知义务,并不当然导致保险合同无效,如果转让后保险标的的出险率并未变化,一旦出险,保险人应当按照保险合同理赔;如果保险标的的出险率显著增加,而被保险人未及时通知,则保险公司可以不承担保险责任。

(三)离婚财产保险分割诉讼指引

处理离婚案件中的保险问题,在逻辑步骤上主要分为以下几个步骤:

(1) 区分保费来源的属性。如果保费来源为夫妻一方的个人财产,则相应的,该财产保险所形成的利益应当为夫妻一方所有,反之,如果该来源为夫妻共有财产,则该利益应当为夫妻共有。在保费来源的产权性质约定不明被推定为夫妻共有财产时,财产上的保险也应被推定为夫妻共有。

(2) 区分分割的对象。在保险已经转化为保险金的情况下,分割的应当是保险金,在这种情况下,原来的保险标的是夫妻一方所有,则保险金相应的应为夫妻一方所有;保险标的是夫妻共有,则保险金也应当是夫妻共有。在保险合同尚在履行期限内时,离婚中分割的就应当是保险合同所代表的利益。在保障型财产保险中,该利益是一种期待权,其能否实现尚不确定,该利益是由保险费转化而来,分割的对象应当是剩余保险期间对应的保险费;在返还型和投资型财产险险种中,分割的对象应当是保单的现金价值。如上所述,离婚中所谓保险分割,并非对保险合同分割,在本质上是对形成保险合同的保费的分割。即使以共有财产作为保费投在夫妻个人所有的财产上,出险后该财产灭失,所有人又拿到了保险金,夫妻中的另一方虽然不能分割该个人财产的保险金,但可以对保费主张应当享有的份额。

(3) 结合保险标的的分割方式,确认财产保险利益的分割方式。在保险标的被价值分割,由离婚夫妻双方之外的第三人承接时,夫妻双方可以退保,选择分割保费,也可以选择将财产保险的价值一并包含在保险标的的价格里一并变现,从而分割获得的款项;在保险标的由夫妻中一方获得时,获得方可以决定退保分割获得的保费,也可以不退保,在该保费限额内给对方以相应的补偿;在实物分割的情形下,保险合同的权利义务实际上仍然由离婚夫妻双方继续享有,不同的是原来以共同享有的模式,变更为按份享有。

(4) 财产保险在离婚过程中被分割后,新的被保险人按照我国《保险法》的相关规定履行一定得告知义务。在离婚案件中,保险标的移转,被保险人也发生变动,按照《保险法》的相关规定,被保险人应当及时通知保险人,由保险人在30日内决定是否解除合同或者加收保费。被保险人不及时通知保险人的,要承担一定的法律后果。

四、离婚中人身保险问题的处理

在离婚案件中,人身险的处理相较财产险的处理复杂一些。一方面是因为险种多,另一方面是因为投保方式多样。从保险的种类上看,仍然可以分为保障型保险、返还型保险和投资型保险;从投保人、被保险人及受益人的角色变换上看,可以分为:夫妻一方为投保人、被保险人、受益人的;夫妻一方为投保人,另一方为被保险人,受益人为投保人;夫妻一方为投保人,另一方为被保险人,被保险人为受益人;夫妻一方为投保人,与其有保险利益的第三人为被保险人,投保人为受益人;夫妻一方为投保人,与其有保险利益的第三人为被保险人,夫妻中另一方为受益人;夫妻一方为投保人,以子女为被保险人,受益人为夫妻一方。事实上,依据角色之间的轮换,还可以组合出更多不同的保险合同类型。

(一) 人身保险分割的分类考察

按照我国《保险法》第12条第3款规定:"人身保险是以人的寿命和身体为保险标的的保险。"第5款规定:"被保险人是指其财产或者人身受保险合同保障,享有保险金请求权的人。投保人可以为被保险人。"第39条规定,"人身保险的受益人由被保险人或者投保人指定。投保人指定受益人时须经被保险人同意。"第41条第1款规定:"被保险人或者投保人可以变更受益人并书面通知保险人。保险人收到变更受益人的书面通知后,应当在保险单或者其他保险凭证上批注或者附贴批单。"据此可知,在人身保险合同中,被保险人居于主导地位,保险合同的目的在于保障被保险人的利益,不论受益人是投保人还是第三人,其受益都根源于被保险人的指定。在离婚案件中,对各类保险合同进行考察,被保险人是考察中心之一,而另一个考察中心则应当是保险费用的来源,及保险费用是由共同财产支付,抑或是他人支付。按照此标准,可以将离婚中的人身保险分割分为以下几类:

1. 保费来源为夫妻共同财产,被保险人为夫妻中的一方

在这种情况下,保费支出所形成保险性质的财产权益,应当认定为夫妻共同享有。如果购买的该保险为人身保障型保险,离婚时应当在剩余保险期限对应的保费范围内给对方以补偿。如果保费支出形成的是返还型保险或者投资型保险,离婚时分割的应当是保单的现金价值,如果在离婚时该保险尚不具有现金价值,则应当分割该保险被退保时退回的相关款项。这种类型是离婚中各类人身保险的基础性处理规则:只要保费支出是以夫妻共同财产支出,被保险人又是夫妻中的一方,就应当认定为夫妻共有财产,不必再考察投保人、受益人等保险关系人由何人承担。如果受益人不是被保险人,若该保险再分割后未退保,被保险人可以根据自己的意愿变更受益人。

2. 保费来源为夫妻共同财产,被保险人为夫妻以外的第三人

在这种情形下,被保险人一般是与夫妻中一方或者双方都有保险利益关系的主体,可能为一方的父母,也可能为双方的子女。关于该类人身保险的财产能否被认定为夫妻共同财产,有一定的争议。有观点认为,这种支出应当是消费性支出,不应当认定为夫妻共有财产。笔者认为,应当区别对待,解除婚姻关系更加重要的是解除夫妻双方之间的身份关系,通过婚姻构成的姻亲关系也将解除,在婚姻关系存续期间,基于家庭亲属关系,一方可能会同意另一方用夫妻共有财产以对方的父母为被保险人购买保险,该保险的受益人可能指定为夫妻双方或者被保险人的子女。在这种情况下,婚姻关系解除时,如果不对该财产进行分割,对另一方无疑是不公平的,也会为夫妻一方有预谋地转移夫妻共同财产留下空间。因此,应当对该保单的价值进行分割。在另一种情况下,如果被保险人是双方的子女,离婚双方当事人可能有另外的处理意见,在诉讼中可以认为是对被保险人的赠与。该种情形下问题的重点在于对受益人的指定,如果受益人为被保险人,则认定为赠与不会产生“后遗症”。但是如果受益人为夫妻中的一方,则对该保险不加分割则会产生问题。此时,应当由离婚双方协商是否变更受益人为子女,否则,也应当在离婚时予以分割。

3. 保费来源为非夫妻共同财产,被保险人为夫妻一方

现实中也存在第三人为夫妻中一方购买人身保险或指定为受益人的情形。在第三人投保,夫妻一方作为人身保险合同的被保险人或受益人而取得的利益,我国《婚姻法》中并没有明确将人身保险合同中被保险人及受益人所得的保险利益纳入夫妻共同财产的范畴,受益人所得的保险金与继承、受赠所得的财产在性质上虽然有相似之处,如都是受益人无偿取得,都具有人身属性,但在取得的条件上,他们并不完全相同,人身保险合同中的保险金是由被保险人或受益人无偿、不负任何义务取得的,而继承人取得的财产可以是附义务的。因此,人身保险合同

中被保险人或受益人选择的本身,就表明了投保人与其的特定关系,这种指定本身就体现了保险金的专属性,如果将其作为夫妻共同财产处理,则有违投保人为其投保或指定其为受益人的本意。实践中,如果夫妻中一方的父母为其子女购买了人身保险,在离婚时,无论受益人是谁,均要分割给对方一半,是违背投保人及被保险人的意愿的。因此,在这两种情形下,该财产不应当认定为夫妻共同财产,应当认定为被保险人或受益人的个人财产,不能予以分割。

4. 保费来源为夫妻一方所有的财产,被保险人为夫妻中的另一方

在这种情况下,夫妻一方以自己的个人财产,为另一方购买人身保险,可以认为是投保人对另一方的赠与。在这种情况下,按照我国《婚姻法》第 17 条的规定,夫妻一方接受的赠与应当为夫妻共同财产。在离婚过程中应当予以分割。

(二) 人身保险的分割对象

对于人身保险的分割,分割的对象包括保险金、保险费与保单的现金价值。

1. 保险金

如果在婚姻关系存续期间,保险事故已经发生或者保险合同所载明的支付条件已经具备,则保险合同转化为保险金。在保障型保险中,当事人所获得的保险理赔往往具有人身属性,目的在于弥补其人身伤害,应当认定该保险金为个人所有的财产,不应当予以分割。在返还型及投资型保险中,所获得的保险金按照相关规定,如果被认定为夫妻共有财产,则应当按照《婚姻法》的相关规定对保险金进行实物分割。

2. 保险费、保单的现金价值

离婚时保险合同尚在履行期的情况下,分割的主要对象是保险费与保单的现金价值。在保障型保险中,如果投保人或被保险人不选择退保,离婚后被保险人取得的是一项期待权,获得方可以在剩余期限所对应保费的范围内给对方以补偿。在返还型保险及投资型保险中,其处理方法与财产保险的处理方法相同,不再赘述。

在婚姻关系解除后,原来的投保人可能对被保险人不再具有保险利益,依据我国《保险法》的规定,这种情况不影响人身保险合同的效力。离婚后,原有的投保人不愿意续交保费的,应该允许被保险人继续缴纳保费,维持人身保险合同的继续履行。离婚后,如果作为夫妻中一方的被保险人指定的受益人是夫妻中的另一方,被保险人可以根据自己的意愿决定是否更改受益人。

(三) 人身保险分割诉讼指引

把握了人身险财产属性的认定规则,对离婚案件中人身险的分割问题就相对明晰了。具体来讲,分为以下几个步骤:

1. 分辨该人身险的财产属性

通过上文的论述可知,一般来讲,由夫妻共同财产支出所购得的人身险,无论被保险人为夫妻中一方还是第三人,如果非夫妻双方协议在前,应当认定为夫妻

共同财产。其例外在于,夫妻双方订立的以其未成年子女为被保险人及受益人的保险合同,可以认定为赠与,不再计入夫妻共同财产。他人指定夫妻中一方为受益人或以夫妻中一方为被保险人购买的人身险,应当认定为指向性赠与,由夫妻中一方享有,不应当计入夫妻共同财产。夫妻中一方以个人所有财产为对方所购买的人身险,应当视为已经完成普通赠与,认定为夫妻一方所有,在离婚过程中不应予以分割。

2. 区分分割对象

对于已经理赔或者已经支付的保险金,除非具有人身属性,应当按照保险金的财产属性予以分割,属于夫妻共同财产的则以实物分割,不属于夫妻共同财产的则由单方享有;对于尚在履行期限中的保险合同,分割的对象应当是保险费或者保单的现金价值,一旦被认定为夫妻共同财产,则应当予以分割。

3. 按照相关的原则对人身保险予以分割

认定人身保险的财产性质及数额后,分割原则与财产保险分割基本相同,不再赘述。值得注意的是,如果该保险系夫妻中一方为投保人,另一方为被保险人,离婚后,投保人要求退保,被保险人则要求继续履行保险合同的,应当允许被保险人自己或其指定的受益人缴纳保险费,继续履行人身保险合同。

4. 被保险人变更受益人

如果人身保险合同中的受益人为对方,离婚后,被保险人需要及时变更受益人,由保险公司在保单上进行批注。

五、离婚中的社会保险问题的处理

社会保险主要包括养老保险、工伤医疗保险等险种,以下择要简论。

1. 养老保险金的处理

涉及人身利益的保险最常发生争议的就是养老保险金的归属。养老保险金是国家通过保险机构向退休职工发放的生活费,其养老保险金的取得以职工已向社会保险机构缴纳了养老保险费为前提条件,养老保险费一般由企业从职工工资中代扣代缴。因此养老保险金具有工资的属性。按照我国《婚姻法司法解释(三)》的规定离婚时对养老保险金的处理主要分以下两种情况:

(1) 双方已经开始领取养老保险金的,其按月领取养老保险金的数额明确,再分割时可操作性强,可按平等原则进行处理,即由领取保险金多的一方按月给少的一方差额。在这类案件的处理中,人民法院应当考虑案件的执行难度,如果双方当事人愿意一次性结清,人民法院应当准许并确认;如果双方当事人难以达成一致意见,人民法院也应当在判决中确定相隔时间跨度适中的履行节点,减轻当事人的执行成本。

(2) 双方只缴纳了养老保险费,由于尚未达到法定退休年龄,不能领取养老保险金,将来领取养老保险金的时间和数额也无法确定。在这种情况下,当事人一方起诉要求分割养老金的,人民法院不应支持,但是当事人一方起诉要求分割养老金账户中个人缴纳部分的,人民法院应当支持。具体做法是,计算各自养老金账户中婚姻关系存续期间个人所缴纳的养老金数额,由数额较多的一方给予较少的一方,以补偿。

2. 医疗保险金、工伤保险金等其他社会保险金的分割

医疗保险、工伤保险等社会保险的主要功能在于保障功能,不具有储蓄性质,其中的资金不能取出,不能退保,因此不能分割保费,也不能予以现金分割。并且根据《婚姻法》第18条的规定:“有下列情形之一的,为夫妻一方的财产:……(二)一方因身体受到伤害获得的医疗费、残疾人生活补助费等费用……”因此,实践中夫妻一方因罹患疾病、遭遇工伤等获得的医疗保险金、工伤保险费不作为夫妻共同财产分割。

第九章　婚姻纠纷涉及企业财产份额及其收益的处理

婚姻关系存续期间，夫妻财产中的财产投资形式多样，根据夫妻财产投资的形式可以分为三类：公司股权、合伙企业份额、个人独资企业财产。其中不受转让限制的，包括夫妻双方投资设立的独资企业、夫妻双方参加的合伙企业或有限公司，一人有限公司；受转让限制的投资形式，包括夫妻以一方名义在合伙企业中的出资、夫妻以一方名义在有限责任公司的出资。在离婚分割夫妻财产时，应根据夫妻财产投资的不同形式，结合公司法、合伙企业法、独资企业法等民商事法律法规，以及婚姻法法律法规，考虑夫妻财产的性质，根据方便生产、有利生活和公平合理的原则进行分割，同时，还应根据投资企业的形式，依法对企业债务承担清偿责任。

一、公司股权的分割

在离婚案件中，公司股权的分割是审判实务中的难点。近些年来，夫妻离婚时股权分割问题越来越多地出现在司法实践中，由于夫妻关系、股权性质、公司利益等多方面因素的影响，使得夫妻离婚时股权分割成为人民法院审理夫妻离婚案件的一个难点问题。因股份有限公司是一种开放型公司，其股票自由流动，不受转让限制，在此不予讨论。而有限责任公司因其人合性特征，转让受到限制，所以仅在有限责任公司环境下分析夫妻离婚时的股权分割问题。

（一）公司股权分割内涵的界定

我国婚姻财产制度采取以夫妻共同财产制为主导，以约定财产制和个人财产制为补充。《婚姻法》第 17 条第 1 款规定："夫妻在婚姻关系存续期间所得的下列财产归夫妻共同所有：（一）工资、奖金；（二）生产经营的收益；（三）知识产权的收益；（四）继承或赠与所得的财产，但本法第十八条第三项规定的除外；（五）其他应当归共同所有的财产。"一方面，股权作为一种新的财产形式，是否能在夫妻离婚时作为夫妻共同财产予以分割及如何分割，在实践中还有很大争议。另一方面，由于夫妻共有股权系法律部门间的边缘性权利，既涉及婚姻法又涉及公司法，在处理这个问题时,如何做到兼顾婚姻法财产分割精神和公司法股权转让规则,是审判实践中需要解决的新课题。关于夫妻关系存续期间取得的股权是否属于夫妻共同财产,存在几种不同的观点。

关于公司股权分割有如下几种学说:

(1) 有的学者认为,股权不能作为夫妻共同财产。从法理的角度讲,把夫妻在一家公司中持有的股份简单地视为夫妻共有财产,意味着否定了夫妻任何一方未经对方同意不得行使股东权利。这将带来三大危害:① 粗暴侵害股东的私权利;② 股东配偶可以未经其同意为理由主张股东表决无效,从而使公司决策结果不确定;③ 损害信赖股东或公司的第三人的利益。

(2) 有的学者认为,夫妻共有股权,共有的是股权价值而非股东权利。因此在分割时,只能是持有股权人对未持有的一方配偶予以补偿,未持有一方不享有共益权等股东权利。

(3) 有的学者认为,夫妻共有股权,且可以自由分割。出资的继承实际上是依照继承法的规定,将死者的股权转归继承人的过程,离婚时的出资分割(双方未约定时),则是依婚姻法关于夫妻财产的规定进行股权分割或转让。由于继承和离婚所发生的出资转让具有“法定”的性质,不同于依照约定而发生的有偿转让,所以公司法规定的股东同意规则不应对其具有拘束力。在继承或夫妻财产清算时,可借鉴《法国商事公司法》的规定,允许股份自由转让。

第一种说法明显不妥,我国《婚姻法》规定了夫妻财产共同所有制,股权虽然具有一定的人身性,但更多表现为一种财产性权利,因此对夫妻婚姻关系存续期间共同投资共同获得的股权,在离婚时当然应当依法分割。第三种说法,允许股份在夫妻间自由转让,支持这一说法的理由主要有,其他股东的预期义务和继承原则。但其他股东并不具有预期义务,只需从股东名册上查询对方是否有股东资格,对其他股东的婚姻状况也无法预期,即使其他股东明知对方的夫妻关系,也不应承担股东离婚对公司造成的风险。我国继承原则是指股东死亡,被继承人当然继承股东资格。但这并不适用于夫妻离婚时对股权的分割。因为继承是因主体需要,主体消灭,因此需要另一个主体继承法律关系,离婚并不存在主体消灭。此外,出于现实的考虑,继承人和被继承人一般不存在矛盾,夫妻离婚夫妻双方一般存在矛盾,不允许自由转让也是避免夫妻矛盾导致公司僵局,损害公司利益。

股权所产生的收益,符合《婚姻法》第 17 条第 1 款规定的夫妻在婚姻关系存续期间所得的生产经营的收益,股权本身具有一定的人身性,有限责任公司的产生正是基于股东之间人身的信任,从维护交易安全的角度,股权也不宜认定为夫妻共同经营的权利从而给第三人的预期判断带来风险,对股权的分割应当认定为对股权价值的分割,

(二) 股权作为夫妻共同财产的含义

夫妻关系存续期间的股权属夫妻共有,共有的是股权价值而非股东权利,但

此共有是夫妻内部关系，因未登记或其他股东不知晓，不具备对抗性，其分割、转让仍应符合公司法规则。但夫妻二人可以采取协商一致的方式对股权进行分割，不局限于股权价值的分割，因此在离婚分割时，股东一方可以将股权转让给非股东一方，但要符合《公司法》关于股权转让的规定，即征得其他股东的同意，其他股东享有优先购买权。以下是对此观点的详细分析：

1. 股权的性质

股权是基于股东地位所形成的多数权利义务的集合体。[1] 我国《公司法》第4条规定，公司股东依法享有资产收益，参与重大决策和选择管理者等权利。由此规定，我们可以将股权定义为，股东基于其股东身份和地位而享有从公司获取经济利益并参与公司经营管理的权利。我们将股权的性质界定为一种自成一体的独立权利类型。作为独立民事权利的股权，具有目的权利和手段权利有机结合、团体权利和个人权利辩证统一的特征，兼有请求权和支配权的属性，具有资本性和流转性。[2] 关于股权性质还有社员权说、股东地位说、债权说、所有权说以及共有权说等。但无一例外，都将股权性质定位于一种独立的民事权利，是可以共有、分割的。内容包括获取经济利益和参与公司经营管理的权利，因此股权不同于股权价值，还包括经营管理的权利。

2. 共有的是股权价值而不是股权

凡基于投资或者其他合法原因而对公司享有股权的人均可成为公司股东。其中原始取得，是指股东基于其股权投资而取得股东地位。因而，凡是对公司投入股权资本并依法享有权利和承担义务的人均可以成为公司股东。[3] 因此投资行为和承担权利义务是取得股东地位的两大条件。夫妻关系存续期间的财产属于夫妻共有，用于投资的财产当然属于共同共有，投资行为可以看做夫妻共同的意思表示，因此共有财产和共同意思表示，使投资行为变为共同行为，但根据《公司法》的规定，股东是享有股权并履行义务的人，实际并不是夫妻双方共同经营公司，而是其中一人负责公司事务，另一人只是因为夫妻共同财产作为投资财产而享有权益，并不是公司法意义上的股东。因此行使经营权并对公司、股东、第三人承担义务的一方才享有股东地位，另一方因用夫妻共同财产投资而享有投资收益。因此，夫妻共同共有的是股权价值而非股权。

另外需要特别说明的是，夫妻对股权非准共有关系。有观点认为，夫妻对股权类似我国民法中的“准共有”关系，我国《婚姻法》规定了夫妻财产共有制，《婚姻法》第17条规定：“夫妻在婚姻关系存续期间所得的下列财产，归夫妻共同所有……（二）生产、经营性的收益……”夫妻对投资财产和收益都是共有关系，但股权的共有实际是两个以上的股东同时享有股权，共同享有权利和履行义务，未参

---

① 参见赵旭东：《公司法学》，高等教育出版社2006年版，第138页。

② 同上注。

③ 参见施天涛：《公司法论》，法律出版社2007年版，第295页。

加公司经营且未记载在公司的股东名册和工商登记中的一方,不符合《公司法》对股东资格的规定,因而不享有股权,不能作为股权的共有人。

3. 夫妻共有股权价值对外不具有对抗性

夫妻对财产的共有关系为内部关系,对外不具有对抗性。夫妻对股权并不构成共有,对持股权一方的处分没有权利干涉,更无权主张处分无效。根据《公司法》的规定,股权的确定要以股东名册和工商登记为准,夫妻共有股权作为一种内部关系,如果可以对抗其他股东或者债权人,必将产生以下不利后果:

(1) 股东的不确定性。不能依据股东名册确定股东,这将不利于公司的管理,不能依据工商登记确定股东,这会使其他股东或债权人不能根据股东情况作出合理的决定、投资计划。

(2) 股东会决议的不确定性。未在名义上持有股权的配偶主张自己不同意股东会的决议,会使股东会决议无效。

(3) 未登记在册的配偶在离婚时分得股权,不符合公司法股权转让的规则,会损害其他股东的优先购买权。

股权是基于股东地位对公司、其他股东的权利,享有股东权利的人为公司股东,在有限责任公司中有一定的人身性,非公司股东一方虽然基于投资行为享有投资权益,但不能以此对抗公司或其他股东。因此,对于夫妻共有股权价值的对抗性应当谨慎把握,不具备股东身份的夫妻一方,不能向公司主张股东权益,如分红或者股权回购等。

(三) 离婚时夫妻股权价值的分割原则

离婚时分割股权价值,除了应遵循婚姻法中的男女平等、照顾妇女儿童、照顾无过错方的原则外,还应当遵循以下原则:

1. 协商一致原则

在离婚诉讼中,调解是必经程序,我国《婚姻法》第39条第1款规定:“离婚时,夫妻的共同财产由双方协议处理;协议不成时,由人民法院根据财产的具体情况,照顾子女和女方权益的原则判决。”股权的分割更应当遵循这个原则。公司法、婚姻法的共通之处,就是尊重当事人的意思自治,当事人之间协商一致,不仅有利于夫妻共同财产的公平合理分割,而且有利于公司的正常经营。

2. 有利生产、方便生活原则

我国《婚姻法》关于有利生产、方便生活原则,是离婚夫妻共同财产分割的一个基本原则,也是股权分割应遵循的原则。该原则要求,对财产的分割应当注意有利于生产和生活需要,不应损害财产的效用和经济价值,并应尽可能发挥财产的效用。[①] 因此在分割股权价值时,应当考虑公司的生产经营利益,尽量由实际经

① 参见李俊峰:《离婚案件中夫妻股权分割问题教学难点解析》,载《湖南农业大学学报》(社会科学版),2008年11月第6期。

营者持有股权。

当夫妻一方要求股权资格而股东不同意时，这就产生了夫妻一方与公司股东的利益冲突。同时，股东代表着公司的利益和相对人的信赖利益，所以还涉及更广泛的社会利益。此时，保护夫妻个体的利益还是保护多数股东的利益和相对人的利益，就需要一个价值选择。一方面，从商法的立法价值取向看，为了提高商事交易的效率，保护交易安全，和民法不同，商法更重团体利益而非个体利益。另一方面，从历史发展的角度，公司的作用逐渐增强，不仅仅关涉股东的利益更涉及社会的利益，对其稳定性的保护，更为重要。

公司作为一个经营体，追求利润是它的经营目的，为了最大限度地维护公司利益，应当从公司角度出发，维护公司的稳定性。其他股东的优先购买权限制离婚一方的任意加入，就是对公司稳定性的维护。

股东代表公司的利益，尤其在有限责任公司，人合性很强，对其他股东的选择和信赖，直接关系到公司能否合理高效地经营。因此，在新股东加入时，为了公司利益，应当经过股东的同意。①

（四）离婚时夫妻股权价值的分割方法

《公司法》第71条规定："有限责任公司的股东之间可以相互转让其全部或者部分股权。股东向股东以外的人转让股权，应当经其他股东过半数同意，股东应就其股权转让事项书面通知其他股东征求同意，其他股东自接到书面通知之日起三十日未答复的，视为同意转让。其他股东半数以上不同意转让的，不同意的股东应当购买该转让的股权，不购买的，视为同意转让。经股东同意转让的股权，在同等条件下，其他股东有股权分割优先购买权。两个以上股东主张行使优先购买权的，协商确定各自的购买比例；协商不成的，按照转让时各自的出资比例行使优先购买权。公司章程对股权转让另有规定的，从其规定。"根据该规定，离婚时夫妻共有股权价值分割，如果夫妻内部协商一致分割股权，股东一方向非股东一方合理转让部分股权，对外部，要征得其他股东的同意，其他股东享有优先购买权。夫妻双方均持有同一公司股权的，可以按照《公司法》的规定，股东之间自由流转股权，公司章程另有约定的除外。如果夫妻中只有一方持有股权，则需要严格按照公司法关于股权转让的规定分割。

1. 夫妻内部分割股权

离婚诉讼中涉及的公司股权分割主要包括这样几种情况：

（1）夫妻一方用夫妻共同财产以自己的名义与他人共同设立的公司股权分割，也就是《婚姻法司法解释（二）》第16条规范的情形。

（2）夫妻双方以夫妻共同财产与他人共同设立的公司股权分割。

---

① 参见李俊峰：《离婚案件中夫妻股权分割问题教学难点解析》，载《湖南农业大学学报》（社会科学版），2008年11月第6期。

(3) 夫妻一方以夫妻共同财产以自己的名义设立的公司,也就是一人公司的股权分割。

(4) 夫妻双方以夫妻共同财产设立的公司,也就是夫妻二人公司的股权分割。

夫妻同为公司股东,且公司还有其他股东时,夫妻与其他股东的股权比例一般比较明确,但夫妻之间的股权划分可能是随意的,因此应将夫妻双方持有的股权比例作为共同财产划分。

夫妻以一方名义在有限责任公司的出资。即夫妻一方以共同财产与他人共同投资设立有限责任公司。由于有限责任公司人合兼资合的性质,非股东加入的条件与合伙关系相似,比加入合伙关系时的条件简单。但当夫妻分割以一方名义拥有的出资额(股权)时,即使另一方愿意成为有限公司的股东,仍须符合《公司法》关于有限责任公司出资转让的限制性规定,《婚姻法司法解释(二)》第16条第1款对此规定为:"(一) 夫妻双方协商一致将出资额部分或者全部转让给该股东的配偶,过半数股东同意、其他股东明确表示放弃优先购买权的,该股东的配偶可以成为该公司股东;(二)夫妻双方就出资额转让份额和转让价格等事项协商一致后,过半数股东不同意转让,但愿意以同等价格购买该出资额的,人民法院可以对转让出资所得财产进行分割。过半数股东不同意转让,也不愿意以同等价格购买该出资额的,视为其同意转让,该股东的配偶可以成为该公司股东。"

夫妻所有的一人公司,即夫妻中一方以家庭共同财产投资设立的一人有限责任公司。我国《公司法》允许设立一人有限责任公司,由于这种公司形式灵活,没有其他股东的制约,因此,今后夫妻采用这种形式设立公司的也会较多,分割夫妻财产时必然涉及此类财产。按照公司法原理,非股东加入有限公司时应取得股东的同意,但在分割属于夫妻共同财产的一人公司时,不应受此限制。也就是说,应允许非股东的夫妻一方根据自己的意愿,决定或取得公司的财产折价或加入公司。

有限责任公司中股东仅为夫妻二人的投资。正常情况下,设立有限责任公司前,夫妻应已依法达成了财产归属协议,确定了各自的财产范围,并以自己所有的财产出资,因此,公司章程中约定的夫妻各自的出资额就是夫妻的个人财产。在双方向公司投入认缴的出资额后,双方根据章程按出资比例享有股东权利,包括分取红利权、公司清算时剩余财产的分配权等。公司发生债务时,夫妻以出资额为限对公司债务承担清偿责任。但是实践中,许多夫妻在公司注册时并未进行真正的财产分割,夫妻股权比例的设置仍较随意。虽然法律规定夫妻设立有限公司时应约定出资比例,但不能因为法律有这样的规定而且已经成立了公司,就推定双方的股权比例分配是真实的或自愿的。如果有确切证据证明投资比例未约定或约定不真实的,仍应将公司全部资本作为夫妻共同财产,重新分配公司财产的份额。重新分配后,双方若不愿意继续共同经营的,可能产生一人股东的情形,依照我国的《公司法》,一人股东的公司仍然可以继续经营;若双方均不愿意继续经营的,应对公司进行清算或者拍卖,对公司的负债以公司财产清偿,清算后的剩余资产或拍卖所得,可以作为夫妻共有财产分割。

经济补偿的确定主要是股权价格的核定,股权的价格不仅是账面价格,还涉及股权的预期利益,因此在核定的时候,应当考虑股权的市面价格和在一段稳定期限内股权的预期利益,综合发行价格和市面价格自由裁量而定。或者采取评估的方式确定股权价格,这样对夫妻股权价值的公平分割和其他股东行使优先购买权,有一个可以明确参考的标准。

2. 外部其他股东的优先购买权

(1) 有限责任公司的人合性。有限公司具有很强的人合性,股东之间存在很强的人身信赖性。有限公司是基于股东之间相互信任而设立的,公司的经营管理通常由股东们亲力亲为,如果强行允许外人随意进入公司股东层,可能破坏股东之间这种相互信任的合作关系,从而不利于公司的稳定和发展。因此《公司法》规定,向股东以外的人转让股权时,要经过其他股东的同意,且其他股东有优先股买权。因此,夫妻的另一方想取得股东资格,应经过其他股东的同意。

(2) 股权的人身性。从股权的性质来看。股权是财产权和管理权的结合。管理权是具有人身性质的权利。不是所有人都有管理公司的能力,尤其是有限公司的股东,对公司的经营有很大的决定性作用,因此对股东的要求很高。这种与人身有关的权利,一方面有一定的专属性,因此与不参加经营管理未享有股权的夫妻一方关系不大,另一方面,因为具有人身性,因此在转让的时候要考虑接收方的能力,这需要考虑其他股东的意见,而不能仅仅因为离婚就当然转让。

赋予其他股东优先购买权是有限责任公司的内在要求,也是对其他股东权益的保障。这其实涉及夫妻中非股东一方和公司、其他股东利益的权衡问题。

(五) 夫妻共有股权分割的强制执行

法院对夫妻关于有限责任公司股权分配的判决生效后,如果双方就股权价值协商不能达成一致,或者原来的未持股方与其他股东不能协商一致而成为公司股东,就有可能申请法院强制执行,而此类执行案件主要有对股权价值的分配和对股权完整取得的执行两种情况,由于前述原因,对股权价值分割的执行在此类案件中占多数。

对股权价值分配执行的难点在于股权价值的确定。公司股权的价值具有浮动性和不确定性,有良好业绩的公司,其股权价值在不断增长;反之,公司股权价值会不断贬缩。因此,执行时应按照股权的现实价值进行分割。在双方当事人对股权的价值协商不成时,应委托有证券从业资格的评估机构对股权价值进行评估,但需要向评估机构提供公司财务账簿及其他财务凭证,因此,需调取公司账簿及其财务凭证。如果公司及其他股东不同意调取,法院则可向工商部门调取该公司的年度审计报告,向税务部门调取年度纳税情况。具体评估时,评估机构可考虑各种因素,均衡保护离婚双方当事人、公司及其他股东的利益。

对股权完整取得的执行,主要是股东资格的取得及其变更程序。由于有限责任公司的人合性及相关法律规定,这类案件并不常见。一个完整股权的取得,应当符合股权取得的实质要件和形式要件,二者必须同时具备。夫妻离婚分割共有股权时,人民法院将持股方全部或部分股权依法判决给未持股方,是对未持股方获得股权的一种确认,未持股方取得股权是合法的,已具备股权取得的实质要件。形式要件是股东取得股东权利的外在表现形式。主要表现在股东在公司章程、股东名册上的记载及工商部门的登记,其作用在于对内确定股东的权利、义务,对外具有公示效力和对抗效力。因此,在未持股方根据人民法院生效判决获得股权后,如果公司及其他股东积极配合未持股方,修改公司章程、将未持股方记载在股东名册并到工商部门办理变更登记,未持股方即获得完整的股权。否则,未持股方可依生效判决,向人民法院申请强制执行。人民法院的强制执行,实际上就是以国家公权力帮助申请人使取得的股权符合公司法要求的形式要件。执行时,应确定持股方为被执行人,公司及公司股东均为有义务协助人民法院执行;案件的执行标的为行为;公司及其他股东拒不协助人民法院执行的,人民法院应对公司及其他股东采取强制措施。

(六)离婚时夫妻股权分割诉讼指引

以夫妻均为投资人的企业或公司,或虽以一方名义投资但实际为夫妻共同意愿投资的独资企业,由于这类企业的资产转让不受《中华人民共和国合伙企业法》(以下简称《合伙企业法》)或《公司法》的限制,因此在分割财产时,应以夫妻双方的主观意愿为原则。受转让限制的财产,在分割时要考虑第三人的利益,遵守《合伙企业法》《公司法》关于财产转让的规定。

1. 离婚案件股权分割经常出现的难点问题

(1) 夫妻感情破裂,很难对股权的分割达成一致。双方在财产问题上往往将感情因素混杂其中,长时间无法达成一致意见,有时还需要评估,使案件处理时间很长,也影响了公司的经营,因此当事人处理离婚股权分割问题时,应从理性角度出发,多听取法官、律师的调解意见,及时控股,以免因拖延造成损失。

(2) 公司账目不清,阴阳两笔账,给当事人举证造成困难。实践中,公司为了避税,常常采取阴阳两笔账的方式,公司效益可能很好,但是从账上显示效益很差,此时非持股的配偶一方想举证公司效益良好则困难重重。因此非持股一方应当以持股方享有对公司的知情权为由,要求持股方配偶举证证明公司的经营财产状况,未持股一方可以要求审计机关对此进行审计,如果发现隐瞒、虚假情况,应当对其不分或少分财产。

(3) 股权估价存在难点。由于有限责任公司的封闭性,造成有限责任公司的股权不存在公开交易的市场,且随着公司的运营,最初的出资额已经不能完全代表股权的价值。因此应当采取竞价或者评估的方法对股权价值予以确定,从而做到公平分割。

（4）由于有限责任公司的人合性，非持股的配偶一方很难加入公司成为新股东。虽然《婚姻法司法解释（二）》对非持股的配偶一方加入公司成为新股东规定了一定的程序和方式，但是实践中，因非持股一方进入公司需要其他股东过半数同意，在离婚这种矛盾激烈的情况下，非配偶一方很难进入公司。因此非持股的配偶一方作为公司的当然投资人，如果实际经营公司，代股东享有股东权利履行股东义务，在离婚时，往往主张分割股权而不仅仅是股东价值，此时，由于未进行工商登记，也没有股东之间的约定，因此人民法院无法支持。因此，为了维护自己的合法权益，在夫妻投资公司时，应完备工商登记手续，将夫妻二人均列为公司股东，这样股东的权益才会受到保护。

2. 离婚时对股权的处理原则

（1）优先处理，及时控股原则。随着公司的运营，股权价值的变化随时都在变化，如当事人在夫妻共同财产上达不成一致，应当优先处理股权纠纷，避免持股方恶意转让股权。

（2）有利生产、方便生活原则。对财产的分割要注重发挥物的效用，有利于生产和生活。尽可能将生产资料分给需要的一方或者是能够更好地发挥财产效用的一方，生活资料要考虑到夫妻和子女的实际生活需要。在企业中还涉及经营权的分割，夫妻虽然以共同财产投资，但往往实际是一方在经营，从有利于企业利益的角度考虑，经营一方往往更适合继续持有企业的财产份额。另外，由于有限责任公司和合伙企业的人合性，经营一方不宜退出公司。

（3）竞价原则。竞价原则是经离婚当事人协商一致，在人民法院主持下，对双方争执的股权通过公开相互轮番报价，确定股权归属报价最高的一方享有，另一方得到相应的经济补偿的分割方式。竞价原则应当符合以下几个条件：① 双方对股权争执激烈，调解不成的；② 双方对公司经营状况和将来的风险收益有足够的了解；③ 符合《公司法》和公司章程的规定。有限责任公司的竞价需要股东过半数同意，不同意的股东不行使优先购买权。

3. 对离婚案件中股权分割的司法建议

（1）举证责任的分配。股东因股东身份享有自益权和共益权，有权利查阅公司的经营状况和股东会决议。因此应当由夫妻中持有股权的股东举证其他股东是否同意股权转让、是否放弃优先购买权，以及公司近几年的股权价格。

（2）建立股权价格评估制度。夫妻共有的是股权价值而非股权，因此股权的价格在夫妻财产分割中具有重要作用。股权具有风险性和不确定性，对股权价格的评估更是一个复杂的问题。但如果股权的价格不能确定，其他股东在决定是否同意转让股权和行使优先购买权时没有参照的标准，夫妻共有财产的公平分割也需要以确定股权价格为前提。因此在涉及的当事人对股权价格不能达成一致的情况下，应当委托专门的机构对股权价格进行评估。

(3) 完善夫妻共有股权的登记制度。实践中还存在夫妻以共同财产投资且共同经营,但实际只将股权登记在一方名下的情况,此时,未持有公司股权的夫妻一方,若主张其享有股权,应当及时完善股权登记手续。

二、独资企业的分割

夫妻共同投资或以一方名义投资设立的独资企业,即夫妻共同经营的独资企业或一方以夫妻双方共同财产设立经营的独资企业。如果夫妻双方没有对这类财产进行约定,则无论是双方共同投资还是以一方名义投资,实际上都是夫妻共同财产,也是夫妻共同投资意愿的体现。独资企业不同于一般性的有限责任公司,在责任承担和控制权方面以及财产分割时有着很大的不同。

实际生活当中,个人独资企业很多是由夫妻一方实际经营或者由双方共同经营的,在进行离婚财产分割时,首先要看是否属于夫妻共同财产,如果属于夫妻共同财产,在进行财产分割时会考虑企业实际经营的需要和后续发展的问题。

《婚姻法司法解释(二)》第 18 条等规定,对个人独资企业的分割作出了指导意见。在程序上,要对独资企业的资产进行评估,然后征询夫妻双方的意见,考虑其是否希望获得该企业。然后由取得企业的一方给另一方相应的财产性补偿。

如果双方均主张经营该企业,在司法实践中一般会进行双方竞价确定经营权归属,然后再由取得企业的一方给予另一方相应的补偿。这主要是考虑到竞价方式的公平性和实际可操作性,防止结案之后,由于一方无法支付相应的折价款而造成执行不力。双方当事人获得企业所有权的机会是平等的。

此外,还有一种情况,如果双方均不愿意经营该企业,在处理的时候会依照《个人独资企业法》的相关规定解散企业,并进行清算。清算后的独资企业财产,由夫妻双方进行分割。但是,如果进行了清算解散之后,作为个人独资企业的投资人,仍然要对独资企业在经营的时候所产生的一切债务承担连带性的清偿责任。而且在时间规定上面,自企业解散后 5 年内,债权人仍然有权要求个人独资企业的投资人就个人的全部财产对独资企业的债务承担责任。

《婚姻法司法解释(二)》第 18 条规定:“夫妻以一方名义投资设立独资企业的,人民法院分割夫妻在该独资企业中的共同财产时,应当按照以下情形分别处理:(一) 一方主张经营该企业的,对企业资产进行评估后,由取得企业一方给予另一方相应的补偿;(二) 双方均主张经营该企业的,在双方竞价基础上,由取得企业的一方给予另一方相应的补偿;(三) 双方均不愿意经营该企业的,按照《中华人民共和国个人独资企业法》等有关规定办理。”

独资企业的分割不涉及第三人的利益,主要考虑企业的经营和夫妻共同财产分割的公平。因此,主张企业经营权的一方应该举证证明自己对生产资料有特殊的技能,有利于企业的发展和财产效用的发挥。若双方都主张企业经营权,应当采取竞价的方式。如果一方主张经营权,另一方主张财产补偿。主张财产补偿的一方可以要求经营一方提供独资企业的财务记录,并可以采取评估的方式计算企业的总价值。

三、合伙企业的分割

夫妻以共有财产投资参加的合伙企业,即夫妻均为合伙企业的合伙人。由于夫妻均为投资人,因此相互之间转让或分割投资额不受限制。离婚时,可以将夫妻财产在企业或公司财产中所占的比值计算出来,根据企业的性质决定分割。同时,投资关系不因分割财产的行为而自动解散或退出,而应根据夫妻双方是否继续经营的意愿决定。

按照合伙企业法出资额转让的原则,合伙人在向其他合伙人转让出资额时,须先征得原合伙人的同意。同时,在同等条件下,原合伙人有优先受让权。这种转让的限制,是由合伙关系中的信用决定的。

如果夫妻没有进行财产约定,双方在合伙企业中所占的投资比例不能作为双方离婚时财产分割的比例,而应将夫妻的全部投资额作为共同财产平均分割,同时连带承担企业债务。

夫妻以一方名义在合伙企业中的出资,即一方以夫妻共同财产与他人举办合伙企业。离婚时,为鼓励生产,方便分割,一般以原经营方继续经营,给对方经济补偿为宜;如果对方愿意从事企业经营活动,一方将其合伙企业中的财产份额全部或者部分转让给对方时,根据《合伙企业法》的规定,须受合伙关系的限制,《婚姻法司法解释(二)》第17条对此规定为:"……(一)其他合伙人一致同意的,该配偶依法取得合伙人地位;(二)其他合伙人不同意转让,在同等条件下行使优先受让权的,可以对转让所得的财产进行分割;(三)其他合伙人不同意转让,也不行使优先受让权,但同意该合伙人退伙或者退还部分财产份额的,可以对退还的财产进行分割;(四)其他合伙人既不同意转让,也不行使优先受让权,又不同意该合伙人退伙或者退还部分财产份额的,视为全体合伙人同意转让,该配偶依法取得合伙人地位。"可见,非合伙人的一方要想加入合伙企业,要受合伙人意志的约束,不能以夫妻双方的意志自由决定,因为,在以信用为基础的合伙关系中,外人的加入应取得全体合伙人的一致同意,否则其他合伙人有优先受让权。但是,这样的规定,又与夫妻共同财产制的性质发生了冲突。因为夫妻的财产属于共同共有,一方虽以其个人的名义出资入伙,但财产是属于夫妻二人的,且经过了另外一方的同意或授权,这种关系类似隐名合伙的关系,也类似委托投资的关系。如果夫妻已达成分割出资额的协议(无论是否离婚)而被其他合伙人拒绝加入,则违背了夫妻双方出资的本意;而如果其他合伙人优先购买其出资,就会使原持有人的投资比例发生变化,进而影响其在企业中的控制力。

第十章　婚姻纠纷中共同债务的处理

一、夫妻共同债务内涵的界定

1. 夫妻共同债务发生时间不限于婚后

很显然,夫妻共同债务的发生时间主要集中在婚姻关系存续期间,即从夫妻双方登记结婚之日起至婚姻关系终止之日止的这段时间。[①] 这点也是由夫妻共同债务的内涵所决定的。夫妻共同债务主要是指夫妻一方或双方在婚姻关系存续期间,因夫妻共同生活以及履行相关的抚养、赡养及生效法律文书(判决书、调解书)所确定的义务的过程中所产生的债务负担。通过对相关法律规定的研读,笔者发现了夫妻共同债务的另一来源,即夫妻一方在婚前与债权人建立了债权债务关系时所负的债务,原则上应该属于个人债务,但是,在其结婚以后,债权人向该债务人的配偶主张由他偿还借款的时候,如果债权人能够证明该债务确实用于夫妻共同生活,此时,该债务应该纳入夫妻共同债务的范围,进而由夫妻双方对该债务承担连带清偿责任。这种情况表明,夫妻债务的产生可以不局限于婚姻关系存续期间。之前也有人认为,"夫妻共同债务必须发生在婚姻关系续存期间"[②],现在看来,这种观点明显是错误的。综上所述,夫妻共同债务不仅包括婚后因家庭生活所负债务,还包括部分的婚前所负债务。

2. 夫妻共同债务是连带债务

究竟何谓连带债务?要想弄清楚连带债务的含义,首先要提及一个相关的概念,即多数人之债。多数人之债通常包含两个方面,即可能是多数人之债权,也可能是指多数人之债务。进一步说,就是债权人或者债务人都由两人以上构成,所以称为多数人之债。而多数人之债就是指债务人一方为两人以上的情况,这些债务人对外共同向其债务承担连带清偿责任。上面所述的情况是生活中最普遍的一种共同债务。因为这种债务的债务人之间并没有特殊的人身关系。综上所述,

---

① 参见蒋月:《婚姻家庭法》,浙江大学出版社2008年版,第210页。

② 李丽:《婚姻法实务与案例评析》,中国工商出版社2003年版,第32页。

共同债务在性质上是一种连带债务，由各个债务人对同一债务负全部给付义务。[1]同时相关法律还规定，债权人有权要求任何一个债务人清偿全部债务，各连带责任人在履行了超过自己份额的债务责任时，有权向负有连带义务的其他人进行追偿。综上所述，夫妻共同债务是共同债务理论里的一种特殊情况，当然也同样适用普通共同债务方面的理论。

3. 夫妻共同债务发生的原因具有多样性

夫妻共同债务发生的原因具有多样性，通常情况下，夫妻共同债务的发生原因有两个大的方面：

（1）婚姻关系存续期间，夫妻为共同生活与第三方为一定的民商事法律行为的过程中所产生的债务。第一个方面主要包括下面这些情况：包括：① 在婚姻关系存续期间，夫妻为维护基本的家庭生活所支出的费用负担。② 婚后夫妻一方或者双方与第三方从事民商事活动的过程中所产生的债务。③ 债权人就夫妻一方在婚前所负债务，向债务人的配偶主张清偿权利，债权人能够证明该债务用于婚后共同生活的。④ 夫妻双方约定的共同债务。意思自治原则是民法的灵魂，只要约定不违反法律的强制性规定，不损害相关各方的合法权利，这个约定就会受到法律的尊重和保护。[2] 所以，夫妻之间的约定，也是共同债务的来源之一。

（2）在婚姻关系存续期间，夫妻一方或者双方因履行一定的法律义务所产生的债务，比如夫妻在履行对子女的抚养义务或者履行对父母的赡养义务，以及夫妻履行人民法院已经生效的法律文书所确定的义务的过程中所产生的债务负担。

总之，在司法实践中，夫妻共同债务的来源很广泛。

二、夫妻共同债务和个人债务的区分

（一）因合同所生之债

夫妻共同债务是指夫妻双方因婚姻共同生活及在婚姻关系存续期间履行法定抚养义务所负的债务，包括夫妻在婚姻关系存续期间为解决共同生活所需的衣、食、住、行、医等活动以及履行法定义务和共同生产、经营过程中所负的债务。而夫妻的个人债务，是指夫妻一方与共同生活无关或者依法约定为个人所负担的债务。

理论上通常用两个标准来判断债务的性质：一是夫妻有无共同举债的合意。如果夫妻有共同举债的合意，则不论该债务所带来的利益是否为夫妻共享，该债务应认定为共同债务；二是夫妻是否分享了债务所带来的利益。尽管夫妻事先或事后没有共同举债的合意，但该债务发生后，夫妻双方共同分享了该债务所带来

---

① 参见万鄂湘：《婚姻法原理与适用》，人民法院出版社 2005 年版，第 272 页。

② 参见武建峰：《离婚时夫妻共同债务的承担》，载《决策与信息》2008 年第 5 期。

的利益，则同样应视为共同债务。具体来说，下列债务一般认定为夫妻共同债务：

(1) 夫妻为家庭共同生活所负的债务，如购置共同生活用品所负的债务，购买、专修共同居住的房屋所负的债务，为支付一方医疗费用所负的债务；

(2) 夫妻一方或双方为履行法定抚养义务所负的债务；

(3) 夫妻一方或双方为履行法定赡养义务所负的债务；

(4) 为支付夫妻一方或双方的教育、培训费用所负的债务，如夫妻从事正当的文化、教育、娱乐活动，从事体育活动等所负的债务；

(5) 夫妻共同从事生产、经营活动所负的债务；

(6) 夫妻协议约定为共同债务的债务。

下列债务一般认定为夫妻个人的债务：

(1) 夫妻一方的婚前债务；

(2) 夫妻一方未经对方同意，擅自资助没有抚养义务的人所负的债务；

(3) 夫妻一方未经对方同意，独自筹资从事生产经营活动所负的债务，且其收入未用于共同生活；

(4) 遗嘱或赠予合同中确定只归夫或妻一方的财产，附随这份遗嘱或赠予合同而带来的债务为接受遗嘱或赠予一方的个人债务；

(5) 夫妻双方依法约定由个人负担的债务；

(6) 夫妻一方因个人不合理开支所负的债务；

(7) 其他依法应由个人承担的债务，如一方因实施违法犯罪行为、侵权行为所负的债务。

最高人民法院《关于人民法院审理离婚案件处理财产分割问题的若干具体意见》(1993 年 11 月 3 日发布，以下简称《离婚财产分割意见》第 17 条第 1 款规定："夫妻为共同生活或为履行抚养、赡养义务等所负债务，应认定为夫妻共同债务，离婚时应当以夫妻共同财产清偿。"据此，法院主要从债务的去向、用途是否与共同生活有关联来把握夫妻共同债务的认定。此后，最高人民法院《婚姻法司法解释(二)》第 24 条规定："债权人就婚姻关系存续期间夫妻一方以个人名义所负债务主张权利的，应当按夫妻共同债务处理。但夫妻一方能够证明债权人与债务人明确约定为个人债务，或者能够证明属于婚姻法第十九条第三款规定情形的除外。"而《婚姻法》第 19 条第 3 款规定："夫妻对婚姻关系存续期间所得的财产约定归各自所有的，夫或妻一方对外所负的债务，第三人知道该约定的，以夫或妻一方所有的财产清偿。"因此，从 2004 年 4 月 1 日起，认定夫妻共同债务以是否形成于夫妻关系存续期间为标准。应当说明的是，《离婚财产分割意见》第 17 条是从夫妻离婚时如何进行债务承担所作的规定，《婚姻法司法解释(二)》第 24 条，系从债权人主张权利的角度所作的规定，两个法条针对的是不同的法律关系，故在债务性质的认定标准、抗辩事由、举证责任、证明标准上规定不同是完全合理的，法院应当区别场合准确适用法律，不能将夫妻内部关系和夫妻一方与债权人之间的外部法律关系的债务性质的认定标准混为一谈。

法院在就离婚案件的债务问题分配当事人的举证责任时，也应注意“内外有别”：在涉及债权人与债务人之间的法律关系时，债权人只要证明该借款系发生于夫妻关系存续期间，即应认定为夫妻共同债务，夫妻双方应承担共同还款的责任；在涉及夫妻双方之间债务承担关系时，无论夫妻双方谁做原告，都应由借款方承担举证责任，证明该借款系基于夫妻的合意或用于家庭共同生产或生活，如果证据不足，则由其个人偿还。具体来说，有以下三种情形：

(1) 当债权人起诉夫妻双方要求还款时，债权人只要证明债务形成于夫妻关系存续期间即完成举证责任，该债务应认定为夫妻共同债务，夫妻双方应共同偿还。夫妻一方若否认共同债务且拒绝承担还款义务的，须证明有《婚姻法司法解释(二)》第24条规定的除外情形存在，或能证明债权人明知该债务为个人债务但仍与债务人进行债务往来。

(2) 当夫妻双方对外共同偿还债务后，如果该债务确为夫妻一方的个人债务，在夫妻内部产生求偿关系。此时，对外借款的一方(即被求偿者)必须承担举证义务，证明该借款用于家庭共同生活或履行共同的义务，如举证不能，则应承担返还责任。

(3) 当债权人仅起诉夫妻中借款一方还款时，债权人的举证责任同上述第一种情况。在法院作出裁判后，债务人在离婚案件中要求配偶共同偿还的，则由其证明该债务是否用于家庭共同生产或生活。此时，即使债务案件的判决以债务为婚姻关系存续期间所形成，认定为夫妻共同债务，对离婚案件并不当然产生既判力。因为在先的债务案件判决与离婚案件系处理不同的法律关系，法院应当根据不同的标准分配举证责任，故在先的判决仅能确定债务的真实性，而对债务性质的认定并不必然影响后案。

(二) 因侵权所生之债

因侵权所生之债，分两种情况：

(1) 如果是夫妻双方共同形成的侵权之债，应由夫妻双方共同偿还。

(2) 如果是夫妻一方对外形成的侵权之债，一般应认定该债务为个人债务。但如果债权人能举证证明该侵权之债的形成与夫妻家庭生活有关，或者家庭因该行为享有利益，则夫妻双方应共同偿还。

针对离婚诉讼中当事人虚构夫妻债务的问题，以下方法可供审判实践借鉴：如严格审查证据，对提出债务的夫妻一方进行详细询问后，通知债权人亲自出庭作证(债权人作为证人，在其出庭前不得旁听案件的审理情况)，认真审查债务的真实性、必要性和合理性；向当事人释明虚构债务的法律后果，一旦被认定为造假，要承担《婚姻法》第47条规定的“不分、少分财产”的后果；债务另行处理，如果一方当事人对债务不予认可，法院一时难以查明事实真相，可在离婚案件中不予处理债务问题，告知债权人另案起诉解决。

三、夫妻对外承担连带责任后的追偿权

夫妻对外承担连带责任，是指夫妻一方在共同债务中应当承担的债务份额不能成为拒不履行债务的抗辩理由，但这并不意味着夫妻之间不存在分担债务的原则。按照连带责任的一般原理，连带责任内部相互之间除法律另有规定或者契约另有约定外，应当平均分担义务。因此，离婚协议或者人民法院生效判决中关于夫妻共同财产和共同债务的负担原则是夫妻一方行使追偿权的依据和标准。在协议离婚中，离婚协议中关于夫妻共同债务负担的约定，体现了夫妻双方真实的意思表示，应当成为夫妻之间分担债务的标准，一般来说，夫妻离婚时对共同财产和共同债务进行约定，已经充分考虑到夫妻双方与共同财产的来源、共同财产增值、子女抚养等之间的相互关系，并体现了民事法律关系中当事人双方意思自治的原则，故夫妻之间所达成的离婚协议，应当成为夫妻一方行使追偿权的依据和准绳。因此夫妻一方履行了连带清偿责任后，可以按照人民法院生效判决所确定的标准和原则行使其追偿权。

夫或妻一方对婚姻关系存续期间的共同债务负连带清偿责任，此责任不因夫或妻一方死亡而消灭。

夫或妻一方死亡后，另一方对婚姻关系存续期间的共同债务，仍然要承担连带清偿责任。夫妻一方死亡后，另一方已经履行连带清偿责任的，另一方的求偿权将根据夫妻之间是否实行约定财产制以及是否已经形成离婚协议等情况而存在差异。当夫妻对婚姻关系存续期间所得的财产约定归各自所有，但第三人（即债权人）不知道该约定的，夫妻一方死亡后，另一方履行了连带清偿责任的，可以在夫妻约定财产归各自所有的范围内行使追偿权。当夫妻双方在一方死亡前已经达成离婚协议，但离婚协议中未提及该笔夫妻共同债务，或未就该共同债务的分担达成协议的，夫妻一方在达成离婚协议后死亡，其配偶又实际履行了连带清偿责任，其配偶可以按照均等份额的原则行使追偿权。当夫妻双方在一方死亡前已经达成离婚协议，并对夫妻共同债务的分担已经形成一致的意思表示的；或夫妻一方在达成离婚协议之后死亡，且另一方已实际履行了连带清偿责任的，另一方可以在离婚协议约定的份额和范围内行使追偿权。当夫妻一方死亡前，人民法院已经判决离婚，但未涉及某一笔夫妻共同债务，债权人在夫妻一方死亡后又主张由另一方承担连带责任的，另一方在履行了连带清偿责任之后，可以根据人民法院判决中对共同财产的划分原则和标准行使追偿权。当夫妻双方在一方死亡前人民法院已经判决离婚，并对夫妻共同债务的分担已作出明确判决的，债权人在夫妻一方死亡后又主张由另一方承担连带清偿责任的，另一方在履行了连带清偿责任之后，可以根据人民法院判决中确定的份额行使追偿权。

在实际生活中，生存一方所行使的追偿权又要受夫妻财产制度和遗产继承制度的限制和制约。具体表现为：

(1) 夫妻双方实行约定财产制的,生存一方在履行了连带清偿责任之后,应当在约定财产的范围内行使追偿权。如约定属于一方(死亡)的财产不足以偿还的,应当用死亡一方的其他遗产偿还。

(2) 夫妻双方实行法定财产制的,应当首先用共同财产清偿,如共同财产不足以清偿,可以用死亡一方的其他遗产清偿,如一方的婚前财产等个人财产。

(3) 无论是实行约定财产制还是法定财产制,生存一方求偿权的行使以死亡一方的全部遗产的实际价值为限,超过遗产实际价值的部分,除继承人自愿偿还的以外,生存一方的求偿权将不能实现。

(4) 要正确掌握生存一方的追偿权与《婚姻法》中照顾子女和女方权益的原则相统一。

(5) 正确掌握生存一方的追偿权与《继承法》中继承人清偿债务原则的相互关系。

四、夫妻一方违法债务的承担

违法债务是指行为人因违法犯罪活动所举之债,在生活中屡见不鲜。最常见的情形有:

(1) 因违法犯罪被法院判处的罚金负担。

(2) 刑事诉讼过程中的一切涉诉费用。

(3) 因刑事犯罪引发的附带民事赔偿责任。

婚后一方因犯罪所负债务该怎样进行定性?这些债务对于夫妻双方而言,究竟该怎样承担?笔者认为,因违法犯罪活动行为所负债务,债务具有一定的普遍意义。在一些国家的法律中也有所体现。《德国民法》是这样规定的:在配偶双方的相互关系中,下列共同财产债务由其自身招致共同财产债务的一方负担:① 基于该方在财产共同制开始实施后的侵权行为,或者因此种行为而对该方进行的刑事诉讼程序而发生的债务。② 基于与该方的保留财产或特有财产有关的法律关系而发生的债务,即使它们发生在财产共同制开始前或该财产成为保留财产或特有财产前亦同。③ 关于第①项和第②项所负债务之一的诉讼的费用。[①] 此做法具有一定的科学合理之处,很值得我们借鉴。

五、夫妻一方侵权责任的承担

侵权行为是指行为人违反民事法律而对他人的合法权益造成损害的违法行为。通常情况下,侵权行为主要由行为人基于过错而实施,侵权行为肯定会对受害人的人身或财产权益造成损害,行为人必须承担民事法律责任,而在民事责任中,又存在赔偿损失的责任形式,即行为人只要有侵权行为存在,不论其主观上是

---

① 参见陈卫佐译:《德国民法典》,法律出版社2006年版,第459页。

否存在过错，都必然要承担民事法律责任。至于是否要承担赔偿责任，要结合相关条件具体分析。相关法律规定，侵害人在没有过错的情形下，对他人的合法的民事权利或权益进行侵犯，应当承受法律对其行为进行的否定性评价，即行为人的行为具有违法性，应当承担民事法律责任，但是在这种情况下，行为人虽然对受害人造成了损害，但是按照法律规定可以免除其财产负担，就是平时我们所说的"侵权不赔"。除此之外，其他的侵权行为人都要承担民事赔偿责任。在这里，笔者要着重对"侵权要赔"的各种情形所产生的实务问题从故意和过失两方面进行论述：

1. 夫妻一方故意损害他人民事权益所产生的债务

行为人明知可能或必然造成他人民事权利的损害后果而希望或放任其后果发生，在这种心理状态支配下所实施的侵害他人民事权利的行为，是故意的侵权行为。如侵权的夫妻一方未经配偶同意，为"包二奶"、赌博以及因吸毒等所负债务，即是所谓的恶债。夫妻一方的这种负债的性质如何，该债务的承担属于夫妻个人还是夫妻双方，这是我们所要讨论的。

笔者认为，债务的发生是基于行为人的恶意而产生的，与配偶没有关联，只能由侵权者一方承担。如未经配偶同意、为"包二奶"、赌博以及因吸毒等所负债务，即所谓的恶债，均属于个人债务。[①] 毫无疑问，此时实施侵权行为的夫妻一方肯定要承担这个负担，因为这样的侵权所产生的债务不是服务于共同生活，通常夫妻另一方对此也不知情，发生债务的主要原因是实施侵权行为的夫妻一方因为自己的过错而产生债务。同时，夫妻另一方对此无过错并且没有从该债务中受益。综上，笔者坚持自己的观点，该债务由侵权行为人自己负担。因此，笔者也同意台湾学者曾世雄先生的观点："民事责任的赔偿义务人在侵权行为中乃行为人，即加害人，特殊情况下，行为人以外的第三人也有赔偿义务，如法定代理人对被代理人的侵权行为负责，但这需要法律的明确规定。"[②]

2. 夫妻一方以过失的心理实施的损害他人民事权益的行为

下面这个案例比较典型：村民张某，在驾驶农用车行驶的过程中发生了交通意外，将路人撞伤，自己也受了伤。经交警部门认定，张某负主要责任，赔偿对方3万元。因无钱赔偿和治疗，遂向银行贷款4万元，1万元用于自己治疗，3万元用于赔偿。后张某与妻子黄某感情不和，诉讼离婚。在庭审中，张某认为该贷款是自己在婚姻存续期间驾驶农用车辆发生事故所致，应属于夫妻共同债务。黄某主张该贷款并未用于夫妻共同生活，而是张某个人事故的贷款，应属于张某的个人债务。在日常生活中，此类案例也是屡见不鲜。究竟这种侵权之债该由夫妻一方承担还是夫妻共同承担？

---

① 参见杨大文：《婚姻家庭法学》，复旦大学出版社2002年版，第12页。

② 曾世雄：《损害赔偿原理》，中国政法大学出版社2001年版，第35页。

对此,笔者认为,此时侵权人需要承担损害赔偿责任。原因是基于“过错的侵权必赔”的法律原理。本案中的赔偿义务人会不会涉及夫妻另一方,笔者下面会给出自己的观点。对于张某因侵权行为所借贷款性质的认定,其他学者也有不同认识。第一种观点与本案中黄某的立场高度一致,认为该笔贷款应属于张某个人债务,该贷款的产生原因是基于张某自己的过错所致,并且也没有服务于家庭共同生活。第二种观点认为,用于治疗的贷款属于夫妻共同债务。理由是基于夫妻之间具有互相救助的法律和道德上的义务,该贷款是服务于共同生活的;用于赔偿的贷款应属于张某的个人债务,理由是,造成损害赔偿的根源是基于张某的过错,也没有用于共同生活。第三种观点认为,这两类贷款都应认定为夫妻共同债务。

以债务的用途来认定夫妻共同债务,能够有效地防止夫妻另一方不是为家庭共同生活需要而随意负债,可以更好地保护债务人的利益。但是由于法律没有对何谓是夫妻共同生活需要作出规定,从而导致其在夫妻共同债务的认定上缺乏操作性,容易产生争议。

笔者认为,此时若引入日常家事代理制度,用日常家事代理的范围判断张某驾驶农用车的行为是否符合日常家事代理制度,争议就容易得到解决了。虽然我国《婚姻法》没有规定家事代理制度,但相关司法解释中有类似与日常家事处理方面的规定:因日常生活需要而处理家庭共同财产的,夫妻任何一方均有权代替配偶作出处理。此规定的设立初衷,就是为了更加方便共同生活,也能最大限度地给家庭带来利益。因此,日常家事代理权是指夫妻因日常生活事务而与第三人为一定的法律行为时的代理行为。代理制度之目的在于扩张社会关系,为私法自治之补充。① 在婚姻关系存续期间,当配偶的健康权遭遇威胁时,基于夫妻之间有相互扶助的义务,另一方必须承担救治的义务,因此张某用于医疗的贷款,符合夫妻维持日常生活之需要,因此,宜定为夫妻共同债务。至于张某因侵权赔偿的贷款的性质,需要具体问题具体分析。如果张某驾驶农用车是基于夫妻双方日常生活之需要,符合夫妻之间日常家事代理的范围,黄某作为妻子,自然是其劳动的受益者,此时,用于事故赔偿的贷款应该属于夫妻共同债务。反之,则应将用于赔偿的贷款认定为夫妻一方的债务。

六、婚后以个人名义所负债务的定性

解决婚姻关系存续期间夫妻一方以个人名义与第三人为一定的法律行为时,所负债务的性质问题,即要确定该债务是一方债务还是夫妻双方的共同债务。当然,现实生活中也存在这样一种情况,即在婚后,由夫妻一方以个人名义举债,对该债务夫妻另一方并不知情,且该债务与夫妻共同生活也没有直接关系,在夫妻

---

① 参见武忆舟:《民法总则》,三民书局 1983 年修订版,第 325 页。

感情破裂,进入离婚程序之后,举债人出于种种考虑,声称该债务系夫妻共同债务,以此来规避部分债务的承担责任;或者在举债人下落不明的情况下,债权人以共同债务将夫妻双方诉到法院。生活中,婚后以个人名义借款用于共同生活的情形主要有以下几种情况:① 购买或建造房屋;② 购买价值较大的生活用品,如家具、电视机等;③ 采购生产资料和工具;④ 用于经营、投资,但是收益用于共同生活;⑤ 用于夫妻一方疾病的治疗;⑥ 用于子女的上学、培训;⑦ 其他一般性生活支出(衣、食)。

借款及债务的来源主要有:① 父母、亲戚、朋友;② 同学、同事;③ 银行信贷机构;④ 其他自然人、公司企业;⑤ 因个人担保而产生的债务。

此类债务不仅会出现在夫妻离婚纠纷中,有时还会出现在婚姻关系存续期间,为此也产生了大量的债权人向夫妻双方主张连带清偿责任的情形。而在夫妻离婚过程中,对该类债务究竟由谁承担,更是纠缠不清。

对此,笔者认为,依据《婚姻法》及其司法解释的相关规定,如果债务人的配偶能够举证证明其债权债务关系属于夫妻个人债务的情形:① 借款双方在债权债务关系成立的时候,同时明确约定该债务属于借款人的个人债务。② 夫妻双方明确约定婚后实行个人财产制的,这种情形由另一方举证证明债权人对此是明知的。如果债务人的配偶就以上两种情形进行成功的证明,该债务就是夫妻一方个人的债务。相反,配偶如果不能举证证明,该债务就会被推定为共同债务,由夫妻双方共同负担。当然,在现实生活中,以上两种情形并不多见。因此,考虑到配偶举证颇为困难,所以在离婚案件中,当事人就更不好准确地对该债务进行定性。

如果是在婚姻关系存续期间发生债权人主张权利,如果配偶能够举证证明该债务没有用于家庭共同生活,另一方对此认可的,法院可认定为个人债务。如果债务人主张系共同债务,且证明用于家庭共同生活,另一方不能证明其约定为个人债务且没有实行婚后分别财产制的,法院经审理后会认定其为夫妻共同债务,由夫妻双方共同承担责任。对于夫妻另一方仅答辩对债务不知情,且没有用于家庭共同生活的主张,法院不能认定其完成了举证责任。在债务人下落不明的情况下,虽然债务人与非举债一方之间的举证责任并不冲突,但是会增加夫妻另一方的举证责任难度,此时不能视为非举债一方举证不能。如果配偶能够证明该债务的确属于夫妻一方个人债务的时候,最终法院会判决属于夫妻一方个人债务。相反,如果配偶不能举证证明以上两种情形的存在,法院将会判决该项债务为夫妻共同债务,由夫妻双方承担连带责任。

七、为逃避债务约定由个人承担债务对债权人的效力认定

与夫妻财产不同,夫妻债务必定会涉及债权人。夫妻之间作出的关于债务性质及承担方面的约定,对夫妻双方是有效力的,因为这是民法中“意思自治”的典型表现。但是这种约定的效力是否会及于债权人,确实是个值得细究的问题。由

于债务问题的定性结果会波及多方的利益，如债权人、配偶的利益，要确定这种约定会不会波及债权人一方。在日常生活和司法实践中，经常会遇到此类情形，即夫妻双方为了恶意逃避债务，夫妻之间对财产进行约定，将举债的一方的财产低成本或是无偿分割给非举债一方，进而实现规避债务的目的。现实中最常见的此类约定主要是指夫妻之间的协议离婚约定，通过这个约定，举债方将家庭财产的大部分归属于配偶，最终实现恶意避债。以逃避债务为目的而由个人承担债务的约定，是否会对债权人产生效力以及将对债权人产生怎样的效力？这是一个很值得深入探讨的问题。

对此，笔者认为，根据《婚姻法》的相关规定，夫妻双方可以约定婚姻关系存续期间各自所得财产的归属。同时，夫妻在婚姻关系存续期间，也可以约定对夫妻债务的承担方式。上述两种对夫妻财产归属和夫妻债务承担方式的约定，都是民事主体在自由意思表示下达成的协议，也就是双方的意思表示比较真实且没有瑕疵，在这种情况下，双方达成的相关约定，完全符合民法中关于双方缔结有效的民事合同的有效要件，所以，上述由夫妻双方缔结的约定是完全有效力的，当然，通常情况下，这种效力只及于双方当事人，即该约定对缔约双方是当然具有约束力的。但是，相关法律还规定，当事人缔结协议的内容如果存在恶意损害他人、集体、国家的合法利益的，该协议自始无效。此时，夫妻之间达成的以逃避债务为目的的约定，明显会危害到债权人的合法利益，订立该约定的当事人双方主观恶性也很明显，所以，此时的这种约定，自始对债权人来说都是无效的。

与此同时，根据“债务的转让得经债权人同意”的民法精神，如果不经过债权人同意，债务人之间无权自行改变其性质，否则将会损害债权人的利益。因此，作为连带债务人的夫妻双方，在没经过债权人同意的情况下，通过作出相关的约定，将本来应该属于夫妻共同债务擅自改变为夫妻个人债务，利用该约定让夫妻双方在其内部完成了关涉共同债务偿还的财产的分割，最终会损害夫妻共同债务财产的数额，并且会直接影响债权人利益的完整性。总之，债权人依然有权就原夫妻所负共同债务向原夫妻双方或者其中任何一方要求偿还。

八、分居期间债务的认定

对于分居期间的债务认定问题，目前主要存在以下几种学说：

第一种为“分居明知说”，认为只有债权人明知夫妻双方分居的，才可能认定为个人债务；如债权人对此完全不知，则即使非负债方配偶可以证明双方确实处于分居状态，也不能认定为夫妻个人债务。

第二种为“分居参考说”，认为可以将夫妻分居作为判断夫妻有无举债合意的重要参考，但不能将其当做绝对化的判断标准。

第三种为“防止恶意串通说”，认为就夫妻分居期间一方举债的认定，应综合考虑债权人、债务人以及非举债方配偶之间的关系，特别要注意是否存在配偶一方和债权人串通损害配偶另一方权益的情况。

事实上，对于夫妻分居的问题，西方国家普遍确立了“别居”制度，有的国家将别居作为离婚的前置程序，如德国；而有的将其作为和离婚制度并行的制度，并允许当事人在出现法定事由时，在离婚和别居之间进行选择，如法国。但无论哪种体例，别居大致都会在夫妻双方的人身、财产以及子女抚养问题上产生如下的效果：夫妻之间同居义务的中止，日常家事代理权的中止，以及夫妻之间采用分别财产制，并以法院的法律文书对外公告时具有公示效力，以保护双方不会因为夫妻关系仍然存在而成为债务的连带责任人。别居制度的设立，较好地解决了分居期间夫妻一方为另一方的单独负债承担责任的不公平现象。

基于此，我国也应当建立别居制度，并规定在夫妻分居期间一方负债均为个人债务，除了以下几种情形：

(1) 因履行夫妻双方共同承担抚养子女的法定义务而产生的债务。由于抚养未成年子女是夫妻双方的法定义务，夫妻的婚姻状态如何，均不影响对子女的抚养义务，因此因抚养子女而产生的债务，应是夫妻双方的共同债务，由夫妻承担连带清偿责任。

(2) 夫妻一方因患病或因生活困难所负的债务，由于夫妻之间的相互扶助义务在我国婚姻法上是法定义务，夫妻虽然由于感情的变故处于分居期间，但是婚姻关系并未解除，夫妻身份仍然保留，因此，仍应当履行夫妻之间的扶助义务，由此而产生的债务，也应是夫妻的共同债务。

(3) 夫妻双方明确约定分居期间的负债由夫妻双方共同承担的。夫妻之间对财产和债务的处置享有意思自治，只要夫妻之间的约定不违法或不损害他人利益，法律都应当尊重夫妻各自的选择。因此，若夫妻双方约定分居期间的债务由双方共同承担的，相关债务仍应认定为夫妻共同债务。

第十一章　非婚同居财产纠纷的处理

一、非婚同居的界定

非婚同居是指具有完全民事行为能力的单身男女，在不违背我国一夫一妻制及其他禁止性规范的条件下，自愿达成合意，未经结婚而形成的相对稳定的同居关系。

1. 非婚同居双方当事人是异性

对于同性之间的同居行为，就目前而言，我国大多数人在道德上还是不能容忍的，在法律上也并没有将其纳入调整的范围，在我国《婚姻法》中，并不承认同性婚姻的存在，也禁止同性之间结婚。而且，从自然属性上看，婚姻的缔结主体也必须是异性男女，因而同性之间的同居不属于本文讨论的非婚同居的情况，是被非婚同居排除在外的。

2. 非婚同居双方当事人均没有配偶

这一点是为了保证非婚同居关系受到法律的保护。根据我国《婚姻法》的规定，我国实行婚姻自由、一夫一妻、男女平等的婚姻制度。虽然非婚同居并不是我国法律上的婚姻关系，但是其实质与婚姻关系有一定的相似性和联系，一夫一妻的婚姻制度也是婚姻法的精神之一，非婚同居同样应当秉承这种精神。同时《婚姻法》还规定，禁止重婚，禁止有配偶者与他人同居。并且，我国《刑法》中也规定有重婚罪。这些足以证明，有配偶者与他人同居的情况所形成的同居关系是违反我国法律的，是不受我国法律保护的。而要求非婚同居双方没有配偶，就是为了将非婚同居与重婚以及有配偶者与他人同居这些违法行为区别开来。

3. 非婚同居双方当事人必须具有完全民事行为能力

首先，毋庸置疑，非婚同居是一种民事行为，而作为民事行为的主体，作出该民事行为的当事人必须具有一定的民事行为能力，同时，由于非婚同居这一民事行为，使得在当事人之间必然会形成一定的人身关系和财产关系，这些对无民事行为能力人和限制民事行为能力人而言，他们的理解能力和认知能力并不能很好地明白这些关系对他们的影响，并且在形成这些关系的过程中，很多时候是需要由法定代理人进行的，也很难体现出当事人的真实意愿。其次，根据我国《民法通则》的规定,年满18周岁以上的公民才是成年人,具有完全民事行为能力,可以独立进行民事活动。年满16周岁不满18周岁的公民,以自己的劳动收入作为主要生活来源的,视为完全民事行为能力人。按照最高人民法院的解释,对于年满16周岁但不满18周岁的自然人,如果他能够以自己的劳动收入维持与当地群众一般生活水平的,可以将其认定为以自己的劳动收入为主要生活来源的完全民事行为能力人。由此可以看出,我国民法上认为的完全民事行为能力人,最低年龄是16岁以上,而对16岁以下的限制行为能力和无行为能力人而言,由于他们生理年龄较小,其认知能力和判断能力有限,对很多事情不能作出正确合理的判断,也不能作出正确的决定,因而不宜将限制行为能力人和无行为能力人纳入非婚同居的主体中。

有些人认为,非婚同居双方当事人应当符合缔结婚姻的实质要件,结婚的实质要件包括:

(1) 结婚必须男女双方自愿。我国《婚姻法》第5条规定:"结婚必须男女双方完全自愿,不许任何一方对他方加以强迫或任何第三者加以干涉。"

(2) 结婚必须达到法定婚龄,《婚姻法》第6条规定:"结婚年龄,男不得早于二十二周岁,女不得早于二十周岁。"

(3) 符合一夫一妻制。我国《婚姻法》对结婚还有一些禁止性规定,《婚姻法》第7条规定,直系血亲和三代以内的旁系血亲,禁止结婚。患有医学上认为不应当结婚的疾病的人,禁止结婚。

笔者认为,需要符合缔结婚姻的实质要件这个条件,对于非婚同居当事人而言标准过高。而这个过高的标准,主要体现在需要达到法定婚龄这一个条件上。从法定婚龄上来看,一个人从具有完全民事行为能力到达到法定婚龄,中间至少还有2—4年的差距。对于婚姻关系当事人年纪要求较高,是因为缔结婚姻之后,双方所承担的责任更重,权利义务也更加复杂,需要成熟的心智才能更好地维持这种婚姻关系,维持家庭关系。而对于非婚同居的当事人而言,他们的结合并没有跟婚姻完全一样的权利义务以及责任,所以也不应该完全按照婚姻的要求约束他们。再者,从社会现状来看,非婚同居的发生在年轻人之间很常见,特别是在一些农村,由于家庭原因,一些人过早辍学在家务农,也更早地投入到家庭生活中,很多人并没有达到法定婚龄就在一起共同生活,如果要求非婚同居当事人达到法定婚龄才能认定他们之间是非婚同居关系的话,这一部分人的处境将十分尴尬。

4. 非婚同居当事人需完全自愿

非婚同居是一种私法行为,在私法领域更加注重的就是自愿、合意,在不违背法律规定的情况下,完全尊重当事人自己的选择。若采取胁迫等方式达到同居的目的,就可能触犯我国刑法,构成非法拘禁等罪。

5. 不违背我国强行性、禁止性规定

这是最基本的要求,如果当事人的同居行为违反了我国强行性、禁止性的法律规定,这种行为就是违法的,是会受到法律裁决的,也就不是应当进行保护的法律关系了。

6. 非婚同居当事人没有进行婚姻登记手续

这一点是“非婚”的含义,若当事人进行了婚姻登记手续,自然缔结了婚姻,也就不是我们这里所讨论的非婚同居关系了。有人认为,不仅要求当事人没有进行婚姻登记,对当事人之间是否有结婚的意思同样应当有要求,如果有结婚的意思,就不属于非婚同居,非婚同居应当是没有结婚意愿的。对这一点笔者持否定态度。笔者认为,无论当事人有无结婚的意思,在没有进行结婚登记时,并不影响他们之间是非婚同居状态的认定。对于有结婚意思而没有进行结婚登记的同居当事人而言,在进行婚姻登记手续之前,他们并不是婚姻法上的夫妻,他们之间并不存在婚姻关系,而此时他们所处的状态就是非婚同居的状态,并不因为他们以后将要成为婚姻法上的夫妻而有所改变。

7. 非婚同居当事人之间形成了较为稳定的共同生活关系,并已持续一段时间

它不要求当事人对这种同居关系公开或者不公开,非婚同居是私法关系,当事人可以自主选择是否将自己的生活状况公开,不受他人干涉。但是为了将非婚同居与“一夜情”等不稳定情况区别开来,也就有必要要求在非婚同居当事人之间形成一种稳定的共同生活关系。而要求这种共同生活关系持续一段时间,也是为判断当事人之间是否形成了稳定的共同生活关系提供了一个比较明显的参照标准,使得在判定是不是非婚同居关系时有一个比较明白可靠的依据。在有法律规制非婚同居行为的国家,都要求当事人的同居行为持续一定的期间才能适用非婚同居规则,而且这一期间不能有明显的间断。而多长时间才能达到较为稳定这个标准呢?各国根据本国的具体情况有一些不太相同的规定,基本都规定在两年或以上。但是不管怎么规定,同居关系持续一段较长的时间,是各国公认的非婚同居关系的特征之一,因为这种关系的持续性存在,可以使这种关系看起来是稳定的,并且有可能稳定持续发展下去,这使法律有对其进行规制的必要。

二、非婚同居财产归属的一般规则

围绕非婚同居财产归属的问题,学界和实务界主要两种声音:即个人财产原则和共有财产原则。

1. 个人财产原则

所谓的个人财产原则,是指同居双方不因同居关系而导致财产的混同或共有,同居前的个人财产归同居主体个人所有,同居后的工资以及财产性收益也归所得主体一方所有。个人财产原则不仅体现在已有财产和即有财产收入上,还包括同居期间的日常开销上,属于可以区分的个人开销,由个人财产支付,属于难以区分的开销或共同开销,则由同居主体共同支付。这种个人财产原则,在现实生

活中的存在需要有以下两点作为支撑：首先，需要同居主体具有一定的财产，不论是同居前还是同居后；其次，要区分同居期间财产支出的属性，即能够直观地区分哪些是同居期间的个人支出，哪些是为了同居生活的共同支出。由于同居主体之间无法律意义上的身份依附性，财产个人主义原则会使同居主体的独立性变得更加清晰。个人财产原则在非婚同居主体之间建立的，是纯粹的平均财产所有与债务承担制度，具有一定的合理性。

2. 共同财产原则

共同财产，是指非婚同居主体在同居期间，个人或共同取得的财产为同居双方的共同财产。共同财产原则与法定婚的婚后共有原则类似，是指在非婚同居期间，所得的财产由同居双方共同所有，同居期间的消费支出由主体双方共同承担。非婚同居财产的共有原则，在同居主体之间建构了坚实的经济基础，可以确保非婚同居关系的稳定性。共同财产原则相较于个人财产原则，对于弱势群体一方具有很好的经济补偿功能，但是，在非婚同居男女双方收入差距过大的情况下，这样的共同财产原则，对无法定身份关系的经济强势一方而言，是否就体现了公平性呢？

笔者认为，有关非婚同居主体间财产归属及分割，不能简单地以完全个人财产制或是完全的共同财产制来规制，非婚同居主体毕竟不是法定婚配双方，在认定非婚同居主体财产归属及制定分割方案时，应当站在非婚主体的立场考虑，并结合实际付出和机会成本丧失的现实加以认定。一方面应当肯定个人财产制的主流，但是要尊重非婚同居主体的意思自治，另一方面要重视合理性计算非婚同居弱势一方的隐性财产的损失和消耗，以便体现公平性和人文性的精神实质。

三、非婚同居财产关系的内部效力认定

1. 有约定的约定优先

非婚同居财产关系的内部效力，是指非婚同居主体之间因只涉及同居当事人双方的财产利益而产生纠纷时的法律效力，内部效力原则不涉及第三人的利益，所以应当坚持意思自治，允许同居主体之间在意思自由的前提下，对双方的财产进行约定。众所周知，同居关系不是我国现有婚姻法的调整对象，在同居期间，因为不涉及财产分割，所以法律一般也不会介入。非婚同居财产纠纷一般会在同居关系结束时出现，这时起到调整规范作用的法律才可以以解决纠纷的名义介入。在非婚同居期间，应允许当事人就同居期间的财产属性进行约定，以契约的形式规定哪些财产属于共同财产，那些财产属于个人财产。该约定只要不违背强行法的规定，法律均应给予认可。

对于非婚同居财产契约的形式，笔者认为应当采用书面形式。因为口头形式的约定，在发生纠纷时具有举证难的特点，不利于司法审判工作的展开。在以书

面形式约定财产处理机制的情况下，应该允许当事人添加附加条款，即允许在情势变更的条件下，同居当事人一方有权依法变更或撤销相应条款。但是申请变更或撤销约定条款应当具有严格的限制条件：首先，非婚同居当事人申请变更或撤销条款，不得损害第三人的合法权益。其次，严格限定变更事由，例如，存在重大误解、受到威胁、或签订契约后双方收入比发生严重变化等。关于非婚财产契约的公信力问题，笔者认为，为了体现契约的严肃性，也为了保护第三人的利益，应当采用备案登记的方式，即书面的财产属性或分割的约定，应当在当地的公证部门进行备案。经过公证的书面协议，对当事人具有法律约束力，也满足了契约的公示效果，有利于维护正常的社会经济秩序。

2. 无约定时，以个人财产制为主，兼顾同居主体的共同利益

在现实生活中，许多人选择不结婚而非婚同居，是因为他们不想被婚姻的财产制度束缚，所以，在非婚同居主体间无事先约定的时候，法律应当肯定非婚同居主体的财产独立性。未婚同居之前的财产归属于个人所有，同居之后的财产原则上也应当属于个人所有。即使由双方共同劳动所得，只要是能分清贡献力的大小，同居当事人则可依据贡献力大小或者出资额的多少，分得个人所有的那部分财产。同样，因共同经营所负担的债务，也可依据该比例原则，分别承担相应的份额。但当双方共同经营所得或债务承担无法量化出各自的贡献力时，则依据公平原则等比例份额，共同享有或承担。由同居双方共同出资购置的财产，如果能区分出资比例的，则依据出资比例按份享有。如果该共同出资购置的财产为共同生活的必需品且不宜量化区分的，则可以视为同居双方共同承担的费用。例如，日常的柴、米、油、盐等。这里笔者需要特别指出的是，如果一方的经常性日常支出无法量化时，可以概算出平均每天的支出额或月支出额，以此作为个人费用支出标准。如非婚同居一方每日下班饮酒，则可以概算每天饮酒的支出额，在财产分割时，将其作为个人财产支出计算。

3. 肯定非婚同居一方的经济补偿请求权

在非婚同居期间，女性通常是牺牲机会成本最多的或付出家务劳动量最大的一方。如果简单地依据个人财产制或约定财产制分配财产，对于女性一方显然不利。因为这些分配方法，没有完全将女性的贡献力以货币的形式计算在内。举个例子：张俊与王红非婚同居一年有余，在同居期间，王红一下班就要回家料理家务和照顾张俊的父母，而张俊则在正常下班后，在夜校做兼职讲师，收入颇丰。同居1年后，王红怀孕，育有一子，为了照顾孩子，她辞去了工作。3年后，二人因感情不和结束了同居关系。在这个小案例中，我们不难发现，王红为了照顾家庭而放弃了就业，放弃了收入来源，损失了大量的机会成本。因此，完全的个人财产制是不适宜的，应当在此财产制之外，增加女性一方的经济补偿权，正如陈苇等学者所言："综合考虑同居关系持续时间、财产安排、子女抚养等因素，在分割共有财产时适当照顾对同居关系做出非直接经济贡献的一方、抚养子女的一方、有特殊困难

的一方或无过错的一方。”①

四、非婚同居财产关系的外部效力认定

非婚同居当事人在社会经济活动中，不可避免地要与外部第三人发生某种经济联系，而由此引发的经济纠纷，就不能单纯地由非婚同居当事人双方自由约定或自行处置，还需要兼顾第三人的利益，不能损害第三人的合法权益。

非婚同居财产关系的外部效力，要遵守合理信赖原则。当非婚同居主体之间对财产的属性进行了书面约定时产生的公信力，法律予以认可。这也就是说明，任何第三人，如果信赖该协议的效力，并依据该协议与同居当事人一方或双方开展经济活动时，有权依据此规定，单独向一方或双方主张权利或履行义务。如果同居当事人未征得利益第三人的同意，而擅自变更或撤销该协议，则对第三人不产生变动效力，第三人仍可以以原协议的内容主张权利或履行义务。合理信赖原则，不仅是对非婚同居主体的财产归属的约定，更是关系到第三人的利益，所以这一信赖利益，理应得到法律的承认和保障。

五、婚外异性同居分手协议的效力认定

我国《婚姻法》明确禁止重婚和有配偶者与他人同居。在现实生活中，确实存在部分已有配偶者婚外与他人同居，此类同居关系还引发了一些难解的法律问题。在与婚外异性同居期间双方签订的分手协议的效力就是其中一个。一方是否可以凭借分手协议向法院起诉要求另一方按协议给予补偿？为此，相关的利益主体也会发生不少的纠纷，人民法院在受理此类案件后，引发了人们对于分手协议效力的讨论。因此，无论从理论上还是司法实务上，都有必要进一步讨论此类争议的处理规则。

最高人民法院《婚姻法司法解释（三）》（征求意见稿）第 2 条规定：“有配偶者与他人同居，为解除同居关系约定了财产性补偿，一方要求支付该补偿或支付补偿后反悔主张返还的，人民法院不予支持；但合法婚姻当事人以侵犯夫妻共同财产权为由起诉主张返还的，人民法院应当受理并根据具体情况作出处理。”这是司法部门第一次将婚外同居分手协议以法律条文形式对其效力进行规定，但是在正式施行的《婚姻法司法解释（三）》删除了关于“有配偶者与他人同居，为解除同居关系约定财产性补偿”问题的条文。为什么取消这一条，最高人民法院时任民一庭庭长杜万华解释说，因为婚外同居这种现象比较复杂，在具体实践中难以以司法解释相关的条文一一对应，不规定不等于不正视。他指出，基层人民法院在审理相关案件的时候，要坚持维护社会主义道德风尚和善良风俗，维护婚姻家

---

① 陈苇、王薇：《我国设立非婚同居法的社会基础及制度构想》，载《甘肃社会科学》2008 年第 1 期。

庭稳定,保护妇女儿童的合法权益和当事人的合法权益,这是一个基本的原则。但是在现实审判中,还会面临分手协议效力的界定,是否应该支持持有分手协议一方要求对方按约履行财产的诉讼请求,有待讨论。

对于与婚外异性同居签订的分手协议,笔者认为,因为婚外同居的分手协议是特殊协议,不可以单纯就一个条文界定其是否有效或者无效,而是应当区分不同情形作出不同认定。采取附条件有效说较为合理,即婚外同居行为与签订的分手协议是两个独立的行为,婚外同居违反婚姻法禁止性规定,当属无效。但基于婚外同居而签订的分手协议并非必然违反善良风俗,一律应认定为无效。在判定婚外同居分手协议效力时,可以采取综合考量公序良俗、当事人的主观心态、涉及财产的价值大小等因素。以接受财产一方担任主要的举证责任,如果未能举证证明其所接受的分手协议的财产支付是善意的、不违反法律强制性规定、社会普通大众所接受的一般道德标准,则分手协议判决为无效的风险加大;如果分手协议的财产支付内容不涉及金钱与性的交换、身份的交换,或者分手协议财产的支付是为了履行法律上其他原因的责任,如非婚生子女的抚养费等,在司法实践中,法官可在一定合理范围之内作出判决,确认分手协议部分或者全部财产支付有效。具体可从以下几方面进行考虑:

1. 与婚外异性同居分手协议效力应该区分善意和恶意

关于婚外同居分手协议的效力,笔者认为,在认定分手协议效力的时候,应该区分第三者善意或恶意,此时的善意或恶意是双方签订分手协议的动机和目的。善意是签订分手协议时具有良善的目的,不涉及对法律强制性规定和社会善良风俗的违背,不涉及性服务的交易。恶意是签订分手协议时候动机不良,有性交易或者有违背社会善良风俗之意。对于恶意的第三者,肆意违反我国《婚姻法》规定的禁止重婚、禁止有配偶者与他人同居,同时对签订的分手协议进行财产补偿不具有合法理由。对这样的分手协议中的财产补偿,超出了法律的正常保护范围,也不是普通大众所能接受的一般道德标准。尽管如此,但对于第三者是善意的,因为此时的第三者也是受害者,也是法律所应该保护的弱者,但目前没有相关法律进行调整。如果面对善意第三者,法律也持对待恶意第三者一样的态度,则有欠妥当。现代文明的法律不应该是一个不明事理、不分善恶的法律,只有这样才能体现法律所应有的价值和其所追求的公平正义之理念。而此处的善意和恶意之分,在于签订分手协议时的动机和理由,而不是以开始同居关系时一方是否知道另一方有配偶。因为如果以后者区分的话,则不能最大限度地保护弱者。虽然同居关系也违法,但是对分手协议效力的考虑,不应该退回到开始时以同居关系进行考量。有些第三者明知对方有合法配偶仍与之同居,其后签订的解除同居关系的分手协议,如有关非婚生子女的抚养费等有其合法的根据和理由,不应该认定为无效。所以笔者认为,在婚外同居背景下签订的进行财产补偿的分手协议,应该考量签订协议的时候当事人是善意还是恶意的。如果是恶意的,该分手协议当属无效，若当事人能举证证明是善意的，则可肯定其效力。

2. 与婚外异性同居分手协议效力应区分其内容

《婚姻法司法解释（三）》（征求意见稿）第2条所调整的是婚外同居双方当事人签订的为解除同居关系的分手协议。现实生活中婚外同居中双方签订的协议不止分手协议，还包括同居财产之间的约定、性关系保密的约定，还包括同居期间赠与的约定，等等。而分手协议中包括的也远远不止解除同居关系的约定，还包括分手后孩子的抚养费约定、分手后为原先婚外同居关系保密的约定、分手后为其安排工作等的约定。而对于这其中的大部分内容，此前《婚姻法司法解释（三）》（征求意见稿）都没有涉及，在司法实践中碰到除了关于解除同居关系规定外，其他内容又是如何处理呢？笔者认为，在考量分手协议效力的时候，要区分其内容，根据其内容综合判断，不可以一刀切。

如婚外同居性关系的保密财产补偿协议，该协议的内容就是性关系的保密，而我国禁止婚外同居，婚外性关系也不符合我国的善良风俗，所以这个财产补偿协议是得不到保护的。而在面对解除同居关系后关于孩子的抚养教育方面的财产补偿协议，因该协议的内容是孩子的抚养教育，非婚生子女与合法婚姻出生的子女同样受到保护，也需要正常的抚养和教育，对于这方面内容的分手协议，不应该全盘否定其效力。也许有人认为，孩子日后同样可以得到其生父每个月支付的抚养费，不需要判断该分手协议的有效来获得抚养费。在现实生活中，介于现有家庭的压力，妻子的反对和埋怨，能够信守每个月支付婚外孩子抚养费的为数不多，甚至有些能拖则拖，能逃则逃。所以对于先前关于婚外出生子女的抚养教育费，法律应该区别对待，不应该为了惩罚婚外同居违法关系，而去伤害子女的合法权益。

综上所述，对待分手协议效力，应该具体看分手协议的内容，分情形对待，认定其效力。

3. 公序良俗原则在分手协议效力考量中的适用

（1）公序良俗的内容。所谓公序良俗，是指在性质和作用上和公共秩序及善良风俗相当。公序良俗是反映国家、社会、民族的基本价值观，也是百姓所能接受的一般道德行为标准，是贯穿民法始终的基本原则，和诚实信用原则一样，都是法官作为价值判断正当化的工具，当现行法没有规定出现空白的时候，法官用其弥补强行法和禁止性规定的不足。[①] 而违背公序良俗原则的行为是无效的。问题的关键是如何认定某一个事实是否违背了公序良俗，何以判断和衡量公序良俗的标准。我国法律并未给出公序良俗的具体标准，有些国家是通过丰富的司法实践勾勒出公序良俗的外延，也有些国家罗列了具体的公序良俗的行为种类。日本学者我妻荣将以下七种行为归纳为违反公序良俗：

---

① 参见〔法〕亨利·莱维·律尔：《法律社会学》，许钧译，上海人民出版社1987年版，第68页。

① 违反人伦的行为；② 利用他人窘迫、无经验获取不正当利益的行为；③ 违反正义观念的行为；④ 极度限制个人自由的行为；⑤ 限制营业自由的行为；⑥ 显著的射幸行为；⑦ 处分生存基础财产的行为。[①]

日本司法实践认为，婚外性关系契约因为违反一夫一妻制，而被认为是违反了公序良俗。

我国的一些学者也试图给出公序良俗的具体范围：① 违反伦理要求；② 违反正义观念；③ 剥夺或极端限制个人自由；④ 侥幸行为；⑤ 违反现代社会制度，妨害国家公共团体的政治作用。[②]

(2) 分手协议中公序良俗的具体操作。通过以上论述我们可以得知，婚外同居行为在我国和其他一些国家都认为是违反公序良俗的，可是并没有说婚外同居期间发生的一切行为和达成的协议都是违反公序良俗的。所以笔者认为，要判断婚外同居期间达成的协议和民事行为是否因违反了公序良俗，而导致无效，应该运用公序良俗的内涵与外延，综合其他因素进行判断。具体到本文中的婚外同居分手协议效力，判断其效力应该从以下两个方面考量：

首先，分析分手协议进行财产补偿的动机，如果双方当事人进行协议约定，为了继续进行非法的婚外同居关系，双方互相保密、承诺日后为一方安排好工作等而签订的协议等，笔者认为不应该得到法律保护，因为双方签订这些协议的动机不良，都是为了方便更好地进行婚外同居，而承诺日后为一方安排好工作也带有交易的性质，这些动机都不是我们国家所能普遍接受的道德准则，也不符合社会公共道德，有助长不良社会风气、引导错误价值观之嫌。而如果双方签订的协议是为了安排分手后子女的抚养教育问题、解除同居关系等，应该和以上动机不纯的协议区分开来。签订的分手协议关于子女抚养教育而进行的财产约定，其动机并没有像前文所述的是为了更好地进行婚外同居关系那般恶劣，应该认定其部分或者全部有效。同时，对于《征求意见稿》中第 2 条"为了解除同居关系而约定的财产补偿"，笔者认为，其解除同居关系这个行为的动机不恶，结束一种非法的关系，应该得到鼓励。否则给人一种感觉是，既然开始了非法的婚外同居关系，那就只能继续，因为解除同居关系的行为也被解读为违反公序良俗原则。所以，关于解除同居关系而签订的分手协议的效力，应该看其解除同居关系签订的分手协议进行的财产补偿的内容是什么。比如说在分手的时候，约定的财产补偿是为了补偿婚外同居这些年来一方付出的青春，感谢其这些日子的陪伴，或者是为了兑现之前承诺的只要与其婚外同居达到一定的时间就支付相关财产，或者是解除同居关系时进行财产补偿是为了保护自己的仕途、工作而用钱支开一方并约定保密，而签订分手协议进行财产补偿等协议，虽说目的都是为了解除同居关系，但是其

---

① 参见梁慧星主编：《民商法论丛》（第 1 卷），法律出版社 1994 年版，第 67 页。

② 参见史尚宽：《民法总论》，中国政法大学出版社 2000 年版，第 336 页—339 页。

协议的内容动机不良，其内容也不符合我国一般的社会公德和善良风俗。这些分手协议应该是无效的。而如果解除同居关系而进行财产补偿的内容是为了弥补善意的第三者在婚外同居期间由于意外怀孕而造成的身体伤害，或者为了弥补由于其日后无法生育而遭受的损失，或者分手的时候进行财产补偿是为了第三者在婚外同居期间承担的属于已婚者一方债务而不该由其承担的财产债务，或者分手的时候进行财产补偿是为安排日后婚外同居时出生的子女的抚养教育，或者解除同居关系进行的财产补偿是为了支付一方在婚外同居期间侵权造成另一方的损害而支付的财产，比如已婚者一方在与婚外异性同居期间，实施了暴力行为，一方身体遭受到伤害等类型的分手协议，应该部分或者全部认定其有效。

其次，从约定的补偿财产的价值考量。在婚外同居时，双方当事人达成了财产补偿，而该行为是否违反了公序良俗原则，笔者认为，把财产补偿的价值纳入考量的范围，可以更好地帮助我们综合分析。如果赠与财产价值过大或者赠与财产价值明显超出了一般人的接受能力，应当谨慎认定分手协议的效力，对于超出正常接受的范围可以酌情不给予法律保护。因为，一方面，另一方获赠的财产价值过大，容易给当事人一方和社会带来不正当的价值引导；另一方面，赠与人的个人财产是其履行婚姻家庭生活中扶养义务或其他债务的偿还能力担保，其将个人财产大部分或者统统赠与婚外同居之人，无疑损害了合法婚姻的配偶、家庭成员甚至是债权人的利益，且不具有正当性。[①] 比如双方约定，分手后男方对女方进行财产补偿，其补偿的标的物是一台普通手提电脑、一台电冰箱、用过的家具或者是价值几百元的超市购物券等，这些补偿的价值最多就是几千元，甚至有些只是几百元，而几百元价值的补偿，至少不会对社会、家庭造成多大的影响，甚至其价值小到可以忽略不计，该财产价值掀不起多大的风浪。该价值几百元的补偿行为，如果说是给社会、国家、家庭带来了不好影响，是我们国家普通大众所不能接受的一般道德行为准则，这种说法似乎有点牵强。这类分手协议可以部分或者全部认定为有效。而如果双方约定进行财产补偿的价值比较大或者非常大，不是普通大众所能接受的一般范围，则其给家庭、社会造成的影响要远比上文提到的价值比较小的补偿大，影响力度也要强得多。其违反社会公德和善良风俗的嫌疑要大些，因为补偿的价值比较大或者非常大的话，容易给社会、普通大众一种误读，婚外同居是一种性交易或者认为第三者的行为不但是非法的，而且可以不劳而获，而已婚者不但发生婚外情，还处分转让了与其合法配偶有密切关系的重大财产。这样的行为普通大众是难以接受的，也是在宣传社会不良风气。比如说在解除同居关系时，双方约定财产补偿，一方补偿另一方一辆名贵跑车、一幢户主名是另一方的房子或者是几十万元的存款等，这些财产的价值至少也都是几十万元，这似乎在宣传坐享其成、不劳而获的价值观念，同样也会给社会风气带来不好的影响。此

① 参见蒋月：《婚外同居当事人的赠与》，载《法学》2010 年第 12 期。

外,已婚者处分转让价值比较大或者非常大的财产,会给其合法配偶和家庭利益带来损害。这个双方约定的财产补偿行为是普通大众所难以接受的,应酌情认定超出部分无效。

综上所述,考量婚外同居签订的协议,纳入公序良俗原则,可以更好地帮助我们分析婚外同居协议的效力,因为公序良俗体现的是一个国家、民族、社会的基本道德观念和价值取向。而运用公序良俗原则分析婚外同居协议的效力的时候,也不能随意运用,需要从签订协议双方当事人的动机和约定财产补偿的价值两个方面来考察,这样有助于把握具体协议的效力,以达到公平、合理、正义。

房产编

第十二章　公产房处理裁判精要

一、公产房的界定

公产房一般简称为公房。公房是我国计划经济体制下的房产政策的遗留物，在计划经济时代曾十分盛行。但是近些年来，随着我国社会主义市场经济体制的建立以及国家房产改革的深入，这种形式的房产已经不多见，但在现实生活中，仍有一定数量的存在，离婚案件中的公房问题，不但涉及夫妻双方的利益纠纷，也会涉及相关单位的利益，因此需要妥善处理。公房也称为公有住房，顾名思义是相对于个人享有所有权的房屋。该房屋的所有权归政府、企事业等单位所有，隶属于该单位体制下的个人享有使用权。在法律允许的范围内，个人对该房屋享有占有、使用乃至一定的收益和有限的处分权。因此，这种房屋在房改之前，一般不能在市场上交易流通。

通常情况下，公房按照产权人的不同可以分为三种，即：政府直管公有住房、企业自管住房以及行政、事业单位住房。其中，政府直管住房，是指国家出租、新建以及扩建但是由各级政府接管的房屋，主要是全体市民使用，一般是由政府房产管理部门管理和分配。企业自管住房，是指企业（一般指国有或集体企业）为了方便职工居住而建造的房屋，企业将其租给职工，或者让其无偿使用。但是该企业依然享有所有权，只是使用权归属于有一定资格的职工。同理，行政、事业单位住房是指该单位为了方便本单位职工居住而建造的房屋，该行政、事业单位享有所有权，该单位居住人员则享有使用权。这种公房的划分较为传统，近些年，随着房产改革和商品化进程的加快，更多的学者趋向于将公房按照房改政策划分为两大类，即：可出售的公房和不可出售的公房。

二、公产房处理裁判精要

在司法实践中，离婚案件中的公房处理较为繁琐，理论上的争议也较大，笔者下面就从实体和程序两方面探讨一下争议问题。

1. 实体性问题

在商品房案件纠纷中，法院当然享有处理产权分割的权力，但是在公房案件中,公房所有权与使用权分离,而离婚的双方当事人均无所有权,因此,法院对离婚双方争议的房产处理是超越所有权的法院处理双方争议房产,有理论上对房产所有权人合法权益侵犯嫌疑。这也是法院对离婚案件中公房处理的理论障碍。在实践中,甚至出现过产权单位向法院提出书面抗议的情形,认为该房屋的所有权归单位所有,当然享有房屋的占有、使用、收益和处分的权利。法院将其使用权判归于离婚一方的行为本身就是一种侵权,因此法院的判决应当无效。在涉及政府主管公房处理中,这种争议较小,而在企业自管和行政、事业单位住房处理中,由于利益冲突较为明显,一旦这些单位的职工发生离婚诉讼,往往会引起较大的争议。

笔者认为,要处理好这个问题必须弄清两个方面:

(1) 必须认清单位的所有权与职工的租赁或者无偿居住(统称为使用权)之间的关系。在公房中,单位固然享有建筑物的所有权。按照一般的物权理论,所有权是独立的物权,它有完满的需求,具有强大的排他力。当所有权受到侵害或者妨碍之时,所有权人有根据所有权主张排除妨害的权利。也就是说,单位作为所有权人,有权提出相应的要求。但是需要注意的一点是,住房职工也是享有一定权能的,这就是使用权,并由此衍生出对房屋的用益物权。按照物权法的一般原理,当用益物权与所有权并存之时,所有权不可以通过排他性功能的发挥而排斥用益物权,相反,此时用益物权要先于所有权得以实现。如在租赁关系中,出租人享有所有权,承租人享有用益物权,此时,只要在符合双方合同与法律规定的范围内,出租人就不得基于所有权排除承租人的用益物权。在公房中,虽然双方不一定有书面的租赁合同,但是他们之间是有默认合同的,即只要对方符合一定的身份条件,单位就需要将房屋供其使用。如在企业单位中,只要对方是单位的员工,享有使用单位住房的权利,那么单位就不可以基于享有所有权而要求其搬出房屋,也不可以因此而主张法院的判决属于侵权。因为法院本身处理的并不是该房屋的所有权,而是针对该房屋的使用权而已。

当然,这里也存在另一个问题。如果夫妻双方均享有该房屋的使用权(如双方都是该企业的职工),那么双方当然可以基于这种身份关系主张该房屋的使用权,房屋的所有权人也不得对其进行干涉。但是如果夫妻中的一方并不具有符合条件的身份,一旦离婚之后,无单位员工身份的一方是否有权利主张该房屋的使用权?按照物权理论,该方没有使用权的基础,因此当然不能主张该权利。但笔者认为,此时我们不能简单地按照物权理论解释。如上所述,公房具有强烈的政策性色彩,本身是国家福利性的体现。因此,这种福利不仅仅局限于具有某种身份的职工,也适用于该职工的家属,家属对该房屋也享有使用权。这种使用权本身具有双重性。一方面,家属的使用权要依附于该职工。如果该职工没有房屋的使用权,那么家属就当然没有使用权;另一方面,家属一旦基于家庭成员中的某种身份取得该房屋的使用权,他就取得了该房屋的一定程度的独立支配权。当然,一旦双方离婚,配偶就丧失了该房屋的居住权。但是,此时也不能简单地认为该配偶就必须搬离该房屋。这种福利在一定条件下是可以延续的。法院应该考虑现实情形予以处理,保障这种福利的合理发挥。另外,在离婚过程中,法院将子女判给了没有居住身份的当事人,但此时子女是可以基于家属身份取得房屋的使用权的。这里就提出了第二个方面的问题,那就是法律与政策之间的协调性问题。

(2) 法律与政策之间的协调。在公房案件中,很多时候涉及公房提供方的利益。因此,在审理案件过程中也需要考虑他们的需求。毕竟公房有限,如果将公房给予没有该单位员工身份的一方当事人,势必影响到其他职工的分配利益。因此,法院在审理案件时,有必要参考该单位的公房政策。一旦该政策与判决结果有冲突,法院就需要调整。如按照法律规定法院可以判决不具有该单位员工身份的一方当事人居住该房屋,但该单位明确规定如果双方离婚,不具有身份的一方就需要搬离该房屋,此时法院就不宜判决该方享有长期的居住权。但是,可以在法律与单位政策以及福利的本意之间作出变通,如可以附条件地让其居住一段时间,但不是永久居住。

2. 程序性问题

在离婚案件中处理公房居住权,诉讼主体不好排列。离婚诉讼的主体是男女双方,诉讼标的是人身关系以及依附于人身关系的财产关系,除与双方有关的子女抚育和家庭财产外,不应涉及第三人,如涉及第三人就不是本诉,而是另一个诉,应另案审理。公房居住是房屋租赁的合同关系,是出租方和承租方合意的结果。法院确认或变更一个合同关系,应有双方意思表示并给予相应的诉讼权利。如果租赁关系的一方(出租方,即房权单位),甚至双方(有的承租方是父母或其他亲属)不能参加诉讼,其实体权利却被处理或把合同关系变更了,在程序上也讲不通。最高人民法院《关于房地产案件受理问题的通知》第 3 条规定,将许多公房纠纷的诉讼拒之门外,规定不予受理是明显不正确的。人民法院亦应与时俱进,正确认识房改过程中出现的新问题,准确把握公房出卖的性质,将单位与职工之间因房屋买卖合同产生的纠纷纳入司法调整的范围,对此类纠纷进行审理和裁判。①

笔者也不主张在离婚诉讼中列第三人。除以上理由外,我国实行的是一夫一妻制,男女双方的婚姻不应涉及第三人,在字义上第三者与第三人容易混淆,从情理上看也不应列第三人。应该指出,调整居住权与变更租赁关系不是同一概念。单位分配职工居住的公房,承租人是职工本人,取得合法居住权的是在此房中居住的全体家庭成员,不能认为住房只是租给职工一个人的,其中也包括家属。从这个意义上说,职工是全体家庭成员的承租代表人,有行为能力的家庭成员也可视为承租一方的当事人。现行公房分配政策,家庭人口是一个主要因素,人口多少对分房多少有直接影响,按人口分配的住房,家庭成员都有居住权。即使分房

---

① 参见徐丽雯:《单位与职工之间房屋买卖合同的法律效力分析》,载《法学杂志》2010 年第8 期。

时不是家庭成员，婚后才搬进住房的，作为家庭成员也取得了合法居住权。这种居住权是由于分配或作为家庭成员实际合法居住取得的。这一点与外国资本主义国家的住房制度不同，与完全商品化的住房制度也不同。商品化住房租赁关系的建立，要求承租者交纳商品房租，强调居住权靠钱取得，家庭成员不是取得居住权的依据，是谁花钱谁有居住权，不是承租者的，不能以家庭成员身份主张居住权。我国目前绝大多数公房是福利性质的，居住权的产生强调人的因素，忽略钱的作用，与商品经济中的租赁关系不同，处理这类纠纷，要着重研究居住权，不应过分强调租赁关系。法院审理离婚案件解决住房争执，是在有合法居住权的人中确定由谁继续居住，是对居住权的调整，是解决承租方内部纷争，不是变更租赁关系，没有必要把出租方的单位列为第三人参加诉讼。有的学者指出，把公房判给职工一方居住，当然不改变租赁关系，而判给对方居住，事实上不是把租赁关系改变了吗？这种说法有道理。只要坚持暂住权的处理方法，不改变房屋的隶属关系，除承租方内部实际居住人及交纳房租人发生变化外，出租方的各项权利义务均未改变，就不存在列第三人的问题了。

三、公产房处理法律实务

离婚案件中的公房处理，并不仅仅是夫妻双方之间权利和义务的分配问题，它还涉及公房提供单位乃至家庭其他成员之间的关系，因此笔者认为，在处理离婚案件中的公房问题时，还需要考虑以下因素。

（一）房管单位的意见

虽然如上所述，在公房案件中，单位的所有权不得排除当事人的用益物权，但是，单位毕竟是所有权人，也有其相应的政策以调整更多人的利益，因此笔者认为，在处理离婚案件中的公房问题时，有必要征求房屋管理单位的意见。如果单位按照政策规定，不同意不具有本单位职工身份的一方取得房屋居住权，那么原则上法院应将房屋判归给该另一方当事人居住，而非单位职工则需要迁出。如果按照单位的政策以及现实情况，可以再提供一套公房，那么法院就可以在征求单位意见的条件下让双方都可以有居住的房屋。房权单位不同意而对方当事人无房可迁或住房确有困难的，判归房权单位职工居住，其中一处或一间由对方暂住，至再婚、有房或一定期限内迁出。暂住期间，个人应负担的房租、水、电、煤气等费用，由居住人承担；单位负担的供暖等费用，继续由单位负担。原因是房屋隶属关系没有变更，是哪个单位的房子，哪个单位就应当承担这笔费用。房权单位以不是本单位职工为由，要求对方单位或暂住人负担的，法院不应予以支持。当然，在政府直管住房中，由于全体市民均有公房的租赁权，此时并不涉及如企业事业单位中的利益纷争问题，因此法院不需要征求房管部门的意见。

（二）维护已有的租赁关系

在职工与公房提供方之间一般存在租赁合同，根据合同的相对性，在公房合同中,合同的双方就是职工与公房提供方。因法院在离婚案件中只能调整承租方内部谁享有居住权,并不能改变已有的租赁关系,法院在处理时必须考虑租赁和居住的实际情况。如果说,该房屋的居住权是父母根据自己的身份关系取得的,父母就是承租人而子女只是因亲属关系而居住。在这种情况下,如果双方离婚,此公房不宜成为争讼对象。法院必须尊重原有的承租关系。此时,非父母子女的一方配偶就需要搬出该房屋,自己解决住房问题,也没有承担其房租补助的义务。而是父母子女的一方,则可以依据与父母的关系,依然享有该房屋的居住权。

(三)保护子女和妇女利益

很多单位分配住房政策以男方为主,把职务、工龄和人口数量作为主要的参考条件,进而造成了女方居住男方依据一定身份取得的住房,年轻人居住父母取得的住房的情况。这本身就违背了男女平等原则,女性也应该享有同样的权利。正是这样的分配原则,势必造成在离婚诉讼中女方一定会处于弱势地位的局面。因此笔者认为,法院在处理离婚纠纷时,不能仅仅从现实出发,同时还应该遵循和贯彻男女平等原则,保护女方居住的权利。在同等情形下,应考虑男性搬出而将房屋留给女性以及孩子居住。如果是男方父母取得住房的情形,若法院认为女方应该搬出的,也应该给予宽裕的暂住期;认为女方享有暂时居住权的,应该给予女方宽裕的时间等再婚或者有房之时再搬出。如果说女方既未再婚也无房可住,女方也不应该搬出,因为她毕竟曾经是家庭的成员之一,也享有一定的居住权益,法院可以以这种权益为基础,与保护女性的利益结合起来对其予以保护。如果此时与男方及其父母共同居住女方感觉不便,可以判决女方搬出另行租房,判决男方给予一定的租房补助费用。

如果离婚双方已有孩子,必须将孩子的利益置于首位。孩子绝对不可以无房居住。在双方争执房屋居住权的所有条件中,抚养子女这一条件应该置于第一位。法院判决哪一方抚养孩子,就应该由哪一方居住该房子。需要注意的是,在司法实践中,由于上述照顾子女原则的存在,很多夫妻在离婚时为了房子,会激烈地争取孩子的抚养权。笔者认为,法院在处理案件时,必须切实从保护儿童的切身利益出发,以有利于孩子的健康成长。

“居者有其屋”是每个公民合理的追求,我国 2007 年 3 月 16 日十届全国人大第五次会议通过的《中华人民共和国物权法》中没有居住权的相应规定,居住权制度缺失导致这一理想追求无法完全实现。虽然在实践中,有法官想尝试判女方对住所享有“居住使用权”,以达到个案中男女住房资源的分配相对平衡,但我国是成文法,没有关于“居住权”的相关规定,此类判决在形式上缺乏相应的法律依据,使判决存在“违法性”的问题。而我国社会保障制度尚未健全,社会资源也不足以支撑大量的困难家庭,所以建立健全社会保障体系,也是保护妇女居住权的一条重要途径。[①] 这方面我国在立法上还应改进。

（四）保护弱势一方

夫妻本来居住在一起相互扶持，因此即便离婚，我们也不提倡反目成仇甚至赶尽杀绝的做法。在离婚诉讼中，我们提倡保护条件较差的一方。这不仅是出于人道主义同时也是出于婚姻感情的实际。这里所说的条件较差，并不仅仅局限于财产状况。在考虑财产状况的同时，也必须考虑他们的身体状况，如一方患有疾病乃至残疾，在判决之时有必要保障弱势一方。只有这样，才能将形式正义和实体正义完美地结合起来。

（五）维护无过错方利益

婚姻本身是夫妻双方对彼此的忠诚和信赖，如果一方出现出轨、重婚、赌博以及吸毒等恶习，就会对婚姻造成侵害，使对方原本对婚姻的美好期望破灭，付出不必要的成本。而在私法领域，法律又必须将婚姻当事人的个人意志放在首位，不能强迫双方的婚姻，因此法律需要在二者之间需要平衡。因此，离婚过程中的维护无过错方的利益，惩罚过错方，就成为一种平衡的手段。在涉及公房问题的离婚案件中，也应该适用这样的原则，以保护无过错方的利益乃至婚姻本身的稳定。

四、特殊公产房——高干房和军产房的处理

针对这两种房屋，处理时有特殊性。以高干房为例，高干房大体分为两种情况：一种是特定的高干专用房，有的是独门独院的小楼，有的是普通楼房中的多间、高标准大套房。另一种是按职务配给的普通居民房。对高干专用房，国家有关政策规定，是高干专门享有的待遇，高干去世后，其配偶有权继续居住，配偶去世后，子女应将住房倒出另行分配，由房权单位安置普通住房。根据这个精神，配偶与高干共同享有高干房使用权，子女没有这项权利。相应的，在离婚诉讼中，高干与配偶离婚的，单位应为离婚配偶另行解决普通住房，暂时解决不了的，可判配偶在此房中暂住，再婚或有房时迁出。有房的含义包括，房权单位或本单位为配偶安排的普通居民住房，离婚配偶不得以新分房不如原房条件好而拒绝迁出。高干子女离婚的，不能将房判归任何一方在此居住，当事人坚持请求的应予驳回。如迁出一方无房居住或抚育子女，住房有困难的，可判未迁出方给付对方适当的房租补助费。对按职务分配的普通居民住房，与高干专用房不太一样，必要时可以判离婚配偶或子女的离婚配偶在此房暂住。

处理军产房要充分体现对国防利益的维护。军人流动性大，干部转业后住房一般难以交回。现实中，现役军人居住困难较大，审理时对军产房要实行保护性政策，原则上判给军人一方居住。双方都是军人的，住房问题法院可不予审理，由军队内部解决。一方是军人没有子女的，配偶一律迁出；有子女的也尽量迁出，通

---

① 参见刘俊：《离婚妇女的居住权之保护》，载《法制与经济》2008 年 12 月（总第 189 期）。

过给付房租补助费的方法解决住房争端。对暂住权的适用要严格控制。军人子女或由于历史遗留问题居住军产房的,对当事人的请求一律不予支持,其住房由当事人自行解决。

如上,正是基于我国的社会生活实际以及一定的法律规则和原则,才形成了我国现在特有的处理离婚案件中公房的原则。之后,为了指导司法实践,最高人民法院出台了《关于审理离婚案件中公房使用、承租若干问题的解答》。其中第二条回答明确了夫妻共同居住的公房双方均可承租的情形,即:“(一) 婚前由一方承租的公房,婚姻关系存续 5 年以上的;(二) 婚前一方承租的本单位的房屋,离婚时,双方均为本单位职工的;(三) 一方婚前借款投资建房取得的公房承租权,婚后夫妻共同偿还借款的;(四) 婚后一方或双方申请取得公房承租权的;(五) 婚前一方承租的公房,婚后因该承租房屋拆迁而取得房屋承租权的;(六) 夫妻双方单位投资联建或联合购置的共有房屋的;(七) 一方将其承租的本单位的房屋,交回本单位或交给另一方单位后,另一方单位另给调换房屋的;(八) 婚前双方均租有公房,婚后合并调换房屋的;(九) 其他应当认定为夫妻双方均可承租的情形”。

综上,公房纠纷案件处理应遵循的有以下几个原则:

(1) 有利于推动国家城市房屋制度改革顺利发展的原则。

(2) 照顾老人、妇女、儿童合法权益的原则。

(3) 尽量维护当事人利益平衡的原则。

(4) 方便生活,减少矛盾的原则。①

① 参见李小荣:《上海市公房所有权和使用权纠纷探析》,载《上海政法学院学报》2010 年第 5 期。

第十三章　房改房处理裁判精要

随着社会转型的加速,原本具有计划色彩和福利色彩的公房政策逐渐被取消,取而代之的是完全市场化的商品房,当今中国商品房也是住房的主体。因此,为了推进市场经济和市场化住房制度的建立,国家逐步推行公房改制,进而出现了大量的房改房。房改房既不同于原有的福利公有房,也区别于纯市场的商品房。因此,对离婚案件中的房改房问题的处理,不但会影响夫妻之间权利义务的分配,也会影响我国房改的进程,因此需要审慎处理。如上所述,虽然房改房蜕变于公有房,但是它的很多处理原则已经趋向于商品房,适用商品房的取得和分配原则。

一、房改房内涵界定

房改房是国家以优惠的价格将公房的产权部分或全部出售给职工,属于职工享受的一种福利待遇。依照福利政策所购买的房改房,往往与职工的职务、级别、工作年限等挂钩,购买价格远远低于房屋的市场价值,以成本价或标准价购房的,每个家庭只能享受一次。近年来,在离婚诉讼中,涉及房改房的案件数量虽不庞大,但各地裁判标准不一,亟须规范。

1. 房改房纠纷的表现形式

在审判实践中,房改引起的房屋纠纷,较为复杂,主要有以下表现:原住户拒不腾退已房改给他人的房屋引起的纠纷、抢占房改中单位的已出售给他人所有的房屋引起的纠纷、未保护原住户的优先购买权引起的纠纷、因职工辞退和开除引起的房改房屋纠纷、转让集资建房资格引起的纠纷、夫妻离婚引起的房改房屋的纠纷、参加房改主体资格引起的纠纷等。[①] 房改房纠纷形形色色,体现了家庭内部、职工与单位等内部性特点。

2. 房改房的出资情况

与公房不同的是,在房改房中,夫妻一方或者双方已经取得了房屋的所有权。房改一般时间长、步骤多,出资经常是,有公婆的也有小夫妻的,在出资问题上,经

---

① 参见李新三:《住房制度改革中房屋纠纷及对策》,载《当代法学》1999 年增刊,第 51 页。

常引起对产权的争议。

房改完成的，其处理原则较为单纯，不再涉及第三方单位的权益。但要处理好离婚案件中房改房的分配，首先必须确定该房到底是夫妻一方所有还是属于夫妻的共同财产，然后再适用我国《婚姻法》的相关条文。如果是夫妻一方个人的财产，就应当判归一方所有，如果是夫妻共同财产，就需要分割。笔者认为，对于房改房，我们应该按照不同的情况分别予以处理。

3. 房改房的法律关系交织情况

由于房改房房改周期长、出资情况复杂等原因，使房改房常与继承、离婚、确权结合在一起，引起当事人纠纷矛盾不断。

二、夫妻一方承租的房改房的离婚处理规则

关于夫妻关系存续期间以房改优惠价所购公有住房的定性问题，凡是夫妻关系存续期间以房改优惠价所购的房屋，均属于夫妻共同财产的范围，不应受夫妻关系存续时间长短所限。①

我国《婚姻法》第 17 条和 18 条，分别规定了夫妻共同财产与个人财产。其中第 17 条规定："夫妻在婚姻关系存续期间所得的下列财产，归夫妻共同所有：(一) 工资、奖金；(二) 生产、经营的收益；(三) 知识产权的收益；(四) 继承或赠与所得的财产，但本法第十八条第三项规定的除外；(五) 其他应当归共同所有的财产。"第 18 条规定："有下列情形之一的，为夫妻一方的财产：(一) 一方的婚前财产；(二) 一方因身体受到伤害获得的医疗费、残疾人生活补助费等费用；(三) 遗嘱或赠与合同中确定只归夫或妻一方的财产；(四) 一方专用的生活用品；(五) 其他应当归一方的财产。"显然，夫妻一方或双方在婚姻存续期间取得的房改房也是夫妻的共同财产，在分割之时，就需要按照共同财产处理。另外，按照我国房改的政策性要求，"按成本价或标准价购买公有住房，每个家庭只能享受一次"。也就是说，虽然说夫妻双方都享有参与房改的权利，但是这种权利只能由一方行使一次。也就是说，只能由一方在他的单位购买房改房，而另一方则不可以在他自己的单位享有如此待遇，房改房的优惠只能体现在购房款的优待上。我们不难推断出，房改房政策中优惠的对象是夫妻共同体而不是夫妻单独一方。因此我们完全可以得出，在婚姻存续期间，房改房是基于夫妻双方的优惠条件取得的，它应该是夫妻双方的共同财产，应该予以分割。

三、以父母名义参加房改房的离婚处理规则

最高人民法院通过《婚姻法司法解释(三)》，确立了购买以父母名义参加房改的房屋的离婚处理规则，即婚姻关系存续期间，双方用夫妻共同财产出资购买以

① 参见刘建华：《论离婚案件中房改优惠住房的处理》，载《山东审判》1999 年第 1 期。

一方父母名义参加房改的房屋,产权登记在一方父母名下,离婚时另一方主张按照夫妻共同财产对该房屋进行分割的,人民法院不予支持。购买该房屋时的出资,可以作为债权处理。

(一)以父母名义参加房改房的离婚处理规则

对于本规则的理解,关键要准确把握适用的两个条件:一是以一方父母名义参加房改;二是产权登记在一方父母名下。

本规则所规定的参加房改者仅是指一方父母,不包括涉及离婚诉讼的夫妻。其理由是:一是有的夫妻可能一同参加房改,会在权属证书等方面有所体现。根据原建设部《关于房改售房权属登记发证若干规定的通知》,如果一方父母是与子女或共同生活的亲属共有,房产管理部门会经申请并登记核实后,发给权利人《房屋共有权证》,并根据投资比例,注记每人所占份额。二是如果夫妻有购房资格,可依购房时的购房人、工龄人、职级人、原公房的同住人及具有购房资格的出资人主张房屋产权,确认房屋产权共有,即以家庭共同共有财产处理,本规则并不包括上述情形。

关于产权登记在一方父母名下的理解,应该是一方父母已经取得房屋所有权证书。对于尚未取得产权证书的房改房,应根据《婚姻法司法解释(二)》第21条第1款进行处理:“离婚时双方对尚未取得所有权或者尚未取得完全所有权的房屋有争议且协商不成的,人民法院不宜判决房屋所有权的归属,应当根据实际情况判决由当事人使用。”即一方对出资的房改房作为夫妻共同财产进行分割的主张不予支持。从对房改房的分类可知,房改房的产权包括全部产权的房改房和部分产权的房改房。对于部分产权的房改房,出资的夫妻不能主张作为夫妻共同财产进行分割,除《婚姻法司法解释(二)》规定的外,也与部分产权的房改房是由代表国家行使国有资产管理权的住房单位与购房职工之间的特殊共有关系相关。

作为产权已登记于一方父母名下,且已取得完全产权,基于国家房改政策规定、房改房特点及不动产物权登记公示原则等,也不能作为夫妻共同财产进行分割。

所以,婚姻关系存续期间,双方用夫妻共同财产出资购买以一方父母名义参加房改的房屋,产权登记在一方父母名下的,该房屋的所有权主体应是参加房改的一方父母。

关于购买房屋的出资,可作为夫妻双方离婚时的债权处理。婚姻法所确立的法定财产制是夫妻婚后所得共同制,除夫妻个人特有财产和夫妻另有约定外,夫妻双方或一方在婚姻关系存续期间所得的财产,均归夫妻共同所有,夫妻对于共同所有的财产,有平等的处理权。夫妻在婚姻关系存续期间,为一方父母参加房改的出资,如果没有特别约定,也不符合赠与的情形,应作为夫妻共同财产处理,在双方离婚时可作为债权处理。

（二）以父母名义参加房改房的离婚处理法律实务

1. 本规则是否适用于经济适用房

我国目前城镇居民所拥有的房屋产权证书基本有三种：普通商品房、经济适用房、房改房。这三种产权证书在本质上是没有区别的，都是购房者拥有房屋所有权的物权凭证，其财产权利受到国家相关法律法规的保护和规范，但在权利所有人行使对房屋的收益和处分权时，有一定的区别。

商品房的房屋所有权包括占有、使用、收益、处分四项权能。在不违反法律规定的情况下，可以自由转让、出租或赠与，不受任何单位或个人的限制和干涉，其收益全部归个人所有。

经济适用房，是指政府提供政策优惠，限定套型面积和销售价格，按照合理标准建设，面向城市低收入住房困难家庭供应，具有保障性质的政策性住房。是国家为照顾中低收入居民购房而实施的优惠措施，建造经济适用房所用的土地是国家以划拨方式无偿提供的。根据北京市的规定，职工个人购买的经济适用房，房屋产权归职工个人所有，取得合法产权证书满 5 年，即可依法进入二级市场上市交易。上市后，其收益归个人所有。也就是说，经济适用房的产权证书所代表的权利和普通商品房一样，不同的是经济适用房在出售时，购买人要按经济适用房所在地标定地价的 10% 交纳土地出让金，没有标定地价的，土地出让金的价款暂按房屋售价的 3% 交纳。这样，在办理完产权过户手续后，购买人所得到的就是普通商品房产权证书，再次交易的时候，无需交纳土地出让金。

通过以上对房改房与商品房、经济适用房的比较可见，房改房的购买主体特定，并综合考虑了职工工龄、职务、级别等因素，有其自身福利补助性和政策优惠性双重属性，本规则也只适用于房改房，不能适用于商品房和经济适用房。

2. 对于虽以一方父母名义参加房改但权属登记于夫妻一方或双方名下的，可否作为夫妻共同财产处理

房改房根据国家房改政策规定，一般应登记于参加房改的职工名下。《国务院关于深化城镇住房制度改革的决定》中规定："职工购买住房，都要由房产管理部门办理住房过户和产权转移登记手续，同时要办理相应的土地使用权变更登记手续，并领取统一制订的产权证书，产权证书应注明产权属性，按标准价购买的住房应注明产权比例。"房改房根据购买价格及拥有产权权利范围不同，又可分为市场价房、成本价房和标准价房，符合相应条件的房改房，也可以买卖和赠与。

对于以一方父母名义参加房改，权属登记于产生离婚纠纷的夫妻一方或双方名下的，实践中产生争议较大的是一方父母享受房改政策后，对夫妻一方或双方的赠与过户。笔者认为，由于本条针对的是婚姻关系存续期间、夫妻双方出资而一方父母参加房改的情形，如果已经登记在夫妻双方名下，可视做一方父母放弃对房改房中因自己参加房改以职级、年龄、工龄等抵扣所享受的福利，是对夫妻双方的赠与，可作为夫妻共同财产进行分割。如果登记于夫或妻一方名下，应参照

《婚姻法司法解释(三)》第6条的规定,视为对子女一方的赠与,该房改房应认定为夫妻一方的个人财产,而非夫妻共同财产。

3. 对房屋增值部分,应否予以补偿

关于夫妻双方共同出资,登记于一方父母名下的房改房,对于房屋增值部分应否补偿存在不同意见。有意见认为,购买房改房的出资作为债权处理不妥,因为目前房价高企,离婚时该房改房可分割给占用房改房父母子女一边,但考虑购买该房时的价格和离婚时的房屋市场价格,应扣除具有购买房改房资格父母指标的价值,增值部分作为夫妻共同财产分割。否则对于另一方不公平。

笔者认为,该种意见欠妥。理由是:

(1) 根据国家房改政策,房改房针对的是特定对象,具有福利性质,一方父母参加房改是因其符合房改条件,房改是对其之前低工资不包含住房因素的一次性补贴。

(2) 夫妻应明知其不具备房改资格,其为一方父母购买房改房的出资行为,应为借款或赠与性质。房改房在出售时,并非按照市场价格定价,而是带有社会福利、保障性质的住房,夫妻因出资从中获利也不符合房改房的特性。所以,笔者认为,在离婚时,另一方主张因用夫妻财产共同出资,对登记于一方父母名下的房改房增值部分予以补偿,不应支持。

4. 对夫妻双方共同出资返还,可否要求支付利息

对离婚时另一方主张因一方父母购买房改房而用夫妻共同财产出资,作为债权请求返还并要求支付利息的请求,笔者认为,对此请求可根据实际情况进行分析:如果夫妻双方出资时,关于利息与一方父母有约定的,从约定;如果没有约定,应综合考虑相关情况予以支持。对于夫妻一直居住在该房改房内的,一般不予支持。

四、集资、合作、有偿分配等形式的房改房的离婚处理规则

集资建房、合作建房、有偿分配、交纳住房抵押金等个人出资所建房屋,笔者认为需要要区分两种情况:

(1) 家庭出资,属于夫妻共同财产或共同债务的,所投入资金或所借债务按财产分割,房屋居住考虑双方具体条件处理,与没参加房改住房的处理基本相同。

(2) 亲属出资或主要是亲属出资的,如父母出资子女住房,或是父母子女共同出资住一套住房的,涉及住房人、出资人和房权单位三者关系,既要照顾租赁关系,也要照顾财产关系,能否一案审理,主要看承租关系。条件是把出资人刨除,使之变为一般的居住关系。出资人是本案当事人,离婚一方主张居住权,诉讼期间能够全部退回亲属资金的,不管出资亲属是否同意,居住权纠纷都可在本案中解决。一方虽主张居住权,诉讼期间不能全部退回亲属出资,出资亲属也主张居住权的,该居住纠纷涉及第三方,离婚诉讼不能一并审,应另案处理。这是因为,

在房改中个人出资取得的居住权具有商品性质,无论出资人是否在此房中居住,都应视为有居住权,只有将资金全部退回,居住权纠纷才不涉及第三方。这里应该明确,所谓出资人,是指以个人名义向房权单位交纳住房资金的人。亲属将钱交给当事人,当事人以自己的名义交了住房资金,亲属不是出资人而是债权人,所出资金是夫妻共同债权,债权人无权主张居住权。房名不是本案当事人,是出资亲属的,双方当事人无权主张居住权。子女与父母共同出资同住一套住房的,原则上应让子女一方居住,配偶一方迁出,所出资金按共同财产分割,迁出方确有困难的,未迁出方应给予适当房租补助费。

房改中除个人出资问题以外,还有单位补贴问题。在房租提价过程中,单位向职工发放一定数额的补贴,非房权单位职工不能申请这种补贴,也不能要求与单位职工同等待遇。暂住一方当事人应当承担提价房租。房租费与供暖费不同,供暖费是现行政策规定应由单位承担的,房租费是必须由个人承担的。在国家、单位和个人三者之间,总的原则应掌握,该由谁负担,就由谁负担。房权单位有权对不按规定交纳房租的当事人起诉,要求给付房租费;支付不起调价房租的,可以判令迁出。一方因其身份获取的有限产权房屋,此类财产分割的一个基本限制是:本单位以外的人不得成为此类财产的所有人。因此,可行的分割方式是折价或卖出,即由具有该单位身份的一方取得产权给另一方补偿,或出售给本单位其他人,然后就出售的价金进行分配。[①]

另外,关于房屋归属,只要约定并登记就是有效的,而不问其出资及其他情况,房产部门无权力、无义务也没必要对其出资、婚前婚后财产进行审查。这是事先解决避免产权纠纷的好方法。而物权的法定性,又不容当事人违法约定。笔者认为,所有权的名称和内容是法定的,不允许当事人创设,当事人约定所有权归其中一方所有并申请转移登记,不违反“物权法定原则”。[②] 因此,对房屋登记应给予足够重视,这也是避免房改房出现纠纷的有效方法。

---

① 参见叶名怡、张伟:《离婚案件中三类特殊共有财产分割探析》,载《法学杂志》2009 年第11 期。

② 参见陈苇:《中国婚姻家庭法立法研究》,群众出版社 2010 年版,第 218 页。

第十四章　经济适用房与两限房处理裁判精要

一、经济适用房与两限房内涵界定

经济适用住房，根据2007年的《经济适用住房管理办法》第2条的规定，是指政府提供政策优惠，限定套型面积和销售价格，按照合理标准建设，面向城市低收入住房困难家庭供应，具有保障性质的政策性住房。

两限房，即限房价、限套型普通商品住房，根据《北京市限价商品住房管理办法（试行）》，是指政府采取招标、拍卖、挂牌方式出让商品住房用地时，提出限制销售价格、住房套型面积和销售对象等要求，由建设单位通过公开竞争方式取得土地，进行开发建设和定向销售的普通商品住房。限价商品住房供应对象为本市中等收入住房困难的城镇居民家庭、征地拆迁过程中涉及的农民家庭及市政府规定的其他家庭。

经济适用房和两限房都是具有福利性质的住房，两者的诸多政策具有相似性。由于是享受土地划拨、政策扶持、政府控价等政策优惠，故两者表现出如下的特殊性：

1. 产权主体特殊

有特定的供应对象。明确规定是以家庭为单位申请购房，且是符合条件的中低收入家庭。[①]

2. 产权性质特殊

能办理产权证，但产权证上需要特别注明“经济适用房”“限价商品住房”。在获得产权证的5年内，产权为有限产权，不得出租，不得自由交易，5年后才能获得完全产权。[②]

3. 产权交易特殊

对首次进入市场出售有特别的管理规定：

---

① 参见《经济适用住房管理办法》（2007年）第2条及《北京市限价商品住房管理办法（试行）》（2008年）第13条。

② 参见《经济适用住房管理办法》（2007年）第29条、第30条、第33条及《北京市限价商品住房管理办法（试行）》（2008年）第25条、第26条。

(1) 5年的限售期。一般,购房人取得房屋权属证书后5年内不得直接上市交易;因特殊原因确需转让的,可向户口所在区县住房保障管理部门申请回购,且回购价格按照原价并考虑折旧和物价水平等因素确定。[①] 或者,由产权人向相关部门提出申请,由该部门通过摇号等方式确定符合条件的购房人(购房人须按照有关规定,已办理经济适用住房的购买资格审核手续),由购房人按原价购买。[②] 即在5年期限内不能自由转让,只能申请回购或以原价转让给符合条件的购房人。

(2) 除完成一般商品房的契税外。还需按届时同地段普通商品住房和限价商品住房差价的一定比例交纳土地收益等价款。[③]

(3) 政府优先回购权。经济适用房,在限售期满后上市出售的,政府享有优先回购权。[④]

从以上经济适用房和两限房的特殊性分析可以发现,该类房屋的申购一般是以家庭为单位,因此,一般是结婚以后才购买的房屋,属于夫妻共同财产或者家庭共同财产。

由于经济适用房和两限房的申购以家庭为单位,在核准的面积范围内才享有价格优惠,而其核准的面积是与家庭人口数挂钩,因此,该房屋中可能包含其他家庭成员的优惠,如果由家庭其他成员共同出资购买,那么该房屋应认定为家庭共同财产,应另案进行析产诉讼,分割出夫妻共同财产份额后,再对该夫妻财产份额进行处理。如果夫妻以外的家庭成员没有出资,宜认定为夫妻共同财产,但是应注意保障其他家庭成员的利益.

二、被认定为夫妻共同财产的经济适用房和两限房的分割

如果经济适用房和两限房经认定为夫妻共同财产,在5年限售期内的,对于其分割应如何进行?目前这是实务中的难点。笔者认为,应针对不同情况作出不同处理:

(一) 在双方或一方主张所有权的情形下的分割

在双方或一方主张所有权的情形下,与前述已购公有住房在限售期内的处理应一致,即适用《婚姻法司法解释(二)》第20条的规定,由一方取得房屋所有权,并对另一方进行补偿。具体如下:

---

① 参见《经济适用住房管理办法》(2007年)第30条、第33条及《北京市限价商品住房管理办法(试行)》(2008年)第26条。

② 参见《关于已购经济适用住房上市出售有关问题的通知》(京建住〔2008〕225号)第2条。

③ 参见《经济适用住房管理办法》(2007年)第30条、第33条及《北京市限价商品住房管理办法(试行)》(2008年)第26条。

④ 参见《经济适用住房管理办法》(2007年)第30条

1. 依竞买价进行补偿

双方均主张房屋所有权并由一方竞价取得房屋所有权的，由取得所有权一方以竞买价为标准对另一方进行补偿。

2. 依市场评估价进行补偿

如果不是竞价确定房屋归属，则需要由法院确定补偿的价格标准。双方为了自身利益的最大化，可能主张不同的补偿标准：获得房屋所有权的一方可能主张按该房的购买价，而未获得房屋所有权的一方可能主张按该房的市场价。笔者认为，应按市场评估价补偿，这是一个介于购买价和市场价之间的价格。理由如下：

(1) 从严格意义来说，限售期内经济适用房不能上市流通，因此不能说是市场价，而只能是市场评估价。

(2) 虽然经济适用房在限售期内不能上市流通而不能说市场价，但仍可以有市场评估价，其类似于市场价，而按市场价补偿是《婚姻法司法解释(二)》第20条确立的基本准则。该条规定："……(二)一方主张房屋所有权的，由评估机构按市场价格对房屋作出评估，取得房屋所有权的一方应当给予另一方相应的补偿。"

(3) 按购买价进行补偿，显失公平。目前我国国房产增值速度快、幅度大，并且房产一般是夫妻财产中较为重大的一部分，按购买价补偿，意味着房产在婚姻关系存续期间的增值完全由获得房屋所有权的一方享有，对未获得房屋所有权的一方明显不公。因此，应按市场评估价进行补偿。根据《婚姻法司法解释(二)》第20条的规定，市场价是以评估方式确定的。经济适用房及两限房在5年限售期满后上市交易的，需要按届时同地段普通商品住房与经济适用房(或两限房)差价的一定比例交纳土地收益等价款。在未满5年即按市场价分割该房的情况下，计算补偿时，是否应在该房的评估价格中扣除未来上市交易时所应交纳的土地相关价款呢？实践中，房地产评估机构知道经济适用房是划拨土地取得的，因此在评估时会扣除该部分。

(二) 在双方均不主张房屋所有权的情形下的分割

在双方均不主张房屋所有权的情形下，由于经济适用房和两限房在限售期内，可以按原价转让给其他符合条件的购房人或者由相关部门回购，因此，如果双方均同意按原价转让或者回购，即按相关的规定办理回购或者原价转让即可。之所以要征求双方的同意，是因为按原价进行转让或回购，会损害到夫妻双方的利益，因为一旦限售期满，该房将产生巨大的增值，尤其是期限即将届满时夫妻离婚的。期限届满前后所获经济利益有着很大差别，因此，应尊重当事人的意愿，注重保护其经济利益。如果夫妻双方均不主张房屋所有权，也不同意原价转让或回购，该房的所有权可以待5年期满后再行处理，法院可先就该房的使用权进行处理。

第十五章　小产权房处理裁判精要

一、小产权房内涵界定

小产权房不是一个法律概念，主要是指房屋建设开发无偿使用、占用农民集体所有土地建造的房屋，持有村委会发给的产权证明，且不能向农村集体经济组织以外人员流转的住宅。在市场经济条件下，农村宅基地使用权作为一种民事权利，是一种用益物权，不能游离于市场经济之外①，也应使其进入市场经济状态。

目前对小产权房在买卖交易中的认识较为混乱。国办发99(39)号《关于加强土地转让管理严禁炒卖土地的通知》(以下简称《通知》)第2条第2款规定：农民不得向农村村组以外的居民出售房屋。有观点认为，这一行政行为侵犯了公民依法自由处分自己合法财产的权利，理由是《通知》精神与《宪法》《民法通则》《合同法》等有关法律相悖。从形式上看，《通知》发布的机关是国务院办公厅而非国务院，按我国《立法法》的规定，不属于行政法规，充其量是行政规章。况且，《宪法》《合同法》《民法通则》都未对农民房屋交易作禁止性规定，所以禁止农民房屋自由买卖交易自己的房屋是没有法律依据的。

我国宅基地使用权有鲜明的“安居”特定性、福利性、永久性的特点②，但与我国社会主义市场经济是相悖的。禁止集体建设用地使用权进入房地产市场的理由及其正当性在于：保护耕地；囿于现行农村宅基地使用权制度；维持地方政府对房地产市场用地的垄断地位，保护其垄断利益。③ 这应当是一个核心问题，实质也是一个利益分配的问题。

《中华人民共和国土地管理法》(以下简称《土地管理法》)第2次修正后规定：农村村民一户只能拥有一处宅基地，农村村民出卖、出租住房后，再申请宅基

---

① 参见龙翼飞、徐霖：《对我国农村宅基地使用权法律调整立法建议——兼论小产权房的解决》，载《法学杂志》2009年第9期。

② 参见李一川：《“小产权房”的困惑——罗马法人役制度的现代启示》，载《福建法学》2010年第2期。

③ 参见王菊英：《禁止集体建设用地使用权进入房地产市场的正当性质疑》，载《西南政法大学学报》2009年第3期。

地的,不予批准。从以上现行的法律来看,并未明确规定禁止农村农民住宅及房屋进入交易市场买卖、出租,也未明确规定在农村房屋所有权发生流转的情况下,宅基地使用权也严禁转让。"中国法律始终将土地与建筑物视为各自独立的物,在法律规范下,房屋买卖从未因此而受限制。"①

在《物权法》制定过程中,有意见认为,农村因继承等原因拥有两处以上宅基地的情况很普遍,"一户一宅"过于绝对,难以执行。另一种意见认为,作为分配制度,应当坚持"一户一宅"的原则。从我国农村的实际出发,我国《物权法》规定的宅基地使用权应当解为"一户一宅"原则。② 这又在事实上制约着农村住宅的自由转让。限制小产权房流转的合理性普遍受到质疑。简单地限制小产权房流转,至少有如下负面影响:

(1)妨碍对土地的集约化利用。

(2)使农村空房几同死产。

(3)助推城市房价虚高。

(4)阻碍城乡交流,加剧了城乡二元对立。

(5)使户籍改革流于形式。

(6)阻碍农业产业升级。③

事实上,小产权房是大量存在的。在离婚纠纷处理中可只对使用权、收益权、占有进行处置,而对所有权问题因办理所有权证取得上的实际困难,不宜判定所有权。至于立法上存在的分歧,未来通过协调或更为直接的法律法规的颁布,这一问题相信会在十八届三中全会后加快改革的进程中得到解决。

二、小产权房处理裁判精要

根据《婚姻法》第17、18、39条的相关规定,离婚时应当首先明确夫妻共同财产的范围,将一方的婚前财产剔除,进而对夫妻双方的共同财产按照《婚姻法》所规定的原则进行分割。

《宪法》第10条明确规定:"城市的土地属于国家所有。农村和城市郊区的土地,除由法律规定属于国家所有的以外,属于集体所有;宅基地和自留地、自留山,也属于集体所有。国家为了公共利益的需要,可以依照法律规定对土地实行征收或者征用并给予补偿。任何组织或者个人不得侵占、买卖或者以其他形式非法转让土地。土地的使用权可以依照法律的规定转让。一切使用土地的组织和个人必须合理地利用土地。"《土地管理法》第43条规定:"任何单位和个人进行建设,需要使用土地的,必须依法申请使用国有土地;但是,兴办乡镇企业和村民建设住

---

① 汪三明:《论农民房屋所有权处分权能》,载《中国房地产金融》2006年第10期。

② 参见梁慧星、陈华彬:《物权法》,法律出版社2007年版,第281页。

③ 参见鲁晓明:《论小产权房流转——原罪的形成与应然法的选择》,载《法学杂志》2010年第5期。

宅经依法批准使用本集体经济组织农民集体所有的土地的,或者乡(镇)村公共设施和公益事业建设经依法批准使用农民集体所有的土地的除外。"《土地管理法》第63条规定:"农民集体所有的土地的使用权不得出让、转让或者出租用于非农业建设;但是,符合土地利用总体规划并依法取得建设用地的企业,因破产、兼并等情形致使土地使用权依法发生转移的除外。"《物权法》第151条规定:"集体所有的土地作为建设用地的,应当依照土地管理法等法律规定办理。"《物权法》第153条规定:"宅基地使用权的取得、行使和转让,适用土地管理法等法律和国家有关规定。"

现有法律将对集体建设用地的使用限制在农村集体经济组织这一单一主体上,同时限制其流转。集体土地只能用来建设自用的村民住宅、乡镇企业、公共设施和公益事业,除此之外的集体建设用地必须先通过征地程序成为国有土地之后才能用于建设,即征地程序是集体建设用地入市流转的必经程序。

夫妻双方的共同财产应当为夫妻关系存续期间依法取得的财产性权利,一般应当包括物权、债权、股权、知识产权、继承权五大类型。对于小产权房等各类有行政审批瑕疵或限制交易的房屋,虽然不能依法进行物权登记或变更登记,但考虑到这类房屋作为一种客观存在的财产形态,能够为权利人占有、使用、收益,本着《物权法》"定分止争、物尽其用"的基本精神,原则上应当根据实际情况对其所有权或使用权的权利归属作出处理,但应当针对不同的情况加以区别对待:

1. 针对诉争房屋的不同现状进行区分

如前所述,"小产权房"可能包括两种房屋,其一是在农村建设用地和可转为建设用地的土地上所建的房屋。其二是占用耕地或基本农田所建的房屋。故而,"小产权房"在现实中可能面临不同的行政处理。

如离婚案件中要求分割的"小产权房"已被有权机关认定为违章建筑,则基于所要求分割财产本身的违法性,应当将该房屋剔除出夫妻共同财产的范围,而不予处理。但若此违章建筑已经行政程序合法化,则此违法性障碍解除,可以对其所有权归属作出相应的处理。若离婚案件中要求分割的"小产权房"虽未经行政准建,但长期存在且未受到行政处罚,鉴于其现状利益以及相对稳定的财产形态,则可以对其使用权归属作出处理。

2. 针对购房主体的不同身份进行区分

如前所述,小产权房的购买主体也可能有两种情形,即农村集体经济组织成员与非农村集体经济组织成员。

如离婚案件中要求分割的"小产权房"为非农村集体经济组织成员出资购买的小产权房,则此处直接对诉争房屋进行相应的物权认定,可能涉及违反现行法律规定的情形,并不妥当。然而,如从意思自治及保护交易安全的角度进行分析,则可对诉争房屋的使用权进行分割。但此处必须列明一个除外情形——即对已经法定程序认定买卖合同无效的情形,在这一情况下已经不存在债权的基础,又不能进行物权认定,则应当将该房屋剔除出夫妻共同财产的范围。

如离婚案件中要求分割的“小产权房”为农村集体经济组织成员在旧村改造后取得的安置性住房——该房屋系其原宅基地置换所得,从考虑旧村改造不应影响当事人基本生活利益的角度出发,在此情形下,可以对房屋的所有权进行处理。但若要求分割的房屋系农村集体经济组织成员购买非安置性住房的,则基于《土地管理法》第62条农村土地“一户一宅”的基本原则,其取得该房屋的物权亦缺乏合法性基础,则应按照之前的分析,从意思自治及保护交易安全的角度,对诉争房屋进行使用权的分割。

在离婚案件中,双方要求分割的财产应当限于夫妻关系存续期间依法取得的财产性权利。当事人应当在要求分割之时,对于其要求分割的财产性权利本身进行清晰的厘定,正所谓名正则言顺,避免因为个人认定的错误导致所提诉求的错误。因为,处分原则为现代民事诉讼的基本原则,法院的审理工作应当围绕当事人的诉讼请求展开。在涉及“小产权房”分割的情形中,当事人应当区别自己案件的具体情况,提出对所有权或使用权分割的诉讼请求。在诉讼中,法官亦会向当事人进行相应的释明。

此外,在处理相关房屋的使用权时,可能涉及两种不同的情形:

(1) 针对房屋的使用权直接进行分割,即对房屋进行分割使用。

(2) 由一方获得诉争房屋的全部使用权,而由获得房屋使用权的一方向另一方进行折价补偿,在这种情况下,为了使双方的利益最大化,在房屋折价时,可能会采用竞价方式确定价格。当事人应当根据案件的实际情况进行不同的选择。

另外需要指出的一点是,法院对上述房屋的处理,是基于对现存利益的认可、对意思自治的尊重以及对交易安全的保护,该处理并不能成为当事人对抗有权机关对房屋是否合法的认定及相关处理的依据。离婚案件中的财产分割是伴随着婚姻身份关系解除而进行的财产归属情况的认定,首要的意义在于对夫妻双方之间财产归属的确定,并不必然成为权利人要求登记机关进行物权登记的依据。

第十六章　拆迁安置房处理裁判精要

一、拆迁安置房内涵界定

拆迁，可以改善人们的住房条件，让人们告别原来的蜗居；拆迁，可以给拆迁人带来丰厚的利益，一夜成为百万富翁。但同时，拆迁也引发了大量的家庭纠纷，导致兄弟姐妹反目，恩爱夫妻劳燕分飞。当然，虽然拆迁房屋所涉及的法律关系非常复杂，但还是需要通过一般的法律规定厘清其中的法律关系。

离婚案件一旦涉及房屋拆迁问题，首先要确定被拆迁房屋的性质，即被拆迁房屋是夫妻一方的婚前个人财产还是婚后共同财产。由于拆迁房屋通常牵涉一个家族的利益，因此拆迁房屋的权利人关系一般较为复杂，房屋的构成情况也相应的比较复杂，例如：被拆迁房屋是夫妻一方的婚前财产，安置房是按使用人口标准安置的；被拆迁房屋是夫妻一方的婚前财产，夫妻双方婚后对房屋进行了扩建或者添附；被拆迁房屋是夫妻一方父母的财产，安置房是按使用人口标准安置的；被拆迁房屋是夫妻一方父母的财产，夫妻双方在与父母共同生活期间对房屋进行了扩建或者添附，等等。对于这些拆迁房屋的情形，能否列出具有规律的法律处理依据呢？笔者认为还是可以的。

二、拆迁安置房处理裁判精要

根据《婚姻法》第17条的规定，拆迁房屋的利益属于其他财产，如要作为夫妻共同财产进行分割，则要求其财产利益形成于婚姻关系存续期间。也就是说，只要拆迁利益在婚前已经形成，无论其取得时间是在婚前还是婚后，都不影响该利益的分配。如何认定拆迁利益是否在婚姻关系中取得呢？有以下几种情况：

1. 被拆迁房屋系夫妻双方的共同财产

第一种情况比较容易解释，无论被拆迁房屋是采取货币安置还是房屋安置的方式，其所获得的拆迁安置利益均来自双方的共同财产，实际上该拆迁安置利益也是双方共同财产的一种形式上的转化。因被拆迁房屋属于夫妻二人的共同财产，故拆迁房屋所取得的利益同样归属于原权利人所有。

2. 被拆迁房屋系夫妻一方婚前财产

对于这种情况，一般存在两个方面的争议：

(1) 被拆迁利益系夫妻一方财产还是夫妻共同财产？

(2) 若房屋在拆迁过程中发生增值，该增值部分是否为夫妻共同财产？

对于第一个问题，笔者的意见是，从该拆迁利益的来源分析，夫妻一方的个人婚前不动产在婚后因拆迁而使其物权消灭。根据拆迁条例产权置换的规定，取得安置不动产或者安置房屋，这是对前一权利的补偿，或者说是对前一不动产物权的延伸。拆迁安置权利的产生，是基于一方婚前财产权利的消灭，若将该拆迁安置利益认定为夫妻共同财产，实际上就是将一方婚前财产转化为了夫妻共同财产，明显损害了夫妻一方的财产权益。

对于第二个问题，实践中有一定的争议。根据《婚姻法司法解释(三)》第5条的规定："夫妻一方个人财产在婚后产生的收益，除孳息和自然增值外，应认定为夫妻共同财产。"拆迁安置过程中所产生的增值应当如何理解呢？熟悉房屋拆迁政策的人应该知道，在房屋拆迁安置补偿中，一般分为两部分：一部分是对被拆迁房屋本身财产价值的补偿，而被拆迁的房屋的价值并不是通过夫妻双方对其进行维护、装饰而使其价值上升的，更多的是因为市场因素被动导致房价上涨的，因此，所增值部分应当作为是一种自然增值而不计入可以分割的夫妻共同财产部分。另一部分是对房屋中居住人的安置奖励费，这部分钱款并不是一方婚前房屋的转化，该部分安置奖励费应作为夫妻共同财产予以分割。

3. 在公房拆迁中，夫妻一方或者双方虽然不是房屋的权利人，但一方或者双方构成同住人资格

一般来说，公有住房的承租人或者同住人都有权获得公有住房拆迁的补偿。具有同住人资格的人包括以下几类：

(1) 具有本市常住户口，至拆迁许可证核发之日，因结婚而在被拆迁公有住房内居住的。但其在该处已取得拆迁补偿款后，一般无权再主张本市其他公房拆迁补偿款的份额。

(2) 一般情况下，在本市无常住户口，至拆迁许可证核发之日，因结婚而在被拆迁公有住房内居住满5年的，也视为同住人，可以分得拆迁补偿款。

(3) 在按拆迁公有居住房屋处有本市常住户口，因家庭矛盾、居住困难等原因在外借房居住，他处也未取得福利性房屋的。

(4) 房屋拆迁时，因在服兵役、读大学、服刑等原因，户籍被迁出被拆公有居住房屋，且在本市他处也没有福利性房屋的，被认定为拆迁安置人，享受拆迁安置利益。

但是，由于被拆迁人与拆迁组所签订的"拆迁安置协议"往往是以户作为拆迁单位的，其中无法反映同住人数，此时一般需要向法院申请调取拆迁组存档保留的拆迁安置人口核定表，以核定的拆迁安置人数，作为最后的拆迁安置财产权

利人。

4. 一方或双方均非房屋的产权人或同住人，但是根据政策，配偶一方可以获得一份拆迁利益

另外还存在一种情况，夫妻在离婚时，一方主张拆迁利益是基于其与配偶方所缔结的婚姻关系而取得的，因此认为该份拆迁利益应当作为夫妻共同财产进行分割。而另一方则认为，根据现在一些地区的拆迁政策，适婚年龄未婚青年可以额外获得一份拆迁利益作为日后安家之用，因此是否缔结婚姻关系与是否享有拆迁利益没有关联性，并以此为抗辩理由，反对将该部分拆迁利益作为夫妻共同财产予以分割。

这种情况存在较大争议，一般法院在处理时认为，该财产形成于婚姻关系存续期间，仍然应作为夫妻财产进行分配。但是，也有观点认为，这种利益应归属于原拆迁安置人，因为这部分利益是作为其特定人身属性而派生出来的利益，与是否和配偶缔结身份关系没有必然联系。由于这类拆迁利益的政策性较强，法律很难明确地加以规范，还是需要在审判实践中依据法理进行处理。

第十七章　按揭贷款房产处理裁判精要

现阶段,由于房价的持续"坚挺",按揭贷款买房已成为普遍现象。随之而来的是离婚纠纷中对按揭房屋分割所产生的争议,占了离婚财产纠纷案件相当大的比重。法院在处理类似案件时,既要保证处理结果合乎法理精神,又要保证不违反相关法律和司法解释的规定。即便这样,对该类案件的处理仍存在着一些无法解决的问题。各地高级人民法院的指导意见对同一问题亦存在"同案不同判"现象,使得离婚纠纷中按揭房屋的归属与分割问题更加错综复杂。

一、房屋按揭内涵界定

(一)房屋按揭的相关概念

"按揭"一词是英文"Mortgage"的粤语音译,最初起源于西方国家,本意是英美平衡法体系中的一种法律关系,指按揭人将其对于房屋的权益(香港称为衡平法产权)转让给按揭权人作为其贷款的担保。香港法官李宗锷先生认为,属主、业主或归属主把自己的物业转让给按揭受益人后,产生的还款保证法律行为效果就是按揭,转让后,按揭受益人就成为属主、业主或归属主。待清偿全部款项后,按揭受益人又将权利转予原来的按揭人。① 该担保方式类似于大陆法系的让与担保,于20世纪八九十年代从香港引入内地并流行起来,但内容上发生了一些变化。

在我国内地,按照抵押制度所设计的按揭,没有事先采取权利转移方式,因此实务中常称为个人住房抵押贷款。按揭即指买受人不能或者不愿意一次性付清款项,因此将房屋所有权抵押给银行,银行按照约定贷款给买受人并以其名义将房款交给出卖人。故而我国内地的按揭分为两大类:期房按揭和现房按揭。现房按揭指购房人用所购房屋做抵押,从贷款人处贷得一定款项,相应的,贷款人取得房屋抵押权。现房按揭包含两重法律关系:借款人(购房人)与贷款人(银行)间的借贷关系和抵押人(购房人)与抵押权人(银行)间的抵押担保关系。这两重法律关系只存在于相同的当事人间,不涉及第三方。故可广泛应用于商品房现房按揭以及二手房买卖中。

---

① 参见高富平,黄武双:《房地产法学》,高等教育出版社2010年版,第209页。

期房按揭是指开发商、银行和购买人三方事先约定,允许购买人将其已预付部分房款而取得的房产权益做抵押,购买人按期清偿银行贷款,开发商对该行为做担保。一旦发生购买人不能如约履行义务的行为,银行可以处分房产并优先受偿或者开发商回购房屋,以此清偿银行的贷款。

我国内地按揭的最大特色在于,按揭权人不享有所购物业的产权,只享有优先受偿权。由于这种优先受偿权的对象不是现实物权,而仅仅是期待权,因而我国内地的按揭便将开发商拉进来,使开发商成为按揭法律关系的重要组成部分。这种安排被认为是适应我国内地经济现状和购房者个人情况,是对香港地区的按揭进行调整或改造的结果。

(二)房屋按揭的法律解析

严格来说,按揭并不是一个法律词汇,对按揭房屋的性质,我国尚未在法律中有定性之规定,学界也认识不一,可谓仁者见仁,智者见智。有学者认为,按揭属于不动产抵押。从按揭设定的目的和法律效力来看,并未超出抵押的范畴,仍然属于不动产抵押。[①] 也有学者认为,按揭属于担保中的让与担保,依据是二者的债权担保方式相同——转移所有权。[②] 有学者认为,房屋按揭是权利质押和抵押的"结合体"。从国内银行按揭贷款实际操作程序和"按揭"房屋登记程序并结合期房的特点分析,标的物是还不存在或者正在"成长"中的房屋,实际并不存在。因此购房者只能请求开发商在未来特定时间交付房屋。从现实眼光看,这是债权,可以作为权利质押的标的。房屋落成,购房人进行产权登记以后,再以房屋作担保向银行贷款,具有抵押的性质。[③] 亦有学者指出,按揭房屋是保证和抵押的结合体。从实际操作看,银行并未获得房屋买卖合同项下的所有权益,仅取得开发商承担的保证责任(担保购房人按时还款)。房屋落成,购房人进行产权登记,再以房屋作保向银行贷款,具有抵押的性质。按揭购房中的保证和抵押不是同时存在,而是相互衔接的。[④] 另有部分学者认为,内地的按揭仍属担保物权范畴。这是由于按揭是在目前抵押担保的实践中,在英美法系的我国香港地区法基础上的进一步发展。按揭不能被现阶段的抵押、质押以及让与担保所包含。此外,按揭还不同于传统的担保。

笔者认为:

(1)内地的按揭权人不能取得所购房屋的产权,故不具备香港地区按揭的根本特征。因此,内地与香港地区的按揭制度虽有相似之处,但实质上并不相同。

---

① 参见李国光、奚晓明、金剑锋、曹士兵:《最高人民法院〈关于适用中华人民共和国担保法若干问题的解释〉理解与适用》,吉林人民出版社2000年版,第185页。

② 参见许明月:《英国法中的不动产按揭(mortgage)》,载《民商法论丛》(第11卷),法律出版社1999年版,第281页。

③ 参见周鸿燕:《新类型离婚财产纠纷探析》,载《民商法学》2006年第6期。

④ 参见杨德明:《商品房按揭法律问题辨析》,载《亚太经济》2005年第5期。

（2）期房按揭也不是一般的不动产抵押。因为在设定期房抵押的时候，不动产还不存在。我们与其将之视为权利质押，还不如视为权利抵押更合理些。商品房预售期权在本质上属于不动产取得，而且采用登记公示方式，视为抵押更准确一些。更重要的是，在实践操作中，人们就是按照商品房预售抵押流程来操作的，只不过在未取得产权证书前，不能进行抵押登记（只是在开发商预售备案登记簿中加以标注）而已；当购房人取得房屋权属证书并进行登记时，登记机关会在购房人的所有权属证书的底簿上加载原来的“抵押权”登记，在实践中称之为变更登记，将权力抵押变更为不动产抵押。

故而，我国内地的期房按揭前期可以视为“权利抵押”加开发商所承担的担保责任，房屋建成后，应该是房屋抵押行为。从本质上讲，我国内地的期房按揭并未脱离抵押范畴。①

房屋按揭涉及一系列复杂的法律活动，其中包括商品房屋买卖活动、贷款担保法律关系以及贷款按揭活动。在这个过程中，包含三方法律主体和四种法律关系。②

三方法律主体：购房人、贷款银行和出卖人（如开发商）。

四个法律关系：买卖合同关系——购房人与房地产开发商或者其他具备商品房买卖资格的单位间的房屋买卖合同关系；借款合同关系——购房人与贷款银行间的借款合同关系；保证担保关系——房地产开发商或者其他具备商品房买卖资格的出卖人向银行担保购房人如期还贷成立的保证关系；抵押担保关系——购房人取得按揭房屋所有权后，与银行签订抵押合同，抵押担保物为该按揭房屋。

离婚纠纷中，由于这三方主体与四大关系的介入，按揭房屋的分割可能受到影响：买受人取得房屋所有权的时间，决定了按揭房屋是否可以分割，若婚前取得所有权，则属于一方婚前财产，不可分割；若为婚后取得，则视为夫妻共同财产，可以分割。在借款法律关系中，一旦法院变更还款人，银行有理由担心变更后的还款人不具备还款能力，可能导致还款债务无法履行，故银行可以此为理由拒绝办理转按揭，最终使法院陷入尴尬境地，判决成为一纸空文。③ 保证和抵押亦可能阻却按揭房屋作为共同财产的分割。

总之，房屋按揭中购房者与开发商是房屋买卖关系，而购房人与银行则是房款借贷关系。当购房人与开发商签订了购房合同，并在银行办理了按揭贷款手续，银行将贷款金额划入开发商的账户，同时也办理了房产证，购房合同双方都已经履行完了合同义务，双方已经结束了购房合同关系。在此之后，购房人偿还银行借款的行为，属于购房人与银行因贷款行为而产生的债权债务关系，并不影响

---

① 《中国银行个人住房贷款业务操作办法》直接称之为期房抵押。

② 参见李希：《试论按揭的法律属性》，载《政治与法律》1998 年第 3 期。

③ 参见陈乾平、杨家学：《论银行在商品房预售按揭中的法律风险及防范措施》，载《重庆建筑》2004 年第 1 期。

所购房屋所有权的归属。

二、婚前按揭房产的权属认定标准与分割规则

1. 房屋取得的时间标准

我国《婚姻法》在维护婚姻共同体基础上保护个人的财产权利,对婚姻存续期间的一方合法财产的所得,在双方没有约定,法律也不规定为特殊性一方个人财产的情况下,认定为夫妻共同财产。基于《婚姻法》是一部建立在夫妻特殊关系下的身份法,将"婚姻期间""合法性"作为认定夫妻共同财产的标准。婚前按揭房为合法性财产,一般情况下是毋庸置疑的,但其权属认定却面临尴尬的局面。其中有两个至关重要的时间点,即婚前和婚后的节点和房屋取得的时间点。我国实行婚姻登记制度,结婚证上的登记时间是合法性婚姻的时间点。而房屋取得的时间点,目前理论界与实务界都存在分歧。按揭房购买是两个三方法律关系,既存在房屋买卖合同,也存在房屋抵押借款合同,期间又涉及首付款的支付、房屋的交付、房屋权属的登记、房产证书的取得等一系列环节,每个环节的时间也不一致。究竟以哪个时间点作为"房屋取得的时间",是认定婚前按揭房产权属的关键。对于婚前按揭房的所有权取得时间,目前存在几种意见①:

(1) 以按揭房的权属登记作为取得时间。我国不动产物权实行登记生效主义,不经过登记这一公示行为,不发生房屋所有权的转移。

(2) 以房产证的获得作为取得时间。经过房产权属登记,不代表可以顺利取得房产证,同时须经过公示、相关证件审核等一系列步骤,任何一个环节出现问题,都有可能造成房产证最终无法取得。

(3) 以支付首付款时间为取得时间。当购买人签订房屋买卖合同并支付了首付款之后,其对该房屋就享有了债权。

(4) 以房屋的交付为取得时间。房屋的交付是使购买人实际享有该物权各项权利的重要环节,经过交付,使购买人基于合同的债权转化为实际的物权。

笔者认为,将按揭房的权属登记时间、房产证取得时间和交付时间作为房屋的取得时间,虽然都可以从逻辑上推出,但都是局限于某一层面,并不能很好地贯彻公平、公正的理念。不动产物权的登记效力,在于以政府公信力的方式证明该不动产的权利已合法转移并受法律保护,意在对抗恶意第三人。房产证书的取得是登记行为顺利的一种延续,是下发到公民手里的登记成功的证明书,论其效力次于房产登记簿。房屋的交付是房地产开发商履行房屋买卖合同的一个重要环节,实现交付后,开发商才算顺利履行完自己的义务。我国动产实行交付后的权利转移,不动产则是实行登记生效主义。婚姻期间的夫妻财产关系是建立在人身关系基础上的,属于夫妻内部的财产关系。房产登记证明、房产证书则是用来保

---

① 参见杨琴:《离婚诉讼中"按揭房"分割初探》,载《重庆教育学院学报》2010 年第 5 期。

护房产的市场流通,意在对抗恶意第三人的,而夫妻双方并不是第三者。我国承认物权变动的有因性和独立性,就应该从物权变动的原因深入分析,而不是从登记公示的结果认定,更不是从交付行为来断定。笔者认为,应该从支付首付款并办理完银行按揭的时间点作为夫妻内部财产所有权的取得时间。理由如下:

(1) 从房屋权属的本质上讲,按揭购房人从签订房屋买卖合同后,对房屋依法享有债权,与银行办理好按揭程序并支付首付款后,就对按揭房享有物权的期待权。此权利是具有物权与债权双重性质的特殊权利,即使是婚后办理登记并取得房产证,也是对婚前按揭房的物权期待权的延续,并不属于婚后新的财产性权利的获得。房管部门发放房产证的行为,是婚前按揭房的物权期待权实际转化为婚后物权形态的过程,这个过程仅仅使按揭房原来的价值存在形态发生了变化。物权变动源于之前的房屋购买行为,对于夫妻对外财产关系影响很大,但对于夫妻内部的财产关系不发生本质变化。

(2) 从房产登记的效力上讲,房产管理部门办理房产登记的目的在于有效地规范管理房产数量变动,明晰房产变动的原因、时间、权属,以确保权利的顺利流转,以便保护交易安全。发放房产证的行为是对房产登记簿记录事项的一种证明,以政府公信力方式保护产权人的合法权利,属于对抗恶意第三人的行政手段。在离婚诉讼中,按揭房权属争议一般情况下仅发生在夫妻之间,不涉及第三人的权益,不能把夫妻对外财产的判断标准适用于夫妻内部财产的判断。何况夫妻内部财产是建立在特殊人身关系上的,物权法对此适用应具有其特殊性。

(3) 从房屋登记的现实情况上讲,登记房产权属和办理房产证是房地产开发商的义务,房屋购买人对此仅有督促的权利,而房地产开发商也只有申请的权利,双方都是被动的。能否登记成功、何时登记成功,并不能由双方当事人来决定。这既与相关工作部门的工作效率有关,也与双方当事人的配合度有关,同时不能排除一些偶然性因素。如果仅是由于客观原因,使本应在婚前取得的房产证延续到婚后才取得,致使另一半仅仅因为结婚,并没有对按揭房作出任何贡献的情况下也能拥有房屋共有权,显然是不公平的。所以婚前按揭房以房产证的取得作为夫妻之间内部财产的取得时间,是既不合情也不合理的。

笔者认为,将首付款支付时间作为夫妻内部按揭房权属取得时间,并不是否认房产证的取得是不动产物权取得的标志。登记公示制度在夫妻对外财产关系中仍然要严格适用,只是在夫妻内部财产关系上,以首付款支付时间作为房产取得的时间,更符合我国的物权变动模式。

2. 购房资金的来源标准

如上所述,笔者认为,应将婚前按揭房的首付款支付时间作为夫妻内部财产取得的时间。除此之外,还应确定支付首付款的资金来源比例,从而进一步确定婚前按揭房的权属。在双方没有约定,且房产证书只有购房人一方名字的情况下,若是婚前双方共同出资,则该房产属于共同共有或者按份共有;若只是一方单方出资购房,则属于一方的婚前个人财产。在司法实践中,如果非产权人主张自己也在婚前出资购房且该出资不属于对产权人的赠与,应依法享有房产共有权时,就涉及出资比例证据问题。应当在法定期限内提供合法的出资证明以支持自己的主张,否则当对方否认另一方的出资行为并主张房产为个人婚前财产时,实际参与出资的另一方的权利将无法得到法律的保护,婚前按揭房将认定为登记方的婚前个人财产。此外,实际出资人如果在法定期限内提供了充足的证据,能够有效证明自己的出资行为和出资比例,则应根据出资比例的多少来确定双方对婚前按揭房的权属占有比例,除非双方对此另有约定。

3. 根据时间、资金标准对不同情形的具体权属分析

在离婚诉讼中,对婚前按揭房的司法处理,由于按揭房的跨越时间长,支付首付款时间、登记房产权属时间、取得房产证时间、结婚登记时间、购房资金来源比例的不同,会出现很多复杂的情形。笔者通过对前面确立的按揭房取得时间标准及购房资金来源标准,通过对每种情形的分析,确定婚前按揭房的不同权属,以确保每种情形的权属认定都能得到妥善处理。总结有以下几种情形:

(1) 夫妻一方婚前支付首付款,婚前取得房产证,产权人为购房人一人,婚后夫妻共同还贷的情形。由于支付首付款时间和房产证取得时间均在婚前,另一方的名字也未体现在房产证书上,表明双方不存在房产约定,房产的权属在婚前已经确定了,属于婚前个人财产,权利义务关系明晰,另一方在婚后的共同还贷并不改变房产权属的性质。

(2) 夫妻一方婚前支付首付款,婚后共同还贷,婚后登记房产权属并取得房产证的情形。房产证的取得虽是不动产物权所有权取得的标准,但不能简单适用于基于人身关系的夫妻之间内部财产的取得,它是婚前支付首付款一方的物权期待权实现成现实的物的过程,一方在婚前支付首付款,婚前按揭房的权属就已经确定了,属于一方婚前个人财产,婚后的共同还贷不改变权属性质。

(3) 婚前一方签订房屋买卖合同,未与银行办理按揭并支付首付款,直至婚后才以自己的个人财产支付首付款,并登记于自己一个人名义下的情形。由于支付首付款时间在婚后,应属于夫妻共同财产。

(4) 婚前双方共同出资购买,在婚前支付了首付款,首付款为共同财产,应认定为夫妻共同财产。但在婚前属于按份共有,婚后由于夫妻关系的特殊性,转化为共同共有。

4. 婚前按揭房能否进行分割

当前房产市场价值不断飙升,有的甚至提升了成百上千万元,婚前按揭房的权属认定,对保护夫妻双方的财产权利至关重要,而房产权属确定后,如何公平合理地进行分割,对平衡夫妻利益和促进社会的和谐同样具有举足轻重的作用。有人认为,按揭房作为购房人与银行之间签订抵押借款合同的抵押物,在购房人未偿还完贷款前,不拥有房屋实际的所有权,购房人偿还贷款的行为是抵押物所有

权回赎的过程。因此,在未经银行同意或者未偿清全部贷款前,双方都无权分割该房产。

笔者认为,当购房人与银行签订房屋抵押贷款合同并支付了首付款,银行已经将全部款项划给了房地产开发商,此时购房人与房地产开发商之间的房屋买卖合同已经履行完毕。购房人作为房产的所有人,依法行使房产抵押贷款,购房人与银行之间是一种债权债务关系,并不改变房产的权属。虽然房产上附有抵押贷款合同,产权人不能行使房屋产权所有的权利,但不影响房产在夫妻之间的分割。如之前所述,婚前按揭房在离婚中的分割,必须经过抵押贷款银行的同意,势必会增加银行抵押合同的复杂性,增加除抵押贷款合同双方当事人外的第三人,那么权利义务关系就较为复杂,无疑增大了审判的难度与复杂度。如果不能对婚前按揭房进行分割,会使所有权处于不明确状态,陷入新一轮权属争议,不利于解决房产纠纷,物尽其用。《婚姻法司法解释(三)》出台后,对婚前按揭房的规定,已经明确了对未偿清贷款的按揭房屋可以进行分割,为确保市场经济条件下房产的流通性与法律的效率性,该房产能够且应该分割。

5. 婚前按揭房如何进行分割

婚前按揭房认定为个人财产时,婚后夫妻双方共同还贷的性质,实际上是非产权人帮助产权人偿还个人债务的行为。虽然共同还贷行为不改变按揭房的权属性质,但是另一半对按揭房的保值、增值是有贡献的。所以,在离婚时,产权人归还共同还贷数额的一半给另一半,是没有争议的。问题是非产权人以自己的财产帮助偿还对方的个人债务,从而变相丧失了预期投资的收益权。离婚时仅仅收回自己偿还的数额,对其来说是否有失公允?对于房屋的增值部分难道就没有任何权利?这是下面要提到的婚前按揭房增值部分的归属问题。

对于婚前按揭房作为夫妻共同财产的分割方法,《婚姻法司法解释(二)》第20条规定已经很明确:“双方对夫妻共同财产中的房屋价值及归属无法达成协议时,人民法院按以下情形分别处理:(一)双方均主张房屋所有权并且同意竞价取得的,应当准许;(二)一方主张房屋所有权的,由评估机构按市场价格对房屋作出评估,取得房屋所有权的一方应当给予另一方相应的补偿;(三)双方均不主张房屋所有权的,根据当事人的申请拍卖房屋,就所得价款进行分割。”

由于婚前按揭房是登记在购房人一人名义下的,当法院判决为夫妻共同财产进行分割时,若是将房产判给房产证上的产权人,处理就较为简单,产权人对另一半的补偿依据我国婚姻法的相关司法解释。但是法院若是判给非产权人所有,就涉及房产抵押贷款合同中的债务转移,是否应征得银行同意呢?有人认为,判给非产权人,对银行而言就是变更了还贷的债务人,银行对其资格、信用并没有经过程序上的审核,仅仅因为法院的判决就要默认这个新的还贷人,势必会增加银行的信贷风险,因此必须征得银行的同意,否则银行有权拒绝变更。事实上,既然法院将登记于一方名义下的婚前按揭房判为夫妻共同财产,就证明支付首付款时间在婚后,或者是双方婚前共同出资购买,并有证据证明一方的出资行为。前者是婚姻期间一方以个人名义对外所负债务,排除法律规定为特殊个人债务情形,为夫妻共同债务。后者明显是夫妻共同债务。所以,夫妻无论以谁的名义向银行签订抵押贷款合同,其与银行之间的债权债务关系都是建立在夫妻之上的,属于夫妻对外财产关系,双方都是债务人。因此,离婚时法院判决变更婚前按揭房的产权人,不存在债务转移问题,不会造成银行信贷风险,银行因对方还贷不力而行使抵押权优先受偿的权利没有改变,所以无须征得银行的同意。

三、婚前按揭房产增值部分的权属认定与分割规则

婚前按揭房增值部分在离婚诉讼中的争议,主要集中在以下三个问题上:

1. 婚前按揭房增值部分的权属认定

一方的婚前按揭房在离婚中被认定为一方个人财产时,该房屋在婚姻期间的增值部分如何妥善处理,是离婚案件中的常见纠纷及难点。一般来讲,离婚时房屋的市场价值较签订房屋买卖合同时的价值都有不同程度的增值。从按揭房增值的原因角度考虑,有的是基于夫妻双方的主观因素,如对房屋进行了装修等;有的是基于完全不由主观因素决定的各类客观因素,如市场价格波动或者通货膨胀而导致的房屋价值增值。离婚时,夫妻双方往往就一方婚前按揭房增值部分权属发生争议,使离婚案件久判不决。

从境外立法来看,夫妻一方婚前财产在婚后所得孳息的所有权之归属,规定都不同。《瑞士民法》第223条规定,配偶双方可通过婚姻契约将夫妻财产制限定在所得之内,自有财产的收益归入共同财产。《法国民法》规定,所得共同财产,包括双方配偶财产收入及劳力之所得,包括婚姻中有偿取得之动产及不动产。我国台湾地区2002年修订的"民法"第1017条规定:"夫或妻婚前财产,于婚姻关系存续期间所生之孳息,视为婚后财产。"其立法目的为"为保障他方配偶之协力,及日后剩余财产之分配"。

在2001年修正后的《婚姻法》施行前,根据1950年、1980年两部《婚姻法》规定的婚后所得共同制之精神,夫妻一方婚前财产在婚后所得的孳息一直是作为夫妻共同财产的。2000年8月《婚姻法修正案征求意见稿》第16条曾规定,"婚前财产的孳息"归夫妻共同所有,双方另有约定的除外。2001年1月公布征求广大群众和有关方面意见的《婚姻法修正案(草案)》和2001年4月28日公布施行的修正后的《婚姻法》,亦均无"婚前财产的孳息"归夫妻共同所有的规定。全国人大常委会法工委研究室在《婚姻法实用问答》中指出,一方的婚前财产包括婚后所得的孳息,均为夫妻一方的个人财产。也有一种观点认为,因为《婚姻法司法解释(二)》已规定婚姻关系存续期间一方以个人财产投资的所得属夫妻共同财产,那么一方用婚前个人财产支付首付款购买的房屋升值所产生的收益,认定为夫妻共同财产较为妥当。

笔者认为，在越发强调个人财产保护的国际背景下，为了维护婚姻家庭的和谐，为下一代的健康成长提供一个良好的家庭社会环境，我们理应认识到配偶对家庭所花费的时间、心血、支出的家务劳动与外出工作的另一半所创造的价值具有同等的重要性。审判工作中不能忽视为这个家庭竭尽心力的全职主妇的付出，应当将其对家庭的贡献看做按揭房价值保值和增值的保障，在处理婚前按揭房增值部分时，将其定性为夫妻共有财产。根据现行的婚姻法司法解释，一方的婚前按揭房，即使婚后夫妻共同偿贷，离婚时也归支付首付款方所有。由于个人价值立场的差异，虽然对非产权人来说并不公平合理，但从个人财产的保护趋势角度，多数学者予以认同。但是如果简单地将婚前按揭房的增值部分认定为付首付款一方所有，势必掠夺性地吞噬了共同还贷的另一方的合法权利。

基于中国特殊的国情，婚前按揭购房人一般为男性，女性则充当贤妻良母的家庭主妇角色。新的《婚姻法》司法解释应该在坚持夫妻共同财产制、维护婚姻共同体的基础上扩大对女性财产人身权利的保护，而不是相反。若是基于属于主观原因范畴的因素致使的房屋增值，例如对房屋的修缮、装修、出租，可以将增值部分认定为夫妻共同财产；若是完全脱离主观因素的市场客观原因造成的房屋增值，非产权人对房屋的增值存在微不足道的贡献甚至是毫无贡献的情况下，增值部分应认定为产权人的个人财产。

2. 婚前按揭房增值部分能否进行分割

上海市高级人民法院认为，一方婚前按揭购房支付首付款，婚后取得房产证，此时该房产为一方的婚前个人财产，并非夫妻共同财产，另一方并非房产共有人，只能主张返还共同还贷金额的一半，无权主张分割。江苏省高级人民法院认为，虽然婚前按揭房为夫或妻一方的个人财产，但对婚姻期间的房产增值部分另一半有权要求分割。《婚姻法司法解释（二）》中规定，一方以个人财产投资取得的收益，属于夫妻共同财产。

笔者认为，婚姻关系中的财产关系属于夫妻内部财产关系，建立在特殊人身关系上，不同于一般财产法调整的范围，更不能简单地适用民法、物权法来解释。婚前按揭房的增值部分，不属于婚姻法规定的个人投资所得范围，也不属于孳息。所谓孳息是指虽出自原物，但独立于原物，与原物是两种独立的物，如桃树与树上的桃子，母鸡与所产的鸡蛋。房产的增值部分并不是独立存在的，是依附房屋本身的市场价值波动而形成的。在产权人未转让房屋的情况下，增值部分的权利始终处于期待利益状态，即使转让了房屋，增值部分也是随附房屋本身价值转让，只是价值形态发生了改变，并没有形成新的独立于原物的新物。增值部分排除因装修、修缮、出租等主观因素致使增值情形外，是房屋原本价值的延伸，从本质上讲属于房屋产权人，故非产权人无权要求分割。但是，考虑到婚后另一方对产权人婚前个人债务的共同偿还，以降低产权人因为还贷不力造成的银行行使抵押权的风险，及其对家庭的劳务付出，及给予产权人精神和生活上的全力支持，对房屋的增值具有一定程度的贡献，因此，基于公平原则和利益平衡原则，非产权人对婚前按揭房的增值部分理应得到补偿，应当分割增值的部分财产。所以，一方婚前以个人财产还贷引起的相应房屋增值应属于一方个人财产，另一半无权要求分割，婚姻期间夫妻共同还贷，或者另一半的贡献行为所引起的房屋增值部分，属于夫妻共同财产，另一半有权要求分割。

3. 婚前按揭房产增值部分的分割规则

婚前按揭房的增值部分在进行分割前，始终处于利益不确定状态，在分割时应具体问题具体分析，不同情况区分处理。如果一方婚前以个人财产购买并偿清了贷款或者约定为一方个人财产的情况下，房屋的整个产权属于该购买人或者约定人，增值部分亦属于该人。如果一方婚前按揭购买并支付首付款，婚后夫妻共同还贷或者双方约定为共同财产时，离婚时对房屋增值部分就应当认定为夫妻共同财产进行分割。

从分割的原则上来讲，笔者认为，在确定婚前按揭房的增值部分属于一方个人财产的情形下，配偶无权参与增值部分的分割。从所有权角度看，该房屋属于一方的个人财产，财产的价值也归产权人所有，产权人同时也对其财产产生的债务附有偿还的义务。从产生房屋增值的原因角度看，婚前按揭房的增值既然被认定为一方的个人财产，即排除了配偶对增值的主观贡献性行为，房屋得以实现增值完全由于客观环境因素的变化，主要是市场机制的调节作用，配偶的共同还贷并不是导致房屋增值的直接原因，充其量只能是房屋得以保值的原因。即使还贷不力，银行行使抵押权拍卖房屋，也不会改变房屋的实际价值，仍然由房产评估机构根据评估标准来确定。

当然，婚前按揭房增值部分的分割也存在例外情形，将增值部分作为夫妻共同财产进行分割，主要存在四种特殊情形①：

（1）婚前按揭房购买人的购房目的不是为了夫妻生活，而是为了投资，房屋增值部分自然属于婚姻法规定的一方在婚姻期间的投资所得，增值部分理应作为共同财产。此时，需要对购房人的“投资”行为进行鉴定。法院可以结合购房人的经济收入、实际拥有房屋数量、房屋用途情况、购房年限等相关因素，综合鉴定房屋是否属于投资性购房，进而确定房屋增值部分是否属于夫妻共同财产。

（2）一方婚前按揭购房，约定为双方共同财产，此时无论首付款支付时间在婚前还是婚后，无论另一半是否实际出资购房，该房屋都属于共有财产，只是婚前属于双方的共同共有或者按份共有，婚后则转化为夫妻间的共同财产，房屋增值部分自然属于配偶双方共有。

（3）排除投资性购房情形，一方婚前按揭购房，支付首付款时间在婚后，并于婚后取得房产证。此时以首付款支付时间作为房屋取得时间，为夫妻共同财产，

---

① 参见于玲：《按揭的法律性质探究》，载《法制与社会》2007年第2期。

增值部分为夫妻共有。

(4) 与(3)的前提基本相同,只是支付首付款于婚前,夫妻婚后共同还贷,此时虽然房屋产权属于婚前购买人,但是基于配偶对家庭付出和还贷的主观贡献性行为,为平衡夫妻利益冲突,增值部分作为共同财产进行分割。

婚前按揭房增值部分既有认定为一方个人财产的情形,也有认定为夫妻共同财产的情形,即使作为共同财产进行分割,也不能完全参照婚姻法对夫妻共同财产的分割标准,因为婚前按揭房的增值部分,从性质上讲属于婚前一方个人财产在婚姻期间的收益,不同于一般性质的共同财产。所以,不能进行平均分配,必须充分考虑相关因素并建立特殊的分割规则。只有这样,才能在维系婚姻共同体基础上实现个人财产和另一方权利的双重保护。

4. 分割补偿数额标准

离婚时对另一半的按揭房增值部分的具体数额补偿标准,我国法律并没有明确规定,法院审判也无统一惯例,主要由法官的自由裁量权决定,难免会引发一些争议。《婚姻法》只规定给予对方适当补偿,至于何为“适当”? 就仁者见仁,智者见者了。基于公平原理和利益平衡的原则,笔者建议首先确立一个房屋增值率,即为分割时房屋的市场评估价值与签订房屋买卖合同时的合同价值的比率。区分婚前一方或者双方的还贷引起的房屋增值部分和婚后房屋的增值部分,以结婚时间为节点,将增值部分一分为二。若是婚前双方共同还贷,考虑到共同还贷属于双方个人财产的支出行为,此部分的增值可以将各方还贷比例作为增值部分的分割比例。若是婚后共同还贷,还贷为夫妻共同财产,理应对此期间的房屋增值部分进行平分。最后给对方的补偿额 = (共同偿还按揭房款的金额 + 装修修缮的费用 + X) × 房屋增值率 × 50% ,X 的值可能为婚姻期间的房屋出租收入。

上述公式只是一个基本雏形,具体还要考虑夫妻双方实际供贷年数、供贷额的比例数额等,综合考虑夫妻另一方对按揭房的实际贡献。以公式中 50% 的比例为基准作比例上的相应浮动,具体情况具体分析地调整和确定房屋增值补偿费用。

此外,若一方婚前按揭购房,另一方在婚前已帮助其出资首付款或还贷,这部分款项为产权人对配偶的个人债务,离婚时应归还已还贷款数中配偶的还款数额,并依据增值率合理补偿。对这部分款项产生的增值补偿,一般相当于双方发生借贷关系后基于本金的利息补偿。

然而司法实践中,针对按揭房屋分割的共同还贷部分分割的问题,不少采取以下的计算公式:应补偿的增值数额 = 共同还贷部分 ÷ 总房款 × (房产的现值 - 总支付房款) ÷ 2;

举例说明:一套房屋总价 100 万元,增值到 200 万元,由一方出资按揭并登记在一方名下(无论是在婚前还是婚后取得登记)。依照共同财产分割的方法(婚后共同还贷款 ÷ 房屋总价款(房价款 + 总利息) × 房屋现值 ÷ 2)计算,假设有三种情况：

(1) 首付50万元。如果婚后共同偿还按揭50万元及利息50万元，则该100万元及相应增值部分50万元是共同财产。非产权方可获得补偿共计约66万元。

(2) 如果首付30万元。婚后共同偿还按揭70万元及利息70万元，则非产权方可获得补偿约82万元。

(3) 如果首付30万元，依照现行30年的按揭贷款期，如果夫妻共同还贷10年（偿还1/3本息），按照等额本息法偿还，则非产权方可获得补偿约27万元。

从上述案例可知，依照《婚姻法司法解释（三）》的规定，无产权方虽然参与了共同还贷，但只能就共同还贷部分及相应的增值部分进行分割。如果购房者首付五成，非产权方即使共同全部偿还清贷款，至多只能获得约最后房屋总价约33%的增值补偿。如果购房者首付三成，非产权方即使共同全部偿还清贷款，可获得补偿约为离婚时房屋总价的40%。如果首付三成，依照现行30年的按揭贷款期，如果夫妻共同还贷10年，非房产方按照等额本息法偿还，则只能获得房屋总价约13.5%的补偿。也就是说，按照标准的首付三成、30年按揭期限，即使夫妻共同参与还贷10年（考虑到工资的正常增长机制及通货膨胀因素，这10年可能是还款压力最大的10年），无产权方也仅仅能获得不到离婚时房屋总价的20%的补偿。

笔者认为，司法实践中对房产增值部分的计算，考虑了夫妻对按揭房屋的贡献程度，较认为纯粹是个人财产有了很大进步，但仍有值得商榷之处。

(1) 现行的按贡献比例分割的规则，从形式上来说较为公平，但依然不完善。男性和女性在婚姻家庭中扮演的角色是不一样的。不可否认女性无论在经济地位、职场竞争力等方面已经取得了几乎与男性同等的地位。女方在职场就业竞争方面以及职业生涯的延续方面，仍然较男方弱。此外，女性总体来说承担的家务要较男方多①，同时，在大部分离婚案件中，特别是有幼小儿童的离婚案件中，往往由女方照顾更为妥当。在当前仍然以男方出资购房结婚为主，且家庭主要财产为房屋的现实条件下，在核心财产分割方面，还应给予女性一定程度的照顾。

(2) 现行制度在某些情况下，仅仅能体现形式公平而不能体现实质公平。如上述案例的第三种典型情况。如果夫妻关系已经存续10年之久，无产权方共同协助偿还按揭贷款10年，协助购房方渡过按揭经济压力最大的时期，此种情况下仅仅能够获得13%的房产补偿，显然不尽合理。由于我国的传统价值观，导致女方实际上在离婚时大多难以获得房屋产权，此时女方往往处于中年，改嫁组成家庭的难度较大，又要抚养小孩，职业发展与收入可能也已过了黄金期。实质上，无产权方在协助对方偿还贷款的时候，已失去了自己的流动资金使用权，而长期将自己的经济权限处于不利的地位，若非婚姻关系，无产权方本可以在自己最年富力

① 这是由后代与父母的亲近程度的天然特征决定的，在绝大部分婚姻关系中，子女与母亲的关系要较与父亲的关系更亲密。

强、职业发展的黄金期按揭房屋,从而获得更多的利益。

因此,在以贡献度比例分割的基本原则下,仍应对共同还贷的按揭房屋的分割机制作必要补充,适当增加无产权方的权属,至少应让财产分割脱离完全经济合同的属性。比如,无产权方如共同偿还5年以上,且需抚养小孩,可分得不低于30%的房屋权属。这一方面可以提升、强化人们对婚姻关系的重视程度,增强婚姻关系的人和属性,降级草率结婚的比率,促使人民以严肃、负责的态度缔结婚姻。另一方面也可以增加婚姻家庭的稳定性,婚姻关系是一项延续时间很长的法律关系,不同于一般合同的交易。一方负担一个月的家务可能价值很小,但如果数十年如一日地承担家务、互相照料,由此所带来的利益和作出的牺牲,是无法用金钱估量的,也是不易觉察的。此外,人的利益诉求往往是短视的、冲动的甚至盲从的,很多人当面临婚外情、面临乏味的生活、工作的压力时,往往以解除婚姻关系作为牺牲,但当新鲜尽失渴望回归家庭时,一切为时已晚,所产生的对家人、对小孩的伤害乃至对自己的伤害已经无法弥补,为了更好地保护主要从事家务劳动的一方配偶,补偿为家庭作出牺牲者,应该补充现行法上对离婚经济补偿条件的限制①,增强婚姻关系的人和属性,以有利于增进婚姻关系的稳定度,从长远来看,可促使婚姻双方利益的最大化。

5. 按揭房屋增值部分不应分段评估

(1) 通行观点:增值部分应以婚姻建立时间分段评估。在司法实践中,针对按揭房屋分割的共同还贷部分分割问题采取的计算公式为:应补偿的增值数额 = 共同还贷部分 ÷ 总房款 × (房产的现值 - 总支付房款) ÷ 2。一种观点认为,这个公式除了本身不清晰外,其结果并不公平,损害了婚前以个人名义购买房屋一方的利益。因为,配偶另一方采用夫妻共有财产还贷,因此其可以主张分割房屋的增值价值,但该增值价值为婚姻关系存续期间的增值价值。按照婚前和婚后两个阶段,房屋的增值部分也可以分为两个部分:婚前房屋增值价值,此部分为结婚时房屋的市场价值与房屋合同价格之差;婚后房屋增值价值,此部分为离婚时房屋的市场价值与结婚时房屋市场价值之差。两种计算规则相比较,后者分配较多,尤其对于婚姻关系存续时间较长,共同财产还贷较久,且房屋增值价值较大的情况,以个人名义购买房屋一方的利益受到较大损害。在该计算规则下,配偶另一方参与了婚前增值部分的分割,而婚前支付的首付款和偿还的贷款,完全属于个人财产,因此婚前增值部分应当完全属于购买房屋的一方。

例如,原告罗某与被告朱某于2008年5月22日登记结婚。朱某在婚前即2003年1月7日与北京铭雅房地产开发有限公司签订《商品房买卖合同》,以按揭付款方式购买铭雅苑房屋一套,房屋总价款为402 192元,银行按揭利息15 388.80元。朱某婚前已支付按揭贷款合计108 929.80元,婚后夫妻共同偿还按揭贷款余

---

① 参见胡苷用:《婚姻合伙视野下的夫妻共同财产制度研究》,法律出版社2010年版,第253页。

额308 651元。2010年5月24日,罗某诉至北京市海淀区人民法院请求与朱某离婚。一审法院委托杭州永正房地产评估公司对涉案房屋的价值进行了评估,确认该房屋在估价期日2010年7月13日的市场价格为104.3万元。一审法院判决:朱某婚前已支付按揭贷款合计108 929.80元为个人财产,婚后夫妻共同偿还按揭贷款余额308 651元为夫妻共同财产;房屋增值部分按照朱某婚前出资108 929.80元和夫妻关系存续期间夫妻共同出资308 651元之比例进行分割,对前者朱某婚前个人出资而形成的相应房屋增值部分163 140.6元归其个人所有,对后者夫妻关系存续期间共同还贷而形成的房屋增值部分462 247.4元,由两人平分。一审宣判后,被告朱某上诉称,一审法院对房屋增值部分收益的认定错误,即便平分房屋增值部分,也应分段评估,即扣除2003年1月7日购买之日至2008年5月22日结婚之日房屋增值部分归其个人。

对此,第一种意见认为,根据2003年12月4日最高人民法院《婚姻法司法解释(二)》第11条之规定,一方以个人财产投资取得的收益,应认定为夫妻共同财产。故对婚前个人还款部分引起的相应房屋增值部分也应认定为夫妻共同财产,连同婚后还款部分引起的房屋增值部分均由双方平分。第二种意见认为,婚前个人还款部分引起的相应房屋增值部分归购房一方,就婚姻关系存续期间该房屋的增值部分,购房一方应当对另一方进行适当补偿。

(2)修正意见:分段评估按揭房屋增值部分之否定。总体而言,对房产增值的分割应当综合考虑一方在财产增值中付出金钱、时间、劳动等贡献因素,对于付出较多的,在进行财产分割时,应当考虑一方的贡献而增加其份额。在我国离婚案件中,婚前一方办理按揭购房,婚后取得的房屋权属登记在其一人名下,夫妻以共同财产还贷的,《婚姻法司法解释(三)》目前将房屋的价值分为婚前按揭还款与婚后按揭还款两部分,前者归个人婚前财产,后者作为夫妻共同财产平均分割。但对房屋增值部分的分割段是否需要分段评估,本文认为应加以否定。

首先,《婚姻法司法解释(三)》进一步将"个人财产投资取得的收益"细分为自然增值和经营性增值,即一方以个人财产购买了房产、股票、古董等财产,在婚姻关系存续期间,因市场行情变化抛售后产生的增值部分,由于这些财产本身仅是个人财产的形态变化,性质上应认为是个人财产。但若是个人财产的自然增值是基于夫妻共同经营行为所产生,则为共同所有。因此,上述案例中,朱某认为对房屋增值部分应作两次评估,即以离婚之时的评估价减去结婚之时的评估价,笔者不予认同。试想,2008年5月22日结婚日到2010年7月13日评估日,房价是上涨的,后一次的评估价减去前一次的评估价是正数。反之,如果房价是下降的,后一次评估价减去前一次的评估价则会是个负数,罗某不但拿不到增值补偿款,还要倒贴。故所谓增值只能是指房屋分割变现时的价值,2008年5月22日不存在分割变现的问题,房屋未有出售,房价处在有价无市的状态,也就不存在增值的问题，只能以离婚时2010年7月13日的评估价为准。

其次，出于婚姻契约关系解除后的经济利益的考虑，不能简单地以数字多少来定论。婚姻契约的一大功能是建立稳定的家庭关系，以实现社会的有序发展，稳定的家庭关系是婚姻家庭制度的核心价值，而个人对婚姻的要求相对而言应该是次要关系。在实践中，无论依照传统的婚姻价值观，还是实践的可操作性，约定财产制都不能成为主流的处理婚姻财产的机制。而在法定财产制中，各国最大的特点均是将工资等婚后经济收入纳入夫妻共同财产。即使夫妻双方的收入差别很大，这一规则依然适用，这体现了人类婚姻契约的基本精神。如果纯粹以经济数字来衡量婚姻共同财产分割的公平与否，婚姻契约将完全剥离其身份属性和家庭作为社会细胞的功能，从而降格为经济合同的一类。

6. 房产贬值情况下配偶财产权利的保障

房产的价格不但受市场供求关系的影响，也受国家宏观调控的制约，即可能实现价值的增值，如国家经济的发展、人民币的增值、房屋需求量的增加和通货膨胀等；也可能贬值，如通货紧缩。基于目前我国经济的迅猛发展，房屋市场价值不断飙升，离婚时房屋市场评估价格较签订房屋买卖合同时的合同价值都有不同程度的提高，对于此部分的增值，《婚姻法司法解释（三）》有相关规定，但是万一出现房屋贬值呢，对于配偶的贡献性行为如何补偿？对其共同还贷的按揭房款如何弥补呢？国际金融市场变化莫测，全球性和区域性金融危机更是周期性频发，房屋贬值现象是我们必须理性看待的问题，只是目前我国立法并没有对此作出相关规定。在增值的情况下，配偶有权利分享增值部分，在贬值时，是否应当分担损失？否则，配偶依对婚姻期间的共同还贷行为和房屋的装修、修缮、家庭劳务付出的主观贡献行为享有的分割补偿请求权，是否会产生新的不公？

事实上，配偶的共同还贷、装修、修缮、家庭照料行为本身就是一种贡献，无形中减轻了婚前按揭购房人还贷的精神压力和金钱负担，行为本身不因房屋的增值和贬值而影响其定性。在房屋增值的情况下，法律可设立依据贡献行为而分享房屋增值部分的请求权。在房屋贬值的情况下，贡献行为方不过是取回先前付出行为应得的相应补偿，并不能苛求对共同损失的分担。此补偿也要以房屋的具体贬值状况而定，不是说付出了多少就必须取回多少，主要还是看房屋产权人的个人经济能力。① 这看似不甚对称，然而却并无不公。

7. 对房产增值部分"贡献"的合理界定

《婚姻法司法解释（三）》虽然规定了另一方对房屋增值部分有贡献的，可以就该部分认定为共同财产。但就"贡献"一词却厘定不清，无明文规定。法律审判依旧依据法官的自由裁量权。通常情况下，"贡献"标准为婚姻中配偶的共同还贷行

---

① 参见黄长卿：《刍议夫妻离婚时按揭房的归属和贷款承担》，载《中国房地产金融》2005年第8期。

为,对房屋的出资装修、修缮行为,即可以用数字明确表示的金钱性支出。由于男女双方生理结构、知识体系、能力等的差异,分工各有不同。对于完全出于自身意愿或者配偶强烈要求在家照顾家庭孩子的全职主妇而言,对房屋的增值虽没有金钱性贡献,却积聚着劳务性和爱的贡献。其对房屋的增值部分是否也存在贡献,享有分割请求权呢?

我国婚姻法立法中没有关于家务劳动价值的界定条款,在司法实践中,对于此类家务劳动性贡献,没有否定其价值,但也没有积极的肯定性行为。一般是依据法官自身的法律文本体系与社会常识作出酌量补偿的判决。此"酌量"又是房屋分割中产生的新的不公。英美法系国家倾向于把婚前按揭房在婚后的增值认定为一方个人财产,对配偶的婚姻期间的家务劳动价值作专门性规定,同时对弱者又有比较完善的如赡养费之类的婚姻补偿措施,使得离婚房产的分割、个人财产的保护、弱者今后生活的保障得到很好的解决。我国立法在这三个方面似乎较为矛盾。所以,笔者认为,我国婚姻法应当借鉴英美法系国家的相关规定,将婚姻期间配偶的"贡献"性行为区分为主观因素和客观因素的增值,完全由于市场和国家的客观因素的增值,配偶自然无分割请求权;对主观因素的增值,在采用目前法院审判中贡献标准的模式下,增加对家庭劳务支付的价值鉴定标准,使得全职主妇的个人财产权利和今后的生活得以保障。

8. 对投资性购房的有效界定

之前提到,在婚前按揭房权属属于购房人一人,配偶对房屋增值不存在任何贡献性行为,双方也未有约定的情况下,增值部分作为夫妻共同财产予以分割的特殊情形,即投资性按揭购房。所谓投资性按揭购房,是指婚前购房人按揭购买房屋的目的不是为了夫妻生活,而是为了投资盈利。此时,无论该房产的权属如何定性,其在婚姻期间的增值部分属于婚姻法规定的一方个人财产在婚后的投资所得,属于夫妻共同财产。界定增值部分权属的关键,是看按揭房的用途是否仅用于投资。对于该种投资性购房的投资定性标准,我国《婚姻法》并没有明文规定。

对于个人购买非用于居住目的的房屋是否属于投资,有待进一步分析。房地产市场作为国家经济支柱的安全性与收益的稳定性,人们是有共识的,很多人因此购买第二套甚至第三套住房,在房价适宜时出售获取差价,房价回落时用于出租获得收益。虽然不同于生产性投资或货币性投资,但的确符合投资行为模式。由于房屋本身价值巨大,界定投资行为并不是以房屋的套数为标准,仅一套夫妻共同生活的住房,亦可独立出一间用于出租,以改善生活质量。法院可以结合夫妻双方实际拥有的房屋数量、房屋用途、购房年限,综合考虑确定该房屋是否属于投资性按揭购房,进而确定产权人的配偶是否对房屋的增值部分享有分割权。在仅有一套按揭房的情况下,也不可忽视对该房屋实际用途的分析。

四、父母为子女出资购买的按揭房屋的分割

当前，随着房价高涨，父母出资、子女还贷，甚至父母出资、父母协助子女还贷已经成为普遍现象。这是我国不同于西方国家的独特文化和法律现象。此时对按揭房屋的权属认定，实际上已经超越对夫妻财产分割的范畴，而实质上是对夫妻双方父母财产的一种保护性措施。这种保护性措施是必要的。当前，“80后”作为主要的结婚主体，实际上并未能脱离对父母经济上的依赖，买房大都需要父母出资，这种出资虽属于赠与，但与一般意义上的赠与存有差别，属于“不得不赠、无奈之赠”，父母作为利益相关人，必然会参与到离婚财产分割中来。甚至一些离婚案件双方是否能够达成和解，夫妻双方父母的态度不仅左右着离婚诉讼的进程，更是成为了决定性的因素。因此，通过法律措施在离婚诉讼中间接保护夫妻双方家人的财产，对于有效解决离婚纠纷具有重要意义。《婚姻法司法解释(三)》第7条规定：“婚后由一方父母出资为子女购买的不动产，产权登记在出资人子女名下的，可按照婚姻法第十八条第(三)项的规定，视为只对自己子女一方的赠与，该不动产应认定为夫妻一方的个人财产。由双方父母出资购买的不动产，产权登记在一方子女名下的，该不动产可认定为双方按照各自父母的出资份额按份共有，但当事人另有约定的除外。”

(一) 父母为子女出资购买的按揭房屋权属的认定

1. 婚前一方父母出资首付的按揭购房

对此，可以参照《婚姻法司法解释(三)》第10条规定处理，一方父母的出资首付行为，自然视同夫妻一方婚前的购房并支付首付款行为，即便婚后夫妻双方共同还贷，倘若不动产登记于首付款支付方名下的，离婚时该不动产首先由双方协议处理，协议不成，则可以判决该不动产归产权登记一方。

然而，依照我国目前仍然奉行的习惯，即男方负责买房、女方掏钱负责装修购买家具，基于对男女双方公平合理的考虑，笔者以为，婚后不论是夫妻共同还贷还是一方还贷，通常均应视同共同还贷，还贷的本金以及对应的增值部分，加上装修房屋的费用，都属于夫妻共同财产，离婚时可对这些费用进行分割。

至于一方父母的出资部分，则要依当时的具体约定来处理：如果是父母对子女的赠与，可依婚姻法的相关规定处理，如果是父母借贷给子女的购房款，应提供相应的证据证明，对于共同债务则由夫妻双方共担。协议离婚时，双方可以本着自愿自主的原则对这笔费用进行分割。

2. 婚后一方父母出资首付的按揭购房

《婚姻法司法解释(三)》第7条规定，婚后父母出资购房，如果未明确表示赠与双方或另一方的，应视为对自己子女的赠与。审判实践中，对于夫妻婚后父母出资购房，房屋产权证登记在出资者己方子女名下的，从社会常理出发，应认定为是明确向出资者己方子女的赠与；若产权登记在夫妻双方名下，则宜认定为对双

方的赠与;若产权登记在出资人子女的配偶名下的,除非当事人能证明父母出资时的书面约定或声明,证明出资者明确表示向彼方赠与的,一般亦应认定为是向夫妻双方的赠与。

3. 双方父母共同出资首付购房

现实中,婚前双方的父母为子女买房的情况较多,双方父母共同出资购房的时候,一般未明确表示房子归谁所有,房产证也只是登记了一方当事人的名字,在此种情况下,在离婚时进行房产分割争议颇大。如果双方父母共同出资购房,无论是婚前还是婚后登记在夫妻两人名下,应视为双方父母对夫妻双方的共同赠与,属于夫妻共同财产,其产权性质宜认定为共同共有;如果房产证只登记在一方婚姻当事人的名下,由于双方父母共同出资的目的是为了子女结婚,该房产应依各自父母的出资份额按份共有。

(二) 父母为子女出资首付的按揭房屋的分割

因为父母出资购房,在婚前、婚后情况不一,所以对父母出资首付该类房屋,在离婚诉讼中应该具体问题具体分析,不应一概而论。

1. 婚前支付的首付购房部分的分割

子女婚前由一方父母为子女购置房屋出资的,如无父母特别声明,其房屋为一方子女的婚前个人财产,一旦离婚也不会作为夫妻共同财产进行分割。这一分割原则符合我国《婚姻法》所规定的,夫妻一方取得的婚前财产归其所有,除非书面约定,不会转化为夫妻共同财产。但值得注意的是,这部分首付款凝结于房屋当中,并视为父母对自己子女的赠与。在离婚时,该部分房产的分割权利,显然由该子女自行主张,父母不得以婚前支付购房款首付为由,向子女的配偶主张权利。

2. 婚后父母支付购房款的房屋分割

子女婚后由一方父母出资购房,根据产权证的登记不同,分为两种情形:

(1) 产证登记在出资者己方子女名下的,该房为子女的个人财产,不列入夫妻共同财产予以分割;

(2) 如产权证登记在出资者彼方子女或者双方名下的,如无父母特别声明,该房为夫妻共同财产。

这是因为:

(1) 根据我国物权法对不动产采“登记原则”,房产权利的产生,是以房产证为标志的。房产证一旦颁发,则房产证上所有权者名字之下对应的所有权产生。因此,正常情况下,房产证上登记的名字为该房产的所有人,法院的离婚诉讼中对房产归属的争议,一般判决归为房产证登记人。如果登记人为夫妻双方的,则根据离婚协议或实际生活情况,并根据照顾妇女儿童的原则进行判决。

(2) 从《婚姻法司法解释(三)》公开征求意见较反馈情况看,作为出资人的男方父母或女方父母均表示,他们担心因子女离婚而导致家庭财产流失。所以,房屋产权登记在出资购房父母的子女名下的,视为父母明确只对自己子女一方的赠与比较合情合理,多数人在反馈意见中对此表示赞同,认为这样处理兼顾了中国国情与社会常理,有助于纠纷的解决,也有利于均衡保护婚姻双方及其父母的权益。[①]

3. 双方父母出资购房的分割

依据《婚姻法司法解释(三)》的规定,由双方父母出资购房的,如产权证登记在一方子女名下的,该房依各自父母的出资份额按份共有;如产权证登记在双方子女名下的,该房的产权宜认定为共同共有。

一般而言,对于推定为共同共有财产的分割,在考虑夫妻过错、家庭贡献以及子女抚养等因素之后,法院可以酌定分割。然而对于按照出资份额的按份共有财产的分割,笔者认为也不应严格按照份额分割,而是以份额为分割的基础依据,考虑夫妻过错等因素。同时,对于按份共有财产的分割诉讼,应由主张按份共有方提供房款支付的银行流水等相应证据。当证据不能确切证明时,一般是将它作为夫妻共有财产处理。

当然,最好的原则是,为了避免将来离婚时出现纠葛,建议出资购房的父母可以事先写一份书面声明,表明该房屋只赠与己方子女,或者双方家人事先就共同购买婚房和装修诸事达成协议。

① 参见宋安成:《夫妻房产共有与否的认定及法理分析——从〈婚姻法〉解释三相关规定谈起》,载《中国房地产》2011年第10期。

第十八章　宅基地使用权及之上房屋处理裁判精要

一、宅基地使用权及之上房屋内涵界定

农村宅基地使用权是一项独立的用益物权，与土地承包经营权、建设用地使用权、地役权等处于并列地位，它是中国法律特有的内容，对我国法律体系的完善起着重要作用。法律关于宅基地及宅基地使用权的规定，集中于《土地管理法》及《物权法》。《土地管理法》第62条规定："农村村民一户只能拥有一处宅基地，其宅基地的面积不得超过省、自治区、直辖市规定的标准。农村居民建住宅，应当符合乡(镇)土地利用总体规划，并尽量使用原有的宅基地和村内空闲地。农村村民住宅用地，经乡(镇)人民政府审核，由县级人民政府批准；其中，涉及占用农用地的，依照本法第四十四条规定办理审批手续。农村村民出卖、出租房屋后，再申请宅基地的，不予批准。"《物权法》第十三章将宅基地使用权明确为一种用益物权，第152条将这一权利内容规定为："宅基地使用权人依法对集体所有的土地享有占有和使用的权利，有权依法利用该土地建造住宅及其附属设施。"

从我国目前有关农村宅基地使用权的法律规定看，农村宅基地使用权有如下特点：

1. 严格的身份性

农村宅基地使用权是基于使用权人的特殊身份取得的。只有集体经济组织内的成员或者由其他法律法规规定的身份的人，才有资格向其所在的集体经济组织申请农村宅基地的使用权。非本集体内的成员，除法律特别规定外，不得在本集体内申请宅基地。这主要是考虑农村和城镇的规划，便于行政管理，同时也是对集体成员权利的一种保障，避免本集体内的宅基地外流。如果不具有集体经济成员资格的人也取得宅基地使用权，无偿获得集体土地使用权，将会损害相关集体经济组织及该组织其他成员的利益，同时也给国家对集体土地的管理秩序造成危害。

2. 无偿使用性

农村宅基地使用权的取得是无偿的，是国家给农民的一种福利。只要符合法

定的申请条件，就可以取得宅基地使用权，而且使用权人不需要支付使用费。

3．永久使用性

农村宅基地使用权事关农民的基本生活保障，农村居民在取得农村宅基地使用权后可以世代使用，没有时间限制，并且这种使用是受法律保护的，任何单位和个人不得随意侵犯。宅基地上的房屋消灭后，使用权人对宅基地的使用权仍然存在，可以重新建造房屋。当然，农村宅基地使用权人必须服从集体和国家的统一规划，当自己的宅基地被征收后，有权要求集体再批给其相应的宅基地。

4．从属性

农村宅基地使用权依附于房屋所有权，不可单独流转，但房屋所有权转移时，农村宅基地使用权也随之转移。法律禁止单独对农村宅基地使用权进行出卖、出租、抵押、赠与等流转行为。

5．范围的严格限制性

农村宅基地使用权人对宅基地的使用范围是有严格限制的。《土地管理法》第62条第1款规定："农村村民一户只能拥有一处宅基地，其宅基地的面积不得超过省、自治区、直辖市规定的标准。"国土资源部在2004年11月下发的《关于加强农村宅基地管理的意见》中强调，要坚决贯彻"一户一宅"的法律规定，农村村民将原有住房出卖、出租或赠与他人后，再申请宅基地的，不得批准。宅基地是以户为单位分配给农户全体家庭成员的，故宅基地使用权为家庭成员共同共有。

二、宅基地使用权及之上房屋在婚姻家庭方面的规范

在婚姻关系存续期间取得的宅基地使用权作为一项财产权利，属于夫妻共同财产，在离婚时应当由男女双方与其他家庭成员之间进行分割。然而宅基地使用权人可能因工作生活的需要而将户口迁出，或转为城镇居民，在丧失其集体经济组织成员身份的同时，也失去了取得宅基地使用权的资格；在家庭内部，"户"的组成人员会因为婚姻关系的缔结而解除或变更，宅基地使用权的主体也会因此而变动；此外，根据法律规定，宅基地不可转让但可以继承，故宅基地使用权主体也可能会因继承而变动，一块宅基地使用权可能由祖父母、父母、子女等几代亲属共同享有。因此，在离婚诉讼中，涉及宅基地使用权的分割时，往往会出现较为复杂的法律问题。

在司法实践中，单纯要求分割宅基地使用权的离婚案件是比较少见的，多数宅基地使用权都是与其上的房屋同时分割。依据《物权法》规定，在宅基地之上建造的房屋，自建设房屋的事实行为成就时，由建造者取得房屋所有权。建设、翻建、扩建房屋的人与宅基地使用权人常会不一致，而土地与房屋必然结合在一起不可分割，这就使得房屋所有权人因对房屋的权利而客观上取得了宅基地使用权，甚至出现本不具有集体经济组织成员身份、不享有宅基地使用权的人因取得房屋所有权，而客观上取得了宅基地的使用权的情形，突破了宅基地的身份属性。

因此,在离婚时,对于宅基地上房屋进行分割时,也要考虑宅基地的使用权,对宅基地使用权及其上房屋的分割,不应当侵害宅基地使用权人的合法权利。

除法律问题之外,按照我国目前的农村风俗,女方将户口落入男方所在地,在男方所在地居住。出现离婚或丧偶等情形时,单身妇女应当享有的宅基地使用权往往会受到来自男方其他亲属甚至整个家族的挤压,往往无法继续在原住宅内居住,回到婚前的居住地后,又往往会由于其不是一"户",而无法申请获得新的宅基地,危害到其基本的生存和发展。《妇女权益保障法》对保护妇女的宅基地使用权作出了明确规定,然而该法的规定仅仅具有宣示作用,涉及农村房屋、宅基地使用权的离婚案件诉讼至法院,法院依法对该使用权及其上的房屋进行合理分割,使离婚妇女对其应有的权利得到实现或补偿,才是具体实际的保护方式。

三、宅基地使用权及之上房屋的处理

根据"地随房走"的原则,取得了房屋所有权,自然就取得相应土地的宅基地使用权,因此,离婚时特别是宅基地为一方婚前申请的情况下,另一方无须针对宅基地使用权要求分割,可仅针对房屋所有权提出主张。

在离婚案件中,法院仅在有充分证据证明宅基地使用权归属的情况下,方能将宅基地使用权在夫妻之间进行分割。因此提交充分证据证明土地使用权归属是当事人的首要举证责任。土地使用权证是享有宅基地使用权的重要证据,但由于宅基地是以户为单位分配的,使用权证上记载的权利人与实际权利人往往不相符合,因此,在确定宅基地使用权人时,应综合结婚时间、家庭成员情况、土地使用权证的记载等证据认定。也正是由于宅基地是以户为单位分配的,为了避免日后的纠纷,在建房时应就房屋建设的主体以及日后的分配及时作出书面约定,不能作出书面约定的,也应邀请村委会领导或相关无利害关系的亲属对口头约定进行见证。

第十九章　土地承包经营权处理裁判精要

一、土地承包经营权内涵界定

20 世纪 80 年代初期，家庭联产承包责任制的提法，出现在中共中央发布的中央 1 号文件中，其政策刚性和影响力毋庸置疑，家庭联产承包责任制这种特殊的新时期的农村土地利用政策、农村生产方式甚至农村生产关系的变更，很少有人联想到法律制度的创制以及农民相关权利的塑造问题。① 1986 年 4 月 12 日通过的《民法通则》第二章“公民”所确立的法律人格，包含了第四节中规定的“个体工商户、农村承包经营户”，这些带有“私营”色彩的法律主体，第一次出现在效力层级较高的法律制度中，当时，《民法通则》的社会影响力以及对中国法制和中国法学的推动力，法学界和法律界尽人皆知，《民法通则》第 27 条规定：“农村集体经济组织的成员，在法律允许的范围内，按照承包合同规定从事商品经营的，为农村承包经营户。”该法第 28 条规定：“个体工商户、农村承包经营户的合法权益，受法律保护。”在上述规定基础上，最高人民法院 1988 年出台了《关于贯彻执行〈中华人民共和国民法通则〉若干问题的意见（试行）》（以下简称《民法通则意见》），之后又进行了相关司法解释。从总体上看，与现在的农村土地承包法律制度及土地承包经营权相去甚远。其一，当初的农村承包经营户设定的前提是从事商品经营的，可以成为这样的法律主体；其二，农村承包经营户并未体现出一定要“经营”其承包土地；其三，受法律保护，如何保护，程序制度如何，这些问题至 21 世纪也未得到明确的答案。事实上，农村承包经营户法律人格的塑造形式大于内容，《民法通则》实施后，我国农村土地承包经营依赖该法规定，逐渐步入法制轨道。

2002 年 8 月 29 日第九届全国人大常委会第二十九次会议通过了《中华人民

---

① 坦率地讲，中国法制的全面展开同样始于 20 世纪 70 年代末期，及至 20 世纪 80 年代中期前，中国社会还是寥寥无几的几部法律而已，基本法律制度尚存在巨大的缺漏，很少有人想到农民土地承包的立法问题。很少有人关注家庭联产承包到底是否联系粮食及其他农产品的产量而决定是否承包，承包土地实际上是依据当地集体土地的保有量，或者说原生产队所耕种土地的数量与该生产队中涵盖的农业人口之间的关系，相对公平地予以分配，家庭联产承包责任制虽以合同形式落实了农民家庭承包的土地，但“责任”意识或责任制度基本上属于子虚乌有。

共和国农村土地承包法》(以下简称《农村土地承包法》),该法自2003年3月1日起施行。该法是我国农村土地承包实践二十多年的实践累积,也是我国新时期农地政策法制化的具体体现。众所周知,二十多年的农村土地承包实践由于缺乏法律约束,实践中出现的纠纷无法梳理,更为严重的是,农民承包土地究竟有无法律上的权利,这样的权利属性如何,这些根本问题处于无解状态。《农村土地承包法》包含总则、家庭承包、发包方和承包方的权利和义务、承包的原则和程序、承包期限和承包合同、土地承包经营权的保护、土地承包经营权的流转、其他形式的承包、争议的解决和法律责任等主要内容。近年来,在我国工业化和城镇化建设进程中,不论城市基础建设、工业开发以及交通通讯,还是其他建设占用农村土地现象普遍,农村集体经济组织内部权力行使的制度缺漏,造成众多的农地纠纷问题,这些纠纷处理起来异常棘手,人民法院受理此类纠纷,亦是需要"瞻前顾后"。2009年6月27日第十一届全国人大常委会第九次会议通过了《中华人民共和国农村土地承包经营纠纷调解仲裁法》(以下简称《土地承包仲裁法》),该法自2010年1月1日起施行,该法确定了农村土地经营纠纷的分类,以及调解仲裁程序的法律建构。该法第48条规定:"当事人不服仲裁裁决的,可以自收到裁决书之日起三十日内向人民法院起诉。逾期不起诉的,裁决书即发生法律效力。"该法的颁布与实施,一定程度上赋予了农民土地承包程序上的权利。上述两部农村土地承包领域的专门法律,从实体至程序上,架构了中国特色的农地利用法律制度,其程序制度的特殊性丝毫不减当年的农村土地承包之"中国特色"。加上之前颁布的《土地管理法》,基本上形成了中国特色的农地法律制度。

2007年3月16日,第十届全国人大第五次会议通过了基本类法律——《物权法》,该法由于其立法技术相对成熟,法律界和法学界给予足够的重视,加上宣传效应,给世人一种该法的法律效力或法律层次高于一般法律的错觉,事实上,该法不过是《宪法》之下的具体法律制度,与《农村土地承包法》具有同等的法律效力。该法第十一章规定了"土地承包经营权",从法律规定的内容看,几乎全部"翻印"了《农村土地承包法》,只不过将"土地承包经营权"圈定为"用益物权"而已。

党的十八届三中全会通过的《中共中央关于全面深化改革若干重大问题的决定》和2014年"中央一号文件",就农村土地制度的改革进行了布局。相信,随着改革的深入,农村土地承包经营权必将有更丰富的内涵。

二、土地承包经营权在婚姻家庭方面的规范

2001年修订的《婚姻法》在增加的第39条第2款中,针对土地承包经营权作出了特别规定:"夫或妻在家庭土地承包经营中享有的权益等,应当依法予以保护。"《物权法》在第十一章专章规定了土地承包经营权,将该项权利明确届定为由承包人享有的用益物权。由此可见,土地承包经营制度对国家和集体而言,是一项关系国计民生的重要制度;而土地承包经营权对家庭和个人而言,则是一项影

响其生产生活的重要财产权利,受到法律的保护。

《农村土地承包法》第3条规定,农村土地承包采取农村集体经济组织内部的家庭承包方式;同法第15条规定,家庭承包的承包方是本集体经济组织的农户。通过上述规定可以看出,土地承包经营权的主体是以家庭为单位的农户,家庭中的个人仅会对土地面积的分配作出贡献。实践中,在实际分配土地时,家庭人口不分男女长幼,所获得土地份额均等。在承包经营户内部,土地承包经营权是家庭成员共有的一项财产权利。

然而婚姻关系是相对不稳定的,作为土地承包经营权主体的"户"的内部关系,也可能随之发生变动。这种变动与土地承包经营权所追求的长期性、稳定性之间存在矛盾,而这种矛盾在夫妻离婚时会特别凸显。离婚时,需要对作为家庭财产的土地承包经营权进行分割,这将直接导致土地承包经营权主体的变动。由于我国农村当前的婚姻习俗仍多是女方落户到男方所在地,承包土地多数以男方为户主名义承包,双方一旦离婚,女方的承包经营权将难以得到保障,因此在涉及土地承包经营权的离婚案件中,存在的突出问题是对女方权益的保护。1992年实施的《妇女权益保障法》第30条规定:"农村划分责任田、口粮田等,以及批准宅基地,妇女与男子享有平等权利,不得侵害妇女的合法权益。""妇女结婚、离婚后,其责任田、口粮田、宅基地等,应当受到保障。"中共中央办公厅、国务院办公厅《关于切实维护农村妇女土地承包权益的通知》明确要求处理好离婚或丧偶妇女土地承包问题,"妇女离婚或丧偶后仍在原居住地生活的,原居住地应保证其有一份承包地。离婚或丧偶后不在原居住地生活、其新居住地还没有为其解决承包土地的,原居住地所在村应保留其土地承包权。妇女不在原居住地生活但仍保留承包地的,应承担相应的税费义务"。为了进一步解决好这个问题,2001年修改《婚姻法》时,立法者在第39条第1款规定了共同财产的分割依据,又在第2款专门针对土地承包经营权作出了规定,"夫或妻在家庭土地承包经营中享有的权益等,应当依法予以保护",用一种强调的方式加强保护女方的承包经营权。①

在离婚诉讼中,土地承包经营权分割的前提是确认该项权利是属于一方个人所有、夫妻共同共有抑或是夫妻与其他家庭成员共同共有。由于土地承包经营权的期限长达30年以上,在认定共有人时,还应当考虑到未成年子女的利益,对子女的份额作出预留。在此基础上,根据双方对土地的投入情况、双方经营能力、土地状况等案件的具体情况,本着有利生产、方便生活的实际需要,保障妇女合法权益的原则进行分割。

三、土地补偿款是否属于夫妻共同财产

实践中,审判人员在处理农村离婚纠纷中常会遇到分割财产涉及土地补偿款

---

① 参见胡康生主编:《中华人民共和国婚姻法释义》,法律出版社2001年版,第166页。

的问题,而我国婚姻法及相关司法解释并未对土地补偿款是否属于夫妻共同财产作出明确规定,该问题在理论和实务中都存在争议。

土地补偿款是指因国家征用土地对土地所有者和土地使用者因对土地的投入和收益造成损失的补偿。《婚姻法》第17条规定的"其他应当归共同所有的财产"中,并未明确包含土地补偿款。《婚姻法司法解释(二)》第11条对"其他财产"的规定是:一方个人财产的投资收益;双方实际取得或应当取得的住房补贴、住房公积金;双方实际取得或应当取得的养老保险金、破产安置补偿费。土地补偿款是否属于该条规定的其他财产?

笔者认为,在我国农村,土地补偿款的取得与否与所涉及当事人是否具备该村集体经济组织成员资格有重大关系。最高人民法院《关于审理涉及农村土地承包纠纷案件适用法律问题的解释》第24条规定:"农村集体经济组织或者村民委员会、村民小组,可以依照法律规定的民主议定程序,决定在本集体经济组织内部分配已经收到的土地补偿费。征地补偿安置方案确定时已经具有本集体经济组织成员资格的人,请求支付相应份额的,应予支持。但已报全国人大常委会、国务院备案的地方性法规、自治条例和单行条例、地方政府规章对土地补偿费在农村集体经济组织内部的分配办法另有规定的除外。"由此看来,土地补偿款只有具备本村集体组织成员资格的人方可取得,取得土地补偿款是对婚前一方承包土地的延续。

《物权法》第42条第2款规定:"征收集体所有的土地,应当依法足额支付土地补偿费、安置补偿费、地上附着物和青苗的补偿费等费用,安排被征地农民的社会保障费用,保障被征地农民的生活,维护被征地农民的合法权益。"笔者认为,从立法目的来看,土地补偿款实质是对失地农民今后的一种生活保障和主要依靠,不应属于《婚姻法司法解释(二)》对共同财产作出的规定种类。另根据最高人民法院1999年11月29日《全国民事案件审判质量工作座谈会纪要》关于婚姻家庭纠纷案件的处理问题规定,对在婚姻关系存续期间,夫妻一方买断工龄款是何种性质的财产,应当如何界定其归属,可采取类推解释的方法,根据其与养老保险金或医疗保险金等所共同具有的专属于特定人身的性质,确定其在财产分割中的法律适用原则,即不作为夫妻共同财产。据此,土地补偿款也应类推为专属人身性质的财产,不应作为夫妻共同财产。

综上,在审判实践中,涉及土地补偿款纠纷的婚姻案件,不应当按照共同财产进行分割。当然,考虑农村实际,女方嫁给男方以后,在嫁出地所留承包地可能因村集体土地调整而失去,也可能因嫁给男方以后而获得嫁入村集体承包地,所以,应当区分对待。如果离婚时女方已失去嫁出地所留承包地,但嫁入村集体并未分给其承包地,应适当给予女方照顾,如从男方土地补偿款中或其他个人财产中补偿一部分给女方;如果离婚时女方已获得嫁入所在地的村集体分得的承包地,各自土地补偿款归各自所有,其他财产则依相关法律作出处理。

四、土地承包经营权处理

分割土地承包经营权的前提是确认该项权利的归属，而作为一项共有权利，实际的权利人往往与承包经营合同上签字的当事人不相符。因此，确认承包经营土地时的家庭人口，是认定离婚案件的当事人是否享有土地承包经营权的关键。为了证明自己享有此项权利，主张方需要提交结婚证以证明婚姻关系以及结婚时间、土地承包经营合同或其他权利凭证，以证明承包关系发生的时间。

在离婚诉讼中，当事人仅为夫妻双方，在一方要求分割的土地承包经营权时，应当先将夫妻二人共有的权利从全部家庭成员共有的权利中析出，然后在二人之间进行分割。如果是像前述案例中的情况，一方在离婚后以土地承包经营权纠纷为由要求分割土地承包经营权，可以将全部其他家庭成员列为被告，在所有权利人之间按份分割权利。

关于诉讼时效问题，最高人民法院《婚姻法司法解释(一)》第31条规定，当事人依据《婚姻法》第47条的规定，向人民法院提起诉讼，请求再次分割夫妻共同财产的诉讼时效为两年，从当事人发现之次日起计算。即对于离婚时，一方有隐藏、转移、变卖、毁损夫妻共同财产，或伪造债务企图侵占另一方财产的，离婚后，另一方发现有上述行为的，可以向人民法院提起诉讼，请求再次分割夫妻共同财产的诉讼时效为两年。离婚后，其土地承包经营权在分割前一直处于共有状态，当事人享有对承包土地的用益物权，要求分割的诉讼请求并不受前述诉讼时效的限制。

第二十章　夫妻共有房屋单方处分裁判精要

一、问题的提出

最高人民法院《婚姻法司法解释(一)》第17条第(二)项规定:“夫或妻非因日常生活需要对夫妻共同财产作重要处理决定,夫妻双方应当平等协商,取得一致意见。他人有理由相信其为夫妻双方共同意思表示的,另一方不得以不同意或不知道为由对抗善意第三人。”2011年8月13日起施行的最高人民法院《婚姻法司法解释(三)》第11条第1款规定:“一方未经另一方同意出售夫妻共同共有的房屋,第三人善意购买、支付合理对价并办理产权登记手续,另一方主张追回该房屋的,人民法院不予支持。”

就两条规定的适用环境而言,有以下两点值得注意:

(1) 都适用于夫妻一方未经对方同意的单方处分情形。《婚姻法司法解释(一)》第17条第(二)项后段实际上隐去了这样一个前提,即“未经夫妻双方平等协商,没有取得一致意见”,至于《婚姻法司法解释(三)》第11条则明确表述为“一方未经另一方同意”。

(2) 都适用于夫或妻单方处分重大共有财产(房屋)的情形。在此基础上,我们不难发现,同样的单方处分夫妻共有房屋行为,适用前述两条规定,结果迥然相异,主要为:适用《婚姻法司法解释(一)》第17条第(二)项,则在第三人有理由相信其为夫妻双方共同意思表示的情况下,其权利救济归入有效合同制下,即使未办理转移登记,该第三人的权利仍可得到保护;适用《婚姻法司法解释(三)》第11条,即使第三人善意购买且支付合理对价,只要未办理转移登记,其权利仍应让位于另一方共有人的追回主张。《婚姻法司法解释(三)》第19条规定,该解释施行后,最高人民法院此前作出的相关司法解释与本解释相抵触的,以本解释为准。至此,如何解决两条规定的适用问题,不无疑问。从实践看,因单方处分夫妻共有房屋引发的纠纷数量很大,如何解决好上述问题,确实值得深入思考。笔者仅从解释论角度出发,就以上问题谈一谈个人的观点。

二、司法解释规范的背景及其目的

《婚姻法司法解释(一)》于2001年12月公布。自2000年以来,反对善意取得制度仅适用于动产的学术研究,由星星之火而呈燎原之势。在这股弃旧图新的学术思潮的推动下,不动产善意取得制度这一概念得到了一些人的认可。但亦应承认,不动产不适用善意取得制度仍为主流观点。在此情况下,《婚姻法司法解释(一)》第17条第(二)项并未站在善意取得角度对所涉问题进行规范。从该条文义看,显然借鉴了《合同法》第49条有关表见代理的规定意旨,换言之,其是在合同法范畴内突出维护交易安全和保护善意第三人的价值取向。《婚姻法司法解释(三)》是在《物权法》施行近4年后发布的,就其第11条文义考察,无疑是按照《物权法》第106条规定,择取善意取得之路径,彰显维护交易安全和保护善意取得人的目的与宗旨。比较可知,前述两条规定的实质功能并无二致,但这正强化了司法实践中应妥善处理适用问题的必要性。

三、不动产善意取得中的无权处分

如何解决两条规定的适用问题,有两个选项:一是按照《婚姻法司法解释(三)》第19条规定,在单方处分夫妻共有房屋纠纷中,排除《婚姻法司法解释(一)》第17条第(二)项的继续适用;二是区分两者适用前提,具体划定不同的适用环境。选项一的妥适之处或为,既然两条规定适用的情形相同(或者主要是相同的),那么新解释的专门规定当然应取代旧解释。但笔者认为,其结论是否正当,尚需研究。能否得出这个结论,关键取决于如何理解不动产善意取得中的无权处分。

在确定《物权法》第106条规定所称"无处分权"的具体含义时,需要明确两点:一是《物权法》将不动产纳入善意取得范围之内的立法目的何在。二是该条与《合同法》相关规定的关系如何(《合同法》第51条等)。

《物权法》将不动产纳入善意取得范围之中,主要原因在于,物权法并未明确规定不动产登记的公信力,从制度层面看,该条规定意在有条件地缓和因法律未作此规定所带来的交易安全保护问题。据此,在不动产情形中,对《物权法》第106条所称"无权处分"的理解,应当建立在受让人是否出于对登记所表彰的权利状态信赖基础上,离开这个前提去探讨不动产善意取得的适用,无疑与《物权法》第106条的本意相去甚远。换言之,只有在登记权利人处分不动产之时,才有可能产生受让人善意取得问题。否则,《物权法》规定的不动产善意取得制度在实践中几乎没有适用的可能。因为在实际权利状态与登记所体现的权利状态一致的情况下,该处分为有权处分,而在处分人本身并非登记权利人的情况下,受让人的善意往往很难成立。

至于第二点,《合同法》有关无权处分的规定(《合同法》第51条),意在解决无处分权人处分他人财产的行为(原因行为)的效力问题,其规定与《物权法》第106条的规定有两点不同:一是两者的切入点不同。前者的制度目的本质上不在于解决物权变动是否能够完成,而这正是《物权法》第106条所要解决的问题;二是《合同法》第51条中处分人之无处分权是确定的，当然，如果无处分权人满足该法第49条（表见代理）、第50条规定（表见代表）条件，则虽为实质上的无权处分，但法律仍肯定该处分行为的有效性，同时排除了《合同法》第51条的适用余地，其维护交易安全的目的显而易见。而在善意取得中，处分人看起来是有处分权的，只不过这种“有处分权”没有相应的实际权利状态作为支撑。从这个角度看，前者适用于无处分权处分他人财产的情形，后者适用于处分人处分“自己”财产的情形。

对交易安全的保护，是整个民法关注的问题，这是一个全方位、多维度的体系化事项，没有哪一个单项制度有能力担负起整个维护交易安全的使命。笔者认为，“交易行为有效”（即最大限度缩减形式与实质意义上的无权处分范围）才是对交易安全最为有力的保护。因此，有必要正确评估善意取得制度对交易安全的保护功能，它仅应在特定情形下发挥其应当发挥的作用。如果不当扩大不动产善意取得中无处分权的范围，将使《物权法》第106条承受不能承受之重，也会造成物权法乃至整个民法体系的紊乱。具体表现为：

(1) 仅以《婚姻法司法解释（一）》和《婚姻法司法解释（三）》为切入点，《婚姻法司法解释（一）》中所称的“对夫妻财产作重要处理决定”肯定不仅指房产，如为机动车，是否也应适用《婚姻法司法解释（三）》呢？从《物权法》第106条规定看，如果将机动车纳入该条第1款第（三）项所称的“依照法律规定应当登记”的财产范围，其与不动产即应适用同样的规则。此时又应如何处理同种问题不同处理的问题，不无疑问。

(2) 如果将视野从单方处分夫妻共有房屋拓展开来，《物权法》第106条与《合同法》有关规定的着眼点并不相同，两者之间无法从一般法与特别法的关系计算中得出谁更优先适用的结论。在此情况下，如果将两部司法解释相关条文作替换处理，又如何协调处理其他共有财产单方处分的问题？显而易见，两者之间具有同质性。至于在比较法上存在夫妻共有重大财产排除善意取得规定立场问题，因我国法律中并无此种规定，而笔者仅是从解释论而非立法论角度展开探讨。

(3) 在前述基础上，我们势必会面对这样的难题，即同一种行为，如果当事人选择按照宽泛理解适用《物权法》第106条或者按照其他法律规定主张权利，则当事人权利保护的路径、思路和结果将大相径庭。

仅就上述三点看，能否将其后果简单归结为法律体系的内在漏洞的必然，是否真的符合立法者之本意，颇值怀疑。

四、司法解释的适用

单方处分夫妻共有房屋的情形主要有三：一是登记在双方名下，单方处分；二是登记在一方名下，另一方处分；三是登记在一方名下，该方处分。考量上述不动产善意取得中无权处分应为何指，笔者认为，只有第三种情形，即“登记在一方名下,该方处分”的时候,才产生善意取得制度的适用问题。由此进行抽象作业,笔者认为,不动产善意取得中无权处分的含义应为:实际权利状态与登记所体现的权利状态不一致,且登记权利人的处分行为不符合法律规定或者当事人约定条件。

由此,笔者认为:《婚姻法司法解释(三)》第11条的适用应当限定在“登记在一方名下,该方处分”的情形之中,而依据《婚姻法司法解释(三)》第19条规定,在单方处分夫妻共有房屋纠纷中,排除《婚姻法司法解释(一)》第17条第(二)项的继续适用,理由并不充分;至于单方处分夫妻共有房屋的前两种情形,则仍需交由《婚姻法司法解释(一)》第17条第(二)项规定解决。如此适用,既可以有效遵循物权法的体系安排,又可以协调好两部司法解释的相关条文的调整范围。否则,不当扩大不动产善意取得制度中无权处分的范围,必将导致本可求得其他民法制度救济的受让人,反而因无法满足《物权法》第106条规定的条件而丧失权利保护可能的严重后果,并使该条规定沦为背信一方的武器,最终受到损害的,实际上就是交易安全。

五、司法解释适用选择的价值考量

基于前述思路:按照《婚姻法司法解释(一)》第17条第(二)项规定,在“登记在双方名下,单方处分”以及“登记在一方名下,另一方处分”情形中,第三人只要有证据证明其“有理由相信其为夫妻双方共同意思表示”,即使没有完成转移登记,其权利取得的请求仍可得到支持;按照《婚姻法司法解释(三)》第11条规定,在“登记在一方名下,该方处分”情形中,第三人需满足“善意购买、支付合理对价并办理产权登记手续”条件后,才可得到保护。

由此或许带来如下疑问:较之“登记在一方名下,该方处分”“登记在双方名下,单方处分”,以及“登记在一方名下,另一方处分”情形中的受让人,似乎在价值判断上更不值得保护,但其反而更容易得到保护。这种结果在价值判断上是正义的吗?

仅就法律规范给出的权利保护条件而言,不动产善意取得显然较之另者更为艰难和苛刻。但据此判断哪一项制度对交易安全的维护更为有力,对第三人权利的保护更为周全,还有失之偏颇之虞。假设前述疑问真实存在,经由实证分析可知,如果扩大不动产善意取得中无权处分的范围,其后果是物权法体系的紊乱(详如前述),而两分思路下则是本应得到更有力保护的第三人利益难以实现。抛开法律适用的规范和指引功能(可以最大限度消减前述疑问的实践支持力度)不谈,两种消极后果在价值判断上,孰轻孰重呢?除此以外,尚需考虑以下问题:

(1)在“登记在双方名下,单方处分”,以及“登记在一方名下,另一方处分”情形中,交易的数量一般要少于“登记在一方名下,该方处分”的情形。笔者认为,任何一项制度,即使其倾斜保护的倾向再明显,亦有其兼顾考虑的利益存在。交易数量更多,说明统筹协调不同利益关系的必要性越强,即使权利选择保护的条件苛刻一些,也有其必要。

（2）在举证责任上,善意取得中当事人是否为“善意”,一般是通过真实权利人举证证明第三人并非善意来反向证成的。因为不动产善意取得的适用前提是,第三人信赖登记表彰的权利状态,此时,应首先推定第三人为善意。而在另一情形,是否“有理由相信其为夫妻双方共同意思表示”,需要第三人举证证明。笔者认为,两者难易之区分,似不好统而定论。

作为实践中大量存在的一类纠纷类型,因单方处分夫妻共有房屋引发的案件,已经成为民事审判实践中的热点、难点问题。妥善解决好其中的法律适用问题,对《婚姻法》《合同法》《物权法》及相关司法解释的精准理解与适用的要求和难度更高,一些分歧和认识殊值厘清。唯如此,司法的标准才能统一,法律规范调整社会生活的功能才能得到最大限度的发挥。

家庭编

第二十一章　亲子关系确认纠纷裁判精要

亲子鉴定是通过遗传标记的检验与分析来判断父母与子女之间是否亲生关系。采用DNA检验方式进行亲子鉴定,是我国近年来才出现的新情况,目前尚无法律直接对此进行规范。现在社会上争议最多的问题是:第一,法律没有明确规定在何种情况下应做或不应做亲子鉴定,诉讼中一方拒绝作亲子鉴定该如何处理?第二,亲子鉴定可能会影响家庭关系的稳定,受伤害最大的是无辜的子女,是否应给予一定的限制?第三,法律上的父亲该不该对非亲生子女尽抚养义务?或生物学上的父亲该不该对非婚生子女尽义务?为规范审判实践中亲子鉴定的启动,最高人民法院民一庭曾公布过倾向性意见:亲子鉴定因涉及身份关系,原则上应当以双方自愿为原则。但是如果非婚生子女以及与其共同生活的父母一方有相当证据证明被告为非婚生子女的生父或者生母,且非婚生子女本人尚未成年,亟需抚养和教育的,如果被告不能提供足以推翻亲子关系的证据,又拒绝做亲子鉴定的,应当推定其亲子关系成立。[①] 但该意见对亲子鉴定的理解过于狭隘,其合理性存在较大问题。为此,最高人民法院通过《婚姻法司法解释(三)》确立了亲子关系的推定规则,即夫妻一方向人民法院请求确认亲子关系不存在并已提供必要证据予以证明,另一方没有相反证据又拒绝作亲子鉴定的,人民法院可以推定请求确认亲子关系不存在一方的主张成立。当事人一方起诉请求确认亲子关系,并提供必要证据予以证明,另一方没有相反证据又拒绝作亲子鉴定的,人民法院可以推定请求确认亲子关系一方的主张成立。但是在司法解释进行规范的同时,如何认定该条文适用的主体、如何理解必要证据、如何处理受欺骗方的抚养费返还请求权等问题,又重新成为了人们关注的焦点。

一、适用主体的限制

《婚姻法司法解释(三)》第2条第1款是对亲子关系否认之诉的规定的是何种情况下可以排除双方亲子关系的存在。法条对于诉讼主体的表述为"夫妻一

① 参见贺小荣:《亲子鉴定能否强制》,载最高人民法院民事审判第一庭编:《中国民事审判前沿》2005年第1集,法律出版社2005年版,第50—51页。

方”,这里的“夫妻一方”应作何解释呢？有人认为,本解释是对《婚姻法》的解释,故在条文中表述为“夫妻一方”,并不是指诉讼主体仅限于丈夫与妻子两人。这个说法很明显存在主观臆断,紧接着第2款的主体表述就并非“夫妻一方”而是“当事人一方”,显然同第1款运用了不同的表述,也就是说,在亲子关系否认之诉中,其诉讼主体仅限于夫或妻其中一方。主要包括三种情形：

(1) 在离婚诉讼中,丈夫提出其本人与其妻关于婚姻关系存续期间所生育子女之间不具有亲子关系,因此要求法院在判决双方离婚后,自己不承担抚养子女的义务。有的还要求其妻赔偿其因受骗抚养非婚生子女的费用。申请进行鉴定的一般为男方。

(2) 婚姻关系存续期间,夫妻双方请求确认与子女不具有亲子关系。此种情形,一般常见于子女于出生时被医院抱错或者被他人调包等情况。申请亲子鉴定的为双方当事人。

(3) 离婚诉讼中双方就直接抚养子女的权利争执不下,女方突然提出男方与孩子不具有亲子关系作为独自抚养子女的理由,双方均有可能申请亲子鉴定。

提起婚生子女否认之诉的权利人只能是夫或妻。本着法律上的亲子关系原则应以真实血缘关系为基础,同时兼顾亲子关系的安定性,应将否认权人限制在较小的范围内。《婚姻法司法解释(三)》之所以没有赋予子女的否认权,是因为子女未成年时需要由其父母代理,而当子女成年后,即便父母与其没有血缘关系,但对付出心血将其抚养成人的父母而言,允许子女行使否认权则有失公允。①

《婚姻法司法解释(三)》第2条第2款规定的当事人一方起诉请求确认亲子关系,通常包括两种情况：

(1) 原告起诉请求人民法院确认他人的子女或者被社会福利机构领养、流浪的未成年人与自己具有亲子关系。

(2) 子女要求确认某人与自己具有亲子关系(系生父或母)。

上述两种情况,一般均是提出主张的一方当事人申请亲子鉴定。

注意,兄弟姐妹之间的血缘关系鉴定不适用《婚姻法司法解释(三)》第2条的推定规则。由于兄弟姐妹之间鉴定的准确率在60%至80%,还不能达到准确认定的程度,故不能适用《婚姻法司法解释(三)》第2条的推定原则。比如一方请求确认与父亲的亲子关系,但其父死亡,无法进行亲子鉴定采样。一方要求与其同父异母的兄弟或姐妹之间进行血缘关系鉴定,对方如果不配合作鉴定,在缺乏必要证据的情况下,法院不能推定一方的主张成立。②

---

① 参见杜万华、程新文、吴晓芳:《〈关于适用婚姻法若干问题的解释(三)〉的理解与适用》,载《人民司法·应用》2011年第17期。

② 同上注。

二、“必要证据”之理解

对于可以适用亲子关系推定的条件,司法解释采用提供“必要证据”来表述,采用“必要”二字无非是想要表达所提供证据需要有非常强的证明力,强大到足够使法官的自由心证认为存在确认或者否认亲子关系的较大可能,从而使举证责任发生转移。说得再通俗一些,就是这些证据要使案情能够达到“万事俱备只欠东风”的地步,这个“东风”就是亲子鉴定,在一方拒不同意作亲子鉴定的情况下,法院可以推定另一方主张的事实成立。但是,什么样的证据才能成为“必要证据”呢?我们看一下以下几种证据:

1. 私自作的“亲子鉴定”报告

有些人在起诉之前,私下带着孩子去作亲子鉴定或者取了孩子身上的某些样本去作亲子鉴定,拿到对自己有利的鉴定结论之后,便去法院要求离婚,并要求对方支付自己精神损害赔偿金。但是对于这样的证据,法院的认定却是非常谨慎的。因为这关乎社会的亲情伦理关系,必须慎重。私自作的“亲子鉴定”,若无法证明鉴定的样本来自子女和父母,则不能作为必要证据。也就是说,一方私自带子女去作亲子鉴定,并没有提供其他证据相印证,诉讼中对方拒绝作亲子鉴定的,因无法确定一方私自鉴定的采样是否真实,法院不宜适用本规则。[①]

2. 血型鉴定

血型鉴定多年来逐步在社会上普及,也是较为可靠的确定亲子关系的途径之一,可以有效地排除父代与子代间的亲子关系。

3. 兄弟姐妹间的鉴定报告

兄弟姐妹间的DNA鉴定能否帮助确定亲子关系?审判实务中一般认为,这还是不能达到必要证据的程度。因为根据法医的专业意见,父母子女的鉴定准确率已经接近100%,但是兄弟姐妹之间准确率只能达到60%至80%,因为准确率还不够高,故在亲属关系这类需要慎重对待的问题上,尚不足以认定双方存在亲子关系。

4. 医院的就诊病历

还有一类证据是医院的就诊病历。有一些诉讼当事人会提供一些关于自身生育能力的医院就诊病历,否定双方的亲子关系。对于这一类证据,笔者认为还是需要考虑医院病历的真实性,对一些资质比较差的或者没有医疗资质的医院所开具的就诊病历,在证明力上存在一定的瑕疵,不能作为必要证据。

三、“可以推定”之理解

无论是婚生子女否认之诉还是非婚生子女认领之诉,本规则所提供的是在一

---

① 参见杜万华、程新文、吴晓芳:《〈关于适用婚姻法若干问题的解释(三)〉的理解与适用》,载《人民司法·应用》2011年第17期。

方当事人已经提出了必要证据，而另一方当事人没有相反证据又不配合作亲子鉴定的情况下处理此类问题的一种方法，而不是处理此类案件的原则。因此，本规则规定为人民法院“可以”推定主张亲子关系不存在，一方请求成立和人民法院“可以”推定请求确认亲子关系一方的主张成立。借鉴立法技术分析可知，“可以”不同于“应当”，是可以这样，也可以不这样的意思。本规则选择“可以”一词，所要表达的意思是提供了一种适用针对一方当事人没有证据又拒绝作亲子鉴定的情况下，人民法院适用证据规定处理此类纠纷的方法。但不能将其绝对化，因为真实的血缘关系并非亲子关系成立的唯一要素，亲子身份关系的安定，婚姻、家庭的和谐稳定和未成年子女利益最大化，仍然是人民法院处理涉及亲子关系案件时所应遵循的原则。机械地理解本规则，可能导致裁判者一味地追求血缘真实，而忽略当事人在常年共同生活中形成的亲情，损坏当事人现存的家庭模式和现实生活利益。裁判者应当极力避免产生如此消极的裁判效果。

四、推定错误的救济方式

有些人还对该条规定存在疑问。他们认为，如果事实上是存在亲子关系的，但是其中一方出于自尊心的考虑而拒绝作亲子鉴定，从而导致法院作了不利于一方当事人的推定，这样不是损害了一方当事人的合法利益，造成司法的不公正了吗？

笔者认为，《婚姻法司法解释（三）》的本条规定，只是解决一方拒不配合作亲子鉴定时的举证责任分配问题。但是法律中恒久不变的信条，就是客观的事实永远大于推定的事实。一旦法院基于错误的推定而进行了判决，则受损害的一方当事人完全可以通过鉴定来证明客观事实从而推翻法院之前的推定事实。法院也应该根据鉴定结论推翻之前基于推定的判决。因此，法律允许当事人和利害关系人就判决申请再审，但法律意义上亲子关系的恢复，必须经人民法院通过再审判决确认，否则，即使当事人持亲子鉴定结论自行声明亦属无效。

五、受欺骗抚养非婚生子女的抚养费返还及精神损害赔偿

该问题一般被称做“欺诈性抚养”。从现有的审判实践看，大多数法院从维护整个社会抚养制度的稳定、保护社会弱者、维持社会基本的人伦出发，判决女方支付男方一定金额的抚养费补偿款，甚至是精神抚慰金。

从法理上看，男方受骗抚养非婚生子女，可以要求另一方支付补偿款的原因在于：第一，男方对非婚生子女不具有法定的抚养义务，因此男方支付抚养费不具有法律上的原因，因此抚养行为构成无因管理；第二，男方原来给付抚养费的行为丧失法律根据，而女方因男方支付抚养费而减少了支出，相当于取得财产，其取得财产的行为也不具有法律上的依据，因此女方行为构成不当得利；第三，男方愿意支付抚养费是由于相信该子女为自己的亲生子女，按照《民法通则》的有关规定，

抚养非婚生子女是一种违背其意志的无效民事行为，民事行为无效所支付的抚养费用应当返还。

从男方的角度看，女方在婚姻关系存续期间与他人通奸生育子女，对其精神上造成了巨大伤害，故其同时有权要求侵权者赔偿精神损失。需要指出的是，这里的赔偿精神损失与《婚姻法》第46条规定的离婚损害赔偿是两码事，婚姻关系存续期间与他人通奸生育子女并不一定构成"与他人婚外同居"的赔偿要件，即通奸生育子女与"持续、稳定地共同居住"不能等同。而判决女方赔偿精神损失的依据应是《民法通则》及最高人民法院《关于确定民事侵权精神损害赔偿责任若干问题的解释》（以下简称《精神损害赔偿司法解释》）中的有关规定。[①]

六、人工授精子女的亲子关系认定

夫精人工授精（Artificial Insemination by Husband，缩写AIH），是指用丈夫的精子对妻子进行人工授精的一种方法。夫精人工授精与自然生殖的差别只在于使精卵结合的方法不同，通过此种方式出生的婴儿其遗传学父母即为其法律父母，该婴儿与其父母的关系同传统家庭的父母子女关系并无二致，因此在现实中，夫精人工授精技术所引起的法律问题甚少，AIH子女的法律地位也比较明确。世界各国法律均规定，在夫妻关系存续期间，经双方一致同意应用AIH所生子女为双方的婚生子女。随着人工授精技术日臻成熟，精子冷冻术出现，使得应用AIH的情况变得复杂起来，AIH子女的身份确定也不如以往那样简单。下面，笔者根据不同情况分别说明。

1. 婚姻关系存续期间，经夫妻双方明确同意进行AIH生育

婚姻关系存续期间，经夫妻双方明确同意进行AIH所生子女，当然为该夫妻双方的婚生子女。对此，各国法律对此均予明文规定，并无任何争议。至于夫妻双方的同意是以何种方式作出，则在所不问，且对AIH子女的法律地位无任何影响。

2. 婚姻关系存续期间，妻子未经丈夫同意并在隐瞒对方的情况下进行AIH生育

婚姻关系存续期内，妻子未经丈夫同意，并在隐瞒对方的情况下进行AIH生育的子女，如何确定其亲子关系。对此问题，存在两种不同观点：一种观点认为，不论从婚姻关系存续角度还是从血缘角度考虑，不管丈夫是否同意，AIH所生子女都应为该夫妻的婚生子女。在许多情况下，非婚生子女的出生并未得到其父亲的同意，但这并不影响法律对这种子女给予平等的保护，对于未经丈夫同意而出生的AIH子女，法律更应维护其合法权益。而另一种观点则认为，对于未经丈夫

---

① 参见本书研究组：《因婚内私生他人子女引发的精神损害赔偿纠纷应如何处理》，载奚晓明主编、最高人民法院民事审判第一庭编：《民事审判指导与参考》2010年第4集（总第44集），法律出版社2011年版，第299页。

同意而出生的 AIH 子女,应推定为婚生子女,但丈夫在法定期限内享有否认权。这种观点强调丈夫的生育权及其对精子的支配权,但过于忽视女方的生育权和子女的应有利益,因而遭到多数学者的反对。

3. 婚姻关系存续期间,丈夫原先同意 AIH 而后由于某种原因不同意继续进行

婚姻关系存续期间,丈夫原先同意 AIH 而后由于某种原因不同意继续进行,这时 AIH 子女的地位如何认定。这里应分别对待。在第一种情况下,如果已经完成 AIH 的全部操作过程,丈夫不同意继续进行,但妻子已成功怀孕,丈夫不能撤销先前的同意,更不能否认 AIH 子女的婚生身份。在第二种情况下,夫妻双方同意进行 AIH 但尚未开始实施,或者已经进行到某一阶段,但尚未完成全部过程,又或者已经完成 AIH 的全部过程,但妻子未能成功怀孕,此时丈夫可以撤销先前的同意。由于当前正规医疗机构在进行 AIH 之前均要求夫妻双方签署同意书,因此丈夫撤销同意不仅应告知妻子,还应书面告知为其进行 AIH 的医疗单位和相关医务人员为宜。

4. 婚姻关系存续期间,夫妻双方明确同意进行 AIH,因医疗差错导致第三人精液受精

婚姻关系存续期间,夫妻双方明确同意进行 AIH,在实施过程中,因医疗机构技术人员误将第三人的精液对妻子进行了人工授精,由此所生的婴儿,其身份应如何确定?我们来看下面的案例:某医院在同一天为三对夫妇进行 AIH,其中一对夫妻居住在该医院所在市,这对夫妻通过此次 AIH,顺利生下一男婴。该男孩 3 岁时,因病到医院治疗,偶然发现与其父并无血缘关系,至此才发现当年医院误用他人精液为男孩的母亲实施了人工授精。经过调查,当年同在该医院进行 AIH 的另两对夫妻,一对已不知去向,另一对中丈夫已于几年前遭遇车祸身亡,无法确定谁为孩子的生物学上的父亲。在这种情况下,该人工授精所生子女的法律地位应怎样认定呢?从保护子女利益和维护家庭稳定的角度考虑,应以认定该子女仍为夫妻双方的婚生子女为宜。对于医疗机构的医疗过失以及当事人所承受的痛苦,当事人夫妻可以通过诉讼途径或非诉手段向其要求赔偿。这里不仅涉及民事法律问题,例如此种情况下对当事人夫妻的生育权是否存在侵权及如何救济,恐怕还牵涉应用人工授精技术的管理问题,属于人工生殖技术中的行政法律问题,于此不再赘述。

5. 丈夫死亡后出生的 AIH 子女的法律地位问题

丈夫死亡后出生的 AIH 子女,其法律地位如何确定?丈夫死后出生的 AIH 子女,有三种不同情况:

(1) 丈夫生前妻子已怀孕,但子女在其死亡后才出生,由于是在婚姻关系存续期间受孕且有丈夫的明确同意,此种 AIH 子女无疑应为双方的婚生子女。

(2) 丈夫死亡后,妻子根据其生前意愿利用丈夫的冷冻精子进行 AIH 所生的子女。学者们认为,此种子女在生物学上具有丈夫的遗传基因,从法律角度有丈

夫的明确同意,因而应推定为双方的婚生子女。但是由于这种子女是在丈夫死亡后才怀孕出生的,其享有的权利是否与婚姻关系存续期间出生的婚生子女完全相同?例如在继承法上,各国法律均规定,继承开始于被继承人死亡之时,在被继承人死亡时不存在的人,无继承权,唯一例外是对丈夫死亡时已在妻子腹内孕育的胎儿,进行遗产分割时可为其保留份额,待胎儿出生后再行继承,如果胎儿出生后是死胎,则不发生继承,为其保留份额再按照法定继承处理。由此可见,只有被继承人死亡时已存在的人或已受孕的胎儿,才享有继承权,而丈夫死后才受孕并出生的子女,按照现行法律不可能享有继承权。既然同为婚生子女,有些享有继承权,有些不享有继承权,是否不利于保障 AIH 子女的利益、有歧视之嫌?这是现行法律面临和要解决的问题。

(3) 丈夫生前没有同意死后进行 AIH 的意思表示,妻子在丈夫死后自愿用其冷冻精子进行 AIH 所生的子女,这种子女既不是在婚姻关系存续期间受孕,也未经丈夫的同意,应推定其为妻子单方的亲生子女,与丈夫则无任何法律关系。

第二十二章　抚养纠纷裁判精要

抚养是指长辈亲属对晚辈亲属的抚育教养。根据《婚姻法》等法律规定，父母对未成年人或不能独立生活的子女有抚养的义务，有负担能力的祖父母、外祖父母，对于父母已经死亡或父母无力抚养的未成年的孙子女、外孙子女，有抚养的义务。抚养是父母子女间一种基本的权利义务关系，这种关系的基础是血亲。抚养对于父母来说是一种义务，这种义务存在的条件是父母子女的关系存在，这种关系不以父母的夫妻关系存在为前提。父母与子女间的关系，不因父母离婚而消除。离婚后，子女无论由父或母直接抚养，仍是父母双方的子女。离婚后，父母对于子女仍有抚养和教育的权利和义务。离婚后，哺乳期内的子女，以随哺乳的母亲抚养为原则。哺乳期后的子女，如双方因抚养问题发生争执不能达成协议时，由人民法院根据子女的权益和双方的具体情况判决。

根据《婚姻法》等法律规定，抚养义务既存在于生父母对婚生子女以及非婚生子女之间，也存在于继父母与继子女之间，还有养父母与养子女之间，有负担能力的祖父母、外祖父母，对于父母已经死亡或父母无力抚养的未成年的孙子女、外孙子女，也具有抚养的义务。

一、离婚子女抚养的确定

就离婚案件中子女抚养的问题，最高人民法院通过《关于人民法院审理离婚案件处理子女抚养问题的若干具体意见》给予了明确。司法实践中需要注意和把握以下几个问题：

1. 两周岁以下子女的抚养

两周岁以下的子女，一般随母亲生活。母方有下列情形之一的，子女可随父方生活：

（1）患有久治不愈的传染性疾病或其他严重疾病，子女不宜与其共同生活的严重疾病，应理解为病势严重到使母方无力兼顾对子女的抚养和教育的程度。如果母亲只是患有一般性疾病，经过治疗，不久就会痊愈，则不影响由其直接抚养。但是，如果父亲也患有久治不愈的传染性疾病或其他严重疾病的，则应根据双方病情的轻重选择病情相对较轻、更利于子女健康成长的一方直接抚养。

(2) 母亲一方有抚养条件不尽抚养义务,父方要求子女随其生活的。母亲有抚养条件不尽抚养义务,尽管属于遗弃行为,应受到法律的制裁,但其既然不尽抚养义务,要强迫她直接抚养,对孩子也不可能出于真心尽力照顾,因而会不利于孩子的成长。如果父方要求子女随其生活的,可以允许。

(3) 因其他原因,子女确实无法随母方生活的。父母双方协议两周岁以下子女随父方生活,法院审查该协议不违反《民法通则》第50条的规定,且父方的抚养条件和抚养环境对抚养两周岁以下子女的健康成长无不利影响的,可予准许。

2. 两周岁以上未成年子女的抚养

指两周岁以上18周岁以下的未成年子女。这一年龄段的未成年子女,父方或母方都要求随其生活的,人民法院应综合考虑父母双方的各方面因素,如思想品质、文化素质、经济条件、家庭环境、生活作风等,以有利于子女利益为原则,在此前提下,人民法院还应适当把贯彻计划生育政策考虑在内。

根据《婚姻法》的规定,夫妻离婚后,对两周岁以上的未成年子女,随父或随母生活,首先应由父母双方协议决定。因此,当父母双方对抚养未成年子女发生争议时,法院应当进行调解,尽可能争取当事人以协议方式解决。

父方与母方抚养子女的条件基本相同,双方均要求子女与其共同生活,但子女单独随祖父母或外祖父母共同生活多年,且祖父母或外祖父母要求并且有能力帮助子女照顾健康成长的,可作为优先条件予以考虑。在审查祖父母、外祖父母帮助子女照顾孙子女、外孙子女的"能力"时,不能仅仅着眼于他们的身体条件和经济能力,更应当注意他们的思想、品德和文化素养方面的能力。

3. 10周岁以上的未成年子女

10周岁以上的未成年人,通常都有了一定的辨别能力和判断能力,能够表达自己的意愿。因此,父母双方对10周岁以上的未成年子女随父或随母生活发生争执的,应考虑该子女的意见,充分尊重其本人的意愿。

4. 拟制血亲子女的抚养

(1) 生父与继母或生母与继父离婚时,对曾受其抚养教育的继子女,继父或继母不同意继续抚养的,仍应由生父母抚养。

(2)《中华人民共和国收养法》施行前,夫或妻一方收养的子女,对方未表示反对,并与该子女形成事实收养关系的,离婚后,应由双方负担子女的抚育费;夫或妻一方收养的子女,对方始终反对的,离婚后,应由收养方抚养该子女。这是出于尊重一方当事人的考虑。

实践中需要注意的是,最高人民法院中国应用法学研究所于2008年3月公布了《涉及家庭暴力婚姻案件审理指南》,其中涉及家庭暴力引发的抚养问题值得借鉴。根据该审理指南,考虑到家庭暴力行为的习得性特点,在人民法院认定家庭暴力存在的案件中,如果双方对由谁直接抚养子女不能达成一致意见,未成年子女原则上应由受害人直接抚养。但受害人自身没有基本的生活来源保障,或者患有不适合直接抚养子女的疾病的除外。不能直接认定家庭暴力,但根据间接证据,结合双方在法庭上的表现、评估报告或专家意见,法官通过自由心证,断定存在家庭暴力的可能性非常大的,一般情况下,可以判决由受害方直接抚养子女。有证据证明一方不仅实施家庭暴力,而且还伴有赌博、酗酒、吸毒恶习的,不宜直接抚养子女。人民法院在判决由哪一方直接抚养未成年子女前,应当依法征求未成年子女的意见。但是,有下列情形之一的,未成年子女的意见只能作为参考因素:

(1) 未成年子女属于限制行为能力的人,其认知水平的发展还不成熟,不能正确判断什么对自己最有利。

(2) 未成年子女害怕、怨恨但同时又依恋加害人。暴力家庭中的未成年子女可能在害怕、怨恨加害人对家庭成员施暴的同时,又需要加害人的关爱,因此存在较强的感情依恋。这种依恋之所以产生,是因为受害人的人身安全取决于施暴人的好恶,不违背施暴人的意愿,符合其最大利益。这种状况被心理学家称为“斯得哥尔摩综合征”,或者“心理创伤导致的感情纽带”。

(3) 强者(权威)崇拜。人类对强者或权威的崇拜,使尚不能明辨是非的未成年子女可能对家庭中的强者(施暴人)怀有崇拜的心理,误认为自己与受害人一起生活没有安全感,因而选择与加害人一起生活。法官应当在综合考虑其他因素的基础上,作出真正最有利于未成年子女的判决。

二、经济条件并非确定子女抚养的决定性因寨

诚然,一个殷实的家庭环境可以给子女创造一个更好的成长空间,也可以为其搭建一个更好的成长平台。然而,穷人家也能培养出出类拔萃的人才,富人家却不乏坐吃山空的败家子。这说明,对于儿童来说,成长所需要的不仅是物质上的满足,更需要精神上的教育与关爱。

故笔者认为,经济条件并非确定子女抚养的决定因素。其原因在于:

(1) 一个人的工资收入既不能等同于对孩子生活学习的投入,也不等同于对孩子精神上的付出。

(2) 社会上男方的工资收入普遍要高于女方,如果以经济条件决定子女的抚养,这无疑是变相剥夺女性直接抚养子女的权利。

(3) 法律上规定,父母离婚后,对子女的抚养义务并未就此解除,经济收入较好的一方可以通过支付抚养费的形式,给孩子创造更好的生活环境,故不会对孩子的成长造成不利影响。在审判实践中,法院在确定子女抚养问题上,也会从精神层面进行充分的对比和考虑。比如父母双方是否有家庭观念,是否有作为父母的责任心,是否能够给子女以关爱,是否有家庭暴力行为,社会关系的情况如何,是否有不利于子女身心健康的因素等。

当然,经济条件也是法院考量子女抚养问题归属的重要因素,若双方经济条件相差较为悬殊或者一方生活特别困难,无法满足子女的基本需要时,法院会考

虑子女的客观需要,从而作出有利于子女成长的判决。

三、子女抚养关系的变更

父母离婚后,一方抚养的子女,另一方负担必要的抚养费。被抚养是未成年子女和不能独立生活的子女的权利,当父母不履行抚养义务时,子女有要求父母给付抚养费的权利。此类问题发生纠纷,可以直接向人民法院起诉。有下列情形之一的,另一方可以向人民法院提起诉讼要求变更子女抚养关系:

(1) 与子女共同生活的一方因患严重疾病或因伤残无力继续抚养女子的。

(2) 与子女共同生活的一方不尽抚养义务或有虐待子女行为,或其与子女共同生活对子女身心健康确有不利影响的。

(3) 10 周岁以上未成年子女,愿随另一方生活,该方又有抚养能力的。

(4) 有其他正当理由需要变更的。

四、不解除婚姻关系情形下子女抚养费的处理

随着我国经济体制、人事制度的改革,人员流动性趋于频繁,离家外出务工人员人数众多。在外务工人员不履行抚养子女义务、不支付抚养费的情形时有发生。已经分居的夫妻一方或者双方不履行抚养子女义务的情形亦不鲜见,子女在父母婚姻关系存续期间主张抚养费的案件开始见诸报端。审判实践中,各地人民法院对该类案件的法律适用并未形成一致意见。为此,最高人民法院通过《婚姻法司法解释(三)》第 3 条确立了不解除婚姻关系情形下子女抚养费的处理规则:"婚姻关系存续期间,父母双方或者一方拒不履行抚养子女义务,未成年或者不能独立生活的子女请求支付抚养费的,人民法院应予支持。"

1. 追索抚养费的权利主体

《婚姻法》第 21 条规定的抚养费权利主体包括未成年人,即依照子女特定身份及年龄来确定主体地位。抚养费的主要功能是保障未成年子女的健康成长,当子女成年时,抚养费用已丧失功能,不具有保护利益。从抚养费的立法目的及其功能来看,子女未成年期间,父母双方或者一方未承担的抚养费用,同样因其子女成年会丧失保护价值,应不予保护。即子女成年后,不能对其未成年期间父母应承担的抚养费用进行追偿。因此,追索抚养费用的权利主体应为未成年及不能独立生活的子女。而主张抚养费的范围不只局限于当期费用或已经发生的费用,而且可就将来预计应当发生的抚养费用一并予以主张,且不以父母是否与其共同生活为条件,而只以父母未履行义务为前提。

2. 子女追索抚养费是否受诉讼时效限制

在婚姻关系存续期间,父母对子女的抚养义务从子女出生时起,至子女成年时止。此期间,被父母抚养的权利是一种持续性权利,不应适用诉讼时效。父母双方或者一方不履行抚养义务,因抚养义务的持续性,受抚养子女的抚养费请求

权亦不应受诉讼时效的限制。但审判实践中对该问题的认识并不一致,有些法院认为,既然抚养费请求权为一种法定债权,债权即应受到诉讼时效的限制,并在抚养费案件审理中,采纳上述观点对案件作出判决。另一种观点认为,如果规定追索抚养费不受诉讼时效的限制,可能会导致大量抚养费纠纷案件诉至法院,客观上不利于家庭和睦和社会稳定。考虑到审判实践中对此问题意见不统一的实际情况,本规则并未规定子女抚养费不受诉讼时效的限制。但在具体审理案件中,应当根据案件的具体事实,从有利于保护未成年人或不能独立生活的子女的利益出发,在不违反法律规定的情况下,作出公正裁决。

3. 子女是否可以请求变更抚养费

从保障子女健康成长的角度来看,被抚养子女的生活必需费用,除了生活费、教育费外,还包括医疗费、保险费、特殊情况下的特别费用等。就社会发展的现实状况看,当今孩子的生活、教育、医疗等费用开支已经成为多数家庭中的一项重大支出,甚至占据整个家庭总收入相当高的比例。由于孩子的成长和教育是一个长期的过程,法院判决书已经确定的抚养费用数额难以和社会经济的发展,人们生活、消费水平的增长速度相适应,无法满足被抚养子女的实际需求,导致被抚养子女生活水平下降,生活、教育受到影响。因此,按照夫妻对子女抚养法定义务的本质含义,应当允许子女在父母承担的抚养费不能保障其实际成长或生活需要时,请求变更抚养费。

五、成年子女能否追索之前未付的抚养费

该问题在实践中有很大争论。有的认为可以追索,有的认为应根据诉讼时效的规定处理。

笔者认为,抚养费的拖欠并不能够简单地认定为是一种债权债务关系。抚养费设立的目的与价值是为了保障未成年子女健康、茁壮地成长。子女在成年之后,无论是否具有独立生活能力,抚养费所体现的法益已经不存在。也就是说,成年后的子女丧失了抚养费的请求权。既然实体权利已经消失,也就不存在是否适用诉讼时效的问题。同时笔者认为,夫妻对于子女均负有抚养义务。所以,虽然成年子女不再具有抚养费的请求权,但是支付子女抚养费的原配偶一方在子女成长的过程中不仅承担了自己的义务,还承担了对方支付抚养费的义务。所以,配偶一方就自己多承担的抚养费,还是具有返还请求权的,并适用诉讼时效的规定。

第二十三章　赡养纠纷裁判精要

赡养是指晚辈对长辈应尽的照顾其生活的义务，这种义务不仅发生在婚生子女和父母间，而且也发生在非婚生子女和父母、养子女和养父母、继子女和履行了抚养教育义务的继父母之间。不仅发生在父母之间，而且发生在有负担能力的孙子女、外孙子女与子女已经死亡的祖父母、外祖父母之间。变更赡养关系纠纷是指赡养人与被赡养人之间因变更赡养关系而引起的纠纷。赡养费纠纷是指被赡养人因向赡养人索取赡养费而引起的纠纷。

一、《婚姻法》第28条"子女已经死亡或子女无力赡养的"情形认定

某法院在审理一起赡养纠纷案件中，经审查，原告有3子2女，均已成年。原告由3个儿子赡养，长子张某因病已故。现原告起诉要求三被告（系原告孙子、张某的儿子）承担赡养义务。审理中，对原、被告之间是否存在直接的利害关系持两种意见。第一种意见认为，依照我国《婚姻法》的规定，子女不履行赡养义务时，无劳动能力的或生活困难的父母，有要求子女付给赡养费的权利。该规定精神已经明确，因原告有其他子女，原告与孙子们（三被告）之间不存在直接的利害关系，原告的起诉不符合《民事诉讼法》第119条规定的起诉必须符合原告是与本案有直接利害关系的公民的条件，对此应裁定驳回原告的起诉。第二种意见认为，依照我国《婚姻法》的规定，有负担能力的孙子女、外孙子女，对于子女已经死亡或子女无力赡养的祖父母、外祖父母，有赡养的义务。该规定未明确有其他子女的祖父母、外祖父母可以免除有负担能力的孙子女、外孙子女的赡养义务。原告的起诉符合《民事诉讼法》第119条有明确的规定，有具体的诉讼请求和事实、理由的条件。原、被告之间有无直接的利害关系，应是实体上解决的问题，故应判决驳回原告的诉讼请求。

笔者认为，子女赡养扶助父母是其应尽的法定义务，而对祖父母和外祖父母而言，孙子女和外孙子女则并非理所当然地就是法定的赡养义务人。只是在极特殊情况下，当子女无法履行其应尽赡养义务如子女死亡或者子女没有赡养能力时，才属于《婚姻法》第28条规定的情形，有负担能力的孙子女、外孙子女，对祖父母和外祖父母负有赡养的义务。因此，《婚姻法》第28条中所称的"子女已经死亡

或子女无力赡养”，应当是指父母所有的子女都属于此种情形，换言之，只要其子女中还有人具备赡养能力，孙子女和外孙子女就无须承担赡养义务。案件中，原告除长子死亡外，尚有均已成年且具备赡养能力的两个儿子和两个女儿，其健在的子女理应承担对父母的赡养义务。故原告起诉要求其孙子女承担赡养义务，法院不应支持。原告的起诉符合《民事诉讼法》第119条的规定，应予受理，至于原告的请求应否支持，属于案件实体审理时应予查明的问题，故应当判决驳回原告的诉讼请求。

二、赡养义务的转让

赡养义务是法律规定的法定义务，这一义务是不能转让的。理由是：

1. 从法理上看，法定义务不能转让

义务是权利的对应词。法理学界对义务的释义和民法学界对民事义务的释义均有多种。在法理上，以义务发生的根据为标准，可以把义务分为法定义务与约定义务。所谓法定义务是指法律规范规定的当事人应负的义务。这种义务是不能转让的。义务主体不履行这一义务，即是违法行为，依法应当承担相应的法律责任。民法上之义务，是指为民法所保护利益，得强制行为不行为的状态。所谓约定义务，是指由当事人协商确定的义务，这种义务经权利人同意是可以转让的。

2. 从法律规定来看，赡养义务是不能转让的

我国《婚姻法》第21条规定：“子女对父母有赡养扶助的义务。”这里应该尽赡养义务的主体非常明确，即“子女”。法律之所以作出如此规定，是由于子女与父母之间有着血缘关系，亲情，是其他人所代替不了的。

3. 从义务范围看，赡养的义务也不应转让

赡养应该包括三个方面：物质与经济支持、生活照料和感情沟通。传统意义上的养老，就是给父母和老人提供生活必需品，而现在的老人，尤其是城市中生活的老人一般生活都有保障，他们对养老的关注点已由传统意义上的物质需求转向对生活质量和情感的追求。据一项关于高龄老人死亡风险度的调查发现，子女的经济支持与老年人的死亡风险关系不大，而生活照料和感情关心却与之有明显的关系。因此，对于赡养来说，生活照料和感情沟通对提高现今老人的生活质量有着更重要的意义。

第二十四章 探望权及监护权纠纷裁判精要

探望权是指离婚后，不直接抚养子女的父亲或母亲有探视子女的权利。因行使探望权而发生的民事争议，称为探望权纠纷。

监护权纠纷是指因行使监护权而发生的民事争议，主要是监护权人认为其依法行使的监护权被他人侵害时所引发的纠纷。监护是指民法上规定的对无民事行为能力人和限制民事行为能力人的人身权益和财产权益进行监督保护的法律制度。其中，设定的监督保护人称为监护人，被保护的人称为被监护人。

一、探望权的行使

随着当今社会离婚率的普遍增长，离婚后有关探望子女的纠纷也逐渐增加并成为社会问题。作为现代亲权理论的产物，我国《婚姻法》第38条确定了离婚后子女探望权制度，使我国婚姻法得到进一步完善。但《婚姻法》的规定过于原则，对此，最高人民法院通过《婚姻法司法解释(一)》，就探望权的行使规则进行了明确。

(一) 探望权诉讼的受理

探望权是现行法律赋予当事人的一项实体权利，只要是符合规定情形的父母，都应依法享有该项权利，其权利的行使应受法律的保护。法律对此项权利的规定不溯及既往，只能是在其规定之后还符合条件的，才可适用。所以，对这些单独以探望权的行使为由向人民法院提起诉讼，要求保护其今后探望权的依法行使的，人民法院依法应予以受理。需要注意的是：

(1) 对探望权的行使时间、地点、形式等问题，首先应允许当事人双方对其进行协商，并从有利于子女成长的角度出发，对探望的时间、方式等具体问题达成一致。只有当双方当事人最终无法达成一致意见时，才由人民法院依法酌情进行判决。

(2) 在判决探望权纠纷案件中，应重点考察探望权人的实际情况，本着“保护子女身心健康”的原则确定具体探望方式。而在考察其实际情况时，应主要考察探望权人是否具有可能会对子女产生不良影响的情形，以及是否与子女具有正常的感情等问题。

（3）为了避免当事人之间再次发生纠纷，在就探望权问题进行判决时，应该尽量作出原则性规定，而不宜过于细致。特别是对探望时间、地点等，由于实际生活情况随时都有可能发生变化，因此不宜作出过于详细的规定。

（二）探望权的中止和恢复

中止探望权的行使，是指当探望权的行使出现不利于未成年子女身心健康的情况时，由有关权利人提出暂时中止探望权行使的情形。恢复探望权的行使，是探视行为不利于子女身心健康的情况消失后，根据当事人的申请，恢复探望权人继续行使探望权。什么是不利于子女身心健康的情况？对此需要根据具体案件加以判断。比如探望方患有严重的传染性疾病，可能影响子女身体健康的；对子女实施暴力行为的；有不良嗜好或教唆子女从事非法活动的。另外，《中华人民共和国预防未成年人犯罪法》规定，未成年人的父母或者其他监护人等，应当教育未成年人不得有不良行为，并列举了几种主要的不良行为，像旷课、夜不归宿的，打架斗殴、辱骂他人的，偷窃、故意毁坏财物的行为等。如果行使探望权的一方以探望子女为由，胁迫、教唆未成年子女实施这些行为的，都可以作为不利于子女身心健康的情形，人民法院应该根据当事人的申请而中止探望权的行使。人民法院就中止探望权问题需以裁定形式作出，关于恢复探望权问题，需以通知形式作出。

（三）提请中止探望权的主体

父母双方离婚，已使子女不能在一个健全的家庭环境中生活，如果不与其共同生活的父或母的探望权再受到限制，将很有可能给子女的感情造成更大伤害，不利于其健康成长。由此可见，探望权不仅对不与子女共同生活的父或母十分重要，对子女而言同样也具有十分重大的意义。因此，只有那些与子女关系最为密切，最了解子女的生活、心理状况，并能够作出最有利于子女健康成长决定的人，才能成为向人民法院提出中止探望权请求的适格主体。这些适格主体包括：未成年子女、直接抚养子女的父或母及其他对未成年子女负担抚养、教育义务的法定监护人。

（四）对拒不执行探望子女等裁判的强制执行

在权利人行使探望权的过程中，与子女共同生活的父或母，或者对子女承担抚养义务的其他个人和单位，有义务协助权利人行使其权利，不应对权利人探望其子女设置障碍。若义务人拒不协助权利人行使其探望权，阻止权利人对其子女进行探望，则权利人可向法院申请强制执行。而在处理该类案件中，法院应注意以下两个问题：

（1）在判断与子女共同生活的一方当事人是否履行了协助义务时，应结合权利人行使其探望权的具体形式，并本着最有利于子女身心健康的原则。例如，某些义务人虽然不禁止探望权人与其子女会面，但严格控制会见时间，时间到后，完全不考虑子女自身的情绪和要求，强制将权利人赶走。此种情况，就应认定其并未完全履行其协助义务。但是,不让子女与探望权人会面,并不一定就等于违反了协助义务。如果不与探望权人会面,是子女自己的要求,或者有合理理由证明会面会对子女的身心健康产生不利影响,此时义务人拒绝权利人行使探望权的行为,并不构成对其协助义务的违反。总之,在决定是否有必要对行使探望权采取强制措施之前,首先应结合案件具体情况,判断义务人是否已经履行了协助义务。

(2) 在采取强制措施时,只可根据案件的具体情况,依据《民事诉讼法》的有关规定,对负有协助义务的一方当事人采取拘留、罚款等强制措施,切不可对子女的人身采取强制措施,强迫其与探望权人见面。因为,设立探望权的本意是为了未成年子女的身心得以健康发展,不考虑子女的意愿甚至强行将子女带至某处由其父或母行使探望的权利,与立法初衷相背离。

(五) 涉及家庭暴力引发的探视问题

实践中需要注意的是,最高人民法院中国应用法学研究所于2008年3月公布了《涉及家庭暴力婚姻案件审理指南》,其中涉及家庭暴力引发的探视问题值得借鉴。该审理指南第66条规定了未成年人权利优于家长的探视权。在未成年子女不受家庭暴力影响的权利与加害人探视未成年子女的权利相冲突时,应当优先考虑未成年人的权利。加害人有下列情形之一,受害人提出申请的,人民法院可以裁定中止加害人的子女探视权;

(1) 在未成年子女面前诋毁、恐吓或殴打承担直接抚养义务的受害人的;

(2) 利用探视权继续控制受害人的;

(3) 利用探视权对受害人进行跟踪、骚扰、威胁的;

(4) 利用探视权继续对受害人和/或未成年子女施暴的;

(5) 法院认为有必要的其他情形。

第67条规定了探视权的恢复。加害人有下列情形之一的,法院可以考虑恢复其探视权:

(1) 完成加害人心理矫治,并且有心理矫治机构盖章、治疗师签名的其已经能够控制暴力冲动的证明;

(2) 法院认为有必要的其他情形。

第68条是有关探视的具体规定。离婚并不一定能够阻止家庭暴力。暴力和暴力威胁可能随着离婚诉讼而进一步加剧。为了避免未成年子女成为加害人继续控制受害人的工具,最大限度保护未成年子女的利益,判决或者调解离婚的,人民法院可以在判决或者调解书中明确规定探视的方式、探视的具体时间和具体地点,以及交接办法。例如:

(1) 时间:每月两次,探视时间一般为9:00—17:00。

(2) 地点:双方都信任、也有能力保障受害人和未成年子女人身安全的个人第三方、特定机构等。特定机构包括庇护所、社会机构,包括营利和非营利机构等。

(3) 接送方式:直接抚养的一方按约定提前20分钟把孩子送到指定地点,探视方20分钟后到达指定地点接走孩子。探视时间结束后,探视方按时把孩子送回到指定地点离开。直接抚养方在随后的20分钟内接回孩子。如果探视方有急事,要求临时变更探视时间,一般情况下,应当提前24小时通知第三方。第三方应当及时通知直接抚养孩子方,确定变更时间。

第69条是违反探视规定的处置:

(1) 探视方在探视日超过规定时间30分钟未接孩子,事先又未通知第三方的,视为放弃该次探视。

(2) 探视方不得在探视时间之前的12小时之内和探视期间饮酒,否则视为放弃该次和(或)下次探视。

(3) 迟到没有超过30分钟的,第三方或社会机构可以向探视方收取孩子的监管费。收费标准由双方协商。

二、离婚案件中探望权判决的作出

法院在审理离婚案件中,对离婚后不直接抚养子女一方父或母对子女的探望权,法院是否应一并作出判决,主要有两种意见:一种意见认为,在离婚案件中,只要存在探望权,无论当事人是否诉请行使,法院都应对探望权的行使方式和时间作出具体判决。另一种意见认为,只有当事人在诉讼中诉请行使对子女的探望权时,法院才有必要对探望权的行使方式和时间作出判决。

笔者认为,人民法院受理及审理民事案件,一直坚持不告不理的原则。当事人提出诉讼请求是民事案件审判的前提和基础,人民法院只能围绕当事人的诉讼请求进行审理。如果没有当事人的诉讼请求或超出诉请范围的部分,人民法院无权主动进行审查。探望权是我国现行《婚姻法》赋予当事人的一项实体权利,根据有关立法精神,当事人对此类纠纷可以与离婚诉讼同时提出,也可以离婚后单独就此提起诉讼。无论何时提出,只要符合法律规定,人民法院均应依法受理,并就当事人所诉求的问题进行审理。第一种意见认为无论当事人是否诉请行使,法院都要对探望权的行使方式、时间等问题作出判决的观点是不正确的。笔者同意第二种意见。

三、祖父母是否探望权的权利主体

《婚姻法》第38条第1款规定:“离婚后,不直接抚养子女的父或母,有探望子女的权利,另一方有协助的义务。”从该条条文的表述来看,探望权的权利主体为不直接抚养子女的父或母,义务主体为随子女共同生活的另一方。此处的父母子女,既包括婚生子女与父母,也包括非婚生子女与父母、养父母与养子女以及同意继续抚养的有抚养关系的继父母与继子女。同时,该条规定所赋予的探望权权利主体,也只表述为不直接抚养子女的父或母一方,并未包括祖父母、外祖父母以及其他亲属。所以实践中，通常的理解是其他亲属不具有法律上的探望权。

鉴于祖父母、外祖父母到法院起诉请求保护其探望孙子女、外孙子女的权利，缺乏相应的法律依据，法院应当裁定驳回起诉，除非将来《婚姻法》修订后将探望权的主体扩大到祖父母和外祖父母。[①]

但是，实践中对于抚养孙子女、外孙子女的祖父母、外祖父母主张探望孙子女、外孙子女的，人民法院是否支持呢。虽然我国《婚姻法》将探望权的主体规定为离婚后不直接抚养子女的父或母，但在未成年子女的父或母死亡或者丧失行为能力的情况下，依照《婚姻法》第28条之规定，代替自己已经死亡或者丧失行为能力的子女对孙子女或外孙子女尽抚养义务的祖父母或者外祖父母，主张探望孙子女或外孙子女的，人民法院应当予以支持。[②]

四、监护人和监护职责的确定

针对监护人和监护职责，最高人民法院通过《民法通则意见》予以了明确。

1. 监护人的职责

《民法通则》未对监护职责的具体内容作出相应的规定。《民法通则意见》第10条则对此作了解释，即监护人监护职责包括："保护被监护人的身体健康，照顾被监护人的生活，管理和保护被监护人的财产，代理被监护人进行民事活动，对被监护人进行管理和教育，在被监护人合法权益受到侵害或者与人发生争议时，代理其进行诉讼。"

2. 监护人的指定

《民法通则》第16条、第17条规定了人民法院指定监护人的问题，但在司法实践中，由于此类问题较为复杂，上述规定仍然不能满足司法实践的需要，因而《民法通则意见》对此作了补充解释，主要包括以下几个方面：

(1) 关于监护人监护能力的认定问题。为了对未成年人及精神病人进行保护，使他们的民事权利能力得到真正实现和民事行为能力得到弥补，仅仅要求监护人是具有完全民事行为能力的人是不够的，所以《民法通则意见》第11条规定了对监护人监护能力的认定，还"应当根据监护人的身体健康状况、经济条件，以及与被监护人在生活上的联系状况等因素确定"。无论是做未成年人还是精神病人的监护人，都有管理和照料被监护人生活的职责，如监护人本人身体不好，尚不能照料自己，当然也就不能尽到监护人的职责。监护人的经济条件，主要是指在被监护人自己没有财产又没有生活来源必须依靠监护人生活时，才作为监护人监

---

① 参见本书研究组：《祖父母主张探望孙子女的诉讼请求能否得到法院支持》，载奚晓明主编、最高人民法院民事审判第一庭编：《民事审判指导与参考》2009年第4辑，法律出版社2010年版，第218页。

② 参见最高人民法院民一庭：《抚养孙子女、外孙子女的祖父母、外祖父母主张探望孙子女、外孙子女的人民法院应当予以支持》，韩玫执笔，载奚晓明主编、最高人民法院民事审判第一庭编：《民事审判指导与参考》2011年第2辑，法律出版社2011年版，第98页。

护能力的条件之一予以审查,如果被监护人本人有财产,可以支付其生活费,或者有其他负有扶养义务的人供其生活费的,要求监护人具有这一条件就不重要了。与被监护人在生活上的联系状况,如一未成年人的父母死亡,但有四个成年的兄、姐,其中两个在外地,有两个与该未成年人生活在一起,在此种情况下,与未成年人共同生活的两个兄、姐,就更适合做监护人,但并不因此而免除在外地的两个兄姐的扶养义务。

(2) 关于精神病人的监护人的指定问题。《民法通则》第 17 条第 1 款第(四)项规定,"其他近亲属"可以担任精神病人的监护人,但对"近亲属"的范围未予明确,《民法通则意见》第 12 条解释认为,此处规定的"近亲属",包括配偶、父母、子女、兄弟姐妹、祖父母、外祖父母、孙子女、外孙子女。也就是说,"近亲属"的范围是包括配偶、三代以内直系亲属和最亲近的旁系亲属。监护权是一种亲权,是基于监护人与被监护人之间的特定身份关系而产生的,《民法通则》中规定的顺序,是参照亲属关系的远近排列的,这符合我国当前家庭及亲属关系的现状。人民法院依此顺序指定监护人,可以更好地保护被监护人的权益。但在实践中,由于具有监护资格的人的条件各不相同,有时后一顺序有监护资格的人比前一顺序有监护资格的人担任监护人对被监护人更为有利,人民法院可以优先考虑指定后一顺序的人为监护人,即不能将这一顺序作为指定监护人的法定顺序,立法中这样规定,就是考虑到实际生活中的不同情况。

(3) 对未成年精神病人指定监护人的顺序。《民法通则》第 16 条规定了对未成年人指定监护人的顺序,第 17 条则对精神病人指定监护人的顺序作了规定,实践中对未成年精神病人指定监护人存在不同做法,《民法通则意见》第 13 条即解释认为,为患有精神病的未成年人指定监护人,适用《民法通则》第 16 条的规定。

(4) 关于指定监护人的争议处理问题。指定监护是指在没有法定监护人和遗嘱监护人时,由人民法院或者有权指定监护人的机关为无民事行为能力和限制民事行为能力人指定监护人。《民法通则》对因指定监护人产生的争议处理问题未作详细规定,《民法通则意见》对此作了补充解释,即未成年人父母的所在单位、精神病人所在单位首先行使指定权,如果未成年人的父母没有单位,精神病人没有单位,或者该单位拒绝指定或者不适宜由其指定时,由未成年人、精神病人住所地的居民委员会或者村民委员会指定监护人;只有当未成年人、精神病人的近亲属对有关组织的指定不服而提起诉讼时,人民法院才依法定程序和法定条件,通过判决指定未成年人、精神病人的监护人。有关组织在指定监护人时,要依照《民法通则》的规定进行,以书面或者口头形式通知被指定人均可,一经通知,应当认定指定成立;但是有关组织的指定并非终局性的,被指定人不服的,应当在接到通知的次日起 30 日内向人民法院起诉;既不服指定,又不向人民法院起诉的,被指定人应当负起监护责任。被指定人对指定不服提起诉讼的,人民法院应当根据规定,作出维持或者撤销指定监护人的判决,如果判决是撤销原指定的,可以同时另行指定监护人,此类案件的审理程序,按照《民事诉讼法》所规定的特别程序审理。

3. 监护关系的变更

所谓监护关系的变更,是指在监护期间内更换监护人。监护人的变更可以分为协商变更与依法定程序变更两种方式,对此,《民法通则》未作明确的规定。《民法通则意见》第 18 条规定:“监护人被指定后,不得自行变更;擅自变更的,由原被指定的监护人和变更后的监护人承担监护责任。”所以,变更监护关系,一般应根据原监护关系成立时的程序进行。原监护关系是由有监护资格的人自行协商确定的,可以自行协商变更。如果是经过有关组织或者人民法院指定的,不得自行变更。这是因为指定监护人时,往往已充分考虑了被监护人的利益,根据监护人和被监护人双方的实际情况择优确定的。如果客观条件发生变化需要变更监护关系时,应当经过原指定单位或者人民法院的同意,重新办理手续。擅自变更监护关系发生纠纷的,原被指定的人依然要承担法律责任,这是维护指定监护人制度严肃性的需要。《民法通则意见》第 17 条还规定,对指定监护人不服,且起诉又超过规定期限的,也应当按变更监护关系的程序处理。另外,当原被指定的监护人不履行监护职责,或者侵害了被监护人的合法权益时,其他有监护资格的人或者单位,可以向人民法院起诉要求变更监护关系。

4. 父母离婚后未成年子女的监护

《民法通则意见》第 21 条对父母离婚后未成年子女的监护问题作了规定。父母的监护权是基于亲权而产生的,父亲和母亲都有监护权,在父母离婚时,法院会判决子女随父母中的一方共同生活,而由另一方支付相应的子女抚育费,同时在具体执行中,另一方还有定期的探望子女的权利。父母离婚后,双方仍都有监护权,与子女共同生活的一方无权取消对方对该子女的监护权,即不与子女共同生活的一方仍然有资格管理和保护未成年子女的人身和财产利益,仍可以作为子女的法定代理人;但是,解释还赋予与子女共同生活的一方请求人民法院取消另一方监护权的权利,如果另一方对子女有犯罪行为、虐待行为或者对子女明显不利的,法院可以判决取消该方对子女的监护权,该方的监护责任也随之解除。

5. 委托监护

委托监护,是指通过委托合同的形式,监护人将自己的监护责任委托他人实施的行为。《民法通则》未对委托监护作出规定,因此《民法通则意见》第 22 条规定:“监护人可以将监护职责部分或者全部委托给他人。”但同时也规定了责任的承担,即“因被监护人的侵权行为需要承担民事责任的,应当由监护人承担,但另有约定的除外;被委托人有过错的,负连带责任”。

6. 收养对监护关系的影响

根据《民法通则意见》第 23 条的规定,收养关系合法成立,原监护关系也就因此而结束,原有的其他有监护资格的人的监护资格也因此而结束。该其他原有监护资格的人不得以收养未经其同意而主张收养关系无效。

第二十五章　婚姻家庭侵权纠纷裁判精要

婚姻家庭关系的侵权行为，是近年来争议较大的一个问题，理论上有不同看法。事实上，婚姻家庭关系的侵权行为，就是侵害身份权的侵权行为。因此在区分这种侵权行为的时候，将具体类型划分为侵害配偶权的侵权行为、侵害亲权的侵权行为和侵害亲属权的侵权行为三个类型。在立法上和实践中，我国《婚姻法》规定了离婚过错损害赔偿，是侵害配偶权的侵权行为；《精神损害赔偿司法解释》规定了诱使无民事行为能力人和限制民事行为能力人脱离监护的民事责任，是侵害亲权或者亲属权的侵权行为。这些都是妨害家庭关系的侵权行为。但是，这些规定的只是妨害家庭关系侵权行为类型中的一部分侵权行为，或者说只是其中一小部分侵权行为，而且这些规定的本身都有其不完善之处。可以说，我国对婚姻家庭关系的侵权法保护，是极不完善的，应当加强和完善。

一、配偶权侵权的认定

(一) 配偶权侵权的概念

配偶权作为身份权，一旦被侵害，可适用民法中关于侵权责任的有关规定。配偶权侵权，是指具有合法婚姻关系的夫妻及夫妻以外的第三人，以作为或不作为的方式违背了法律对夫妻权利义务(配偶权)的规定，实施了危害配偶的基于配偶身份而享有的利益，使配偶另一方的人身、财产乃至精神受到损害的过错行为。

(二) 配偶权侵权的法律特征

(1) 侵权行为的受害主体为配偶一方，配偶权侵权行为的行为人不论是配偶一方或是第三人，其行为所侵害的都是特定民事主体——配偶的权利义务，而不是社会公共利益或受公法所保护的利益，这种权利义务具有确定性。

(2) 侵权行为的主观方面为故意，即主观上明知合法婚姻关系中的权利义务受法律保护和不受侵犯而实施侵害行为。无论是配偶一方的侵权还是婚外第三人的侵权，其主观上都有过错。配偶一方的侵权主要是故意，婚外第三人的侵权可能是故意也可能是过失，如过失致人残疾或死亡，不但是对受害人的侵权，同时也侵犯了受害人配偶的配偶权。

(3) 侵权行为的客体是夫妻基于配偶身份而享有的利益,即配偶权,使配偶另一方的人身、财产乃至精神受到损害,如因给婚外同居者购置贵重物品而损害合法婚姻关系当事人对夫妻共同财产的拥有。配偶权对内具有相对权,对外则是绝对权、对世权,这表明配偶之所以为配偶,其他任何人均不得与之成为配偶,不得侵犯该配偶权的义务,这种义务是不作为的义务,违反不作为义务而作为,就构成侵害配偶权的行为。这种行为在客观上会造成对配偶一方名誉权的损害,但是,这种损害是一种间接的结果,行为直接侵害的客体是配偶权,造成的直接损害结果,是配偶身份利益的损害。

(4) 侵权行为的客观方面表现为夫妻一方或第三人实施了侵害《婚姻法》所规定的夫妻间合法权益(配偶权益)的行为,而且侵害只要是针对夫妻人格、身份、财产利益的,即可构成,它并非以发生有形物质损害为要件。

(三) 确认配偶权侵权的法律意义

1. 确认配偶权侵权是保护配偶权和确认配偶权的法律价值的必然要求

配偶权是人不可或缺的权利,自然人进入婚姻的殿堂,基于配偶的身份,夫妻双方互享一定的权利和义务,这种权利和义务,说到底就是配偶权。婚姻关系进入文明的标志是社会制度确立了一夫一妻制,合法的婚姻确立了男女双方特定的身份关系,并赋予其配偶权。法律的价值在于确认合理的社会秩序,而规范合理的社会秩序是通过赋予社会主体的人一定的权利和义务,并对权利加以保护,对侵权加以制裁的方式来实现的。如果侵权行为法确认侵害了配偶权,并予以法律救济,对于权利的实现是不可或缺的。

2. 确认侵害配偶权是婚姻义务的本质体现

配偶权是自然人基于结婚的事实而产生的配偶互享的以配偶身份利益为客体的权利,配偶权的身份利益是夫妻共同生活、共同享受、相互依靠、相互扶助、相互体贴关爱的人类最密切的情感。配偶权是权利和义务合为一体,因为配偶权是身份权的一种,身份权虽然本质上是权利,实质上是以义务为中心的。权利人在道德和伦理驱使下,自愿或非自愿地受制于相对人的利益,因而,权利之中包含义务。婚姻关系一旦缔结,当事人就必须负载相应的道德责任和法律义务,这些责任和义务有作为的和不作为的内容,如相互扶助、彼此尊重、相互关爱、禁止重婚、排斥婚外性行为等。当夫妻一方违背婚姻义务,逃避婚姻责任时,可以通过调整或改过来继续维持婚姻,当婚姻走向破裂时,就应当由过错方承担一定的责任,使之既可维护婚姻义务的社会性、严肃性和权威性,又能实现对无过错方的必要补偿与救济,体现婚姻义务动态运行中法律规制的正义与公平。

3. 确认配偶权侵权是保护婚姻当事人合法权益的需要,为离婚损害赔偿提供了理论基础

我国目前家庭解体现象越来越严重,其中多数是由于家庭暴力和夫妻一方有婚外情,或通奸、姘居、重婚而导致的离婚。许多家庭的受害方身心遭受到严重摧

残,却得不到法律救济,有苦难言。而且,侵害配偶权、破坏婚姻家庭的行为,除了给婚姻家庭带来危害,给社会也会造成一定程度的危害,因奸情而引起的凶杀案件屡屡发生。据调查,这类案件占全部凶杀案件的32%。[①] 家庭的破坏,受伤害最深的还是子女。在《婚姻法》中规定侵害配偶权的精神损害赔偿制度,可以有效地运用民事制裁的手段制裁重婚、"包二奶"、家庭暴力等违法行为,并在经济上予以制裁,对损害方给予补偿,可以有效地保护婚姻家庭和妇女儿童的合法权益。

(四)配偶权侵权的类型

笔者认为,侵害配偶权的侵权行为从忠实义务上讲,包括嫖娼、卖淫、通奸、姘居、重婚;从同居的权利和义务上讲,包括不履行同居义务和"婚内强奸";从生育权上讲,包括侵害配偶生育权。这些侵权行为有些是内部侵权,有些是外部侵权,还有些是内外结合共同侵权,如通奸、姘居、重婚、侵害生育权的行为。所以,大多数学者从内部侵权和外部侵权分类是不科学的,笔者从侵害配偶权的具体类别来分析。

1. 嫖娼、卖淫

这里所说的嫖娼、卖淫行为是指已婚的夫妻嫖娼、卖淫行为,即夫的嫖娼或妻的卖淫行为。这些行为都是违反我国法律的规定,为法律所禁止的。对于嫖娼行为,是侵害了妻的配偶权,因为嫖娼行为和通奸行为没有什么区别,嫖娼是商品化的通奸,这些行为违反了夫妻间的忠实义务,应当受到道德的非难和法律的制裁。只不过它们对社会的危害程度较低,一般采取行政处罚手段。对于妻的卖淫则要区分不同的情况。第一种情况是,如果妻的卖淫是违背了夫的意愿,或隐瞒丈夫而故意为之,就相当于出卖自己的肉体,视为违反了夫妻应负的贞操忠实义务,违反了夫妻性生活应当专一的要求,构成对夫的配偶权的侵害。第二种情况是,如果妻子的卖淫是由于受胁迫或受丈夫的纵容和默许,则不构成对夫的配偶权的侵害。因为,从理论上分析,配偶权兼有支配权与请求权的性质,丈夫默许、支持甚至强迫妻子卖淫,实质上是对支配自己身份利益的抛弃,也即放弃请求妻子履行贞操忠实义务,不构成对自己配偶权的侵害。这时夫妻之间的身份利益已经荡然无存,妻子的肉体已经变成了挣钱的工具,已不再是夫妻性生活的乐园。配偶之间的身份利益已不再受法律保护。

2. 通奸

通奸指一方或双方已有配偶的男女自愿发生两性关系的行为,其特征有四:

(1) 主体上看,通奸男女必须有婚姻关系的双方或一方,如果双方都没有配偶则不称为通奸;

(2) 主观愿望上看,必须是男女双方自愿发生的两性关系,如果女方被迫,则构成强奸;

---

① 参见杨立新:《论侵害配偶权的精神损害赔偿责任》,载《法学》2002年第7期。

(3) 时间上可以是持续,也可以是一次或几次;

(4) 行为的隐秘性,通奸的男女没有固定的住所,处于一种隐秘的状态,尽量不为人所知。

夫妻相互忠实是婚姻存续的基础,通奸行为侵害了配偶另一方的同居权和忠实义务请求权,破坏了夫妻的感情,具有主观过错。这里的通奸不包括人们常说的婚外恋、婚外情、异性知己。因为,“婚外恋”是否有婚外性行为,本身比较含糊,并不很明确,不是法律用语,不能与违反夫妻忠实义务相提并论;类似的用语还有婚外情、网络恋等,均不能与违法行为画等号;“异性知己”只要在友谊的正常范围内交往,相信不会损害婚姻或配偶。这些行为有些是违反道德的,但只要双方在交往过程中未发生性行为,则只能靠社会舆论和当事人的内心信念加以调整,不必用法律加以规制。

3. 姘居

姘居也叫有配偶者与他人同居。最高人民法院2001年12月27日公布的《婚姻法司法解释(一)》第2条解释为,有配偶者与婚外异性,不以夫妻名义,持续、稳定地共同居住。它与通奸的区别在于前者具有临时性、隐蔽性,而后者具有持续性和公开性。但二者本质上是一样的,都使配偶的身份利益遭受损害。姘居行为与通奸行为区别有三:

(1) 在发生时间上,前者具有稳定性,在一段时间内长期持续进行;后者具有不定性,可以一次也可以多次发生。

(2) 在存在状态上,前者一般都有非法男女双方一起共同生活;后者只能是以非法男女“偷情”的方式发生。

(3) 在行为方式上,前者具有公开性;后者具有隐蔽性。

同居的含义应当是在一起共同生活,在一起起居、餐饮、进行性行为。同时还应该持续一定的时间,因为仅仅一次、两次在一起短暂的起居、性生活,只能是通奸行为,而不是同居。同居必须具有“三同”,即同吃、同住、同性生活。通奸是指男女一方或双方有配偶而与他人秘密、自愿地发生两性关系的行为,通奸的双方,对外不以夫妻名义,对内不共同生活。通奸如果导致同吃、同住就成了姘居。究竟应当共同多长时间才算同居,在实践中还没有定论。笔者认为,应当在一周或更长的时间,非连续同居,应当在一个月以上。这种同居并不以夫妻身份相称,周围群众也不认为是配偶身份,只要在一起共同生活就算姘居。如果以夫妻身份相称则构成重婚。

4. 重婚

重婚,是指有配偶者又与他人结婚的行为,即存在一个合法的婚姻关系后,又与他人缔结另外一个婚姻关系。重婚又分为法律重婚和事实重婚两种形式。法律重婚,是指第一个婚姻关系没有依法解除,又与他人办理第二次婚姻登记。事实重婚,是指第一个婚姻关系没有依法解除,在没有办理结婚登记的情况下,又与他人以夫妻名义共同生活。

近几年,纳妾、姘居、“包二奶”等现象增多,并呈现出由经济发达地区到不发达地区、由隐蔽到公开的趋势,许多已经构成了事实上的重婚。不仅严重破坏社会伦理道德,冲击了一夫一妻制,还出现了诸多非婚生子女,产生大量的社会隐蔽人口,导致家庭恶性案件增多,引发官员腐败,影响社会稳定。然而,与之形成鲜明对比的是,婚外非法同居生孩子的案件越来越多,而法院审理的重婚案却越来越少。这是因为重婚很难认定,其一,即使有人想重婚,也不会自投罗网再去登记;其二,邻里间很难知道旁边住的隔壁主人是谁,是不是夫妻。重婚案具有跨地域和隐蔽的特点,这决定了取证必须投入大量的人力、财力和时间。除了拍摄重婚嫌疑人的住所和共同生育的子女的照片外,还必须收集周围群众指证嫌疑人是夫妻的证言。重婚行为在刑法上构成犯罪,在民法上构成侵害配偶权的侵权行为。重婚行为是破坏一夫一妻制原则最为严重的行为,不仅侵害配偶间的贞操忠实权,还严重侵害了配偶另一方的同居权、相互扶助权。重婚为法律严厉禁止。

5. 不履行同居义务和婚内强奸

不履行同居义务和“婚内强奸”是同居权的两个极端,不履行同居义务是不符合婚姻的自然属性,是以不作为的方式侵犯了配偶基于夫妻身份而享有的性利益;“婚内强奸”是滥用同居权的结果,因为同居权是请求权,强行支配对方的性权利必然侵犯配偶的性自主权,侵犯对方的人格权。可以这样理解,不履行同居义务和“婚内强奸”是一个问题的两个方面,从某种意义上说都是性虐待。

在我国现行法律中,没有明文规定同居权。笔者认为,这是我国法律的一个漏洞。同居是婚姻的本质内容,婚姻是以爱情为基础的,爱情是建立在性爱的基础之上的,只有精神恋爱,没有性爱的婚姻,充其量是“海市蜃楼”般的婚姻。因为男女之间的生理差异和固有的性本能,是建立婚姻关系的自然基础,人的性欲就像食欲一样是正常的自然本能,虽说社会属性是婚姻的根本属性,但失去了自然属性,婚姻就不能称为婚姻了。所以夫妻已经结婚,就应当享有同居权,如果剥夺了夫妻的同居权,是违背人道精神的。笔者认为,肯定和认可同居权的存在,是理智地承认婚姻的自然属性,是将人的基本性需求置于婚姻家庭制度的保护下,是倡导人性主义的需要。那种一味追求自己的身体自由不受对方干涉,不履行同居义务,是在逃避婚姻责任,是对另一方配偶性利益的限制,是对自由的滥用,这必将导致家庭的破裂,影响社会的稳定,阻碍社会的和谐发展。那种认为不要同居权也可以培养和促进夫妻关系,推进和谐社会中婚姻关系发展的说法,是缺乏理论根据的,是违背自然发展规律的。

“婚内强奸”是在婚姻关系存续期间,配偶一方(通常是夫)采取暴力手段,违背另一方配偶(通常是妻)的意愿,强行与之发生性交的行为。婚内强奸是一个刑、民交叉的概念,在民法上又称为婚内性暴力、婚内性侵犯。夫妻互有同居的权利和义务,但有同居的权利就可以“强奸”自己的妻子吗? 这显然是不可以的。因为同居权仅仅是一种请求权和相对权,配偶一方仅能请求对方为同居行为,不能支配对方的性自主权,而配偶权的双方是互享权利、互负义务,同居权的行使需要对方履行一定的义务来实现。夫妻双方的性权利是平等的、相对的;而不是单方的、绝对的,配偶双方支配的是配偶的身份利益,而非配偶的身体。婚姻的缔结并不意味着妻子沦为丈夫的性奴。因此,笔者认为,婚内强奸至少是侵害了一方的配偶权,至于是否按强奸罪来定罪,则要根据具体的情况确定。笔者认为,在婚姻关系正常的存续期间,一般情况下,丈夫不能成为强奸罪的主体。但在婚姻关系处在非正常的存续期间,特别是在因感情不和而分居期间或提起离婚诉讼之后,丈夫可以成为强奸罪的主体。

因此,夫妻要正确处理同居权,一方面,要履行同居义务实现对方的同居权,另一方面,又要照顾对方的情感、心理和身体状况,不能强行侵害对方的人格权利——性自主权。

6. 侵犯配偶生育权

生育权首先是夫妻人格权的一种,表现为公民有何时生育和不生育的自由;其次生育权也是一种配偶身份权。生育权只能基于配偶的特定身份在合法的婚姻关系中产生,是配偶权的主要内容之一。对外,夫妻作为一个整体,共同享有生育权,任何人不得非法干预;对内,夫妻互为权利义务方,生育权的行使必须依靠与对方的作为或不作为给以协助。生育权的争议,主要表现为:一是要求生育子女,另一方不同意;二是一方未经另一方同意,采取强制、欺诈、隐瞒等方法使妻子怀孕;三是妻子未经丈夫同意而进行人工流产,终止妊娠。争议的实质是,生育权究竟是男方还是女方的权利。

我国《妇女权益保障法》第51条第1款规定:“妇女有按照国家有关规定生育子女的权利,也有不生育的自由。”该条规定只将生育权的主体限制为妇女,但是,男子就没有生育权了吗?所幸的是,《婚姻法》第16条规定:“夫妻双方都有实行计划生育的义务。”可以间接地推出夫妻都有生育的权利。笔者认为,生育权是夫妻双方的共同权利,夫妻一方在行使自己生育权的同时,也必须尊重对方的生育权,接受一定的限制,承担一定的义务。因为婚姻关系是以两性的差异为基础的社会关系,生育即需要两性细胞的结合,又要在母体内孕育,这使夫妻在行使生育权时对对方承担的义务是不同的。夫妻一方在行使自己的生育权时,应当取得另一方配偶的同意,不得采取强迫、欺诈等手段使另一方配偶在违背真实意愿的情况下生育;不得擅自对双方共同决定受孕的胎儿进行人工流产。例如,如果夫妻双方事先已经达成生育的合意后,女方反悔而进行人工流产的,可以认定为是侵害了对方的生育权;如果事先没有生育的合意,则不能认定为侵害了对方的生育权。同时,配偶一方与他人通奸所生子女,也是对另一方配偶生育权的侵犯。另外,夫妻双方都有生育知情权,夫妻一方有权了解对方与生育有关的一切信息,如身体状况、是否生育、依法律和政策是否能够生育等。对方不得隐瞒真实情况,否则就构成对生育权的侵害。

二、配偶权侵权之损害事实和主观过错的界定

(一) 损害事实

侵害配偶权的损害事实,是使配偶身份利益遭受损害的事实。这一损害事实包括以下几个层次:一是合法的婚姻关系受到破坏;二是配偶身份利益遭受损害;三是给配偶对方造成精神痛苦和精神创伤;四是恢复因损害而损失的财产利益。其中,配偶身份利益的损害,主要是对贞操利益的侵害。配偶的贞操利益表现为配偶之间互负忠实义务,其他第三人不得与有合法配偶身份关系的男女发生性关系,因而保持配偶身份的纯正和感情的专一。第三人与配偶一方通奸、姘居、重婚等行为,破坏了配偶身份的纯正和感情的专一,配偶身份利益的损害必然导致对方配偶的精神痛苦和创伤,同时也可能导致一定的财产损失。因为婚外性行为也叫"婚外性消费",必然侵害夫妻共有财产制中配偶另一方的财产权。这些都会构成侵害配偶权的损害事实,另外,侵害配偶权还会造成对方配偶的名誉受到一定的损害,如在北方民间,如果妻子与人通奸,丈夫则通常被称做"王八""鳖头""绿帽子"等,这也应该包含在侵害配偶权的损害事实当中。

(二) 主观过错

过错责任是侵权法归责原则体系中的一般原则。过错是指支配行为人从事在法律和道德上应受非难的行为的故意和过失状态,换言之,是指行为人通过违背法律和道德的行为表现出来的主观状态。其特征表现为:第一,过错是一种主观状态;第二,过错是受行为人主观意志支配的外在行为;第三,过错是法律和道德对行为的否定性评价;第四,过错的基本形式是故意和过失。但至于侵害配偶权的行为,应该是故意行为,过失能否构成侵权责任?一般均否认。

对于故意,要分三个层次:第一,是明知其行为违法而依然为之;第二,明知其行为违法并会导致对方配偶权有损害而依然为之;第三,明知其行为违法并会导致双方配偶权的损害而希望或意欲这种后果的发生。即明知该行为违反婚姻法规,明知合法婚姻关系受法律保护,合法的配偶身份利益不容侵犯,却实施了侵害配偶一方的身份利益或应履行法定义务而不履行的行为。

对于第三人插足是否侵犯配偶权的问题,要区别对待。如果配偶一方对第三者隐瞒结婚的事实,在第三者不知道也不可能知道的情况下,不构成侵害配偶权,只是与之发生性关系的一方配偶侵害了对方的配偶权。如果第三者开始不知道,但后来知道了真实情况后,依然保持与配偶一方的不正当性关系,则第三者自知道真实情况时起与有过错方配偶有共同的过错,应当承担共同的侵权责任。对于主观过错的认定,不能只凭当事人自己说不知对方的已婚身份,需要从其他旁证来认定其主观过错。

三、亲权侵权的认定

（一）亲权侵权的概念

亲权是指父母对未成年子女在人身和财产方面的管教和保护的权利和义务。侵害亲权的侵权行为是指亲权关系以外的第三人或一方亲权人，故意或过失使未成年子女脱离父母，使亲权人无法行使亲权权利、履行亲权义务或阻止、妨碍另一方亲权人正当行使亲权权利，而给亲权人造成损害应承担损害赔偿责任的行为。

（二）亲权侵权的法律特征

侵害亲权的侵权行为有如下特征：

1. 侵害亲权的侵权行为是对身份权的侵害

亲权是基于父母子女关系而产生的权利义务，是父母对未成年子女的身份利益。侵害亲权主要是身份利益的损害，给亲权人造成精神痛苦，给未成年子女造成的不仅是精神痛苦，还包括被抚养利益的丧失。

2. 侵害亲权的侵权行为产生的损害以非财产损害为主，财产损害为次

父母与子女间的特殊身份关系及血缘关系，建立了非同寻常的亲情，在感情上相互依赖，一旦使子女脱离亲权人，将给亲权人造成焦虑、惶恐不安、悲痛、沮丧、精神刺激等巨大的精神痛苦。但有时也有财产损害，如为寻找子女，发布的悬赏广告、侦查的费用等。

3. 侵害亲权的侵权行为的内容具有特定性

主要内容为使未成年人脱离父母使亲权人无法行使亲权权利、履行亲权义务；或阻止另一方亲权人正当行使亲权权利，如拒绝探望等的行为；或妨碍亲权人行使部分亲权权利，如不经亲权人同意，引诱未成年人从事危险职业，诱使未成年人处分其特有财产等行为。

（三）亲权侵权的类型

未成年人与父母之间的权利义务关系是亲权关系。对亲权的侵害，同样构成侵权行为。这种侵权行为可分为直接侵害和间接侵害。

1. 直接侵害亲权的侵权行为

（1）离间父母与未成年子女的感情。对父母与未成年子女之间的感情进行离间，构成对亲权的侵害，应当承担侵权责任。这种侵权行为一般发生在离婚的夫妻之间，往往孩子由一方抚养，抚养方为了不让孩子与另一方相见，在孩子面前说另一方的种种不是，使孩子对其父或其母产生隔阂，从而不愿意见其父或其母，抚养方的这种行为，实际上是侵害另一方的亲权行为，如果有证据证明，应该承担侵权责任。

（2）强迫、引诱未成年子女脱离家庭。采取引诱或者其他非法手段使未成年子女脱离监护人的，是侵害亲权或者亲属权的侵权行为，应当承担侵权责任。另外，一些绑架未成年人、拐卖儿童等刑事犯罪案，一方面触犯了刑律，另一方面也

构成民事侵害亲权的侵权行为。

（3）无正当理由拒绝探望。《婚姻法》第38条规定："离婚后，不直接抚养子女的父或母，有探望子女的权利，另一方有协助的义务。行使探望权利的方式、时间由当事人协议；协议不成时，由人民法院判决。父或母探望子女，不利于子女身心健康的，由人民法院依法中止探望的权利；中止的事由消失后，应当恢复探望的权利。"这就是夫妻离异后赋予不直接抚养子女一方的对子女的探望权。

在我国，探望权究竟性质如何？是监护权还是配偶权，还是其他的什么权利？笔者认为，这种权利既不是监护权的内容，也不是配偶权的内容，而是亲权的内容。在实践中，被探望的对象只能是未成年子女，因为已经成年的子女接不接受探望，自己完全有识别能力，可以自己作出决定，只有未成年子女才会被动地接受探望。父母对未成年子女的权利，就是亲权，是对未成年子女的人身和财产的照护权，探望权是亲权这种身份权中的具体内容。这种权利不可能是监护权，因为没有直接抚养子女的父或者母，既然没有直接抚养，当然就没有监护权。同样它也不会是配偶权的内容，因为这是对子女的权利，不是对配偶的权利，况且享有探望权的人的配偶关系已经消灭，所以探望权不能成为配偶权的内容。

在实践中，侵害亲权人探望权的案例很多，给亲权权利人造成了很大的精神损害。没有正当理由拒绝探望权人探望未成年子女的行为，是侵害亲权的行为。在《婚姻法》中，将探望权规定为离婚夫妻的权利，对不是由自己亲自抚养的未成年子女享有探望权，法律保护这样的权利。对未成年子女行使监护权的亲权人无正当理由不准探望权人探望未成年子女的，也是侵害亲权的侵权行为，应当承担侵权责任。

（4）非法剥夺亲权行为。亲权是基于亲子关系而生的身份权，非因法定事由及法定程序，不得剥夺。第三人非法剥夺亲权人的亲权，构成侵权责任。非法剥夺亲权行为，包括非法剥夺全部亲权，也包括非法剥夺部分亲权。非法剥夺亲权行为是最严重的侵害亲权行为，会给亲权人以严重的精神损害。

（5）侵害亲权权利行为。侵害亲权的行为不是从整体上或部分上将亲权人的亲权予以剥夺，而是以作为的行为方式对亲权进行非法侵害。这种非法侵害，可以是针对亲权的整体而为，也可以是针对亲权的具体内容而实施。例如对于未满16周岁的子女引诱其参加职业，而未经其亲权人的同意，为侵害职业许可权；未经亲权人同意而诱使未成年人处分其特有财产，亦为侵害亲权财产照护权的行为。

（6）侵害亲权人的人身而致其未成年子女抚养来源断绝的行为。这种行为本为侵害身体权、健康权或生命权的行为，由于受害人具有亲权人特定身份，因而同时构成侵害亲权的行为，应该同时承担侵害亲权的赔偿责任。非法限制亲权人的人身自由，使亲权人无法照看其子女，也构成侵害亲权。

（7）其他使亲权受到侵害的侵权行为。其他使亲权受到侵害的行为，也是侵害亲权的侵权行为。例如,医院过失发生婴儿错抱的情况,是侵害亲权的行为。

2. 间接侵害亲权关系的侵权行为

(1) 雇用未成年子女从事危险性工作。雇用未成年子女从事危险性工作,会给未成年子女构成极大的危险,也会给其父母造成巨大的精神伤害,构成侵权责任。

(2) 向有吸毒习惯的未成年子女提供毒品。向有吸毒习惯的未成年子女提供毒品,会伤害未成年人的健康,同时也会对亲权构成间接侵害,应当认定为侵权行为。

3. 亲权人之间的侵权行为

值得注意的是,除了前述直接或间接对亲权的外部侵害外,还存在内部侵害,即亲权人侵害未成年子女合法权益的行为,既包括典型意义的侵害亲权行为,也包括既侵害亲权,又侵害未成年子女的人身权利或财产权利的行为。主要有以下两种:

(1) 违背法定义务。亲权人违背法定的抚养义务,断绝其未成年子女的生活来源者,为不作为的侵害亲权行为。这是狭义的侵害亲权行为,因为抚养义务是亲权人的法定义务,同时为未成年子女的权利,亲权人拒不履行亲权的抚养义务,就是侵害了未成年子女的被抚养权利。

(2) 滥用亲权。滥用亲权既指滥用人身照护权的行为,也指滥用财产照护权的行为,是以行使亲权的名义为亲权人自己谋私利,或者虽为行使亲权的目的,但因未尽义务而致未成年子女遭受损害。前者为故意滥用亲权,后者为过失滥用亲权。确定滥用亲权的标准,应采客观标准,即是否有利于维护未成年子女的利益。

四、侵害亲权的责任承担

侵害亲权的责任,主要适用一般的侵权责任。根据不同的侵害类型,适用相应的责任形式。

(1) 侵害亲权造成财产损失的,应当承担财产损害赔偿责任。对此,应当依照《民法通则》第 117 条的规定,确定赔偿数额。

(2) 侵害亲权造成人身伤害的,应当承担人身损害赔偿责任。对此,应当依照《民法通则》第 119 条的规定,参照《关于审理人身损害赔偿案件适用法律若干问题的解释》(以下简称《人身损害赔偿司法解释》)的规定,确定赔偿数额,对同时造成抚养权损害的,还应当承担抚养损害赔偿责任。

(3) 造成精神性人格权损害的,应当依照《民法通则》第 120 条及其他法律、法规及司法解释的规定,赔偿精神利益的损害。

(4) 侵害亲权造成精神痛苦、精神创伤的,应当赔偿抚慰金。按《精神损害赔偿司法解释》确定数额。

(5) 侵害亲权,还应当依据实际情况,承担除去侵害的非财产民事责任方式,责令侵权人承担停止侵害、恢复名誉、消除影响、赔礼道歉等责任。

(6) 亲权人拒不履行抚养义务,应责令其履行义务,仍不履行的,责令强制其履行,可以采取扣发工资、扣押物品等方法。

(7) 抢夺亲权人抚养之子女的,应责令侵权人强制交还子女给亲权人。

(8) 对于滥用亲权的,比照我国《民法通则》第18条规定:"监护人应当履行监护职责,保护被监护人的人身、财产及其他合法权益,除为被监护人的利益外,不得处理被监护人的财产。监护人依法履行监护的权利,受法律保护。监护人不履行监护职责或者侵害被监护人的合法权益的,应当承担责任;给被监护人造成财产损失的,应当赔偿损失。人民法院可以根据有关人员或者有关单位的申请,撤销监护人的资格。"对于严重侵害未成年人的合法权利的,应剥夺其亲权资格;造成人身伤害的,除承担刑事责任外,承担民事损害赔偿责任;造成财产损失的,应当赔偿损失。

(9) 侵害探望权的,承担恢复探望的责任,造成亲权人精神损害的,给予抚慰金赔偿。

五、亲属权侵权的认定

(一) 亲属权侵权的概念

亲属权,是指除配偶、未成年子女的亲子以外的其他近亲属之间的基本身份权,表明这些亲属之间互为亲属的身份利益为其专属享有和支配,其他任何人均负有不得侵犯的义务。我国《婚姻法》没有将亲权和亲属权截然分开的规定,但从条文的内容中可以看出对亲权和亲属权分别有所规定。

对亲属权的有关规定有:《婚姻法》第21条规定:"……子女对父母有赡养扶助的义务……子女不履行赡养义务时,无劳动能力的或生活困难的父母,有要求子女付给赡养费的权利。"第28条规定:"有负担能力的祖父母、外祖父母,对于父母已经死亡或父母无力抚养的未成年的孙子女、外孙子女,有抚养的义务。有负担能力的孙子女、外孙子女,对于子女已经死亡或子女无力赡养的祖父母、外祖父母,有赡养的义务。"第29条规定:"有负担能力的兄、姐,对于父母已经死亡或父母无力抚养的未成年的弟、妹,有扶养的义务。由兄、姐扶养长大的有负担能力的弟、妹,对于缺乏劳动能力又缺乏生活来源的兄、姐,有扶养的义务。"由此可见,关于近亲属之间的扶养权在我国有较为详细的规定,对亲属权的保护有明确的法律依据。扶养义务人如果不尽扶养义务,将构成侵权行为。

综上,侵害亲属权的侵权行为是指亲属权的内部相对人或亲属权外的第三人,因过错侵害亲属权,给亲属权人造成损害的行为。

(二) 亲属权侵权的法律特征

1. 构成侵害亲属权侵权行为的主体

此种侵权行为的主体有两种:一种是作为绝对权的亲属权的义务主体作为侵

权行为人,也就是亲属权关系之外的第三人作为侵权人,第三人侵害亲属权,构成侵害亲属权的侵权行为。例如,侵害他人生命权造成死亡的,如果该受害人对他人有抚养义务,《民法通则》第119条规定,应对死者生前扶养的人赔偿生活补助费。这种侵权行为,就死者而言,是侵害生命权的行为,就抚养关系受到侵害的人而言,就是亲属权受到了侵害,侵害的就是亲属权(或者亲权、配偶权)中的扶养权,是对身份权的侵权行为。另一种,是亲属权的内部关系人,也就是近亲属关系的相对人作为侵权行为人。凡是亲属权的相对人,都对对方亲属负有一定的义务,违反该法定义务,也构成侵权行为。例如负有法定的扶养义务的人,违反该义务而遗弃,构成遗弃的侵权行为,严重的还构成犯罪行为。

2. 侵害亲属权的侵权行为

这种侵权行为指侵害的一般都是亲属权的支分权,都是侵害支分亲属权。这是因为,任何身份权都是一个原则性的权利,而其具体内容都是由支分身份权所构成的。侵害亲属权,就一定要侵害这些表现为亲属权的具体内容的权利,因而造成利益的损害,而不是仅仅侵害这个权利的外表,所以侵害亲属权,必定侵害了其具体的实质内容,就是侵害支分身份权。这如侵害扶养权、侵害祭奠权,都构成侵权行为。

3. 亲属权的具体内容即支分亲属权

有的是财产利益的权利,例如扶养的权利义务;有的是精神利益的权利,例如祭奠权、尊敬权;有的是既有精神利益也有财产利益的权利,例如帮助体谅的权利。因此,侵害亲属权的侵权行为所造成的损害,既有财产利益的损失,也有精神利益的损害。

(三)亲属权侵权的类型

1. 侵害扶养关系

侵害扶养关系,不仅仅是对亲属权的保护,而且也是对配偶权、亲权的保护。凡是对扶养、抚养、赡养关系构成侵害的,都是侵害扶养关系的侵权行为。

这种侵权行为最主要的形式体现在对生命权和健康权侵害造成死亡和残废的侵权行为中,这些侵权行为造成了受害人健康的损害和生命的丧失,使间接受害人丧失了扶养、抚养和赡养的来源,因此,在侵害生命权和健康权的规定中,有关于对受害人扶养的人的生活费的赔偿内容,这就是对扶养关系的侵害的救济。这种侵权行为实际上也是一种独立的侵权行为,不过一般都是存在于侵害生命权和健康权的侵权行为中,因此带有附带的性质,是一种间接侵害。这是这类侵权行为的基本特点。

2. 强迫、诱使具有监护关系的亲属脱离监护

通过强迫手段或者欺骗等手段,使具有监护关系的亲属脱离监护,构成对亲属权的侵害,应当承担侵权责任。如王某是其成年智力有障碍的女儿张某的监护人,人贩子李某以诱骗的方式将张某卖到四川山区,使张某脱离王某的监护长达1

年之久,致使王某焦虑、不安,日夜思念女儿,人贩子李某的行为就间接侵害了王某的亲属权,应对王某承担侵害其亲属权的侵权责任。

3. 侵害亲属权中其他支分权的行为

亲属权是一种身份权,身份权的基本特征,就是具有复杂的支分权。对亲属权中的支分权的侵害,同样构成侵害亲属权。

六、侵害亲属权的责任承担

(一) 继续履行义务

对于相对义务人违反亲属义务的,无论是构成侵权行为,还是不构成侵权行为,都应当承担继续履行义务的责任。

继续履行义务是一种民事责任形式,尽管《民法通则》第 134 条没有规定这种民事责任形式,但《婚姻法》第 21 条及相关内容包含这一责任形式。侵害亲属权的继续履行义务与违反合同的继续履行有相似之处,其原因在于这两种民事法律关系均是相对的法律关系或具有相对性。但是,这两种继续履行责任的形式从本质上说是不同的。亲属权法律关系虽然具有相对性,但其本质属性是绝对权,其相对的权利义务关系是法定的,而不是约定的。

因而,相对义务人违背亲属义务的继续履行,不能像违反合同的继续履行那样,要看继续履行是否有必要,而是一律要履行,必须履行。因而,这种继续履行义务的责任形式,是强制性的。当相对义务人不履行亲属义务时,亲属权人有权要求相对义务人继续履行,也可以向人民法院起诉,由人民法院判决其承担此项责任。如果相对义务人拒不执行判决,可以依法强制执行财产部分。

继续履行义务的内容,应依相对义务人违反何种亲属义务而定。如果违反的是扶养义务,则应继续履行扶养义务。如果违反的是一般的尊敬、帮助体谅义务,则应继续履行该种义务,必须尊敬长辈尊亲属,相互之间尊重、帮助和体谅。

(二) 赔偿损失

侵害亲属权造成损害的,必须承担损害赔偿责任。损害赔偿的责任,应当区分侵害亲属权所造成的损害事实的性质。如果侵害的是精神性的身份利益,例如对尊敬权、祭奠权等的侵害,主要的是精神损害赔偿的责任。这种精神损害赔偿责任是抚慰金性质的赔偿,应当是象征性的赔偿,也就是象征性地赔偿精神损害抚慰金即可。这一方面是对受害人的安慰,另一方面也证明侵权人的行为的性质。如果造成的损害是财产利益的损害,例如侵害的是扶养的权利,则应当以所受到的实际损失为准,按照法律的规定承担损害赔偿责任。

主要的赔偿损失有以下几种:对于侵害扶养义务人健康权、生命权而使扶养权利人扶养来源丧失的,应当赔偿必要的生活费。对此,参照《人身损害赔偿司法解释》的相关规定。第三人以拘禁扶养义务人、剥夺扶养义务人劳动权利等方法故意侵害扶养权利人扶养权的,应当赔偿给扶养权利人所造成的全部财产损失。

对于侵害亲属权造成精神性权利损害的,侵权人应当承担精神损害赔偿的责任,赔偿受害人的精神利益损害。对此,参照精神损害赔偿的一般方法,计算损害赔偿金。例如,按照《精神损害赔偿司法解释》第2条的规定,非法使被监护人脱离监护,导致近亲属的亲属权受到严重损害,构成侵权的,可以请求精神损害赔偿。这种赔偿金的计算,按照一般的精神损害赔偿计算办法来计算。

对于侵害亲属权造成受害人精神痛苦损害的,应当适当赔偿抚慰金。

(三)除去侵害

侵害亲属权除应承担继续履行义务、赔偿损失责任之外,还应当根据具体情况,判令侵权人承担停止侵害、消除影响和赔礼道歉的责任。因为一般的侵害亲属权的行为是近亲属之间的行为,赔礼道歉的责任有助于维护亲属关系,消除亲属之间的不团结、不信任,恢复亲属之间融洽的关系。这些都是非财产性的责任形式,对于维护受害人的精神利益,具有重要的意义。

七、离婚损害赔偿的范围界定

最高人民法院《婚姻法司法解释(一)》第28条明确规定:"婚姻法第四十六条规定的'损害赔偿',包括物质损害赔偿和精神损害赔偿。"当事人基于本规则,既可以就物质方面受到的损害请求赔偿,也可以就精神方面受到的损害请求赔偿。

应明确的是,权利人依据《婚姻法》第四十六条所享有的损害赔偿请求权,不应与《侵权责任法》中权利人因民事权益受损而享有的损害赔偿请求权相混淆,因为这二者在请求权基础上具有本质上的区别。婚姻法上损害赔偿的请求权基础,主要来源于过错方对婚姻关系的不忠诚和破坏行为,过错行为的侵害客体是夫妻双方的婚姻关系。而侵权法上的损害赔偿请求权基础,则在于受害人的人身或财产权益遭受了损害,过错行为侵害的客体是受害人自身的人身或财产权益。

八、离婚损害赔偿请求的主体认定

最高人民法院《婚姻法司法解释(一)》第29条规定:"承担婚姻法第四十六条规定的损害赔偿责任的主体,为离婚诉讼当事人中无过错方的配偶。人民法院判决不准离婚的案件,对于当事人基于婚姻法第四十六条提出的损害赔偿请求,不予支持。在婚姻关系存续期间,当事人不起诉离婚而单独依据该条规定提起损害赔偿请求的,人民法院不予受理。"

(1)该项请求只能向自己的配偶提出,不能向合法婚姻关系以外的其他人提起。由于我国立法没有明文规定配偶权,所以告"第三者"或告被包养的"二奶"等人没有充分的法律依据。而且《婚姻法》第46条规定的损害赔偿请求问题,原则上是在处理离婚诉讼过程中,而且必须以离婚为前提的情况下才予以考虑的,这种与婚姻案件审理有密切联系的问题,并不应该将婚姻关系以外的那些本应由道德规范调整的内容纳入。综合各方面的因素,本规则规定承担责任的主体是配偶中的过错方。

(2) 如果当事人的离婚诉讼请求没有被法院支持,则该项请求权也将得不到法律的保护。因为按我国法律规定,仅有过错情形还不足以支持当事人基于《婚姻法》第46条提出的请求权,必须还要有因为这种过错导致离婚的,无过错方才可以行使请求权。如果经人民法院审理后没有判决离婚的,不符合第46条的规定,故此种情况下不能适用《婚姻法》第46条的规定。

(3) 无过错方不起诉离婚而仅想主张《婚姻法》第46条所规定的损害赔偿,法院不支持。本规则所指的无过错方是相对于自己有过错的配偶而言的,换句话说,其配偶是有过错方。但这种过错是广义的,还是狭义的呢?若是广义的,则除了《婚姻法》第46条明文规定的四种情形以外,还有其他情况也可以构成过错。而狭义的理解则是仅指《婚姻法》第46条规定的四种情况,别无其他。笔者认为,还是应该将其作狭义理解更合适,即除了规定的四种情况之外,不能再以其他事项主张属于有过错,从而要求基于《婚姻法》第46条提出损害赔偿请求。

九、离婚损害赔偿诉讼提起时间的认定

(1) 法官在审理此类案件时,首先应向当事人行使释明权,将《婚姻法》第46条中的规定书面告知当事人。依据《民事诉讼法》的基本原则,当事人对其诉讼权利享有处分权,是否提出诉讼请求,理应由当事人自己决定,法院对此不应进行干预。但是,为防止无过错方的合法权益因法律知识的欠缺而受到损害,有必要增加法院的告知义务。

(2) 按照无过错方在诉讼中所处的地位不同,对于其损害赔偿请求应给予区别对待:

如果无过错方作为原告,向法院提起诉讼要求判决离婚的,原则上必须在离婚诉讼的同时提出损害赔偿请求。在法院判决准予离婚后,无过错方不得再以原配偶在婚姻存续期间具有过错行为为由,要求损害赔偿。其理由主要在于,在无过错方作为原告向法院提起离婚诉讼的情形中,应对离婚理由具有清楚的认识,并且在法官对其权利予以释明的情况下,如果仍不要求损害赔偿,应视为其已经自动放弃了要求损害赔偿的权利。在判决离婚后,无过错方也不得再要求获得损害赔偿。

如果无过错方作为被告,则应分两种情况分别处理。一种情况是无过错方无论是在一审还是在二审中,均不同意离婚,因此也就没有提起损害赔偿请求。在这种情况下,从保护无过错方的角度出发,应允许其在判决离婚后再单独提起损害赔偿请求。但为了督促权利人及时行使权利,最高人民法院《婚姻法司法解释(一)》将权利人提出损害赔偿请求的除斥期间定为1年;另一种情况是,作为被告的无过错方在一审时未提出损害赔偿请求,但在二审中提出损害赔偿请求。对于此种情况,法院应对无过错方的诉讼请求先进行调解,如果调解成功,则可对离婚

请求和损害赔偿请求一并作出判决。若调解不成，则应通知无过错方在判决离婚后1年内单独提起诉讼。这样做的目的，是为了保障无过错方对于损害赔偿请求享有上诉的权利和机会。

十、登记离婚后损害赔偿诉请的提起

最高人民法院《婚姻法司法解释(一)》赋予了无过错方在办理离婚登记手续后，以《婚姻法》第46条规定为由向过错方主张损害赔偿的权利。也就是说，无论在协议离婚之前或之时，无过错方是否发现了其配偶的过错行为，也无论离婚协议中是否涉及离婚损害赔偿问题，无过错方当事人均享有在登记离婚之后，向法院起诉要求过错方承担损害赔偿责任的权利。

但是，如果存在以下两种情形，则即使有证据证明对方当事人存在《婚姻法》第46条所列举的过错行为，人民法院也不应对无过错方的损害赔偿请求予以支持：

(1) 当事人在离婚时明确表示放弃该项请求的。当事人进行这种明确表示，喻示着无过错方当时已经对法律赋予其的权利有相当程度的了解，是在完全明知、自愿的情况下作出的决定。当事人对其民事权利所为的处分行为，不得随意更改。当时的主动放弃，日后也就丧失了请求人民法院保护、救济的权利和资格。

(2) 当事人在离婚超过1年后才向人民法院提出请求，依法不予保护。因为根据《婚姻法》的规定，必须是因过错导致离婚，无过错方才能请求赔偿。这些过错与离婚之间必须有直接的因果关系。当事人可能不知道其依法享有请求赔偿的权利，但不能不清楚离婚时的原因是由于有这些过错，否则就谈不上离婚与过错行为之间有因果关系。如果当事人离婚后很长时间才提，对于离婚时其是否知道这些过错的举证将更为困难。此处的1年，是一个不变期间，不是诉讼时效，不发生中止、中断、延长等规定。这里关于1年的规定，与《婚姻法司法解释(一)》对相关问题规定的时间，采取是的相同的做法，更有利于维持人民法院审判工作的一致性。1年的起算时间，应当是从双方离婚之次日起计算。双方办理离婚登记手续、领取离婚证书，婚姻关系即告终结，超过1年再提的，法律将不予保护。

十一、特殊情形下离婚损害赔偿请求权的认定

笔者认为，第一，在离婚当事人双方均有过错的条件下，人民法院对任何一方或双方主张离婚损害赔偿的请求均不予支持。第二，《婚姻法》第46条提起离婚损害赔偿请求的权利人，应是婚姻当事人中的无过错方。只有无过错方，才能成为请求离婚损害赔偿的主体。离开了这个前提条件，其他当事人也就不适用。

司法实践中需要注意以下问题：

1. 成年子女或其他家庭成员能否作为离婚损害赔偿请求权的主体

有观点认为，对于因实施家庭暴力或虐待、遗弃家庭成员而导致离婚的，由此

受到损害的未成年子女或其他家庭成员是否可以作为离婚损害赔偿请求权的主体,我国法律没有明确规定。国外有的判例在特定情形下允许未成年子女提出损害赔偿。有的意见认为,应将离婚损害赔偿的权利人扩大到受虐待的未成年子女或老人等家庭成员,这样有利于人民法院查明事实,起到节约诉讼成本的作用。如原告王某与被告张某2005年结婚,2007年双方育有一子,平日经常为生活琐事争吵,张某更是经常出手殴打王某,双方之子尚未成年,王某遂向人民法院起诉离婚。庭审中,王某要求法院依法判令张某就殴打行为进行赔偿,不仅要求赔付给王某自己,还请求法院判决赔付给未成年子女。张某对其殴打行为并不否认,经法院调解离婚,判决由张某赔偿王某5 000元,并未判决其向双方子女进行赔偿。分析这个案例,张某在婚姻关系存续期间,即婚姻契约履行期间,出手殴打王某,已构成家庭暴力。违反了《婚姻法》第3条"禁止家庭暴力"的规定。实施家庭暴力不仅使王某遭受身体上的伤害,而且王某的精神也受到了损害。王某请求人民法院进行赔偿是有充分法律依据的,但王某请求对双方的未成年子女进行赔偿,没有法律上的依据。故人民法院判决由张某赔偿王某5 000元,并无不妥。

笔者认为,离婚损害赔偿是因配偶一方在婚内实施法定违法行为而导致离婚,过错配偶因此造成无过错配偶的损害而应承担的民事责任,故离婚损害赔偿请求权的主体只能是婚姻当事人,在审判实践中,不宜作扩大解释。因为,案由不一致,法律调整范围也不一致,且离婚案件常常是因家庭成员间矛盾引起,矛盾本身就很激烈,婚姻案件中加入其他家庭成员更易激化矛盾,所以不宜合并审理,离婚案件民事主体应仅以夫妻双方为宜。未成年子女或其他家庭成员不宜作为离婚损害赔偿请求权的主体。至于未成年子女或其他家庭成员因家庭暴力或虐待、遗弃行为等受到损害的,可以按照《民法通则》的有关规定,另外寻求救济途径解决。

2. 与有配偶方同居的第三者能否作为离婚损害赔偿请求权的主体

随着我国社会主义市场经济的建立,改革开放的扩大,在引进先进生产力、先进文化的同时,一些不良生活方式也趁机涌入,封建思想沉渣泛起,部分人在生活富裕之后,"抛糟糠""包二奶""养小蜜""找情人",极大地危害了正常的婚姻家庭关系。关于过错赔偿的义务主体,是否包括插足的"第三者",学术界争议较大,审判实践中更是难以把握。有的观点认为,"第三者"介入他人婚姻,不仅侵害了婚姻当事人的配偶权,扰乱了他人的家庭安宁,同时冲击了我国现行法律所保护的婚姻家庭制度,实质上就是对法律的违反和破坏,因此,"第三者"的行为应受到法律的否定性评价。因"第三者"插足导致离婚而使受害人遭受精神创伤的,"第三者"也应承担赔偿责任。如,早在我国2001年修改《婚姻法》之前,在"包二奶"现象比较严重的广东,就出台了关于惩罚"第三者"的地方性法规。①

---

① 2000年6月,广东省有关部门颁布了《关于处理在婚姻关系中违法犯罪行为及财产问题的意见》,对违法行为如"养情妇"和"包二奶"等的处罚作了规定。

有的观点认为,“第三者”插足属于道德范畴,法律不应该过度干预,离婚损害赔偿和干扰婚姻关系的侵权责任是两个不同的法律问题,受害人应依据《民法通则》的有关规定寻求补偿;“第三者”产生的原因复杂多样,有许多“第三者”本身也是受害者,不宜一律用法律加以惩罚。将他人拉入诉讼,即使审理查明的事实责任不属于“第三者”,也会影响其生活,容易造成诉权滥用。在此举一个案例予以说明:王某2003年冬经人介绍与同乡黄某相识,2005年登记结婚。婚后王某红杏出墙,与男青年赵某勾搭成奸。2007年王、赵私奔,在外同居,一起打工。2009年,黄某以分居6年之久、感情确已破裂为由向人民法院提出离婚诉讼。黄某要求王某与赵某共同赔偿3万元精神损害赔偿费。依据《婚姻法》的相关规定,法院经调解作出的调解书内容如下:解除王某与黄某的婚姻关系;由王某赔偿黄某1万元。在这个案例中,王某的行为,违反了《婚姻法》第3条“禁止有配偶者与他人同居”以及第4条“夫妻应当相互忠实”的规定。从案情来看,婚后不久,王某就与他人同居,显然是“不忠实”的表现,与《婚姻法》所倡导的“夫妻应当互相忠实”的宣示性规定相悖;与赵某私奔同居,更是违反了《婚姻法》的禁止性规定。由此必然给其配偶黄某造成心理上的打击和精神上的创伤。离婚是由王某的过错造成的,黄某属于无过错方与受害方,完全有理由、有根据提出离婚损害赔偿。与此同时,精神损害赔偿带有“补偿”性质,对受害人来说主要是发挥抚慰功能,因此,人民法院并未满足黄某3万元的诉讼请求,经调解达成协议,由王某赔偿给黄某1万元。

由此可见,造成婚姻关系破裂的“第三者”,不是婚姻损害赔偿的责任主体,无过错方不能向“第三者”索赔,离婚损害赔偿请求也只能由无过错方向自己的合法配偶提出,不得向婚姻关系以外的人提出,最高人民法院在制定司法解释时,也是遵循了此项规定。另外,受害方要求“第三者”承担离婚损害赔偿责任,在司法实践中也难以操作。因此,在法无明文规定前,对于离婚诉讼当事人一并请求“第三者”损害赔偿时,宜作出驳回起诉的处理。

十二、被告作为无过错方提出离婚损害赔偿请求不构成反诉

被告作为无过错方提出离婚损害赔偿请求是否构成反诉的问题,审判实践中存在不同的观点:第一种观点认为,离婚损害赔偿请求在某种程度上可能吞并离婚财产分割请求,可以把离婚损害赔偿请求看做是附条件的反诉,即把离婚作为所附条件,如果解除婚姻关系,则离婚损害赔偿请求构成反诉。如果当事人不离婚,所附条件没有成就,则离婚损害赔偿请求不构成反诉。第二种观点认为,离婚请求与离婚损害赔偿请求不是一一对应的关系,不能相互抵消,如果离婚损害赔偿请求构成反诉,则存在理论上的障碍,因为其不可能脱离离婚的前提而单独成立。

笔者认为,原告提出的离婚请求与财产分割、子女抚养及其他与离婚相关的

请求属于牵连之诉,可一并提出,法院应当一并予以审理。被告作为无过错方提出离婚损害赔偿请求不构成反诉,而是属于诉讼请求的合并。

离婚案件是一种复合之诉,是否解除婚姻关系是主体,子女抚养、财产分割、离婚损害赔偿问题是附带之诉,如果不解除婚姻关系,别的也就无从谈起。被告作为无过错方提出离婚损害赔偿的请求,必须是在解除双方婚姻关系的基础之上,即离婚损害赔偿请求与离婚请求紧密相连,如果法院判决不准离婚,被告的离婚损害赔偿请求就成了无源之水、无本之木。故被告的离婚损害赔偿请求没有相对的独立性,不能抵消和吞并被告解除婚姻关系的诉讼请求,不构成反诉。

反诉是指在已经开始的民事诉讼中,本诉的被告以本诉的原告作为被告,向人民法院提出的和本诉的诉讼标的和理由有牵连的,旨在抵消或吞并原告诉讼请求的独立的反请求。反诉作为完整意义上的诉,具有诉的要素,只是为了能在一次诉讼中将当事人之间的有关争议全面、终局地予以解决,节约诉讼成本,避免同案不同判。而离婚案件是一种复合诉讼,是否解除婚姻关系是主诉,子女抚养、财产分割、离婚损害赔偿问题是附带之诉,如果不解除婚姻关系,则原则上不能单独判处离婚损害赔偿。被告的离婚损害赔偿请求权没有相对的独立性,不能抵消和吞并原告请求解除婚姻关系的诉讼请求,不构成反诉。当有过错一方的本诉是离婚时,无过错方作为被告提出的离婚损害赔偿请求,既不是对本诉项目的添加,也不是对本诉的反诉,而是一个新的诉,人民法院可以将其和原告的诉讼请求合并审理,在学理上属于诉的合并。被告应当依法预交诉讼费,否则人民法院对该请求不予审理。当然,在法院判决准予离婚后,无过错方也可以在离婚后 1 年内另行提起离婚损害赔偿的诉讼请求。

继承编

第二十六章　继承制度与析产规则

“继承”是家庭财产流转的重要法律制度。继承与析产制度主要体现在继承法及其司法解释和婚姻家庭等法律制度中，其他诸如物权法与公司法等民商法中亦有原则性规定。妥善处置继承法律关系最根本的前提是正确适用析产规则。笔者认为，下列有关法律规则应当在司法实务中给予充分重视。

一、正确分析遗产与他人共有财产

共有财产包括夫妻共有财产、家庭共有财产、基于共同投资所形成的共有财产及其他共有财产等情形。《中华人民共和国继承法》(以下简称《继承法》)第2条规定：“继承从被继承人死亡时开始。”也即，当发生继承法律事实后，涉及法定继承或遗嘱继承的相关法律关系开始发生法律效力。此时需要将被继承人的财产从其他共有财产中分离出来，变成可供分割的遗产，这是法定继承的实现和遗嘱继承可予执行的前置条件。否则，即有可能发生遗产范畴分析错误，从而导致对他人的侵权行为或因缩小遗产范围而损害继承人利益的不当情形。

析产的基本原则是，夫妻在婚姻关系存续期间所得的共同所有的财产，除有约定的以外，如果分割遗产，应当先将共同所有的财产的一半分出为配偶所有，其余的为被继承人的遗产；遗产在家庭共有财产之中的，遗产分割时应当先分出他人的财产。

二、正确认知各类继承法律关系的效力层级

《继承法》第5条规定：“继承开始后，按照法定继承办理；有遗嘱的，按照遗嘱继承或者遗赠办理；有遗赠扶养协议的，按照协议办理。”

上述立法条款的内在逻辑是，后一种继承法律关系对前一种继承法律关系构成“但书”效力。也即，遗嘱继承的法律效力高于法定继承；遗赠扶养协议的效力高于遗嘱继承。这是因为，单纯的继承是单务法律行为，是继承人单纯获益的一种物权流转制度。但是，当继承涉及被继承人的意思表示(遗嘱)时，必须尊重被继承人的遗志，故遗嘱继承的效力高于法定继承。同时，如果存在遗赠扶养法律关系时，由于受遗赠人对被继承人生前履行了扶养义务，故其获得遗产具有双务

法律关系的特性。此时,优先保护遗赠扶养协议的受遗赠方之继受权,实际上是对被继承人生前所设立的合同义务履行的一种必然途径。

三、遗产分割前应当尊重继承人及其他遗产继受人的意思表示

现有继承法制度规定,继承开始后,继承人放弃继承的,应当在遗产处理前,作出放弃继承的表示。没有表示的,视为接受继承。该制度适用于遗嘱继承和法定继承中的继承人。但是,遗赠的效力实际上受到了《继承法》的限制。《继承法》规定,受遗赠人应当在知道受遗赠后两个月内,作出接受或者放弃受遗赠的表示。到期没有表示的,视为放弃受遗赠。可见,在继承法律关系中,只要不声明放弃的,则其继承权将必然被保有;而在遗赠法律关系中则正好相反,只要受遗赠人不声明接受的,则视为放弃继受权。显然,遗赠的效力在实际分割遗产中弱于法定继承的效力。

四、继承所附加的适格条件及法律义务必须得到执行

根据有关司法解释的规定,附义务的遗嘱继承或遗赠,如义务能够履行,而继承人、受遗赠人无正当理由不履行的,经受益人或其他继承人请求,法院可以取消其接受附义务部分遗产的权利,由提出请求的继承人或受益人负责按遗嘱人的意愿履行义务,接受遗产。

遗产继承或遗赠的附加义务包括法定义务和指定义务两种类型。

法定义务主要是根据国家税收法律制度和债务法律制度的规定,继承人应当在继承遗产后清偿被继承人依法应当缴纳的税款和债务。但是,此种法定义务存在责任限制的情形,即缴纳税款和清偿债务以其遗产实际价值为限。超过遗产实际价值的部分,继承人既可以自愿偿还,也有权拒绝承担纳税和清偿法律责任。而且,继承人放弃继承的,对被继承人依法应当缴纳的税款和债务可以不负偿还责任。同时,在执行遗赠协议时,接受遗赠前应当优先清偿遗赠人的税款及债务;接受遗赠后,受遗赠人依然负有该类法定义务。

指定义务主要指被继承人在遗嘱或遗赠中所设定的继承或接受遗赠的条件或附加的义务。目前的司法实践逐步认可了“遗嘱执行人”制度,律师在实务中担任遗嘱执行人具有其他民事主体不可替代的优势。但是,遗嘱执行人必须公正、准确、充分落实相关指定法律义务及法定法律义务,不得擅自修改被继承人所设立的附加条件,除非该条件明显违反法律的强制性规定,或者存在不具有可履行性、涉及严重的社会公德瑕疵等不适格的情形。

五、正确处理好几种特殊的继承法律关系

(1) 涉及“知识产权收益”类型的财产权继承问题,凡在婚姻关系存续期间,实际取得或者已经明确可以取得的该类财产性收益,均可作为继承及分割的

范畴。

(2) 婚姻关系存续期间,夫妻一方作为继承人依法可以继承的遗产,在继承人之间尚未实际分割,起诉离婚时另一方请求分割的,有权在继承人之间实际分割遗产后另行起诉主张该部分财产权利。这实际上赋予了夫妻双方对另一方继承财产的分割权。

(3) 对投资性权益及个人承包所产生的合同权利。依照相关法律或章程的规定,继承人可以直接继受投资者身份及投资权益;对基于诸如《农村土地承包法》《物权法》所产生的承包经营权,法律允许由继承人继受该类合同法律关系。

(4) 应当保留胎儿的继承份额。被继承人的法定继承顺位中如存在未出生胎儿的,则必须保护其继承遗产的合法权利。但是,胎儿出生时是死体的,保留的份额按照法定继承办理。

(5) 应充分保护未成年人的继受权。根据《未成年人保护法》的规定,人民法院在审理继承案件时,应当依法保护未成年人的继承权和受遗赠权。

我国的家庭财产权制度目前依然处于动态发展之中。无论如何,对充分保护家庭和个人财产权的法律意义,应当上升到人权保护的高度来看待,这是赋予司法裁判权的一个重要任务。

第二十七章　法定继承纠纷裁判精要

法定继承是指依据法律直接规定的继承人范围、顺序和遗产分配原则，将遗产分配给合法的继承人的继承方式。法定继承也称无遗嘱继承。《继承法》第二章规定了法定继承的基本制度，包括法定继承人的范围、顺序、代位继承以及遗产的分配等。根据《继承法》的有关规定，法定继承须在下列情况下适用：① 被继承人生前未立有遗嘱；② 遗嘱继承人放弃继承或受遗赠人放弃受遗赠；③ 遗嘱继承人丧失继承权；④ 遗嘱继承人、受遗赠人先于遗嘱人死亡；⑤ 遗嘱无效或遗嘱部分无效所涉及的遗产；⑥ 遗嘱未处分的遗产。因法定继承纠纷提起的诉讼，根据《民事诉讼法》第33条关于专属管辖的规定，由被继承人死亡时住所地或者主要遗产所在地人民法院管辖。

一、转继承与代位继承

转继承又称再继承、连续继承，是指被继承人死亡后，继承人还没有来得及接受遗产就死亡了，其所应继承的遗产份额转归其继承人继承。因此，转继承必须是继承人在继承开始以后，遗产分割前死亡，并且继承人没有丧失或放弃继承权的才发生转继承。在转继承中，继承人不仅可以是被继承人的子女，也可以是配偶、父母、兄弟姐妹、祖父母、外祖父母等有继承权的人。转继承不仅存在于法定继承中，也存在于遗嘱继承中。

代位继承是指被继承人的子女先于被继承人死亡，由被继承人的子女的晚辈直系血亲代替继承被继承人的子女应继承的遗产。代位继承人一般只能继承他的父亲或者母亲有权继承的遗产份额。在代位继承关系中，已先于被继承人死亡的继承人叫做被代位继承人，简称被代位人；代替被代位人继承被继承人遗产的人叫做代位继承人，简称代位人；代位人代替被代位人继承被继承人遗产的权利，叫做代位继承权。代位继承的适用条件如下：

(1) 只适用于被继承人的子女先于被继承人死亡的情况。代位继承人只能是被继承人子女的晚辈直系血亲，被继承人的旁系血亲或长辈直系血亲都没有代位继承权。

(2) 只适用于法定继承，而不适用于遗嘱继承。遗嘱继承人、受遗赠人先于遗嘱人死亡的,遗产中的有关部分按法定继承办理。代位继承人无论多少,只能继承被代位人所应当继承的遗产份额。婚生子女、非婚生子女、养子女和有抚养关系的继子女具有同等的代位继承权。

二、继承开始的确定规则

(一) 继承开始的时间

继承从被继承人死亡时开始。但对于死亡时间的具体认定,应包括以下几种情形:

(1) 自然死亡的时间认定。自然死亡即生理死亡。依据有关规定,可以依次按以下顺序把握:① 以医院死亡证书认定为准;② 户籍登记为准;③ 有关死亡的证据材料。

(2) 宣告死亡的时间认定。宣告死亡的时间,应依据《民法通则意见》第36条的规定:“被宣告死亡的人,判决宣告之日为其死亡的日期。”

(3) 特殊情况死亡时间的推定。最高人民法院《关于贯彻执行〈中华人民共和国继承法〉若干问题的意见》(以下简称《继承法意见》)第2条规定,对两个以上互有继承权的人在同一事故中死亡,不能确定死亡时间时,如何推定其死亡时间,依本意见第2条的规定,首先,推定没有继承人的人先死亡。其次,死亡人均有继承人的,辈分不同,推定长辈先死亡;辈分相同,推定同时死亡,并彼此不发生继承,由各自继承人分别继承。

(二) 继承开始与遗产分割的时差性产生转继承

继承开始,遗产所有权即整体移转给全体继承人共同所有。而遗产分割,是将共同共有的财产分割为各自财产的过程。在现实中,继承开始与遗产分割存在一个时差性,在继承开始后、遗产分割前,继承人(或受遗赠人)死亡的,其所应继承(或受赠)的遗产份额由其继承人承受,也即转继承(或转遗赠)。其实质是两个继承法律关系的正常连续运行。所以,《继承法意见》第52条、53条规定:“继承开始后,继承人没有表示放弃继承,并于遗产分割前死亡的,其继承遗产的权利转移给他的合法继承人。”“继承开始后,受遗赠人表示接受遗赠,并于遗产分割前死亡的,其接受遗赠的权利转移给他的继承人。”继承人在继承开始后、遗产分割前死亡引起的转继承,区别于继承人在继承开始前先于被继承人死亡而发生的代位继承以及遗产分割后继承人死亡而发生的单纯的继承。

三、代位继承规则

代位继承又称间接继承,是指继承人先于被继承人死亡时,由继承人的直系血亲卑亲属代为取得其应继份额的一种制度。最高人民法院通过《继承法意见》对代位继承的相关裁判规则进行了规范。

1. 代位继承人不受辈数限制

代位继承制度在宗祧继承中的目的则在于延绵宗嗣,而在遗产继承而言,是为公平而设。从这个意义上讲,只要存在子女的直系血亲,不论是孙子女、外孙子女,还是曾孙子女、外曾孙子女,或是再下一代被继承人的直系血亲,均得代位继承,而不受辈数的限制。

2. 养子女、与继父母形成扶养关系的继子女与亲生子女权利相同

涉及代位继承概念中"子女"的概念均可以适用于养子女、与继父母形成抚养关系的继子女。如被继承人的子女,亦适用被继承人的养子女或与继父母形成扶养关系的继子女;被继承人子女的晚辈直系血亲,亦适用于被继承人子女的晚辈直系拟制血亲。因此,被继承人的养子女或与被继承人已形成扶养关系的继子女的生子女,被继承人亲生子女的养子女,被继承人养子女的养子女,与被继承人已形成扶养关系的继子女的养子女等都可以代位继承。

3. 代位继承人多得遗产的情形

(1) 代位继承人缺乏劳动能力又没有生活来源的。这是养老育幼、照顾弱者精神的贯彻。

(2) 对被继承人尽过主要赡养义务的。这是权利义务相一致原则的体现。

4. 代位继承的前提是被代位人存在有效的法定继承权

对代位继承的性质,我国法律和司法解释认定为代位权,即因父或母丧失继承权时,其晚辈直系血亲亦无代位继承权。此时,如果该代位继承人缺乏劳动能力又没有生活来源,或对被继承人尽赡养义务较多的,不再作为法定继承人多分得遗产,而是依据《继承法》第 14 条的规定适当分给遗产。

四、不同财产制下的转继承的处理

自继承开始,遗产转归继承人所有。无论是继承人单独继承遗产还是享有一定的遗产份额,在被继承人死亡时,继承人如有配偶存在,其所继承的遗产是属于个人所有财产还是夫妻共有财产,由于转继承适用的范围不同,夫妻双方在婚姻关系存续期间所采用的夫妻财产制不同而出现不同的处理结果,需要具体问题具体分析。

(一) 被转继承人作为法定继承人时遗产的处理

不论是因为被继承人生前未与他人订立遗赠扶养协议或该遗赠扶养协议无效且又没有立遗嘱而导致发生法定继承,还是因为遗嘱继承人(非被转继承人)放弃继承、丧失继承权或者先于遗嘱人死亡而导致遗嘱中指定该遗嘱继承人继承的遗产部分适用法定继承,抑或因为遗嘱无效部分所涉及的遗产或是遗嘱未处分的遗产适用法定继承,在上述情形中,被转继承人是被继承人的法定继承人。如果该继承人与其配偶采用法定夫妻共同财产制,则只要在被继承人死亡时,继承人与其配偶的夫妻关系仍然处在存续状态中的,即使在遗产实际分割前一方死亡或

者双方离异,其在继承开始时取得所有权的遗产份额,仍应依法列入继承人与其配偶的夫妻共同财产。因此在转继承时,被转继承人应继承的遗产份额中的一半应为配偶的财产,另一部分才可由转继承人继承。

如果被转继承人与配偶约定实行分别财产制或采用“约定婚姻关系存续期间法定继承的财产或婚前继承的财产为各自所有”的混合财产制,则被转继承人应继承的遗产份额为个人所有财产,在被转继承人死亡时,直接列入被转继承人的遗产,由其合法继承人继承,其配偶无权主张分割夫妻共有财产。

如果被转继承人与配偶约定实行一般共同制,即婚姻关系存续期间所得财产以及婚前财产归双方共同所有,则在转继承时,被转继承人应继承的遗产份额中的一半应为配偶的财产,另一部分才可由转继承人继承。

(二)被转继承人作为遗嘱继承人时遗产的处理

假如被转继承人为某合法有效遗嘱中指定的遗嘱继承人,则其继承的遗产份额的归属还要取决于遗嘱人的意愿。

(1)如果遗嘱人在遗嘱中确定该遗产份额是只归遗嘱继承人一方的财产,那么该项财产就成为法定夫妻财产制中的个人特有财产,而不是夫妻共同所有财产,因此在转继承发生时,该遗产份额全部由转继承人继承。

(2)如果遗嘱人在遗嘱中虽并未明确指定该财产只归遗嘱继承人一方所有,但夫妻双方又约定实行分别财产制或约定婚姻关系存续期间继承的财产或婚前财产各自所有,则被转继承人继承的遗产份额仍将全部成为其遗产,由转继承人继承,而不发生分割夫妻共同财产的情形。

(3)如果遗嘱人未在遗嘱中明确指定该遗产份额只归遗嘱继承人一方所有,且夫妻双方又无财产约定,则该遗产份额为法定夫妻共同所有财产,或者夫妻双方虽有财产约定,但约定实行一般共同制,即婚姻关系存续期间所得财产以及婚前财产归双方共同所有,则被转继承人继承的遗产份额仍为夫妻共同所有财产。在发生转继承时,遗产份额中的一半应为配偶的财产,另一半才可以作为被转继承人的遗产由其继承人(转继承人)继承。

假设遗嘱人生前立遗嘱指定了遗嘱继承人的遗产继承份额,但因遗嘱人立遗嘱时欠缺行为能力或者该遗嘱是受欺诈、胁迫所立,并非遗嘱人的真实意思表示;或者该遗嘱系伪造的遗嘱或者系遗嘱继承人部分篡改的遗嘱,又或者指定继承的遗产并非属于遗嘱人自己的财产,虽有遗嘱,却是全部无效或者指定继承人继承部分的遗嘱无效,使该继承人不能真正享有遗嘱继承权,便也无法按遗嘱取得指定由其继承的遗产份额的所有权,所以即使该遗嘱继承人于遗产分割前死亡,也不会在遗嘱继承中发生关于该遗嘱继承人应继份额的转继承。

由于上述遗嘱无效,根据《继承法》第27条的规定,遗嘱无效部分所涉及的遗产适用法定继承,原指定的遗嘱继承人能否以法定继承人的身份参与继承,从而取得一定份额遗产的所有权,还要依赖于该遗嘱继承人在法定继承中所处的顺序和其他法定继承人在继承开始时的情况。

(1) 如果原指定的遗嘱继承人未放弃继承或者未丧失继承权且为第一顺序法定继承人,则在继承开始后,可以法定继承人的身份继承遗产。若其在遗产分割前死亡,其继承的遗产份额的转继承问题,参照前文"被转继承人作为法定继承人时遗产的处理"解决。

(2) 如果原指定的遗嘱继承人未放弃继承或者未丧失继承权且为第二顺序法定继承人,便取决于第一顺序法定继承人的情形而定。如果继承开始时无生存的第一顺序继承人或者第一顺序法定继承人全部放弃继承或者丧失继承权,将不存在真正意义上的第一顺序法定继承人,此时将由第二顺序法定继承人实际享有继承权,取得遗产份额的所有权。也就是说,原指定的遗嘱继承人将以法定继承人的身份继承遗产;若同一顺序有多个继承人,则发生共同继承。若该第二顺序法定继承人在遗产分割前死亡,其继承的遗产份额将发生转继承问题,同样参照前文"被转继承人作为法定继承人时遗产的处理"解决。如果继承开始时存在有继承权的第一顺序法定继承人,即使只有一人,也将排斥所有第二顺序法定继承人参与遗产继承。此时原指定的遗嘱继承人因为位于第二顺序,无法实际继承到遗产,当然不能取得遗产份额的所有权,自然也不会发生转继承问题。

五、胎儿的继承规则

就胎儿的继承规则,最高人民法院通过《继承法意见》确立,即应当为胎儿保留的遗产份额没有保留的,应从继承人所继承的遗产中扣回。为胎儿保留的遗产份额,如胎儿出生后死亡的,由其继承人继承;如胎儿出生时就是死体的,由被继承人的继承人继承。

这里的胎儿是指生父死亡时尚在母腹中未出生的胚胎。因为自然人的权利能力始于出生,所以胎儿在法律上不能成为独立的现实意义的权利主体,不能成为继承人。但为维护胎儿出生后的生存和生活利益,实现父母对子女抚养关系的有效延续,各国都为胎儿预设一种继承地位,确认其可得遗产利益。《继承法》第28条规定:"遗产分割时,应当保留胎儿的继承份额。胎儿出生时是死体的,保留的份额按照法定继承办理。"《继承法意见》第45条进一步明确,胎儿继承份额未保留的,应从继承人所继承的遗产中扣回。如胎儿出生后死亡的,由其继承人继承;如出生时就是死体的,由被继承人的继承人继承。因为胎儿出生后再死亡的,因其出生而享有法律为他预留的被继承人的遗产,为有效继承,之后再死亡,则其所继承的遗产再作为他的遗产由其继承人继承。胎儿的预留份是为维护胎儿出生后的生存和生活利益,因此如果出生时就是死体的,显然不能满足法律的目的,不能受法律的特殊保护,不能实际享有为其保留的预留份额,只能由被继承人的继承人继承。

《最高人民法院公报》所载王德钦诉杨德胜、泸州市汽车二队交通事故损害赔偿纠纷案[①]中，根据《民法通则》第 119 条的规定，侵害公民身体造成死亡的，加害人应当向被害人一方支付死者生前扶养的人必要的生活费等费用。“死者生前扶养的人”，既包括死者生前实际扶养的人，也包括应当由死者抚养，但因为死亡事故发生，死者尚未抚养的子女。原告王德钦与王先强存在父子关系，是王先强应当抚养的人。王德钦出生后，向加害王先强的人主张赔偿，符合《民法通则》的这一规定。由于被告杨德胜的加害行为，致王先强在王德钦出生前死亡，使王德钦不能接受其父王先强的抚养。本应由王先强负担的王德钦的生活费、教育费等必要费用的二分之一，理应由杨德胜赔偿。本案虽不是继承类案件，但处理的精神与应当为胎儿保留必要的遗产份额的法理精神是一致的。

六、尽了主要赡养义务的被继承人的丧偶儿媳和丧偶女婿的确定

《继承法》第 12 条规定：“丧偶儿媳对公、婆，丧偶女婿对岳父、岳母，尽了主要赡养义务的，作为第一顺序继承人。”我国的《继承法》在这方面的规定具有突破性。因为在立法例上，从没有将姻亲规定为法定继承人的，这是我国继承立法的一个特色。儿媳与公婆、女婿与岳父母之间没有血缘关系，只是因为儿女婚姻而形成的一种姻亲关系，在法律上没有法定的赡养和抚养义务，通常不会发生继承关系。但是，在现实生活中，有些儿媳或者女婿，不仅在婚姻关系存续期间与配偶共同赡养公婆或者岳父母，而且在丧偶以后甚至再婚以后仍然赡养和照料公婆或岳父母。为了弘扬这种尊老、爱老、养老的优良传统，充分发挥家庭供养的社会职能，保证失去子女的老人晚年生活有所依靠，我国《继承法》作出了上述突破性的规定。因此，只有当丧偶儿媳对公婆、丧偶女婿对岳父母尽了主要赡养义务的，才能作为第一顺序继承人。

在审判实践中，对丧偶儿媳或丧偶女婿尽了主要赡养义务的认定，往往比较困难。最高人民法院《继承法意见》第 30 条也仅仅是作了较为原则的规定，即“对被继承人生活提供了主要经济来源，或在劳务等方面给予了主要扶助的，应当认定其尽了主要赡养义务或主要扶养义务”。一般来讲，可以从以下三个方面进行判断：

(1) 继承人对被继承人在物质上给予了比较大的帮助。物质是人类生存的基础，是人们生活中首要的，而且是不可缺少的。在我国，尽管大多数老年人的生活是有物质保障的，但因我国的社会主义建设还处在初级阶段，毕竟还存在地区差别，有一定数量的老年人还没有完全实现享受养老金，国家和集体对老年人的物质帮助还不能完全取代家庭成员在物质方面所起的作用。所以家庭作为一个消费的经济单位，对待老年人，尤其是对无经济收入或经济收入微薄的老年人，应定期给付一定的生活费用，给老人适时添置衣服及其他生活用品，这些都是对老

---

① 参见《最高人民法院公报》2006 年第 3 期。

年人在物质上尽赡养义务的形式。子女对父母进行物质上的赡养,不仅是法律规定子女应尽的一种义务,也是对家庭和社会应尽的责任,同时也是社会主义道德的必然要求。

(2) 继承人对被继承人在生活上给予了主要照料和帮助。即对老人在生活上照顾,其内容比较广泛。除了给予物质上的帮助外,在日常生活中要照顾老人。尤其是年老体弱或者多病的老人,在生活上已基本丧失了处理能力,更应给予妥善的扶助和照料,如买粮购物、洗衣做饭、换煤气罐等。这些虽然都是一些生活中的琐事,但是应该看到,正是这些小事才构成了老年人现实生活中最实际的、必须解决的问题,也是老年人得以安度晚年的一个必不可少的条件。

(3) 继承人对被继承人在精神生活上给予抚慰。在做到以上两个方面的同时,还应注意到人们生活的另一个方面精神生活。根据现实掌握的情况看,城市离、退休老年人的工资收入大部分高于子女的工资收入,在家庭生活中甚至出现“逆差”,即老年人在经济上给子女以一定的资助。这在一个方面表明:我国城市老年人的基本状况好,在经济上一般不需要子女资助,由于生活设施等客观条件的改善,日常生活基本能够处理。基于以上情况,如果仅以“物质上的主要帮助”和“生活上的主要照料”这两个方面认定是否对被继承人尽了主要赡养义务,已不适应当前的实际情况了,而应将“精神上的主要抚慰”作为认定是否尽了主要赡养义务的一个重要标准。这是因为,人的生活包含物质生活和精神生活两个方面,如果物质生活没有保证,精神生活也就无从谈起。但在物质生活水平达到一定程度后,精神生活的需求就显得十分重要了,尤其是与子女分居独立生活的老年人,没有正常的工作,更缺乏必要的社会活动,子女及孙辈给予的精神抚慰已成为其日常生活中一个不可缺少的组成部分,如子女与其配偶携孙辈经常去老人处过周末,或每年全家与老人一同郊游一至两次,让孙辈子女与老人一同住几日,这些事也就是我们常说的天伦之乐。通过对老人精神上的抚慰,使老人在心理上取得平衡,免除孤独感,得以安度晚年。对于老年人本身来讲,养儿育女并不单单是为了防老,儿女的存在往往也是他们感情的寄托。

以上讲的第三种情况,主要适用于老年人不需要或很少需要物质帮助的情况下,才以精神上的抚慰作为尽主要赡养义务的一种方式,这种形式主要以城市居多。随着社会生产力的发展,人们物质生活水平的提高,这种形式必将呈上升趋势。当然,子女对老人所尽赡养义务应当是全面的,内容是广泛的,既有物质上的帮助和生活上的扶助,又有精神上的抚慰,这三种尽赡养义务的形式应该是相辅相成、密不可分的。因此,在司法实践中,应以上述三种形式作为衡量继承人是否“对被继承人尽了主要赡养义务”的标准,使对被继承人尽了主要赡养义务的人的合法继承权得到充分保护,使《继承法》的此项规定得以正确实施。从社会意义来说,也是我国传统美德所公认的,于我国的现实国情也是相容的,对于推动社会主义精神文明建设也有积极的作用。

七、农村土地承包经营权的不可继承性

《物权法》对农地承包经营权的物权属性给予了明确规定，但对土地承包经营权的继承问题没有进行专门的规定，从而使审判实践中在处理关于农村土地承包经营权继续承包的相关案件时，争议较大。

1. 家庭承包经营权不发生继承

家庭承包经营权是作为农村集体经济组织成员的一项权利而存在的，从其性质上说，属于用益物权。但是，从目前的法律及司法解释的规定来看，承包经营权作为物权是受到限制的，属于受限物权。其限制主要体现在继承问题上。

依据《农村土地承包法》第3条第2款的规定，目前的农村土地承包方式分为两种：家庭承包和其他方式承包。其中，以家庭承包方式实行农村土地承包经营，主要目的在于为农村集体经济组织的每一位成员提供基本的生活保障。根据《农村土地承包法》第15条的规定，家庭承包方式的农村土地承包经营权，承包方是本集体经济组织的农户，本质特征是以本集体经济组织内部的农户家庭为单位实行农村土地承包经营。因此，这种形式的农村土地承包经营权只能属于农户家庭，而不可能属于某一个家庭成员。而根据《继承法》第3条的规定，遗产是公民死亡时遗留的个人合法财产。从以上分析看，农村土地承包经营权不属于个人财产，故不发生继承问题。应当说明的是，依据《继承法》第4条的规定，个人承包应得的个人收益，依照法律规定继承。最高人民法院《继承法意见》进一步明确，承包人死亡时尚未取得承包收益的，可把死者生前对承包所投入的资金和所付出的劳动及其增值和孳息，由发包单位或者接续承包合同的人合理折价、补偿，其价额作为遗产。

从这些规定中不难看出，承包人在承包期内获得的承包收益属于公民私有财产，其继承人可以继承。除法律规定（如林地）继承人可以继续承包外，承包经营权不能继承。

2. 以户为单位判断除林地外的家庭承包经营权是否消灭

当承包农地的农户家庭中的一人或几人死亡，承包经营仍然是以户为单位，承包地仍由该农户的其他家庭成员继续承包经营；当承包经营农户家庭的成员全部死亡或迁入城镇生活，由于承包经营权的取得是以集体成员权为基础，该土地承包经营权归于消灭，农地应收归农村集体经济组织另行分配，不能由该农户家庭成员的继承人继续承包经营。这样的规定主要是由家庭承包经营权的性质所决定的。正如上文所述，家庭承包经营权是作为农村集体经济组织成员的一项权利而存在的，如果此种权利可以继承，则不免发生集体经济组织以外的成员成为经营权主体的现象，从而导致集体经济组织内部成员的生活保障成为问题，其他成员的利益更得不到保障。

因此，从我国农村人多地少的实际情况出发，为缓解人地矛盾，体现社会公正，不应允许原承包人的继承人继续承包。同时，一般土地的家庭承包，基本不存

在收益期限过长、终止合同损害承包人利益的问题。所以,法律及司法解释明确了除林地外的家庭承包经营权不得继承的原则。

3. 其他方式承包及林地的家庭承包在承包期内可以继续承包

按照《农村土地承包法》的规定,农村土地承包采取农村集体经济组织内部的家庭承包方式,不宜采取家庭承包方式的荒山、荒沟、荒丘、荒滩等农村土地,可以采取招标、拍卖、公开协商等方式承包。土地承包经营权通过招标、拍卖、公开协商等方式取得的,该承包人死亡,其应得的承包收益,依照《继承法》的规定继承;在承包期内,其继承人可以继续承包。从此条的规定来看,其他方式承包合同主要是针对荒地。由于对四荒地的开发利用,需要投入大量的人力、物力、财力,从鼓励对荒地的治理、保护此类承包人的利益的角度考虑,《农村土地承包法》规定了其他方式承包情况下,承包人死亡后,在承包期内,其继承人可以继续承包。林地承包属于家庭承包,其投资周期长、见效慢,收益的周期长,承包合同的时间具有长期性,在合同的履行期间,承包方死亡的情况是现实存在的。如果不允许承包人的继承人享有继续承包权,显然会损害承包方合同应有之收益,会导致矛盾的产生,不利于社会的稳定,同时也不利于鼓励林地的承包经营。

因此,《农村土地承包法》及相关的司法解释,均规定了林地承包的承包人死亡后,其继承人可以在承包期内继续承包。这样可以维护林地承包合同的长期稳定性,更好地保护林地承包人的利益,鼓励林地的承包经营。

八、继承保险金时,相互有继承关系的被保险人和受益人的死亡时间的推定

被保险人与受益人在同一事件中死亡且不能确定死亡先后时间的,如两者相互之间本身就有继承关系,是否按照《继承法》及其司法解释规定确定死亡先后顺序?

笔者认为,根据最高人民法院《继承法意见》第2条:“相互有继承关系的几个人在同一事件中死亡,如不能确定死亡先后时间的,推定没有继承人的人先死亡。死亡人各自都有继承人的,如几个死亡人辈分不同,推定长辈先死亡;几个死亡人辈分相同,推定同时死亡,彼此不发生继承,由他们各自的继承人分别继承。”由以上规定可知,我国继承法律关系中的死亡时间推定有三种情形:

(1) 为尽量避免出现遗产无人继承的情况,推定没有继承人的人先死亡。这里的没有继承人既指没有法定继承人又指没有遗嘱继承人。

(2) 从意外事件发生后,自然人年龄越大,存活率越低这一基本生活经验出发,规定几个各有继承人的死亡人如辈分不同,推定长辈先死亡。

(3) 几个死亡人辈分相同,推定同时死亡,彼此不发生继承,由他们各自的继承人分别继承。而2009年修改的《保险法》第42条第2款则规定:“受益人与被保险人在同一事件中死亡,且不能确定死亡先后顺序的,推定受益人死亡在先。”

比较上述不同规定可知，当被保险人与受益人之间存在继承关系时，就两者死亡时间的推定问题，《继承法意见》第2条与《保险法》第42条第2款规定之间可能存在法条适用上的重合现象。在目前立法和司法解释并未对此作出明确规定的情形下，有关保险金继承中可能涉及的死亡时间，推定适用《保险法》第42条第2款的规定为宜，其理由主要有三：

(1) 根据特别法优先于一般法的原则，保险金作为与被保险人相关的一种特殊性质财产，其继承问题应优先适用《保险法》的规定。

(2)《保险法》第42条第1款已经明确保险金作为遗产继承的几种情形，而其第2款则单独就被保险人和受益人的死亡时间推定问题作出不同于《继承法意见》第2条的特别规定。由此可知，《保险法》第42条第2款有关死亡时间的规定，仅针对保险金作为遗产继承的情况。

(3)《继承法意见》作为司法解释，其解释的对象是《继承法》而非《保险法》，因此，《继承法意见》第2条有关死亡时间的推定，不能适用于《保险法》。这里还应注意的是，限于《保险法》本身规范对象的特定性，不能将《保险法》第42条第2款有关死亡时间的推定扩张至保险金以外其他财产继承的死亡时间推定中。否则，在继承问题上，将有以特别法取代一般法之嫌。

综上，在保险金作为遗产继承时，相互有继承关系的被保险人和受益人的死亡时间推定应适用《保险法》的特别规定，除此之外，其他财产的继承仍应以现行《继承法》和相关司法解释为依据。[①]

---

① 参见本书研究组：《保险金作为遗产继承时的死亡时间推定应适用〈保险法〉的特别规定》，载奚晓明主编、最高人民法院民事审判第一庭编：《民事审判指导与参考》2009年第2集(总第38集)，法律出版社2009年版，第308—309页。

第二十八章　遗嘱继承纠纷裁判精要

遗嘱继承是指按照立遗嘱人生前所留下的符合法律规定的合法遗嘱的内容要求，确定被继承人的继承人及各继承人应继承遗产的份额。由此引发的纠纷，即遗嘱继承纠纷。《继承法》对遗嘱继承的形式、效力、遗嘱继承人的范围等作出了规定。因遗嘱继承纠纷提起的诉讼，根据《民事诉讼法》第33条关于专属管辖的规定，由被继承人死亡时住所地或者主要遗产所在地人民法院管辖。

一、法定继承与遗嘱继承

财产继承分为法定继承和遗嘱继承两种形式。两者之间主要区别表现为：

(1) 法定继承是按法律直接规定的范围、顺序进行的；而遗嘱继承则是按财产所有人生前的意思继承的。

(2) 法定继承人的继承份额是根据所有法定继承人的情况和赡养、扶养情况确定的；遗嘱继承人的继承份额是财产所有人在遗嘱中确定的。

(3) 遗嘱继承人必须是属于法定继承人范围内的人，而法定继承人不一定都是遗嘱继承人。《继承法》第16条第2款规定，遗嘱继承人既可以是法定继承人中的一人，也可以是法定继承人中的数人。

(4) 根据《继承法》的有关规定，遗嘱继承优先于法定继承。

是否存在遗嘱继承情形，是人民法院在审理继承纠纷时首先需要查明的问题。

二、遗嘱的效力

遗嘱的效力，是指遗嘱人设立的遗嘱所产生的法律后果。与其他民事行为一样，遗嘱作为一种民事行为，只有具备法律规定的生效条件时，才能发生法律效力。不具备法律规定条件的遗嘱，是不能发生遗嘱继承的法律后果的。最高人民法院通过《继承法意见》，确立了遗嘱的效力规则。

1. 遗嘱的有效条件

继承法实施前订立的，形式上稍有欠缺的遗嘱，如内容合法，又有充分证据证明确为遗嘱人真实意思表示的，可以认定遗嘱有效。这里的“形式上稍有欠缺”，是指按《继承法》中规定的形式要求有一定缺失，但符合遗嘱设立当时的有关规定。如果在《继承法》实施后所立遗嘱在形式上有欠缺，则应认定为无效。

2. 见证人的资格

《继承法》第18条规定了不能作为遗嘱见证人的三类人员类型。《继承法意见》第36条指出了《继承法》所规定的第三类人员，即与继承人、受遗赠人有利害关系的人，包括继承人、受遗赠人的债权人、债务人，共同经营的合伙人不能作为见证人。

3. 按自书遗嘱对待的遗书内容

遗书中内容可按自书遗嘱对待的条件：

(1) 内容涉及死后个人财产处分的；

(2) 确为死者真实意思的表示；

(3) 有本人签名并注明了年、月、日；

(4) 无相反证据。

4. 数份不同形式、内容相抵触遗嘱的效力问题

对此问题的判断原则为：

(1) 公证遗嘱效力最高；

(2) 时间有先后的遗嘱，以最后所立的为准。

5. 遗嘱变更或撤销的推定方式

遗嘱的变更或撤销除可以用书面方式明确表示外，还可以通过其行为推定其变更或撤销的意思。《继承法意见》第39条即规定了此种推定方式："遗嘱人生前的行为与遗嘱的意思表示相反，而使遗嘱处分的财产在继承开始前灭失，部分灭失或所有权转移、部分转移的，遗嘱视为被撤销或部分被撤销。"

6. 代书遗嘱

《最高人民法院公报》2005年第10期所载的王保富诉三信律师事务所财产损害赔偿纠纷案中，根据继承法律规定，代书遗嘱应当有两个以上见证人在场见证，由其中一人代书，注明年、月、日，并由代书人、其他见证人和遗嘱人签名。律师与普通公民都有权利作代书遗嘱的见证人，但与普通公民相比，由律师作为见证人，律师就能以自己掌握的法律知识为立遗嘱人服务，使所立遗嘱符合法律要求，这正是立遗嘱人付出对价委托律师作为见证人的愿望所在。原告王保富的父亲王守智与被告三信律师事务所签订代理协议，其目的是通过律师提供法律服务，使自己所立的遗嘱产生法律效力。三信律师事务所明知王守智这一委托目的，应当指派两名以上律师作为王守智立遗嘱时的见证人，或者向王守智告知仍需他人作为见证人，其所立遗嘱方能生效。但在双方签订的《非诉讼委托代理协议》书上，三信律师事务所仅注明委托事项及权限是"代为见证"。三信律师事务所不能以证据证明在签订协议时其已向王守智告知，代为见证的含义是指仅对王守智的签字行为负责，故应认定本案的代为见证含义是见证王守智所立的遗嘱。三信律师

事务所称其只是为王守智的签字进行见证的抗辩理由,因证据不足,不能采纳。《非诉讼委托代理协议》的签约主体,是王守智和三信律师事务所,只有三信律师事务所才有权决定该所应当如何履行其与王守智签订的协议。张某只是三信律师事务所指派的律师,只能根据该所的指令办事,无权决定该所如何行动。三信律师事务所辩解,关于指派张某一人去作见证人的决定,是根据王守智对张某的委托作出的,这一抗辩理由不能成立。最终由于经律师见证的遗嘱因不符合法律规定的形式要件被确认无效,致使遗嘱受益人蒙受经济损失,法院最后判决,三信律师事务所应当承担过错赔偿责任。

三、遗嘱执行人执行遗嘱代理合同的确认

针对遗嘱执行人执行遗嘱代理合同的确认问题,最高人民法院《关于向美琼、熊伟浩、熊萍与张凤霞、张旭、张林录、冯树义执行遗嘱代理合同纠纷一案的请示的复函》[①]予以明确。

被继承人在遗嘱中指定的遗嘱执行人在遗嘱人没有明确其执行遗嘱所得报酬的情况下,可以与继承人就执行遗嘱相关的事项签订协议,并按照该协议的约定收取遗嘱执行费。具体理由如下:

(1) 从法理上讲,民事主体处分自己民事权利的行为,只要不违反法律禁止性规定,就不应当受到限制;相反,行使公权力的行为必须有法律授权,方为有效。目前,《民法通则》《继承法》对遗嘱执行人的法律地位、报酬的取得以及遗嘱执行费用的负担均未作出相应规定,故被继承人在遗嘱中指定的遗嘱执行人在遗嘱人没有明确其执行遗嘱所得报酬的情况下,与继承人就执行遗嘱相关的事项签订协议,并按照该协议的约定收取遗嘱执行费的行为就属于法律未加以禁止的范畴。只要协议的签订出于双方当事人的自愿,协议内容是双方当事人真实的意思表示,不违反法律和行政法规的禁止性规定,就应认定为有效。

(2) 被继承人在遗嘱中指定的遗嘱执行人在遗嘱人没有明确其执行遗嘱所

---

① 陕西省高级人民法院:你院《关于向美琼、熊伟浩、熊萍与张凤霞、张旭、张林录、冯树义执行遗嘱代理合同纠纷一案的请示报告》收悉。经研究认为,目前,《中华人民共和国民法通则》、《中华人民共和国继承法》对遗嘱执行人的法律地位、遗嘱执行人的权利义务均未作出相应的规定。只要法律无禁止性规定,民事主体的处分自己私权利行为就不应当受到限制。张凤霞作为熊毅武指定的遗嘱执行人,在遗嘱人没有明确其执行遗嘱所得报酬的情况下,与继承人熊伟浩、熊萍等人就执行遗嘱相关的事项签订协议,并按照该协议的约定收取遗嘱执行费,不属于《中华人民共和国律师法》第三十四条禁止的律师在同一案件中为双方当事人代理的情况,该协议是否有效,应当依据《中华人民共和国合同法》的规定进行审查。只要协议的签订出于双方当事人的自愿,协议内容是双方当事人真实的意思表示,不违反法律和行政法规的禁止性规定,就应认定为有效。如果熊伟浩、熊萍等人以张凤霞乘人之危,使其在违背真实意思表示的情况下签订协议为由,请求人民法院撤销或者变更该协议,应有明确的诉讼请求并提供相应的证据,否则,人民法院不宜主动对该协议加以变更或者撤销。

——最高人民法院关于向美琼、熊伟浩、熊萍与张凤霞、张旭、张林录、冯树义执行遗嘱代理合同纠纷一案的请示的复函(2003 年 1 月 29 日,[2002]民一他字第 14 号)

得报酬的情况下，与继承人约定包括报酬在内的有关遗嘱执行事项，不属于《中华人民共和国律师法》（以下简称《律师法》）第34条禁止的律师在同一案件中为双方当事人代理的情况，该协议是否有效，应当依据《合同法》的规定进行审查。只要协议的签订出于双方当事人的自愿，协议内容是双方当事人真实的意思表示，不违反法律和行政法规的禁止性规定，就应认定为有效。如果继承人以遗嘱执行人乘人之危，使其在违背真实意思表示的情况下签订协议为由，请求人民法院撤销或者变更该协议，应有明确的诉讼请求并提供相应的证据，否则，人民法院不宜主动对该协议进行变更或者撤销。

四、"打印遗嘱"的效力

所谓打印遗嘱，是指由行为人操作计算机记载遗嘱内容并储存，由打印机输出而形成的打印件。遗嘱人在该打印件上签名并记载日期的一种遗嘱，它是随着计算机技术的广泛应用而出现的新的遗嘱形式。我国《继承法》没有对打印遗嘱的法律性质以及法律效力作出明确的规定，也没有有权机关对其作出指导性意见。从判定打印遗嘱的效力角度看，打印遗嘱有以下特征：

(1) 遗嘱内容由机器打印而成，难以判定具体制作人；

(2) 遗嘱人亲笔书写的痕迹不多，一般只有遗嘱人的签名或者签名和年、月、日；

(3) 清晰易认，美观大方，且一般人认为更规范，这也是社会上不少人丢弃手写遗嘱稿，留下打印遗嘱的原因。

（一）理论和实践争点

(1) 认定为自书遗嘱。这种观点认为，打印遗嘱系遗嘱人的真意表示，自己打印仅是书写的方式和工具不同而已，若系他人代为打印，则是依据书写的原文打印，又为遗嘱人校对签名认可，其成因与形式均符合"自书"特征。故应确认为是"自书遗嘱"。同时随着社会的发展，技术的进步，电脑已走进千家万户，不承认电脑打印件的"遗嘱"为自书遗嘱，有悖于时代发展潮流。

(2) 认定为代书遗嘱。电脑是智能化工具，无论是遗嘱人自己输入打印还是由他人输入打印，总之都是智能化工具工作的产物，代书行为是由智能化的"人"——电脑进行的。电脑书写与他人书写实无二致，故认为是"代书遗嘱"。

(3) 既可能是自书遗嘱，也可能是代书遗嘱，其效力应区别情形判定。该观点认为，第一，遗嘱人亲自操作电脑打印的遗嘱应属"自书遗嘱"。第二，遗嘱人请他人打印制作遗嘱，在打印件上注明了年、月、日，并由打印人、其他见证人和遗嘱人共同签名的，应视为代书遗嘱，且有效；如果在打印件上仅有打印人或遗嘱人签名，则不能构成有效的代书遗嘱。

(4) 遗嘱人亲笔写好遗嘱，为追求美观或便于保存等原因，请他人按照自己书写的遗嘱打印，并在打印件上签名，然后丢弃了原书写的遗嘱。这种情况形成的打印遗嘱与原书写的遗嘱实为一体,应视为自书遗嘱,有效。

(5) 既不是自书遗嘱,也不是代书遗嘱,应作无效认定。打印遗嘱既不符合“亲笔书写”的自书遗嘱要求,也不符合代书遗嘱的要求,尽管《继承法》关于代书遗嘱没有明确规定“代书”必须是用笔墨代书,但是如果承认代书可以用电脑打印代替,则会出现请他人代打印可能有效,自己打印无效之可笑情形。遗嘱是遗嘱人的终意处分,且死后生效,为了确保其真实性,法律对遗嘱有严格要式性要求,我国《继承法》明确规定,订立遗嘱只有五种形式,而打印遗嘱不属于其中任何一种形式,故打印遗嘱应为无效。

(6) 既不是自书遗嘱,也不是代书遗嘱,但应为有效。理由是,遵照民法的意思自治原则,“法不禁止即自由”。电脑打印也是一种书写、记载方式,法律适用应当顺应时代发展,不可拘泥于法条。诚然打印遗嘱不属于《继承法》规定的5种遗嘱形式中的任何一种,但是判定民事行为的效力,要看其是否违反了法律禁止性规定,只有违反法律禁止性规定的民事行为才能确定无效。而且《继承法》中并未规定打印遗嘱应确认无效,故只要打印遗嘱是遗嘱人的真实意思表示,理当有效。

(二) 裁判路径

(1) 打印遗嘱不是自书遗嘱。我国《继承法》第17条第2款规定:“自书遗嘱由遗嘱人亲笔书写,签名,注明年、月、日。”虽然打印遗嘱是遗嘱人的意思,但没有遗嘱人的书写痕迹,全部是千篇一律的打印体。由此遗嘱人自己操作电脑并打印成的处理其死后遗产的文件,要认定属于“亲笔书写”,与上述条文的文义相较,实在相差甚远,因此,按照文义,打印遗嘱不可能是自书遗嘱。亲笔书写的遗嘱,不易伪造因为通篇文字是遗嘱人的手写体,而书写因个人的书写力度、习惯、姿势等不同而致字迹千差万别,伪造、篡改几乎不可能。而打印遗嘱只有签名或者签名和日期是遗嘱人亲笔写就的,伪造、篡改相对容易得多。故若将打印遗嘱当做自书遗嘱对待,此立法目的实难达到。因此,从立法目的来看,立法时用“亲笔书写”有深意在焉。

(2) 打印遗嘱也不是代书遗嘱。我国《继承法》第17条第3款规定:“代书遗嘱应当有两个以上见证人在场见证,由其中一人代书,注明年、月、日,并由代书人、其他见证人和遗嘱人签名。”显然,打印遗嘱不符合上述条文的文义。

笔者认为,在目前的法律规定下,《继承法意见》第40条关于遗书的规定可以用来处理打印遗嘱案件。第40条规定:“公民在遗书中涉及死后个人财产处分的内容,确为死者真实意思的表示,有本人签名并注明了年、月、日,又无相反证据的,可按自书遗嘱对待。”据此。凡死亡人留下的遗书或遗言等,具备了:① 内容上是对死后其遗产的处置;② 形式上有本人的签名并注明年、月、日两项必备内容,即使遗书或遗言不是亲笔书写的,在无相反证据的情况下,“可按自书遗嘱对待”。

因为该条没有要求“遗书”必须是亲笔书写的,当然可以包括采用了电脑打印机而出现的“打印遗嘱”。但是应注意,实践中的打印遗嘱要根据此规定认定为有效，必须：① 确为死者真实意思的表示；② 又无相反证据；③ 仅仅是可按自书遗嘱对待。

需要说明的是：

（1）该规定的“可按自书遗嘱对待”使用了具有授权性质的、同时意味着“可以不”或“可以其他”的“可”字，只要遗嘱确为死者真实意思表示，法官不宜随意“不可”。

（2）“又无相反证据的”几字，对打印遗嘱的有效认定极为不利。因为在几乎任何一个遗嘱继承纠纷案件中，都不可能没有相反证据。笔者认为，此处的准确意思应该是“又无相反证据足以证明遗嘱非死者真实意思的表示的”。否则该条司法解释便没有任何存在的价值。即使如此理解，对打印遗嘱的有效认定依然不利，因为只要在有其他遗嘱存在的情况（因为此其他遗嘱，肯定为有力的相反证据），打印遗嘱均难按照自书遗嘱作有效处理。

将打印遗嘱按照“遗书”处理的观点，是在目前法律框架内就法律适用提出的。如果严格按照《继承法意见》第 40 条规定执行，打印遗嘱最终被判无效的可能性还是较大。随着电脑打印等现代化记载、打印方式的普及，“以机代笔”已相当普遍。在此形势下，打印遗嘱大量出现，对于遗嘱人认真准备的“规范的”打印遗嘱，还得在没有相反证据、有两个以上的见证人见证的情况下才能认定有效，此恐难为民众所接受。故，笔者建议，应当适当放宽对打印遗嘱的效力认定。可以考虑如下处理路径：

（1）遗嘱人有阅读理解能力的，自己或请人用电脑书写并打印的遗嘱必须有遗嘱人本人亲笔签名和亲笔书写的年、月、日，方为有效。若只有遗嘱人本人的亲笔签名，无亲笔书写的年、月、日，须有两个无利害关系的见证人签名见证，方为有效。

（2）遗嘱人没有或几乎没有阅读理解能力的，由他人代打印的遗嘱必须由遗嘱人本人签名或者捺手印，并有两个无利害关系的见证人签名见证，方为有效。

第二十九章　被继承人债务清偿纠纷裁判精要

被继承人债务是指被继承人死亡时遗留的应由被继承人清偿的财产义务。被继承人的债务属于遗产中的消极财产，又称遗产债务。因此，只有在被继承人死亡时尚未清偿的依法应由其清偿的债务，才为被继承人的债务，因该债务清偿引起的纠纷即被继承人债务清偿纠纷。被继承人的债务既包括被继承人个人负担的债务，也包括被继承人在共同债务中应承担的债务份额。因被继承人债务清偿纠纷提起的诉讼，根据《民事诉讼法》第21条的原则规定，应当由被告住所地人民法院管辖，被告住所地与经常居住地不一致的，由经常居住地人民法院管辖。

一、继承的放弃

接受继承、限定接受继承、放弃继承，是继承人对自己法律身份的定位及与债权人建立何种法律关系的选择。我国《继承法》重视限定继承制度，但同时对接受继承、放弃继承规定甚少。而放弃继承的诸多问题，对于继承权的选择乃至整个继承法制度，都有重要意义。故最高人民法院通过《继承法意见》，确立了继承人放弃继承的规则。

(1) 放弃继承的意思表示应在继承开始后、遗产分割前作出。其放弃的是应继承的遗产份额。遗产分割后放弃的则是实际取得财物的所有权。

(2) 放弃继承不得附加条件或期限，也不得影响法定义务的履行。如果继承人因放弃继承权，致其不能履行法定义务的，放弃继承权的行为无效。

(3) 放弃继承必须符合意思表示的形式要求。作为要式法律行为的一种，放弃继承必须是明示方式，即以书面形式或口头方式作出。对以口头形式放弃的，要本人承认，或有其他充分证据证明，才认定放弃有效；在诉讼中，法院对继承人以口头方式放弃的，要制作笔录，由放弃继承的人签名。

(4) 放弃继承的意思表示原则上不得撤回。按照法律行为的效力原则，放弃继承只要是继承人的真实自愿的意思表示，符合法律行为的有效条件，即应产生法律约束力，不允许撤回。因此，《继承法意见》第50条规定："遗产处理前或在诉讼进行中，继承人对放弃继承翻悔的，由人民法院根据其提出的具体理由，决定是否承认。遗产处理后，继承人对放弃继承翻悔的，不予承认。"

二、继承中的债务清偿

就继承中的债务清偿规则,最高人民法院通过《继承法意见》予以确立。

(1) 接受继承与承担债务清偿责任相统一原则,即接受继承的继承人同时依法接受了债务清偿责任;放弃继承的继承人不承担债务责任。

(2) 限定继承原则,即接受继承的继承人仅在其继承遗产的价值范围内承担清偿责任,而不对被继承人的生前债务全额无限负责。

(3) 特殊保护原则。除了在继承权的丧失、遗嘱的效力和遗产分割中,对无劳动能力又没有生活来源的人进行特殊保护外,在清偿被继承人债务时,也给予了此类人员特殊照顾。《继承法意见》第 61 条规定:“继承人中有缺乏劳动能力又没有生活来源的人,即使遗产不足清偿债务,也应为其保留适当遗产,然后再按继承法第三十三条和民事诉讼法第一百八十条[①]的规定清偿债务。”

(4) 不同顺位的债务责任原则。当出现先分割遗产,后清偿债务的情况时,《继承法意见》第 62 条规定了先后顺位。首先由法定继承人清偿;其次由遗嘱继承人和受遗赠人按比例清偿。

(5) 清偿债务优于执行遗赠的原则。这个原则是根据《继承法》第 34 条“执行遗赠不得妨碍清偿遗赠人依法应当缴纳的税款和债务”的规定确立的。因为债权一般都是有偿取得,是付出了与其对等的价值的,而接受遗赠往往是无偿的,并不以付出对价为必要。再说,债权一般是在被继承人死亡前形成的,而遗赠一般是基于被继承人死亡才发生的。所以,对于债权的保护,一般要优于受遗赠权的保护。因此,执行遗赠一般应在清偿完应缴纳的税款和债务以后,否的则,就会损害国家和债权人的利益。只有在清偿完债务后尚有剩余遗产时,才能够执行遗赠。

三、继承的放弃与债权人撤销权的行使

世界上大多数国家的继承法中都规定了继承人享有放弃继承的权利,我国也不例外,然而,各国在实践中都出现了继承人利用放弃继承的行为损害债权人利益的现象。于是放弃继承的行为,究竟能不能成为债权人的撤销权的标的,成为一个长期以来争论不休的问题。笔者也就此发表如下之浅见。

(一) 继承人的债权人享有对放弃继承的撤销权

传统理论以放弃继承是身份行为且属拒绝利益取得行为作为理论根基,认为继承人的债权人不具有对放弃继承的撤销权。我国台湾学者史尚宽、郑玉波、王泽鉴与大多数大陆学者均持该观点。如王泽鉴认为,继承之抛弃系法定之权利,

---

① 该条引用的《民事诉讼法》已经修正,该内容已规定于《中华人民共和国企业破产法》第 113 条中。

以人格为基础,旨在拒绝单方面赋予之财产利益,债权人虽因债务人抛弃继承之意见决定,得而复失,受有损害,亦属间接、反射之结果,因此在解释上应认为抛弃继承具有身份性质,并属拒绝受领利益之行为,非债权人所得撤销。①

1. 放弃继承是以身份关系为基础的财产行为

法律行为以其效果之种类为标准,分为财产行为与身份行为两种。就放弃继承行为在性质上是属于财产行为还是身份行为,抑或兼而有之,理论界一直存在分歧。实际上,身份行为是指产生、变更或消灭身份关系的法律行为。放弃继承是以被继承人与继承人之间特定的身份关系为基础,其本身不引起特定身份关系的产生、变更与消灭,身份属性已经淡化,它直接指向被继承人的遗产,是对特定财产权利的放弃。在放弃继承中,身份关系仅仅是背后的影子,而不是行为本身的指向。严格地说,放弃继承应当是一种以身份关系为基础的财产行为。

2. 放弃继承是对既得财产权利的放弃。一种观点认为,放弃继承是处分已经取得的权利,而且是单方的无偿处分行为。另一种观点认为,放弃继承不是无偿的处分行为,而是拒绝利益的取得行为。当今各国和地区的当然继承主义原则(即继承自被继承人死亡时开始)实质上确认了放弃继承是一种无偿处分既得财产权利的行为。诚然,债权人撤销权的标的行为,应该是积极地使债务人财产减少的行为,不包括消极的妨害其财产增加的行为。但放弃继承本身是对法律拟制已继承的财产权利的放弃,正因为如此,在法条上对于放弃继承的效力表述为溯及继承开始时,可见其是积极减少继承人财产的行为,是得而后抛弃,而非自始未得。基于上述原因,笔者认为,继承人的债权人具有对放弃继承的撤销权。

(二)放弃继承的行为应当成为撤销权的标的

撤销权作为一项重要的民事制度,一些大陆法系国家或地区的民法都进行了详细规定。由各国法律规定可以看出,撤销权的标的应具有以下特征:

(1)撤销权的标的应为债务人对债权造成损害的行为。倘若债务人放弃其到期债权或者无偿转让财产,但该行为并不对债权人的债权造成损害,债权人不得因此行使撤销权。

(2)因撤销权的立法目的系保护债权,故撤销权的标的也应限于纯粹以财产为标的的行为,即应与债权人享有的权利存在对等性,否则不但不能达到目的,同时不免过度干涉债务人行使其他权利的自由。因此,以下行为不得成为撤销权的标的:① 基于纯粹的身份权及身份监督权而行使的行为,如婚姻撤销权、离婚请求权、非婚生子女之认领请求权及否认权等。② 基于身份财产权的行为,该行为虽然以财产利益为内容,但其目的主要在于保护权利人的无形利益,所以也不属于纯粹以财产为标的的行为,如抚养费、赡养费等。③ 基于人格权的行为,以保障自由人格为目的的种种权利,如因生命、身体、自由或名誉受到侵害而产生的损害赔

① 参见王泽鉴:《民法学说与判例研究》第4册,中国政法大学出版社1998年版,第344页。

偿请求权。

由以上分析可以看出,撤销权的标的系以财产为标的行为,而不包括基于身份关系和基于人格权的行为。继承人取得继承权,的确是基于其特殊的身份,因此体现为一种身份权利,但是随着被继承人死亡的法律事实出现,继承开始,在继承的事实上,只有财产关系,而继承人在选择上,并不具备个人的特性,也即其身份与其接受还是放弃继承的选择无关,因此放弃继承仅是一种以财产为标的的行为。法国民法典采用的即为此种观点,认为债权人可以对继承人放弃继承的行为行使撤销权。

(三)其他继承人接受债务人放弃继承的份额是否存在恶意,不是债权人行使撤销权的要件。

撤销权,又称废罢诉权,源于罗马法的保罗诉权,其实质即为一种债的保全,并以此防止债务人不当减少其财产,以损害债权人的利益。因此只要债务人存在不当减少财产,并因此害及债权人债权的行为,即符合撤销权的法定要件,而这种不当减少财产的情形,通常可以推定债务人主观上存在恶意。所谓债务人的恶意,是指其知道该财产处分行为可能引起或增强债务清偿的无资力而有害于债权人债权的后果。而对于受益人主观上存在恶意与否,是否应作为撤销权的要件,则应依债务人所为的行为是有偿或无偿而有所不同。若为无偿行为,不以债务人和第三人的恶意为要件;若为有偿行为,则须债务人及财产处分受益人具有恶意。如前所述,放弃继承的实质系放弃其应得的财产权利,倘若这种财产权利放弃的行为直接导致其他继承人受益,即是一种无偿转让财产的行为,故这种行为不以债务人和第三人的恶意为要件,因此即使其他继承人是善意的,对于债务人与债权人之间的债权债务纠纷并不知情,也不影响债权人撤销权的行使。

还有一种观点认为,放弃继承的行为不宜作为撤销权的标的,但可以债务人与其他继承人之间恶意串通损害第三人利益为由认定放弃继承的行为无效。笔者认为,在司法实践中不宜作此处理。首先,放弃继承作为一种纯粹以财产为标的的行为,应当作为撤销权的标的。其次,债权人倘若以恶意串通主张债务人放弃继承的行为无效,则应承担相应的举证责任。在司法实践中,继承人之间常常具有一定的亲属关系,在明知债务人对债权人负有债务的情况下,而发生放弃继承的行为时,继承人之间恶意串通的盖然性很大,若让债权人承担证明债务人与他人恶意串通的举证责任,则会增加债权人的举证负担,证明难度也很大。而允许债权人行使撤销权,则可依无偿转让财产处理,此时债务人与第三人是否恶意串通,均不影响债权人行使撤销权,从而免除了债权人主观方面的举证责任,更有利于保护其债权实现,也符合撤销权设立的宗旨。

综上分析,放弃继承的行为应作为撤销权的标的,债权人有权对此行使撤销权,要求确认债务人放弃继承的行为无效。

第三十章　遗赠及遗赠扶养纠纷裁判精要

遗赠纠纷是指遗赠人在设立遗嘱或其继承人在实施其遗嘱过程中产生的纠纷。遗赠是指自然人以遗嘱的方式将其财产赠与国家、集体或者法定继承人以外的人,而于其死亡后发生效力的民事行为。立遗嘱的自然人称为遗赠人,指定赠与的财产为遗赠财产或者遗赠物。因遗赠纠纷提起的诉讼,可以参照《民事诉讼法》第 33 条关于专属管辖的规定,由遗赠人死亡时住所地或者遗赠财产、遗赠物所在地人民法院管辖。

遗赠扶养协议是指自然人(遗赠人、受扶养人)与扶养人之间关于扶养人扶养受扶养人,受扶养人将财产遗赠给扶养人的协议。遗赠人与扶养人在履行遗赠扶养协议过程中产生的纠纷,即遗赠扶养协议纠纷。

一、遗嘱继承、遗赠及遗赠扶养协议的关系

就遗嘱继承、遗赠及遗赠扶养协议的关系问题,最高人民法院通过《继承法意见》予以了明确。

1. 遗赠扶养协议效力优先于遗嘱

当遗嘱与遗赠扶养协议同时存在时,如果没有抵触,自然依各自内容处理;但如果有抵触,则遗赠扶养协议的效力优先于遗嘱,按协议处理,与协议抵触的遗嘱全部或部分无效。

2. 遗嘱继承人仍可参与法定继承

遗嘱可能是对全部财产作了处分,也可能仅对部分财产作了处分或遗嘱所作处分部分无效。在后一种情况下,就同时存在法定继承和遗嘱继承两种继承方式。遗嘱继承人在按遗嘱继承部分遗产后,仍有权参加遗嘱未作处分或处分无效部分的继承,此时具有双重身份,即先是遗嘱继承人,后是法定继承人。《继承法意见》第 6 条规定:“遗嘱继承人依遗嘱取得遗产后,仍有权依继承法第十三条的规定取得遗嘱未处分的遗产。”

3. 附义务的遗嘱继承、遗赠

附义务的遗嘱继承或遗赠,如义务能够履行,而继承人、受遗赠人无正当理由不履行,经受益人或其他继承人请求,人民法院可以取消他接受附义务部分遗产

的权利,由提出请求的继承人或受益人负责按遗嘱人的意愿履行义务,接受遗产。

4. 遗赠扶养协议不履行的法律后果

遗赠扶养协议属于一种特殊的合同关系,是一种双方有偿、双务的法律行为。在遗赠扶养协议中,扶养人享有接受遗赠的权利,同时承担被扶养人生养死葬的义务;遗赠人承担将遗产遗赠给扶养人的义务,同时享有接受扶养人扶养的权利。遗赠扶养协议一经订立,即发生法律效力,对双方产生法律约束力,双方应严格履行协议中所约定的义务。扶养人如果不履行扶养义务则构成违约,遗赠人有权请求解除协议,扶养人不再享受遗赠的权利,并且扶养人支付的供养费用一般不予补偿。遗赠人如果不履行协议,其中遗赠人擅自处分指定给扶养人的财产致使扶养人无法实现受遗赠权的,扶养人有权解除协议,并要求遗赠人偿还已支付的供养费用。

二、遗赠失效的认定

1. 受遗赠人死亡或者被宣告死亡

如果受遗赠人在遗赠尚未发生法律效力时就死亡,则因受遗赠人的不存在而无法接受遗赠,导致遗赠行为不能产生预期的法律效果,当然导致遗赠失效。鉴于法律对此未作明确规定,审判实践中,就有人认为,受遗赠人先于遗赠人死亡的,可以由他的子女代位接受遗赠。笔者认为,这种观点是不对的。因为遗赠需要以遗嘱的形式才能成立,而由于遗嘱继承与法定继承不同,即遗嘱继承是以遗嘱人的自由意志为基础,法定继承是以血亲、婚姻、扶养等关系为基础的,所以,遗赠人将自己的财产赠与受遗赠人,并不表示受遗赠人的子女可以代位接受遗赠。这就是说,代位继承是法定继承的制度范畴,不可能在遗嘱和遗赠制度中发生作用。因而受遗赠人死亡或者被宣告死亡的,应当认定遗赠失效。

2. 由于某种原因导致遗赠物已不属于遗产范围

一般情况下,如果遗赠人以种类物遗赠,则以同类物的相同数量和品质的物或者金钱代为给付是可以的。但是,如果遗赠人生前将某特定物进行遗赠,但后来该特定物又被遗赠人转让他人,或者被征用,或者因不可抗力灭失,总而言之,该特定物不存在了,那么,一旦继承开始,在无法用其他物代替的情况下,这种特定物的遗赠便无法发生法律效力,故在这种情况下,应认为遗赠行为失效。因此,遗赠人在订立遗嘱时,只能就现有财产进行遗赠,即作为遗产交付给受遗赠人时,只能以继承开始时的遗产状况为准,如果特定物在继承开始时已经不属于遗产范围,则该遗赠没有效力。

3. 受遗赠人丧失受遗赠权

《继承法》对丧失受遗赠权的事由没有明文规定,通说认为,原则上应当适用关于继承权丧失的规定。因为公民的受遗赠能力是和权利能力相一致的,凡是具有权利能力的人就有受遗赠权。但是,受遗赠人可以因为犯有侵害遗赠人和其他继承人的非法的或严重不道德的行为而丧失受遗赠权。所以,我国《继承法》第7条关于丧失继承权的规定,通常也适用于受遗赠人。当然,在丧失继承权的法定事由中,遗弃被继承人的,或者虐待被继承人情节严重的事由,可不适用于受遗赠权的丧失,因为受遗赠人必须是法定继承人以外的人,彼此之间并没有法律上的扶养义务。除此而外,受遗赠人只要具有相当于继承人继承权丧失行为的,受遗赠权即为丧失,遗赠行为就失去效力。

三、受遗赠人“知道受遗赠后两个月内”的起算点

遗赠是指自然人以遗嘱的方式,将其个人的财产赠与国家、集体或者法定继承人以外的人,并于其死后发生法律效力的民事行为。《继承法》第25条第2款规定:“受遗赠人应当在知道受遗赠后两个月内,作出接受或者放弃受遗赠的表示。到期没有表示的,视为放弃受遗赠。”这里规定的两个月,为接受遗赠的除斥期间,应当从受遗赠人知道遗赠之日起开始计算。

遗赠应属遗赠人死后生效的法律行为,将财产赠与他人的意思表示,虽然是在生前作出的,但只有于遗赠人死亡后该遗赠才发生法律效力,即遗赠人死亡前,不发生财产所有权的转移。因此,关于如何认定受遗赠人“知道受遗赠后两个月内”的起算点问题,笔者认为,应把《继承法》第25条第1款和第2款联系起来理解,继承从被继承人死亡时开始,被继承人活着时,即便做了遗赠公证,受遗赠人也不适宜在其生存时就表示接受遗赠,只能等被继承人死亡后再表达自己愿意接受遗赠的意愿,故两个月的最早起算点应是从被继承人死亡之日起算。如果受遗赠人在被继承人死亡后才得知遗赠之事,应当在知道受遗赠后两个月内作出接受或者放弃受遗赠的表示。①

四、遗赠和死因赠与的区分

所谓死因赠与,是指赠与人生前与受赠人订立的于赠与人死亡后才发生赠与财产利益效力的双方法律行为。这是一种特殊的赠与合同。《继承法》和《合同法》均没有规定死因赠与,但生活中却时常会出现,它是财产所有人生前处理自己财产的一种形式。与一般的赠与合同不同的是,死因赠与以其死亡作为财产转移的条件,在此之前,受赠人无权请求取得受赠的财产。死因赠与和遗赠非常相似,而实际上两者是不同的,具体表现在:

(1) 死因赠与是一种合同关系,它是双方的法律行为,它的订立、变更、解除和终止,均适用《合同法》的一般原理。而遗赠采用的是遗嘱的方式,是一种单方法律行为,不适用《合同法》的一般原理。

---

① 参见本书研究组:《如何认定受遗赠人“知道受遗赠后两个月内”的起算点》,载奚晓明主编、最高人民法院民事审判第一庭编:《民事审判指导与参考》2011年第2辑(总第46辑),人民法院出版社2011年版,第245页。

（2）遗赠中的受遗赠人必须是未丧失受遗赠权的人，如果其出现法定丧失受遗赠权的情形的，则不允许其接受遗赠。而死因赠与并不存在受赠人丧失受赠权之说，因为它不属于遗嘱继承的范畴。

（3）死因赠与的法律效力发生在死因合同成立之时，其接受赠与财产的时间则是从赠与人死亡时，故死因赠与合同成立后，赠与人不得随便变更和撤销赠与。但遗赠则不同，遗赠只有在遗赠人死亡时才发生法律效力。因此，遗赠人生前可以随时变更或者撤销自己的遗赠。

五、遗赠扶养协议的效力认定

1. 遗赠扶养协议对扶养人的效力

遗赠扶养协议已经签订，双方就应当严格遵守。对于扶养人来说，自协议生效时起，扶养人就必须对遗赠人按照协议的约定或者合理情形予以扶养，并且这一扶养义务的履行，除了协议解除或出现法定事由外，不得中断，直至遗赠人死亡。不仅如此，遗赠人死亡后，扶养人还必须依照协议的约定，负责办理遗赠人丧葬事宜。也就是说，如果扶养人不能认真履行对遗赠人的生养死葬义务，遗赠人生前有权解除扶养协议，并不予补偿先前的扶养费用。被扶养人对协议中指明的财产，在其生前可以占有、使用，但不能处分，如出卖、交换、赠与等。如果遗赠的财产因此而灭失，扶养人有权要求解除遗赠扶养协议，并要求补偿已经支出的扶养费用。扶养人必须认真履行扶养义务。如果扶养人不尽扶养义务，或者以非法手段谋取被扶养人的财产，经被扶养人的亲属或有关单位请求，人民法院可以剥夺扶养人的受遗赠权。如果扶养人不认真履行扶养义务，致使被扶养人经常处于生活困难、缺乏照料的情况时，人民法院可以酌情对遗赠财产的数额给予限制。

遗赠扶养协议的扶养人取得约定遗赠财产的权利，要自遗赠人死亡后才能发生效力，而且要以其认真履行扶养义务为前提条件。所以，扶养人不得在遗赠人死亡前请求交付约定的遗赠财产。遗赠扶养协议的执行期限一般较长，在此期间如因一方翻悔而使协议解除时，便会产生两种法律后果：一是扶养人无正当理由不履行协议规定的义务，导致协议解除的，不能享受遗赠的权利。其已支付的扶养费用，一般也不予补偿。二是受扶养人无正当理由不履行协议，致使协议解除的，则应适当偿还扶养人已支付的扶养费用。

2. 遗赠扶养协议对遗赠人的效力

遗赠扶养协议不仅约束扶养人，对遗赠人也产生一定的效力，具有约束力。主要表现为：除了遗赠人有权要求扶养人履行扶养义务外，遗赠人还负有保证其死后遗赠人能够得到约定赠与的财产的义务。遗赠扶养协议中的扶养人，虽于遗赠人生前不能主张所遗赠财产权利，但该项权利，却是一种期待利益，故遗赠人不能随意处分协议中约定的财产，或者利用遗嘱将财产再处分给继承人或其他人，否则就会侵犯扶养人的合法利益。

3. 遗赠扶养协议对于第三人的效力

遗赠扶养协议对于第三人的效力,主要是指在被继承人的遗产处置上对于继承人、受遗赠人的法律后果。因为在受扶养人生前如因其财产与第三人发生关系时,如受扶养人将协议中约定的财产赠与第三人,可被遗赠扶养协议对当事人双方的效力所吸收。也就是说,遗赠扶养协议并不是单纯地仅于协议双方存在拘束力,对于协议以外的继承人或受遗赠人都会产生一定的法律效果。如果遗赠人将同一份财产既设定了遗赠扶养协议,又设立了遗嘱继承,在遗赠人死亡以后,根据遗赠扶养协议优先性的特点,应当首先对考虑遗赠扶养协议的执行。即使其继承人或遗嘱继承人占有了该项财产,也应当将财产移交给遗赠扶养协议中的扶养人。

如果遗赠人生前未经扶养人同意,擅自将协议约定的遗赠财产转让给他人,扶养人可以提出解除遗赠扶养协议,并可要求遗赠人补偿已支出的扶养费用。如果扶养人不要求解除遗赠扶养协议,第三人若是善意有偿取得财产,则所有权发生转移;若第三人非善意有偿取得,则扶养人可在取得主张遗产的权利后,向第三人主张返还不当得利。①

需要注意的是,遗赠扶养协议并不免除遗赠人的子女等赡养义务人的赡养义务。因为遗赠人与其子女的赡养义务是法定的,除非双方的身份关系消除才可不承担义务,即使遗赠人与他人订立了遗赠扶养协议,法定赡养义务人也仍然应当履行赡养的义务。因此,遗赠人的子女对遗赠人的赡养扶助义务,不因遗赠扶养协议而免除。同时,遗赠人的子女对其遗赠以外的财产仍享有继承权。扶养人在与遗赠人订立遗赠扶养协议的情况下,由于不发生收养的法律效力,因而对自己的父母仍然有赡养扶助的义务,享有互相继承遗产的权利。

六、遗赠扶养协议的解除

《继承法》并没有就遗赠扶养协议的解除作出明确规定,而是最高人民法院《继承法意见》第56条中提到了协议解除,但仍然没有对解除的标准和解除后的责任问题作出规定。该条规定:"扶养人或集体组织与公民订有遗赠扶养协议,扶养人或集体组织无正当理由不履行,致协议解除的,不能享有受遗赠的权利,其支付的供养费用一般不予补偿;遗赠人无正当理由不履行,致协议解除的,则应偿还扶养人或集体组织已支付的供养费用。"因此,在审判实践中,如果遗赠人请求解除遗赠扶养协议的,一般情况下应当予以解除;扶养人或者集体经济组织要求解除的,要根据具体情况和理由决定是否准许。如果遗赠人处分了协议中约定的遗赠财产,致使未来的遗赠不可能实现的,应当予以解除。如果扶养人为了摆脱负担,不想再尽扶养义务而提出解除的,如果遗赠人同意,可以解除;如果遗赠人不

① 参见杨立新、朱呈义:《继承法专论》,高等教育出版社2006年版,第229页。

同意,应当对扶养人进行说服教育,做好扶养人的工作,一般不应准予解除。但扶养人坚决要求解除协议,并拒不履行协议的,也可以准予解除。

准予解除遗赠扶养协议的,要根据具体情况确定责任。由于供养方不尽扶养义务而导致协议解除的,不能享有受遗赠的权利,其供养费一般也不予补偿。如果是遗赠人不遵守协议,而将遗赠扶养协议中指明的遗赠财产出卖、交换、赠与他人,甚至是故意毁损,从而导致协议被解除的,则遗赠人应当向扶养人补偿已经支付的供养费用。

诉讼程序编

第三十一章　离婚案件管辖法院的确定

一、一般离婚案件的管辖

《民事诉讼法》对法院管辖的一般规定很简单,就是以“原告就被告”为原则,即以被告的住所地或经常居住地来确定管辖,离婚案件管辖的一般规定也与其他民事案件管辖的一般规定一致。《民事诉讼法》第21条第1款规定:“对公民提起的民事诉讼,由被告住所地人民法院管辖;被告住所地与经常居住地不一致的,由经常居住地人民法院管辖。”

对此规定应注意两个问题:

(1) 对住所的理解,《民法通则》第15条规定:“公民以他的户籍所在地的居住地为住所,经常居住地与住所不一致的,经常居住地视为住所。”

(2) 对经常居住地的理解,《民法通则意见》第9条第1款规定:“公民离开住所地最后连续居住一年以上的地方,为经常居住地。但住医院治病的除外。”这里就存在一个问题,在同一个大的行政区划内的不同地方居住满一年是否构成“经常居住地”的问题。

笔者认为,法律规定“经常居住地法院管辖”的规则是出于两个目的:第一,方便当事人诉讼;第二,明确管辖案件的法院。对于两者的不同理解,可能就会导致对于这个问题的处理存在不同。有些人认为,法律规定了“经常居住地法院管辖”原则,就是为了方便当事人进行诉讼,不应将经常居住地简单理解成为以产权相区分的一室或一户,对经常居住地应作广义的理解,在某行政辖区内居住满一年即应认定为形成了经常居住地。否则,若夫妻双方在同一小区中有两套房屋,其不定期的在两套房屋中居住,则不能形成经常居住地,而要由户籍所在地法院管辖,显然不合理。另一些人的意见是,法律上设定“以经常居住地确定地域管辖”的初衷,是为了保证起诉时有明确的管辖法院,与行政区域的划分无关。哪怕仅从法律条文的字面表述进行理解,居住地也应该作严格的理解,应仅指不变化的住处,而不应该是在一个大行政区划中的任一居住地。否则行政区域的拆分或合并将会影响案件的受理法院。笔者的意见是,应该综合理解“经常居住地法院管辖”原则,不能有所偏废。一般来说,在同一基层法院的管辖范围内,具有稳定的一处或几处居住场所,仍应认定为有经常居住地,这是从方便当事人诉讼的角度推演出来的。但是,如果当事人所居住的场所并不在基层法院所管辖的范围内,此时当事人的居住地点的变更会影响到受理法院的确定,故不应认定为其具有经常居住地,而应由户籍所在地法院管辖。

二、特殊人员离婚案件的管辖

依照我国《民事诉讼法》和《民诉意见》的规定,当事人提起的离婚诉讼,原则上由被告住所地人民法院管辖。但在特殊情况下,管辖法院会有所不同。《民事诉讼法》第22条规定了几种例外的情况由原告住所地人民法院管辖;原告的住所地与经常居住地不一致的,由经常居住地人民法院管辖。这些例外情况是:

(1) 对不在中华人民共和国领域内居住的人提起的有关身份关系的诉讼。对于符合不在中国领域内居住、与身份有关的诉讼案件(如涉及婚姻关系的案件),由原告住所地或者经常居住地人民法院管辖。

(2) 对下落不明或者宣告失踪的人提起的有关身份关系的诉讼。被告下落不明或者已经宣告失踪的情况下,根本无法确定其住所地或者经常居住地,由原告住所地或者经常居住地人民法院管辖,可以方便原告行使诉权。

(3) 对被采取强制性教育措施的人提起的诉讼。被采取强制性教育措施的人由于离开了住所地或者经常居住地,集中在特定场所接受教育,人身自由受到一定的限制。如果向被告强制教育地人民法院起诉,对原告来说十分不便,法律规定由原告住所地或者经常居住地人民法院管辖。

(4) 对正在被监禁的人提起的诉讼。正在被监禁的人,包括已决犯和未决犯,都丧失了人身自由,脱离了住所地或者经常居住地,不仅不便原告向被告监禁地人民法院起诉,而且由被告监禁地人民法院管辖,很可能造成其工作量过大,法律规定原告住所地或者经常居住地人民法院为有管辖权法院是比较恰当的。

上述第(1)、(2)两类离婚案件的共同特点是,被告不在中华人民共和国领域内居住、下落不明,无法或者难以确定其住所地或者经常居住地,法律规定由原告住所地或者经常居住地人民法院管辖可以方便原告行使诉权。第(3)、(4)两类案件的被告因为离开了自己的住所或者经常居住地,人身自由受到了不同程度的限制,如果继续适用“原告就被告”原则,对于原告来说极为不便,对于被告来说也没有什么实际意义,所以法律规定这类案件由原告住所地或者经常居住地人民法院管辖。但是这里需要指出的是,第(3)、(4)两类案件是指被告一方被监禁或被强制性教育的情形,如果双方当事人都被监禁或被强制性教育,此时的管辖又会发生变化,应当适用《民诉意见》第8条的规定:“双方当事人都被监禁或被劳动教养的,由被告原住所地人民法院管辖。被告被监禁或被劳动教养一年以上的,由被告被监禁地或被劳动教养地人民法院管辖。”

另外,《民诉意见》第12条规定:"夫妻一方离开住所地超过一年,另一方起诉离婚的案件,由原告住所地人民法院管辖。夫妻双方离开住所地超过一年,一方起诉离婚的案件,由被告经常居住地人民法院管辖;没有经常居住地的,由原告起诉时居住地的人民法院管辖。"本条虽然不属于特殊人员的离婚案件管辖,但是与《民事诉讼法》第22条相似,同样适用"被告就原告"原则。

第三十二章　离婚案件的举证规则

与其他民事诉讼一样,离婚诉讼中也涉及大量的证据。因为离婚诉讼往往还涉及财产分割及子女抚养问题,所以证据的形式及数量还是比较多的。在婚姻诉讼中,证据种类与其他民事诉讼基本一致,但由于离婚诉讼的特殊人身性质,尤其是在当今复杂变化的社会环境中,离婚诉讼中关于证据的采集、认定都有其特殊性。下面就几个热点问题进行讨论。

一、离婚诉讼中的非法取证问题①

(一)离婚诉讼中的非法取证

离婚案件的取证相对于普通民事案件要复杂和困难。尤其是在证明夫妻一方在婚姻关系中存在过错的问题上,证据的取得和保存都有一定的难度。以“小三”现象导致的离婚案件为例,这类案件的取证问题总是社会的热门话题。“私家侦探”就是在这种背景之下产生的。在目前法院受理的离婚案件当中,有很大一部分案件的起因就是因为“第三者”的存在。据统计,目前由于“第三者”导致离婚的比率已占到整个离婚原因的40%以上。然而这类案件在证明婚姻一方存有过错时的取证问题上,总是遭遇到非法取证的阻碍。根据最高人民法院《关于民事诉讼证据的若干规定》(以下简称《民事诉讼证据规定》)第68条的规定:“以侵害他人合法权益或者违反法律禁止性规定的方法取得的证据,不能作为认定案件事实的依据。”如果采用上述途径获取证据的行为就是非法取证。

(二)非法取证的效力问题

《婚姻法》确立了离婚过错损害赔偿制度,反映出法律和道德的深度追求。但是按照“谁主张,谁举证”的原则,无过错方当事人负有举证证明对方存在法定赔偿事由的义务。实践中,不乏因怀疑对方存在婚外情而未雨绸缪搜集证据、以备不时之需的现象。鉴于目前我国法律就此规定的不完备,实际案件中出现了种种

---

① 参考孙国鸣主编:《离婚纠纷法律精解判例分析与诉讼指引》,中国法制出版社2012年版,第272—273页。

尴尬。法院很难在保护无过错方要求赔偿权利的同时,又保护涉案有关方的隐私权,同时还不损害公序良俗。因此,只要不违反法律禁止性的规定,当事人可以采用某些“特别”方式对自己的权利进行救济。下面讨论两种常见的取证方法的效力问题:

1. 关于雇用私人侦探的问题

私人侦探受雇用后,采取化装、跟踪、窃听、偷拍等手段收集证据很有效果。但理论界对这种行业存在的利弊有很大的争议。因为我国目前并没有赋予私人侦探以合法身份,雇用“私人侦探”进行“民间取证”不宜提倡。但是证据取得者的名称、身份并不重要,关键是取得证据的手段是否合法。

2. 私自录制的录音录像的效力问题

《民事诉讼证据规定》规定,只要不违反法律的一般禁止性规定,不侵害他人合法权益,不违反社会公共利益和社会公德,未经对方同意的录音录像也可以作为证据。它意味着未经对方同意私自录制的音像资料可以作为证据使用,除非这些资料的取得方法违反了法律强制性规定或侵犯了他人的合法权益。但笔者认为,这并不意味着“偷拍偷录合法化”。它能否作为证据,不在于它的私下性、秘密性,关键是它是否违反法律和公共利益等。

需要注意的是,当事人在提交视听资料作为证据使用时,应当注意该证据的合法性,否则可能无法实现证明的目的。在合法取得视听资料之后,还会涉及视听资料的证明力问题,《民事诉讼证据规定》第69条第3项规定,存有疑点的视听资料不能单独作为认定案件事实的依据。有疑点的视听资料是指该视听资料有瑕疵,即其真实性值得怀疑,只有在补正后才能单独或与其他证据共同作为认定案件的证据。诉讼实践中,很多当事人提供的视频资料、录音证据不完整、不清晰,因而不能达到其预想的证明效果。在这种情况下,举证的不利后果还是由举证人来承担的。所以当事人在提交此类证据之前,应当对其加以审查,确保证据的完整、清晰。

二、证人证言问题

我国《民事诉讼法》第63条将证人证言列举在八类证据范围之内,可见,证人证言在民事诉讼中的重要地位。证人是指知晓案件情况并向法庭出庭作证的人。证人证言是证人就其所感知的案件情况向法院所作的陈述。为了更好地理解证人制度,需要弄清以下几个问题。

(一)证人资格

《民事诉讼法》第72条规定:“凡是知道案件情况的单位和个人,都有义务出庭作证。有关单位的负责人应当支持证人作证。不能正确表达意思的人,不能作证。”

1. 自然人证人

“知道案件情况”和“正确表达意思”成为对证人资格的限制规定。“知道案件情况”表明对传闻证据并不加以任何限制。“正确表达意思”说明未成年人也属于证人的范畴。证人作证能力与民事行为能力不同，无民事行为能力或者限制行为能力的人只要具有辨别是非的能力、正确表达的能力和对事实的感知、记忆能力，也可以作为证人，只要待证事实与其年龄、智力状况和精神健康状况相适应，即具有证人资格。不能正确表达意思的人，不能作为证人。

2. 单位证人

单位作为一个拟制的社会成员，虽具有诉讼权利能力和行为能力，但出席庭审并以口头方式作证，只能由其内部成员以单位的名义完成。

（二）证人出庭作证和替代性作证方式

《民事诉讼法》第 73 条规定：“经人民法院通知，证人应当出庭作证。有下列情形之一的，经人民法院许可，可以通过书面证言、视听传输技术或者视听资料等方式作证：(一) 因健康原因不能出庭的；(二) 因路途遥远，交通不便不能出庭的；(三) 因自然灾害等不可抗力不能出庭的；(四) 其他有正当理由不能出庭的。”

1. 证人出庭作证

根据本条规定，证人出庭以人民法院通知为前提。这意味着修改后的《民事诉讼法》采用和《民事诉讼证据规定》相同的思路，即将人民法院通知的职权行为比照人民法院调查收集证据的行为，作同样的处理。在需要人民法院依职权主动调查收集证据的场合，人民法院可以依职权通知证人出庭作证；除此之外，证人出庭作证的，当事人应当向人民法院提出申请，人民法院根据当事人的申请通知证人出庭。而当事人申请证人出庭的行为本身可以视为当事人的举证行为，适用举证责任以及其他有关当事人举证的规范调整。

2. 证人出庭之外的作证方式

出庭作证是证人提供证言的基本方式，无正当理由不出庭作证而以书面等方式提交的证人证言，属于有瑕疵的证据，本身不能单独作为认定案件事实的依据，只有在待证事实存在其他证据的情况下，作为补强证据补强其他证据的证明力。但在一些特定的情况下，证人确实存在不能出席法庭审理的客观障碍，因此各国普遍于证人出庭作证的原则之外，设有例外情形。

《民事诉讼证据规定》第 56 条对当事人确有可能不能出庭的曾经规定了五种情形，即“(一) 年迈体弱或者行动不便无法出庭的；(二) 特殊岗位确实无法离开的；(三) 路途特别遥远，交通不便难以出庭的；(四) 因自然灾害等不可抗力的原因无法出庭的；(五) 其他无法出庭的特殊情况。”《民事诉讼法》第 73 条参照了司法解释的规定，整理归纳为四种情形。根据本条的规定，在四种情形下，证人可以不出庭而以其他方式作证：① 因健康原因不能出庭的。证人因健康原因无法出庭作证，属于存在客观上不能出庭的正当理由。② 因路途遥远，交通不便不能出庭的。法庭审理具有时限性，在证人路途遥远、交通不便的情况下，要求证人出庭作证,很难满足时限性的要求,增加当事人的诉讼成本和证人作证的成本。这种情况下,准许证人以其他方式作证是适当的。这里的路途遥远和交通不便,应当理解为证人以其他方式作证的必要条件,即证人须同时满足路途遥远且交通不便的条件。现代社会交通发达,单纯的路途遥远不能成为证人不出庭的理由;而交通虽不便但路途较近的情况,也不能成为证人不出庭的正当理由。③ 因自然灾害等不可抗力不能出庭的。不可抗力是不能预见、不能避免、不能克服的客观情况,证人因不可抗力不能出庭的,是证人可以通过其他方式作证的当然理由。④ 其他无法出庭的客观情况。此项规定属于兜底条款,由人民法院的审判人员在审判实践中根据具体情况判断证人是否存在可以不出庭作证的正当理由。司法解释中规定的“特殊岗位确实无法离开的”,《民事诉讼法》修改中没有采纳为单独一项,审判实践中如果确实存在证人基于特殊岗位原因无法出庭的情形,可以解释为“其他无法出庭的客观情况”。

根据本条的规定,证人在出庭作证之外,可以通过书面证言、视听传输技术或者视听资料等方式作证。此前的《民事诉讼法》中,对于证人确有困难不能出庭的,只规定了以提交书面证言的方式作证。随着现代科学技术的进步和审判实践的发展,视听资料、视听传输技术手段开始进入民事诉讼之中。为适应实践发展的需要,《民事诉讼证据规定》第56条规定证人在出庭作证之外,可以通过书面证言、视听资料或者双向视听传输技术手段作证。司法解释的规定被本条所吸收。与书面证言相比,视听资料能够比较全面地反映证人作证的环境,较好地保证证人证言的可信性。视听传输技术是现代科技发展的产物,与书面证言和视听资料相比,视听传输技术具有即时性、互动性的优点,全面反映证人作证时的现场情况,能够使询问证人的程序及时展开,更好地保障证人证言的真实性。

(三)证人费用的承担

《民事诉讼法》第74条规定,“证人因履行出庭作证义务而支出的交通、住宿、就餐等必要费用以及误工损失,由败诉一方当事人负担。当事人申请证人作证的,由该当事人先行垫付;当事人没有申请,人民法院通知证人作证的,由人民法院先行垫付。”这是2012年《民事诉讼法》修正新增加的内容。

1. 证人作证经济补偿金的来源

证人作证经济补偿金的来源应根据法院最终的审判结果而定,证人作证费用最终由败诉一方的当事人承担,这是法律规定的一般规则。但是并非所有的案件审判结果都是一方当事人败诉,因此在原告撤销诉讼的情况下,作证费用应当由原告承担;双方都负有责任时,人民法院按照责任比例确定双方当事人承担的作证费用;案件是调解方式结束诉讼的,双方当事人协商承担作证费用的比例,如果协商不成,由人民法院按责任比例由双方当事人分担作证费用;由于一方当事人的原因造成额外支出证人补偿金的,由引起原由的一方当事人承担额外支出的证人补偿金。

2. 证人作证经济补偿金的预先支付

证人作证经济补偿金的预先支付,应根据引导证人进入诉讼的主体而定,证人因出庭作证而支出的合理费用,一般由要求证人出庭作证的一方当事人或依职权要求证人出庭的人民法院预先支付。

三、申请法院调取证据

当事人申请调查取证权,是指民事诉讼中当事人及其诉讼代理人在收集证据时遇到客观上的障碍,无法获得必要的证据时,请求法院给予帮助,申请法院帮助其调查收集证据的权利。在目前的民事诉讼中,举证责任在于诉讼的各方当事人,所以当事人收集证据的能力会直接影响诉讼的结果。如果当事人不能收集到对自己有利的证据,不能提出证据来证明所主张的事实,就可能败诉。当负有举证责任的当事人持有证据,或者比较容易获得该证据时,收集证据的问题并不存在或不突出,但如果重要的证据为对方当事人占有,或者为诉讼外的第三人占有而他们又出于某种原因不愿意提供给举证人时,收集证据的问题就开始凸显。针对当事人收集证据可能遇到的自身难以克服的困难,《民事诉讼证据规定》对当事人申请法院取证作出了详细的规定。《民事诉讼证据规定》第 16 条规定:“除本规定第十五条规定的情形外,人民法院调查收集证据,应当依当事人的申请进行。”《证据规定》第 17 条规定:“符合下列条件之一的,当事人及其诉讼代理人可以申请人民法院调查收集证据:(一) 申请调查收集的证据属于国家有关部门保存并须人民法院依职权调取的档案材料;(二) 涉及国家秘密、商业秘密、个人隐私的材料;(三) 当事人及其诉讼代理人确因客观原因不能自行收集的其他材料。”《证据规定》第 18 条规定:“当事人及其诉讼代理人申请人民法院调查收集证据,应当提交书面申请。申请书应当载明被调查人的姓名或者单位名称、住所地等基本情况、所要调查收集的证据的内容、需要由人民法院调查收集证据的原因及其要证明的事实。”

综上,当事人在离婚诉讼中,对于自己无法自行收集的证据,可以向人民法院申请调查取证。但是人民法院进行取证的前提是当事人提出申请,不能依据职权主动进行调查。尤其是在离婚诉讼之中,因为涉及财产的分割,仅凭当事人自身的力量取证相当困难,所以在离婚诉讼中,当事人申请法院调查取证的情况非常多。在一个离婚诉讼之中,可能双方当事人都会申请法院调查对方的财产状况,并依据法院调取证据的结果来分割。之所以当事人必须对该类证据加以重视,是因为法院不会主动调查,放弃调查申请有可能意味着放弃部分财产权利。如果当事人提出调查申请,法院会根据是否属于其调查范围来决定调查与否。当事人在提出调查申请的时候,一定要确认法院已经收到该申请,必要时可以向承办法官确认,如果采取邮寄或者将申请送到法院的相关部门的,应当保存好邮寄回联或者是法院出具的回执,以免日后因为申请提交与否产生争议。

四、举证责任问题

1. 举证时限

当事人在准备好诉讼证据之后,就面临举证的问题。对于举证的程序规则也是当事人比较容易忽视的,所以必须加以了解,否则会直接影响诉讼的效果。《民事诉讼证据规定》第33条规定:“人民法院应当在送达案件受理通知书和应诉通知书的同时向当事人送达举证通知书。举证通知书应当载明举证责任的分配原则与要求、可以向人民法院申请调查取证的情形、人民法院根据案件情况指定的举证期限以及逾期提供证据的法律后果。举证期限可以由当事人协商一致,并经人民法院认可。由人民法院指定举证期限的,指定的期限不得少于三十日,自当事人收到案件受理通知书和应诉通知书的次日起计算。”在诉讼实践中,人民法院在向被告送达起诉书时,就会向双方当事人送达举证通知书,关于举证期限,一般情况下多由人民法院指定为30日。

《民事诉讼证据规定》第34条规定:“当事人应当在举证期限内向人民法院提交证据材料,当事人在举证期限内不提交的,视为放弃举证权利。对于当事人逾期提交的证据材料,人民法院审理时不组织质证。但对方当事人同意质证的除外。当事人增加、变更诉讼请求或者提起反诉的,应当在举证期限届满前提出。”举证期限一旦明确,双方当事人就必须严格按照期限进行举证,对于超过期限提交的证据,人民法院原则上不进行质证。这里需要指出的是,如果当事人变更诉讼请求,应当重新指定举证期限。

举证期限一旦确定之后,原则上是不允许变更的。但是如果存在特殊情况可以向人民法院申请延长。《民事诉讼证据规定》第36条规定:“当事人在举证期限内提交证据材料确有困难的,应当在举证期限内向人民法院申请延期举证,经人民法院准许可以适当延长举证期限。当事人在延长的举证期限内提交证据材料仍有困难的,可以再次提出延期申请,是否准许由人民法院决定。”

2. 举证责任分配

举证责任是指当事人对自己提出的主张有收集或提供证据的义务,并有运用该证据证明主张的案件事实成立或有利于自己的主张的责任,否则将承担其主张不能成立的不利后果。《民事诉讼证据规定》第2条规定:“当事人对自己提出的诉讼请求所依据的事实或者反驳对方诉讼请求所依据的事实有责任提供证据加以证明。没有证据或者证据不足以证明当事人的事实主张的,由负有举证责任的当事人承担不利后果。”离婚诉讼中的双方当事人在证明自己的主张时,必须辅以相应的证据,否则该主张得不到法院的认可。由于离婚诉讼具有特殊的人身性质,又牵涉到子女抚养、财产分割等问题,所以在举证问题上比较特殊。

(1) 亲子鉴定的举证分配。在离婚诉讼中,涉及亲子鉴定问题的案件不是很多,但是因为亲子鉴定既涉及技术层面的问题,又涉及伦理道德问题,比较复杂。

当事人出于各种原因,可能不太愿意进行鉴定。但是不进行鉴定,案件的真相就无法得出。《婚姻法司法解释(三)》第2条较好地解决了这个难题,在当事人的自由意志和人身权利保护、子女的正当权益保护、婚姻关系的正常维系之间设定了一个平衡点,针对各种问题,对当事人的举证责任进行了划分,既保障了当事人的合法权利,也保障了诉讼的顺利进行。需要提醒一点的就是,《婚姻法司法解释(三)》第2条对当事人一方拒绝配合作亲子鉴定的推定限定了一个前提条件,那就是"已提供必要证据予以证明",只有在一方当事人提供必要的证据证明自己的主张时,才会导致举证责任的转移。但是当事人不能机械地认为只要提出鉴定申请,对方不予以配合,就一定会产生举证责任的转移。如果提出申请一方没有提供必要的证据证明亲子关系的存在,还是由提出鉴定申请的一方当事人承担举证不能的不利后果。

(2) 共同出资购房的证明方法。住房问题在婚姻中扮演着极为重要的角色。可以说,在每一起离婚诉讼中都涉及房产的分割。房产在分割时分歧很大,很大原因是因为双方对诉争房屋的出资存在争议。因为双方当事人在购买房屋时没有将相关的证据材料予以固定,更没有想到将来会有离婚诉讼的发生。所以在认定共同出资购买的房屋归属时出现了难题。这里所说的共同出资购买房屋,主要是指婚前共同出资购买的情况。实践中,婚前共同出资购房因为涉及出资的来源、全款购房还是贷款购房、婚前还是婚后取得产权证以及是否共同还贷等问题,在认定上也有不同的规定。但是综合上述类型的案件,在共同出资购房的分割时,当事人如果能够提供出资协议、《房屋买卖合同》《抵押贷款合同》、付款凭证、银行存取款单据等证据材料,就能够使其主张获得证据的支持。

第三十三章　离婚案件的审理程序

一、公告离婚案件裁判精要

随着社会经济的发展,人口的流动性逐渐加大,越来越多的农村居民涌入城市务工,夫妻一方或双方外出务工,双方长期两地分居,难有相聚的机会,使夫妻在婚后难以建立起真正的夫妻感情。同时,一部分务工人员亲身体验到生活的反差后,人生观、价值观和婚姻观发生变化,也极易导致“第三者”介入,导致夫妻感情出现裂痕甚至完全破裂。近年来,因外出务工引起的离婚纠纷日益增多,使公告送达的适用率大幅度提高。缺席审判使法官错过了挽救本有可能和好婚姻的机会,从而弱化了法院服务和谐社会的功能。因此,法官在处理此类案件时必须慎重。

(一)案件特点

公告离婚案件有如下特点:

(1)被告下落不明的原因主要是“外出务工”。

(2)年龄呈年轻化趋势。

(3)起诉离婚的主要是女方。

(4)被告到庭参审率极低。在法院发出送达离婚起诉状副本、应诉通知书、举证通知书、开庭传票的公告后,大多数被告未能到庭参加庭审。

(5)判决准予离婚率极高。

(二)审理中存在的问题

1. 诉讼送达“有名无实”,被告方诉讼权利难以保障

在公告离婚案件中,程序性和实体性的文书送达,都是通过刊载公告或张贴公告的方式进行的。由于公告确定的期限届满即视为送达,只是一种法律上的推定,而被告并没有到庭,其答辩权、质证权、上诉权均无法实现。被告遭遇“被离婚”,在判决生效后或原告再婚时,方知自己已与原告解除了婚姻关系,但事已晚矣,并且没有其他救济途径,因为我国《民事诉讼法》规定,当事人对已经发生法律效力的解除婚姻关系的判决,不得申请再审。也就是说,即使自己与原告夫妻感

情并未真正的破裂,也只有服判息诉。

2. 夫妻感情是否破裂难以判断

在被告未到庭的情况下,法官仅凭原告的陈述及其提供的证据判断夫妻感情是否破裂确实比较困难,况且原告所提供的证据究竟存在多大的真实性和合法性也存有疑问,再加上现实中存在人际关系和其他不正当的利害关系的影响,更加重了法官判断夫妻感情是否破裂的难度。

3. 财产状况及债权债务关系难以查明

由于被告不到庭,原告在庭审中可能会隐瞒夫妻关系存续期间的财产;同时,对被告一方下落不明期间所得的财产,原告不知情,亦无法查清。这种情形,法庭很难查清原、被告之间真实的财产状况和债权债务关系。

4. 给借离婚名义规避法律制造可乘之机

一些当事人出于逃避计划生育、逃避债务、避免因重婚受惩罚、骗取第二套住房贷款等需要,通过快速离婚达到其规避法律的目的。如果法官对此类问题的审查流于形式,不求实效,将给这些当事人提供可乘之机。此种情况极易给法院整体工作带来被动。

5. 调解前置程序难以落实

《婚姻法》第32条第2款规定:"人民法院审理离婚案件,应当进行调解;如感情确已破裂,调解无效,应准予离婚。"由此看来,调解是审理离婚案件的必经程序。但在公告离婚案件中,被告不到庭使法官调解缺乏条件和可能,调解前置程序形同虚设。

(三)裁判思路

1. 在立法上应完善公告送达程序

首先,应规定相关诉讼法律文书不但要在公开发行的《人民法院报》上公告,还应当将公告内容送达被告住所地的基层组织、被告工作单位、被告直系亲属。其次,以公告方式审理的离婚案件,在公告送达裁判文书之前,必须再行查找确认被公告人是否真正下落不明,是否继续适用公告送达,以尽量避免因公告不当妨碍当事人行使上诉权的情形出现。最后,建议延长离婚案件的公告期,延长为6个月。

2. 严格审查"下落不明"的证据

目前,原告起诉离婚,证明被告"下落不明"的证据,多数系原告或被告所在地的村民委员会、居民委员会出具的书面证明材料。部分基层组织由于自身工作作风不严谨或碍于人情,往往在未查明事实的情况下随意出具证明的情况也时有发生。因此,法官除应慎重审查判断证明材料外,还应向被告的近亲属了解被告是否真的下落不明。

3. 适度加大法院依职权调查取证的力度

人民法院在审理此类案件时,应当到当事人所在社区、村组、单位调查了解婚姻情况,采取询问被告家庭成员以及向基层组织、当事人邻居或知情者调查等多种方法,尽量取得被告方的联系方式,避免和减少冲动型离婚、草率型离婚、虚假型离婚等现象的发生。

4. 严格掌握判决离婚的法定理由,坚持"感情确已破裂"的判断标准

审判实践中有一种倾向,即以被告"下落不明"时间已届满两年,就认定夫妻间分居已满两年,从而作为判决离婚的理由。笔者认为,这是一个误区,是对《婚姻法》第32条"因感情不和分居满二年"的片面理解。因为,"感情不和分居满二年"是以"感情不和"为前提条件,"分居"是因为感情不和而导致夫妻两地分开居住,并非指正常外出务工或其他客观原因"下落不明"之情形。因此,只有查明夫妻双方"感情确已破裂",才宜判决准予离婚。

二、解除婚姻关系再审案件裁判精要

1. 解除婚姻关系裁判文书不得申请再审

《民事诉讼法》第202条规定:"当事人对已经发生法律效力的解除婚姻关系的判决、调解书,不得申请再审。"法律作出如此规定的原理如下:

婚姻关系属于人身关系,按照《婚姻法》的规定,婚姻关系基于男或女一方的死亡或者双方离婚而终止。离婚分为登记离婚和判决离婚。依照《婚姻法》的有关规定,男女一方要求离婚的,可以直接向人民法院提出离婚诉讼。

无论是判决还是调解解除婚姻关系,在裁判文书发生法律效力后,男女任何一方都可以与他人结婚。如果男女任何一方都没有再与他人结婚的,根据《婚姻法》的有关规定,离婚后双方当事人自愿恢复夫妻关系的,可以到婚姻登记机关进行复婚登记。因此,一方当事人以感情未破裂为由,申请人民法院对离婚判决予以再审没有意义;若一方当事人在离婚后,已与他人结婚,此时法院对当事人与他人的婚姻不可能强行解除,故允许对解除婚姻关系的生效裁判文书予以再审,也没有意义。

一方当事人对离婚判决中的关于子女抚养的内容不服的,也没有必要对离婚裁判文书予以再审。该部分内容可以通过另行起诉,重新确定子女抚养关系。需要说明的是,《民诉意见》第209条规定:"当事人就离婚案件中的财产分割问题申请再审的,如涉及判决中已分割的财产,人民法院应依照民事诉讼法第一百七十九条①的规定进行审查,符合再审条件的,应立案审理;如涉及判决中未作处理的夫妻共同财产,应告知当事人另行起诉。"根据上述规定精神,当事人可以对解除婚姻关系的裁判文书中涉及财产分割部分申请再审。

在司法实践中,除了解除婚姻关系的裁判文书之外,还有其他关于身份关系的裁判文书,如解除收养关系的裁判文书。有的地方法院在制定本地区的规范性

① 2012年《民事诉讼法》修正为第二百条。

文件中也规定,不得申请再审。笔者认为,涉及身份关系的案件,由于涉及一些伦理问题,在理论上一般不得申请再审。

2. 婚姻无效判决再审的合理性

在司法实践中,经常发现宣告婚姻无效的判决是错误的,但对这种错误判决,普遍认为"解除婚姻关系的判决不得申请再审",因而,当事人无救济途径。

无效婚姻能否进入再审程序进行再审,关键在于如何理解《民事诉讼法》第202条关于"当事人对已经发生法律效力的解除婚姻关系的判决、调解书,不得申请再审"的规定。笔者认为,"解除婚姻关系"与确认婚姻无效有根本区别,"解除婚姻关系的生效判决不得再审"的规定,不适用婚姻无效案件。

(一)"解除婚姻关系"与确认婚姻无效的区别

1. 两者性质不同

"解除婚姻关系"是形成之诉,确认婚姻无效是确认之诉。"解除婚姻关系"是特指因离婚诉讼解除婚姻关系的情形,不包括确认婚姻无效。而且《民事诉讼法》第183条的规定,是在婚姻无效制度制定之前,根本不可能包括确认婚姻无效。

2. 两者法律要件不同

"解除婚姻关系"是以婚姻有效为前提,以"夫妻感情确已破裂"为要件;而确认婚姻无效,则以婚姻无法律效力为前提,以婚姻违法为要件。

3. 两者诉讼程序不同

离婚案件采取通常程序,两审终审。而目前的婚姻无效案件,采取特别程序审理,实行一审终审制。

4. 两者申请再审目的不同

申请对"解除婚姻关系"案件再审,其目的在于恢复婚姻关系,所涉及的是一个单纯的身份(婚姻)关系恢复问题。而婚姻无效案件的再审,并非是要恢复婚姻关系,而是要重新确认婚姻效力,主要涉及的是婚姻性质或效力问题,并由此引起财产性质的变化。

5. 两者再审的法律后果不同

由于两者性质不同,申请再审的目的不同,再审所产生的法律效果也不同。"解除婚姻关系"案件再审的结果是唯一的,即恢复婚姻关系。而无效婚姻再审的法律后果是多方位的,既可能引起婚姻性质或效力的变化,也可能引起财产性质诸多不同的法律效果。

(二)解除婚姻关系的判决不得申请再审的原因

根据有关司法解释,离婚案件中的财产是可以再审的,只有婚姻关系不得再审。解除婚姻关系的生效判决为什么不得申请再审,其主要原因是:解除婚姻关系再审的目的就是要求恢复原婚姻关系,但再审并不能实现这一目的。

(1)离婚后一方再婚,其原婚姻关系难以恢复。

（2）法律无法强制离婚双方和好。

（3）如果双方有恢复婚姻关系的条件和愿望，可以重新进行登记结婚，通过复婚恢复婚姻关系。

（4）再审的标准不好把握。夫妻感情是否确已破裂，本身就是一个容易存在不同认识的标准。有些离婚案件，经过一审甚至二审，判决离婚了，如何判断原判是错的？再审也难以有效解决。

（三）无效婚姻可以再审的理由

1. 法律上没有障碍

认为婚姻无效案件不得再审，主要是混淆了离婚案件中解除婚姻关系与确认婚姻无效的界限。对此，已如前文所述，确认婚姻无效与“解除婚姻关系”是两种不同性质的案件。由于两者性质不同，《民事诉讼法》第 202 条关于“解除婚姻关系”不得再审的规定，当然不适用于婚姻无效案件。因而，对婚姻无效案件再审，在法律上没有障碍。

2. 婚姻无效案件可以再审

“解除婚姻关系”的案件之所以不能再审，主要是已经解除的婚姻关系难以通过再审恢复。而婚姻无效再审的目的，并不在于恢复婚姻关系，而是重新确认婚姻效力。而确认婚姻效力所涉及的法律效果的范围较广，既包括身份（婚姻）关系，也包括身份财产关系，不是一个单纯的身份关系问题。而就单纯的身份（婚姻）关系来讲，也包括两个方面：

（1）原判将无效婚姻错误地认定为有效婚姻，再审时则改判为婚姻无效，从而消灭其婚姻关系。

（2）原判将有效婚姻错误地认定为无效婚姻，再审时则改判为婚姻有效，这时则有可能恢复婚姻关系。

但应当注意的是，对原判认定为无效、再审认定为有效婚姻，并不必然发生恢复婚姻关系的效果，能否恢复婚姻关系，要从实际出发，按如下三种情况处理：

（1）通过离婚诉讼按有效婚姻解除婚姻关系。有相当多的当事人是在双方矛盾激化，无法共同生活时，申请宣告婚姻无效；或者在离婚诉讼中，一方主张（或法官发现）婚姻无效，而被宣告婚姻无效。对这种情况，即使再审认定婚姻有效，当事人也会通过离婚程序解除婚姻关系，按有效婚姻处理财产。

（2）一方或双方已经再婚，则不一定恢复婚姻关系。对于在宣告婚姻无效时，双方感情并没有破裂，但因宣告婚姻无效导致一方或双方已经再婚，再审确认婚姻有效时，则不一定发生恢复婚姻关系的效果。比如，再婚双方均属于善意者，一般应当认定后婚有效，前婚至后婚成立之日起消灭。

（3）具有恢复婚姻关系条件的，可以恢复婚姻关系。如双方均没有再婚，或者一方或双方再婚被认定无效者，则可以恢复婚姻关系。因而，无效婚姻在客观上是可以再审的。

3. 婚姻无效案件应当再审

婚姻无效案件申请再审,所涉及的一般都是婚姻效力判断错误,而婚姻效力判断错误所导致的法律后果十分严重:

(1)可能导致刑事责任判断错误。这主要是对婚姻有效与无效的判断错误,可能导致重婚罪与非罪的错误。

(2)可能导致婚姻关系非正常消灭。

(3)可能导致财产性质判断错误,造成当事人重大财产损失。因婚姻效力认定错误,其财产性质随之错误,当事人在财产上可能蒙受损失。

(4)婚姻有效与无效,只能依靠公权力解决,不能通过私权力解决。对于离婚解除婚姻关系后,当事人愿意恢复婚姻关系,可以由当事人自行解决,即复婚。但婚姻有效与无效的确认,私权力没有用武之地,只能通过公权力解决,因而,再审是唯一途径。

(5)对婚姻无效案件进行再审,可以预防和纠正婚姻无效案件的恶意诉讼和恶意判决。婚姻无效采取一审终审制,缺乏二审监督机制,如果又不允许再审,则可能导致一些人钻法律空子,进行恶意诉讼或恶意判决,破坏法律尊严,损害当事人利益。

三、离婚案件中人身权的执行

(一)人民法院民事强制执行的范畴

最高人民法院《民诉意见》第254条明确规定:"强制执行的标的应当是财物或行为。"也就是说,只有给付内容的判决才具有强制执行力,它可以是财产,也可以是行为。作为给付内容的财产,既可以是金钱,也可以是非金钱;作为给付内容的行为既可以是作为,也可以是不作为。

1. 人身不应当成为执行标的物

对于强制执行的财产,它特指《物权法》的物,包括不动产和动产,不动产是指土地以及房屋、林木等土地定着物;动产是指不动产以外的物,比如汽车、电视机。[①] 从此法律规定物的概念可以判断人身不符合《物权法》关于物的构成要件。但人身某个器官,如眼角膜、肾脏等在脱离人体后可以构成物。因此,从财产的内容看,人身不应当成为执行标的物。

2. 人身的执行属于不可代替的行为的执行

由于强制执行给付内容包括行为的执行。对于各种法律文书的执行各国采用的执行方式,基本上有直接、间接、代替执行和损害赔偿执行。代替执行是指执行机关命令债权人或第三人代替债务人履行债务,因履行债务所发生的一切费用由债务人负担,向债务人收取。间接执行是指执行机关一般不直接以强制力实现

---

① 参见胡康生主编:《中华人民共和国物权法释义》,法律出版社2007年版,第25页。

给付内容,而是通过对被执行人实施强制措施、拘留、罚款等方法,给被执行人造成一定的心理压力,迫使其自动履行债务。此种方法适用于不可代替行为的执行。不可代替行为的执行是指生效的法律文书指定的行为不可代替时,所实施的关于行为请求权的执行,不可代替行为因与被执行人的个人身份等有着密切关系,被执行人的法律意识和履行义务的态度,对案件的执行会产生巨大的影响,不是由被执行人本人实施,则权利人的权利不能实现或不能完全实现。因此,离婚案件中一方当事人拒不按照判决将未成年子女交由对方抚养,这种行为的执行属于不可代替行为的执行。

(二) 对人身执行应采取的原则

我们知道,人身的执行属于不可代替的行为的执行,对不可代替履行的行为的强制执行,应坚持以教育为主的原则。最高人民法院《关于适用〈中华人民共和国民事诉讼法〉若干问题的意见》及最高人民法院《关于人民法院执行工作若干问题的规定(试行)》都规定了对于只能由被执行人完成的行为经教育,被执行人仍拒不履行的,人民法院应当按照妨害执行行为的有关规定处理。这就说明教育是优先采用的原则,因为法院在执行变更抚养关系的案件,被执行人及家人对判决一般不服,对抗执行的态度强硬。拒不将未成年的子女交由对方抚养。法院又不适宜将未成年孩子强行领走或抱走。因此只有说服教育才能取得良好的效果。方法简单粗暴则很容易引起事端,给未成年子女造成心灵上的伤害,不利于社会和谐。执行人员在执行这类案件时,要总结经验,摸透被执行人的心态,找出被执行人不履行的原因,耐心做好说服教育工作,使其认识到履行生效法律文书确定的交付行为是其应尽的法律义务,若不履行将会产生的法律后果。只有被执行人思想想通了,才能做好其家庭成员的工作,主动将未成年子女交付给权利人抚养。如果被执行人拒绝履行交付义务,法院可以对其进行罚款、拘留或处以一定数额的迟延履行金,迫使其履行法律文书确定的义务。

(三) 被抚养人不同意履行判决的执行

由于《婚姻法》及相关司法解释规定了法院在处理子女抚养问题时,规定了父母双方对10周岁以上的未成年子女随父或随母生活发生争执的,应考虑该子女本人的意见。10周岁以下的子女抚养权由法官结合实际去自由裁量,然后权利人申请执行。在执行过程中,执行法官经常会遇到以下情形:通过法院工作,被执行人同意将子女通过法官领走交由对方抚养,但是被抚养子女明确表示不同意与法院判决确认有抚养权的父亲或母亲共同生活。这种情况是否可以像台湾地区“强制执行法”规定的那样采用直接执行的方法,法官将未成年子女从被执行人处强行领走或抱走。笔者认为应区别对待,如果被执行人同意执行,未成年子女确实不同意去有抚养权的人家庭生活(这类案件中的未成年子女的年龄在6—10岁之间)。法院可以建议被执行人提起诉讼重新变更抚养关系,或建议申请执行人申请中止执行。此时法院不能对未成年子女强制执行。如果被执行人因为法律的威慑，表面同意履行判决，暗下去诱导、恐吓子女，让子女在法官面前说不同意与法院判决确认有抚养权的父亲或母亲共同生活。法官发现后可以将子女独自带到一边，进行耐心询问，让其吐出真情，直接领走。其理由是：① 直接领走是被抚养人真实意思表示，法院直接领走并不违背其意志；② 法院直接领走并非对未成年子女人身简单的强制执行，而是为了实现法律文书确定的交付内容；③ 法院采取直接强制领走或抱走的方式，既可以及时实现债权人的权利，又可以避免案件久拖不决而带来社会负面影响，当然如果未成年子女未满 4 周岁，法院完全可以直接领走或抱走。

第三十四章　特殊人员离婚

一、少数民族离婚案件裁判精要

在长期生产生活等社会活动中，受所在地域生存条件、生产状况、生活方式的影响和制约，经过世代传承，形成了特色各异的民族婚姻习俗，规范人们的婚姻生活，也满足了居住在该区域的同民族或同种族民众的法律需求，有其合理的价值和生存空间。

当审判行为的指向对象为与民族习俗相关的婚姻案件时，基于审判权与民族习俗的自然冲突性，更基于国家对少数民族地区的特殊自治政策，对审判行为必须进行有效调整与规范，使审判行为能为少数民族地区的人们认同并给予正面评价，取得法律效果与社会效果的统一。

1. 少数民族婚姻案实体公正的规范化

审理少数民族婚姻案件，实体处理不外乎应把握好离与不离、婚姻有效或无效、财产分割、子女抚养、彩礼和嫁妆退不退还、婚姻过错赔偿等几方面，在少数民族婚姻案件中，因其固有的一些特性，审判行为应在不违背我国婚姻法的基本精神和原则前提下，适应少数民族婚姻的固有特性，实现规范化的实体处理：

（1）应特别注意民族禁忌对婚姻案件处理的影响。约定俗成的婚姻禁忌作为禁忌的一种，深受民族习惯的影响，规范少数民族的婚姻，具有法的效力。如苗族，主要的婚姻禁忌有三种：一是“同寨不婚”；二是“相克不婚”；三是“有蛊不婚”，即禁止与有“蛊”的家庭通婚（“蛊”是毒虫，古时一些苗族妇女专门饲养毒虫“蛊”，吸取毒汁专用于加害他人；谁家是有“蛊”人家，苗寨中均是心照不宣的）。

（2）对违法、无效婚姻的处理应适当从宽掌握。在我国，合法的婚姻必须具备结婚的实质要件和形式要件，实质要件主要是具有结婚合意，须达法定婚龄，不得违反一夫一妻制度，不得近亲结婚，不能患有不宜结婚的疾病；形式要件主要是办理结婚登记。在少数民族地区，至今仍遗留早婚、近亲结婚、换婚、不登记结婚等无效和违法婚姻的婚姻习惯，与婚姻法的原则相悖。在广西苗族地区，当地乡政府在计划生育工作中统计结婚情况时,无法以结婚证领取与否作统计依据,只能以有无子女作为统计是否已结婚的依据,这些婚姻的习俗,虽然经过新中国六十多年的改造,仍不同程度存在,在少数民族人民心目中,仍有社会规范的效力。在审理少数民族婚姻案件中,在宣告婚姻无效、撤销或以同居案件处理时,应作人性化的说理,不宜动辄以违法为由强行处罚或生硬教育。

(3) 在离婚标准的掌握上,应尽量与少数民族离婚习惯吻合。从《婚姻法》规定的离婚标准看,离婚原则为过错离婚原则和破裂主义离婚原则,但考究少数民族很多情况下必须离婚的情形,并未达到婚内过错或感情破裂的程度。如苗族习惯于"不生子应离婚",从基本的生活风俗也可看出民族社会对这一离婚条件的认同度。再如,婚姻法规定因感情不和、分居满两年为感情破裂的认定标准之一,然而苗族有"不落夫家"的婚俗:婚礼仪式后,新娘在娘家居住,在夫家有婚丧嫁娶大事才到夫家小住几天,平时双方处于分居状态,少则一年半载,多则七八年,只有在小孩出生后,到夫家举行"摸锅灶"仪式,才正式表明与夫家可以同一口锅灶吃饭而入住夫家。因"不落夫家"而导致双方感情转淡不在少数,在此情形下,不能认定为因分居满两年即属感情破裂。

(4) 在婚约纠纷及离婚时的彩礼返还和财产分割上,应适当突破《婚姻法》的规定。在民族习惯法中,其主导观念是谁毁约、谁先提出离婚就应承担责任,而不论及毁婚和离婚原因;对于悔婚者的处罚,主要集中在彩礼是否应返还上,而基本没有行使且依习惯也不会行使离婚损害赔偿请求权。如苗族因夫妻关系不睦而离婚的,如男方提出,除不得索回定亲时给付的"你姜"聘礼外,还必须给女方一笔"赔礼钱";如女方提出,必须返还男方的"你姜"并赔偿举办婚礼的费用。对于毁婚或一方提出离婚的均具有惩罚性规定。而依我国现行《婚姻法》对彩礼问题的规定,未办结婚手续的,应予返还;已办结婚手续的,不予支持,即不追究毁婚一方的责任。因此,在将《婚姻法》运用于少数民族婚姻案件的审理时,需吸收少数民族习俗中的合理成分,使案件实体处理更切合少数民族实际。

2. 少数民族婚姻案程序公正的规范化

少数民族在古代有自己独特的婚姻诉讼程序,比如苗族,当婚姻发生纠纷,一般先找宗族中的长者或舅爷调解;如调解未果,则找理老公断(苗族古时的军事组织叫"姜略",由共祭一个祖鼓的几个村寨组成,共用一面祖鼓的几个村寨为一个鼓社。一个鼓社有理老,身兼一定的司法权,是比寨老还权威的长者),双方各请理师两人以上,一人是"送理师",是负责传递己方意见的人;一人是"掌理师",是负责为理老传达意见的。双方背对背讲各自离婚和不同意离婚的理由,理老公断双方是非。社会发展到今天,诉讼程序随着改革的深入在不断完善,但少数民族对本民族古老的诉讼程序仍情有独钟,法院在审判涉及少数民族婚姻案件时,应以法律规定的基本程序为立足点,以该民族对程序的自然评价为标准,进行相应调整与规范:

1. 调解可以邀请当地寨老参与

寨老一般由家庭中辈分较高、见多识广、知识全面的长者担任，凭才干、威信自然形成，也有靠全体族人推选，具有氏族社会中首领或巫师的身份，是沟通国家政权和少数民族乡土社会的第三种力量。调解是少数民族婚姻案件的必经程序，更多地体现为国家法律原则与民间习俗讨价还价的利益分配过程。民族习惯法在调解时作为话语资源，最熟悉精通民族习惯法的寨老，自然应作为调解参与人进入审判行为中的调解过程。这实质上体现了国家法向民间法的妥协。

2. 离婚的诉讼程序应更简化

传统的诉讼程序总体划分为庭前程序、庭审程序、庭后程序，在诉讼程序改革进程中，单是庭审程序就增加了举证时限制度，证据交换制度、证据保全制度等——对于这些程序，少数民族因文化素养、习惯等，既不懂其含义也没有从内心认同。少数民族历来有简捷的离婚民族婚俗，只要不存在更多的财产和子女纠纷，审判程序完全可以简化到当日受理当日结案的程度，而这样的审判行为，不会给少数民族社会留下负面影响，反而会因其与民族离婚习惯相近的效率而为当地民众赞许。

3. 庭审程序应更加人性化，更符合少数民族的程序需求

任何一种审判方式都有其产生的历史根源和存在的现实基础，就庭审方式而言，无论是职权主义的庭审方式还是当事人主义的庭审方式，均不完全符合民族地区的特点：

(1) 普通民事诉讼庭审程序所设置的对抗性不适用于少数民族婚姻案件，由于婚姻当事人特殊的身份关系及这种关系的自然属性，婚姻纠纷的解决更需要以情感人、以理服人，不宜讲求攻击防御的诉讼对抗性。

(2) 普通民事诉讼庭审程序中泾渭分明的当事人地位，不完全适应少数民族对婚姻纠纷参与度的要求。在苗族地区，离婚案件并不常见，付之诉讼的婚姻纠纷积压了太多的宗族恩怨，对于婚姻中的被动离婚方，尤其是女方，有家庭复仇的原始冲动，家族参与庭审的意愿强烈。在庭审中，当事人的亲族如不能得到充分发表意见的机会，会引起整个族群对该婚姻案件审理程序的否定，轻则对案件的处理不利，极端的会引发少数民族族群对法庭的冲击。因此，对少数民族婚姻案件的庭审，应不拘泥于一般庭审制度，可允许婚姻纠纷双方的近亲属或亲族参与，并允许他们发表意见，也可以引导他们对当事人进行劝导和说服。

(3) 普通民事诉讼程序对庭审要求的公开性不完全适用于少数民族婚姻案件。婚姻是家事，属不宜示人的私事，婚姻细节不宜在大众面前论争。少数民族婚姻恋爱自由，性爱较开放，加之离婚禁忌的影响，有更隐秘的进行婚姻诉讼的要求，在此情况下，庭审就应依当事人申请不公开进行，这也是审判行为规范运作很重要一环。

二、涉外婚姻家庭案件裁判精要

涉外婚姻,是指在结婚的主体、举行地等方面涉及不止一个国家或地区,牵涉不同国家或地区的法律制度,从而具有涉外因素引起法律适用冲突的婚姻。一国有不同的法域的,不同法域的居民之间的通婚也称为涉外婚姻,如我国还包括涉港、澳、台的婚姻,即我国的区际法律冲突问题。涉外结婚与国内结婚的根本区别就在于其具有国内结婚所不具有的诸多涉外因素。这些涉外因素包括主体因素和地域因素。具体理解,可以将涉外婚姻分为五种形式:

(1)中国公民与外国人在中国境内结婚;

(2)双方都是外国人在中国境内结婚;

(3)中国公民和外国人在中国境外结婚;

(4)外国人和外国人在中国境外结婚,其结婚效力需要在中国境内承认的;

(5)中国公民和中国公民在中国境外结婚。

(一)涉外结婚方面

《民法通则》第147条规定:"中华人民共和国公民和外国人结婚,适用婚姻缔结地法律。"这里仅规定了"中华人民共和国公民和外国人结婚"这一种情况的法律适用,如前所述涉外婚姻的五种形式,这里的规定并不能覆盖所有的涉外结婚现象。最重要的一点,它还没有对涉外结婚的实质要件与形式要件作出区分,而一律采取婚姻缔结地法,2011年4月1日实施的《中华人民共和国涉外民事关系法律适用法》(以下简称《涉外民事关系法律适用法》)就区分了涉外婚姻的实质要件和形式要件,并对涉外婚姻的实质要件和形式要件都作了规定,这一点很好地弥补了《民法通则》的不足,还对涉外结婚形式要件的法律适用采取相对宽松的态度。例如:《涉外民事关系法律适用法》第22条规定:"结婚手续,符合婚姻缔结地法律、一方当事人经常居所地法律或者国籍国法律的,均为有效。"这条规定说明只要符合涉外当事人中一方的经常居所地法律或者国籍国法律的,都有效,这样做扩大了范围,并兼顾符合婚姻缔结地法律这一属地原则,凸显立法的相对完善;同时,《涉外民事关系法律适用法》第21条规定:"结婚条件,适用当事人共同经常居所地法律;没有共同经常居所地的,适用共同国籍国法律;没有共同国籍,在一方当事人经常居所地或者国籍国缔结婚姻的,适用婚姻缔结地法律。"这条便是关于结婚的实质要件的法律适用的规定,与《民法通则》相比较,该法对涉外结婚的实质要件的法律适用规定作了修改,例如:在属人法方面,改变了之前的属人法只有"住所""国籍"这两个连接点,单单这两个连接点就会使案件的解决变得僵硬、有漏洞,而《涉外民事关系法律适用法》加上了适用涉外当事人共同经常居所地法律,辅助是婚姻缔结地法律,并与任何一方的经常居所地或者国籍国法律中相选择和结合,只要符合这些中的一点,结婚手续上都是有效的,不难看出,这样改变了传统做法,简言之,便是以属人法为主,兼采取婚姻缔结地法,这种做法实在方便涉外当事人有效缔结涉外婚姻。

（二）涉外离婚方面

《涉外民事关系法律适用法》是我国针对涉外离婚问题的最新规定，其中，第26条规定："协议离婚，当事人可以协议选择适用一方当事人经常居住地法律或者国籍国法律。当事人没有选择的，适用共同经常居所地法律；没有共同经常居所地的，适用共同国籍国法律；没有共同国籍的，适用办理离婚手续机构所在地法律。"第27条规定："诉讼离婚，适用法院地法律。"可见，我国赋予协议离婚的夫妻双方自由选择适用法律的权利。总之，《涉外民事关系法律适用法》中涉外离婚法律适用的法律规定比较完善，该法还对涉外离婚法律适用的周延性进行了补充，致使可以依法完成涉外离婚的法院管辖权的确定以及准据法的适用，从法条的规定中，我们可以清晰地看到私法领域对当事人意思自治权利的尊重，这样的规定是符合时代发展需要的。

（三）涉外夫妻财产关系

在中国涉外夫妻财产关系这一点上，《涉外民事关系法律适用法》的第24条规定："夫妻财产关系，当事人可以协议选择适用一方当事人经常居所地法律、国籍国法律或者主要财产所在地法律。当事人没有选择的，适用共同经常居所地法律；没有共同经常居所地的，适用共同国籍国法律。"此规定限制了涉外当事人选择法律的适用范围，规定只是国籍国法律、经常居所地法律或者主要财产地法律这三个连接点的范围，同时借鉴了国际社会的立法经验，这样的规定是选择与案件有密切联系的法律进行适用，避免了涉外当事人滥用意思自治原则，与此同时，尊重与该婚姻生活有密切联系的国家的公序良俗，给涉外当事人的婚姻生活带来方便，是法律适用灵活性与原则性的有效结合，是立法目的与实践相统一。

（四）涉外继承

《涉外民事关系法律适用法》第31条规定："法定继承，适用被继承人死亡时经常居所地法律，但不动产法定继承，适用不动产所在地法律。"它准确、科学地将动产和不动产区分出来，适用被继承人死亡时经常居所地法律，这充分体现了确定跨国民事关系法律适用的最密切联系原则。《涉外民事关系法律适用法》对遗嘱方式作了多样性的规定，比较宽松，利于涉外立遗嘱人的真实意思表示，例如：其中第32条规定："遗嘱方式，符合遗嘱人立遗嘱时或者死亡时经常居所地法律、国籍国法律或者遗嘱行为地法律的，遗嘱均为成立。"第33条规定："遗嘱效力，适用遗嘱人立遗嘱时或者死亡时经常居所地法律或者国籍国法律。"不难看出，根据上述规定，涉外立遗嘱时遗嘱人国籍国法、遗嘱人死亡时经常居所地法及立遗嘱时遗嘱人经常居所地法都是涉外遗嘱的实质要件，并且只能是符合这三个要件，我们可以分析出，中国还是倾向于立遗嘱人的经常居所地法和国籍国法的，不过，如果对涉外遗嘱效力的考察倾向于从特留份权利人是否在场出发,则对这方面的判断就只能从涉外继承开始时进行,这说明只能适用实际的继承准据法了;从另一个角度想,如果对遗嘱效力的考察倾向于从立遗嘱人是否真心同意立遗嘱出发,便应适用其立遗嘱时的法律。《涉外民事关系法律适用法》第34条规定:"遗产管理等事项,适用遗产所在地的法律。"对于这个问题,我国之前的法律中并没有明确规定。事实上,随着国际社会的不断加深交往,涉外继承案件数量的增多,涉外继承中遗产价值的巨大和遗产本身内容的复杂性,遗产管理已成为现实需要,因此因遗产管理而需要适用的法律也是现实中亟待解决的问题。

婚姻家庭纠纷裁判规则适用

第三十五章　与身份相关的纠纷与裁判

规则1　【户口婚姻】以转移户口为目的缔结合同的无效并不必然导致婚姻关系无效。

[规则解读]

我国《婚姻法》第10条以列举方式对婚姻无效的四种情形作出明确规定,并没有“其他导致婚姻无效情形”的类似表述,相关司法解释亦未对以假结婚谋取非法利益的婚姻效力作出规定,法官行使自由裁量权受到严格限制。以转移户口为目的缔结合同的无效并不必然导致婚姻关系无效。

[案件审理要览]

一、基本案情

2009年3月15日,河北籍女子姜某经人介绍与北京籍男子陈某相识并结婚,二人同时签订“入户付款协议”,约定:结婚时姜某付给陈某5万元,3年后户口转入北京再付余款5万元,如任何一方反悔,给付对方违约金2万元。双方并未在一起共同生活,在此期间,陈某因与他人恋爱无法登记结婚,2011年10月26日,陈某到法院起诉姜某,要求确认双方婚姻关系无效,并依法予以解除;另主张双方存在“假结婚”行为,请求法院确认“入户付款协议”及违约条款无效。姜某则主张此案应驳回陈某的诉求,要求法院按离婚程序重新审理;另主张因陈某并未依照协议帮其办理北京户口,故应按照协议约定将已付5万元退回,并赔偿违约损失2万元,否则不同意离婚。

二、审理要览

本案中,对于双方以转移户口为目的形成的婚姻关系,以及签订“入户付款协议”的效力问题,应通过何种法律程序进行审理,存在两种处理意见:

第一种意见认为,虽然现行《婚姻法》及其解释对该类行为的效力并未作出明确规定,但双方并非以感情为基础、以长期共同生活为目的,以此形成的婚姻关系完全建立在非法转移户口的目的之上,相比《婚姻法》第10条规定的婚姻无效四种情形更加有损社会公益,应该对该法条适当作出扩大解释,认定为婚姻关系无效。

第二种意见认为,双方婚姻关系的形成并未违反《婚姻法》第10条规定的婚姻无效四种情形,司法解释中亦未对以婚姻形式侵害公共利益行为的效力作出规定,双方已经通过结婚登记形成了现实的婚姻关系,故应依法驳回陈某的诉求,陈某只能通过离婚程序重新立案、重新审理。但双方签订的协议系恶意串通损害国家公共利益的行为,理应被认定为无效合同。

[规则适用]

笔者同意第二种意见,理由如下:

1. 法律解释的对象和范围受到严格限制

司法实践中,法无明文规定时,需要法官根据立法的基本原则和精神对现有法律、法规作出合理解释,如对法律条文的内涵进行具体界定。但是,基于民法上的"法无明文规定即自由"原则,法官不可以对强制禁止条款进行扩大解释,否则就超出了法律解释对象的合理外延。我国《婚姻法》第10条以列举方式对婚姻无效的四种情形作出了明确规定,并没有"其他导致婚姻无效情形"的类似表述,相关司法解释亦未对以假结婚谋取非法利益的婚姻效力作出规定,法官行使自由裁量权受到严格限制。本案中,双方结婚存在"以婚姻换户口"的非法利益因素,一定程度上造成了社会福利资源的不平等分配,侵害了其他公民的合法权益和可期待利益。

2. 婚姻登记行为是确认婚姻关系有效的直接证据

婚姻关系的成立,必须满足《婚姻法》规定的可以结婚的前提要件,如自愿结婚、达到法定婚龄等主客观条件,并通过婚姻登记行为获得法律上的认可。而感情因素虽然是维系婚姻关系的实质要件,但其仅在法院判定是否准予离婚时进行考量,而在双方自愿登记结婚的情况下,婚姻登记机关无法对双方是否存在真情实感进行审查,只能通过双方的登记行为倒推认定,即基于婚姻身份关系的严肃性,只要双方满足结婚的形式要件且共同到婚姻机关进行登记,即可认定双方自愿并存在感情基础,至于是否一起共同生活、感情深浅、日后感情的变化,并非结婚登记机关必须审查的因素。本案中,双方显然属于自愿登记结婚,不仅满足了婚姻关系成立的主观要件,而且通过登记行为表达了长期共同生活的意思,虽然附有"以婚姻换户口"的交易条件,但双方合意掩盖,婚姻登记机关根本无从审查,并不能以此否定行政机关进行婚姻登记的公定效力。

3. 婚姻关系的存续不受任何合同效力约束

本案中,"入户付款协议"虽然是双方自愿签订,但其生效条件建立在非法目的性基础之上,是一种双方合意侵犯国家公共利益的行为,属于《合同法》规定的"无效合同"情形,不能对双方产生协议约束效力。然而,本案中的合同无效并不必然导致婚姻关系无效,因此,法院只能驳回陈某的诉讼请求,依照离婚程序重新立案、重新审理。据此可以认定双方自始不存在夫妻感情,从而判定双方离婚条件成立。

规则2　【血亲婚姻】直系血亲和三代以内的旁系血亲结婚的，婚姻关系无效。

[规则解读]

直系血亲和三代以内的旁系血亲结婚的，婚姻关系无效。近亲结婚，一方死亡的，其近亲关系没有消失，因此不属于《婚姻法司法解释(一)》中的"法定情形已经消失"，婚姻关系仍然无效。由婚姻关系为前提产生的各类身份关系无效，一方死亡的，另一方不能以配偶身份主张继承。

[案件审理要览]

一、基本案情

赵某一诉称，其父亲赵某二与葛某是表兄妹，有三代以内的旁系血亲关系。其父亲于2003年元月检查发现肝癌，随即作了肝癌切除手术。3月下旬，在其父亲癌症开始扩散、病情加重、无法站立和说话的情况下，葛某乘人之危，公然违反《婚姻法》，隐瞒血亲关系，于2003年3月24日要求丰台区婚姻登记处到病房与其父亲办理了结婚登记。结婚仅4个多月，其父亲就因病情恶化去世了。为维护自己的合法继承权利，也为维护法律的尊严和社会道德，请求法院确认并宣告葛某与其父亲的婚姻无效。

葛某辩称，赵某二患病后，葛某日夜守候，精心照料、护理，使他对葛某产生了强烈的依恋。葛某虽是赵某二的表妹，但为了能以妻子的身份请假照顾他，在其单位的支持下，也为了满足亲朋好友的愿望，与赵某二办理了结婚登记。现赵某二已于2003年8月16日去世，他们的婚姻关系已经因赵某二的去世而自然消失，法定的无效婚姻情形已经消失，人民法院应依法驳回赵某一的诉讼请求。

法院经审理查明，申请人赵某一的父亲赵某二与母亲韩某1987年生下申请人，2002年4月经海淀区人民法院判决离婚。赵某二与被申请人葛某是表兄妹，双方同源于申请人的外祖父母，具有三代以内的旁系血亲关系；2003年3月24日，两人对婚姻登记机关隐瞒真实情况，经北京市丰台区人民政府登记结婚。2003年8月16日赵某二因病死亡。2003年9月申请人到法院申请宣告被申请人与赵某二的婚姻无效。

二、审理要览

法院认为，赵某二与葛某是表兄妹，双方具有三代以内的旁系血亲关系，属于法律禁止结婚的情形，婚姻无效。赵某一作为赵某二的女儿，申请宣告其父的婚姻无效，应予准许。葛某与赵某二的配偶关系虽因赵某二的死亡而终止，但双方三代以内旁系血亲的亲属关系永远不会改变，故葛某"法定的无效婚姻情形已经消失"的辩称不能成立。依照《婚姻法》第7条第(一)项、第10条第(二)项之规定，判决如下：

(1) 赵某二与葛某的婚姻无效。

(2) 收缴X号结婚证。

该判决为终审判决。

[规则适用]

一、婚姻无效的概念

婚姻无效,也称无效婚姻,是指违反婚姻成立要件的违法婚姻,由于欠缺婚姻成立的有效要件,因而不具有婚姻的法律效力。

婚姻无效制度是结婚制度的重要组成部分。确立婚姻无效制度,目的在于保证婚姻成立条件和程序的执行,促进和保护合法婚姻的建立;同时对违法结婚行为起到预防和制裁的作用。目前,许多国家的法律中都有关于无效婚姻或可撤销婚姻的规定。

二、婚姻无效的原因

婚姻无效的原因是指依法导致婚姻无效的法定情形或事实。依据《婚姻法》第10条的规定,在我国,婚姻无效的原因有:

(1) 重婚的,即有配偶者与他人结婚或者明知他人有配偶而与之结婚;

(2) 有禁止结婚的亲属关系的,即婚姻当事人属直系血亲或三代以内旁系血亲;

(3) 婚前患有医学上认为不应当结婚的疾病,婚后尚未治愈的;

(4) 未到法定婚龄的。

具备上述四种情形之一的,婚姻无效。

直系血亲指自己的父母、祖父母、外祖父母、曾祖父母以及自己的子女、孙子女、曾孙子女等都属于直系血亲。除此之外的血亲属于旁系血亲。旁系血亲的计算根据旁系血亲之间的同源关系确定世代,同源于父母的为二代以内旁系血亲,同源于祖父母、外祖父母的,为三代以内旁系血亲,如兄弟姐妹、堂兄弟姐妹、表兄弟姐妹,另外还有伯、叔、姑与侄子,舅、姨与外甥子女等。超出这个范围,就不属于三代以内旁系血亲了。简单来讲,判断两个人是否属于三代以内旁系血亲,只要分别以这两个人作为第一代往上数至双方同源的血亲,得到两个数字,只要两个数字有一个大于三,他们就不是三代以内的旁系血亲,只有两个数字都小于或者等于三,两人才是三代以内旁系血亲,属于不能结婚的近亲属情形。

关于婚姻无效情形应当注意的是,根据最高人民法院《婚姻法司法解释(一)》第8条,当事人依据《婚姻法》第10条规定向人民法院申请宣告婚姻无效的,申请时,法定的无效婚姻情形已经消失的,人民法院不予支持。所以,当事人结婚时不到法定结婚年龄,但提起婚姻无效诉讼时已经达到了法定结婚年龄,人民法院将不支持婚姻无效的主张和诉求。

三、婚姻无效的法律后果

根据《婚姻法》第12条和《婚姻法司法解释(一)》第15条的规定,婚姻无效的法律后果如下:

(1) 如果婚姻无效理由成立,当事人之间所缔结的婚姻无效。这当然意味着,在双方当事人之间不再存在夫妻之间的权利和义务。

(2)即使婚姻无效,也不影响父母子女间的权利和义务。当事人双方的婚姻无效后,双方所生育的子女与其父母的关系仍然适用《婚姻法》关于父母子女关系的规定。关于子女抚养的问题,双方应当协商处理;协商不成的,法院应根据子女利益和双方的具体情况判决。

(3)婚姻无效后,当事人双方在同居生活期间所得财产,按共同共有处理,但有证据证明为当事人一方所有的除外。对于同居期间所得的财产,由当事人双方协商处理;协议不成时,由法院根据照顾无过错方的原则判决。但是,对重婚导致的婚姻无效的当事人财产的处理,不得侵害合法婚姻当事人的财产权益。当事人双方同居生活前,一方自愿赠送给对方的财物,可比照赠与关系处理;一方向另一方索取的财物,如果同居时间不长,或者因索要财物造成对方生活困难的,可酌情返还。同居生活期间所生债权债务,按共同债权债务处理。一方在共同生活期间患有严重疾病未治愈的,分割财产时,应予以适当照顾,或者由另一方给予一次性的经济帮助。

四、裁判解析

本案的焦点问题在于近亲结婚,配偶一方死亡的,是否属于法定情形已经消失。因为根据最高人民法院《婚姻法司法解释(一)》第8条的规定,当事人依据《婚姻法》第10条规定向人民法院申请宣告婚姻无效的,申请时,法定的无效婚姻情形已经消失的,人民法院不予支持。但本案中,赵某二与葛某三代以内旁系血亲关系无法因自然原因消失,因此双方的近亲关系,并不因为赵某二的死亡而消失。因此被申请人葛某与赵某二具有三代以内旁系血亲关系,属于法定禁止结婚的情形,双方向婚姻登记机关隐瞒真实情况登记结婚,该婚姻无效。

规则3　【婚姻登记瑕疵】行政复议、行政诉讼未撤销婚姻登记的,仅以婚姻登记瑕疵为由申请宣告婚姻关系无效的,不符合《婚姻法》第10条规定的无效情形,婚姻关系有效。

[规则解读]

当事人以婚姻登记程序存在瑕疵为由提起民事诉讼,主张撤销结婚登记的,可以依法申请行政复议或者提起行政诉讼。未提起行政复议、行政诉讼或者行政复议、行政诉讼未撤销婚姻登记的,仅以婚姻登记瑕疵为由申请宣告婚姻关系无效的,不符合《婚姻法》第10条规定的无效情形,婚姻关系有效。

[案件审理要览]

一、基本案情

原告莫某与被告田某于2002年1月19日在河北省怀来县登记结婚,并共同生活。诉讼过程中,田某先后以怀来县大黄庄镇人民政府和怀来县人民政府为被告,提起行政诉讼,要求撤销怀来县人民政府于2002年1月19日为其与莫某颁发的结婚证。理由是,在大黄庄进行婚姻登记时,莫某采取了欺骗和弄虚作假的手段:没有出示户口簿、身份证,其向婚姻登记机关出示的证明中显示为“丧偶”,但实际上是离异。也就是说,莫某结婚登记的地点、户籍、证件均不符合《中华人民共和国婚姻登记管理条例》(以下简称《婚姻登记管理条例》)第9条的规定。根据《婚姻登记管理条例》第25条的规定,其婚姻是无效婚姻。但经河北省张家口市中级人民法院(2011)张行终字第15号行政裁定书终审裁定,依然驳回了田某要求撤销结婚证的起诉。

二、审理要览

法院认为,《婚姻登记管理条例》详细规定了婚姻登记的程序和要求,但这些程序和要求在很大程度上都是为了保护婚姻登记的实质要件的达成,如结婚时单身、双方自愿、达到法定婚龄、不属于禁止结婚的亲属关系等。本案中,根据河北省张家口市中级人民法院(2011)张行终字第15号行政裁定书的认定,2002年原被告的户口所在地均不在河北省怀来县,但怀来县人民政府却为莫某颁发了怀大结字第24号结婚证,可以认为双方结婚登记在程序上存在瑕疵,违反了户籍所在地登记的要求。对该程序瑕疵及被告认为原告在登记结婚时提供虚假文件等行为,被告已经提起行政诉讼要求撤销怀来县人民政府颁发结婚证的行为,但被终审驳回,原被告间的结婚登记并未被撤销,故在本案中仍然有效。同时,根据庭审中原被告双方的陈述,双方在婚姻介绍所相识,并自愿共同生活,符合婚姻登记的实质要件。故本院认定,双方的婚姻关系有效,双方并不属于同居关系。现原告要求离婚,被告虽不承认婚姻关系但要求解除同居关系,可以认定双方感情已然破裂,本院对原告要求离婚的诉讼请求应予准许。因此判决准予原告莫某和被告田某离婚。

[规则适用]

婚姻登记是通过国家行政行为对于婚姻法律关系的确认,是对婚姻双方当事人结婚意思的确认和公示。婚姻关系缔结的实质条件是双方当事人结婚的真实意思合意,婚姻登记只是一种形式条件。其特别之处仅在于这是通过国家公权力设定的形式条件。按照民法基本原理,一般来说,法律行为的成立和生效并不要求严格的形式,仅对少数的法律行为设定了需要符合一定形式的限制,婚姻法所规定的就是结婚登记。也就是说,婚姻双方当事人婚姻的成立,不但要求双方当事人有真实的意思表示,而且这种表示要通过登记的方法表现出来。虽然登记是国家行政机关的行政行为,但由于这种行政行为是对民事法律关系的确认,因而只要能够确认双方当事人具有结婚的真实意思,民政机关就会进行登记。至于登记的一些程序和条件,是为了确保结婚是真实的意思表示。因此,一般来说,只要结婚符合《婚姻法》所规定的实质要件,并不会因为登记程序方面的瑕疵就否定或撤销婚姻关系的效力。

《婚姻法司法解释(三)》第1条规定,当事人以《婚姻法》第10条规定以外的情形申请宣告婚姻关系无效的,人民法院应当判决驳回当事人的申请。当事人以结婚登记程序存在瑕疵为由提起民事诉讼,主张撤销结婚登记的,告知其可以依法申请行政复议或者提起行政诉讼。结合《婚姻法》第11条的规定,因胁迫结婚的,受胁迫的一方可以向婚姻登记机关或人民法院请求撤销该婚姻。根据这两条规定,当事人认为婚姻关系存在无效、可撤销情形的或者婚姻登记存在瑕疵的,可以向人民法院提起诉讼或者向婚姻登记机关请求撤销该婚姻,但应区分是缺乏婚姻的实质要件还是存在程序瑕疵。缺乏婚姻成立的实质要件,即违反《婚姻法》第9、10、11条规定的,向人民法院提起民事诉讼要求撤销婚姻或者宣告婚姻无效,也可以向登记机关申请撤销该婚姻,认为婚姻登记存在瑕疵的,如婚姻当事人未亲自到场,由他人代为办理登记;以他人的名义或者身份证办理结婚登记;一方以虚假身份领取结婚证,而并非婚姻当事人等,可以向行政机关提起行政复议或者行政诉讼,要求撤销婚姻登记。

(一) 行政复议

由于婚姻登记是由各级人民政府的民政机关实施的,因此,对于这一具体行政行为不服的,当事人可以向进行婚姻登记的民政机关的同级人民政府或者上级民政机关提出行政复议,由复议机关对婚姻登记的合法性和合理性进行审查,从而作出适当的决定。

(二) 行政诉讼

当事人也可以直接向人民法院提起行政诉讼,或者不服行政复议决定的,可以向人民法院提起行政诉讼,由人民法院对婚姻登记的合法性进行审查。一般来说,如果婚姻登记存在的瑕疵并不影响婚姻的实质性条件,法院不得撤销婚姻登记,而应当判决驳回当事人的诉讼请求。如果婚姻登记的瑕疵影响到婚姻实质性因素的认定,比如说双方均未到场,且无法证明双方具有结婚的意思表示,法院才可以撤销该结婚登记。

由于婚姻登记是行政机关的一种具体行政行为,登记所必备的各种形式上和程序上的条件是行政机关作出行政行为的要件,这些形式和程序上的瑕疵是否影响行政机关作出登记的具体行政行为,需要通过行政法上的有关原则和规定予以确认,不属于民事法律调整的范畴,因而主张婚姻登记程序瑕疵要求撤销结婚登记的,需要通过行政复议或者行政诉讼予以处理。通过行政复议的方法解决婚姻登记方面的瑕疵的做法,早在2005年10月份就已经被最高人民法院行政庭的法2005〔行他字〕第13号《关于婚姻登记行政案件原告资格及判决方式有关问题的答复》予以确认,《婚姻法司法解释(三)》首次对最高人民法院的态度以司法解释的方法予以确认。司法实践中登记程序瑕疵主要有:一方当事人未亲自到场办理婚姻登记、借用或冒用他人身份证明进行登记、婚姻登记机关越权管辖、当事人提交的婚姻登记材料有瑕疵等。婚姻登记这种具体行政行为,具有一定的特殊性。

婚姻登记类似于物权登记,属于对民事权利确认的具体行政行为。这类具体行政行为在对当事人的权利予以确认和公示之外,并不对行政行为相对人产生其他行政法上的权利和义务,婚姻登记是以婚姻双方当事人真实的意思表示为主要依据,所规定的程序性条件仅在于确保登记确实是双方当事人的真实意思,并且符合法律所规定的实质性有效条件。因而,除非这些程序和形式已经具有了法律所规定的影响婚姻效力的实质性作用,否则,一般来说,这些程序和形式应当是可以事后补正的,不应当仅因申请结婚登记的部分条件和程序的瑕疵而影响登记的效力。因此,一般的程序上的瑕疵,不能被作为认定撤销结婚登记的原因。

规则4 【同性恋人】同性恋人并未上升为法律认可的“婚姻关系”。在社会思潮及立法未发生重大变化之前,将同性恋人的关系定义为一种较为特殊的同性朋友关系较为稳妥。

[规则解读]

以现有的婚姻法律体系分析,同性恋人并未上升为法律认可的“婚姻关系”。如果法院随意扩大法律规定的适用,任意运用民法中“法无明文规定不禁止”与“类推适用”原则,将有可能陷入伦理道德争议中,有失法院的中立性与客观性。因此,在社会思潮及立法未发生重大变化之前,将同性恋人的关系定义为一种较为特殊的同性朋友关系较为稳妥。

[案件审理要览]

一、基本案情

王某、张某系以共同生活为目的的同性朋友关系。2011年6月20日,王某出资购买了北京市东城区某小区1套房屋,房价款为170万元,2011年7月27日,王某领取了该房屋的所有权证。购房后,王某、张某共同在此居住。2011年12月2日,王某作为售房人,与张某作为购房人签订了《存量房屋买卖合同》及《房屋共有协议》,成交价格为232 050元,张某出资10万元(在本次买卖过程中并未实际出资),王某将上述房产的50%产权过户给张某,并于同日办理了产权手续(相关税费均由王某支付),双方领取了各享有50%的《房屋所有权证》。2012年5月,王某、张某因生活琐事产生分歧,张某搬离了诉争房屋。后张某起诉要求对诉争房屋予以分割。

一审中,王某表示双方签订的《存量房屋买卖合同》及《房屋共有协议》,对于王某显失公平、背离等价有偿原则,张某利用其与王某之间的特殊身份关系,致使王某草率决定与之签订所谓的房屋买卖合同。对此,张某予以否认,表示王某基于双方的关系,为了表达对张某的感情,才将诉争房屋低价出售给张某。二审中,双方均认可就诉争房屋50%产权进行买卖交易的事实,亦均认可选择在2011年12月2日办理过户是为了少交相关税费。

二、审理要览

一审法院认为,王某虽在买卖过程中支付了全部税费,但并不能因此认定上述合同的签订显失公平。故法院对王某的诉讼请求,不予支持。

二审法院认为,该《存量房屋买卖合同》中约定的价格显属过低,明显偏离了该诉争房屋的合理市场价值,签约双方的权利与义务有违公平、等价有偿原则,故双方之间的交易构成显失公平。王某的上诉请求合理有据,应予支持。

[规则适用]

对于本案的解决,存在多种观点:

第一种观点认为,本案系"假买卖真赠与"。本案中虽然合同约定的房款20万余远低于市价,合同价与市价之间确实存在较大差距,但是由于双方之间存在同性恋人关系,王某系以合同的方式将其所购房产的一半产权赠与张某,双方亦办理了过户手续,王某已不能行使赠与财产过户前的任意撤销权。双方也不存在法定撤销权的情形,因此不能支持王某合同显失公平的主张。

第二种观点认为,本案系"半卖半赠",本案中王某将房产"半卖半送"给了张某,赠与行为已经发生。

第三种观点认为,王某与张某之间系同性恋人关系,摆酒席,家长认可,此种亲密的同性朋友之间的关系,"可以参照"适用最高人民法院《婚姻法司法解释(三)》第6条之规定,即"婚前或者婚姻关系存续期间,当事人约定将一方所有的房产赠与另一方,赠与方在赠与房产变更登记之前撤销赠与,另一方请求判令继续履行的,人民法院可以按照合同法第一百八十六条的规定处理"。也就是说不能再撤销了,这也有利于对同性恋人关系的保护。

第四种观点认为,民事活动应当遵循公平、等价有偿的原则。合同当事人应当遵循公平原则确定各方的权利和义务。诉争房屋原系王某于2011年6月出资170万元单独购买。后王某与张某就诉争房屋的50%份额产权进行买卖交易达成一致,且为了少交税费,双方共同选择于2011年12月2日办理过户,签订了《存量房屋买卖合同》和《房屋共有协议》。张某对王某单独购买诉争房屋的具体情形是知道的,对王某所支付的对价也有明确的认知,但张某在签订合同、完成过户登记后并未实际支付款项。故本案应当以合同显失公平为由撤销二人之间的《存量房屋买卖合同》和《房屋共有协议》。

笔者认为,应当从主客观要件出发保持法院价值判断的中立性。

本案的审理焦点在于:

(1) 如何认定王某与张某所签《存量房屋买卖合同》的性质?是交易还是赠与?

(2) 本案能否适用赠与撤销权或合同显失公平无效的规定?

1. 第一个焦点,合同性质问题

笔者认为,当事人有自由处分财产的权利,可以赠与异性也可以赠与同性,性别并不是赠与合同成立的阻碍,本案中若王某与张某签订了明确的书面赠与协议,也就不会存在争议。但本案中王某与张某并未有明确的赠与意思表示,双方签订的是《存量房屋买卖合同》,法院不能按所谓的"常识"将该合同推定为"假买卖真赠与",也不能认定为"附义务赠与"或"半赠与半买卖"。

应严格按字面解释原则,将王某与张某所签订的《存量房屋买卖合同》理解为买卖合同:合同基础在于双方特殊的同性朋友关系,合同对价系约定的20万余元,合同标的系诉争房产。

(1) 赠与合同与其他合同的本质区别在于无偿性,同时,为防止当事人的意思表示瑕疵,重大财产的赠与一般要有书面形式,而本案中的《存量房屋买卖合同》并不符合赠与的构成要件。法院不宜强行突破"买卖合同"的表象而直接认为该案系常见的"假买卖真赠与"。而且,本案中两方当事人都认可《存量房屋买卖合同》系"房屋买卖"而非"房屋赠与"。

在此,有必要与其他案件审理中常见的"假买卖真赠与"作一个区分。"假买卖真赠与"主要存在如下几个特点:① 此类案件的当事人之间大多存在夫妻、父母子女等婚姻家庭关系。本案中虽然当事人之间认可存在同性恋人关系,但该关系并未被现行法律上升为婚姻家庭关系,并不存在"假买卖真赠与"的前提。② 此类案件一般没有真实的金钱支付,从"真假意思表示"的角度来看,符合赠与合同的无偿性要求。本案中,王某与张某签订完总房款为20万余元的《存量房屋买卖合同》后,张某向王某父亲的账户内打入10万元,这就不符合赠与合同"无偿性"的本质要求。③ 对于重大的财产赠与,一般都要求当事人有相对明确的意思表示,而"假买卖真赠与"的处理原则,是一种对当事人赠与意思表示的推定,其适用有严格限制,并不能过于宽泛。

(2) 本案亦不能认定为"半赠与半买卖"的混合赠与形式,此种提法有违一般逻辑规律及法律稳定性要求,不为主流意见所支持。

(3) 本案当事人不可以"参照适用"或"类推适用"《婚姻法司法解释(三)》第6条,认定二人系以"类似夫妻关系"所产生的赠与。在本案法律关系中,主体系王某与张某,客体系诉争房屋,引起法律关系发生变化的法律事实是基于双方之间有过一段亲密的特殊朋友关系而以较低价格签订房屋买卖合同。可能从社会学、心理学等学科对同性恋人之间的关系有较为不同的立场,但是以现有的婚姻法律体系来分析,二人所自称的同性恋人,并未上升为法律认可的"婚姻关系"。如果法院随意扩大法律规定的适用,任意运用民法中"法无明文规定不禁止"与"类推适用"原则,将有可能陷入伦理道德争议中,有失法院的中立性与客观性。因此,在社会思潮及立法未发生重大变化之前,将二人的关系定义为一种较为特殊的同性朋友关系较为稳妥。

2. 第二个焦点,合同是否显失公平?

合同是否无效的问题,笔者认为,关键还在于如何看待二人签订合同时的主观状态。因为，从20万余元合同价与市场价之间的巨大差异来看，确实存在显失公平之处，有违等价有偿原则，但这仅是显失公平成立的客观要件。对于显失公平，还应当考虑双方交易时的主观状态。而对于主观状态的判断，向来不能由法官臆断，只能从现有的证据出发，按常人的标准推断出来的“法律事实”，并不一定能完全达到“客观事实”。

从现有证据来看，合同签订时，张某存在利用对王某的情感优势的可能，促使了合同以远低于市场价成交过户。在本案中，从二人来往短信、庭审笔录、衣着言谈等看，二人中张某系充任“妻子”角色，充任“贤妻良母”，王某充任“丈夫”角色，肩负着“养家糊口”的责任。在当前，社会上对同性恋人之间的结合还是存有一定偏见的，而为了长期的同性共同生活，“丈夫”王某存在表示其诚意，以求拴住“妻子”张某“爱心”的动机，情感有所依赖，对张某虽不至“百依百顺”，也是“有诺必应”。同时，双方签订《存量房屋买卖合同》与《房屋共有协议》的时间，适逢存量房屋计税指导价于2011年12月10日要大涨的前夕，当时本市出现了一波签约潮，其目的就是以较低的计税价格成交存量房屋，节约交易成本，时间较为紧迫。在此大背景下，双方签订了以王某为出卖方，以王某与张某为共同买受人的合同，对价20万余元，张某存在利用情感优势承诺以情相托草率签订合同的可能。

有一点必须强调的是，对于显失公平这一法律制度的理解与运用，不能仅仅局限于套用其构成要件，更重要的在于实现现实价值。而法律制度的重要价值在于维护社会安全与秩序，平衡利益冲突。对同性恋人之间的婚姻问题及财产分配问题，现有法律法规并未明确规定，同性恋合法化问题系一个世界性难题，涉及道德、伦理等诸多问题，支持与反对莫衷一是，法院在这个过程中，严格解释法律，保持价值无涉或许不失为较好的选择。如果贸然将本案中的《存量房屋买卖合同》认定为“假买卖真赠与”，有可能引发一系列的道德风险，对社会传统秩序与安全所带来的影响可能是弊大于利。

规则5　【忠诚协议】夫妻忠诚协议体现了意思自治原则，是对《婚姻法》第4条的夫妻忠实义务的具体化，具有法律效力，应予支持。

［规则解读］

我国婚姻法虽然没有对重婚、同居等不忠事项的具体法律后果以及除重婚、同居外的不忠事项作出明确规定，但也未禁止意思自治原则的适用，故可推定对于不忠事项及其具体法律后果，诸如不忠事由、承担责任的方式及数额等，可由夫妻双方自行约定。该约定只要符合民事法律行为的生效要件，便具有法律效力。

［案件审理要览］

一、基本案情

2008年10月，王某与刘某结婚。婚后，王某发现丈夫刘某与其前女友关系暧昧,交往频繁,但刘某声称俩人属正常交往。在此情形下,2009 年 5 月王某与刘某签订夫妻忠诚协议,约定刘某应忠诚于婚姻,如出现婚外情等情况,刘某应赔偿王某 30 万元或放弃等值的夫妻共同财产。2011 年 6 月,王某在掌握刘某出现婚外情证据的前提下,向法院提起诉讼,请求离婚并支持夫妻忠诚协议的约定内容。

二、审理要览

本案在审理过程中,对该忠诚协议的法律效力认定,有以下三种意见:

第一种意见是无效说,认为夫妻忠诚协议限制了宪法所赋予公民的人身自由,有限制离婚自由之嫌。另,夫妻忠诚协议属于身份协议,不为合同法所调整。

第二种意见是有效说,认为夫妻忠诚协议体现了意思自治原则,是对《婚姻法》第 4 条的夫妻忠实义务的具体化。

第三种意见是无强制力说,认为夫妻忠诚协议本身并不违法,但若一方不履行,司法也不能介入强制履行,应由道德规范来调整。

[规则适用]

笔者倾向第二种意见,认为本案的夫妻忠诚协议具有法律效力,应予支持,理由如下:

首先,对于不忠事项及其法律后果,我国《婚姻法》第 46 条是有明确规定的,但只规定了重婚、有配偶者与他人同居等不忠事项,且未对具体的法律后果如赔偿金额等作出进一步规定。笔者认为,对除重婚、同居外的其他不忠事项以及不忠行为的具体法律后果,夫妻双方有意思自治之合法性与正当性。

过多纠缠于《婚姻法》第 4 条究竟属于法定义务还是道德义务并无意义,因为《婚姻法》第 46 条明确规定对重婚、有配偶者与他人同居等不忠事项加以制裁,便说明夫妻相互忠实是一项法定义务,否则该条规定就缺乏法理基础。至于说夫妻忠诚协议限制了宪法所赋予公民的人身自由,更是站不住脚,因为,夫妻忠诚协议主要是针对婚外情等背离婚姻的不忠行为进行规制,笔者实在想不出究竟是何种人身自由遭到限制,难道是发生"婚外情"的自由?显然这不是正确答案。此外,夫妻忠与不忠并非归属身份范畴,而是夫妻身份关系下的具体事务安排。身份协议是为创设或解除身份关系而达成的基础性协议,并在此基础上经过相应的法律程序(如行政登记)形成或解除身份关系。如离婚协议属解除夫妻关系的身份协议,但要解除夫妻身份关系,仍须经过离婚登记。所以,夫妻忠诚协议不是身份协议,因为其并不为创设或解除身份关系而提供前提。

据此,我国婚姻法虽然没有对重婚、同居等不忠事项的具体法律后果以及除重婚、同居外的不忠事项作出明确规定,但也未禁止意思自治原则的适用,故可推定,对于不忠事项及其具体法律后果,诸如不忠事由、承担责任的方式及数额等,可由夫妻双方自行约定。该约定只要符合民事法律行为的生效要件,便具有法律效力。

规则6　【代孕协议】代孕协议不受法律保护，一旦借腹生子的双方发生争议或者出现翻悔的情况，就不能按协议约定解决问题，只能根据法律的规定处理。

［规则解读］

代孕协议不受法律保护，所以一旦借腹生子的双方发生争议或者出现反悔的情况，就不能按协议约定解决问题，只能根据法律的规定处理。在法律关系上，代孕妈妈与所生的小孩属于自然血亲下的母子关系，其享有作为母亲对儿女的所有权利，也应尽到作为母亲应尽到的义务。

［案件审理要览］

一、基本案情

张三（化名）是一家电子公司的老板，名下拥有多处房产，他投资开办的公司每年纳税就有30万余元，是个令人称羡的企业家。他原本还有个羡煞旁人的家庭。他与妻子相识于大学阶段，婚后两人幸福美满。婚后一年，妻子生下一个女儿。这个女儿更是他们的骄傲，多才多艺，拉得一手好小提琴。成绩也不错，中考时还高分考入厦门一所知名重点中学。一切看起来都往更好的方面发展。

然而，人生常有不如意。2004年，张三的女儿遭遇车祸，被撞成植物人。经过3年的治疗，却回天乏力，最终不治身亡。谈起往事，张三仍然悲痛不已。正是因为失去了孩子，张三才会想再要一个孩子。但是，“妻子已经年近半百，不适合再生育了”。

对孩子的迫切希望，让张三想到了通过代孕中介实现“延续香火”。因此，在中介的介绍下，他认识了晓玲（化名），请她帮忙代孕。

“当时说好代孕期间生活费是每月5 000元，抱小孩时再付20万元，不过没有签书面合同，只是口头约定。”按照张三的说法，晓玲和他开始交往后不久，就以“无法保证生了小孩能拿到钱”为由，不时哭闹。

为了使代孕顺利进行，张三抵不住晓玲的“再三哭闹”，在经济上慷慨解囊，“后来每月生活费改为1.5万元，先后至少给了20万余元现金。”

2012年3月，晓玲生下了非婚生女儿芳芳（化名）。孩子出生后，张三夫妻兴高采烈，认为“后继有人”。很快，二人找到晓玲要孩子。他们认为，既然是“代孕”，晓玲也收了钱，生了孩子当然应该归付钱的一方。

但是，母性使然。看到小孩的天真模样，晓玲动心了，她拒绝将孩子交给张三夫妇，并否认自己是“代孕”的，称孩子是她与张三的情感结晶，跟她存在直接血缘关系，认为孩子应该留在自己身边。就这样，孩子的归属迟迟没有定论。

张三夫妇几次三番找晓玲，试图“沟通”。但是晓玲的态度很坚决。对此，张三很愤怒。他觉得晓玲作为“代孕妈妈”，却违反“代孕”协议，想把孩子留在身边，目的只有一个，就是利用孩子敲诈钱财。在产后的第三天，他决定向晓玲停止“物质支持”，他不仅没有再给晓玲每个月1.5万元的生活费用，“对孩子的奶粉钱都不闻不问”。

在几次要求“要回”孩子未果的情况下，张三甚至觉得“孩子不是自己的骨肉”，要求对孩子进行亲子鉴定。因为他怀疑晓玲和其他男人有亲密关系。不过，亲子鉴定的最终结果表明，这个非婚生女与张三有血缘关系，同时，与晓玲也有血缘关系。也就是说，孩子是他们两个人的。

在被停止“物质供应”的情况下，晓玲独立抚养孩子。但由于之前的“代孕”协议，她很早就辞掉工作，没有经济收入。在日趋捉襟见肘的情况下，她将张三告上了法庭，要求获取孩子的“抚养费”。

二、审理要览

面对晓玲的指控，张三显然“有备而来”。他自认为“自己和妻子受过良好的高等教育，有一定的物质基础，家庭条件优越”，因此他要求法官将孩子判由自己抚养，因为孩子跟着他能够有更好的成长条件。

而晓玲不依不饶。她强调，孩子是自己亲生的，她只想自己抚养。最重要的是，孩子目前刚出生不久，还在哺乳期，需要妈妈母乳喂养，不宜离开母亲。同时，晓玲还请求法官判令张三支付抚养费64万元。

在庭审过程中，法官认为，根据法律规定，非婚生子女享有与婚生子女同等的权利，任何人不得加以危害和歧视。不直接抚养非婚生子女的生父或生母，应当负担子女的生活费和教育费，直至子女能独立生活为止。

本案中，原、被告对非婚生子女都有抚养的权利和义务，但是，哺乳期的子女以跟随哺乳的母亲抚养为宜，被告应当支付非婚生子女的部分生活费、教育费直至孩子独立生活为止。

另外，根据被告的经济水平及厦门市的生活水平，原告要求被告支付非婚生子女的抚养费每月3 000元，计至孩子成长至18周岁总计64万余元，有事实与法律依据，依法应予以支持。

最终，法官判定将非婚生子女判决给晓玲抚养，张三需支付给晓玲抚养费64万元至以非婚生子女名义开立的银行账户。同时为了保证金额全部用于抚养孩子成长，晓玲可每月支取3 000元，张三有权对孩子抚养费的使用情况进行必要监督；晓玲当月支取的抚养费如超过3 000元，应征得张三的同意。

[规则适用]

在本案中，张三一直“咬定”自己与晓玲之间存在“代孕”协议，因此孩子应该由自己抚养。对此，笔者认为，从本案的案情来说，仅从张三提交的证据来看，尚无法明确认定是“代孕合同”。即便双方在现实中签订过“代孕合同”，其法律效力仍然无效，代孕协议不受法律保护。

代孕合同，即为代孕方与求孕方约定在代孕中双方权利义务的有偿合同。目前我国法律没有对代孕合同作出明确规定，但卫生部于2001年颁布实施的《人类辅助生殖技术管理办法》中规定：“人类辅助生殖技术的应用应当在医疗机构中进行,以医疗为目的,并符合国家计划生育政策、伦理原则和有关法律规定。禁止以任何形式买卖配子、合子、胚胎。医疗机构和医务人员不得实施任何形式的代孕技术。”根据该规定,禁止实行代孕技术,只允许采用人类辅助生殖技术,通过妻子的子宫进行怀孕。

从生育权和亲权的角度来看,目前受法律保护的生育权主体,仅限于缔结了婚姻关系的夫妻。合法的生育应以结婚登记并办理准生证为条件。代孕方将基于血缘关系的亲权通过代孕合同转移给求孕方,违反了亲权专属于父母,不得让与、继承或抛弃的原则。从代孕合同的本质来看,是将代孕方的子宫作为“物”来出租使用,将孩子作为商品交易的对象。以上两方面均反映出代孕合同有违公序良俗、社会公德的一面,与合同法的基本原则相违背,应属无效。

近几年,借腹生子”引发的民事纠纷不断。为防止法律纠纷和伦理危机,卫生部出台了《人类辅助生殖技术管理办法》,禁止实施任何形式的代孕技术,从而在法律层面堵截了“借腹生子”。但是,目前如何查处此类现象?发生争议后,孩子应该归哪一方所有?还有,关于孩子的权责如何分配?法律上仍然存在空白。

这是一个两难的困境。一方面借腹生子违反社会伦理道德,而另一方面,不孕症又是客观存在的事实,根据世界卫生组织20世纪80年代的一次调查统计,世界上的不孕患者人数为8 000万人至1.1亿人。这些不孕夫妇“圆梦”的需求也是客观存在的。由于代孕协议不受法律保护,所以一旦借腹生子的双方发生争议或者出现反悔的情况,就不能按协议约定解决问题,只能根据法律的规定处理。

如果代孕者提供卵子,那些不具有妻子基因的孩子,由于只具有丈夫的基因,因而在法律上属于“非婚生子女”。而根据《婚姻法》的规定:非婚生子女享有与婚生子女同等的权利,任何人不得加以危害和歧视。因此,像本案被告作为孩子的生父负有法定抚养义务,孩子的抚养权参照《婚姻法》的规定执行,哺乳期的孩子通常应归母亲。

代孕妈妈有哪些权利和义务?对此,笔者认为,虽然代孕被看做是代孕妈妈“出租”子宫以获取报酬,本质上属于出卖身体器官的使用权,但孕母和孩子之间依然具有亲子关系。在法律关系上,代孕妈妈与所生的小孩属于自然血亲下的母子关系,享有作为母亲对儿女的所有权利,也应尽到作为母亲应尽到的义务。

规则7　【陪嫁与彩礼】双方未办理结婚登记手续的,同居时女方带来的“陪嫁”应视为女方的个人财产,双方解除同居关系时男方应予返还;男方请求返还彩礼的,亦应予以支持。

[规则解读]

未办理结婚登记手续,同居关系不是合法的婚姻关系,不能以合法婚姻关系确认以嫁妆的形式赠与家具、电器的行为,是赠与男女双方的事实,只能认定上述陪嫁物品是个人财产,双方解除同居关系时男方应予返还;男方请求返还彩礼的,亦应予以支持。

[案件审理要览]

一、基本案情

龙某(女)与田某(男)是同村人,双方确立恋爱关系后,请了本村的李某做媒人。双方按农村风俗习惯于2011年1月16日结婚同居,此前,龙某家提出要人民币1.808万元彩礼金的要求,田某家按要求把彩礼金交给介绍人李某,由李某亲自交给龙某的母亲张某,当时张某返还80元给田某。除此之外,田某家还拿去了酒、肉、糖果等物品。龙某就带着"嫁妆"来到田某家,与田某共同生活。

2012年6月21日,龙某起诉到人民法院,称与田某按农村风俗同居后,经常被田某打骂,由于无法建立感情,至今尚未到婚姻登记机关办理结婚登记手续,双方已经写了分手协议。请求法院判令田某返还自己陪嫁到其家的财产(摩托车、大衣柜、梳妆台、沙发、桌椅、电视机、音响、影碟机、洗衣机、电冰箱等物,共价值两万余元),并由田某承担本案的诉讼费用。

田某辩称:自己并未打伤原告;因原告陪嫁的嫁妆都是用其给女方的礼金购买,如果龙某要回嫁妆,就需返还礼金。

同年7月18日,田某提起反诉,要求龙某及其母亲返还彩礼金1.808万元,其他彩礼折合人民币4 660元。

二、审理要览

一审法院经审理认为,原告龙某(反诉被告)与被告田某(反诉原告)至今未到婚姻登记机关办理结婚登记手续,双方不具有夫妻的权利和义务。双方同居期间没有共同财产,按农村的风俗习惯,同居时龙某带来的"陪嫁"应视为龙某的个人财产,田某应当返还。田某请求返还按照农村习俗给付的彩礼金,也依法有据,应当予以支持。

一审法院判决:

(1) 被告(反诉原告)田某返还原告(反诉被告)龙某的财产如下:摩托车1辆,大衣柜1个,梳妆台1个,沙发1套,桌椅1套,电视机、音响、影碟机1套,洗衣机1台,电冰箱1台,打米机1台,棉被4床,木箱1口。

(2) 原告(反诉被告)龙某返还给被告(反诉原告)田某彩礼金人民币1.8万元。

一审宣判后,龙某及其母亲提起上诉。

二审法院经审理认为,一审认定事实清楚,但毕竟双方共同生活一年半时间,日常生活消费有一定的支出,且田某在同居期间有一定的过错行为,应自行承担相应的责任,故一审认定返还彩礼金过高。

二审法院判决:维持一审法院民事判决第一项;变更一审法院判决第二项为上诉人龙某还被上诉人田某彩礼金人民币9 000元。

[规则适用]

1. 同居分手后,“陪嫁嫁妆”应当返还

本案中,龙某与田某至今未到婚姻登记机关办理结婚登记手续,其同居关系不是合法的婚姻关系,不能以合法婚姻关系确认龙某父母以嫁妆的形式赠与家具、电器的行为是赠与给男女双方的事实,只能认定上述陪嫁物品是龙某的个人财产。现双方终止同居关系,龙某要求田某返还财物有法可依,田某应当予以返还。

2. 同居分手后,女方应酌定返还彩礼金

我国婚姻法没有规定彩礼,但彩礼是普遍存在的社会现象。关于彩礼发生纠纷应当如何处理,最高人民法院《婚姻法司法解释(二)》第10条规定:“当事人请求返还按照习俗给付的彩礼的,如果查明属于以下情形,人民法院应当予以支持:(一)双方未办理结婚登记手续的;(二)双方办理结婚登记手续但确未共同生活的;(三)婚前给付并导致给付人生活困难的。适用前款第(二)、(三)项的规定,应当以双方离婚为条件。”

就本案而言,龙某与田某按习俗举办了结婚仪式但没有办理结婚登记手续,在法律上属于同居,可自行解除。田某请求龙某返还同居前给付的彩礼金,符合《婚姻法司法解释(二)》)第10条第1款的规定。但由于双方同居生活了一年半的时间,日常生活消费有一定的支出,且田某在同居期间有一定的过错行为,故应综合考虑,从公平原则出发,女方酌定返还彩礼金为宜。

规则8　【以结婚为目的的赠与】纯粹以结婚为目的的赠与,该赠与财产未成为同居生活的共同财产,当事人不能结婚时,赠与人无正当理由请求返还所赠财产的,原则上不予支持。

[规则解读]

彩礼不同于婚前赠与财产,小额赠与归受赠人个人所有。如果双方解除同居关系,该赠与财产未成为同居生活共同财产的,赠与人不得请求返还;如果成为同居生活共同财产的,则按一般共有财产处理,根据实际情况,酌情返还。纯粹以结婚为目的的赠与,该赠与财产未成为同居生活的共同财产,当事人不能结婚时,赠与人无正当理由请求返还所赠财产的,原则上不予支持。

[案件审理要览]

一、基本案情

从2006年4月起,原告(男)与被告(女)通过电话、电子邮件等频繁联系后,逐渐成为恋人。自2006年7月26日起,在双方恋爱、同居期间,因购房、购车、炒股、教育培训等事,原告先后向被告给付316800元。其中,原告于2006年7月转账14万元给被告用于支付购买某房产的首付款。双方恋爱、同居关系结束产生纠纷后,被告向原告发电子邮件“4 万元,你要就要,不要我也没办法”。原告回复“我的账户:招商银行某支行 468203755355 ****,你把钱打过来吧”。此后,原告再发邮件给被告“把钱打过来吧。你怕什么啊,有一套房子值那么多钱,车子你卖了也有 3 万元钱吧,不要在我面前哭穷了。哎,你这种人太没意思了。你总比我好吧”。被告回复“这 4 万元钱,给你之后,我不希望再跟你纠缠下去了。各人都过各人的生活吧”,原告回复“好的,你把钱都打过来”,后又回复被告“你拿了我那么多钱,房子、车子、股票、读书的钱,害我现在什么都没有,就想 4 万元了结,你不觉得太滑稽了吗?”双方对收发对方电子邮件的内容均无异议。原告要求被告全额返还所赠 316 800 元未果而诉至法院。

二、审理要览

一审法院认为,原告认为给付被告 316 800 元属于以结婚为目的附条件赠与,现结婚不成,被告理应返还受赠财产。但被告从未确认其受赠原告的财产系以结婚为目的,如果结婚不成,须将受赠财产返还原告,即双方当事人并未达成以结婚为目的附条件赠与的合意。并且,《婚姻法》确立了婚姻自由原则,如果将“结婚”作为赠与财产的附条件,则触犯了强行性法律规定,应为无效条件。双方在恋爱、同居关系结束产生纠纷后,通过电子邮件来往,最终达成了由被告向原告支付 4 万元解决双方纠纷的合意。原告此后再向被告发邮件的内容除被告允诺外均为其单方意思表示,对被告没有法律约束力,而被告此后的回复再未变更过向原告支付 4 万元的合意。综上所述,被告抗辩只向原告支付 4 万元的理由成立,对原告要求被告返还 4 万元的部分,予以支持。原告要求被告返还超出上述金额的主张理据不足,不予支持。一审判决被告向原告支付 4 万元,驳回原告的其他诉讼请求。原告不服一审判决,提起上诉。

二审法院认为,原告主张给付被告的某房产首付款是为与被告结婚,但原告并未举证证明被告亦有此意思表示。但双方认可,在原告支付首付款时,双方正处于热恋、同居期间。因此,原告支付涉案首付款是为与被告同居使用具有高度盖然性。原告支付涉案首付款后,房产虽然登记在被告名下,但原告亦有与被告共同使用涉案房产的权利,现双方已结束恋爱、同居关系,且该房屋由被告出租,原告不可能再与被告共同使用涉案房产,故被告应当返还原告部分购房款。被告主张原告同时与多名女子以老公老婆相称,品行不端而分手,但未能提交证据证明,不予采信。原告虽然通过电子邮件回复被告“好的,你把钱打过来”,但结合原告所发“你拿了我那么多钱,房子、车子、股票、读书的钱,害我现在什么都没有,就想 4 万元了结,你不觉得太滑稽了吗?”据此,不能认定双方对退还 4 万元达成合意。考虑双方认识时间不长,同居时间短,原告又是以结婚为目的而为赠与,现双方结婚不成,结合原告经济条件并不宽裕,身体不太好,仍需医疗等情况,酌定被告返还原告 16 万元。因此,二审撤销一审判决,改判被告向原告返还 16 万元。双方当事人自动履行该判决完毕。

[规则适用]

上述案例反映的本质问题是：随着社会的发展和西方现代婚姻观的影响，男女之间的感情、恋爱甚至婚姻日益受到金钱、物质的挑战，人们的维权意识越来越强，男女之间以结婚为目的而赠与财产的案件该如何审慎处理。

此类案件，国外一般依婚约和不当得利制度解决，不能结婚的，一律返还赠与物。[①] 如《法国民法典》第1088条规定："一切为婚姻所为之赠与，如婚姻不发生时，均归失效。"《德国民法典》第1301条规定："婚姻不缔结的，订婚人任何一方可以依照关于返还不当得利的规定，向另一方请求返还所赠的一切或作为婚约标志所给的一切。婚约因订婚人一方死亡而解除的，有疑义时，必须认为返还的请求应予排除。"《瑞士民法典》第94条规定："婚约双方的赠与物，在解除婚约时径可请求返还；如赠与物已不存在，可依照返还不当得利的规定办理。"我国澳门特别行政区"民法典"第1474条规定："因婚约之一方当事人无能力或反悔而未能缔结婚姻时，任何一方当事人均有义务按法律行为无效或可撤销之规定，返还曾获他方或第三人因所订之婚约及对双方结婚之期待而赠与之物。"我国台湾地区出现过"有妇之夫与乙女约定，以同居为条件赠与财物，男方虽已为给付，但女方拒不同居"的案例，王泽鉴先生认为："此项条件违反公序良俗，赠与契约具有不法性，应属无效。赠与人已为给付者，构成不法原因给付，不得请求返还。"[②]"男女自由恋爱，希望结婚"显然还不能扣上"不法原因"和"违背公序良俗"的帽子。

综上，在我国不承认婚约制度的情况下，这类财产纠纷如何解决，属于典型的空白规则疑难案件。

一、类似案件的司法争议及评析

围绕类似案件，司法实践中也长期存在争议。我们通过检索网络和最高人民法院权威刊物所登载的案例，对各地法院出现不同理由的判决，进行了总结归纳：

（1）参照最高人民法院《关于人民法院审理未办结婚登记而以夫妻名义同居生活案件的若干意见》第10条规定："同居生活前，一方自愿赠送给对方的财物可比照赠与关系处理。"据此，赠与人自愿赠与财产，财产所有权发生转移后，赠与行为完成，赠与人再要求返还财产缺乏法律依据，不应支持。[③]

（2）参照《婚姻法司法解释（二）》第10条关于返还彩礼的规定处理。男方赠与女方财产，可视为附解除条件的赠与行为。赠与行为已然发生法律效力，若双方最终缔结了婚姻关系，男方赠与目的实现，该赠与行为保持原有效力；双方未缔结婚姻关系，赠与行为则失去法律效力，双方的权利义务关系当然解除，赠与的财产恢复至初始状态，即只要男女双方未形成婚姻关系，赠与行为由此失去法律效

---

① 参见熊进光：《婚约法律问题研究》，载《河北法学》2003年第6期。

② 王泽鉴：《民法学说与判例研究》，中国政法大学出版社2005年修订版，第122页。

③ 参见吴登龙：《对解除婚约引起的财物纠纷案件几个问题的探讨》，载《人民司法》1990年第6期。

力,故应支持赠与人返还财产的主张。①

(3) 以结婚为目的之赠与属附负担赠与,合法有效,婚姻目的不能实现时,视所赠财产负担不能履行,赠与人有权撤销该赠与,要求受赠人返还受赠物。②

(4) 因双方未能结婚,当事人期待的法律关系不能建立,受赠一方取得财产缺乏法律根据,受赠一方应按不当得利返还财产。③

笔者认为,《合同法》第2条第2款规定:“婚姻、收养、监护等有关身份关系的协议,适用其他法律的规定。”可见,我国法律明确排除了身份关系适用合同法。所以,完全按赠与合同处理并不妥当。特别是出现赠与的财产价值较高,受赠人恶意不结婚,或者不返还赠与财产给赠与人,造成赠与人生活困难,人财两空,严重伤害赠与人感情的局面时,如果按第一种判决处理,赠与财产的所有权转移即不再返还,很可能激化矛盾,引发恶性事件,不利于社会的和谐稳定,这也间接为以同居、结婚之名索取财物提供了法律支持。

第二种判决是将结婚目的拟制成了不具有法律约束力的“条件”,按其逻辑推理,可以夸张地设想,男方可将财产赠与同居女性后,再次赠与其他女性,然后以性格不合、不能结婚为由,主张同居女性返还,即该财产能无限流转下去,最后还是由男方支配,如此一来,岂非违背社会公序良俗?该判决的理论基础在于婚约制度。在传统民法意义上,包括现代很多大陆法系国家或地区的民法典规定,婚姻是主契约,婚约是从契约,系男女双方以将来结婚为目的所作的事先约定。婚姻自由是近现代婚姻家庭立法的基本理念,故婚约与私法中的预约有所不同,法律不要求婚约强制履行,附加在婚约上的任何违约条款都不具有法律效力,所以,规定婚约制度的现代国家民法典赋予婚约的效力相当薄弱。④ 例如《德国民法典》第1297条规定:“(1) 不得根据婚约而诉请缔结婚姻。(2) 就婚姻不缔结的情形而作出的违约金约定无效。”我国台湾地区“民法典”第972—975条规定,婚约,应由男女当事人自行订定。男未满十七岁,女未满十五岁者,不得订定婚约。未成年人订定婚约,应得法定代理人之同意。婚约,不得请求强迫履行。在我国,婚约关系本身并未入法,现实生活中的婚约,性质上只是无配偶的男女之间达成的、具有道德约束力的协议。⑤ 我国根本不承认婚约制度,这是一个必须坚持的原则和

① 参见马强:《婚约解除后赠与物归属问题研究》,载《法律适用》2000年第5期。

② 参见杜六斌:《恋爱期间受赠房款,分手之后矢口否认》,载《人民法院报》2007年1月10日(案件时讯版)。

③ 参见黄彤:《因婚约而产生的赠与问题》,载《广西政法管理干部学院学报》2001年第9期;崔平、郭先美:《试析婚约解除后赠与物归属问题》,载《社科纵横》2006年第5期。

④ 参见张义华:《建立我国婚约制度的立法思考》,载《中国人民大学民商法学复印资料》2004年第3期。

⑤ 参见杨大文:《亲属法》,法律出版社1997年版,第77页。

前提,自由恋爱,甚至同居期间的自愿赠与行为,产生不了民事权利义务关系[①],只是一种道德关系,充其量是普通的民事关系而非民事法律关系,故这种赠与行为根本不是民事法律行为,即婚姻目的落空在我国不能寻求法律上的救济。“皮之不存,毛将焉附”,何况所附的“必须结婚条件”完全违反了婚姻自由的强制性规定,不能构成法律上的“条件”。

第三种判决与第二种判决的本质相同,试图用合同理论解决,有便宜裁判之嫌。只不过区分了“结婚”是“条件”或“负担”。《婚姻法》第5条规定:“结婚必须男女双方完全自愿,不许任何一方对他方加以强迫或任何第三者加以干涉。”所谓自愿,是指双方同意,不附加其他条件或者增加负担。[②]

第四种情况,《民法通则》第92条规定,不当得利是指没有合法根据,取得不当利益,造成他人损失的,应当将取得的不当利益返还受损失的人。“没有合法依据”是指利益的取得非来源于合法行为。同居期间的财产交付虽有一定的特殊性,其性质仍应归属于普通民事赠与的范畴,系双方自愿所为,法不禁止即为许可,赠与财产所有权转移,受赠人即时取得所有权,这便是取得所有权最有利的依据。所以,受赠人取得财产不欠缺合法依据,不能以当事人未能结婚去否定前面已然生效的合法行为,否则有“事后诸葛亮”之嫌。

基于以上分析,上述四种判决的逻辑虽能自洽,但经不起细致推敲,尚需从深层次挖掘问题的根源和提出解决思路。

二、法理探源:道德与法律之争

婚前赠与财产纠纷和感情纠葛息息相关,近年来,感情纠纷诉讼化趋势越来越明显,感情、婚姻、财产仿佛呈“三角恋”之胶着状态,对严肃的法律提出了挑战。从最早的上海市闵行区“夫妻忠实协议”案到法学专家辩论的“空床费协议”案,感情纠纷逐渐浮出水面,让“法律止步于感情和卧室”,还是“感情没有了,起码在经济上还能得到一些保障”的意见分歧很大[③],法院就此陷入道德与法律之争的两难境地。[④]

道德之于人类社会生活的不可或缺性至为显然,任何社会的存在都需要一定的道德共识,只是这种共识性的程度因时代不同而有所差异而已。在绝大多数的法律体系中,仍然可以发现一些已经成为文明社会共识的道德可通约成分,“道德对法律在逻辑上的居先性可以表现为,没有法律可以有道德,但是没有道德就不

---

① 参见最高人民法院民一庭编著:《最高人民法院婚姻法司法解释(二)的理解与适用》,人民法院出版社2004年版,第97页。

② 参见陈苇:《婚姻家庭继承法学》,法律出版社2002年版,第55页。

③ 参见乔新生:《夫妻忠实协议是否有效》,载《法学家茶座》(第3辑),山东人民出版社2003年版,第107—111页;陈甦:《婚内情感协议得否拥有强制执行力》,载《人民法院报》2007年1月11日(法律视野版);吴晓芳:《关于“婚姻契约”问题的思考——兼与陈甦研究员商榷》,载《人民法院报》2007年2月8日(法律视野版)。

④ 参见周文轩:《婚姻家庭案件的审判应审慎运用道德话语》,载《法律适用》2004年第2期。

会有法律，一种实在法体系要成为实在，就只有在道德已然是人们实际关注的地方”。[①] 随着社会的发展，道德和法律的相融性越来越强。本案是婚前男女交往过程中，为培养感情加深好感的普遍行为，属于典型的道德问题，双方即使同居也不能说明什么问题，只有双方感情继续升级，直至成为婚姻，完成量变到质变，升华为法律问题，才能用法律解决。脱离了婚姻的前提，以法律的眼光审视围城之外的道德事件，难免见仁见智。但无论从法律的公平、正义价值(法律效果)，还是道德的社会友善、和谐角度(社会效果)来评判本案，都可以看出：假设支持了男方的全部请求，女方将失去一切，如果就此以弥补女方的青春为由，一概不予支持男方的请求，极易诱发道德危机，甚至引发恶性冲突事件。从本质上讲，恋爱和非婚同居都是道德问题，因此，在此期间发生的赠与，本质上亦属道德问题。但随着社会形势的变化，男女恋爱、同居期间赠与财产后不能结婚所带来的许多负面伤害和社会影响，运用法律进行调整已经成为一种趋势，一种方向。“法律的制定者们经常会受到社会道德中传统的观念或新观念的影响……道德中的大多数基本原则几乎都不可避免地被纳入了法律体系之中。”[②]面对发展变迁了的道德观念，法律无法回避和阻挡，只能顺应，须知法律调整的起因是道德调整的逐渐乏力，在现代社会，有很多行为道德是无力调整的，所以逐步由法律调整。

对于案例所反映的问题是应该用道德调整还是法律调整。我们可从以下两方面来分析：

(1) 婚姻制度本身经历了从“群婚制”到“一夫多妻制”再到“一夫一妻制”的演变过程，随着社会的进步，很难讲婚姻制度就一定是最完美的两性结合方式。所以，道德不要再对非婚两性结合及非婚期间的民事行为进行排斥了，而法律是最低的道德要求，连道德都不再苛求的事情，法律当然应该容忍。

(2) 在男女恋爱、非婚同居期间，双方为加深感情、憧憬婚姻时，赠与对方财产是很正常的事，这也是平等主体之间的民事行为，涉及赠与财产的价值较大而产生争议时，法律若不调整，必然影响双方的权利义务关系，如前文所述，司法实践中已有先例。

所以，需要考虑将以结婚为目的而赠与财产的问题纳入法律调整的范围。德国著名哲学家黑格尔曾说过：“凡是合理的都是现实的，凡是现实的都是合理的。”婚前赠与作为一种社会存在，从开始的个别现象演变为现在较为普遍的现象，有其存在和发展的必然性，人类不能违背自然而应顺其自然，对婚前赠与财产案件进行理性的思考并给予相应的法律规制，才是我们当下考虑的重点。

---

① 〔英〕A. J. M 米尔恩：《人的权利与人的多样性——人权哲学》，夏勇、张志铭译，中国大百科全书出版社 1995 年版，第 56—57 页。

② 〔美〕博登海默：《法理学——法哲学及其方法》，邓正来、姬敬武译，华夏出版社 1987 年版，第 364 页。

三、裁判思路

基于上述分析，笔者认为，从我国的基本社会制度出发，采纳利益衡量方法，根据我国的立法政策及民法原则分析，对以结婚为目的而赠与财产的案件似循如下审理路径较妥：

（一）区分彩礼和婚前赠与财产

1.“彩礼”的概念和特征

彩礼，也有的地方称为聘礼、纳礼等，是一种地方习俗，按照这种风俗，男方要娶他家女子为妻时，应当向女方家下聘礼或彩礼，送彩礼之后，婚约正式缔结，一般不得反悔。“彩礼”是婚前赠与财产的一种，并且是一种很特别的婚前赠与财产。与一般的婚前赠送物相比，它具有强烈的地方习俗特色：赠送“彩礼”的目的性更强，即建立一种婚约关系；送“彩礼”的仪式更加隆重，一般都是男女双方的父母亲自办理此事，而且男女双方对“彩礼”的内容认识比较明确；该类赠送不一定是出于男方的自愿，而往往是迫于民俗和习惯的压力。正是因为“彩礼”所具有的这种地方习俗特色，所以在审理该类案件时，应结合案件具体情况，正确限定彩礼范围，不能把彩礼的范围扩大化，把男方赠送的本不属于彩礼的财物也定义为彩礼。但在现实生活中，彩礼的性质已经演变成馈赠给女方的财物，相当一部分彩礼也直接给付女方本人，因此可从以下方面区分“彩礼”和“婚前赠与财产”：一是该地有无给付彩礼的习俗；二是彩礼直接与结婚联系，婚前赠与财产不必然以结婚为目的；三是彩礼多是男方以家庭名义给付女方家庭，但婚前赠与财产多是男女双方互相给付。

2.“彩礼”的法律适用

最高人民法院《婚姻法司法解释（二）》第10条规定：“当事人请求返还按照习俗给付的彩礼的，如果查明属于以下情形，人民法院应当予以支持：（一）双方未办理结婚登记手续的；（二）双方办理结婚登记手续但确未共同生活的；（三）婚前给付并导致给付人生活困难的。适用前款第（二）、（三）项的规定，应当以双方离婚为条件。”应该注意的是，该法律规定与“彩礼”返还的民间习俗不一致，民间习俗为：若女方反悔，彩礼要退还男方；若男方反悔，则彩礼一般不退。法律的明文规定和民间习俗的这种差异，使得法官如果完全依法办案，其判决结果可能很难得到老百姓的认同，不能做到案结事了，甚至会进一步激化当事人之间的矛盾。因此，对于这类案件，应尽量调解结案，而调解时也应该适当考虑民间习俗。

（二）赠与的财产所有权转移之前，赠与人有权撤销赠与

根据民法原理，赠与属实践合同，以交付和所有权转移为原则，赠与财产所有权不转移的，赠与不生效。

（三）小额赠与归受赠人个人所有

在日常交往过程中，男女双方为增进感情会相互赠送小物件、衣物等，在共同用餐或共同游玩等活动中，花费也会有所不同。这类赠送，数额不大，其目的是联

络感情、互相关心，一方是在明知自己没有赠与义务的情况下主动支付的，赠与时没有附加任何条件，因而是无偿的赠与行为。根据法律规定，一旦赠与物交付，赠与人在非法定情况下，不得要求返还。因此，对于这类小额财产赠与，即使双方结束恋爱、同居关系，赠与物也应归受赠人个人所有。

（四）如果双方不解除同居关系，则按一般赠与规则处理

如果双方解除同居关系，该赠与财产未成为同居生活共同财产的，赠与人不得请求返还；如果成为同居生活共同财产的，则按一般共有财产处理，根据实际情况，酌情返还。

男女双方以结婚为目的而为赠与，是为升华感情，且双方仍然同居，所赠与的财产显然应按一般赠与规则处理。一旦解除同居关系，根据最高人民法院《关于人民法院审理未办结婚登记而以夫妻名义同居生活案件的若干意见》第10条规定："解除非法同居关系时，同居生活期间双方共同所得的收入和购置的财产，按一般共有财产处理。"男女非婚同居期间，所取得的财产具有"准婚姻"性质，如果没有约定分别财产制，应定性为共同财产。因为，一方赠与对方财产，只不过是从"左口袋"换到"右口袋"而已，财产的共有性质并未变化。所以，应以赠与财产是否成为同居生活共同财产为标准判断是否返还赠与财产。

认定赠与财产成为同居生活的共同财产，结合具体案件，可从以下方面考虑：

（1）是否成为同居双方的生产、生活资料；

（2）是否专属于受赠人一方使用、享有；

（3）同居期间，双方是否均分享了该赠与财产所带来的利益。

例如，本案中，原告因购房、购车、炒股、教育培训等向被告赠与给付了共计316 800元。其中，炒股、教育培训等纯属被告个人操作和专属被告受益，不宜返还。涉案房产是双方曾共同居住的地方（虽然发生纠纷后，被告拒绝原告居住），房产成了双方的共同生活资料，结合原告经济条件不好、自身尚需医疗，被告从炒股和教育培训中受益的综合因素考虑，笔者认为，双方虽然最终没有结婚，但酌情让被告作一定返还，也是合理合法的。

（五）纯粹以结婚为目的而为赠与，该赠与财产未成为同居生活共同财产，当事人不能结婚时，赠与人无正当理由请求返还所赠财产的，原则上不予支持

但赠与人请求返还所赠财产有正当理由的，从诚实信用和社会公德等原则出发，考虑双方当事人对导致不能结婚的过错等因素，结合实际情况，可判决受赠人酌情返还财产或者在受赠财产范围内作适当补偿。

世上没有无缘无故的爱，也没有无缘无故的恨。任何赠与都包含了赠与人的特殊心理考虑，只要该考虑没有违法，赠与应是有效的，这也是"法不禁止即为许可"的民法原理体现，形形色色的动机或者目的在法律上没有太大意义，除非明确转化成法律认可的"条件"或者"期限"。各国民法为保护赠与人的利益，已经有了赠与人可撤销权，且为使赠与物的产权趋于稳固，规定赠与物一经交付，所有权即

行转移,以防先行赠与、事后反悔的行为,敦促赠与人谨慎行事。[①] 特别是在以与对方结婚为目的而实施的赠与,其实是一种隐含强烈感情成分的非纯粹赠与,从法律上讲,作为一个完全民事行为能力的理性人都是有所图的。赠与大额财产时(有的还须办理过户登记手续),当事人通常都会比较小心谨慎,能够预测相应的法律后果。如果当事人就是希望达到结婚目的才实施赠与,完全可以设置符合法律规定的“条件”或者“期限”来限制赠与的效力。并且,就一般的婚前赠与而言,即使不能结婚,也不会给赠与方造成重大损失,受赠人受赠前对赠与人的情感精神慰藉,不失为对赠与人的一种回报,双方互有赠与其实进行了抵消,例如,在双方有一定的交往和性关系,男方以结婚为目的赠与女方房产或者车辆后,男方无其他正当理由,仅以彼此性格不合、相处不融洽或者另有意中人,请求返还赠与财产的,原则上不应支持男方的主张。除非女方对不能结婚具有严重过错,例如,存在女方恶意欺诈男方、隐瞒其身体状况不宜结婚等重大事由,即可以结合导致不能结婚的双方当事人过错情形,判定是否酌情返还。

有人提出,如果作上述规定,需要进一步规定“正当理由”,因为社会生活复杂,并且赋予法官运用民法基本原则去自由裁量全部或者部分返还财产,这会使处理类似案件的主观色彩比较浓厚,同案不同判的现象更会大量产生。对此忧虑,笔者想强调的是,希望法律事无巨细、包罗万象、涵盖一切民事关系,是否可能?大陆法系民法典的立法经验已给予了否定的回答。“法律安定性的要求,即使在法治国中,也绝不可能以几乎毫无漏洞的实证立法全然实现,因为鉴于构成要件的多样性,始终必须保留给司法对概括条款的裁量空间和价值补充空间。设立民法基本原则克服了法律规定的有限性与社会关系的无限性的矛盾,法律的相对稳定性与社会生活的变动不居性的矛盾,法律的正义性与法律具体规定在特殊情况下适用的非正义性的矛盾。”[②]与他国民商立法相比,我国民法尚显稚嫩、简陋,但在设立基本原则、授权法官自由裁量这一点上,却与世界立法潮流保持一致。以公平、诚实信用、社会公序良俗这类弹性条款作为具体条文之补充渊源,为法官进行创造性的司法活动,填补制定法的大量缺漏提供了法律依据。正由于这些基本原则,我国形成了立法、司法解释功能交叉之格局。只有在民法基本原则之下进行的自由裁量,方是合法、妥当的。担心以自由裁量为名、行枉法裁判之实是另一法律问题。而且,婚前赠与财产纠纷案本身带有浓厚的感情色彩,当事人实现结婚目的充满了变数,情感的千变万化又岂是理智的法律所能左右?所以,很难用统一的刚性条款调控,只有考虑在赋予法官自由裁量权的前提下,适度限制,方可解决。哪些属于正当理由呢?笔者认为,那些违反婚姻法基本原则,或者违背诚实信用、公序良俗、显失公平等民法基本原则的原因才是。例如,可以认为

---

① 参见陈小君、易军:《论我国合同法上赠与合同的性质》,载《法商研究》2001年第1期。

② 〔德〕亚图·考夫曼:《法律哲学》,刘幸义等译,台北五南图书出版公司2000年版,第166页。

有下列情形之一存在的，酌情支持赠与人的请求：

(1) 以结婚之名索取赠与财产；

(2) 采取欺诈、胁迫方式取得受赠财产；

(3) 受赠人对不能结婚具有严重过错；

(4) 违反诚实信用和社会公德取得受赠财产；

(5) 其他正当情况。

当然，希望最高人民法院可以发布有关司法解释和案例统一指导。

规则 9　【分居离婚】因夫妻感情不和分居满两年，一方要求离婚并不同意调解的，人民法院应当判决双方离婚。

[规则解读]

《婚姻法》第 32 条规定，因夫妻感情不和分居满两年，一方要求离婚并不同意调解的，人民法院应当判决双方离婚。适用这一条需要满足两个条件，一是分居满两年；二是分居的原因是夫妻感情不和。因工作、学习、刑罚等导致的分居，不适用该条，不能因此判决离婚。

[案件审理要览]

一、基本案情

郭某(女)与王某(男)于 1989 年 12 月 22 日登记结婚，1993 年 9 月 26 日双方生育一子。1999 年王某被原单位辞退，后在一出版社工作，2003 年 8 月被解聘。2009 年因犯罪(非不名誉犯罪)被判处有期徒刑 5 年，刑期自 2008 年 7 月 11 日起至 2013 年 7 月 10 日止。王某入狱后，郭某多次去监狱探望王某，但王某没有表现出对妻子、对家庭的愧疚感。郭某在一审中起诉要求判令：

(1) 判令郭某与王某离婚；

(2) 判令郭某与王某所生之子由郭某自行抚养。

王某在答辩中称，夫妻感情没有破裂，王某深爱妻子和孩子。妻子提出离婚的一个重要原因是王某 1999 年 12 月 2 日以来长期没有工作，不是夫妻感情破裂。郭某自 2010 年 4 月起诉离婚以来，先后 7 次来探监，给王某多次写信，关怀王某，信中还有一份报纸，标题叫《此生最你是知己》，这些都是夫妻感情没有破裂的证据。王某非常爱妻子和儿子，夫妻感情并未破裂，故不同意郭某离婚的诉讼请求。

二、审理要览

一审法院判决：准予郭某与王某离婚。郭某与王某所生之子由郭某自行抚养。王某不服一审法院判决，提起上诉。要求撤销原判，驳回郭某要求离婚的诉讼请求。郭某服从一审法院判决。

二审法院了解到郭某提出离婚的真正原因在于儿子高考需要填报父亲情况，而父子关系是不因父母的婚姻关系的解除而消失的。且王某还有半年就刑满释放。因此二审法院判决认为，男女一方要求离婚，只有夫妻感情确已破裂的，方准予离婚。郭某起诉要求与王某离婚，真正根源是王某听不进郭某的良言相劝，一意孤行，直至触犯刑律，更让郭某难以接受的是，王某入狱后对自己过去的行为仍缺乏正确认识，没有表现出对妻子、对家庭的愧疚感，没有表现出一个男人对家庭应有的责任感。法院决定给王某一次挽救婚姻的机会，机会仅此一次，希望王某珍惜此次机会，以实际行动来赢取郭某的原谅。判决：

(1) 撤销原判；

(2) 驳回郭某的诉讼请求。

[规则适用]

一、离婚

离婚是在世配偶之间解除婚姻关系的唯一手段，合法有效的婚姻必须通过离婚程序才能终止，任何其他形式的分居、见证、公示都不能产生离婚的效力，也不能产生离婚的后果。在我国，离婚分为行政离婚和诉讼离婚两类。

二、离婚的处理原则

1. 保障离婚自由

离婚自由是婚姻自由的一个重要方面。没有离婚自由，就没有真正的婚姻自由。婚姻应当是以爱情为基础的，由于种种原因，如果夫妻双方感情确已破裂，又无和好可能，强行维持这种名存实亡的婚姻关系，不仅会给双方带来痛苦，而且对子女、家庭和社会也是无益的。因此，必须保障当事人的离婚自由。只有离婚自由，才能保证婚姻当事人可以通过法定程序解除已经失去存在意义的死亡婚姻关系，使当事人从精神痛苦中解脱出来，重建幸福美满的家庭。

2. 反对轻率离婚

保障离婚自由，并不意味着可以轻率离婚。在我国，离婚自由不是绝对的而是相对的，不是无条件的而是有条件的，是受法律规定限制的自由。只有在夫妻感情完全破裂又无和好可能时，才允许用离婚这种迫不得已的办法解决。因为离婚意味着家庭离散，毕竟会给当事人双方、子女、家庭和社会产生一些消极的不良影响。因此，在离婚问题上，我们要在保障离婚自由的同时，防止轻率离婚，反对一切任意性和滥用离婚自由权利的行为。

三、离婚的法定理由

判决离婚的基本法定事由是夫妻感情确已破裂。在这一点上，2001 年《婚姻法》坚持的仍然是这个标准。在修改《婚姻法》的过程中，很多学者主张用夫妻关系确已破裂代替夫妻感情确已破裂，认为前者更为客观，更容易掌握。但是立法机关没有采纳这种主张，仍然坚持后者。其理由是：

(1) 夫妻感情是婚姻不可易移的基础，婚姻的成立是基于感情，婚姻的离异也是基于感情，因此把夫妻感情确已破裂作为判断是否离婚的标准，体现了婚姻关系的本质。

（2）这一标准是我国长期司法实践经验的总结，从20世纪50年代开始，司法实践就坚持“确实不能维持夫妻关系”和“夫妻感情确已完全破裂”作为判决离婚的标准，直到1950年修订《婚姻法》正式将其规定在法律中，一直坚持这样的标准。实践证明，这样的规定是正确的，必要的。因此，2001年《婚姻法》第32条第2款规定：“人民法院审理离婚案件，应当进行调解；如感情确已破裂，调解无效，应准予离婚。”

1. 夫妻感情确已破裂的含义

夫妻感情确已破裂的含义是：夫妻之间感情已不复存在，已经不能期待夫妻双方有和好的可能。

2. 夫妻感情确已破裂的认定依据

应当说，夫妻感情属于主观的心理范畴，但是任何主观心理的意识总是会在人的行为中表现出来，因而可以依据行为人的客观表现推断其主观心理。

（1）从主观上的标准观察，就是夫妻共同生活不复存在，而且不能期待恢复共同生活。具体而言，最高人民法院在《关于人民法院审理离婚案件如何认定夫妻感情确已破裂的若干具体意见》中指出，判断夫妻感情是否确已破裂，应当从婚姻基础、婚后感情、离婚原因、夫妻关系的现状和有无和好可能等方面综合分析。这五个方面，完整地反映了一个婚姻关系的具体情况，完全可以据此确定双方当事人的夫妻共同生活是否不复存在，是否不能期待恢复共同生活。

（2）从客观标准观察。最高人民法院《关于人民法院审理离婚案件如何认定夫妻感情确已破裂的若干具体意见》中对此进行了详细规定。主要包括，一方患有禁止结婚的疾病、生理缺陷、精神病，婚前缺乏了解草率结婚，弄虚作假骗取结婚证，未同居生活，包办、买卖婚姻，因感情不和分居，一方通奸、非法同居、重婚，一方好逸恶劳、赌博，一方违法犯罪伤害夫妻感情，一方下落不明，一方受虐待、遗弃，其他原因导致夫妻感情破裂的。

四、裁判解析

缔结婚姻的目的在于双方当事人在一起共同生活，由于感情不和而长期分居，互不履行夫妻义务，这与婚姻的宗旨不符，也说明夫妻感情确已破裂。因此《婚姻法》第32条第（四）项规定，因感情不和分居满两年，调解无效的，应准予离婚。但适用该条必须注意，夫妻分居是因为感情不和，主观上不存在非感情的其他因素。如果因为求学、工作、家庭住房、照顾老人子女等其他原因导致的分居，不符合该条规定。本案中，男方因触犯刑法入狱服刑，虽然对女方的情感上造成了伤害，客观上也导致了分居，但该分居不是《婚姻法》第32条规定的准予离婚的情形。而且在男方服刑期间，女方经常去探望、鼓励男方，从来往的书信中也可以看出双方的感情并未破裂。男方即将出狱，因此法院希望双方能再给彼此的婚姻一次机会，判决驳回女方离婚的诉讼请求。从该案中也可以看出，人民法院审理离婚案件，以夫妻感情是否破裂为法院是否准予离婚的最重要的标准，分居、刑罚都不必然导致判决离婚。

规则 10　【生育纠纷】夫妻双方因是否生育发生纠纷，致使感情确已破裂，一方请求离婚的，人民法院经调解无效，应准予离婚。

[规则解读]

夫以妻擅自中止妊娠侵犯其生育权为由请求损害赔偿的，人民法院不予支持；夫妻双方因是否生育发生纠纷，致使感情确已破裂，一方请求离婚的，人民法院经调解无效，应准予离婚。

[案件审理要览]

一、基本案情

原告白某诉称：原、被告于2004年8月相识，2006年2月6日登记结婚，双方婚后未生育子女。原、被告结婚初期感情尚好，但现在被告不尊重原告的父母，与家庭其他成员关系紧张，影响到了夫妻的感情。2006年双方结婚以后，在原告不同意的情况下，被告将胎儿打掉，侵害了原告的生育权，所以被告应该给付原告经济及精神赔偿金共5万元。原告认为夫妻感情已经破裂，经慎重考虑，到法院起诉离婚。请求法院判决：

（1）原告与被告离婚；

（2）被告支付原告赔偿金5万元；

（3）诉讼费由被告承担。

被告程某辩称：原告所述双方相识及登记结婚情况属实，婚后没有子女。被告现在不同意离婚，被告认为夫妻感情没有破裂，还希望与原告共同生活。怀孕时原、被都不知道，检查出来已经3个月了，因为医生检查出被告有先兆流产的迹象，后来被告只能做了手术。

二、审理要览

法院判决，驳回原告白某的诉讼请求。

[规则适用]

一、生育权问题

近年来，随着人们权利意识日渐增强，对自身权益的关切和保护有了较大的发展，新型权利不断产生。“生育权”就是权利意识蓬勃发展的一个产物，而且，其一度成为法学界十分热门的话题。但是，何为“生育权”，生育权的主体、内容是什么等问题，至今尚无定论。笔者认为，要给生育权定义，就必须解答何为“生育”和何为“权利”这两个问题。从字面意义来看，所谓“生育”就是生殖和养育，而“权利”显然不易定义，它可以从各个角度定义。在“生殖”和“养育”中，养育既是一种权利，更多的却是一种义务，而且对未成年子女养育的权利和义务已为我国多部法律所规定。而“生殖”这个权利，却因为法律规定得不明确和不一致，使我国学界至今众说纷纭。根据法理学法律概念的定义方式，结合实践中发生的生育权纠纷，笔者认为，生育权，是指自然人在法律法规允许的范围内，享有的是否生育以及生育的时间、数量、间隔以及生育方式的自由选择等的基本权利。

对于生育权的性质，有的学者认为属于身份权，且属于身份权下配偶权的一个子权利。[①] 该观点的实质在于，只有结婚的夫妻才享有生育权。反对生育权属于身份权观点的学者，大多依据《婚姻法》第25条"非婚生子女享有与婚生子女同等的权利，任何人不得加以危害和歧视"之规定反驳生育权并非身份权。但仔细思考，这种反驳理由也不充分，《婚姻法》第25条的规定只能说明非婚生子女和婚生子女权利受到保护并不以父母存在婚姻关系为前提，但并不能当然就否认生育行为必须以存在婚姻关系为前提。有的学者认为，生育权属于人格权，他们指出，即使在我国现行法律框架下，单身女性也有合法生育权，生育权的性质也应是一种人格权。[②] 还有学者认为，对生育权的探讨，不能局限于私法层面，而必须上升到政府与公民关系的层面，上升到宪政和基本权利的高度来认识生育权是基本人权，并主张生育权入宪，才能实现对生育权的更好保护。[③] 因此，笔者认为，应当从公法和私法的综合层面考究生育权的性质，生育权不仅仅是私法上的权利问题，也是一个公法上的权利问题，将生育权拘泥于私法上的身份权或人格权问题，有失偏颇。中止妊娠是女方正当的人格自决权，是女方的生育权的体现，不能认为是侵犯了男方的生育权，对于以此提起诉讼和损害赔偿的，人民法院不能予以支持。

二、女性拒绝生育造成感情破裂时的救济途径

在承认女性为生育权的主体后，如果出现女性坚持不生育，而男方想生育的愿望不能满足时，如何从法律上完善对男性的保护又成为一个问题，如果法律不针对这种情形对男方予以救济，显然也是不公正的。为此，笔者认为，应对女性拒绝生育时的男方起诉离婚制度进行完善，将因是否生育发生的纠纷确定为夫妻双方感情确已破裂的标准之一。在夫妻间因是否生育发生纠纷的情况下，如果不能协商解决，且双方感情确已破裂时，应明确规定可以通过离婚的方式解决生育的愿望问题。但是，在妻子恶意终止妊娠或者拒绝生育的情况下，妻子的不生育权与丈夫的生育愿望发生冲突时，法律不能强行裁决女方应不应该生孩子，只能采取排除障碍实现权利的方法，即解除婚姻的办法，使受侵害的一方可以通过与他人重新缔结婚姻的方法实现生育权。遗憾的是，长期以来，我国《婚姻法》和《婚姻法司法解释(一)》《婚姻法司法解释(二)》规定的离婚的法定要件，并未将拒绝生育导致感情破裂作为诉请离婚的法定要件，这也就造成之前的司法实践出现针对

---

① 参见刘志刚：《单身女性生育权的合法性——兼与汤擎同志商榷》，载《法学》2003年第2期。

② 同上注。

③ 参见湛中乐、伏创宇：《生育权作为基本人权入宪之思考》，载《南京人口管理干部学院学报》2011年第4期。

类似的案例,作出迥然不同判决的情况。

笔者认为,如果夫妻双方因是否生育达不成协议并导致感情破裂的,可以判决离婚。而《婚姻法司法解释(三)》第9条就弥补了这方面的规定。从该规定"夫妻双方因是否生育发生纠纷,致使感情确已破裂,一方请求离婚的,人民法院经调解无效,应依照《婚姻法》第三十二条第三款第(五)项的规定处理"。而《婚姻法》第32条第3款规定:"有下列情形之一,调解无效的,应准予离婚:……(五)其他导致夫妻感情破裂的情形。"可见,本条司法解释将夫妻之间"因是否生育发生纠纷,致使感情确已破裂",作为导致"其他导致夫妻感情破裂"的一种情形,将其作为离婚的法定事由而予以规定,能够给希望有子女而女方又不生育的男方的权利以救济,这样双方离婚后,男方可以重新选择其他愿意生育子女的异性再婚。

但是在适用本条规定时,值得注意的是,从此处适用的法律语言"一方请求离婚的"来看,并未单独赋予男方以离婚请求权,不仅是男方可以请求离婚,同样女方也可以请求离婚。另外,必须是基于女性有生育能力的基础上才能适用该条文,即如果女性由于客观原因,本身不具有生育能力,就不能适用本条规定请求离婚。

《婚姻法司法解释(三)》仅规定了女方不愿生育,男方坚持生育的情况,而对男方不愿生育,女方坚持生育的情况未作规定。实践中,也存在男方由于种种原因而缺乏生育的意愿从而阻止女方生育的情况。对此,最高人民法院的意见是,在男女双方发生性关系而致女方怀孕后,男方不得基于其不愿意生育而强迫女方堕胎,因为既然男方与女方发生性关系时没有采取任何避孕措施,这一行为已经表明其以默示的方式行使了自己的生育权,若强迫女方堕胎,则是侵犯了女性的人身权。①

三、裁判解析

生育权是法律赋予公民的一项基本权利,夫妻双方各自都享有生育权,只有夫妻双方协商一致,共同行使这一权利,生育权才能得以实现。《妇女权益保障法》赋予已婚妇女不生育的自由,是为了强调妇女在生育问题上享有的独立权利,不受丈夫意志的左右。由于自然生育过程是由妇女承担和完成,妇女应当享有生育的最后支配权。如果妻子不愿意生育,丈夫不得以其享有生育权为由强迫妻子生育。妻子未经丈夫同意终止妊娠,虽可能对夫妻感情造成伤害,甚至危及婚姻的稳定,但丈夫并不能以本人享有的生育权对抗妻子享有的生育决定权,故妻子单方终止妊娠不构成对丈夫生育权的侵犯。如果夫妻在生育问题上的意见分歧最终无法协调,致使婚姻关系难以维系的,离婚是解决双方争议的合理途径。本案中,男方想生育孩子的心情可以理解,但需要和女方协商一致,女方有权选择在

---

① 参见奚晓明主编:《最高人民法院婚姻法司法解释(三)理解与适用》,人民法院出版社2011年版,第158页。

一个健康的状态下生育后代,因有先兆流产的风险而选择手术是其权利。男方以侵害其生育权为由主张损害赔偿,于法无据。考虑到女方并不是不想要孩子,双方结婚时间也并不是很长,还有机会再孕育后代,夫妻感情并未因此破裂,因此希望双方能珍惜夫妻感情,法院判决驳回了原告离婚和损害赔偿的请求。

规则11 【无性婚姻】虽然性功能障碍不属于《婚姻法》规定的禁止结婚的疾病,但性生活是夫妻生活中不可缺少的一部分,因此以无性婚姻为由提起的离婚诉讼,应当支持。

[规则解读]

夫妻感情是否破裂是判决是否离婚的唯一标准。性生活对夫妻感情的培养和持续都有很重要的作用,若一方无法接受另一方没有性行为而诉请离婚,法院可以认定夫妻感情破裂,准予离婚。

[案件审理要览]

一、基本案情

原告任某诉称,原、被告2005年自由恋爱,2009年5月26日登记结婚,双方均系初婚,婚后未生育子女。原、被告双方婚后感情一般,后经常因家庭琐事发生争吵,被告不能与原告进行正常的夫妻生活,双方自2010年1月分居至今,夫妻感情确已破裂,故诉至法院。诉讼请求:

(1) 原、被告离婚;

(2) 依法分割共同财产;

(3) 本案诉讼费用由被告承担。

被告王某不同意离婚。

经审理查明,原、被告2005年自由恋爱,2009年5月26日登记结婚,双方均系初婚,婚后未生育子女。原、被告双方婚后感情一般,经常因家庭琐事发生争吵,自2010年1月分居至今,现原告诉请离婚,被告以夫妻感情尚未破裂为由不同意离婚。庭审中,原告主张被告无性能力,无法正常进行夫妻生活,并提供某医院出具的诊断证明书,该证明书记载:任某,处女膜完整。被告对此予以否认。另查明,现存放于北京市某区某号房屋内的夫妻共同财产及装修价值计人民币113 507元。

二、审理要览

法院认为,婚姻关系应以双方的感情为基础。原、被告双方自由恋爱,自主结婚,婚后夫妻感情尚可。但自双方结婚至今,原、被告双方没有进行过正常的夫妻生活,原告处女膜依然完整。虽然夫妻生活在婚姻关系中并非起绝对作用,但仍是婚姻关系当中所不可或缺的。原告诉请离婚,被告虽然不同意离婚,但继续维持这段婚姻关系对原告而言是不公平的,也是残酷的,故本院对原告要求与被告离婚的诉讼请求予以支持。被告不同意离婚的辩解与常理相悖,本院对其辩解不予采信。现存放于北京市某区某号房屋内的夫妻共同财产及该套房屋内的装修价值归原告所有,原告给付被告相应的折价款,具体数额依据原、被告双方在庭审中达成的意见予以确定。综上所述,依据《中华人民共和国婚姻法》第 32 条第 3 款第 5 项之规定,判决:

(1) 任某与王某离婚;

(2) 现存放于北京市某区某房屋内的装修价值归任某所有,任某于本判决生效后 10 日内给付王某折价款人民币 5.5 万元;

(3) 驳回原告其他诉讼请求。

[规则适用]

一、法律对无性婚姻的认定

"无性婚姻"并不是法律术语,对于无性婚姻,法律规定得也很少。只有在最高人民法院《关于人民法院审理离婚案件如何认定夫妻感情确已破裂的若干具体意见》第 1 条中提到:"一方有法定禁止结婚疾病的,或一方有生理缺陷的,或其他原因不能发生性行为,且难以治愈的。"虽然这一条不包括客观上有性能力但主观上不想发生性行为的现象。但主观上不想发生性行为的,也应当适用该条款。人有享受性爱的权利,我国得到法律认可的性爱只发生在配偶之间,如果因为一方的原因使得另一方无法享受性爱,无疑是不公平的。同时性爱也是夫妻感情的重要组成部分,因此无法进行性生活也是认定夫妻感情破裂的重要因素。适用这一条时应注意,不是所有的无性婚姻都应当判决离婚,处理时还应当考虑以下三点:

1. 有证据证明不能发生性行为

性关系是比较隐蔽的关系,除了夫妻二人,往往第三人很难得知,但夫妻二人往往又各执一词,因此能否取到足以证明无性事实的证据,是案件成败的关键。一般来说,获取这类证据的途径有两种:一种是一方性功能障碍的诊断证明,一类是女方处女膜完整的证明。结合当事人的陈述,婚前了解时间的长短,婚姻存续时间的长短等,由法官作出综合判断。

2. 一方经治疗后仍难以治愈

当事人直接举证证明难以治愈是很困难的,但可以通过证明无性事实存续时间长、一方多次诊疗仍无好转、婚后多年无子女等事实来加以证明。

二、无性婚姻不构成无效婚姻

《婚姻法》第 7 条第 2 项规定,"患有医学上认为不应当结婚的疾病",禁止结婚。对于禁止结婚的疾病,根据《中华人民共和国母婴保健法》的规定,主要包括:

(1) 严重遗传性疾病,是指由于遗传因素先天形成,患者全部或者部分丧失自主生活能力,后代再现风险高,医学上认为不宜生育的遗传性疾病。对诊断患医学上不宜生育的严重遗传性疾病的,医师应当向男女双方说明情况,提出医学意见;经男女双方同意,采取长效避孕措施或者施行结扎手术后不能生育的,可以结婚。但婚姻法规定禁止结婚的除外。

(2) 指定传染病,是指《中华人民共和国传染病防治法》中规定的艾滋病、淋病、梅毒、麻风病以及医学上认为影响结婚和生育的其他传染病。

(3) 有关精神病,是指精神分裂症、狂躁抑郁型精神病以及其他重型精神病。经婚前医学检查,对患指定传染病在传染期内或者有关精神病在发病期内的,医师应当提出医学意见;准备结婚的男女双方应当暂缓结婚。

因生理缺陷不能发生性行为的,不属于以上禁止结婚的范围,因此无性婚姻不属于无效婚姻。实际上,1950 年《婚姻法》曾规定,“有生理缺陷不能发生性行为者”属于禁止结婚的范畴,但随着社会的进步,逐渐放宽了禁止性结婚的规定,1980 年的《婚姻法》对此未加限制。故该类案件不能通过请求法院确认无效婚姻或者撤销婚姻的途径解决,只能通过离婚之诉解决双方的纠纷。

三、裁判解析

夫妻感情是否破裂是判决是否离婚的唯一标准。性生活对夫妻感情的培养和持续都有很重要的作用,若一方无法接受另一方没有性行为而诉请离婚,法院可以认定夫妻感情破裂,准予离婚。但无性婚姻不是必然导致法院判决离婚,无性婚姻之所以成为离婚的理由之一,是因为性爱和夫妻感情密不可分,没有性爱很可能导致夫妻感情淡漠,但如果一方并不介意对方是否有性能力,或者双方已经孕育子女,婚姻关系存续多年都十分稳定,也就是说,性生活在夫妻关系中的作用并不是很大的情况下,法院不能仅因双方没有性行为而判决离婚。

第三十六章　与财产相关的纠纷与裁判

规则 12　【财产分割协议】离婚协议中关于财产分割的条款，或者当事人因离婚就财产分割达成的协议，对男女双方具有法律约束力。

[规则解读]

离婚协议中关于财产分割的条款或者当事人因离婚就财产分割达成的协议，对男女双方均具有法律约束力。履行期限不明确的，债权人可以随时要求履行，但应当给对方必要的准备时间；债务人也可以随时履行，但不能以受赠人为未成年人为由而拒绝履行。

[案件审理要览]

一、基本案情

原告王某与被告徐某原系夫妻关系。双方因感情不和，于 2006 年 11 月 16 日签订《离婚协议书》，办理了离婚登记手续。《离婚协议书》约定：双方同意将共有的浙江省某市某房屋赠送给女儿徐某某所有。后因徐某未履行房屋过户手续，王某、徐某某向法院提起诉讼，要求判令被告徐某依约将浙江省某市某房屋过户至徐某某名下。

二、审理要览

一审法院认为，原告王某与被告徐某于 2006 年 11 月 16 日离婚时，签订《离婚协议书》约定将浙江省某市某房屋赠送给徐某某，该协议系双方对夫妻共同财产的处分，合法有效，应当全面完整地履行。不动产物权的移转经依法登记，发生效力。根据相关法律的规定，只有将房屋的产权过户至受赠人的名下，赠与人的受赠行为才算完整地履行。现原告王某要求依协议，将浙江省某市某房屋的产权过户至徐某某名下，属于对双方离婚后财产约定继续履行的请求，合理合法，予以支持。对此，被告提出应等到婚生女儿徐某某 18 周岁才同意过户的抗辩意见，于法无据，不予采纳。经人民法院判决：徐某于判决生效后 30 日内协助王某办理房屋过户手续，将坐落于某市某房屋协助办理过户到徐某某名下。

徐某不服上述判决，提起上诉，请求改判驳回被上诉人的诉讼请求，称一审法院认定事实错误，没有考虑到徐某某系未成年人，现在还不能独立监管自己的财产。

二审法院认为,依法成立的合同,当事人应当按照约定全面履行自己的义务。履行期限不明确的,债权人可以随时要求履行。因此,王某按照《离婚协议书》的约定要求徐某将坐落于某市某房屋过户到徐某某名下,符合法律规定,徐某以徐某某系未成年人为由拒绝履行,与《离婚协议书》的约定不符,亦缺乏法律依据。

2011 年 3 月 10 日,二审法院判决:驳回上诉,维持原判。

[规则适用]

本案的争议焦点主要是离婚协议中的财产赠与是否应当履行以及履行的具体时间。

1. 离婚协议中的财产赠与是否应当履行

(1) 根据最高人民法院《婚姻法司法解释(二)》第 8 条第 1 款的规定:"离婚协议中关于财产分割的条款或者当事人因离婚就财产分割达成的协议,对男女双方具有法律约束力。"由此可见,离婚协议中的财产分割条款,对双方当事人均具有法律约束力,任何一方都不能随意变更或撤销。既然离婚协议中的财产分割条款对离婚双方当事人有约束力,财产赠与作为财产处理的一种特殊形式,赠与条款同样对离婚双方当事人具有法律约束力,双方当事人应当按照协议的约定履行。另外,最高人民法院《婚姻法司法解释(二)》第 9 条还规定,离婚协议一方在离婚后 1 年内发现另一方在订立财产分割条款时存在欺诈、胁迫等违背真实意思情形的,可请求人民法院变更或撤销。也就是说,只要离婚协议不存在欺诈、胁迫等情形,人民法院都应当认可其效力。

(2) 本案王某与徐某在离婚协议中约定将共有房屋过户到女儿名下,这意味着双方对财产进行了共同处分,也就是将房屋赠与女儿。女儿通过起诉的方式主张权利,是对父母亲赠与行为的接受。一般的赠与合同,根据《合同法》第 186 条的规定:"赠与人在赠与财产的权利转移之前可以撤销赠与。具有救灾、扶贫等社会公益、道德义务性质的赠与合同或者经过公证的赠与合同,不适用前款规定。"本案中赠与的房屋尚未过户至受赠人(即双方女儿)的名下,财产权利尚未移转,赠与人(王某和徐某)是否也可依据《合同法》上述条款的规定,撤销赠与?法院认为,本案的赠与行为和一般赠与行为有所不同,这是通过离婚协议约定的,并非一个单独的赠与合同,而与夫妻身份关系的解除以及夫妻共同财产的分割、子女抚养问题等是一个有机联系的整体,不能任意分割,也不能任意撤销。一方不履行协议约定,于法无据,也系不诚信的行为,人民法院不予支持。

2. 协议履行的具体时间

《合同法》第 62 条第 1 款第(四)项明确规定:"履行期限不明确的,债务人可以随时履行,债权人也可以随时要求履行,但应当给对方必要的准备时间。"根据该条款的规定,本案中徐某某可以随时要求父母双方将房屋过户到其名下,徐某认为女儿还未成年,不能过户,根据最高人民法院《民法通则意见》第 6 条的规定,无民事行为能力人、限制民事行为能力人接受赠与，他人不得以行为人无民事行为能力、限制民事行为能力为由，主张赠与行为无效。因此，徐某的抗辩意见缺乏事实和法律依据，不能以女儿未成年为由不履行赠与的行为，一审法院判决徐某将房屋过户到女儿名下，是符合法律规定的。且一审法院要求徐某在判决生效后30日内过户，给予其30天的必要准备时间，充分考虑了双方当事人的合法权益。

规则13　【乘人之危】协议离婚后以乘人之危为由要求重新分割财产，不应得到支持。

[规则解读]

根据《婚姻法司法解释(二)》第9条规定，只有在欺诈、胁迫情形下作出的财产分割协议才可撤销，之所以未规定其他情形，是因为只有这两种情形是申请人在意识表示不真实的情况下作出的决定，对申请人是绝对的不公平，其他情形在夫妻家庭这一大前提下，一般不会导致申请人意识表示不真实的情况发生。协议离婚后以乘人之危为由要求重新分割财产，不应得到支持。

[案件审理要览]

一、基本案情

李某(男)与王某(女)长期感情不和，李某多次要求离婚，并主张抚养子女，但王某主张自己抚养子女，分得绝大部分财产后才同意离婚。后来李某父亲身患重病，李某系独子，急需一笔钱为父亲治疗。王某就与李某商量，将夫妻共同名义下的房产归王某所有，且存款130万元王某须分得100万元后，则同意离婚，并同意子女归李某抚养。李某因急需用钱，又急于离婚，便答应了王某的要求。双方于2011年6月签订了财产分割协议，办理了离婚手续。6个月后，李某父亲病逝，李某认为当时自己是在危难之下与王某签订的财产分割协议，遂向法院申请重新分割夫妻共同财产。

二、审理要览

审理中，对于李某的诉求能否支持，产生分歧：一种观点认为，李某与王某关于财产分割的协议确实存在不公平之处，王某乘李某父亲病危之际，以离婚和子女抚养为筹码，获取绝大部分夫妻共同财产，迫使李某作出非真实意思的决定，其性质与欺诈、胁迫无异，符合《婚姻法司法解释(二)》第9条的立法本意。应支持李某的诉求；另一种观点认为，李某与王某的财产分割协议虽然存在不公平之处，但当时李某签订协议时是其真实意思表示，同时，该情形不符合《婚姻法司法解释(二)》第9条的规定，应驳回李某的诉求。

[规则适用]

笔者同意第二种观点，乘人之危不应成为申请重新分割财产的理由，原因有以下几点：

(1) 乘人之危签订的财产分割协议仍是当事人双方的真实意思表示。在特殊情形下作出对自己不公平的财产分割决定,求得离婚或其他利益是其真实意思表示。本案中,李某与王某在签订财产分割协议时,愿意放弃大部分夫妻共同财产,来换取离婚和子女的抚养权,应为其真实意思表示。

(2) 以乘人之危为由申请重新分割财产不符合立法本意。根据《婚姻法司法解释(二)》第9条规定,只有在欺诈、胁迫情形下作出的财产分割协议才可撤销,之所以未规定其他情形,是因为只有这两种情形是申请人在意思表示不真实的情况下作出的决定,才是对申请人绝对的不公平,其他情形在夫妻家庭这一大前提下,一般不会导致申请人意思表示不真实的情况发生。

(3) 应充分尊重夫妻双方的决定。财产分割协议是离婚协议中的一部分内容,其中掺杂较多的情感因素,应充分考虑夫妻双方的意思自治原则,考虑婚姻家庭关系的特殊性,并以当事人协商的结果为主,在不违反法律、法规的情况下,一般不得撤销。

综上,本案应判决驳回李某的诉讼请求。

规则14 【情侣欠条】"情侣欠条"不能简单地归结为借款纠纷,也不能想当然地认为是感情之债。除了原、被告的证据外,应主动审查借款交付的时间、地点、方式和能力等,最终作出符合举证规则、接近客观事实的推理和判断。

[规则解读]

"情侣欠条"不能简单地归结为借款纠纷,也不能想当然地认为是感情之债。法官审理的是债权债务关系,而不是同居关系,更不能将当事人感情过错程度作为衡量还款的惩罚尺度。在此类案件的审理中,法官除了倚重原告的诉称及证据、重视被告的辩称及反证外,还应主动审查借款交付的时间、地点、方式和能力等,最终作出符合举证规则、接近客观事实的推理和判断。

[案件审理要览]

一、基本案情

刘某(男)和张某(女)非法同居期间,刘某给张某出具一张欠条显示借款30万元。后双方吵架,在张某要求下,刘某又出具了一张30万元欠条,并约定了还款日期。现张某向法院起诉要求刘某按欠条所写支付30万元。庭审中,双方对两张欠条系同一笔现金没有异议,但刘某辩称写欠条只是为了挽留张某的感情,实际并没有借钱事实,现双方感情不再,不愿付钱。

二、审理要览

该案在审理过程中,有两种截然不同的意见:一种意见认为,借条已经足以证明借贷关系存在,据此就可以判决被告还款;另一种意见认为,原、被告之间的关系违反婚姻伦理道德,应驳回原告的诉讼请求。

[规则适用]

笔者认为,既不能将此类"情侣欠条"简单地归结为借款纠纷,也不能想当然地认为是感情之债。审理此类案件应该把握两个原则:

(1) 法官审理的是债权债务关系,而不是同居关系。法官应依据客观事实依法判决,不能将当事人感情过错程度作为衡量还款的惩罚尺度;

(2) 通过判决书引导善良风俗。如果判决书背离了公众的道德观念,必然引起社会秩序的混乱。

在司法实践中,"情侣欠条"通常分为现金欠条和赠与欠条两种。现金欠条是指原告诉称出借了现金,被告否认或称是因感情纠纷书写的欠条。赠与欠条是指一方基于感情,承诺给另一方财物,但迫于经济状况等局限,没有实际交付,写一张欠条作为凭证。

本案是一个典型的"情侣现金欠条"。通常情况下,原告诉称出借了货币;被告辩称是因为感情纠纷写的欠条,债权债务关系根本不存在。当事人特殊的感情背景,使得这种债权债务关系非常复杂,因此,在此类案件的审理中,法官除了倚重原告的诉称及证据、重视被告的辩称及反证外,还应主动审查借款交付的时间、地点、方式和能力等,最终作出符合举证规则、接近客观事实的推理和判断。若在询问、调查后双方争议还是很大,被告亦不能对其异议提供相关证据,应由被告承担举证不利的败诉后果。

另一种比较普遍的情侣欠条是"情侣赠与欠条"。它的效力认定有三种结果:

(1) 因违反公德无效,即如果一方在婚姻存续期间,赠与婚外情侣财产,并以欠条形式表示,该行为侵犯婚姻法中规定的配偶财产权。依据《合同法》第 52 条第(二)项之规定,恶意串通、损害第三人利益的合同应认定无效,欠条不应支持。

(2) 违反诚信的欠条应撤销。如果受赠人严重侵害了赠与人或者其近亲属、对赠与人有扶养义务而不履行、不履行赠与合同约定的义务等,赠与人在财产发生变动后一年之内,可以申请撤销赠与合同。赠与合同被撤销,借款内容当然不被支持。

(3) 认定有效。如果赠与不侵犯他人财产权,也不存在可撤销的情形,应认定欠条所反映的债权债务关系有效,原告要求还款应予支持。

此类案件警示人们不要随意行使自己的署名权,要遵守婚姻伦理和诚信道德,规范行为,从而构建和谐的社会秩序。

规则 15　【夫妻借款】婚姻存续期间一方借款不当然成为夫妻共同债务。

[规则解读]

在婚姻存续期间,一方借款不是用于夫妻共同生活或生产经营的,不属于夫妻共同债务。

[案件审理要览]

一、基本案情

李某(男)与沈某(女)原系夫妻关系,2010 年 6 月办理了离婚登记手续。在婚姻存续期间,李某自 1999 年下岗后无正当职业,经常参与赌博,2009 年 11 月及 2010 年 3 月,被公安机关行政处罚及调查处理;而沈某一直在经营理发店,有较稳定的经济收入。2010 年 4 月 9 日,李某以做生意为由向张某借款 10 万元,并出具借条,黄某作为担保人在该借条上签名。后张某多次向李某催讨借款无着,遂向法院起诉,请求判令李某、沈某和黄某共同返还借款 10 万元。审理查明,李某未将上述借款用于做生意,也未将借款事实告知过沈某。

二、审理要览

法院审理后认为,李某向张某出具的由黄某提供担保的借条,当事人意思表示真实,内容合法,依法确认有效。张某向李某出借借条所记载的款额后,李某在张某催讨的情况下仍未归还借款,李某应承担相应的民事责任。黄某在该借条上签字担保,但未写明担保方式和担保范围,依法应认定为对全部债务承担连带责任。本案借款虽发生于李某与沈某夫妻婚姻关系存续期间,但有证据显示,李某有赌博的不良嗜好,且现有证据无法证实借款用于夫妻共同生活或生产经营,故借款应认定为李某的个人债务。

[规则适用]

本案的争议焦点是:李某向张某所借之款是夫妻共同债务还是个人债务。笔者认为本案涉及的债务不属于夫妻共同债务,主要从以下三方面分析认定:

(1) 被告李某借款一事沈某并不知情。李某自 1999 年下岗后无正当工作,经常赌博而夜不归宿,本案中,无证据证实李某将上述借款用于家庭生活或做生意等情况,也无证据证实沈某知晓该笔借款的存在。

(2) 该笔借款未用于夫妻共同生活或生产经营。夫妻共同生活所负的债务,是指夫妻为了维持正常的家庭生活、家庭支出,包括全家的衣、食、住、行和教育等方面所负的债务。夫妻共同经营所负的债务包括双方共同从事工商业或农村承包经营所负的债务、购买生产资料所负的债务、共同从事投资或者其他金融活动所负的债务,以及在这些生产、经营活动中欠缴的税款等。这里的共同经营,既包括夫妻双方一起共同从事投资、生产经营活动,也包括夫妻一方从事生产、经营活动但利益归家庭共享的情形。本案中,现有证据不能证明上述借款用于家庭生活、生产经营,或沈某分享了借款所带来的利益。

(3) 有合理理由怀疑李某借款用于赌博。李某因多次参与赌博,于 2009 年 11 月 13 日被公安部门予以行政处罚;2010 年 3 月 17 日又因参与赌博被公安部门调查处理。2010 年 6 月 7 日李某离家出走后,不断有人到其家中向沈某催要赌债,沈某无奈向公安机关报案。由此,怀疑李某该笔借款用于赌博是合理的,该笔借款不是用于夫妻共同生活或生产经营。

规则 16　【借款债务】如果债权人没有证据证明夫妻一方的借款是用于家庭共同生活，上述债务应推定为个人债务，夫妻另一方不应承担共同还款责任。

[规则解读]

虽然借贷关系发生在婚姻关系存续期间，但一方声明其借款行为与另一方无关，同时另一方主张其对借款行为毫不知情，也没有用于家庭共同生活。此时，如果债权人没有证据证明上述借款用于家庭共同生活，上述债务应推定为个人债务，夫妻另一方不应承担共同还款责任。

[案件审理要览]

一、基本案情

薄某(男)与宋某(女)2001 年 2 月登记结婚，于 2012 年 1 月协议离婚，约定双方在婚姻关系存续期间个人所负债务由各自承担，并在某公证处对该协议进行了公证。2012 年 3 月，韩某向法院提起诉讼，要求薄某、宋某共同承担 2010 年 8 月至 2011 年 11 月薄某先后 9 次借款 85.3 万元。韩某出具有薄某签名的借条 9 份，其中在 2011 年 8 月 20 日和 11 月 30 日签下的两张借条，金额分别为 32 万元和 18 万元。薄某没有出庭参加诉讼。宋某主张上述借款虽然发生在婚姻关系存续期间，但都没有用于共同生活，应认定为薄某的个人债务。为证明该主张，宋某出具了薄某的个人声明一份，该声明称其所有欠款都用于赌博，其前妻宋某并不知情。

二、审理要览

薄某与宋某婚姻关系存续期间的债务是否应认定为夫妻共同债务？对此，有两种不同意见：

第一种意见认为，《婚姻法司法解释(一)》第 17 条第(二)项规定："夫或妻非因日常生活需要对夫妻共同财产作重要处理决定，夫妻双方应当平等协商，取得一致意见，他人有理由相信其为夫妻共同意思表示的，另一方不得以不同意或不知道为由对抗善意第三人。"《婚姻法司法解释(二)》第 24 条规定："债权人就婚姻关系存续期间夫妻一方以个人名义所负债务主张权利的，应当按夫妻共同债务处理。但夫妻一方能够证明债权人与债务人明确约定为个人债务，或者能够证明属于婚姻法第十九条第三款规定情形的除外。"既然薄某所欠债务发生在薄某与宋某婚姻关系存续期间，薄某并没有与债权人约定为个人债务，也不存在《婚姻法》第 19 条第 3 款规定的例外情形，即"夫妻对婚姻关系存续期间所得的财产约定归各自所有的，夫或妻一方对外所负的债务，第三人知道该约定的，以夫或妻一方所有的财产清偿"。因此，应当推定该债务为夫妻共同债务，宋某依法应承担共同还款责任。

第二种意见认为，依据《婚姻法》第 41 条的规定："离婚时，原为夫妻共同生活所负的债务，应当共同偿还。共同财产不足清偿的，或财产归各自所有的，由双方协议清偿;协议不成时,由人民法院判决。”判断是否为夫妻共同债务,必须同时满足“在夫妻关系存续期间”和“用于夫妻共同生活”两个条件。虽然借贷关系发生在薄某与宋某婚姻关系存续期间,但薄某声明其借款行为与宋某无关,同时宋某主张其对薄某的借款行为毫不知情,也没有用于家庭共同生活。按照《民事诉讼法》第 64 条的规定,当事人对自己提出的主张,有责任提供证据。韩某以夫妻共同债务为由要求宋某承担共同清偿责任,应当承担举证责任。在韩某没有证据证明上述借款用于家庭共同生活的情况下,上述债务应推定为个人债务,宋某不应承担共同还款责任。

[规则适用]

上述两种意见争议的焦点在于:在双方都没有直接证据证明是否是夫妻共同债务的情况下,原、被告双方如何分担举证不能的责任。笔者同意第二种意见,理由如下:

(1) 从立法的本意来看,按照《婚姻法》第 41 条规定,夫妻共同债务的认定应当以“是否发生在夫妻关系存续期间”和“是否用于家庭共同生活”为依据。第一种意见将债务是否发生于婚姻关系存续期间作为判断夫妻共同债务的唯一标准,举债行为只要发生在夫妻关系存续期间,就推定为夫妻有举债的合意,并分享了债务带来的利益,虽然有利于债权人的利益,却损害了夫妻中非举债一方的利益。在民法意义上讲,夫或妻都有独立的人格,能够独立对外承担民事责任,不能因为夫妻之间有财产的混同而认定夫妻人格上也混同。

(2) 从举证责任的分配看,第一种意见在举债一方配偶没有证据证明为个人债务的条件下,将婚姻关系存续期间所负的债务推定为夫妻共同债务,由举债一方配偶承担举证责任与民事诉讼法中“谁主张谁举证”的基本原则是不一致的。在现实生活中,除夫妻合意举债外,夫妻一方是很难知晓另一方真实的负债情况,特别是在夫妻感情破裂时期,当举债一方存心隐瞒的情况下,举债的目的也不是用于夫妻共同生活,而非举债一方很难拿出足够证据证明债务是举债一方的个人债务,由其承担举证责任是显失公平的。

(3) 从双方所处的地位看,债权人在借贷关系中处于主动地位,尤其是在借款合同签订时,只要债权人明确告知或要求夫妻关系中非举债方签字确认,就可以没有任何争议地认定为夫妻共同债务。既然债权人没有这样做,由其承担该行为的法律后果,推定为举债人的个人债务,具有一定合理性。而举债一方的配偶处于完全被动的地位,如果债权人和举债方有意隐瞒,举债一方的配偶根本不会知道借贷关系的存在,更谈不上有举债的合意和分享债务利益。在这种情况下,由其承担举证责任,会导致权利与义务的不对等,也不利于平等保护当事人的合法权益。

(4) 从司法实践看,民间借贷案件的借款数额较大,且举债一方大多数都不到庭参加诉讼,到庭参见诉讼的债权人和举债一方的配偶在庭审中往往只提供对自己有利的证据，甚至有时存在隐瞒或虚构事实的情况，法官根据当事人陈述和提供的证据认定的法律事实与案件的事实存在一定差距时，由法官根据个案的具体情况，合理分配举证责任，而不是把全部举证责任推给债务人及其配偶，更有利于查清案件事实，平等地保护各方当事人的合法权益，进而对规范今后民间借贷行为起到积极的推动作用。

本案中，宋某出具了薄某对上述借款用于赌博的声明，同时针对薄某先后借款9次并且有8次借款行为发生在前笔债务清偿之前的事实，宋某主张这是韩某与薄某的故意隐瞒行为。同时，宋某提出，如果85.3万元借款用于家庭共同生活，应当存在投资、购置不动产或其他大项支出的事实，短短一年多的时间，一般家庭不可能消费掉这么大一笔钱。因此，本案不应适用《婚姻法司法解释（一）》和《婚姻法司法解释（二）》对夫妻共同债务的推定。在这种情况下，债权人韩某应当依据《民事诉讼法》第64条的规定，对其主张承担举证责任。而韩某并没有证据证明薄某所欠债务没有用于赌博，而是用于家庭生活。因此，不应认定上述债务为夫妻共同债务，宋某不应承担共同还款责任。

规则17　【租金收益】婚姻结束当时尚未取得的租金收益（预期收益）不属于夫妻共同财产。

[规则解读]

婚姻结束当时尚未取得的租金收益（预期收益）不属于夫妻共同财产。

[案件审理要览]

一、基本案情

刘某、邓某于2001年结婚，婚姻存续期间，2002年3月刘某与某单位签订6间店面租赁合同，约定租期10年，租金每月2 800元。此后，刘某陆续将6间店面转租他人，每月获租金8 750元。2008年7月，刘某与邓某离婚，法院认定以刘某名义租赁店面所取得的租金收入属于夫妻共同财产。11月，某单位以刘某未经其同意转租他人盈利，并因店面租金已大幅提高继续履行合同显失公平为由，诉至法院要求依法解除合同。经法院调解，刘某与某单位达成协议，某单位同意将店面仍租赁给刘某经营管理，但自2009年1月份起调整租金为每月6000元，租期至2012年12月31日。双方重新订立了一份租赁合同。自2009年起，刘某以原合同已被终止，新的店面租赁合同与邓某无关为由拒付转租收入的一半给邓某。邓某遂诉至法院，要求刘某支付租金收入的一半给自己。

二、审理要览

对本案的处理有两种意见。

一种意见认为，新合同只是租金内容的变更，变更后的合同属原合同的存续，不能排除邓某对原合同权利的享有，租金应属于婚姻存续期间的预期收入，只要刘某有收入,就应支付一半给邓某,故邓某的诉求应予以支持。

另一种意见认为,无论合同是否变更,其权利义务人仅为刘某,而与邓某无关。因原合同所取得的收益作为夫妻共同财产予以分割应予以支持,但预期收益既无法律规定应当分割,且不可控制,如果刘某解除与某单位的合同并无租金收入,刘某是否也应该支付租金的一半给邓某?或者刘某因合同遭受损失时,邓某是否应共同承担损失?这显然是不合理的。故应驳回邓某的诉求。

[规则适用]

笔者同意第二种意见。本案刘某并无支付预期收益的给付义务,邓某的诉求无法律依据,应裁定驳回其诉讼请求。具体理由如下:

1. 预期收益不应属于夫妻共同财产

最高人民法院《民法通则意见》第90条规定,分割夫妻共同财产的,应当根据婚姻法的有关规定处理。《婚姻法》第17条第1款规定:"夫妻在婚姻关系存续期间所得的下列财产,归夫妻共同所有:(一)工资、奖金;(二)生产、经营的收益……(五)其他应当归共同所有的财产。"依上述规定,婚姻结束当时尚未取得的租金收益,应不属于夫妻共同财产。并且,最高人民法院《婚姻法司法解释(二)》第11条明确对《婚姻法》第17条规定的"其他应当归共同所有的财产"作了规定,即:"一方以个人财产投资取得的收益;男女双方实际取得或应当取得的住房补贴、住房公积金;男女双方实际取得或者应当取得的养老保险金,破产安置补偿费。"同时,该解释还明文规定了关于有价证券、有限责任公司出资、合伙出资及独资企业等特殊收益的财产分割方法,但均未提及预期生产经营所得收益应当属于共同财产。

2. 预期收益仅适用合同法律关系

《合同法》第七章关于违约责任的规定对预期收益有所涉及,第113条规定:"当事人一方不履行合同义务或者履行合同义务不符合约定,给对方造成损失的,损失赔偿额应当相当于因违约所造成的损失,包括合同履行后可以获得的利益,但不得超过违反合同一方订立合同时预见到或者应当预见到的因违反合同可能造成的损失。"然而,《合同法》第2条亦明文规定,婚姻、收养、监护等有关身份关系的协议,不适用该法规定。

3. 一般应遵守合同相对性原则

对于邓某关于新合同是原合同的延续,不能改变原合同权利人对新合同权利的享有的抗辩,笔者不予认同。在租赁合同关系中,仅刘某是相对的权利和义务人,某单位以情势变更为由诉至法院要求解除合同,经法院调解重新订立的新租赁合同,对原合同的主要内容即租金作了变更,应视为原合同已解除,成立了新合同。此时,权利义务相对人仍只是刘某一人而非邓某及刘某两人。邓某对婚姻存续期间租金收益的权利,仅对夫妻共同财产分配发生效力。

规则 18　【复婚财产】夫妻离婚后，同居一段时间再复婚的，只要同居符合事实婚姻构成条件，期间所得财产也应认定为夫妻共同财产。

[规则解读]

夫妻关系存续期间所得的财产，除约定的外，均属于夫妻共同财产。夫妻离婚后，同居一段时间再复婚的，只要同居符合事实婚姻构成条件，期间所得财产也应认定为夫妻共同财产。

[案件审理要览]

一、基本案情

张某系张某中、宋某之子，张某琳之父。1991 年张某与汪某某结婚，两年后二人育有一女张某琳，2001 年张某与汪某某离婚。2003 年 3 月，张、汪二人旧情复燃，汪又携女儿与张某同居，并于 2007 年 1 月 1 日办理了复婚手续。2009 年 11 月 30 日张某因车祸身亡，没有留下遗嘱，张某中、宋某、汪某某、张某琳 4 人成为张某的法定继承人。张某生前购买的房屋共有 6 处，其中多处系于 2003 年至 2006 年之间购买。此外，张某还拥有 4 家公司的股权、名下银行存款达 380 余万元，另有基金股票及商业保险、其他债权等若干。

因张某的法定继承人之间就遗产分割问题协商不成，张某父母将其妻女诉至海口市中级人民法院。双方对张某的财产数量本身没有异议，只是对于 2003 年 3 月至 2006 年 12 月 30 日张、汪二人同居期间，被继承人张某名下的财产是否属于张、汪二人的夫妻共同财产问题存在争议。

张某的父母张某中、宋某诉至海口市中级人民法院，主张张某去世前与汪某某的婚姻，只能从二人于 2007 年 1 月 1 日正式办理复婚手续时才产生法律效力，在二人于 2002 年离婚后至 2007 年 1 月 1 日正式复婚之前，张某名下的财产均属于张某生前的个人财产，应按法定继承处理，请求法院判令：依法分割被继承人张某的遗产。

二、审理要览

一审法院审理认为，庭审期间，汪某某申请的 5 位证人出庭作证，均证明自 2003 年 3 月至 2007 年汪某某与张某在一起居住生活。另外，结合汪某某为自己购买的中国平安人寿保险时的通信地址、张某为汪某某购买的中国平安人寿保险公司的保险及张某、汪某某及张某琳分别于 2003 年、2005 年、2006 年合影的事实，参照最高人民法院《婚姻法司法解释（一）》第 4 条“男女双方根据婚姻法第八条规定补办结婚登记的，婚姻关系的效力从双方均符合婚姻法所规定的结婚的实质要件时起算”的规定，张某与汪某某双方婚姻关系的效力应从 2003 年 3 月起算。

一审法院判决：2003 年 3 月至 2006 年 12 月 30 日期间，张某名下的房产属于汪某某与张某的共同财产。

张某中、宋某不服原审判决，提起上诉。

二审法院认为,张某与汪某某在2003年3月同居生活时已经符合事实婚姻实质要件。二人于2007年1月1日补办结婚登记,婚姻关系的效力应从2003年3月起算。因此,2003年3月至2006年12月30日期间,张某名下的房产应属于汪某某与张某的共同财产。至于上诉人提出双方补办登记未填写补办登记的表格,系行政机关管理方面的瑕疵,并不影响上诉人汪某某与张某补办婚姻登记的性质及效力。

2011年10月24日,二审法院终审判决:驳回上诉,维持原判。

[规则适用]

我国婚姻法只规定符合婚姻登记条件但未办理结婚登记的应当补办登记;但对于相同当事人离婚后又以夫妻名义同居,最终办理了复婚登记的情形能否视为补办登记,从而使其复婚登记具有溯及力的问题,并未明文规定。上述裁判规则关注的就是这个问题。为更好地理解和把握上述规则,有必要了解和掌握规则涉及的核心问题——事实婚姻。

事实婚姻,是指没有配偶的男女,未进行结婚登记,便以夫妻名义同居生活,群众也认为是夫妻关系的两性结合。[①]

一、事实婚姻的认定

1. 当事人均具备结婚的实质要件

事实婚姻当事人首先应该具备结婚的实质要件,比如双方应该达到法定的结婚年龄并具有结婚的意思表示、彼此不具有血缘关系或者婚姻关系、双方均未患有法律禁止结婚的疾病。如果当事人本身并不具备结婚的实质要件,则只能被评价为无效婚姻或者可撤销婚姻,而非事实婚姻。

2. 形式上不具备结婚的成立条件

根据我国法律规定,结婚必须登记,婚姻关系必须经登记程序方可宣告成立,产生法律效力,并受到法律的保护。在理论上,我们称之为法律婚姻,其成立的形式条件就是结婚登记。而对事实婚姻来说,与其最大的区别就在于事实婚姻当事人未履行结婚登记,因此,事实婚姻是欠缺结婚的形式要件的。

3. 主观上具有创设夫妻关系的目的性

事实婚姻的当事人主观上须具备创设夫妻关系并共同生活的目的性,视此段同居关系为婚姻关系并产生信赖,且基于信赖而稳定地结合在一起。如果主观上并不具备创设夫妻关系并共同生活的目的性,则只能评价为一般同居关系。

4. 客观上具有共同生活的稳定性

当事人主观上具有结婚的合意,反映到客观上,便是产生稳定的同居关系,比如,当事人双方在共有的固定住所共同生活、育有子女或者赡养双方父母、行使或履行配偶身份带来的一系列权利和义务。因此,当事人双方不仅须具备创设夫妻

① 参见胡康生主编:《中华人民共和国婚姻法释义》,法律出版社2001年版,第27页。

关系的目的性，而且在客观上还应具有共同生活的稳定性。

5. 身份关系上具有公开性

法律婚姻当事人的身份关系是公开的，事实婚姻也一样，只是两者在公开的表现形式上有所区别。法律婚姻的成立需要通过结婚登记来公开，其婚姻关系的存在可以通过结婚证公示，而事实婚姻的成立往往通过中国民间传统的仪式婚公开，其婚姻关系的存在往往通过当事人双方对外以夫妻身份相处来表现，因此易为群众公认为是夫妻。

二、事实婚姻的效力

根据我国《婚姻法》之相关规定，结婚应当登记，没有办理登记的，应补办登记。同时，根据最高人民法院于 2001 年 12 月 24 日实施的《婚姻法司法解释（一）》之规定：

(1) 当事人双方未办理登记，而后补办登记的，其婚姻的效力产生于当事人双方均符合结婚实质要件之时。

(2) 1994 年 2 月 1 日以前，当事人双方在未办理结婚登记的情况下，以夫妻名义共同生活，一方提出离婚并起诉至法院的，若当事人双方已经符合结婚实质要件的，按事实婚姻处理；1994 年 2 月 1 日以后，当事人双方在未办理结婚登记的情况下，以夫妻名义共同生活，一方提出离婚并起诉至法院的，若当事人双方已经符合结婚实质要件的，人民法院首先告知其可以在案件受理前补办登记，其后，对于仍未补办登记的，按同居关系处理。

由此可见，我国现行婚姻立法对事实婚姻的态度较上一阶段又有所变化：对事实婚姻以时间为界区别对待，而且态度上亦有所松动。具体说来：

(1) 对 1994 年 2 月 1 日前已经同居且当事人双方均符合结婚实质要件的，视为事实婚姻，并且承认婚姻效力。

(2) 对 1994 年 2 月 1 日起同居且当事人双方均符合结婚实质要件的，不再一律按照同居关系处理，而是改为效力待定，如果当事人双方补办结婚登记，则婚姻可以追溯到双方均符合结婚实质要件之时，如果当事人双方未补办结婚登记，仍视为同居关系，按照同居关系处理，当然也不会不产生婚姻效力。[①]

根据《婚姻法司法解释（一）》第 4 条，只要双方当事人符合《婚姻法》所规定的结婚的实质要件，并按照《婚姻法》第 8 条规定补办了结婚登记，他们之间婚姻关系的效力从双方均符合《婚姻法》所规定的结婚的实质要件时起算。也就是说，变相承认了在补办结婚登记之前的事实婚姻的效力。承认补办登记具有溯及力，其目的就是为了更好地保护事实婚姻关系存续期间夫妻的合法权益。将事实婚姻的效力确认为双方均符合结婚实质要件时起，而非溯及双方同居时起，避免将尚不符合结婚条件的双方认定为合法婚姻现象的发生。本案多项证据可以证明，

---

① 参见许莉：《我国事实婚姻立法研究》，载《东方论坛》2007 年第 1 期。

张某和汪某某于2003年3月同居生活时已经符合婚姻实质要件,其二人于2007年1月1日补办结婚登记,婚姻关系的效力应从2003年3月起算。因此,2003年3月至2006年12月30日期间,张某名下的房产应属于汪某某与张某的共同财产。

本案中,张某与汪某某离婚后又以夫妻名义同居,最终办理了复婚登记手续,而不是按照《婚姻法司法解释(一)》第4条的规定补办结婚登记手续。从保护妇女、儿童的合法权益的法律原则出发,从有利于维护婚姻家庭关系的稳定和促进社会和谐的角度出发,追及立法本意,根据《婚姻法》和《婚姻登记条例》,补办婚姻登记的实质条件是,在登记之前男女双方已经以夫妻名义同居生活且符合结婚实质要件。补办登记的必要性仅仅在于弥补婚姻没有履行法定登记公示程序的形式欠缺。因此,判断婚姻关系的成立,主要看当事人在办理登记手续之前是否是以夫妻名义同居、是否符合婚姻实质要件,至于在婚姻登记机关进行何种类型的结婚登记,仅仅是程序要件,对实际影响不大。换言之,只要是在办理登记手续前是以夫妻名义同居,且符合婚姻实质要件,就应该认定婚姻关系的效力溯及双方当事人均符合结婚的实质要件之时。

因此,张、汪二人复婚的婚姻关系效力溯及2003年3月双方均符合结婚的实质要件之时。2003年3月至2006年二人同居期间所得财产,除约定的外,均属于夫妻共同财产,应当依法分割予以继承。

规则19 【复婚与共同财产】原已分割的夫妻共同财产,在复婚以后的婚姻关系存续期间没有另外约定的,应属于婚前个人财产,不再纳入夫妻共同财产重新分割。

[规则解读]

夫妻离婚时就婚姻关系存续期间的夫妻共同财产进行分割后,财产已由原来的共有状态转化为夫妻分别就其所分得的财产单独享有所有权,复婚并不会导致财产所有权发生转换,所以,原已分割的夫妻共同财产,在复婚以后的婚姻关系存续期间没有另外约定的,应属于婚前个人财产,不再纳入夫妻共同财产重新分割。

[案件审理要览]

一、基本案情

原告李某(男)与被告陈某(女)经人介绍认识并结婚,婚后两人因缺乏沟通,常为家庭琐事争吵。2010年8月,经法院调解,确认双方解除婚姻关系,在调解离婚协议中一并对夫妻共同财产确认如下:"男方李某自愿将登记在自己名下的夫妻共同所有房屋属于自己的部分和家庭日用品等财产全部给女方陈某,并自愿向陈某每月支付生活费500元。"该文书生效后,两人着手办理房屋过户手续。在办理过户过程中,为逃避税收,两人于2011年5月重新到民政部门登记结婚,房屋于复婚期间过户到陈某名下。2011年6月,男方李某再次向法院起诉,要求与陈某离婚,平均分割夫妻共同财产房屋一套。

二、审理要览

本案的争议焦点为讼争房屋是夫妻共同财产还是陈某的个人财产?

[规则适用]

笔者认为,该房屋应属于陈某的个人财产。理由如下:

(1)《物权法》第15条规定:"当事人之间订立有关设立、变更、转让和消灭不动产物权的合同,除法律另有规定或者合同另有约定外,自合同成立时生效;未办理物权登记的,不影响合同效力。"本案中,在第一次离婚协议中,李某自愿将登记在自己名下夫妻共同所有房屋的一半所有权放弃,并给予陈某,是其基于离婚这一事实对双方财产分配的真实意思表示。该协议经法院确认后,以调解书的形式产生法律效力。该房屋的产权虽然仍登记在李某名下,但房屋的实际所有权应属于陈某。虽办理房屋产权过户是在复婚期间,但过户仅是李某履行该协议的后续行为,且李某与陈某一起办理了房屋过户,证明李某仍认可该协议并已实际履行。因此,该房屋应属于陈某的婚前个人财产。

(2)李某将登记在自己名下的夫妻共同所有的房屋属于自己的部分给陈某,是基于双方离婚这一事实,是对夫妻共同财产的分配,该财产分配协议已经人民法院以调解书的形式进行了确认,已经具有了法律强制力,是不能随意变更、撤销的。因此,不能将法院出具的调解书等同于赠与合同,该房屋不是李某赠与给陈某的,而属于陈某经过分配后的个人财产。又根据最高人民法院《婚姻法司法解释(一)》第19条规定:"婚姻法第十八条规定为夫妻一方所有的财产,不因婚姻关系的延续而转化为夫妻共同财产。但当事人另有约定的除外。"故,夫妻离婚时就婚姻关系存续期间的夫妻共同财产进行分割后,财产已由原来的共有状态转化为夫妻分别就其所分得的财产单独享有所有权,复婚并不会导致财产所有权发生转换,所以,原已分割的夫妻共同财产,在复婚以后的婚姻关系存续期间没有另外约定的,应属于婚前个人财产,不再纳入夫妻共同财产重新分割。

综上,该房屋应属于陈某个人,不应在本案中作为夫妻共同财产予以分割。

规则20　【物权变动】物之所有权是否变动,不能仅以物权变动之结果(如动产交付、不动产登记等)为判断标准。

[规则解读]

确定物之所有权是否变动,应注重审查物权变动之原因,即物权变动所依据的民事法律关系(如赠与、买卖等)是否成立,而不仅仅以物权变动之结果(如动产交付、不动产登记等)为判断标准。

[案件审理要览]

一、基本案情

原告余某毅系被告余某爱之父,余某爱与被告张某某系夫妻关系。1985年1

月,二被告结婚时,原告无力按农村习俗为二被告提供结婚新床,只好将自用的一张雕花古床腾给二被告作为婚床使用。1997 年,原告召集全家为 4 个儿子分家时,提出雕花古床仍归原告所有,并议定由原告另为二被告购买一张新床。但由于二被告后去外地打工,所购木床未能交付。2011 年 8 月,二被告将雕花古床搬走,引起纠纷。原告以当年腾床系借给二被告结婚使用为由主张返还,二被告坚持原告腾床给二被告结婚属于赠与而拒不返还。原告遂诉至法院,请求判令二被告归还雕花古床。

二、审理要览

一审法院经审理认为,双方讼争之雕花古床,在二被告 1985 年结婚前属原告所有。1985 年二被告结婚时,原告腾床给二被告结婚使用是否发生物之所有权变动,成为双方争议之焦点。确定物权是否转移,应当从两个方面进行判断:

(1) 应当审查是否具有物权变动的原因,即物权变动所依据的民事法律关系是否构成;

(2) 若当事人之间具有引起物权变动的民事法律关系,即应审查是否产生了物权变动的后果,即动产是否交付,不动产是否转移登记。

本案讼争之雕花古床,作为动产已在 1985 年由原告交付给二被告,因而原、被告间交付雕花古床时是否具有能够引起物权变动的民事法律关系,成为决定雕花古床目前归属的关键。现原告主张 1985 年交付雕花古床时明确说明只是暂时使用,二被告则主张系赠与,均无确实可靠的证据予以证明,而实际上双方当事人对交付雕花古床的性质没有明确约定。赠与是财产所有权人对其所有的财产行使处分权,应当有明确的赠与意思表示,由于原告在腾床时没有作出明确的赠与意思表示,因此赠与关系不能成立,雕花古床的所有权仍然属于原告。1997 年,双方当事人的分家约定虽未实际履行,但却能证明争议财产所有权未发生变动的事实。现被告将属于原告所有的财产搬走,应承担返还的责任。法院判决:原告余某毅与被告余某爱、张某某争议的雕花古床,归原告余某毅所有;被告余某爱、张某某在本判决生效后 10 日内,将雕花古床返还给原告余某毅。

判决后,双方当事人均未上诉,现判决已发生法律效力。

[规则适用]

1. 关于“腾床”事实的物权性质分析

本案中,父亲腾床给儿子结婚,此雕花古床是借用还是赠与,是一个较难判断的问题。本案判决运用物权法原理,从物权变动的原因与后果两个方面切入分析,获得了较好的说理效果。当物权变动之后即动产已经交付后,法官即紧紧抓住物权变动之原因,也即物权变动所依据的赠与民事法律关系这一关键问题,使难点迎刃而解。判决明确指出:赠与是财产所有权人对其所有之财产行使处分权,法律要求赠与之成立应当具有明确的赠与意思表示,由于本案原告在交付雕花古床时没有作出明确的赠与意思表示,故赠与法律关系不能成立。这样一来,自然有了无可辩驳的理由进行推断:既然雕花古床在父亲腾给儿子结婚时没有明确的赠与表示,结论只能是借用,不构成物之所有权转移。

2. 关于雕花古床交付当时的性质判断

原告的雕花古床,系其父辈在解放初期土改时从地主财产中分得,后由其继受所得,一直为其所有。由于儿子结婚,原告无力为儿子提供结婚新床,遂将自己的雕花古床腾给儿子结婚使用。但不曾想儿子儿媳认为腾床即是赠床,并将古床占为已有。本案法官洞察这一变化过程,在说理上突出两个要点:一是开门见山地指出,双方当事人讼争之雕花古床在1985年二被告结婚前属于原告所有,无可争议地指明此前古床之所有权的归属状态;二是进一步指出,现原告主张交付古床时明确说明只是暂时使用,以及被告主张系原告赠与,均无确实可靠的证据证明,而实际上,双方当事人之间对交付雕花古床的性质没有明确约定,则更符合客观情况。从而再现了腾床当时的客观真相,再一次表达了该古床之所有权没有发生转移的裁判主旨。

3. 关于分家析产对古床归属的证明效力

原告育有多个子女。1997年原告召集全家为4个儿子分家析产时,提出雕花古床仍归原告所有,不列入分家财产范围。经协商确定,由原告另给被告余某爱买一张新床,雕花古床收归原告。本案判决对这一事实的分析,并未停留在分家析产是否合理及是否有效上,而是根据分家这一事实所涉及的内容,推判出1997年双方当事人的分家约定虽未实际履行,但却能证明争议之古床所有权未发生变动的事实。假设腾床当时原告已将该古床赠与儿子儿媳,身为家长的原告岂能在12年后的分家析产会上主张该古床不列入分家财产范围并仍归其所有?分家的协议内容恰恰印证了腾床给儿子结婚时父亲没有赠与表示,该古床之所有权尚未发生变动的事实。还须说明的是,从法律上讲,子女成年后结婚,父亲并无法定义务为子女提供婚床。因此,按照习俗标准认为父亲必须为成年子女提供婚床,是有悖于我国婚姻家庭法律之立法精神的。

规则21　【汽车摇号】在婚姻继承官司中,根据法院的判决和裁定,北京市公安交通管理部门在办理车辆转移登记手续时,小客车易主,指标跟着一并转移,在此转移过程中,无须再重新摇号。

[规则解读]

当法院出具判决、裁定等生效文书规范的法律关系为婚姻、继承时,北京市公安交通管理部门在办理车辆转移登记手续时,依据法院生效法律文书取得小客车所有权的一方,可凭生效文书原件等证明材料办理车辆转移登记手续,不需要提交已取得的北京市小客车指标文件,车辆原所有人不可因此取得小客车更新指标。

[案件审理要览]

一、基本案情

何某(男)诉喻某(女)离婚后产生财产纠纷,案件涉及夫妻两人的私家车过户。原本登记在何某名下的小汽车,经过判决归属喻某所有,但是,法院发现,根据《北京市小客车数量调控暂行规定实施细则》(以下简称《实施细则》)(修订)第26条第1款规定:“个人因婚姻、继承发生财产转移的已注册登记的小客车不适用本细则。有关机关依法办理转移登记。”第2款又规定:“因法院判决、裁定、调解发生小客车所有权转移,申请在本市办理小客车转移登记或由外省(区、市)转入本市时,现机动车所有人需提交已取得的北京市小客车指标证明文件。”上述两款规定,在司法实践操作中存在前后矛盾现象。

二、审理要览

北京市第一中级人民法院认为,上述两款规定,在司法实践操作中存在前后矛盾现象:在离婚诉讼当中,大多数情况下涉及机动车在内的共同财产的分割问题,如发生小客车财产转移的,依据法院的生效裁判文书,获得小客车所有权的一方,往往并非原登记车主,同时又未取得北京市小客车购买指标,依据上述规定第1款,有关机关应依法办理转移登记,车辆现所有权人可以直接取得原车辆上的北京市车辆牌照。但依据上述规定的第2款,因法院判决、裁定、调解发生的小客车所有权转移,需要取得指标,因此,没有获得小客车指标的,无法办理北京市车辆牌照。

[规则适用]

在司法实践中,无论是民事审理还是案件执行,法院都会因《实施细则》(修订)的上述规定遇到政策困扰,不利于当事人权益的保护。因此,法院向交通委员会发出司法建议书,请尽快释明或部分修改《实施细则》(修订)第26条的相关规定,明确在因婚姻继承而产生的民事诉讼中,因生效法律文书而取得机动车所有权的一方当事人,是否需要取得北京市小客车购买指标,原机动车登记所有权人是否需要另行申请配置指标。

对此,北京市交通委员会小客车指标调控管理办公室复函法院,首度明确:当法院出具判决、裁定等生效法律文书规范的法律关系为婚姻、继承时,市公安交通管理部门在办理车辆转移登记手续时,依据法院生效法律文书取得小客车所有权的一方,可凭生效法律文书原件等证明材料办理车辆转移登记手续,不需要提交已取得的北京市小客车指标文件,车辆原所有人不可因此取得小客车更新指标。举例来说,夫妻离婚后,如果原本丈夫名下的车子归妻子所有,妻子当时没有购车指标,那么根据法院判决,指标随小客车的所有权一并归属妻子,丈夫原来的指标便不存在了,以后购车需要重新摇号。

规则22　【肇事债务】肇事人交通事故犯罪行为所产生的赔偿之债，应认定为夫妻共同债务，并在离婚时由双方分担。

[规则解读]

肇事车辆系双方婚后购买，属于夫妻共同财产。肇事人未举证证明双方无购车合意，也未举证证明未将此车营运收益用于家庭开支，故肇事人交通事故犯罪行为所产生的赔偿之债，应认定为夫妻共同债务，并在离婚时由双方分担。

[案件审理要览]

一、基本案情

原告张某(女)与被告李某(男)于2004年9月登记结婚，婚后育有一子。2006年7月13日，李某购买一辆货车，该车一直由李某支配、运营和管理。2007年5月3日，李某在营运中发生交通事故，事故致一人死亡、两人受伤。同年11月，张某带着小孩回娘家居住。同年12月19日，法院判决李某犯交通肇事罪，判处有期徒刑两年，并赔偿被害人各项经济损失38万余元。2011年3月28日，张某起诉要求与李某离婚。诉讼中，原告张某主张交通肇事犯罪所负债务为被告李某个人债务，被告李某主张该债务为共同债务，但双方均未举证证明涉案车辆的运营收益是否用于夫妻共同生活。

二、审理要览

本案争议焦点为，李某因交通肇事犯罪行为所负赔偿之债应否认定为夫妻共同债务以及证明责任分配问题。

第一种意见认为，涉案车辆系在原被告夫妻关系存续期间购买，但是该车一直由李某支配、运营、管理，交通肇事犯罪行为是李某单独实施的个人行为，法院生效判决承担刑事责任及民事责任的责任主体只是李某，而不包括张某。如判决张某承担赔偿责任，直接与原生效判决的既判力相冲突。李某主张交通肇事犯罪行为所负之债属于夫妻共同债务，应承担相应的证明责任，但其未举证证明涉案车辆的运营收益用于夫妻共同生活，故李某犯罪行为之债不应认定为夫妻共同债务，离婚时不应由双方分担。

第二种意见认为，交通肇事犯罪的行为人是李某，故不可能判决张某承担刑事责任。判决李某承担交通肇事犯罪产生的民事责任，解决的是对外赔偿问题，而不是张某、李某内部责任的问题，不排除张某承担民事责任的可能性。夫妻关系存续期间，任何一方以个人名义所负债务，原则上应认定为共同债务，否认某债务是夫妻共同债务的一方应承担争议债务不属于共同债务的证明责任。涉案车辆系双方婚后购买，属于夫妻共同财产。张某未举证证明双方无购车合意，也未举证证明李某未将此车营运收益用于家庭开支，故李某交通事故犯罪行为所产生的赔偿之债，应认定为夫妻共同债务，并在离婚时由双方分担。

[规则适用]

笔者赞同第二种意见,主要理由如下:

(1) 夫妻一方因犯罪被判承担刑事、民事责任,不排除另一方对犯罪行为所负债务承担民事责任的可能。根据罪责自负的法理,行为人因实施犯罪行为而导致的刑事、民事责任,应由行为人自行承担。夫妻关系存续期间,一方因犯罪行为所负赔偿之债,原则上亦属实施犯罪行为一方之个人债务,但存在例外情形,本案即是如此。发生交通事故时,张某未控制车辆,亦未实施交通肇事行为,且与交通肇事无刑法上之因果关系,其不是犯罪行为人,故不应承担刑事责任。生效刑事附带民事判决判决李某承担交通肇事犯罪产生的民事责任,其解决的是对外赔偿问题,而不是张某、李某内部责任的承担问题,如判决张某承担民事责任,不与原生效判决的既判力相冲突。肇事车辆致人损害时,作为车辆共有权人的夫妻另一方,对共有物致人损害承担民事责任符合侵权法法理。同时,如车辆运行收益用于夫妻共同生活,夫妻双方则属于利益共同体,且共享了车辆运行收益,根据"权利义务相一致"和"利之所在,损之所归"之原理,另一方亦应承担相应的民事责任。

(2) 证明夫妻关系存续期间的债务不属于共同债务的责任主体。根据我国《婚姻法》第19条、《婚姻法司法解释(二)》第24条的规定,夫妻关系存续期间,夫妻一方以个人名义所负债务,除夫妻双方有明确约定且第三人知道该约定的外,应当按夫妻共同债务处理。也即,夫妻关系存续期间,以任何一方名义所负债务具有被推定为夫妻共同债务的效力,但此推定允许提供证据推翻。否认某债务为夫妻共同债务的一方,负有提供证据证明该债务不属于夫妻共同债务的证明责任。本案中,张某否认争议债务属于夫妻共同债务,张某即负有证明争议债务不属于夫妻共同债务而属于李某的个人债务的证明责任(不应由李某承担证明争议债务属于夫妻共同债务的证明责任)。张某未举证证明在夫妻关系存续期间双方无购车合意,亦未举证证明涉案车辆营运收益未用于夫妻共同生活,未能举证推翻推定效力,故李某因交通肇事犯罪行为所负赔偿之债,应认定为夫妻共同债务,离婚时由双方共同负担。

规则23 【房屋归子女继承协议】"房屋归子女继承"的离婚协议中的房屋,仍属于夫妻婚姻关系存续期间的共同财产,非子女个人财产,不产生财产处分效力。

[规则解读]

"房屋归子女继承"的离婚协议中的房屋仍属于夫妻婚姻存续期间的共同财产,并非子女的个人财产,不产生财产处分效力。父母离婚时要将财产处分给子女,应在协议当中直接写"某某财产归某某子女所有",或者直接过户给孩子。

[案件审理要览]

一、基本案情

时下,夫妻双方因婚姻感情破裂,在民政部门办理离婚手续时签订的离婚协议上,经常有“房屋归子女继承”的内容。但事后,因房屋权属问题发生纠纷的现象较为普遍,影响其离婚后的正常生活。

二、审理要览

此类案件看似简单,其实法律关系比较复杂,司法实践中认识不一。

[规则适用]

笔者认为,前述协议中的房屋仍属于夫妻婚姻存续期间的共同财产,并非子女的个人财产,不产生财产处分效力,理由:

首先,根据法律,夫妻共同财产不能直接通过继承方式来处分。我国《婚姻法》第39条规定:“离婚时,夫妻的共同财产由双方协议处理,协议不成时,由人民法院根据财产的具体情况,照顾子女和女方权益的原则判决。”根据法律规定,夫妻离婚时共同财产的处理方式是协议优先,但此协议要产生法律效力,必须具备相应的有效要件,要意思表示真实并且合法。但在实践中,夫妻在离婚时通常并不存在“立遗嘱”的意思表示,双方立下此类协议,原因主要有两点:一是担心另一方再婚后,会出现诸多的合法继承人,而自己的婚生子女日后将会少分财产;二是担心分得房子的一方会卖掉房子,而孩子长大后没房子居住。因而,双方的意思是想将房屋写在孩子名下,归孩子所有。但是,通过“立遗嘱”的方式,孩子不能作为房子的所有人。而民政部门在给当事人办理离婚手续时,可能并未向当事人提醒这一点,所以产生这种在财产处置方面有瑕疵的离婚协议。

又根据《民法通则》第58条的规定,违反法律的民事行为无效,并且从行为开始起就没有法律约束力。按照《继承法》第16条的规定:“公民可以依照本法规定立遗嘱处分个人财产,并可以指定遗嘱执行人。公民可以立遗嘱将个人财产指定由法定继承人的一人或者数人继承。”公民有权将个人财产通过立遗嘱的方式来处分。但是,离婚协议中的财产并非个人财产,而是夫妻共同财产。只有将共同财产分割后变为个人财产,才能通过遗嘱的形式进行处分。直接采用继承的方式分割夫妻共同财产,违反《继承法》的规定。

其次,夫妻双方以立遗嘱的方式来处分共同财产,导致财产权属处于不确定状态,在实践中难以实行。虽然按照法律规定,夫妻对共同财产有共同的处分权,但是双方同时以立遗嘱的方式来处分共同财产,会存在三个方面的障碍:

(1) 夫妻离婚后,在任何一方没去世之前,财产还是夫妻共同财产,以立遗嘱的方式来处分共同财产,不便于管理财产;

(2) 夫妻离婚后,任何一方可以改变遗嘱,这是我国《继承法》及其司法解释允许的,遗嘱改变的,以最后的遗嘱为准;

(3) 若一方死亡,只能产生死亡方在夫妻共同财产中的个人财产部分的继承,而另一方在夫妻共同财产中的个人财产部分不产生继承,这样会造成夫妻双方立的遗嘱不能同时实现,违背立遗嘱的共同愿望。因此,离婚时,夫妻双方以立遗嘱的方式处分共同财产不可行。

第三,关于"直接将房子写在孩子名下"的问题。父母离婚时,双方自愿将共同财产协议归子女所有,这是法律所允许的。根据《民法通则》第9条的规定:"公民从出生时起到死亡时止,具有民事权利能力,依法享有民事权利,承担民事义务。"法律并未禁止未成年人享有财产权利。当然,未成年人的财产由其监护人管理,而监护人不能随意处分未成年子女的财产。又根据最高人民法院《民法通则意见》第6条的规定:"无民事行为能力人、限制民事行为能力人接受奖励、赠与、报酬,他人不得以行为人无民事行为能力、限制民事行为能力,主张以上行为无效。"作为父母双方自愿协商将共同财产归子女所有,应定为赠与较为合适。共同财产所有人协商一致,有权将共同财产的全部或部分赠与给第三方。根据法律规定,未成年的受赠人有权接受赠与,父母双方自愿将共同财产协议赠与子女合法有效。

但也有人提出疑问,未成年人能否作为房产证上的产权人?既然未成年人能享有财产权利,就能够成为产权人。当然,房屋要从父母名下转到孩子名下,必须办理过户手续,过户手续应由监护人完成。根据《物权法》第9条的规定:"不动产物权的设立、变更、转让和消灭,经依法登记,发生效力;未经登记,不发生效力,但法律另有规定的除外。"而此种情况不适用除外情形。不动产的物权变动要办理过户登记手续,而财产处分协议并不直接产生物权变动的效力。如果没有办理过户登记手续,处分协议上的财产仍然属于婚姻存续期间的夫妻共同财产。

综上,"房屋归子女继承"的离婚协议,并不产生房子归子女所有的法律效力,夫妻共同财产并未分割。父母离婚时要将财产处分给子女,应在协议当中直接写"某某财产归某某子女所有",或者直接过户给孩子。

规则24 【个人债务】无证据证明发生于婚姻关系存续期间的债务,应认定为夫妻个人债务。

[规则解读]

无证据证明发生于婚姻关系存续期间的债务应认定为夫妻个人债务。

[案件审理要览]

一、基本案情

被告刘某(女)与马某(男)于2011年5月31日协议离婚。离婚协议载明:"房屋及动产各半所有,男方(马某)应得份额自愿赠与儿子,包括汽车一辆。债务处理:女方私自向他人借的债务及在外债权由女方承担,与男方无关。其他协议事项:男方一次性补贴女方5万元,当场付清。"同年12月18日,刘某向原告出具欠条1份,载明:借现金231 250元整,到2011年12月30日前归还。因未按期归还,原告诉至法院,要求刘某、马某归还借款,称2010年9月21日至2011年5月中旬,刘某以造桥工程需验资款为由向其借款4次,借期均为1年,合计本金26.6

万元、利息55 250元。期间刘某共还款9万元，尚欠借款本金231 250元，双方结算后，由刘某重新出具上述欠条。刘某称，欠条是其将两张借条合并后签署；其因做烧碱生意资金周转需要，向原告借款本金20万元，利息31 250元，在交付现金时已将利息扣除，仅收到现金20万元；已还款9万元。另，马某2006年2月至2012年2月的每月收入约5 000元。刘某在马某不知情的情况下，自2009年12月至2011年11月，共向三十余名债权人借款350万余元，其行为已涉嫌刑事犯罪，被公安机关以合同诈骗罪立案侦查，并已被采取取保候审强制措施。

二、审理要览

一审法院认为：原告与被告刘某之间的借贷关系不违反法律、法规的强制性规定，受法律保护。对欠条是由刘某重新签署以及还款9万元的事实，原告与被告刘某均无异议，应予确认。被告马某虽然提出对涉案借款不知情，也未用于家庭共同生活，但没有提供证据加以证明。因该借款实际发生在刘某、马某婚姻关系存续期间，故被告刘某与马某应共同归还借款。

二审法院认为，无法根据刘某在与马某离婚后单方向原告出具的欠条确认该债务是夫妻共同债务，而应由刘某个人偿还。故判决撤销马某承担共同还款责任项，对其他判项予以维持。

[规则适用]

本案是一起债权人起诉债务人及其原配偶的民间借贷案件，争议焦点在于刘某以其个人名义所负债务是夫妻共同债务，还是个人债务。审理中有不同观点：

第一种观点认为，2011年12月18日欠条所载明的债务是结算前债所形成，前债实际发生于：2010年9月21日借本金3万元，年息4 500元；同年9月26日借本金5 000元；同年11月29日借本金10万元，年息1.8万元；2011年5月中旬借本金13.1万元，年息32 750元。后刘某还款9万元。刘某重新出具欠条后，将原来借条归还给刘某。上述债务实际发生在两被告婚姻关系存续期间，应当由两被告共同偿还。

第二种观点认为，刘某与马某于2011年5月就已经离婚，借款发生于婚姻关系结束近7个月之后的12月；即便按原告所称是前债结算而成，原告对借款事由、来源、金额、出借时间、次数等未提供确凿证据证明，且与刘某陈述存在重大矛盾；其提供的证据能证明夫妻关系存续期间，在2005年以后未购置过重大资产，双方收入足以满足正常的生活需要。马某对借款不知情，借款也未用于夫妻共同生活，综合各因素，涉案债务不能认定为两被告的夫妻共同债务，不应由马某承担共同还款责任。

笔者认为，无证据证明发生于婚姻关系存续期间的债务应认定为夫妻一方的个人债务。涉案债务属于直接债务人一方的个人债务，理由如下：

1. 从现有证据看，难以认定涉案债务形成于婚姻关系存续期间

对于民间借贷债权人提出债务应由直接债务人与其配偶共同承担还款责任

的主张,法院首先要审查债务是否形成于债务人婚姻关系存续期间。该事实应由原告负举证责任,只有提供证据证明债务形成于债务人婚姻关系存续期间,才能确定为夫妻共同债务。本案原告提供的证据较为单薄,关于债务具体情况,证据只有欠条、原告及被告刘某的陈述。关键性证据欠条仅表明债权人、债务人、债务金额及债务成立时间为2011年12月18日。信息并不详细,需要通过言词证据重构债务形成的经过,并考察证据间的印证程度。然而借贷双方关于涉案债务成立时间、债务金额等关键要素的言词证据,与欠条证明的内容存在矛盾;关于前债的次数、金额等具体情况,借贷双方之间的言词证据又存在重大矛盾。同时,双方一致认可刘某此前已归还9万元,但又不能说明大致时间、次数等概况。综合分析全部证据,笔者认为,在借贷双方关于债务基本事实的言词证据无法达成一致的情况下,不能推翻证明力相对较强的客观证据欠条所证明的事实。法官即便相信涉案欠条是结算前债后重新出具的,也无法确定前债何时成立、数额多少、何时归还部分欠款,也就无法判断前债成立时间是否于婚姻关系存续期间。因此,在没有其他证据推翻欠条载明的债务成立时间时,以欠条所证明的事实为准。涉案债务成立于债务人离婚之后,故应认定为夫妻一方的个人债务,其配偶马某不承担共同归还责任。对于涉及民间借贷这类多发、易发虚假诉讼类型的案件,审判过程中,我们同时也应审查债权债务的真实性。本案考虑到既然认定涉案债务系刘某的个人债务,且刘某对原告的诉求认可,本着当事人有权决定自己事务、处分自己权利的原则,根据双方一致确认的金额作出了判决。

2. 从债务特征看,涉案债务不符合夫妻共同债务认定标准

《婚姻法》第41条规定:“离婚时,原为夫妻共同生活所负的债务,应当共同偿还。”“为夫妻共同生活所负”是夫妻共同债务的本质属性,判断标准有两方面:

(1) 夫妻有共同举债的合意。本案债务发生时,双方已离婚,且此前长期分居,无论是离婚前的调解还是本诉中,马某均表示不知道,当然谈不上夫妻合意。

(2) 夫妻分享了债务所带来的利益。本案中,即使债务成立于刘某与马某婚姻存续期间,刘某所负债务也确非“为夫妻共同生活所负”:① 夫妻从2008年开始长期分居,不存在共同生活的基础;② 马某年收入六七万元,收入较高,已足够家庭支出(包括购买大宗物品等);③ 房屋及汽车购置于2007年之前,此后没有其他较大的家庭投资事项;④ 除了本案所涉借款外,刘某在外尚有大量借款,并非家庭开支所需。夫妻一体是社会正常人的通常判断,债权人有理由相信婚姻存续期间夫妻一方以个人名义对外的负债系“为夫妻共同生活所负”。但即使是“常理”,法律也允许当事人提出反证予以推翻。如果债权人有理由相信夫妻一方的负债并非“为夫妻共同生活所负”时,该债务应认定为个人债务。

本案中,原告明知借款人刘某与其丈夫关系恶化,且刘某在外大量非正常负债,有理由相信刘某负债并非为了夫妻共同生活,但为了获得高额利息,仍出借资金。这一点从其年收入仅二三万元,但对数额相当于其10年收入的债权从未向在

同一公司上班的马某催讨债款，借条也从未要求马某签名，或要求刘某在欠条上注明债务系婚姻关系存续期间形成等方面可以印证。

3．从价值取向看，认定涉案债务为个人债务符合利益均衡原则

本案债务因非形成于债务人婚姻关系存续期间，属于个人债务。但即使是婚姻存续期间夫妻对外债务，立法和司法也注重同时兼顾以下两个方面：

一方面，维护交易安全，保护债权人，防止夫妻恶意通谋损害第三人利益。最高人民法院《婚姻法司法解释（二）》第24条对婚内夫妻一方以个人名义对外举债的法律后果作了更倾向于保护债权人的规定，即首先推定为夫妻共同债务；推翻这种推定只有两种现实生活中较为少见的例外情况，即债权人知道夫妻约定分别财产制或者明确与债务人约定为个人债务。

另一方面，维护家庭关系，保护非举债配偶。家庭为了维持其组织生产、繁衍后代、养老育幼等自然属性，必须有家庭财产的支撑，这有赖于配偶双方的共同努力。如果法律的天平不加区分地过度保护债权人，笼统强调夫妻一体、共担风险，会过分加重非举债配偶一方的风险承担责任，容易造成夫妻间的提防与猜忌，危害家庭财产关系，甚至动摇婚姻家庭理念。因此，配偶他方的正当财产权益保护问题也是法律所必须重视的。

如前所述，本案即便是婚内债务，也并未使夫妻或家庭受益，未经马某同意，原告债权人有理由相信刘某所负债务并非“为夫妻共同生活所负”。另外，刘某向三十余名债权人借款350万余元的行为已涉嫌刑事犯罪。如果上述债务仍以夫妻共同债务处理，确定由马某实际承担还款责任，将使马某不堪重负。所形成的示范效应，将使人们对婚姻望而却步，也容易诱发夫妻离婚时恶意举债等道德风险。综上所述，认定涉案债务为夫妻共同债务，将不恰当地严重损害非举债配偶方的权益。

规则25　【夫妻共同债务】夫妻共同债务应以“为夫妻共同利益”为前提。

[规则解读]

夫妻共同债务应以“为夫妻共同利益”为前提。认定“为夫妻共同利益”，包括借款实际上用于夫妻共同利益，也包括债权人有理由相信夫妻一方举债系“为夫妻共同利益”两种情形。

[案件审理要览]

一、基本案情

2008年3月至6月期间，梁某某以借款炒股、投资为由，先后三次向同事蔡某某借款共34万元，并以个人名义向蔡某某出具借条。2008年7月23日，梁某某与唐某离婚，并共同对婚姻关系存续期间所负债务进行了确认，协议明确梁某某因赌博和股票交易所负49万元债务由梁某某负责偿还（不含本案诉争借款）。在唐

某要求下,梁某某还书面出具了没有其他债务的保证,但没有提出有欠蔡某某的借款。后蔡某某向法院提起诉讼,提出34万元借款系梁某某在与前夫唐某的婚姻关系存续期间所借,应由两人连带清偿。

二、审理要览

该案原一审、二审法院均判决诉争借款系夫妻共同债务。经唐某申诉,省高级人民法院裁定一审法院再审。

一审法院再审判决认为:

(1) 被告梁某某向原告借款事前未与唐某商量,事后也未告知,两被告无共同举债的合意;

(2) 梁某某未提供证据证明借款用于夫妻共同家庭生活,且梁某某在诉讼中自认借款是炒股和打牌所用。

综上,根据夫妻一方未经对方同意擅自筹资进行经营活动,而所得利益又未用于家庭共同生活的,该债务应视为个人债务之原则,本案讼争借款应认定为被告梁某某个人债务。

一审法院判决:

(1) 被告梁某某偿还原告蔡某某借款本金34万元;

(2) 被告梁某某以借款本金34万元为基数,按月息1%的标准向原告蔡某某支付自2008年10月1日至生效文书确定的履行之日止的利息;

(3) 驳回原告蔡某某的其他诉讼请求。

原告蔡某某与被告梁某某不服该判决,提起上诉。

二审法院经审理认为,梁某某与唐某协议离婚时,对夫妻共同债务进行了确认,没有说欠蔡某某的债务,证明被告唐某对该借款并不知情,双方没有形成夫妻共同举债的合意。梁某某向蔡某某所借款项,没有用于家庭共同生活。梁某某在诉讼中自认所借原告的借款用于炒股和打牌。

二审法院判决:驳回上诉,维持原判。

[规则适用]

该案争议的焦点是被告梁某某在婚姻关系存续期间向原告蔡某某所借债务,属于个人债务还是夫妻共同债务?

(1) 将"为夫妻共同利益"作为适用最高人民法院《婚姻法司法解释(二)》第24条的逻辑前提,符合婚姻法对夫妻共同债务的本质属性要求,具有充分的适法性。"为夫妻共同利益"应当是夫妻共同债务成立的法理基础和前提属性,因此适用《婚姻法司法解释(二)》第24条也应当以不违反该属性为前提,即只有债权人就婚姻关系存续期间夫妻一方以个人名义为夫妻共同利益所负债务主张权利的,且没有两种例外情形时,才能按夫妻共同债务处理。

(2) 将"为夫妻共同利益"作为适用《婚姻法司法解释(二)》第24条的逻辑前提,建立在正确的利益衡量基础上,具有充分的正当性。从风险防范的角度考量，在此类争议中，具体实施借贷民事法律行为的当事人是出借人和夫妻一方中的举债人，夫妻另一方在借款行为发生时根本不知情，也无从介入、无从控制、无法防范此类风险。

(3) 将"为夫妻共同利益"作为适用《婚姻法司法解释(二)》第 24 条的逻辑前提，符合诚实信用原则对民事法律行为和民事司法的要求，兼顾了善意第三人的正当权益，具有充分的必要性。必须强调，认定"为夫妻共同利益"，包括借款实际上用于夫妻共同利益，也包括债权人有理由相信夫妻一方举债系"为夫妻共同利益"两种情形。前一种情形，如有证据证明该借款事实上被用于夫妻共同利益，则属于共同债务毫无疑义；后一种情形，"有理由相信"来自《婚姻法司法解释(一)》第 17 条之规定，其认定标准也可依该规定：如果是小额借款，依该条第(一)项规定的夫妻日常家事代理权，出借人无须举证即可径行认定"有理由相信"；如果是超出日常家事需要的大额借款，债权人即负有举证责任，证明其为"有理由相信"。笔者认为，将出借人的主观认知要求界定为"有理由相信"，符合表见代理制度的要求，在婚姻法律制度中以明确的规定作为依据，也能够兼顾善意第三人的正当权益。

规则 26　【夫妻债务推定】将夫妻一方在夫妻关系存续期间对外所负债务推定为夫妻共同债务适用的前提条件是，当事人双方均无法证明该笔债务是否用于债务人夫妻共同生活或生产。

[规则解读]

将夫妻一方在夫妻关系存续期间对外所负债务推定为夫妻共同债务适用的前提条件是，当事人双方均无法证明该笔债务是否用于债务人夫妻共同生活或生产。

[案件审理要览]

一、基本案情

异议人罗某(女)与被执行人陈某于 1997 年 12 月结婚，后于 2010 年 6 月离婚。2004 年 11 月，陈某之妹因车祸成植物人。2005 年 6 月，陈某通过借贷还贷的方式，将其妹名下的江苏省洪泽县农村信用合作联社(以下简称农村信用社)贷款 10 万元转至自己名下。贷款到期后，陈某未能及时还款，被农村信用社诉至法院，并于 2012 年 4 月申请强制执行。在执行过程中，农村信用社以本案债务系陈某与罗某夫妻关系存续期间的共同债务为由，申请追加罗某为被执行人。法院裁定追加罗某为本案被执行人。罗某向法院提出执行异议，认为该笔贷款并未用于家庭共同生活，应属陈某个人债务。

二、审理要览

法院经审理认为，陈某于 2005 年和 2006 年与申请执行人农村信用社两次签订借款合同，罗某均未到场，更未签字，故农村信用社未能证明罗某与陈某具有举债的合意；另一方面，罗某提交的证据及法院的调查已证实陈某并没有将该笔贷款用于家庭共同生活消费或生产经营，而是将该笔贷款用于偿还其妹在某银行的剩余债务。故本案并不适用最高人民法院关于适用《婚姻法司法解释（二）》第24条的规定，不能将该笔债务推定为夫妻共同债务。法院裁定：异议人罗某的执行异议成立，撤销追加罗某为本案被执行人的（2012）泽执前督字第156号民事裁定。

［规则适用］

我国《婚姻法》第41条规定："离婚时，原为夫妻共同生活所负的债务，应当共同偿还。"依此规定，若债权人主张共同债务，需证明债务人夫妻是否合意举债或该笔债务是否用于夫妻共同生活或生产。现实生活中，债权人可以通过要求债务人夫妻共同签字，确认债务人夫妻是否合意举债，但对于一方举债后是否用于夫妻共同生活或生产则毫无办法，债权人对此很难举证，造成很多共同债务无法认定。

《婚姻法司法解释（二）》第24条规定，债权人就婚姻关系存续期间夫妻一方以个人名义所负债务主张权利的，应当按夫妻共同债务处理。此规定通过夫妻共同债务的推定，将举证责任转移至债务人夫妻。根据举证责任规则和立法本意，适用这一规定的前提条件应是当事人双方均无法证明该笔债务是否用于债务人夫妻共同生活或生产。如果债权人能够证明该债务用于债务人夫妻共同生活或生产，或债务人能够证明该债务并未用于夫妻共同生活或生产，直接适用《婚姻法》第41条即可作出裁判。如果此时还机械地坚持适用《婚姻法司法解释（二）》第24条，债务人不但要证明该笔债务没有用于夫妻共同生活或生产，还要证明夫妻双方没有举债合意，显失公平，明显违背立法本意。司法实践中，对夫妻共同债务的推定应仅限于推定该债务已用于夫妻共同生活或生产，而不应同时再推定夫妻双方具有举债合意，否则，法律的天平将会从债务人一方又偏向债权人一方。

本案现有证据已证明该笔贷款并未用于债务人陈某夫妻关系存续期间的家庭共同生活消费或生产经营，故不应适用《婚姻法司法解释（二）》第24条，而应直接适用《婚姻法》第41条。本案申请执行人未能证明异议人罗某与被执行人陈某具有举债的合意，故应认定本案债务为陈某个人债务，而非夫妻共同债务。

规则27 【夫妻共同债务举证】夫妻双方均抗辩为举债一方个人债务的情形下，由夫妻双方共同举证；在举债一方抗辩为夫妻共同债务的情形下，由其承担举证责任。

［规则解读］

凡是发生在婚姻关系存续期间的债务，原则上推定为夫妻共同债务，在债权人起诉，夫妻双方均抗辩为举债一方个人债务的情形下，由夫妻双方共同举证；在举债一方抗辩为夫妻共同债务的情形下，由其承担举证责任。

[案件审理要览]

一、基本案情

2011年1月6日、1月7日，被告H公司向交通银行宁波分行借款2000万元，借款期限6个月。时近期限，H公司等筹措还贷款项。同年7月1日，原告谢某通过其公司网银账户，将1400万元汇至H公司账户。同日，相关当事人向原告出具了一份《借据》，载明的借款人为H公司、H公司的法定代表人为李某及D公司。

被告李某（男）与被告刘某（女）于2002年2月结婚。2011年7月5日，李某与刘某签署了一份《离婚协议书》，称因经济原因，致使夫妻感情破裂，双方同意协议离婚，并约定房产归刘某所有，双方无共同财产及债权债务。若有债权债务，各人名下自行承担或享有。同日，该两被告在民政部门办妥离婚手续。

H公司成立于2008年8月，注册资本1000万元，经营范围为第一类医疗器械的制造、加工，股东为被告李某、胡某和张某，对应的股份分别为50%、30%和20%。2012年7月31日，胡某将其30%股份转让给被告李某，H公司的股权结构变更为被告李某占80%，张某占20%。同年7月，被告H公司在年检中向工商部门提交了一份报告，称其公司开发制造的SET脑功能检测系统医疗设备，因尚未取得国家注册批文而不能买卖，所以该公司未发生销售。

原告谢某要求《借据》上列明的借款人还款付息，同时以涉案借款发生在被告李某、刘某夫妻关系存续期间为由，要求被告刘某承担连带责任。

被告李某辩称：其未向原告借过款项，要求驳回原告对其的诉讼请求。

被告刘某辩称：因借款未用于夫妻共同生活，不能认定为夫妻共同债务，其无需对李某承担连带责任，要求驳回原告对其的诉讼请求。

二、审理要览

法院经审理后认为，涉案借款虽发生在被告李某、刘某婚姻关系存续期间，但该笔借款用于被告H公司经营，借款发生时被告李某在被告H公司的股份为50%，被告刘某无股份，并且被告H公司的产品因未取得国家注册而尚无销售。同时就涉案借款而言，现有证据也难以证明被告李某、刘某有共同借款的合意，或借款实际用于夫妻共同生活，故涉案借款不宜认定为被告李某、刘某的夫妻共同债务，对被告刘某的辩称予以采信。法院判决被告H公司、李某和D公司归还原告谢某借款1400万元，并自2011年7月5日起至生效判决确定的履行之日止，按照中国人民银行同期同类贷款基准利率的四倍支付利息。

[规则适用]

夫妻共同债务的推定，不仅涉及夫妻之间财产的调整，更涉及夫妻双方之外的债权人财产权利的保护。我国婚姻法并没有构建夫妻共同债务制度，只是在处理离婚财产分割问题时，提出了夫妻共同债务的推定规则。这些规则包括用途推定规则、合意推定规则和身份推定规则。

(1) 1950 年《婚姻法》第 24 条及 2001 年《婚姻法修正案》第 41 条,都规定了凡所欠债务用于夫妻共同生活的,即可认定为夫妻共同债务。

(2) 根据 1993 年最高人民法院《关于人民法院审理离婚案件处理财产分割问题的若干具体意见》第 17 条的规定,凡以夫妻双方名义所欠债务,或者虽以夫妻一方名义所欠债务但经过对方同意的,应当视为夫妻共同债务。

(3) 2003 年最高人民法院《婚姻法司法解释(二)》第 24 条规定:“债权人就婚姻关系存续期间夫妻一方以个人名义所负债务主张权利的,应当按夫妻共同债务处理。但夫妻一方能够证明债权人与债务人明确约定为个人债务,或者能够证明属于婚姻法第十九条第三款规定情形的除外。”以举债时间是否发生在婚姻关系存续期间,也即夫妻双方的身份关系作为认定夫妻共同债务的标准。

以上三项推定规则在司法实践尤其在举证责任分配问题上,存在很大的冲突与矛盾。要求债权人根据用途推定规则或合意推定规则证明借债用于夫妻共同生活,或者借债从事生产经营活动,并且其收益实际用于夫妻共同生活,否则承担举证不能的不利后果,对债权人尤其是善意债权人来说很不公正。从夫妻内部来说,一方根据用途推定规则的抗辩理由很容易成立。由此容易诱发夫妻双方相互串通,以离婚规避法律、逃避债务的道德风险。而身份推定规则将举证责任几乎绝对地分配给否认共同债务的夫妻一方,只有当他(她)举证证明债权人与债务人明确约定为个人债务,或者债权人知道夫妻之间采取了约定财产制的情形下,才无须共同承担债务。其举证责任甚至比用途推定规则推定中的债权人的举证责任还要严苛。在审判实践中,也由“过去更多的夫妻双方串通损害债权人利益”,发展到“更多的债权人与债务人串通,损害对方配偶的利益”。

为消弭三种推定规则的冲突,有观点提出:“婚姻关系存续期间,夫妻一方以个人名义因日常生活所负的债务,应认定为夫妻共同债务。超出日常生活需要负债的,应认定为个人债务,但债权人能够证明负债所得用于家庭共同生活、经营所需的,或者夫妻一方事后追认债务的除外。不属于家庭日常生活需要负债的,债权人可以援引合同法第四十九条表见代理的规定,要求夫妻共同承担债务。”这种观点以用途推定规则或合意推定规则为原则,债权人的举证责任还是没有减轻。尤其是最高人民法院 2009 年《关于当前形势下审理民商事合同纠纷案件若干问题的指导意见》对表见代理的构成要件作了比较严格的规定,要求债权人在主观上善意且无过失,并承担举证责任。这在私营经济发达、民间借贷活跃的地区,不利于保护债权人的合法权利,同时也会冲击社会本已脆弱的诚信体系。有鉴于此,又有观点提出另一种规则体系,即以身份推定规则为原则,以用途推定规则或合意推定规则予以衡平、修正,即凡是发生在婚姻关系存续期间的债务,原则上推定为夫妻共同债务;在债权人起诉,夫妻双方均抗辩为举债一方个人债务情形下,由夫妻双方共同举证;在举债一方抗辩为夫妻共同债务的情形下,由其承担举证责任。这种推定体系对各方的举证责任作了较为合理的分配,不至于成为“不可能完成的任务”。

在本案审理中,法官正是根据这种体系,在李某坚持借款非其个人,而为H公司行为的情形下,将举证责任分配给刘某。刘某提供的H公司的工商登记资料证明该公司因研发的医疗设备尚未取得批文而未有销售业务。无销售即无利润,李某未将其在H公司的经营所得用于夫妻共同生活,故刘某无须承担还款责任。根据《借据》上相关被告的签名、盖章方式及当事人的意思表示,认定涉案借款的债务人为被告H公司、李某和D公司,判令相关被告共同还款付息。

规则28　【离婚帮助】离婚时,如一方生活困难,另一方应从其住房等个人财产中给予适当帮助。具体办法由双方协议;协议不成时,由人民法院判决。

[规则解读]

离婚时,如一方生活困难,另一方应从其住房等个人财产中给予适当帮助。具体办法由双方协议;协议不成时,由人民法院判决。

[案件审理要览]

一、基本案情

蒋某(女)与左某(男)于2002年4月29日登记结婚,双方均系再婚,婚后初期感情尚好,因左某有饮酒嗜好,有时酒后闹事,蒋某曾为此报警,双方渐起矛盾。有一次双方发生冲突后,蒋某从家中搬出,开始分居。2011年蒋某曾起诉离婚,2011年12月28日法院判决驳回了蒋某的离婚请求。现蒋某再次诉至法院,要求与左某离婚。

庭审中,双方均同意离婚。就夫妻共同财产,某小区8号房屋,是蒋某1999年11月29日从其单位以成本价购买,价格为160 867.63元。双方于2002年4月29日登记结婚后,蒋某于2002年5月8日取得诉争房屋的产权证。蒋某实际月工资收入为8 049.45元。

左某已于2011年11月病退,左某称其病退后,需要看病,生活困难,其离婚后没有住房。左某提交了北京市海淀区劳动能力鉴定,因其患冠心病、不稳定型心绞痛、高血压病Ⅲ期、Ⅱ型糖尿病、行冠状动脉搭桥术,经鉴定:左某已达到完全丧失劳动能力鉴定标准。

二、审理要览

原审法院判决认为:蒋某与左某感情确已破裂。现双方均同意离婚,法院准许。

对于财产分割,法院认为:某小区8号房屋是1999年11月29日蒋某从其所在单位以成本价购买,在2001年11月付清房款,产权证是在双方结婚登记日后第10日取得。根据蒋某提供的住房公积金支出记录单记载,在此期间,并无住房公积金支出情况。左某称此房屋部分购房款是用双方婚后收入购买,未能提供证据。虽产权证取得在结婚登记之后,但该房屋的购买及房款交纳均在双方结婚登记之前完成,故此房屋应认定为蒋某婚前个人财产。左某主张分割,没有法律依据,法院不予支持。左某已于2011年11月病退,丧失劳动能力,且离婚后没有住房。属于生活困难。蒋某工作稳定,收入较高,且有自己的住房,离婚后,其应给予左某一定的帮助,法院判定其每月支付左某2 000元,期限为2年。

左某不服提起上诉,二审法院驳回上诉,维持原判。

[规则适用]

一、离婚经济帮助的适用条件

离婚救济,通常指对离婚当事人所实行的有关人身和财产的救济措施。具体包括离婚后的经济帮助、离婚损害赔偿和家务劳动补偿。这里谈的是离婚救济制度之一——离婚后的经济帮助。离婚经济帮助,是指夫妻离婚时,如果一方生活困难,经过双方协议或者协议失败经法院判决,其中有条件的一方对困难的一方在住房、生活等方面进行一定资助的行为。经济帮助可以是物质方面的帮助,也可以是金钱性的帮助。离婚经济帮助的适用条件,主要有三:

1. 一方生活困难

根据《婚姻法司法解释(一)》第27条规定:"一方生活困难",是指依靠个人财产和离婚时分得的财产无法维持当地基本生活水平。或者"离婚后没有住处的,也属于生活困难。"

2. 另一方有帮助能力

虽然婚姻法没有对义务方是否具备救助能力予以明确,但义务方如果没有一定的经济能力,甚至和被帮助方的生活水平一样,那根本谈不上给予帮助。离婚经济帮助归根结底是一种帮助制度,因此要求帮助方有能力提供帮助。一般收入较高方、有住房方应视为有帮助能力。

3. 必须是离婚时,离婚后不得主张

离婚经济帮助制度,是基于夫妻之间的扶养义务,在婚姻关系结束后,应当基于此给予对方适当帮助。但离婚后一方发生生活困难的情形,没有再行主张帮助的法律基础,不属于离婚经济帮助制度的范畴,法院一般也不予支持。此外,受帮助方如果另行缔结婚姻,原资助方的帮助义务也即行中止。

二、实施离婚经济帮助的方法

依据《婚姻法》的规定,实施经济帮助的办法是,先由当事人双方协商;达不成协议的,由人民法院处理。人民法院首先调解,调解不成时才进行判决。主要分以下几种情况:

(1) 离婚时一方年轻有劳动能力,暂有生活困难,无法维持生活的,另一方可给予短期的或一次性的经济帮助。

(2) 结婚多年,一方年老体弱或病残、失去劳动能力而无生活来源的,另一方应在居住和生活方面给予适当安排。

(3) 一方以个人财产中的住房对生活困难者进行帮助的形式,可以是房屋的居住权或者房屋的所有权。

(4) 在经济帮助执行期间,受资助方另行结婚或经济收入已能够维持当地基本生活水平的,帮助即可终止。

(5) 原定经济帮助执行完毕后,一方要求对方继续给予帮助的,一般不予支持。

规则 29　【离婚赠与】离婚赠与具有特殊性,理应在维持赠与人的正常生活的情况下履行该赠与。

[规则解读]

离婚赠与具有特殊性,理应在维持赠与人的正常生活的情况下履行该赠与。若交付赠与物,赠与人的生活受到严重影响,则可拒绝履行。

[案件审理要览]

一、基本案情

张某(男)与海某(女)原系夫妻关系。2009 年 6 月,二人经法院调解离婚。在离婚协议中约定,婚生子张某某由张某抚养,海某给付抚养费至张某某 18 周岁时止。同时,二人将夫妻共同财产(楼房一幢及所有的生活用品、家具等)赠与张某某。张某某随张某共同生活至 2010 年 8 月,后随母海某生活。张某某考取大学后,向张某索要费用未果,诉到法院,要求张某返还赠与的财产。张某称其本人没有其他房产,故不予履行赠与行为。

二、审理要览

本案在审理中有三种观点:

第一种观点认为,该赠与依法成立,张某应全部履行。

第二种观点认为,本案受赠人系赠与人的儿子,依法对张某有赡养的义务,其主张赠与财产所有权有违赡养义务与情理,应予驳回。

第三种观点认为,离婚赠与有特殊性,应维持赠与人的正常生活,故该赠与只能部分履行。

[规则适用]

笔者同意第三种观点,理由:

1. 张某的行为是履行拒绝

根据法律规定,赠与人在下列情形下享有撤销权:受赠人对赠与人或其近亲属有严重侵害行为;受赠人对赠与人有扶养义务而不履行;受赠人不履行赠与合同约定的义务,主要指附条件的赠与。《合同法》第 192 条第 2 款规定,赠与人撤销权的除斥期间为 1 年,自赠与人知道或应当知道撤销原因之日起算。

《合同法》的第195条规定："赠与人的经济状况显著恶化，严重影响其生产经营或者家庭生活的，可以不再履行赠与义务。"赠与的履行拒绝是在赠与人对赠与物有紧急需要的情形下，法律特别赋予赠与人的一种抗辩权。

本案中，张某离婚赠与的时间是2009年6月，张某若要行使撤销权，应在2011年8月前行使。因此，张某的行为不属于赠与撤销。而由于本案中赠与合同所涉及的动产和不动产均未交付；又因赠与财产与张某的生活息息相关，若履行交付义务，则严重影响其日常生活，故符合赠与履行拒绝的构成要件。

2. 张某的赠与承诺应当部分履行

我国民法规定，子女对父母有赡养的义务。如果子女行使权利而使父母的生活受到严重影响，则这样的权利违反道德和我国民法原则。履行拒绝制度设立的本意，主要取决于赠与物对赠与人的影响是否重大。若交付赠与物，赠与人的生活受到严重影响，则可拒绝履行；若影响不甚严重，则不能拒绝履行。现在若将房产全部交付受赠人，赠与人将居无定所，因此，张某可行使拒绝履行权。

但是，张某作为完全民事行为能力人，其赠与依法成立。由于该赠与有为子女健康成长考虑的道德义务，若全部拒绝，则与诚信原则相悖，因此，本案住房对张某的生活影响最为明显，所以张某对夫妻共有的房产享有的一半所有权不应交付受赠人，其他赠与物应予以交付。

规则30 【赠与撤销】夫妻双方将共有财产赠与他人后，如夫妻一方在赠与合同订立时存在意思表示瑕疵，意思表示瑕疵一方可诉请法院撤销该赠与。

[规则解读]

夫妻双方将共有财产赠与他人后，如夫妻一方在赠与合同订立时存在意思表示瑕疵，意思表示瑕疵一方可诉请法院撤销该赠与。如符合可撤销合同撤销权行使的法定条件，法院应判决撤销夫妻该对他人的共同赠与，而不应仅判决撤销意思表示瑕疵一方该对他人的赠与。

[案件审理要览]

一、基本案情

张某（男）与张某香（女）于1988年11月登记结婚，次年4月张某香生育张某某。1998年2月，张某签订商品房预售合同，购买了上海市宝山区一处房屋。2002年4月，张某、张某香及张某某登记为该房屋的共有人。2010年4月，在张某与张某香的离婚诉讼中，经亲子鉴定，排除了张某为张某某的生物学父亲。同年5月，一审法院判决准予张某与张某香离婚（系争房屋未作处理），该判决已生效。张某随后以重大误解为由，于同年7月起诉要求撤销赠与张某某的系争房屋1/3份额。张某某及张某香辩称：即使原告存在重大误解，因原告起诉时距赠与行为发生已有8年，故其撤销权已消灭；即使张某能够行使撤销权，也仅能撤销系争房屋1/6份额的赠与。

二、审理要览

一审法院经审理认为，张某对张某某就系争房屋权利的赠与系基于张某某为其亲生女儿的认识，现张某某已确定非其亲生女儿，故可以认定，张某对其赠与行为内容存在重大误解，其对被告的赠与依法可予撤销。相关部门就亲子鉴定的鉴定意见书出具时间为2010年4月，此时距张某起诉尚不足一年，故张某撤销权并未消灭。法院判决：撤销原告张某对被告张某某房屋房地产权利的赠与。

宣判后，张某不服，认为撤销应及于整个赠与行为，一审判决实际上只撤销了系争房屋1/6份额的赠与，遂提起上诉。

二审法院经审理认为，张某与张某香同意张某某为房屋共有人并记载于房地产权利证书上，是基于张某某是张某与张某香婚生子女的一致认知，并在此基础上所作的赠与。对于共同共有财产的处分，需各共有人意见一致才能作出，故张某要求撤销赠与的效力应及于整个赠与行为。据此，法院判决：撤销原审判决；撤销张某、张某香对张某某房屋房地产权利的赠与。

［规则适用］

本案在亲子赠与纠纷中具有一定的典型性。系争房屋原应为张某与张某香夫妻共有财产而非家庭共有财产，张某某并非该房屋当然的共有人。系争房屋当时登记为三人共有的事实，根据生活常识，不难理解为系张某与张某香夫妻二人对女儿张某某就系争房屋部分份额的赠与——这种置产赠与形式在子女未成年的核心家庭较为常见。本案中，各当事人对赠与事实均不持异议，争议焦点在于原告是否享有撤销权以及撤销权行使的效力范围。

本案中，原告以其对赠与合同存在重大误解而主张行使可撤销合同中的撤销权。最高人民法院《民法通则意见》第71条规定："行为人因为对行为的性质、对方当事人、标的物的品种、质量、规格和数量等的错误认识，使行为的后果与自己的意思相悖，并造成较大损失的，可以认定为重大误解。"原告将被告（赠与合同的对方当事人）误认为是自己的亲生女儿，并基于亲子关系的认识而与第三人将夫妻共有房产部分赠与被告（重大损失），符合"重大误解"的认定标准。知道撤销事由的时间就是原告知悉亲子鉴定结果之时，鉴定意见书出具时间距其诉请撤销赠与不足1年，故其撤销权并未消灭。

在本案一、二审期间，原、被告之间一直存在1/3份额与1/6份额之争，由此涉及共同共有人就共同财产是否享有份额的问题。依我国法律规定，共有分为按份共有和共同共有。两种共有的本质区别在于共同关系的有无：按份共有仅是财产关系，没有共同关系的要求；而共同共有兼具财产关系与人身关系，其存在则须以有共同关系为前提。学界和实务界普遍认为，共同共有区别于按份共有的一个重要方面在于，共同共有人对共有财产"不分份额"地享有权利、承担义务。有些学者主张共同共有也存在份额，只不过按份共有人的应有部分为"显在"，共同共有人的应有部分为“潜在”，只有在共同关系结束对共同财产予以分割时，其份额才能真正予以明晰。在本案中，因当时张某与张某香就系争房屋对张某某的部分赠与并未约定所赠与的具体份额，且本案亦非财产分割纠纷，故法院不宜对相关共同共有财产的份额予以明确。本案一、二审判决均充分认识到了这一点。

事实上，当事人之间上述争议的实质在于：作为共同赠与人之一的张某香的意思表示并无瑕疵，在此情况下，法院应仅撤销张某对张某某的赠与还是应撤销张某、张某香对张某某的共同赠与？依据《物权法》第97条的规定，对共有财产的处分，按份共有按绝对多数决原则，共同共有按全体一致原则。夫妻共同共有财产的部分赠与，无疑属于处分行为。张某在订立赠与合同时存在重大误解，表明其不具有和张某香将夫妻共有的系争房屋部分份额赠与张某某的真实意思。共同赠与因缺乏共同共有人之一张某的同意而失去了存在的基础。因此，张某行使撤销权的效力应及于张某与张某香的共同赠与行为。

另外，受赠人张某某的加入，使系争房屋由夫妻共同财产变为家庭共同财产，而这两种共有的基础即共同关系分别是夫妻关系和家庭关系。鉴于血缘关系在亲子赠与中的重要性及在家庭关系中的敏感性，加之原告在诉讼中的坚决态度，可以认定，任何能使被告成为系争房屋共有人的赠与形式均违背原告的内心真意，均不会得到原告的同意。而依据法理，共有人对于共有财产的整体均享有共有权，共同共有财产中任何部分或份额的处分（包括赠与），都要获得全体共同共有人一致同意，而不能由部分共有人任意为之。因此，被告及第三人的抗辩不应得到法院支持。

原审判决忽略了共同共有财产的处分原则，仅就张某对张某某的赠与进行处理欠妥，应予以纠正。虽然张某与张某香已离婚，但因系争房屋的分割问题在离婚案件中未作处理，故在赠与撤销后，系争房屋仍属于张某与张某香的共同共有财产。张某与张某香可就系争房屋的分割另行主张。

规则31　【一方赠与】夫妻一方擅自将夫妻共同财产赠与第三人的，可根据赠与财产的性质，认定一方对共同财产中属于自己的部分享有处分权，该部分财产的赠与有效。

[规则解读]

在婚姻关系存续期间，夫妻一方未经另一方同意，擅自将夫妻共同财产赠与第三人的，可根据赠与财产的性质，认定一方对共同财产中属于自己的部分享有处分权，该部分财产的赠与有效，而对属于另一方的那部分财产的赠与无效。

[案件审理要览]

一、基本案情

2008年11月11日，原告黄某（女）与被告邱某（男）登记结婚。邱某在与黄某夫妻关系存续期间,与被告赖某来往密切,关系暧昧。2011 年 10 月 21 日,邱某私自转账给赖某现金 40 万元,用于购车,后原告黄某得知,致使夫妻关系恶化,二人于 2012 年 4 月 16 日登记离婚。原告黄某要求赖某返还 40 万元未果后,起诉至法院,请求确认邱某与赖某之间的赠与行为无效,由赖某将受赠所得返还黄某。

二、审理要览

一审法院经审理认为,夫妻在家庭中地位平等,对共同所有的财产有平等的处理权。同时,当事人订立、履行合同,应当遵守法律、行政法规,尊重社会公德。邱某违背夫妻应当互相忠实的义务,在与黄某夫妻关系存续期间,与赖某关系暧昧,并转账付给赖某 40 万元,双方没有其他任何经济往来,其给付性质应当认定为赠与关系。对于该笔财产,赖某与邱某没有证据证明是邱某的个人财产,应当认定为邱某与黄某的夫妻共同财产。邱某的赠与行为违反了法律规定和社会公德以及公序良俗原则,赠与无效。法院判决:邱某转账赠与赖某现金 40 万元的行为无效,赖某应予返还。

赖某不服一审判决,提起上诉。

二审法院经审理认为,邱某赠与赖某 40 万元实际对夫妻共同财产进行了处分。根据我国《婚姻法》和《物权法》的相关规定,夫妻对财产的共有属于共同共有,夫妻对共有财产共同享有所有权和平等的处分权。邱某赠与赖某 40 万元中的 20 万元,侵犯了黄某的所有权和平等处分权,应属无效。邱某与黄某已经离婚,共有基础丧失,邱某按一般财产分割原则可以分得 40 万元中的 20 万元,其赠与的意思表示真实并且赠与已经完成,处分行为并不影响共有财产分割后的价值,遂确认邱某赠与赖某 40 万元中的 20 万元的赠与行为有效。法院改判赖某应予返还 20 万元。

[规则适用]

本案中,争议的焦点可以分为两个:一是被告邱某转账给付赖某 40 万元的性质;二是其转账行为的效力。

第一个焦点,由于两被告之间没有签署任何协议,双方之间也无其他证据证明其有经济往来及借款关系,基于双方的特殊关系,可以认定被告邱某转账是出于自愿的赠与行为,被告赖某接受了该款项,双方成立赠与合同。对此无争议。有争议的则是第二个焦点,即夫妻一方在夫妻关系存续期间,擅自将共同财产赠与第三人的效力如何认定。

关于赠与的效力,有三种意见:

第一种意见认为全部有效。赠与人只要意思表示真实,合同内容不违反法律规定,这个赠与行为就是有效的。

第二种意见认为部分有效。夫妻一方无权擅自处理夫妻的共同财产,夫妻一方对属于自己的那一部分财产的赠与是有效的,而对于属于另一方的那部分财产的赠与是无效的。

第三种意见认为全部无效。原因一是违反了公序良俗。根据《民法通则》及《合同法》的规定,民事行为应当尊重社会公德,不得损害社会公共利益。夫妻一方将财产赠与给第三人,特别是有暧昧关系的第三人,有违社会公德。原因二是夫妻一方无权处分夫妻双方的共同财产,其赠与行为侵犯了合法婚姻当事人的权利。

笔者认为,本案采取部分有效说更为合理。

(1)夫妻不同于一般的共有者,在婚姻关系存续期间产生的各种财产发生混同,除特别规定为夫妻个人财产外,其余财产都是夫妻共同财产。特别是夫妻双方所获得的金钱,其属于种类物和不可区分之物,无法区分来源,在未分配之前,双方都占有份额。

(2)《婚姻法司法解释(三)》第11条规定,善意第三人可以取得未经夫妻另一方同意出售的夫妻共有房屋产权。再结合《婚姻法》第19条及司法解释对夫妻共同债务的规定可以看出,一般来说,夫妻双方对外呈现一个整体,其一方的行为也会对另一方产生效力,双方对内的约定不得对抗第三人。但是与买卖处理共同财产的方式不同,赠与是一种不需要对价的处理方式。买卖获得的对价是一种新的共同财产,夫妻双方仍有权共享,夫妻共同财产并不会因此减少。但是赠与是对夫妻共同财产的减少处理,一方擅自赠与共同财产,则会使另一方的财产减少,有损其利益。所以,此时如果认定其赠与行为全部有效的话,则会侵犯夫妻另一方的利益,特别是在夫妻关系不稳定时,一方有可能通过赠与来转移共同财产,这不符合立法原意。

(3)对于金钱共同财产,由于双方都有份额,双方都有权参与处理。夫妻财产上的混同不能否认双方人格上的独立,夫妻各方也有权处理自己所享有的财产。就本案而言,40万元不能实体分割,只能抽象确定双方各享有20万元,邱某有权处理其所享有的20万元。如前所述,《婚姻法》的规定也体现了对第三人的保护。本案中,邱某赠与的意思表示真实并且赠与已经完成,应予确认。

(4)公序良俗原则和社会公德只是民法体系中的原则性规定,其适用应注重考察具体情形。就处分夫妻共同财产的行为,最终要看其是否损害了夫妻另一方的权益。就一方擅自处分财产造成损失时,《婚姻法司法解释(三)》第4条及11条分别针对婚姻关系存续期间和离婚时的救济手段作了规定:一是请求分割共同财产;二是请求赔偿损失。就本案而言,对于邱某的处分行为,黄某可在离婚时,诉求由过错方邱某在分割夫妻共同财产时进行补偿。

规则32 【父母赠与】对于婚姻关系存续期间父母赠与的动产,推定为夫妻共同财产,只有一方提供证据证明该动产仅是对一方个人的赠与,方可阻却对方参与对该动产的分配。

[规则解读]

对于婚姻关系存续期间父母赠与的不动产,产权登记在一方名下的,推定为仅是对一方个人的赠与，属于一方的个人财产，未登记在产权登记簿一方，只有提供证据证明该不动产是对夫妻双方的赠与才可参与对该不动产的分配；对于婚姻关系存续期间父母赠与的动产，则推定为夫妻共同财产，只有一方提供证据证明该动产仅是对一方个人的赠与，方可阻却对方参与对该动产的分配。

［案件审理要览］

一、基本案情

2010年甲男与乙女经登记结婚。婚后，甲男父母出资购买大众宝来汽车一辆，供甲男与乙女共同使用，车辆权属登记在甲男名下。2013年3月，甲、乙双方因性格不合经常发生吵打，乙女起诉到法院要求与甲男离婚，并要求对夫妻共同财产宝来汽车予以分割。甲男同意离婚，但认为汽车是父母对其个人的赠与，是其个人财产，不属于夫妻共同财产，不同意分割。

二、审理要览

对本案争议汽车是否属于夫妻共同财产存在两种不同意见：

第一种观点认为，汽车属于出资人子女个人财产，汽车产权登记在自己子女名下，按照父母的内心本意，应该认定为明确只向自己子女一方的赠与。

第二种观点认为，汽车属于夫妻共同财产，父母未明确表示是对夫或妻一方的赠与，应视为是对夫妻双方的赠与。

［规则适用］

笔者同意第二种观点。之所以出现上述分歧意见，主要因最高人民法院《婚姻法司法解释（三）》第7条第1款规定："婚后由一方父母出资为子女购买的不动产，产权登记在出资人子女名下的，可按照婚姻法第十八条第（三）项的规定，视为只对自己子女一方的赠与，该不动产应认定为夫妻一方的个人财产。"本案不能直接适用该规定。该规定是针对不动产作出的司法解释，是为了实现《婚姻法》与《物权法》的对接。根据《物权法》的规定，不动产物权设立采取登记生效主义，而动产物权设立则采取登记对抗主义。由于两者设立方式的差异，对于婚姻存续期间父母赠与的不动产，产权登记在一方名下的，推定为仅对一方个人的赠与，属于一方的个人财产，未登记在产权登记簿一方，只有提供证据证明该不动产是对夫妻双方的赠与才可参与对该不动产的分配；对于婚姻关系存续期间父母赠与的动产，则推定为夫妻共同财产，只有一方提供证据证明该动产仅是对一方个人的赠与，方可阻却对方参与对该动产的分配。

本案亦不可类推适用《婚姻法司法解释（三）》第7条的规定。类推适用是指在法无明文规定的具体案件中，援引与其性质最相类似的现有法律规定进行处理的适用法律的推理活动。它的前提条件是：待处理案件是无具体、明确的法律规范的案件。根据《婚姻法》第17条的规定，夫妻在婚姻关系存续期间，继承或赠与所得的财产，归夫妻共同所有；第18条规定，遗嘱或赠与合同中确定只归夫或妻一方的财产，为夫妻一方的财产；我国《婚姻法》已经对婚后一方父母出资为子女购买,产权登记在出资人子女名下的动产权属作出了规定,就不应再类推适用《婚姻法司法解释(三)》第7条的规定。本案中,婚后甲男父母出资购买汽车供甲男与乙女共同使用,甲男父母未明确赠与的对象,不应根据权属登记推定受赠人,而应视为是对子女夫妻双方的赠与,属于夫妻共同财产。

规则33　【知识产权分割】在确认知识产权期待利益归属于知识产权权利人所有的基础上,必须合理补偿夫妻另一方的家务劳动贡献和丧失职业发展机会的损失。

[规则解读]

在确认知识产权期待利益归属于知识产权权利人所有的基础上,必须合理补偿夫妻另一方的家务劳动贡献和丧失职业发展机会的损失。

[案件审理要览]

一、基本案情

王某是一位网络小说作家,与马某2004年登记结婚。2005年,王某创作了两部小说均未被采用。在王某无收入的情况下,马某一直供养夫妻二人的生活。2006年,王某与马某协议离婚并对夫妻财产进行了分割。2007年,王某2005年创作的两部作品均发表并获稿费3万元。马某向法院提起诉讼,要求对王某的3万元稿费平均分割。

二、审理要览

本案在处理过程中,有三种意见:

第一种意见认为,该收益应归王某所有,理由是知识产权具有人身权属性,知识产权的预期利益因此具有专有性。

第二种意见认为,该收益应该在王某和马某之间平均分割,理由是知识产权的收益是否为夫妻共同财产,取决于该知识产权是否在婚姻关系存续期间取得。

第三种意见认为,在坚持"个人财产说下的补偿论",即在确认该知识产权期待利益归属于知识产权权利人所有的基础上,必须合理补偿夫妻另一方的家务劳动贡献和丧失职业发展机会的损失。

[规则适用]

笔者同意第三种意见,理由为:

1. 知识产权期待利益归夫妻共有缺乏法律依据

(1) 从《最高人民法院婚姻法司法解释(二)》第12条"'知识产权的收益',是指婚姻关系存续期间,实际取得或者已经明确可以取得的财产性收益"的规定来看,并未把知识产权期待利益纳入可分割范围。

(2) 从知识产权的特性来看,将婚内所得知识产权的期待利益认定为夫妻共同财产,违背了知识产权的一般原理。此外,将知识产权中的财产权认定为夫妻共有,则有将财产权强制附加人身权的嫌疑,这种强制性显然与知识产权的人身专属性相背离。

2. 将离婚时知识产权期待利益作为个人财产,不对夫妻另一方进行补偿有失公平

配偶一方在婚姻存续期间以家务劳动、夫妻共同财产协助另一方配偶取得知识产权,而在离婚时却由取得知识产权的权利人独享期待利益是不公平的。并且,由知识产权的人身权属性并不能推出知识产权预期利益的专有性。知识产权的人身性和财产性在某些情况下是可以分离的,将婚内知识产权所生的利益归为夫妻共同财产的范围,乃是婚后所得共同制的立法精神所决定的,而不是由知识产权的人身权属性和专有性所决定的。

3. 本案中,王某应合理补偿马某的家务劳动价值

对知识产权期待利益的裁判,不能背离目前的法律规定。在确定期待利益属于知识产权权利人的前提下,从公平原则出发,知识产权权利人应对夫妻另一方进行合理补偿,补偿的依据为家务劳动价值。这种补偿是一种财产利益。因此,非创造方提起补偿的期间适用诉讼时效期间。根据我国《民法通则》的规定,诉讼时效从权利人知道或应当知道权利被侵害时起算两年。诉讼时效完成后,其权利本身仍存在,仅诉权归于消灭。针对离婚时知识产权期待利益的补偿请求权而言,知道或应当知道的起算点界定为离婚之日较为适宜。

4. 知识产权权利人补偿家务劳动贡献方的数额计算

家务劳动的补偿数额和知识产品非创造方提供家务劳动的性质有关,和夫妻婚姻持续时间有关,需要法院综合予以认定。如果知识产权创造方与家务劳动贡献方的婚姻存续期间较长,离婚时分割夫妻共同财产足以实现补偿家务劳动价值的,则不应在离婚时对贡献方再予以经济补偿;否则,知识产权创造方在离婚时应当从分割共同财产后的个人财产中对贡献方予以经济补偿;如果知识产权创造方尚未取得现实的经济收入,没有财产补偿的,可以在离婚后分期补偿。这样,既实事求是地承认了贡献方从事家务劳动的价值,又考虑到知识产权创造方自身的不同实际情况。同时,补偿数额的多少和知识产权本身的价值没有必然联系,但是补偿额度最高不能超过知识产权本身的价值。

规则 34　【保险收益】个人婚前购买保险,虽然保险收益在婚姻关系存续期间取得,但属于自然增值的投资收益,应当认定为个人财产。

[规则解读]

个人婚前购买保险,虽然保险收益在婚姻关系存续期间取得,但属于自然增值的投资收益,应当认定为个人财产。

[案件审理要览]

一、基本案情

2010年8月,甲(女)诉至法院称,甲与乙(男)2008年9月结婚,婚后不久即发现乙与其他异性有染并致其怀孕,现该孩子已经出生,夫妻感情难以弥合,请求法院判决离婚并分割共同财产。诉求是:

(1)分割共同存款20万元;

(2)分割乙保险账户内资金10万元、投资收益3万元及保险理赔金5000元。

乙同意离婚,同意分割共同存款20万元,但不同意分割其所购保险,理由是保险是其婚前购买,收益也是该保险的收益,应该归他个人所有。

法院查明:甲与乙2008年9月15日结婚,婚后不久乙即与其他女子相好,并于2010年6月7日生下一子,现甲诉求离婚,乙表示同意,法院不持异议。甲与乙均认可有共同存款20万元,诉讼中乙同意全部给甲,法院不持异议。关于乙所购买保险,法院查明自2007年6月11日至2008年6月20日,乙陆续用10万元购买了×××保险公司的投资连结保险,乙认可自2009年2月起,从该保险中获益3万元。另查明2009年7月15日,乙因不慎跌倒骨折,该保险公司理赔5000元。双方均认可无其他共同财产。

二、审理要览

法院认为,因乙与其他异性有染,致使双方感情破裂,现在双方同意离婚,法院予以支持;关于除保险财产以外的财产分割,双方达成一致,法院不持异议;关于该保险,购买保险的本金系乙个人婚前所有,因此,该保险应当认为系乙婚前财产的转化,不应予以分割,该保险收益系婚姻关系存续期间取得,属于自然增值的投资收益,应当认定为个人财产;关于意外伤害的保险赔偿金,具有人身性,应属于乙个人所有,法院不予分割。

[规则适用]

本案中的争议焦点主要有三个:

(1)乙婚前用个人财产购买的保险,离婚时能否予以分割?

(2)该保险所产生的受益的性质应当如何认定?

(3)乙因保险获得的意外伤害赔偿能否分割?

按照我国《婚姻法》第18条的规定,一方的婚前财产为夫妻一方的财产。本案中,虽然乙婚前的财产形式发生变化,由现金变成了保险产品,但是形式上的变化不能改变该财产的性质,其仍然属于乙婚前的个人财产,不能在离婚中予以分割。

我国《婚姻法司法解释(二)》第11条规定,一方以个人财产投资所获得的收益应当归属为夫妻共同财产。据此,夫妻一方以自己的个人财产投资,无论该个人财产因何种原因被归属为个人财产,也无论该投资行为起始于什么时间,只要是发生在婚姻关系存续期间的收益,即应当认定为夫妻共同财产。

本案中,乙系以个人财产投资,并且投资系婚前行为,收益却是婚姻关系存续期间获得,根据《婚姻法司法解释(三)》第5条的规定,夫妻一方个人财产在婚后产生的收益,除孳息和自然增值外,应认定为夫妻共同财产。该财产应当属于财产的自然增值,

应当认为该收益是个人婚前财产。一方面以个人财产投资,另一方面投资行为又完成于婚前,仅仅在婚姻关系存续期间获得了可以预期的收益,应认定为夫妻一方个人财产,将该财产增值部分认定为个人所有是公平的。

乙因为受到意外伤害,从而从该保险获得的损害赔偿金问题,应当认为法院的处理是妥当的。该保险金是为了弥补乙所受到的人身伤害,具有人身性,不能够看做是该保险的收益,应当认定为乙的个人财产,不能予以分割。

规则35 【保险分割】不同的保险品种在离婚案件中适用不同的分割规则。

[规则解读]

不同的保险品种在离婚案件中适用不同的分割规则。保险类财产权益的分割与其他财产的分割相同,都要按照婚姻法分割财产的相关规则进行。对于已经取得保险金的保险,直接分割保险金,而对于保险合同尚在履行过程中的保险,则区分情况分割保险费或者保单的现金价值。在财产险中,一般险随保险标的走。

[案件审理要览]

一、基本案情

2010年6月甲(女)起诉至法院称,甲与乙(男)1990年9月结婚,婚初感情尚好,2008年开始我发现甲在外包养"二奶",甲多次规劝未果,现双方感情已破裂。请求法院判决:

(1) 甲与乙离婚;

(2) 共有房屋归甲所有,基于乙有过错,给予甲40%房屋折价补偿;

(3) 分割为房屋购买的10万元两全险,甲给对方4万元补偿;

(4) 分割双方的养老金,由甲享有60%;

(5) 分割为婚生子丙购买健康成长险受益10万元,由甲享有60%;

(6) 分割乙2011年才到期的意外伤害险;

(7) 分割共同存款60万元,由甲享有36万元。

乙辩称,甲称乙包养"二奶"不是事实,并且乙也怀疑甲跟他的同事有染,现双方感情已经破裂,同意离婚。乙同意房屋归甲所有,但是乙要求房屋价值及房屋两全险均折价补偿乙50%;乙不同意分割双方的养老金,双方都还有十几年才退休,双方都未领取养老金;另外甲购买的人寿分红险,现金价值计10万元,应当予以平均分割。最后,共同存款也应当平均分割。

法院查明,甲与乙于1990年9月8日登记结婚,1992年7月1日双方育有一

子,诉讼期间已成年。婚后双方感情尚好,自2008年始双方开始互不信任、互相猜疑,以致双方感情破裂,现双方均同意离婚,法院不持异议。双方承认婚姻关系存续期间,甲承担了照顾老人和孩子等较多家庭义务,且甲工作不稳定,报酬较少。经评估,双方共有房屋价值180万元,双方同意房屋上的两全险价值10万元;关于养老金账户个人缴纳部分,甲账户中有12万元,乙账户中有8万元;关于婚生子丙的健康成长险一节,经法院查明,该险投保人为乙及受益人为乙,因丙成年,而达成受益条件,受益金额为10万元。关于乙称甲的人寿分红险,法院查明:2000年9月1日,乙为甲购买该险种,诉讼中,双方认可该保险现金价值为8万元。双方认可有共同存款60万元,其他财产已经分割完毕。

二、审理要览

法院认为双方对离婚已经达成一致,法院不持异议。对于房产分割及其他财产分割,基于甲对家庭付出较多,且目前工作不稳定,收入不高,法院予以酌情多分。对于房产,乙同意由甲享有,对于甲向乙折价补偿份额,由法院酌定。对于房屋上的两全险,相应的由甲享有,由甲给予乙相应补偿;对于养老金账户中的养老金,甲乙均未退休,不能予以分割,但是对于养老金中个人承交部分,法院予以分割;对于婚生子的成长险,受益人虽为乙,但应当认定为夫妻共同财产,法院酌情分割;对于甲的人寿分红险,也应当认定为夫妻共同财产,由法院按照一定比例对其现金价值予以分割;关于乙的意外伤害险,系以夫妻共同财产投保,应当在保险费范围内对甲以补偿;对于共同存款,法院已按照相关比例予以分割。

[规则适用]

风险意识较强的家庭,购买的保险品种可能远远多于本案例中的类型,在离婚案件中,人民法院应当按照相关的原则对各类保险一一作出处理。从处理离婚案件中保险问题的基本原则的角度观察本案,我们还可以发现如下几个方面的问题:

(1)保险类财产权益的分割与其他财产的分割相同,都要按照婚姻法分割财产的相关规则进行分割。按照我国《婚姻法》的相关规定,人民法院在分割夫妻共同财产时,应当照顾女方及子女的利益,照顾为家庭付出较多一方的利益。在本案中,因为甲为家庭付出较多,人民法院在房产及存款上都会对甲予以照顾,相应的,在保险财产的分割上,也会按照相应的比例,对甲予以照顾。我国《婚姻法》及相关司法解释中对离婚中财产分割原则在前文中有详述,这些原则一并包括保险财产及其他财产的分割。

(2)对于已经取得保险金的保险,直接分割保险金,而对于保险合同尚在履行过程中的保险,则区分情况分割保险费或者保单的现金价值。本案中,双方为婚生子购买的成长险,因为婚生子已成年具备了受益条件,从而转化为保险金,在这种情况下,只应当确认该保险金属于共同财产或者个人财产即可,无须再对保险合同进行考察。保险金的财产归属性质也有可能产生差别,在本案中,丙的成长险可以看做是甲与乙的投资收入，虽然投保人及受益人均写明是乙个人，但不影响其夫妻共同财产的属性；而在意外伤害险等险种中，保险金则具有人身属性，应当属于个人财产。在保险事故并未发生或者保险合同约定的条件尚不具备，保险合同尚在履行期间的情况下，如果是保障型的保险，则分割保险费，被保险人在保险费的范围内给予对方一定的补偿。在储蓄性及投资型的保险类别中，则分割保单的现金价值。

（3）在财产险中，一般险随保险标的走。这也是便于保险合同继续履行原则的体现。我国《保险法》要求保险事故发生时，被保险人对保险标的享有保险利益。夫妻双方在婚姻关系存续期间购买的财产险，离婚时财产被分割给一方所有，应当认为保险标的发生了转让。如果保险标的与被保险人分离，则被保险人在保险事故发生时不能向保险人请求保险金。因此，在人民法院处理离婚中的财产险时，应当做到保险随保险标的走，由获得财产标的的一方继续享有保险。同时，获得保险标的的一方应当及时告知保险人，由保险人决定是否继续承保及调整保险费用。

规则36　【保费分割】在保险费由夫妻共同财产支付的情况下，离婚时应当给对方一定的份额。

[规则解读]

在保险费由夫妻共同财产支付的情况下，离婚时应当给对方一定的份额，至于其分割的形式，如果该保单尚无现金价值，则可以选择退保，按份分割保险费。如果保单具有现金价值，则分割该现金价值。保险合同的权利义务最终仍应当由保险标的的持有方享有。

[案件审理要览]

一、基本案情

2010年8月甲（女）诉至法院称，甲与乙（男）于2006年9月结婚，甲乙均系再婚，因结婚仓促双方缺乏了解，婚后发现双方生活习惯差异巨大，难以共同生活。现请求法院：

（1）判决双方离婚；

（2）由甲享有共有的房屋及房屋相关保险，甲给乙房价一半的补偿；

（3）分割乙用夫妻共同财产为其婚前房屋购买的万全险、价值10万元；

（4）分割共同存款30万元。

乙辩称：同意离婚，同意房屋归甲所有，由甲给乙一半补偿，要求甲将投资于共有房屋上的保险退保，平分保险费；乙婚前房屋上的万全险系乙个人财产，不同意分割；同意分割共同存款30万元。

经审理查明，甲与乙于2006年9月27日登记结婚，婚后双方因生活习惯差异巨大,感情淡漠,以致长期分居,现双方均同意离婚。2008年7月6日双方共同购买位于A市B区某号房屋一套,经评估,价值100万元。自2008年8月8日起,双方就该房屋购买阳光保险公司投资连结险,双方认可该保险共交保费3万元,审理中甲认为目前保单已经具备现金价值,且已经开始产生收益,不同意退保,愿意给对方补偿。就乙用夫妻共同财产为其婚前房屋购买万全险一节,法院查明2006年7月,乙为其位于C区的房屋购买万全险5万元,双方认可目前该保单价值6万元;双方认可有共同存款30万元,其他财产无争议。

二、审理要览

法院认为,甲与乙因为生活习惯差异致使感情淡漠,现双方均同意离婚,法院不持异议。现甲、乙同意共有房屋归甲所有,房屋上所有的保险相应由甲享有,由甲按照保单的现金价值给予乙相应补偿。乙为其婚前房屋所投万全险,系以夫妻共同财产投保,甲可以继续享有该保险,但应当在保单现金价值范围内给予甲补偿。对于甲与乙的共同存款,法院依法予以分割。

[规则适用]

本案中的争议焦点有两个:

(1)关于共有房屋上的投资连结险应当如何分割?乙有没有权利要求甲退保分割保险费?

(2)乙以夫妻共同财产为其婚前房屋购买的万全险如何分割?

关于第一个争议焦点,因为保险标的为夫妻共有,因此基于共有财产的财产保险,也应当属于共同财产,应当在离婚纠纷中予以分割。对于乙有没有权利要求甲将该保险退保,请求分割保费的问题,可以从两个角度观察:一方面,在法院未判决乙双方离婚时,房屋尚处于共有状态,对于房屋上的保险的处置,双方应当协商一致,乙可以就退保事宜与甲商议,但是并没有单方退保及要求对方退保的权利;另一方面,如果法院判决双方离婚,按照双方达成的一致意见,由甲享有所有权,相应的,保险合同的权利与义务关系由甲承继,乙的目的在于拿到其应得的补偿,无权过问甲是否将该保险退保。既然乙无权要求甲退保给予其补偿,法院是否可以判决由甲退保给予乙相应补偿?基于便于保险合同履行及对当事人意思自治的尊重,在甲有能力就该保险对乙进行补偿的情况下,不应过多地对当事人行使权利进行干预,人民法院仅应当判决甲应当给予乙补偿的数额,至于甲继续持有该保险或者退保,则由甲按照自己的意愿决定。

就乙用夫妻共有财产为自己婚前财产投保问题,也应当在离婚案件中予以处理。有观点认为,婚前财产上的保险应当归个人所有,这在保费的支出也是个人财产的情况下无疑是正确的。在保险费由夫妻共同财产支付的情况下,应当在离婚时给对方一定的份额,至于其分割的形式,如果该保单尚无现金价值,则可以选择退保,按份分割保险费。如果保单具有现金价值,则应该分割该现金价值。保险合同的权利义务最终仍应当由保险标的持有方享有。

规则 37　【保险金分割】对于保险金的分割，应当审查保险金的性质，按照相关规则探查该保险金是否属于夫妻共同财产。

[规则解读]

对于保险金的分割，应当审查保险金的性质，按照相关规则探查该保险金是否属于夫妻共同财产。

[案件审理要览]

一、基本案情

2010 年 6 月，甲（女）诉至法院称，甲与乙（男）于 2004 年 8 月结婚，婚后乙因工作性质长期外出，甲乙感情淡漠，2008 年 6 月，乙因车祸截肢，后脾气日渐暴躁，多次对甲实施家庭暴力，现感情已经破裂，诉求法院：

(1) 判决甲与乙离婚；

(2) 分割乙获得的保险理赔金 20 万元。

乙辩称，甲所述不是事实，事实上是因为乙残疾后，甲要抛弃乙，并且甲已经与乙截肢时的病友相好，现乙同意离婚；乙所得的保险理赔是对乙伤残的帮助，应归乙个人所有，不同意分割；另外，甲用夫妻共同财产为其母购买了 6 万元的人寿分红险，乙要求在本案中一并分割。

法院审理查明，甲与乙婚后因工作问题不能相互理解，乙受伤后又因生活及感情问题矛盾频发，致使双方感情破裂，现双方同意离婚，法院予以支持。乙伤残前从事长途运输行业，自 2004 年 11 月开始购买 A 保险公司的投资连结险，每年缴纳保费 5 000 元，从婚后至今共取得受益 10 000 元，2008 年 6 月 16 日，乙遭遇事故截肢获得保险理赔金 20 万元，目前该保单现金价值 40000 元。另因乙母一直没有工作，自 2004 年 10 月起，乙为其母购买 B 保险公司的人寿分红险，目前该保单现金价值 8 万元。双方对其他财产无争议。

二、审理要览

法院认为，甲与乙因为工作、生活问题致使感情破裂，现双方同意离婚，法院不持异议。甲所购买的投资连结险，该保险具有收益功能，现双方对婚后收益并无异议，法院予以依法分割；关于保险理赔金，因为系因乙伤残所得，具有专属性质，应当认为归乙单方所有。因系以夫妻共同财产购买该保险，应当认定该保险为夫妻共有，人民法院依法对其现金价值进行分割；针对甲以夫妻共有财产为其母购买的人寿分红险，应当认为该保险系夫妻共有财产的转化，法院对该保险的现金价值予以分割。

[规则适用]

本案中争议焦点如下：

(1) 乙所得的保险理赔金可否分割？

(2) 乙购买投资连结险所得的收益可否分割？

(3) 乙购买的保险如何分割?

(4) 乙为其母购买的人寿分红险是否应当分割。

对于保险金的分割,应当审查保险金的性质,按照相关规则探查该保险金是否属于夫妻共同财产。本案中甲购买的投资连结险,约定可以在发生意外伤害时,可以从保险公司获得理赔,这部分赔偿与被保险人的人身密切相关,保险金主要用于被保险人的治疗、生活,具有特定的用途,此时只能作为个人财产,而不能作为夫妻共同财产。对此,《婚姻法司法解释(二)》第13条规定,“军人的伤亡保险金、伤残补助金、医药生活补助费属于个人财产。”也是出于这样的立法目的。此时夫妻另一方的利益可以通过向投保人或者被保险人主张所缴纳的保险费金额的一半。

乙所购买的投资连结险所产生的收益是乙投资所得,按照我国《婚姻法》及其相关司法解释,夫妻一方以共同财产或个人财产在婚姻关系存续期间投资所获得的收益应当是夫妻共同财产。本案中乙所购买的人身保险中,无论保险合同所载明的受益人是否有甲,这部分财产都应当有甲的份额,应当进行分割。

对于乙所购买的保险本身,虽然已经产生了收益,并且因为出险获得了理赔,但是根据该险种的特点,其投资价值没有变化,仍然具有相应的现金价值。由于购买该险种的资金系夫妻共有财产,应当认定该财产为夫妻共有性质,在离婚案件中予以分割。

对于甲为其母亲购买的人寿分红险的处理,有一定的争议,有观点认为,应当认定为消费性支出。如前文论述,笔者持有不同观点,如果肯定该类保险的消费性支出性质,一方面增加了夫妻间无权处分风险的发生概率,一旦支出,对另一方造成的损失可能是无法挽回的;另一方面,该人寿分红险的被保险人与投保人有密切的亲缘关系,投保人存在对被保险人有较强的影响力的情形,双方串通,一待解除婚姻关系,投保人有可能要求被保险人将受益人改为投保人本人,这样的结果对另一方是不公平的,增加了道德风险发生的概率;再有,这种认定也为夫妻一方长期预谋移转、藏匿夫妻共同财产留下缺口,增大了法律漏洞。因此,在夫妻一方以共同财产为其个人血亲购买保险时,比较适当的做法是将该财产作为共同财产予以分割。

在人身险中一个值得注意的问题是,如果人身保险合同载明的受益人并非夫妻中的任何一方,则被保险人可否抗辩其并未取得保险合同的期待利益,不同意给对方以补偿。笔者认为,这种抗辩不成立,因为按照《保险法》的相关规定,被保险人可变更保险合同的受益人,保险人仅需在接到通知时在保险单上批注,可以认为对该人身保险所代表的财产性权益,被保险人具有很强的控制能力,被保险人完全可以按照自己的意志将保险受益人变更为本人或者自己希望的人。

规则 38 【证券分割】夫妻一方投入有价证券账户中的资金来源于父母或朋友,或代他人理财的,该部分财产不属于夫妻共同财产。

[规则解读]

夫妻一方投入有价证券账户中的资金来源于父母或朋友,或代他人理财的,该部分财产不属于夫妻共同财产。

[案件审理要览]

一、基本案情

2008 年 5 月,甲(女)诉至法院称:甲与乙(男)原系夫妻关系。丙、丁系乙之父母。2007 年 3 月,经法院作出一审判决,判决甲与乙离婚。关于双方夫妻关系存续期间乙名下的股票账户因有丙注入的资金 1 万元,需另案析产解决。甲对法院关于住房及财产分割等问题的判决不服,提起上诉。未获支持。在甲与乙婚姻存续期间,1998 年 6 月,以乙的名义开立股票账户。并投入 3 万元。1998 年 11 月 10 日,乙之母丙投入 1 万元。其后,乙于 2000 年 4 月 17 日投入 6.5 万元,2000 年 8 月 17 日投入 3 万元,2006 年 7 月 3 日投入 9 万元。乙于 2005 年 6 月 22 日,从股票账户内提走 2 万元,2007 年 4 月 25 日提走 12 万元,2007 年 5 月 25 日提走 7.5 万元。截止到甲、乙离婚前的一个交易日,即 2007 年 10 月 19 日,乙账户内持有股票金健米业 13 100 股,该日收盘价为 9.28 元一股;江南重工(现名中船股份)1 万股,该日收盘价为 48.70 元一股。现要求分割析产,甲与乙占有的股票价值为 787 001元,丙、丁(男)占有的股票价值为 36 567 元。

原审法院追加乙为原告。乙诉称:1998 年 10 月,丙投入乙股票账户内 1 万元。截止到 2006 年 6 月,乙持有的股票市值约为 42 000 元。乙将股票账户连同股票以 45 000 元的价格转让给乙父丁。2006 年 7 月,丁自己又投入 9 万元。故只有 45 000 元属于乙与甲。现乙名下的股票均应为丁所有。

丙、丁辩称:与乙的诉称相同。

二、审理要览

原审法院判决认为:在甲、乙离婚案件的两审过程中,双方当时均承认乙股票账户内有丙投入的 1 万元,因涉及案外人利益,故未作处理。现乙、丁、丙均主张 2004 年 6 月,丁以 45 000 元价格买下乙股票账户,同年 7 月,丁又投入 9 万元,但三人并未提出充分证据,且甲不予认可。故该三人的说法法院不予采信。法院只认可丙投入 1 万元,在此基础上,对甲、乙与丙、丁的财产进行分割。据此,原审法院于 2009 年 1 月判决:截止到 2007 年 12 月 19 日,乙从股票账户中提取的现款 215 000与所持有的股票金健米业 13 100 股、江南重工(现名中船股份)1 万股折换成现金共计 823 568 元,其中 787 001 元为甲、乙所有;36 567 元为丙、丁所有。

丙、丁不服,上诉至二审法院,请求二审法院撤销原判,发回重审或依法改判。上诉理由:原审法院的审理超过法定审限,属于违反法定程序;2006 年 6 月乙将其开设的股票账户(市值约为42 000元)以45 000元的价格转让给丁,同年7月,丁又投入该账户内9万元,现乙名下的股票账户内的资产都应为丁所有;2007年7月3日,丁从自己的银行账户内取款9万元并于当日存入乙的股票账户内,都是由丁女儿戊办理的,一审中申请调取该证据,原审法院未准许,现再次申请调取;原审法院认定分割夫妻共同财产的时间点有误。乙对原判亦有异议,未上诉。甲同意原判。

二审法院经审理查明:本案于2008年5月7日由原审法院立案。在一审中,因甲向原审法院提出调查取证的申请,原审法院于2008年6月13日向相关证券营业部发出查询函,该营业部于同年8月27日回复查询结果。原审法院于同年10月23日转为普通程序审理,于2009年1月5日宣判。

另查:在一审中,乙认可其在与甲的离婚案中未提及于2006年6月将其开设的股票账户以45 000元的价格转让给丁之事实。

再查:丙、丁在一审中未向原审法院提出调查取证的申请。

二审法院经审理查明的其他事实与原审查明的无异,最终维持原判。

[规则适用]

案例诉争的焦点在于乙是否在婚姻关系存续期间将股票账户转让给丁,及9万元是否为丙、丁所投。如果乙的诉称成立,则135 000元及其增值部分则不属于夫妻共同财产,应归丙丁所有。此案在实践中较为典型,通常表现为夫妻一方声称投入有价证券账户中的资金来源于父母或朋友所借,或代他人理财。如果资金确实来源于他人,则该部分财产不属于夫妻共同财产。

规则39 【股票分割】股票虽系个人婚前购买,但由于股票在交易过程中与资金存在相互转换的形式,个人财产如果已经与共同财产发生混合,则应当依照开庭之日的市值,按资金投入比例确定分割点。

[规则解读]

股票虽系个人婚前购买,但是由于股票在交易过程中与资金存在相互转换的形式,在同一账户中既有股票,也有资金,相互间随时可以转换,因此个人财产已经与共同财产发生混合,法院依照开庭之日的市值,按资金投入比例确定分割点的处理是符合实际的。

[案件审理要览]

一、基本案情

2008年5月,甲(女)诉至法院称:甲与乙(男)系再婚,现夫妻感情已破裂,无法共同生活,故起诉要求与乙离婚。

乙辩称:同意离婚,但甲名下的股票系婚姻关系存续期间购买,属于夫妻共同财产,要求依法进行分割。乙与甲于1995年相识,甲于2006年7月17日开设股票账户，注入自己10000元购买股票。甲与乙2005年1月7日登记结婚。2007年9月20日，甲支取现金5000元。2007年10月17日、29日，甲分别购买1000股三只股票后，余额为81.32元。2008年10月16日，双方注入资金15000元购买股票，与婚前个人资金户混合使用并多次进行买卖交易。截止到2010年6月3日，股票市值为12000元。甲、乙对属于夫妻双方共同享有股票份额存在分歧。

二、审理要览

法院认为：婚姻的存续与解除，应以双方的感情是否破裂为依据；现双方均认为夫妻感情已经破裂，同意离婚，法院准予；2007年9月20日，从甲股票账户余额中支取现金5000元用于婚后生活消费，该款系甲婚前财产，乙应返还甲2500元；婚后夫妻享有股票的份额，本院将根据双方婚后购买股票的流水计算出婚后注入资金的市值，由甲按市值的一半给付乙现金；据此，为维护社会的稳定，依照《婚姻法》第17条、第18条第1项、第32条第2款之规定，判决如下：

(1) 准许甲与乙离婚；

(2) 乙返还婚后消费甲婚前现金2500元，于本判决生效之日起7日内给付；

(3) 以甲为户名的账户中的股票由甲享有，甲给付乙现金4500元，于本判决生效之日起7日内给付。

如果未按本判决指定的期间履行给付金钱义务，应当依照《民事诉讼法》第229条之规定，加倍支付迟延履行期间的债务利息。

[规则适用]

上述案例充分展示了如何对股票账户内的婚前个人财产与夫妻共同财产进行划分。

(1) 2007年9月20日支取的5000元现金系甲的个人财产。该股票账户系甲与乙结婚前开户，并且婚前甲已注入10000元，甲从该账户上支取的5000元用于共同生活消费，因此，原审法院根据以上事实认定该5000元系甲的婚前财产，并判令乙返还甲2500元的处理符合法律规定。

(2) 在股票账户中，甲投入的个人财产为5000元，甲、乙共同投入的共同财产为15000元，资金比例为1∶3。截止到2010年6月3日，股票市值为12000元，按投入资金比例计算出归甲个人的股票市值为3000元，双方股票市值为9000元。股票账户在甲名下，双方均同意甲享有股票，由甲给付乙市值1/2的现金即4500元。虽然甲的5000元购买了确定的股票，但是由于股票在交易过程中与资金存在相互转换的形式，在同一账户中既有股票，也有资金，相互间随时可以转换，因此个人财产已经与共同财产发生混合，法院依照开庭之日的市值按资金投入比例确定分割点的处理，是符合实际的。

法院在判决夫妻双方离婚时，虽对各自名下开户的股票进行了分割，但在判决未生效前，离婚的各方均不能擅自处理共同财产。如私自卖出持有的股票，其行为损害了对方的合法财产权益，因此，应承担相应的民事责任。经法院终审判决,确认各自拥有对方持有股票份额的,当事人应自觉履行法院判决规定的给付义务。此时,由于当事人已将自己持有的股票卖出,如当事人对分割的时间点有争议,且股票价格走势随时在发生变动,法院应根据实际情况,判决以当时的卖出价折款给付对方。此外,在实践中,还存在只确认按比例分配相应股票,而没有对股票分割的时间点和方式予以明确的离婚判决,导致当事人无法通过强制执行实现自己的权利。此时,当事人可以再次提起诉讼,请求对分割的时间点和方式予以明确。

规则40 【股权转让】第三人基于对股权经工商登记的信任购买夫妻一方转让的股权,推定为善意,除非有相反证据证明第三人与转让股权的夫妻一方有恶意串通行为。

[规则解读]

股权以登记作为对抗要件,在股权经过工商登记的情况下,第三人基于对工商登记的信任购买夫妻一方转让的股权,推定为善意,除非有相反证据证明第三人与转让股权的夫妻一方有恶意串通行为。

[案件审理要览]

一、基本案情

甲(男)与乙(女)于2002年登记结婚。2006年4月,夫妻商议,以乙为投资人成立一家文化产业公司,从事代理广告业务,公司注册资本10万元。乙为唯一的股东,甲担任总经理。

没想到,公司成立后才几个月,夫妻俩就因为经营问题发生分歧,而且影响了两个人的感情。乙一气之下决定卖掉公司。乙与丁某签订了《股权转让协议》,约定将文化产业公司股份以10万元转让给丁某。二人办理了相应的企业变更登记,将法定代表人变更为丁某。

2007年年末,因第三者插足等原因,甲与乙又发生多次争吵,感情日渐破裂。2008年年初,甲向法院提起离婚诉讼,诉称乙无权在甲不知情的情况下处分公司股权。再者,丁某作为乙的朋友,知道乙已经结婚的事实,应该征得甲的同意才受让股权。但丁某未经其同意就接受了公司,属于恶意取得,不属于善意取得。为此,甲请求法院确认丁某与乙签订的《股权转让协议》无效,丁某返还乙股权。

二、审理要览

法院经审理认为,股权以登记作为对抗要件,在乙某的股权经过工商登记的情况下,丁某基于对工商登记的信任购买乙转让的股权,推定为善意,故《股权转让协议》有效,丁某无须返还乙股权。

[规则适用]

(1) 一方未经另一方同意处分财产是否有效是本案的焦点。夫妻以共同财产投资而得到的股权并不是共有关系，股东名册或工商登记的配偶一方持有股权，有权对股权进行处分。乙作为工商登记的股东，未经甲同意将股权转让给丁某，丁某信任股权的工商登记，交付了合理的对价并不存在恶意行为，因此丁某合法接受了公司，甲无权将股权追回，但可以向转让人乙主张分割共有财产，乙应当返还股权转让价格的一半。若乙和丁某存在恶意串通的行为，给甲造成了损失，甲可以主张股权转让协议无效，乙和丁某还应承担损害赔偿责任。若转让价格不合理，甲可以要求乙补足差价。

（2）本案诉争股权转让而得的财产系夫妻关系存续期间的生产、经营的收益，属于夫妻共同财产。《婚姻法》第 17 条规定："夫妻在婚姻关系存续期间所得的以下财产，归夫妻共同所有：（一）工资、奖金；（二）生产、经营的收益；（三）知识产权的收益；（四）继承或赠与所得的财产，但本法第十八条第三项规定的除外；（五）其他应当归共同所有的财产。"本案中甲、乙于婚姻关系存续期间，用夫妻共同财产投资公司，所取得的股权转让款应为共同的生产、经营的收益。

（3）举证责任的分担。本案中夫妻对股权并非共有关系，因此本案的争议焦点在于丁某是否存在恶意，根据《公司法》的规定，股权以登记作为对抗要件，在乙某的股权经过工商登记的情况下，丁某基于对工商登记的信任购买乙转让的股权，推定为善意，除非有相反证据证明其与乙有恶意串通行为。从本案看，该举证责任由甲承担，因在我国夫妻财产制以共同财产制为主，以约定财产制、个人财产制为补充，因此仅从夫妻关系的存在不能认定财产为共同所有，甲的抗辩不能得到法院的支持。且根据《公司法》规定，股东是特定的权利人，非股东一方不享有股东权利，不能干涉股东的处分行为。乙的转让符合《公司法》的规定，应为合法有效。甲就其主张可以举证证明丁某与乙存在恶意串通损害第三人利益的行为，如举证价格过低或未实际支付价格，未实际履行股权转让协议等行为。

规则 41　【股权分割】夫妻一方的股权，离婚时能够转让或分割给对方，需遵循《公司法》关于股权向公司以外的人转让的规定，即经公司其他股东过半数同意且放弃优先购买权。

[规则解读]

夫妻一方的股权离婚时能够转让或分割给对方，需遵循《公司法》关于股权向公司以外的人转让的规定，即经公司其他股东过半数同意且放弃优先购买权。

[案件审理要览]

一、基本案情

原告甲（女）诉称，甲、乙（男）双方于 1982 年 12 月 19 日登记结婚，婚后感情较好。1990 年双方来 A 市共同从事羊绒及其制品贸易，后于 1998 年 4 月以夫妻共同财产出资 720 万元与丁女共同创办 B 公司，公司注册资本 1 200 万元，乙占公司60%的股权。B公司成立后,丁女将其40%的股权转让给了甲,但未办理工商登记变更手续。2005年法院判决甲、乙离婚,但未对夫妻共同财产进行分配。

乙辩称,股权的分割希望对公司进行清算后分配。债权部分可以确认的同意分配。

经审理查明,甲、乙二人于1982年12月登记结婚,2005年8月20日法院作出终审判决解除了双方的婚姻关系,同时驳回了甲提出的乙与他人有不正当关系的主张,该判决已生效。就甲主张的双方共同财产B公司100%股权,经本院查明,1998年4月,B公司注册成立,注册资本1200万元,其中乙出资720万元,股权份额占60%,另一股东丁女出资480万元,股权份额40%。在本院审理期间,甲、乙、丁女三人均确认丁女已经退出,但尚未办理股权变更登记手续,丁女对乙所持有的股份表示不行使优先购买权。

二、审理要览

法院判决认为,就B公司股权问题,甲主张分割该公司100%的股权,本院认为,甲、乙以及公司另一登记股东丁女三人虽均确认丁女已经退出公司,但因未办理相应的手续以及行政变更登记,故本案中本院对现登记在丁女名下的40%股权不进行直接处理,对此应由三方另行解决为宜;对登记在乙名下的60%股权,因丁女已表示放弃优先购买权,故法院对此股权予以分割。判决:

(1)甲、乙各自拥有B公司30%的股权;

(2)驳回甲其他诉讼请求。

[规则适用]

本案的焦点是能否对公司百分之百的股权进行分割。《公司法》规定在认定股东身份时,需要符合两个条件:一是向公司出资或者认购股份;二是股东姓名或者名称被记载在公司章程或者股东名册。前者是实质要件,后者是形式要件,也即对抗要件。虽然《公司法》以股东名册、工商登记确认股东资格解决的只是股权形式认定问题,是法律从形式上对股东资格作出的推定,这与股权的实质认定并不矛盾。但股东资格却因没有在章程上或者股东名册上登记而不具备对抗性。这正是商事外观主义的要求。本案中,甲、乙以及公司另一登记股东丁女三人虽均确认丁女已经退出公司,但因未进行相应的手续以及行政变更登记,可能存在善意第三人的情况,因此该股份可能涉及第三人利益,故本案中法院对现登记在丁女名下的40%股权不进行直接处理,是正确的。

剩下60%的股权如何分割,也是本案要处理的重点问题。因为工商登记的股东为丁某,虽然甲因乙用夫妻共同财产出资,因此是该公司的当然出资人,但股权的实际行使人为乙,甲和乙之间也不存在隐名合同或者委托合同的关系,因此只能由乙作为公司的持股人,甲并不能直接向公司或其他股东、第三人行使股权。乙的股权能够转让或分割给甲,需遵循公司法关于股权向公司以外的人转让的规定。即经公司其他股东过半数同意且放弃优先购买权。本案中,丁女同意转让且放弃了优先购买权，法院可以根据公平原则，依法对该60%股权进行分割。

规则42　【独资企业分割】夫妻以一方名义投资设立独资企业的，人民法院分割夫妻在该独资企业中的共同财产时，应当按照哪方愿意经营该企业，从而分别处理。

[规则解读]

夫妻以一方名义投资设立独资企业的，人民法院分割夫妻在该独资企业中的共同财产时，应当按照哪方愿意经营该企业，从而分别处理。

[案件审理要览]

一、基本案情

甲（男）和乙（女）在大学时相识，1999年大学一毕业，双方去男方老家登记结婚。夫妻二人婚后都没有工作，在老人支持下，打算在老家开个制鞋厂，女方的母亲、舅舅汇给女方40万元，男方父母资助男方60万元，甲用这100万元注册了A制鞋厂，营业执照登记的是自己的名字。婚后一年，乙生下一子，从此主要由丈夫负责厂子的进货、销售、员工的招聘、管理，妻子安心在家相夫教子，日子越过越红火。但由于丈夫长期四处奔波，很少顾家，后来发展到夜不归宿，对儿子不管不问的地步，乙实在忍受不了，2005年向法院起诉离婚并要求分割共同财产二层楼房一幢九间，彩电、冰箱、空调、洗衣机等家具若干，并要求分割以夫妻共同财产投资的独资企业A制鞋厂，因自己没有工作还要抚养孩子，A制鞋厂的经营权应归自己，可以给对方一定补偿。

甲同意分割共同房产、家具，但辩称独资企业一直以来由他经营，应当判归其所有，可以给乙40万元本金和6年的收益共计80万元。

二、审理要览

在法院的调解下，双方同意平均分割共同房产和家具，独资企业由甲经营，给乙100万元的补偿款。

[规则适用]

本案中独资企业是由双方亲人出资而成立，但从出资的时间和独资企业的经营可以认定出资系双方亲属对夫妻的赠与，因此这笔出资应当为夫妻共同财产，投资建立的A制鞋厂即为夫妻共同所有。离婚时，双方都主张对独资企业享有经营权，根据《婚姻法司法解释（二）》第18条的规定："夫妻以一方名义投资设立独资企业的，人民法院分割夫妻在该独资企业中的共同财产时，应当按照以下情形分别处理：（一）一方主张经营该企业的，对企业资产进行评估后，由取得企业一方给予另一方相应的补偿；（二）双方均主张经营该企业的，在双方竞价基础上，由取得企业的一方给予另一方相应的补偿；（三）双方均不愿意经营该企业的，按照《中华人民共和国个人独资企业法》等有关规定办理。"依此规定应当由双方竞价取得独资企业的经营权。但由于考虑到财产的效用和独资企业的发展,法官应当引导将财产分割给实际经营企业的一方,同时给予另一方独资企业价值一半的补偿。

规则 43 【合伙企业分割】对没有析产的合伙企业,在离婚案件中通常不作处理,待析产后另案处理或另案解决。

[规则解读]

对没有析产的合伙企业,在离婚案件中通常不作处理,待析产后另案处理或另案解决。

[案件审理要览]

一、基本案情

甲(男)与乙(女)于1995年登记结婚,婚后生有一子。2005年4月乙起诉要求与甲离婚,并要求对夫妻共同财产二层别墅一幢、家具若干、甲与其兄弟三人合伙成立的A酒楼进行分割,儿子由女方抚养。甲同意分割,对别墅、家具的分割同意乙的意见,但认为合伙企业为其与兄弟三人的资产,不能分割。

二、审理要览

因A酒楼未进行析产,法院判决:准予双方离婚,儿子由女方抚养;二层别墅底层归甲,上层归乙;电视、冰箱、洗衣机、衣柜归女方,空调、电脑、双人床、书架归男方;因合伙企业未进行析产,不予处理,当事人可另行主张。

[规则适用]

因甲与其兄弟合伙开办的酒楼,系兄弟的共有财产,虽然其中有乙的份额,但因为未进行析产,第三人的利益不明确,因此在本次离婚案件中没有进行处理,双方可以在析产后另案处理。在以信用为基础的合伙关系中,外人的加入应取得全体合伙人的一致同意。非合伙人的一方要想加入合伙企业,要受合伙意志的约束,不能以夫妻双方的意志自由决定。因此对没有析产的合伙企业,在离婚案件中,通常不作处理,待析产后另案处理或另案解决。

规则 44 【同居财产】同居财产应适用分别财产制。非婚同居的共同财产仅包括"共同劳动所得、共同出资和为共同生活需要购置的财产"。

[规则解读]

同居财产应适用分别财产制。非婚同居的共同财产仅包括"共同劳动所得、共同出资和为共同生活需要购置的财产",除此以外,同居者的个人劳动所得、受赠所得、投资所得及其非因共同生活需要所购置的个人财产,均应归个人所有,不属于同居共同财产。

［案件审理要览］

一、基本案情

2001年，周某与龚某在外务工时相识并同居生活。同居期间，周某在服装专卖店上班，月薪2 000元；龚某与他人合伙做生意。2004年，龚某委托其弟在龚某老家房屋基础上新建房屋二层，花费4万元，新建部分至今未办理房屋权属登记；2006年，龚某购北京现代汽车一辆，并登记在其名下，花费12万元。2009年10月，双方协议解除同居关系时，对新建房屋及购置的车辆是否属于共同财产发生争议并诉至法院。审理中，龚某称房屋、车辆系自己出资修建、购置，同居期间，双方的收入相互独立；周某未举示证据证明房屋、车辆系双方共同出资新建、购置。

二、审理要览

本案争议的房屋、车辆是否属于共同财产，审理中有两种观点：

第一种观点认为，同居期间购置的车辆、新建的房屋，在无法查清是否属同居共同财产时，应比照登记婚之规定推定为共同财产。

第二种观点认为，在周某无证据证明汽车和房屋属于共同财产时，应认定为龚某的个人财产。

［规则适用］

笔者同意第二种观点，即同居财产应适用分别财产制。

1. 非婚同居的法律规制理念

婚姻当事人之间的权利义务基本上由法律加以强制性规范，个人意志和自由受到严格限制，体现了强烈的国家意志。而非婚同居行为在当事人之间并不能产生法律上的权利义务关系，同居者选择非婚同居的目的在于逃避或解脱婚姻关系的束缚，这充分体现了个体的意志而非国家意志。因此，法律对非婚同居关系的调整应以个人为本位，秉持法律在私法领域固有的谦抑性和中立态度，以切合当事人选择非婚同居的初衷。财产关系作为非婚同居的重要内容，法律调整同样应以尊重个人财产价值为主。在无约定时，由于同居者之间并不能产生夫妻之间的身份关系和权利义务关系，也就不能自动适用婚姻上的共有财产制，而只能按一般共有财产制处理，即同居期间个人所得的财产归个人所有；同居期间共同劳动所得和共同出资购置的财产由双方共同所有；同居期间为共同生活的需要购置和积累的财产由双方共同所有。

2. 我国现行法律对非婚同居的法律规制

最高人民法院《关于人民法院审理未办结婚登记而以夫妻名义同居生活案件的若干意见》（以下简称《若干意见》）第10条规定，同居生活期间双方共同所得的收入和购置的财产，按一般共有财产处理；最高人民法院《婚姻法司法解释（一）》第15条则规定："被宣告无效或被撤销的婚姻，当事人同居期间所得的财产，按共同共有处理。"《若干意见》第10条适用于作为非婚同居的事实婚姻；而《婚姻法司法解释（一）》第15条则适用于婚姻无效或者被撤销的情形。从上述两个司法解释可以看出,我国现行法律对同居期间的财产归属采取了区别对待的原则,即婚姻无效或者被撤销时的共同财产认定为共同共有,而非婚同居财产“按一般共有财产处理”。但我国民法理论中,并无“一般共有”的概念,此处的一般共有应为按份共有。因此,《若干意见》第10条“共同所得”的立法本意,重在强调“所得”系双方共同经营、共同管理、共担风险的收入所得,是一种共同劳动所得,而不是一方劳动收入的所得,也不是同居生活期间的一切所得。“购置的财产”同样是指共同出资购置的财产以及基于同居共同生活的需要购置的财产,但这种同居共同财产应仅以维持同居关系日常生活所需的基本物质保障为限。因此,非婚同居的共同财产仅包括“共同劳动所得、共同出资和为共同生活需要购置的财产”,除此以外,同居者的个人劳动所得、受赠所得、投资所得及其非因共同生活需要所购置的个人财产,均应归个人所有,不属于同居共同财产。

规则 45 【同居帮助金】同居关系中同居一方给付另一方的经济帮助金与夫妻间扶养义务的性质不同。

[规则解读]

对于同居关系,从立法层面尚不能确认同居关系人之间具有抚养义务。同居关系中同居一方给付另一方的经济帮助金与夫妻间扶养义务的性质不同。

[案件审理要览]

一、基本案情

李某(女)曾有精神分裂症病史,后基本治愈。2006年经人介绍认识王某(男),李某家人没有隐瞒李某曾患精神疾病的情况,王某表示不嫌弃。两人于2006年10月1日按农村风俗举行了婚礼,未领取结婚证。2007年7月,两人同居期间生下一女,后因琐事产生矛盾;同年8月,李某病情复发回娘家居住,女儿一直随王某生活。李某父母带其在多家医院诊治疾病,医院均诊断其为精神分裂症,李某父母共花去医疗费用3.5万元。2010年8月,李某起诉,请求法院判决由其抚养女儿,并请求法院分割共同财产,并由王某承担李某看病费用,并要求8 000元的经济帮助金。

二、审理要览

对于此同居子女抚养和财产分割案件,合议庭一致认为:原告目前患有疾病,应由被告抚养小孩;原告目前没有生活来源,暂不支付抚养费;对于同居前后双方的财产,当事人无争议。但是,对原告治疗期间的医疗费用是否应由被告承担,以及被告应否支付经济帮助金,合议庭有分歧:

第一种观点认为,原告看病花去父母3万多元,应视为原、被告双方同居期间的共同债务,应判决被告偿还原告父母为原告治病花去的医疗费用。对于原告经济帮助金的请求,应当参照《婚姻法》第42条的规定,支持原告关于经济帮助金的诉讼请求。

第二种观点认为，原告2008年8月回家居住，已自动与被告解除了同居关系，此后所发生的医疗费用不属于共同债务，不应由被告承担。我国婚姻法关于经济帮助的规定，只能以合法婚姻为前提，对于同居析产案件，不能适用。

第三种观点认为，原、被告解除同居关系后，原告发生的医治疾病费用，被告不具备法定扶养义务，不应赔偿。关于经济帮助金，本案原告本人无固定收入来源，被告给予一定的经济帮助，符合相关法律规定的精神，也符合情理。

[规则适用]

笔者同意第三种意见，理由如下：

(1) 处理本案的关键是准确认定同居关系中同居一方给付另一方经济帮助金与夫妻间扶养义务的性质不同。扶养义务是基于配偶权，或者基于亲权，产生的特定身份人之间的法定义务。夫妻之间的扶养，是指夫妻在物质和生活上互相扶助，互相供养，这种权利义务完全平等，有扶养义务一方必须自觉承担这一法定义务。尤其是在一方丧失劳动能力的情况下，对方更应当履行这一义务。对于同居关系，从立法层面尚不能确认同居关系人之间具有扶养义务。本案，李某和王某没有办理婚姻登记，且李某长期患有精神疾病，属于婚姻法规定的禁止结婚的疾病。对李某和王某之间的关系，只能按照同居关系处理。对于李某提出的要求王某支付基于双方扶养义务而产生的医疗费用，法院不能支持。

(2) 应当准确理解最高人民法院《关于人民法院审理未办理结婚登记而以夫妻名义同居生活案件的若干意见》第12条“解除非法同居关系时，一方在共同生活期间患有严重疾病未治愈的，分割财产时，应予适当照顾，或者由另一方给予一次性的经济帮助”中“经济帮助金”的法律性质。笔者认为，此种经济帮助是一种道义责任而非法定的扶养义务，其形式上虽然类似于扶养费，但与扶养费的性质不同。因此，对此条文的解释、适用要符合立法目的。单从条文字面上看，本案似乎并不符合这种情形，因为原告婚前就患有疾病，不属于同居期间才患有疾病。但是，本案中，原、被告在同居前，被告对原告曾患有疾病是明知的，基于利益或者其他原因考虑，两人按农村风俗举行了结婚仪式后共同生活，并生育有小孩，现原告患病，失去生活能力，靠父母供养维持生计，且仍需治病。而同居关系案件的经济帮助体现的就是一种道义责任，根据该条文的立法目的，本案被告应当分担一定的责任，以体现公平原则。

规则46　【同居与共同财产】解除同居关系时，一方主张同居生活期间取得的财产是共同财产的，应当证明该财产系双方共同出资，否则视为一方的个人财产。

[规则解读]

解除同居关系时，一方主张同居生活期间取得的财产是共同财产的，应当证明该财产系双方共同出资,否则视为一方的个人财产。

[案件审理要览]

一、基本案情

1998年冀某(女)与桑某一(男)认识并开始同居生活,冀某与桑某一同居时并未领取结婚证。2000年9月29日双方生育一子桑某二,冀某与桑某一于2010年5月共同出资以冀某的名义购买了奇瑞牌小轿车一辆。此外,双方在同居期间还购买了北京市某小区房屋和河北省某村的房屋,此两处房产都登记在冀某的名下。冀某表示房产都是自己出资购买的,与桑某一无涉,桑某一表示上述房产自己也有较大出资,只是因为没有贷款资格,故登记在冀某名下。

双方之子桑某二到庭表示愿意和母亲冀某一起生活,经过法院调解,冀某与桑某一均表示同意冀某抚养桑某二,桑某一从2012年7月开始每月支付桑某二生活费500元,教育和医疗费用双方平均分担。双方一致同意将共同出资购买的一辆奇瑞牌小轿车归桑某一所有,桑某一给予冀某补偿款1.5万元。

二、审理要览

一审法院经审理认为:双方之子桑某二表示愿意和冀某共同生活,冀某也同意抚养,对此法院予以准许,酌定桑某一从2012年7月份开始每月给付桑某二生活费500元,教育费、医疗费平均负担。冀某与桑某一同意将双方共同购买的奇瑞牌小轿车一辆分归桑某一所有,桑某一在过户完成后补偿冀某1.5万元。桑某一要求分割登记在冀某名下的房产,因不能提出有效的证据证明是双方在同居期间共同出资购买,无法认定属于共同财产,故桑某一的分割房产的请求,法院不予支持。原审法院判决后,桑某一不服,提起上诉。冀某同意原审法院判决。

二审法院认为:桑某一主张其与冀某同居期间购买了三处房产。冀某虽认可购买了房产,但不认可桑某一有出资行为,主张房产系其个人财产。而桑某一请求调取的房屋交易时间、买卖合同情况并不能证明桑某一存在出资,故原审法院对桑某一调取证据的申请未予准许并无不当,本院亦不予准许。因桑某一没有提供相应证据证明登记在冀某名下的房产是双方共同出资购买,故桑某一要求分割房产的请求,证据不足,不予支持。判决驳回上诉,维持原判。

[规则适用]

一、同居关系的概念

同居关系,是指双方当事人未办理结婚登记而具有较稳定的长期共同生活关系。我国婚姻法及相关司法解释规定了两种同居情形:《婚姻法司法解释(一)》第5条所规定的"未按婚姻法第八条规定办理结婚登记而以夫妻名义共同生活",即非婚同居;另一种情形是《婚姻法司法解释(一)》第2条所规定的"有配偶者与他人同居",指有配偶者与婚外异性,不以夫妻名义,持续、稳定地同居生活,即婚外同居。这两种同居情形在《婚姻法司法解释(一)》施行之前,均定性为非法同居关系。但随着社会文化和经济生活的不断变迁,对上述这样大量存在的非法同居关系，我国立法和司法界也逐渐改变态度，认识到部分同居行为发生在当事人的私人空间，应尽量减少公权力的干预。故《婚姻法司法解释（一）》不再一律冠之以“非法同居”，而代之以中性的词汇“同居”。这是司法机关对同居关系性质的认识所发生的一个质的变化。

关于同居关系的可诉性，《婚姻法司法解释（二）》第1条规定，当事人起诉请求解除同居关系的，人民法院不予受理，但当事人请求解除的同居关系属于《婚姻法》第3条、第32条、第46条规定的“有配偶者与他人同居”的，人民法院应当受理并依法予以解除。当事人因同居期间的财产分割或者子女抚养问题提起诉讼的，人民法院应当受理。

二、同居期间财产的分割和子女的抚养问题

最高人民法院《关于人民法院审理未办理结婚登记而以夫妻名义同居生活案件的若干意见》对解除同居关系时如何处理财产和子女抚养问题作出了规定。处理原则是照顾妇女、儿童的利益，考虑财产的实际情况和双方的过错程度，妥善分割，具体处理规则如下：

（一）同居期间财产的分割

（1）解除同居关系时，同居生活期间双方共同所得的收入和购置的财产，按一般共有财产处理。

这与离婚时夫妻财产分割原则有所不同。《婚姻法》第17条规定，夫妻在婚姻关系存续期间所得的财产一般视为夫妻共同财产。同居关系中强调需双方“共同所得”“共同购置”才为共有财产。即双方共同生产经营所得的财产为共同财产。与人身关系密切的财产，如养老金、住房公积金、伤残抚恤金、转业安置费、医疗费等不能作为共同财产。

（2）一方因继承或赠与所得的财产为一方个人财产。

（3）同居生活前，一方自愿赠送给对方的财物可比照赠与关系处理；一方向另一方索取的财物，可参照最高人民法院1984年《关于贯彻执行民事政策法律若干问题的意见》第18条的规定处理，即如双方当事人同居时间不长，或因索要财物造成对方生活困难的，可酌情判决返还。但买卖、互易、彩票取得的财产，当以原始资本所有人为产权人。

（4）同居期间为共同生产、生活而形成的债权、债务，可按共同债权、债务处理。

（5）一方在共同生活期间患有严重疾病未治愈的，分割财产时，应予适当照顾，或者由另一方给予一次性的经济帮助。

（6）同居生活期间一方死亡，另一方要求继承死者遗产的，如认定为事实婚姻关系的，可以配偶身份按《继承法》的有关规定处理；如认定为同居关系，双方则无相互继承的权利，只能根据扶养的具体情况，按照《继承法》第14条的规定，作为法定继承人以外的人分得适当的遗产。

（二）同居期间所生子女的抚养问题

同居期间所生子女，同婚生子女的地位相同，任何人不得加以危害与歧视

（1）同居期间所生子女，由哪一方抚养，双方协商；协商不成时，应根据子女的利益和双方的具体情况判决。

（2）哺乳期内的子女，原则上由母方抚养，如果父方条件好，母方同意，也可由父方抚养。

（3）子女为限制民事行为能力人的，应征求子女本人的意见。

（4）一方将未成年的子女送他人收养，须征得另一方的同意。

（5）不直接抚养非婚生子女的生父或生母，应当负担子女的生活费和教育费，直至子女能独立生活为止。

三、裁判解析

我国现行法律虽然不再使用“非法同居关系”，而换成了中性词汇“同居关系”，对非婚同居也不再干涉和处罚，但在处理同居关系时，仍采取不鼓励、不保护的态度。这也是权衡维护社会稳定和尊重当事人意思自治后的一个折中选择。相比婚姻关系，同居关系的身份属性弱化了，财产的处理也不同于婚姻关系。婚姻关系中处理财产的原则是，夫妻关系存续期间所得，视为夫妻共同财产。因此婚姻关系中的财产以共同财产制为原则，以约定财产制和分别财产制为补充，而男女双方选择非婚同居的方式生活在一起，就是为了规避法律的束缚，规避婚姻的制约，也应当包括规避夫妻权利义务的享有和履行。他们必然不希望将自己的财产像配偶的财产一样作为共同财产被分割，这也有失社会公平。因此同居期间取得的财产，以约定财产制为优先，没有约定的情况下，实行分别财产制。本案中，因桑某一没有提供相应证据证明登记在冀某名下的房产是双方共同出资购买，故应认定为冀某的个人财产。处理同居财产时应注意，同居关系不同于被宣告无效或者撤销的婚姻，后者在同居期间取得的财产，应比照婚姻关系中对财产的处理，按共同共有，有证据证明为当事人一方所有的除外。同居关系也不同于事实婚姻，1994 年前的事实婚姻和 1994 年后经补办登记的，财产和子女问题按照婚姻关系处理。

规则 47 【婚外同居】有配偶而与他人同居的当事人与“第三者”签订的分手协议、补偿协议、赠与合同等，因违反公共秩序和善良风俗，为不法约定之契约，不受法律保护。

[规则解读]

有配偶而与他人同居的当事人与“第三者”签订的分手协议、补偿协议、赠与合同等，因违反公共秩序和善良风俗，为不法约定之契约，不受法律保护。

[案件审理要览]

一、基本案情

原告前夫（1997 年离婚）是被告陈某工作单位的职工，1992 年 9 月，因原告前

夫在工作上出现错误,作为单位领导的被告要将其开除,经原告到被告家里送礼感谢,此事解决,也就为此事,原、被告相互认识,从此双方来往密切。1993 年 11 月 27 日晚,被告找到原告家里,趁原告前夫不在家,便提出以原告做他情人为条件,对其进行感谢,保证前夫不被开除,当晚,便与原告发生了男女关系,此后,双方的情人关系一直持续到 2011 年初。原告前夫发现此事后,于 1997 年 7 月 7 日与原告离婚,离婚后,原、被告一直租房住在一起。2011 年年初,因被告家庭发生矛盾,双方结束了男女关系。原、被在同居期间,原告不但应被告要求辞去了工作,还多次做流产,给原告身体上、精神上、经济上都造成了极大伤害,故 2011 年 1 月 28 日,被告陈某与原告任某签订《承诺书》,双方约定:

(1) 从今日起,双方断绝一切往来,不再干涉对方的工作、家庭生活,包括任何形式的媒体信息,不再追究对方以前的任何事务;

(2) 被告陈某一次性支付原告任某 7 万元,双方断绝一切经济往来;

(3) 以上承诺内容均是在双方正常思维下真实意图的表示,并遵照执行。原告主张 7 万元未果,诉至法院。

二、审理要览

法院依照《民法通则》第 7 条、《合同法》第 52 条第 1 款第(四)项、《婚姻法》第 3 条之规定,判决驳回原告任某的诉讼请求。

[规则适用]

一、有配偶者与他人同居

(1) 有配偶者与他人同居的一方主体应为有配偶者,即在此种同居关系中,必须至少有一方是已婚的。如果同居双方均为未婚人士,则仅构成普通同居关系。此外,由于在我国,无论是法律规定还是社会习俗,对同性婚姻均未认可,因此,有配偶者与他人同居只能是有配偶者与婚外异性的同居,而不包括同性之间的同居关系。

(2) 有配偶者与他人不以夫妻名义同居生活,这是其与重婚之间最本质的区别。在实践中,判断是否以夫妻名义同居,应结合同居者主观上对外界的表达,以及客观上周围群众对同居者关系的认定综合进行判断,切不可过于宽泛地将重婚行为与有配偶者与他人同居行为相混同,从而造成过于严苛的法律判断。

(3) 有配偶者与他人同居应是持续、稳定的共同居住行为。如果双方仅偶尔或间隔地共同居住,如一夜情、嫖妓、通奸等,则该行为并不构成有配偶者与他人同居。此外,在判断共同居住行为是否具有持续性和稳定性时,不应仅将同居的时间长短作为唯一的认定标准,而应结合案件具体情况,对双方同居时间的长短、同居关系稳定程度,以及同居频率等诸多因素进行综合考量,从而得出符合客观实际的结论。

我国《婚姻法》第 3 条规定,禁止有配偶者与他人同居。因此同居关系是一种非法人身关系,不受法律保护。

二、解除非法同居关系所形成的债务的认定

《民法通则》第7条规定:“民事活动应当尊重社会公德,不得损害社会公共利益,破坏国家经济计划,扰乱社会经济秩序。”《合同法》第52条第(四)项规定,损害社会公共利益的合同无效。社会公德、社会公共利益,就是通常所说的民事行为应当遵循的“公序良俗”原则。这是民法的基本原则。有配偶者与他人同居时签订的补偿协议,违反了民法的“公序良俗”基本原则,与普通民众的道德理念背道而驰。如果将这份分手《承诺书》认定为有效协议,实际上就是对非法同居这种严重违反道德规范的行为给予支持,会破坏我国倡导的社会主义行为规范,和《婚姻法》规定的一夫一妻的宗旨,不能对人民群众的意识行动产生正确的引导作用。因此,对协议中有关补偿内容不受法律保护。但该债权债务关系是当事人双方自愿同意形成的,且不损害他人利益,我国包括《婚姻法》在内的民事法律法规并未规定禁止,故应属于自然之债。

何为自然之债?债按其执行力不同可分为强制力保护之债和自然之债。前者是指债权人有权请求债务人履行,债务人有义务履行,若债务人不履行,债权人可请求法院强制债务人履行;后者是指法律既不以其强制力予以保护,也不以其强制力予以制止的债。对于自然之债,债权人不得请求法院强制债务人履行,但债务人自然履行的,其履行仍然有效,债权人据此而取得的利益仍有保持力,债务人无权以不知为自然之债或债权人为不当得利等理由而请求返还。因此,解除婚外同居关系所承诺的补偿,一方起诉要求履行的,不应支持,如果一方履行后反悔,向人民法院主张返还的,也不予支持。但如果这种补偿侵犯了合法配偶的权利,合法配偶向法院起诉要求返还的,应予支持。《婚姻法司法解释(三)(征求意见稿)》对此有过类似规定①,但该解释出台时删除了这一规定,这与我国自然之债理论并不深入,以及传统社会观念对“第三者”的严重排斥有关,因此在司法实践中,对于该类协议还是以无效处理为原则。

三、裁判解析

《民法通则》第7条规定:民事活动应当尊重社会公德,不得损害社会公共利益,扰乱社会经济秩序。《合同法》第52条第1款第(四)项规定:损害社会公共利益的,合同无效。《婚姻法》第3条规定:禁止有配偶者与他人同居。本案中,被告陈某婚外与原告任某发生的两性关系和同居关系有悖社会公德,双方的同居行为不受法律保护,双方签订的《承诺书》所约定的7万元补偿款,系违反社会公序良俗的婚外同居行为而达成的补偿,应属无效,因此,对原告任某的诉讼请求,法院不予支持。

---

① 该解释第2条规定,有配偶者与他人同居,为解除同居关系约定了财产性补偿,一方要求支付该补偿或支付补偿后又反悔主张返还的,人民法院不予支持;但合法婚姻当事人以侵犯夫妻共同财产权为由起诉主张返还的,人民法院应当受理并根据具体情况作出处理。

第三十七章 与房产相关的纠纷与裁判

规则48 【婚前按揭房分割】夫妻一方婚前以个人财产支付首付款并在银行贷款,婚后用夫妻共同财产还贷,不动产登记于首付款支付方名下,离婚时双方协议不成的,人民法院应当判决该不动产归产权登记一方,尚未归还的贷款为产权登记一方的个人债务。

[规则解读]

夫妻一方婚前签订不动产买卖合同,以个人财产支付首付款并在银行贷款,婚后用夫妻共同财产还贷,不动产登记于首付款支付方名下,离婚时双方协议不成的,人民法院应当判决该不动产归产权登记一方,尚未归还的贷款为产权登记一方的个人债务。双方婚后共同还贷支付的款项及其相对应财产增值部分,由产权登记一方对另一方进行补偿。

[案件审理要览]

一、基本案情

王某(男)与庄某(女)于2006年12月份经人介绍相识,2007年7月登记结婚,婚后未生育子女,夫妻感情一般。2011年7月,王某以夫妻感情破裂为由起诉至法院,要求与女方离婚,并依法分割财产。经法院审理查明,王某在婚前购买了楼房一套,总房款24万余元,其中王某婚前支付首付款13万元,其余办理了按揭贷款,该房产在婚前办理了房产所有权证书,登记在王某名下。在诉讼过程中,两人一致认可,结婚时该房价值498 492元,在共同生活期间共同还贷64 386元,王某起诉时该房价值996 984元。

二、审理要览

一审法院经审理认为,该楼房系王某婚前购买并交纳首付款,且办理了房产证,该楼房应为王某的婚前个人财产,同时王某应补偿庄某婚后共同还贷部分及其对应的房屋增值款。一审法院判决:王某补偿庄某婚后共同还贷的一半32 193元及其对应的房屋增值款64 804元。

庄某不服一审判决,提起上诉,请求撤销原审该项判决,依法改判由王某向庄某补偿共同还贷的一半32 193元以及房屋增值款249 246元。

二审法院经审理认为，一审判决符合《婚姻法司法解释（三）》第10条“夫妻一方婚前签订不动产买卖合同，以个人财产支付首付款并在银行贷款，婚后用夫妻共同财产还贷，不动产登记于首付款支付方名下的，离婚时该不动产由双方协议处理。依前款规定不能达成协议的，人民法院可以判决该不动产归产权登记一方，尚未归还的贷款为产权登记一方的个人债务。双方婚后共同还贷支付的款项及其相对应财产增值部分，离婚时应根据婚姻法第三十九条第一款规定的原则，由产权登记一方对另一方进行补偿”的规定，体现了照顾女方权益的原则，庄某的上诉理由不能成立，法院不予支持。

2012年3月13日，二审法院判决：驳回上诉，维持原判。

［规则适用］

对于房屋的所有权问题，因我国法律规定，不动产的取得是以登记为标志的，因此判决房屋是否属于夫妻共同财产，关键应当看房屋产权证如何取得。但因房产证取得的时间是不确定的，并受多种买受人以外因素的影响，如果仅仅机械地按照房屋产权证书取得的时间作为划分按揭房屋属于婚前个人财产或婚后夫妻共同财产的标准，则可能出现对一方显失公平的情况。对于一方婚前首付按揭贷款所购买的房产，因其在婚前已经通过银行贷款的方式向房地产公司支付了全部购房款，买卖房屋的合同义务已经履行完毕，婚后获得房产的物权只是财产权利的自然转化，故离婚分割财产时将按揭房屋认定为这一方的个人财产，相对比较公平。

对于如何分割夫妻共同财产共同还贷部分，应当从两个方面考虑：

（1）从还贷的时间看，还贷的时间只要处于婚姻关系存续期间，一般即可认定是双方用夫妻共同财产还贷，而不必区分还贷的资金来源于哪一方的收入；

（2）看夫妻之间是否约定实行分别财产制或者对涉案房屋的还贷问题是否有特别约定，如果双方对上述问题进行了特别约定，则分割房产时约定优先，不再适用本解释的规定。因还贷支付的款项属于夫妻共同财产，一般情况下，可以按照一人一半的原则分割，即离婚时取得房屋产权的一方应当将婚姻关系存续期间所偿还的贷款数额的一半，补偿给对方。

对于房产的增值部分可获得多少补偿，可根据房屋购置资金的来源及其在全部房价款中所占的比例考量。一般情况下，房屋购置资金的来源由以下三个部分组成：

（1）一方于婚前购房时交纳的首付款以及其个人偿还的贷款部分；

（2）双方当事人婚后共同还贷部分；

（3）未偿还的贷款。

对于第一部分，因该部分系不动产的自然增值，并非投资收益，不应作为夫妻共同财产分割；对于第三部分，未归还的贷款既已视为是房屋所有权人的个人债务，其对应的房产增值亦应系房屋所有权人所有，对方无权要求分割其对应的增值部分。对于第二部分,由于婚后夫妻任何一方的所得均属于夫妻共同财产,而且夫妻在一起生活,使得另一方已经没有必要或者没有可能购置个人房屋,同时,房价持续上涨,也加大了无房一方的机会成本,使得其实际上已经因为缔结婚姻而错过了最佳的个人购房时机,因此对于夫妻共同还贷部分,不应简单地视为夫妻共同债权,而由房屋所有权人简单地补偿对方一半,还应该补偿对方共同还贷部分对应的房产增值。对于如何计算共同还贷对应的房产增值,因《婚姻法司法解释(三)》并没有明确规定,各地法院计算方式不一致,大约有以下三种计算方式:

(1) 应补偿的增值数额 = 共同还贷部分 ÷ 总房款 ×(房产的现值 − 总房款)÷2;

(2) 应补偿的增值数额 = 共同还贷部分 ÷2×(房产的现值 ÷ 总房款);

(3) 应补偿的增值数额 =(房产的现值 − 总房款)÷ 总房款 × 共同还贷部分 ÷2。

笔者认为,在分割夫妻共同还贷部分对应的增值部分时,要考虑《婚姻法司法解释(三)》第10条规定的主导原则,也就是,既要保护个人婚前财产的权益,也要公平分割婚后共同共有部分财产的权益,同时还不能损害债权人银行的利益。所以,在计算时还应综合考虑:涉案房产购买时的价款、首付款及其在购房全款中的比例、按揭贷款数额及其利息数额、当事人以夫妻共同财产还贷累计的数额(含利息)及其占全部房款和利息的比例、尚未归还的贷款及利息的数额。当然,上述三种计算方法并不能涵盖实际案件中的所有情形,也并非绝对权威、准确,法院在判决时应综合考虑平衡男女双方的利益,保护妇女权益,公允判决,才能收到良好的法律效果和社会效果。

就本案而言,法院根据最高人民法院《婚姻法司法解释(三)》第10条的规定,结合房产购买时的价值、当事人登记结婚及离婚时的增值等情况,判决涉案房屋所有权归王某所有,并由王某补偿庄某共同还贷的一半32 193元和相对应的房产增值款64 804元,符合有关法律和司法解释的规定。

规则49　【拆迁安置房分割】婚前房产转化的拆迁安置房包含“物”与“人”双重因素,系由个人财产与夫妻共同财产组成,双方均应分得适当份额。

[规则解读]

婚前房产转化的拆迁安置房包含“物”与“人”双重因素,系由个人财产与夫妻共同财产组成,双方均应分得适当份额。

[案件审理要览]

一、基本案情

原告田某与被告雷某于2004年10月登记结婚,婚后未生育子女。婚后双方常因家庭琐事发生争吵,故田某诉至法院,请求解除双方婚姻关系,并依法分割夫妻关系存续期间的共有财产。雷某同意离婚,但就财产分割双方难以达成一致意见。主要分歧在于:雷某婚前所建的位于重庆市某村宅基地上的 3 间平房,在 2009 年被拆迁后,开发商以较低的优惠价安置补偿的一套面积为 127.71m^2 的现房应当如何分配。

经审理查明,雷某被拆迁的 3 间房屋评估总价值为 99 361.26 元,加上搬迁补助、补贴等 27 345.8 元,共计补偿款 126 707.06 元。雷某以该补偿款购买了面积为 127.71m^2 的安置房一套,并向开发商补缴房款 37 325.14 元。按照拆迁安置方案规定,凡在拆迁范围内有住房,长期居住并有本村集体户口的,购买拆迁安置房,每人可享受 60m^2 的安置优惠价面积,超出部分按市场价购买。安置优惠价为 1 250 元/m^2,市场价为 1 820 元/m^2。

二、审理要览

本案争议的焦点是,雷某婚前房屋被拆迁后的安置房性质,属于雷某个人财产还是夫妻双方共同财产。主要有三种意见:

第一种意见认为,此拆迁安置房属于夫妻共同财产。因该安置房系双方婚姻关系存续期间所得,且双方对该房屋未进行特别约定,故该房屋应当归夫妻共同所有。

第二种意见认为,该拆迁安置房系雷某个人财产。因为该安置房系拆迁雷某婚前所有的房屋后转化而来,故该房屋系雷某婚前财产所演变,性质上仍属于雷某的个人财产。

第三种意见认为,该拆迁安置房包含“物”与“人”双重因素,系由雷某个人财产与夫妻共同财产组成,双方均应分得适当份额。

[规则适用]

笔者赞同第三种意见。该拆迁安置房系雷某婚前所有的房屋被拆迁后,利用开发商的拆迁补偿款,以安置优惠价购买而来,因此该安置房包含了补偿款与优惠价两层因素。

首先分析补偿款的性质。补偿款是拆迁人给予原房屋所有人因房产被拆的补偿,主要包括原房屋评估总价值、装饰补偿金、搬迁补助费、搬迁奖励金等,故该补偿款是由被拆迁房屋转化而来。根据物权效力的延伸理论,婚前财产并不因财产形态的变化而改变其性质,因此雷某婚前所有的房屋被拆迁后所得的补偿款仍属于雷某个人财产。第一种意见不可取。

再来分析优惠价性质。目前,我国农村宅基地上的房屋被拆迁后,一般都采取补偿款与优惠价安置相结合的办法,一方面,根据被拆迁人原有房屋的具体价值给付相应补偿款,另一方面,根据原房屋居住人口数确定被拆迁人所能够以优惠价计算的安置房面积。可见,补偿款是对物的补偿,而优惠价则是对人的安置。开发商允许被拆迁人根据人口数以优惠价购买安置房,实际是一种变相的对人的补偿。由于这种补偿发生在雷某与田某婚姻关系存续期间，即按照雷某婚后所计算的人口确定，故田某也作为居住人口之一，属于被安置对象，该安置房也包含了田某"人"的因素，因此，该安置房并不完全属于雷某个人财产，第二种意见也不可取。

由于该拆迁安置房系因拆迁雷某婚前房屋后，通过对物的补偿和对人的安置两种方式转化而来，因此该安置房的价值应由两部分组成：一是对物的补偿，形式为拆迁补偿款 126 707.06 元；二是对人的安置，形式为安置优惠价，即购房者可以比市场价购买少交的那部分房款。

本案中，拆迁安置房的面积为 127.71m^2，总价为 164 032.2 元。根据拆迁安置方案，雷某与田某均能以 1 250 元/m^2 的优惠价购买 60m^2 的安置房，超出部分按照市场价 1 820 元/m^2 计算。因此，该安置房价值成分中，126 707.06 元的房款系房屋拆迁补偿款，属于雷某的个人财产；因优惠价购买少交的那部分房款，具体数额为 68 400 元（1 820 元/m^2 × 127.71m^2 － 1 250 元/m^2 × 60 × 2 － 1 820 元/m^2 × 7.71m^2），系对人的安置，应为雷某与田某的夫妻共同财产。对夫妻双方共同财产，因雷某与田某并无特别约定，故原则上应当予以均分，即各占 34 200 元。另外，2009 年雷某向开发商补交的房款 37 325.14 元，系夫妻关系存续期间交的，此款也属于夫妻共同财产，双方各占份额 18 662.57 元。因此，该拆迁安置房中，雷某所占的份额为 179 569.63 元（126 707.06 元 + 34 200 元 + 18 662.57 元），田某所占份额为 52 862.57 元（34 200 元 + 18 662.57 元）。

考虑到该拆迁安置房于 2009 年购买，时至今日存在房屋增值问题，故在具体分割该安置房时，应结合该房屋现有价值，依据双方所占份额，按比例即 179 570.17∶52 862.57进行分割。

规则 50　【宅基地上的房屋分割】夫妻一方为居民时，双方签订的离婚协议中对宅基地上的房屋分割条款的约定应当有效，但法院认定为有效后对其条款可变通执行。

[规则解读]

在法无明文规定的情况下，夫妻一方为居民时，双方签订的离婚协议中对宅基地上的房屋分割条款的约定应当有效，但法院认定为有效后对其条款可变通执行。

[案件审理要览]

一、基本案情

2009 年 8 月 21 日，刘某（女）与王某（男）在都江堰市民政局办理了离婚登记手续，双方就财产处理等达成离婚协议，《离婚协议书》第 2 条载明：位于都江堰市青城山镇青城村 3 组境内砖混结构的小青瓦房 10 间，男、女双方各分 5 间，其中西边五间归女方,东边五间归男方;21 英寸彩电、消毒柜、两轮摩托车归女方所有,34 英寸的彩电、洗衣机、三轮摩托车归男方所有。2009 年 11 月 24 日,王某未经刘某许可,将该 10 间房屋(包括土地使用权)以 590 008 元的价格转让与第三人。现该房屋已由买受人重新修建并居住使用。现房屋转让款 590 008 元由王某保存。该房屋系双方婚后共同修建,没有在产权登记部门办理产权登记。经原审法院释明,刘某对自己的第一项诉讼请求"判令双方于 2009 年 8 月 21 日签订的《离婚协议书》中约定的位于都江堰市青城山镇青城村 3 组的 5 间(靠西边)小青瓦房归刘某所有",变更为"判令王某向刘某支付转让位于都江堰市青城山镇青城村 3 组的 10 间小青瓦房价款 590 008 元的一半"。

二、审理要览

一审法院认为,离婚时,夫妻的共同财产由双方协议处理。离婚协议中关于财产分割的条款或者当事人因离婚就财产分割达成的协议,对男女双方具有法律约束力。本案中,刘某与王某在婚后共同修建位于都江堰市青城山镇青城村 3 组境内砖混结构的小青瓦房 10 间,刘某、王某登记离婚时,对财产等自愿达成了离婚协议,双方就应该按照协议约定的内容履行。但王某在与刘某离婚后,未经刘某的同意,将协议中约定的双方共有的房屋转让与他人,该房屋已实际交付,买受人并已重新修建,即原诉争房屋已经灭失,不能进行实物分割。一审法院支持刘某对该房屋取得的收益 590 008 元享有相应权利。因宅基地的使用权系王某基于青城山镇青城村 3 组村民的身份而取得,结合本案的实际情况,一审法院确认刘某享有房屋收益权利的 30%,王某享有房屋权利的 70%。对刘某要求的 21 英寸彩电、消毒柜、两轮摩托车归其所有的主张,一审法院予以支持。为了维护公民的合法权益,一审法院根据《婚姻法》第 39 条,最高人民法院《婚姻法司法解释(二)》第 8 条之规定,判决:

(1) 王某在判决生效之日起 10 日内一次性支付刘某房屋收益 177 002. 4 元。

(2) 刘某与王某离婚协议中约定的 21 英寸彩电、消毒柜、两轮摩托车归刘某所有。

宣判后,刘某与王某均不服一审判决第(1)项,向成都市中级人民法院提起上诉。

刘某的上诉理由为:根据房地一体原则,王某实际上已通过《离婚协议书》将位于都江堰市青城山镇青城村 3 组的 5 间房屋及土地使用权处分给刘某,且王某转让本案诉争房屋时,不应对房屋和宅基地使用权的价款分别进行约定,故一审法院根据宅基地的使用权系王某基于青城山镇青城村 3 组村民的身份取得,并结合王某与第三人所约定的房屋转让费和土地使用权转让费,确认刘某享有房屋收益权利的 30%,王某享有房屋收益权利的 70%,系认定事实错误,适用法律错误。据此,请求二审法院撤销一审判决,依法改判王某向刘某支付 295 004 元。

王某的上诉理由为:刘某为居民户口,宅基地使用权应属王某一人所有,而非夫妻共同财产,故根据双方签订的离婚协议以及王某与第三人签订的房屋转让协议,刘某只应分得房屋转让款 90 008 元的一半即 45 004 元。

二审法院认为,本案中,刘某与王某于 2009 年签订《离婚协议书》时,对财产处理约定为"位于都江堰市青城山镇青城村 3 组境内砖混结构的小青瓦房 10 间,男、女双方各分 5 间,其中西边五间归女方,东边五间归男方。"根据上述内容,双方并未对都江堰市青城山镇青城村 3 组房屋的宅基地使用权作出明确约定,仅对该宅基地上的房屋进行了约定。因刘某、王某对都江堰市青城山镇青城村 3 组房屋的分割约定不明,二审法院对《离婚协议书》中关于该房屋的约定不予采信。根据一审中王某提交的由都江堰市青城山镇青城村村民委员会出具的证明可知,该宅基地的使用权系王某基于青城山镇青城村 3 组村民的身份取得,因刘某对该房屋转让总款 590 008 元表示认可,故一审法院根据宅基地的使用权系王某基于青城山镇青城村 3 组村民的身份取得,并结合本案实际情况,确认刘某享有房屋收益权利的 30%,王某享有房屋收益权利的 70% 并无不当,对刘某主张一审判决认定事实不清,适用法律错误的上诉请求,以及王某主张刘某只应分得 45 004 元的上诉请求,本院均不予支持。因此,二审法院作出了驳回上诉,维持原判的判决结果。

[规则适用]

本案的争议焦点为:

(1) 夫妻一方为居民时,双方签订的离婚协议中关于宅基地上房屋分割条款的约定是否有效?

(2) 如果该条款有效,如何按照该离婚协议执行?

从我国现行的法律、法规上看,关于农村宅基地上房屋转让、分割的问题,并无明确规定。而在离婚协议中,一方为居民的前提下,约定宅基地上房屋分割条款的效力问题,更是无法可循。

一、夫妻一方为居民时,双方签订的离婚协议中关于宅基地上房屋分割条款的约定应当有效

(一) 夫妻双方离婚协议的效力问题

《婚姻法》第 19 条第 2 款规定:"夫妻对婚姻关系存续期间所得的财产以及婚前财产的约定,对双方具有约束力。"最高人民法院《婚姻法司法解释(二)》第 8 条规定:"离婚协议中关于财产分割的条款或者当事人因离婚就财产分割达成的协议,对男女双方具有法律约束力。"因此,从前述法律及司法解释来看,离婚协议只要不违背法律的禁止性规定,一般都对双方产生效力。本案中刘某与王某就宅基地上房屋的分割问题进行约定,可能会与《土地管理法》中关于"宅基地使用权禁止在非本集体经济组织成员间转让"的相关条款相违背,但是否属于违背法律的禁止性规定,却并无明显的法律依据。王某基于村民的身份得到该宅基地,作为居民的刘某嫁给王某,双方在夫妻关系存续期间所建房屋理应属于双方共有,但是否因此就能够认定该宅基地使用权属于夫妻双方共有?实践中对此并没有明确的法律依据,笔者认为,依据《土地管理法》《婚姻法》及其司法解释的立法本意,可以将此认定为夫妻双方共有。

（二）我国限制农村宅基地使用权及地上房屋转让的原因分析及未来发展趋势

纵观我国《土地管理法》以及国务院出台的一些规章上的相关条文,虽然并没有明确禁止农村宅基地上的房屋转让,但通过我国对宅基地使用权转让行为的禁止可以看出,对宅基地上的房屋的转让也是持严格限制态度的。[①] 法律之所以对农村宅基地上的房屋转让持如此谨慎的态度,笔者认为有两点原因。

1. 对农民居住权给予保障

农村居民一直以来属于弱势群体。相比城市居民,他们没有最低生活保障,没有养老、医疗、失业保险等各项福利待遇。而能够无偿取得宅基地使用权,获得基本的生活条件,恰恰是农村居民相比城镇居民所能取得的最低限度的福利。因此法律有必要为了保障农村居民的居住权,而设立一些限制性条款,防止农民因转让宅基地使用权而流离失所。

2. 对农村秩序予以维护

法律之所以限制宅基地使用权的流转,很重要的原因就是为了保持农村“居者有其屋”,维护好现存的农村秩序。

(1) 未分配的宅基地禁止出租和转让,这就从根本上杜绝了城镇居民或其他集体经济组织农民获得该宅基地使用权,打乱本集体内的成员格局、经济布局的可能。

(2) 农民在出租、出卖住房后不得再申请宅基地。《土地管理法》明确规定农民出租、出卖住房后,再申请宅基地的不予批准。这项规定不但维护了“一户一宅”原则,而且还使农民清楚地预见到后果,从而更加谨慎地处分自己的宅基地使用权。

(3) 城镇居民禁止购买农村房屋,这样就有效地防止了农民由于城镇经济的流入而盲目出卖房屋导致居无定所,引发农村秩序的混乱。

随着农村经济结构的不断调整,城市化进程的飞速提高,农民对土地价值的认识越来越深刻。在土地不断升值的利益驱动下,农民开始自发流转农村宅基地,且流转形式多样,有出卖、出租、抵押等。虽然公开出卖宅基地使用权的情况并不多,但买卖、出租农村房屋连同买卖、出租宅基地使用权的现象却较为普遍,房价当中就包含了地价。而且大量的农民到城市生活、定居,他们也迫切需要把

---

① 《土地管理法》第 62 条规定:农村村民出卖、出租住房后,再申请宅基地的,不予批准。1999 年 8 月国务院办公厅发布的《关于加强土地转让管理严禁炒卖土地的通知》明文规定,农村的住宅不得向城市居民出售。2004 年国务院《关于深化改革严格土地管理的决定》,又再次强调禁止城镇居民在农村购置宅基地。从这些规章制度中,都可以看出我国是严格限制农村宅基地上房屋进行流转的。

自己农村宅基地上的房屋出卖。因此在现实生活中,宅基地使用权流转的“隐性市场”大量存在,而且有逐步扩大之势。这也反映了调整农村宅基地的法律规范已经受到市场经济的挑战,农民对实现其房屋的经济价值有着强烈的愿望。因此,随着市场经济的不断完善,经济结构的不断调整,农村宅基地流转的限制也应当得到放开,这已是大势所趋。

然而由于“房地一体”原则的现实存在,这种强烈的愿望却很少能够合法化地变为现实。现有的宅基地转让制度与城市化下农村宅基地流转的大趋势产生了矛盾,从而也给司法实践带来了一定的困惑和难题。

本案当中,刘某与王某在离婚协议中规定宅基地上房屋分割、转让的条款是否有效,因刘某不属于本集体经济组织成员,也面临同样的裁判难题。然而本案有其特殊性,即分割双方为夫妻关系,这无疑使本案的裁判变得更加复杂。

(三) 婚姻关系中农村宅基地转让、分割的特殊性

宅基地的取得大致有两种方式:一种是原始取得,即本集体经济组织成员可以凭借自身的村民身份而取得宅基地;另一种是继受取得,即通过继承等方式而取得他人的宅基地。而在婚姻关系中,一方拥有宅基地,另一方因婚姻关系是否能够拥有该宅基地使用权,法律并无明确规定。然而从《婚姻法》的立法本意来看,笔者认为对此应该持肯定态度。毕竟宅基地的分割是以户为原则,而一旦双方缔结了婚姻关系,即组成了一个家庭,成为一户,另一方理应享有部分宅基地使用权,这是由婚姻关系的特殊性决定的。

而且,从现行国务院规章来看①,只是规定了城镇居民不得购置宅基地及房屋,从本案来看,王某与刘某的离婚协议中约定宅基地上房屋分割条款的行为只是为了分割共有财产,双方的意思表示真实,因处分对象与宅基地使用权这一限制流通客体相牵连,不能因此就认定无效,且本案房屋已经变现,理应采用变通价款方式分割。

笔者认为,退一步讲,本案如果认定该条款无效,法院应当按法定原则处分夫妻共同财产,此时就会面临一个难题,就是房屋价款与宅基地使用权价款不能分别明确,很难做到公正。

因此,笔者认为,在法无明文规定的情况下,夫妻一方为居民时,双方签订的离婚协议中关于宅基地上房屋分割条款的约定应当有效。

二、离婚协议中宅基地上房屋分割条款认定有效后,法院应当变通执行

司法实践中,如果遇到由于非集体经济组织内农村宅基地上房屋转让而产生纠纷的案件,法院一般不会受理。而像本案这样签订宅基地上房屋分割协议,双

① 1999 年 8 月国务院办公厅发布的《关于加强土地转让管理严禁炒卖土地的通知》明文规定,农村的住宅不得向城市居民出售。2004 年国务院《关于深化改革严格土地管理的决定》,又再次强调禁止城镇居民在农村购置宅基地。从这些规章制度,都可以看出我国是严格限制农村宅基地上房屋进行流转的。

方又有特殊关系的案件,法院一般会受理。对此类案件,笔者认为法院应当灵活裁判。

(一) 在执行此协议的方式上应当变通

离婚协议中签订宅基地上房屋转让条款,虽然并不违反法律的强制性规定,但确实与国务院的相关政策导向不相一致。因此法院在裁判时,还是应该考虑政策、规章的导向性,作出较合理的裁判。本案中,法院在认定该协议中宅基地上房屋分割条款有效的前提下,如果严格按照该协议条款执行,双方各享有一半的权利,对基于其身份才获得该宅基地使用权的王某会有些许不公,也与现行的农村土地管理政策不相一致。此时,法院结合本案实际情况,变通执行该协议条款,因该房屋已经变卖,以刘某享有 30% 的房屋收益权利,王某享有 70% 的房屋收益权利进行裁判,充分考虑了双方的利益,对此笔者持肯定态度。

(二) 建立房、地价款评估中的衡平机制

本案中,法院之所以无法按协议明确认定双方的权利,是因为宅基地使用权价款与其上房屋的价款并不能分别确定。为了跳出法律现实存在的困境,真正实现社会公正,法院有必要建立房地价款评估的衡平机制,分别对宅基地使用权及房屋的价格进行合理的评估。由于宅基地使用权禁止在集体经济组织成员外流通,评估有可能难以找到确切的参照依据。笔者认为,此时应当进行实质认定,比如可以参照“黑市”价格、结合当地经济现状、当前建设用地使用权的价格等多种因素综合考虑。由于估价指标的不确定性,法院更应当充分发挥自由裁量机制,以实现保护当事人正当权利的目标和宗旨。

规则 51 【土地补偿款】土地补偿款是专属于人身性质的财产,因此不应作为夫妻共同财产。

[规则解读]

土地补偿款只有具备本村集体组织成员资格的人方可取得,取得土地补偿款是对婚前一方承包土地的延续。土地补偿款是专属于人身性质的财产,因此不应作为夫妻共同财产。

[案件审理要览]

一、基本案情

村民王某和李某因离婚而对簿公堂,诉讼中争议的一个焦点问题是分割财产涉及土地补偿款的问题。土地补偿款到底属不属于夫妻共同财产?

二、审理要览

法院审理中存在不同的观点。有人认为,土地补偿款当然属于夫妻共同财产;而也有人认为,土地补偿款是专属于人身性质的财产,不应作为夫妻共同财产。

［规则适用］

实践中，审判人员在处理农村离婚纠纷中常会遇到分割财产涉及土地补偿款的问题，而我国《婚姻法》及相关司法解释并未对土地补偿款是否属于夫妻共同财产作出明确规定，该问题在理论和实务中都存在争议。

土地补偿款是指因国家征用土地对土地所有者和土地使用者因对土地的投入和收益造成损失的补偿。《婚姻法》第17条规定的"其他应当归共同所有的财产"中，并未明确包含土地补偿款。《婚姻法司法解释(二)》第11条对"其他财产"的规定是：一方以个人财产投资取得的收益；双方实际取得或应当取得的住房补贴、住房公积金；双方实际取得或应当取得的养老保险金、破产安置补偿费。土地补偿款到底属不属于该条规定的其他财产呢？

笔者认为，在我国农村，土地补偿款的取得与否与所涉当事人是否具备该村集体经济组织资格有重大关系。最高人民法院《关于审理涉及农村土地承包纠纷案件适用法律问题的解释》第24条规定："农村集体经济组织或者村民委员会、村民小组，可以依照法律规定的民主议定程序，决定在本集体经济组织内部分配已经收到的土地补偿费。征地补偿安置方案确定时已经具有本集体经济组织成员资格的人，请求支付相应份额的，应予支持。但已报全国人大常委会、国务院备案的地方性法规、自治条例和单行条例、地方政府规章对土地补偿费在农村集体经济组织内部的分配办法另有规定的除外。"由此看来，土地补偿款只有具备本村集体组织成员资格的人方可取得，取得土地补偿款是对婚前一方承包土地的延续。

《物权法》第42条第2款规定："征收集体所有的土地，应当依法足额支付土地补偿费、安置补偿费、地上附着物和青苗的补偿费等费用，安排被征地农民的社会保障费用，保障被征地农民的生活，维护被征地农民的合法权益。"笔者认为，从立法目的解释来看，土地补偿款实质是对失地农民今后的一种生活保障和主要依靠，不应属于《婚姻法司法解释(二)》对共同财产作出的规定种类。另根据最高人民法院1999年11月29日《全国民事案件审判质量工作座谈会纪要》关于婚姻家庭纠纷案件的处理问题规定，对在婚姻关系存续期间夫妻一方买断工龄款是何种性质的财产，应当如何界定其归属，可采取类推解释的方法，根据其与养老保险金或医疗保险金等共同具有的专属于特定人身的性质，确定其在财产分割中的法律适用原则，即不作为夫妻共同财产。据此，土地补偿款也应类推为专属于人身性质的财产，不应作为夫妻共同财产。

综上，在审判实践中，涉及土地补偿款纠纷的婚姻案件，不应当按照共同财产进行分割。当然，考虑农村实际，女方因嫁给男方以后，其在出嫁地所留承包地可能会因村集体土地调整而失去，也可能因嫁给男方以后而获得嫁入村集体承包地，所以，应当区分对待。如果离婚时女方已失去出嫁地所留承包地，但嫁入村集体并未分给其承包地，应适当给予女方照顾，如从男方土地补偿款中或其他个人财产中补偿一部分给予女方；如果离婚时女方已获得嫁入所在地的村集体分得的承包地,各自土地补偿款归各自所有,其他财产则依相关法律作出处理。

规则 52 【土地承包经营权】在土地承包期内,妇女离婚或者丧偶,发包方不得收回其原承包地,该妇女应当适当分得土地承包权。

[规则解读]

以家庭名义申请的土地承包经营权,在承包期内,妇女离婚或者丧偶,仍在原居住地生活或者不在原居住地生活,但在新居住地未取得承包地的,发包方不得收回其原承包地,该妇女应当适当分得土地承包权。

[案件审理要览]

一、基本案情

王某(男)与李某(女)于 1987 年 11 月 16 日结婚,1990 年 4 月 17 日生育长女,1991 年 12 月 20 日生育次女。2009 年 10 月 23 日,王某与李某经法院调解离婚,双方在协议中约定,次女由李某自行抚养,还对北京市某村 × 号院内夫妻共有的房屋进行了分割,王某分得东房 3 间。

1998 年 1 月 1 日,李某作为代表与某村农工商经济联合社签订《果园承包合同书》,承包果园路南地 5 亩,承包期自 1998 年 1 月 1 日起至 2027 年 12 月 31 日止,共 30 年。李某将该地转包,2010 年收取租金 2 550 元。1998 年 3 月 20 日,李某作为承包方与某村农工商经济联合社签订《土地承包合同》,承包村西地 6.19 亩、村南菜地 1.4 亩,承包期自 1998 年 1 月 1 日至 2027 年 12 月 31 日。北京市房山区人民政府于 1998 年 3 月 20 日为李某颁发了《农村土地经营权证书》,载明:承包人李某,家庭农业人口 4 人。这里的 4 口人指:李某、王某、长女、次女。上述 6.19亩村西地由政府出资修建了 6 个大棚,2009 年 7 月,李某将 6 个大棚转包给他人,约定租金每年一个大棚 1 000 元。现李某已收取租金 6 000 元。2001 年 1 月 1 日,李某作为代表与某村农工商经济联合社签订《果园承包合同书》,承包村东梨地 17.6 亩,承包期自 2001 年 1 月 1 日至 2030 年 12 月 31 日。2009 年李某卖该承包地的桃、梨收入 22 000 元。2004 年 8 月 20 日,李某与某村农工商经济联合社签订《土地经营权确权合同书》,约定李某将其拥有经营权的土地 4.32 亩确权后流转给村经联社经营,由村经联社向其支付权益费。2010 年的土地权益款尚未发放。

二、审理要览

一审法院判决认定:承包地的收益归王某与李某共有,应予平均分割。王某要求李某给付承包地收益的合理部分,法院予以支持,其他过高要求,不予支持;因4.32亩土地权益款尚未发放,故王某要求分割 4.32 亩土地权益款的诉讼请求,没有事实依据,法院不予支持;位于北京市某村 × 号院内的砖混结构北房 4 间,系李某之父母所建,不属于王某与李某的夫妻共同财产,王某要求分割房屋的诉讼请求,法院不予支持;因土地承包涉及土地发包方的利益,不属于法院调整范畴,王某应通过土地发包方另行解决,王某要求分割承包地的诉讼请求,法院不予支持。据此,依据《婚姻法》第 39 条之规定,判决:

(1) 李某给付王某土地收益款 15 275 元(判决生效后 7 日内执行);

(2) 驳回王某的其他诉讼请求。

王某不服一审法院判决提起上诉。

二审法院判决认为:一审法院有关承包经营权的分割不属于法院调整范畴的观点不当,二审法院予以纠正,应当分给王某 1/4 的土地承包经营权,关于 4 块承包地的分割方式,应本着有利生产、方便通行的原则,对于 6 个大棚,王某享有 1 个半大棚的承包经营权,对于另外 3 块地,应以可出行通道为基线进行纵向分割,以确保王某分得的 1/4 有出行通道。王某在与李某的离婚诉讼中,已经对属于夫妻共同所有的房屋进行了分割,现称另外 4 间房屋亦属于夫妻共同财产,证据不足。王某上诉要求分割 2010 年的梨地收益、按照年租金 15 000 元的标准分割 6 个大棚的收益等,证据不足。因此判决:王某享有李某作为代表于 1998 年 1 月 1 日、2001 年 1 月 1 日签订的两份《果园承包合同书》、李某作为承包方于 1998 年 3 月 20 日签订的《土地承包合同》中 1/4 的承包经营权(王某享有 6 个大棚中一个半大棚的承包经营权;其他 3 块地,王某享有 1/4 的份额,以可出行通道为基线进行纵向分割)。

[规则适用]

一、土地承包经营权的概念

土地承包经营权指农村集体经济组织的农户以及其他的单位或者个人,对农民集体所有或国家所有,由农民集体使用的耕地、林地、草地以及其他依法用于农业的土地享有的占有、使用与收益权。[①] 我国农村土地承包方式有两种:家庭承包方式和家庭承包方式以外的其他方式,即《农村土地承包法》第 44 条规定:"不宜采取家庭承包方式的荒山、荒沟、荒丘等农村土地,通过招标、拍卖、公开协商等方式承包……"在土地承包经营权存续期间,承包方享有对土地的承包经营权,依照法律的规定和合同的约定,行使权利,承担义务。在 2007 年我国《物权法》明确地将土地承包经营权确定为用益物权,并将"土地承包经营权"纳入《物权法》中的用益物权编的第十一章,并按照我国不同用途土地的承包期限作出了规定:耕地为 30 年,草地为 30 ~ 50 年,林地为 30 ~ 70 年。

二、农村妇女土地权益的保障问题

妇女在政治、经济、文化、社会和家庭的各方而享有同男性平等的权利。《妇女权益保障法》第 32 条规定:"妇女在农村土地承包经营、集体经济组织收益分配、土地征收或者征用补偿费使用以及宅基地使用等方面,享有与男子平等的权

---

① 参见王利民:《中国民法典学者建议稿及立法理由:物权篇》,法律出版社 2005 年版,第 262 页。

利。"第33条规定:"任何组织和个人不得以妇女未婚、结婚、离婚、丧偶等为由,侵害妇女在农村集体经济组织中的各项权益。因结婚男方到女方住所落户的,男方和子女享有与所在地农村集体经济组织成员平等的权益。"《农村土地承包法》第6条规定:"农村土地承包,妇女与男子享有平等的权利。承包中应当保护妇女的合法权益,任何组织和个人不得剥夺、侵害妇女应当享有的土地承包经营权。"第30条规定:"承包期内,妇女结婚,在新居住地未取得承包地的,发包方不得收回其原承包地;妇女离婚或者丧偶,仍在原居住地生活或者不在原居住地生活但在新居住地未取得承包地的,发包方不得收回其原承包地。"第54条明确规定,剥夺、侵害妇女依法享有的土地承包经营权的,应当承担民事责任。《婚姻法》第39条规定:"离婚时……夫或妻在家庭土地承包经营中享有的权益等,应当依法予以保护。"这是我国法律关于农村妇女在家庭土地承包经营享有权益的规定,但由于法律规定比较笼统,在承包经营权的相关立法和政策中,我们可以看到,这些法律和政策都是原则性的规定,根本无法解决现实中的复杂情况,缺乏可操作性。农村传统风俗重男轻女,由于婚姻和继承发生的农村妇女丧失土地承包经营权的现象屡有发生。主要情形有以下四类:

1. 农村妇女嫁入外地,丧失原村的土地经营权

出嫁妇女从原村迁出后,由于重男轻女的思想和父母年老时由儿子抚养的传统习惯,女方的父母在分家时往往剥夺了女方的土地承包经营权,而将其分给其他家庭成员。村里也会要求女方的户口迁到男方家,不再保留其在本村的土地经营权。

2. 农村妇女嫁入男方所在村,但并不享有土地经营权

由于男方的土地经营权在女方嫁入前往往已经取得,登记的往往也是男方父母的名字,女方嫁入后并不会增加其名字,因此在离婚时,男方往往主张是其父母的财产,离婚时不作为夫妻共同财产分割。我国的土地承包有这样一项政策,就是"增地不增人,减人不减地",其意义是,不因人口的增加而增加承包的土地,也不因人口的减少而减少承包的土地,这样做虽然有利于稳固家庭联产承包,但是它的弊端也显而易见,这种弊端决定了妇女结婚后,因为"从夫居"而产生的被动性,在某种程度上,剥夺了农村妇女的土地承包经营权。

3. 因配偶的死亡而丧失土地承包经营权

配偶生前,女方还可以作为家庭成员共同对土地进行经营收益,一旦配偶死亡,由于土地经营权的登记制度不完善,女方的土地权益无法得到保障,可能要遭受村里人的歧视和限制。

4. 出嫁妇女对迁入前的土地经营权丧失继承权

所谓土地承包经营权的继承,是指土地承包经营权人,在经营期内死亡,其继承人继续承包土地的流转方式,承包经营权在承包期内是可以被继承的,到下次土地调整时才被收回。我国对土地承包经营权采取了两种规定,对家庭承包的林

地的承包权可以继承,而耕地或草地等农业用地上的土地承包经营权不可以继承。而农村妇女因为嫁人,户口迁出,在父母年老去世时,因户口不在本集体经济组织,而丧失土地经营权。

以上情况的主要原因在于,我国的土地经营权往往以“户”为单位,采用“增人不增地,减人不减地”的政策,这就忽视了个人的权利。因此为了保证农村妇女的土地权益,应当严格贯彻《农村土地承包法》第30条的规定:“承包期内,妇女结婚,在新居住地未取得承包地的,发包方不得收回其原承包地;妇女离婚或者丧偶,仍在原居住地生活或者不在原居住地生活但在新居住地未取得承包地的,发包方不得收回其原承包地。”

三、裁判解析

我国实行农村土地承包经营制度。农村土地承包采取农村集体经济组织内部的家庭承包方式,不宜采取家庭承包方式的荒山、荒沟、荒丘、荒滩等农村土地,可以采取招标、拍卖、公开协商等方式承包。无论是李某于1998年1月1日、2001年1月1日作为代表签订的两份《果园承包合同书》,还是李某作为承包方于1998年3月20日签订的《土地承包合同》,均是农村集体经济组织内部的家庭承包,承包经营权由李某、王某、长女、次女享有。承包期内,妇女离婚或者丧偶,仍在原居住地生活或者不在原居住地生活但在新居住地未取得承包地的,发包方不得收回其原承包地,故王某仍对上述土地承包经营权享有相应份额。现王某起诉要求分割上述3份承包合同4块地的承包经营权,理由正当,应予以支持,但根据家庭人口数,王某只应享有1/4的份额,对王某的请求中要求过高的部分,不应支持。一审法院关于“因土地承包涉及土地发包方的利益,不属于法院调整范畴,王某应通过土地发包方另行解决”,属于错误观点,应当纠正。

规则53 【居住权】对居住权的裁判,应符合法律对公平正义的要求,同时体现对当事人意思的保护,并注重对弱者生存的救济保障。

[规则解读]

在目前情况下,居住权的创设主要依靠司法裁判来实现。对于居住权的裁判更应符合法律对公平正义的要求,同时体现对当事人意思的保护并注重对弱者生存的救济保障。

[案件审理要览]

一、基本案情

案例一:妻子晓某与丈夫张某某于1988年登记结婚后,一直与婆婆韩某同住在北京市某小区的一处房屋内,该房屋为韩某继承所得。

1990年5月,晓某与张某某生育一子张某。2009年8月,张某因与父母发生争执而离家出走,张某某情急之下重病不起,并于2011年3月去世。

张某某去世后，他的家人认为晓某对张某的出走和张某某的死亡负有责任，与晓某之间经常为此发生争吵。至2011年7月，韩某明确要求晓某从自己的房屋中搬走。

晓某认为，自己从1988年开始即与张某某及韩某共同居住于诉争房屋内，且已在1990年将自己的户籍迁入该址，自己有权居住在诉争房屋之内。而且自己现在没有工作，没有其他房屋，不具备搬出的条件，不同意腾房。为了维护自己的权利，晓某于2011年9月起诉至法院，要求确认自己对于诉争房屋享有居住权。

案例二：再婚夫妻李某（男）与马某（女）于1980年登记结婚，婚后双方一直居住在丈夫李某婚前从其单位承租的公房内。然而，天有不测风云，婚后因二人感情出现裂痕，李某于2002年诉至法院要求离婚。法院最终判决双方离婚。同时，因马某离婚后确无其他住处，属生活困难，法院判令李某以房屋居住权的方式给予帮助，判决房屋大间（14平方米）归李某居住使用，小间（6平方米）归马某居住使用。

然而，事情并未就此结束。李某与前妻育有一个女儿李芳。在2007年3月单位进行房改时，李某购买了其居住房屋的所有权并取得了房产证。不久，李某又将该房屋赠与女儿李芳，并办理了所有权变更手续，李芳取得该房屋的所有权。

2008年10月，李芳将马某诉至法院，以自己是房屋所有权人为由，要求马某搬出诉争房屋。

案例三：1992年3月，王某的单位为王某分配了位于北京市某社区的一套平房。不久以后，王某的外孙女江某因为需要落户上学，遂将户口迁入此房屋。

2000年，该房屋面临拆迁。依据当时的拆迁政策，王某作为房屋的承租人取得被拆迁人的身份，江某因其户口在该房屋内，且与王某共同居住而被列为被安置人。同时，因被安置人口为祖孙二人，王某取得安置一套三居室的资格。2000年5月，王某与其单位签订了出售公有住房合同，约定由王某购买该套楼房。王某依约支付了购房款，并于2001年8月取得房屋所有权证。

此后，王某与江某的母亲因赡养问题发生纠纷，王某于2002年3月起诉至法院，要求江某搬出其所有的房屋。法院经审理后认为，诉争房屋的取得考虑了江某作为被安置人的因素，故江某对于诉争房屋享有居住权，据此驳回了王某的诉讼请求。

二、审理要览

关于案例一：具有血亲、姻亲等特殊亲密关系的人常会基于法定义务或社会风俗习惯而共同居住。例如，配偶双方、父母与子女、公婆（岳父母）与儿媳（女婿）、兄弟姐妹、祖孙等。上述具有亲属关系的人之间相互负有法定的抚养、赡养、扶养义务，共同居住既是履行法定义务的前提，亦有利于更好地维系家庭关系。

现行的婚姻家庭法律对夫妻、父母子女之间的法定义务作出了规定，各主体间亦因此相互享有居住他人所有的房屋的权利。但由于法律未明确冠以居住权的名义,且权利主体范围的限定过于狭窄,无法满足审判实践的需要。

在实践中,面对当事人基于其与房屋所有权人间的特殊身份关系主张居住权的案件,法院应综合考虑双方之间的亲属关系的亲疏程度、是否负有法定义务、是否形成事实上的扶养关系、主张权利一方的生活条件,以及双方是否形成共居关系等因素,酌情确定居住权是否成立。

本案中,晓某与韩某之间曾为婆媳关系,晓某入住诉争房屋也是基于其与张某某的婚姻关系,而且,晓某与韩某已共同居住多年,形成了事实共居关系。虽然张某某现已去世,但晓某对涉案房屋依然享有居住权。

法院最终依法判决,晓某对北京市某房屋享有居住权。

关于案例二:最高人民法院《婚姻法司法解释(一)》第27条第3款规定:"离婚时,一方以个人财产中的住房对困难者进行帮助的形式,可以是房屋的居住权或者房屋的所有权。"该条规定为现行法律及司法解释中唯一一处明确使用"居住权"一词的,在司法实践中,此种类型的居住权纠纷也最为常见。在离婚诉讼中,一方当事人以生活困难为由,主张对对方所有的房屋享有居住权,一般能够得到法院的支持。

本案中,马某在与李某离婚时,因马某生活困难,法院判令李某对其进行帮助,马某合法取得了小间房屋的居住权,居住权具有物权属性,能够排除其他人对该房屋的直接支配。此后虽然李芳取得房屋的所有权,但李芳在取得诉争房屋产权时,即明知该房屋小间由马某居住使用的事实,李芳的所有权并不能妨碍马某居住权的行使,故李芳无权要求马某腾房。

法院终审判决认为,生效判决已经确认马某对于诉争房屋的小间有居住权,居住权具有物权性质,李芳虽然取得了房屋所有权,但不得妨碍马某居住权的行使。故判决驳回了李芳的诉讼请求。

关于案例三:在现行拆迁政策下,被拆迁人通常作为签订拆迁安置补偿协议的主体取得相应的拆迁补偿利益,被安置人则不能单独获取拆迁安置补偿,但被拆迁人可能会因被安置人的存在,而获得额外的补偿。由于法律对被拆迁人与被安置人之间的利益分配未作规定,故被拆迁人与被安置人之间的纠纷频发。

在此类案件中,居住权纠纷多因被拆迁人取得房屋所有权后,要求被安置人腾房而引起,被安置人则以自己享有居住权作为抗辩理由。对于此类居住权纠纷的处理,应以公平原则为基本出发点。

本案中,房屋拆迁导致被安置人江某原有的居住利益丧失,而被拆迁人王某获得的安置房屋,包含因江某而取得的额外的补偿利益。基于公平原则,在被拆迁人没有另行补偿被安置人的情况下,法院确认被安置人江某对于安置房屋享有居住权,以此驳回所有权人王某的请求。

[规则适用]

随着涉及居住权案件的数量逐年增加,原本并不被人们熟知的居住权这一法律概念走进人们的视野。近年来,由于房地产价格的攀升,当事人或以确认对房屋享有居住权为诉讼请求,或以居住权对抗房屋所有权人要求腾房的诉求,而这类案件的居住权主张,大部分得到了司法裁判的支持。

一、居住权的认定

目前,居住权仅在《婚姻法司法解释(一)》《关于人民法院审理离婚案件处理财产分割问题的若干具体意见》《关于审理离婚案件中公房使用、承租若干问题的解答》等司法解释中有相关规定。与此形成鲜明对比的是,现实生活中存在大量因非所有权人居住使用他人所有的房屋而造成的纠纷,法院对这些诉讼并不能因为没有法律规定而拒绝裁判。可以说,是法院对个体案件进行司法裁量的过程,界定了居住权作为法律概念的性质及基本内容。

(1) 居住权属于物权,居住权人可以对房屋直接行使权利,无须房屋所有人的积极配合。同时,又由于居住权只有在他人所有的房屋上设定,因而居住权又属于他物权。

(2) 居住权一般具有长期性、终身性。居住权的期限可由当事人在合同或遗嘱中确定,如果没有对期限作出明确规定,则应推定居住权的期限为居住权人的终身。

(3) 居住权通常不可转让。通过类型化分析可以看出,除了意定居住权的情形,居住权的取得与权利人的身份特征密切相关。因此,除了遗嘱或合同中另有明确外,居住权仅限于权利人本人,不得转让或继承。

(4) 居住权一般具有无偿性,居住权人无需向房屋的所有人支付对价。这也是由居住权的性质而决定的,除当事人另有约定外,居住权是一种无须支付对价即可无偿行使的权利。

二、居住权纠纷审判障碍

在司法实践中,除了前面案例中提到的三种居住权纠纷类型之外,常见的居住权纠纷类型还涉及以下两种情况:

1. 公房承租人的家庭成员享有的居住权

在住房改革之前,我国城镇居民所居住的房屋绝大部分属于公有,个人和产权单位之间通过特殊的租赁合同建立起房屋的利用关系。房屋产权单位综合考虑承租人的工龄、贡献、家庭成员、家庭经济状况等因素后,由承租人及其家庭成员取得以低于市场价格的租金标准居住使用公有房屋的权利。可见,承租人的家庭成员的存在,对于租赁房屋的取得作出了贡献,公房承租权对于承租人及其家庭成员而言,均具有福利性质。正是基于这种福利待遇的人身性,承租人的家庭成员虽并不直接承租房屋,但对其所居住的房屋亦享有居住权,承租人不能随意剥夺家庭成员的居住权。

2. 基于当事人意思表示的居住权

基于意思表示的居住权,包括依据当事人一方的意思表示和双方的合意而设定的居住权两种情形。依单方意思表示而设定的居住权的典型形式,是依遗嘱而设定的居住权。依双方当事人的合意设定的居住权的典型形式，是依离婚协议或其他合同而设定的居住权。

法官在审判实践中发现，形式多样的居住权纠纷背后存在一些共性特征，正是这些特征，在一定程度上导致矛盾激化，成为审判工作顺利开展的障碍：

(1) 涉及利益价值巨大，当事人间冲突激烈。近年来房屋价格的快速大幅上涨，是居住权纠纷多发的社会根源。对于居住权人而言，能够长期稳定地居住、使用他人所有的房屋，所带来的财产利益十分可观，特别是对生活困难无其他住房的当事人，居住权是其生存的必要保障。

反观房屋的其他权利人，由于居住权人能够排除他人对房屋的直接支配，将会对该房屋的居住使用、出租、转让等带来重大影响，其他权利人的财产利益会受到相当程度的制约。也正是由于涉及利益巨大，当事人间往往寸步不让，矛盾激烈，调解解决纠纷的基础较为薄弱。

(2) 多发生在家庭成员间，由家庭内部争端引起。居住权的取得，多以当事人间存在特殊身份关系为基础。双方或曾缔结婚姻关系，或为具有法定抚养、赡养义务的直系亲属，或因家庭成员身份取得承租公房、被拆迁安置的利益。

在和睦的家庭内部，共同居住在同一屋檐下自然其乐融融，而在因居住问题产生纠纷的家庭内部，多存在其他难以调和的矛盾，居住权纠纷仅仅是尖锐矛盾的外在表现形式。例如，子女对父母的赡养问题、继承人之间的继承问题、拆迁利益在家庭成员之间的分配问题，等等。法院针对居住权的审理和判决，并不能消除家庭矛盾的根源，而对簿公堂的诉讼过程反而容易使矛盾升级。同时，即使居住权经过法院裁判得到认可，但因当事人间的矛盾并未彻底化解，案件审结后，双方还要共同居住生活，矛盾可能进一步激化。

(3) 当事人对居住权的理解各异，对法院判决结果的认可度不高。与其他民事权利相比，由于法律缺乏更多的明确规定，作为普通公民的当事人，往往很难准确理解居住权的性质和内容。在法庭上常常能够听到当事人"居住权到底是什么权利"的提问。

同时，法院在裁判时亦没有统一的法律适用标准，多由法官根据法律原则和精神对个案作出裁判，容易引发当事人对裁判结果权威性的质疑，当事人难以认同判决结果，上诉、申诉的案件比例较大。

三、居住权纠纷解决路径

针对居住权纠纷在审判中面临的困境，笔者提出如下建议：

1. 完善立法，建立居住权体系

尽管在《物权法》立法过程中，居住权由于适用范围狭窄而未被采纳，但根据目前的司法实践来看，居住权类纠纷的主体远超出了立法者对老人、离婚一方以及保姆三类人群的预期，且该类纠纷为数不少，亦有逐年递增的趋势，应当引起立法者的重视并以法律形式加以调整。只有将居住权纳入法律规定，才能从根本上解决司法者在处理该类案件时面临的各种困境。在具体的制度设计上,应建立一种既可以调整婚姻家庭领域的救助关系,又可以满足收益需求,体现正义、秩序自由和效益价值的现代居住权体系。

2. 严格遵循法律原则,确保裁判结果的公平正义

在目前情况下,居住权的创设主要依靠司法裁判实现。为了保证司法的权威性和确定性,对于居住权的裁判更应符合法律对于公平正义的要求,同时体现对当事人意思的保护,并注重对弱者生存的救济保障。这就对法官的裁判文书提出了更高的要求,法官在对个案利益进行衡量时,需要将其真实理由以及解释和论证过程在判决书中清楚、详细地表达出来,保证判决结果的公正合理。

3. 善于发现案件背后的纠纷根源,力求从根本上化解矛盾,避免矛盾激化

目前来看,居住权纠纷案件一般多为家庭矛盾引发,故在处理居住权纠纷时,法官要细心探查造成矛盾的根源所在,力求在化解矛盾的基础上解决居住权纠纷,以利于家庭的和谐。同时,法官在对家庭矛盾焦点的把握之上,要有针对性地进行疏导。一方面,有利于缓解当事人之间的对立情绪,另一方面,可为取得居住权的一方当事人行使其权利,创造良好的环境。

规则 54 【共有房产擅自处分】共同财产在夫妻共同共有关系存续期间,部分共有人擅自处分共有财产的,一般认定为无效。

[规则解读]

共同共有人对共有财产享有共同的权利,承担共同的义务。共同财产在共同共有关系存续期间,部分共有人擅自处分共有财产的,一般认定无效。

[案件审理要览]

一、基本案情

杨某与凌某原系夫妻关系,有一套三层门面房。双方协议离婚时约定:"第一层门面房归儿子继承,第二层、三层分别归杨某、凌某所有",并到县房管所办理了房屋过户手续,将第一层门面房和第三层房屋登记在凌某名下。后,凌某擅自与王某签订房屋买卖合同,在因房管所因素未过户的情况下,将其名下的第一、三层以 49 万元的价格转让并交付给王某。杨某得知房屋被卖,向法院提起诉讼,请求确认凌某与王某买卖第一层门面房的合同无效。

二、审理要览

审理中,对于杨某的诉求能否支持,产生了分歧。

一种观点认为,第一层门面房是凌某的个人财产,可以单独处分,应驳回杨某的诉求。

另一种观点认为,第一层门面房仍是原夫妻二人的共同财产,凌某不能单独处分,王某不具备善意取得的条件,应支持杨某的诉求。

[规则适用]

笔者同意第二种观点,原因有以下三点:

(1) 杨某、凌某与儿子的房屋赠与合同虽然有效但未生效。杨某和凌某在离婚协议中约定该房屋归儿子继承,系双方真实意思表示,约定符合法律规定。但继承权是法定的,不需要在离婚协议中约定;另外根据整个协议条款的文义表述、前后逻辑和订立目的可以认定,这个约定并不是遗嘱继承,而应是因离婚形成的一种事实上的赠与合同,这个合同是有效的。但赠与合同通常为实践性合同,依据《合同法》第186条和第187条的规定,赠与不动产在产权登记以前,合同并不生效。据此,本案中的赠与合同虽然有效,由于房屋过户给了有使用权的一方,而不是给儿子办理的产权登记,因此赠与合同未生效。

(2) 因赠与合同未生效,房屋仍为杨某和凌某二人共同所有,凌某无权单独处分第一层门面。依据最高人民法院《民法通则意见》第89条的规定:"共同共有人对共有财产享有共同的权利,承担共同的义务。在共同共有关系存续期间,部分共有人擅自处分共有财产的,一般认定无效。"因此,凌某无权单独处分第一层门面。

(3) 王某不具备善意取得的条件。根据我国《物权法》第106条规定,善意取得须符合三个条件,主观善意仅是构成合同有效的条件之一,支付对价、并按照法律要求办理了登记,不动产善意取得始为发生。本案中,王某基于对房产证记载事项的信赖而与杨某签订了房屋买卖合同,且支付了合理对价,但在过户登记完成之前,发现杨某为无权处分人,若再要求继续履行合同,主观上就不再是善意的;又因过户登记客观上并未实际完成,因此不符合物权法关于不动产善意取得的主、客观要件,不具备善意取得的条件。

综上,本案应判决支持杨某的诉讼请求。

第三十八章　与家庭相关的纠纷与裁判

规则55　【子女亲生推定】当事人一方不能仅凭一些初步证据证明存在婚外恋的事实，便随意地推定子女非其亲生。

[规则解读]

如果起诉一方没有任何依据，仅凭主观臆测声称配偶出轨，或者仅仅有一些初步证据证明存在婚外恋的事实，尚不能认定其提供了“必要证据”，即不能仅以此随意地推定子女非其亲生。

[案件审理要览]

一、基本案情

2005年4月，原告马某二之母藤某与案外人马某一登记结婚。同年5月，藤某与被告陈某在娱乐场所相识。马某二于2007年11月9日出生，一直由藤某和马某一抚养。后其于2009年6月获悉自己系藤某与陈某非婚生子，故向法院起诉要求陈某负担抚养费。另查明，陈某因犯受贿罪被判徒刑，现服刑于某监狱。本案审理过程中，经陈某申请，一审法院委托某医学检验中心司法鉴定所就马某二与陈某是否有血缘关系进行鉴定。后陈某又主张自己在监狱中无法监督鉴定过程，可能会出现结果不公的情况，故不予配合，导致鉴定不能。

马某二提供的直接证据仅有一份电话录音，其显示藤某曾就马某二身份产生疑问，并向陈某暗示，陈某未置可否。

二、审理要览

对于此案，有以下两种观点：

一种观点认为，马某二提交的证据材料中并无直接证据证明马某二是陈某的亲生子，陈某也从未认可马某二是自己的亲生子。虽然陈某在法院委托鉴定机构做亲子鉴定后不予配合导致鉴定不能，但也缺乏推定马某二是陈某所生的依据，且马某二出生于藤某与马某一婚姻关系存续期间，不排除有其他的因素存在，故马某二要求陈某支付抚养费的诉讼请求缺乏依据，不予支持。

另一种观点认为，马某二是否为陈某的亲生子，虽然陈某没有直接证据加以证明，但根据电话录音，陈某有承认马某二是其亲生的意思表示，以及其与藤某在马某二出生前有不正当关系的事实，再结合审理过程中陈某自己申请亲子鉴定，但后来却不予配合，此后马某二又向法院申请鉴定，陈某也不予配合的事实，根据最高人民法院《婚姻法司法解释(三)》第2条第2款的规定，可以认定马某二系陈某的亲生子具有高度盖然性，推定马某二系陈某亲生子，陈某应当承担抚养费。

[规则适用]

《婚姻法司法解释(三)》在社会上引起了广泛热议，其中最受关注的规定之一，即本案所涉及的亲子关系的认定。如何理解该条规定，在实践中却有较大分歧。该条分为两款，分别是关于请求确认亲子关系的"不存在"与"存在"，其举证责任分配模式也大致相同：由起诉一方先行提供"必要证据予以证明"亲子关系的存在与否，另一方如果"没有相反证据又拒绝做亲子鉴定的"，则推定起诉一方的主张成立。实务界与理论界可能将更多的目光投向该款的后半段规定，而忽视了起诉一方首先需要提供"必要证据予以证明"的义务。如果起诉一方没有任何依据，仅凭主观臆测声称配偶出轨，或者仅仅有一些初步证据证明存在婚外恋的事实，尚不能认定其提供了"必要证据"，即不能仅以此随意地推定子女非其亲生。

此类案件的审理需要注意把握两个原则：一是婚姻伦理的规范，中国社会受到数千年宗法思想的影响，对于世代之间的血缘关系非常重视；二是家庭关系的稳定，在考虑到权利人的合理主张时，也要注意在裁判中尽量维护现有家庭关系的稳定。

值得借鉴的是台湾地区"民法"第1063条的规定，即婚姻关系存续期间的受孕推定为婚生子女，如果一方欲否定亲子关系，应当提供相应的反驳证据，并且这种否认之诉的时效为知悉子女出生之日起1年。此外，《德国民法典》关于"世系"也有着详细的规定。第1592条规定，父亲身份的确认有三种标准：子女出生时与子女母亲有婚姻关系的；已承认父亲身份的；依裁判确定的。第1598a条又规定，在发生亲子关系纠纷时，父、母、子女三方都可以请求另外两方进行基因血缘检验，并容忍提取适合于检验的基因样本，但如果这种对亲子关系的澄清会构成对未成年子女"最佳利益"的显著侵害，而且这一侵害即使在考虑到有权澄清者的利益的情况下也是不可合理期待于子女的，法院即停止程序。该法第1 600b条对撤销父亲身份的诉讼时效规定为2年，自权利人知悉不利于父亲身份的情事起算。上述两种立法，在规范要件、程序设置上存在较大差异，但都同时体现了对请求明确亲子关系的权利人的保护，以及对既定亲子关系、家庭关系的维护，不允许轻易打破，这也是对作为弱势一方的妇女、儿童的倾斜保护。

由于我国立法并未采取德国的"强制基因血缘检验"，而是尊重当事人对人身鉴定的自主权，所以在亲子关系确认的纠纷中，只能通过其他方式来分配举证责任。结合上述立法例，笔者认为，起诉一方负有提供"必要证据"的义务，可从以下几方面理解：

(1) 子女的受孕是否在婚姻期间；

(2) 受孕期间生母是否与其他男性有同居、性交事实;

(3) 生父自己提供书面证据予以确认该种亲子关系的;

(4) 其他可以初步认定亲子关系的必要证据。

上述任一条标准得到满足时,即视为起诉一方完成了《婚姻法司法解释(三)》第二条"必要证据予以证明"的举证义务。具体到前文所述案例,原告仅仅提供了其母与被告的电话录音,而且该段录音中被告虽未直接否认该子系从己出,但也没有明确承认与原告的亲子关系,如果直接适用《婚姻法司法解释(三)》第2条,以此推定亲子关系存在,似乎有欠妥当。相反,原告的受孕、出生皆发生于婚姻期间,在无其他直接证据的情况下,应当推定原告为婚生子女,如此既可维持现有家庭的稳定性,也有利于原告自身的抚养与成长。

规则56 【不利推定原则】不能提供相反证据且拒绝配合亲子鉴定的,可适用不利推定原则。

[规则解读]

不利推定原则的确定,就是因为当案件某些已知事实与未知事实直接相关,法官需要通过鉴定发现真实,而对鉴定事项负有举证责任的当事人不配合鉴定的行为,在客观上严重阻碍了法官发现案件真实的可能性,在此情况下,法官可以推定未知事实为真。不能提供相反证据且拒绝配合亲子鉴定的,可适用不利推定原则。

[案件审理要览]

一、基本案情

王某于2006年2月17日出生,王某主张其系林某的非婚生女,并起诉要求林某支付抚养费。在立案时,王某递交申请要求进行亲子鉴定。诉讼中,王母提交了林某在王某出生两个月时向其汇款3万元的凭条,并主张该笔款项即林某支付的抚养费。林某主张该笔款项性质为借款,其还另行起诉要求王母承担还款责任,后法院经二审判决,驳回了林某的诉讼请求,二审法院在判决书中明确:"汇款凭证仅能证明汇款的事实,不足以说明双方为借贷关系"。法院据此确认,原告方已提供新的证据,并确定启动亲子鉴定程序,但林某不同意进行鉴定,并拒绝办理鉴定的相关手续。

二、审理要览

一审法院审理认为,根据现有事实可以确定,林某向王母汇款性质的可能性之一为抚养费,而根据目前双方的举证情况看,将这种可能性转化为事实或排除这种可能性的最直接、最有证明力的方法就是进行亲子鉴定。且保护妇女、儿童合法权益是确定进行亲子鉴定的基本原则,故法院确定本案应当进行亲子鉴定。但林某拒绝配合鉴定,特别是在本院将鉴定的必要性向其明确告知后,仍坚持己见,其行为导致的结果就是使本案争议的事实无法通过鉴定结论予以认定,其应当对该事实承担举证不能的法律后果。即法院对王某系林某的非婚生女予以采信,并认定林某应当负担王某的生活费和教育费,直至其能独立生活为止。法院遂判决林某按照每月1 000元的标准,向王某支付自2009年6月起至王某年满18周岁止的抚育费,并支付医疗费、育婴保姆费、家政保姆费、中介费、房租共计105 721元。

宣判后,林某不服判决提起上诉。二审法院经审理后,驳回上诉,维持原判。

[**规则适用**]

本案审理中存在以下不同观点:

第一种观点认为,王某系王母与林某的非婚生女,根据法律规定,林某应对王某有抚养教育的义务,林某向王母支付的3万元就是其支付的王某的抚养费。鉴于林某的身份、年龄、经济状况以及对王某的态度,从有利于孩子成长的角度出发,林某应当一次性支付王某到18周岁的抚养费和教育费。

第二种观点认为,林某与王母仅是认识关系,其与王某之间不存在亲子关系。林某给付王母的3万元属于借款性质,不能以此汇款凭证作为其与王某之间存在亲子关系的证据,在这种情况下,法院启动亲子鉴定程序没有依据,故林某不同意进行此鉴定。因此,王某的起诉无事实与法律依据,且违反程序,故法院应当依法驳回其起诉。

第三种观点认为,在当事人一方拒绝亲子鉴定的情况下,可适用推定规则。作为法律上的推定,某些已知事实与未知事实直接相关,但碍于客观上不可抗拒障碍的存在,严重阻碍了法官发现真实的可能性,在此情形下,法官便可推定未知事实为真。否则,在亲子鉴定是查明事实的唯一手段,而对方又拒绝配合的情形下,案件事实将永远无法查清,当事人尤其是未成年子女的权利始终得不到保障。因此,在亲子关系的确认方面可以从法律上寻求一种补救措施,即推定规则的适用。

笔者认为,不能提供相反证据且拒绝配合亲子鉴定的,可适用不利推定原则。

1. 本案涉及的核心问题是能否启动亲子鉴定程序

对于亲子鉴定程序的启动权,我国《民事诉讼法》并没有明确规定。笔者认为,在亲子鉴定的启动上应符合三个条件:

(1) 亲子鉴定的启动以当事人提出申请为前提;

(2) 如果双方当事人均同意做亲子鉴定,一般可以启动亲子鉴定程序,但前提要经过法院准许;

(3) 如果一方当事人申请进行亲子鉴定,另一方当事人不同意,或是子女已满3周岁,应当从严掌握,一般不轻易启动亲子鉴定程序,如必须做亲子鉴定,也应注意对当事人和有关人员做好心理工作。

此外,对要求做亲子关系鉴定的案件,应从保护妇女、儿童的合法权益,有利于增进团结和防止矛盾激化出发,区别情况、慎重对待。既要充分考虑保护妇女、儿童的合法权益,又要有利于维护家庭关系稳定,符合社会公序良俗。因此,亲子鉴定的实施必须具有必要性和正当性,其中,其必要性表现在启动亲子鉴定有利于保护妇女、儿童的合法权益;其正当性,则要求法院在启动亲子鉴定时,应当以当事人的申请为前提,且应审慎判断当事人的申请是否有足以证明当事人之间存在亲子关系的初步证据为依托,避免造成因亲子鉴定的启动过于宽松,导致亲子关系诉讼泛滥,不利于家庭关系的稳定和社会公序良俗的维护。

本案中,王某申请与林某进行亲子鉴定,而林某明确表示不同意进行该鉴定。从王母提供的关于林某汇款的新证据,尤其是结合该笔款项汇出的时间与王某出生时间仅间隔两个月的事实,法院认为,至少可以确定这笔款项性质的可能性之一,就是王某的抚养费。在此前提下,结合目前双方的举证情况看,将这种可能性转化为事实或排除这种可能性的最直接、最有证明力的方法就是进行亲子鉴定。

启动亲子鉴定程序的基本原则是保护妇女、儿童的合法权益。结合本案案情来看,从比较是否启动亲子鉴定的结果可以看出,如果林某确系王某的生父,而在本次诉讼中,只是因为林某单方的拒绝而不做亲子鉴定,其结果就会使王某丧失通过法律途径确认其生父的机会,并增加其今后通过其他途径了解这一情况的难度,这对王某的成长及今后的生活均会带来不利影响。但对于林某而言,虽然确定进行亲子鉴定会给其家庭和睦带来不利影响,但如其确系不是王某的生父,亲子鉴定的结果会对其这一主张给予有力的证明,并使其陈述得到法律的确认。同时还可以依据鉴定结论,向王母主张权利要求其对自己名誉的侵害承担相应的责任。因此从比较是否启动亲子鉴定的结果来看,本案启动亲子鉴定程序是必要的。因此,从保护妇女、儿童合法权益的角度出发,法院确定,本案应当启动亲子鉴定程序,以确定林某与王某之间是否存在亲子关系。

2. 亲子鉴定中举证妨碍的推定问题

亲子鉴定是司法鉴定的一种,司法鉴定是指司法机关为了查明案件事实,指派或聘请具有专门知识的自然人,对案件涉及的专门性问题运用科学技术或其他专门知识所做的鉴别与判断。但是,由于亲子鉴定的鉴定样本的采集需取自双方当事人本人,使得亲子鉴定具有区别于一般鉴定的特殊性,即亲子鉴定的进行需以双方当事人自愿配合为前提。

上海市高级人民法院在《民事法律适用问答》中,关于亲子关系确认中举证妨碍推定的适用问题提出,涉及亲子关系认定或否认的,应当贯彻以下原则:一是认定或否定亲子关系,要充分考虑保护妇女、儿童的合法权益,维护家庭关系稳定,有利于社会发展;二是亲子鉴定仅是认定或否定亲子关系的重要证据,但不是唯一证据;三是亲子鉴定应当以当事人自愿鉴定为原则,法院不能强制当事人做亲子鉴定,即进行亲子鉴定的原则是当事人自愿配合。但如果当事人不配合做亲子鉴定,导致无法得出双方是否存在亲子关系的结论,应当承担相应的不利后果,即法院可以推定其亲子关系成立。

最高人民法院《关于民事诉讼证据的若干规定》第25条第2款明确规定，对需要鉴定的事项负有举证责任的当事人，在人民法院指定的期限内无正当理由不提出鉴定申请或者不预交鉴定费用或者拒不提供相关材料，致使对案件争议的事实无法通过鉴定结论予以认定的，应当对该事实承担举证不能的法律后果。证据规定的这一条文，就在法律条文上确定了对鉴定事项负有举证责任的当事人妨碍鉴定的行为，适用不利推定的原则。不利推定原则的确定，就是因为当案件某些已知事实与未知事实直接相关，法官需要通过鉴定发现真实，而对鉴定事项负有举证责任的当事人不配合鉴定的行为，在客观上严重阻碍了法官发现案件真实的可能性，在此情况下，法官便可以推定未知事实为真。在亲子鉴定中，当一方当事人拒绝配合做亲子鉴定时，也可以适用该不利推定原则。因为，在亲子鉴定成为查明事实的唯一手段而对方当事人又拒绝配合的情况下，案件事实将无法查清，当事人尤其是未成年子女的权利始终得不到保障。因此，在亲子关系的确认上适用举证妨碍的不利推定原则，是从法律上给予未成年人的一种补救措施。本案中，在法院确定启动亲子鉴定程序后，林某拒绝配合鉴定，特别是在法院将进行亲子鉴定的必要性明确向其告知后，林某仍不予配合。林某的行为导致的结果就是使本案争议的事实，无法通过鉴定结论予以认定，林某应当对该事实承担举证不能的法律后果。即法院据此推定王某与林某之间存在亲子关系，林某应当负担王某的生活费和教育费，直至其能独立生活为止。

规则57　【亲子关系推定的举证】当事人请求确认亲子关系应提供必要证据证明，另一方没有相反证据又拒绝做亲子鉴定的，人民法院应当在综合审查原告举证、充分听取当事人陈述并考虑未成年人利益的基础上，推定亲子关系存在。

[规则解读]

当事人请求确认亲子关系应提供必要证据证明，另一方没有相反证据又拒绝做亲子鉴定的，人民法院应当在综合审查原告举证、充分听取当事人陈述并考虑未成年人利益的基础上，推定亲子关系存在。

[案件审理要览]

一、基本案情

1995年起，苏某、李某在江苏南通相识并成为朋友。2000年至2001年期间，苏某在南通仍与李某有交往，后苏某离开南通。苏某与李某未有过婚姻关系。2001年，苏某在南京产子，李某未在场。2001年7月19日，南京市妇幼保健院出具《出生医学证明》给苏某，载明：新生儿姓名苏××，出生日期2001年7月3日，出生地江苏省南京市建邺区，母亲姓名苏某，身份证号5111××××××3542，父亲李某，身份证号3206××××××7403。李某在得知苏某生子后，曾托人带1 000 元现金给苏某。从孩子苏××出生至今,李某未支付过抚养费用。

2011 年7 月,苏某以李某对苏××不履行生父责任为由诉至法院,请求判令:

(1) 确认孩子苏××系苏某与李某的亲生子;

(2) 确认苏某抚养苏××;

(3) 李某每月支付抚养费500 元。

诉讼中,苏某提出亲子鉴定申请,李某拒绝,鉴定未能进行。

二、审理要览

一审法院审理认为,李某、苏某未有过合法的婚姻关系,苏某主张与李某同居后产子并要求李某承担相应的法律责任,苏某对此负有举证责任。苏某提供的《出生医学证明》系单方办理,亦未举证得到李某的认同。苏某虽在诉讼中提出亲子鉴定申请,但李某不予配合,由于苏某未能提供必要的证据证明李某与苏××之间存在亲子关系,故不能凭此作出李某即为苏××生父的推断。

一审法院判决:驳回苏某的全部诉讼请求。

苏某不服,提起上诉。

二审法院审理认为,苏某举证证明其与李某关系亲密,提供了其子的《出生医学证明》等证据。李某否认与苏某具有同居或性关系,但对出具身份证原件办理出生证明等事实不能作出合理说明,不能提供任何证据反驳苏某的主张,也不能合理解释不予配合进行亲子鉴定的原因及理由。根据最高人民法院《婚姻法司法解释(三)》第2 条第2 款的规定,应推定苏某的主张成立。

二审法院终审判决:撤销原判,确认李某与苏某之子苏××具有亲子关系;苏××由苏某抚养;李某自本判决生效之日起每月支付苏××抚养费500 元,直至其独立生活时止。

[规则适用]

本案关键问题是对最高人民法院《婚姻法司法解释(三)》第2 条第2 款推定亲子关系存在这一司法解释的理解与适用。该条司法解释规定:"当事人一方起诉请求确认亲子关系,并提供必要证据予以证明,另一方没有相反证据又拒绝做亲子鉴定的,人民法院可以推定请求确认亲子关系一方的主张成立。"

该条司法解释规定了举证责任的负担。"当事人……提供必要证据予以证明",即规定了提起非婚生子女强制认领之诉的原告对血缘关系的存在负有举证责任。但同时,哪些材料可以成为证明亲子关系的证据,此类案件中的证据种类、举证及证据采信是否存在特殊性,司法解释没有列举或明确。同居行为一般都具有隐秘性,而录音、录像、照片、书信等,一般也不会直接反映双方存在婚外性行为的内容。所以,从举证角度,苏某难以提供直接证据证明其与李某存在婚外性关系,符合常情。苏某在一、二审中均坚持要求进行亲子鉴定,以证明其子与李某存在亲子关系,但李某在一、二审中均明确拒绝,且未提出合理理由,故可以推定亲子关系存在。

本案引发的另一问题是对“必要证据”的把握。哪些证据属于必要证据？当事人举证到何种程度可以认定其已经提供了必要证据，可以对拒绝接受亲子鉴定的当事人作出亲子关系存在的推定？笔者认为，应从以下几个方面把握：

（1）是对双方所举证据的充分审查，主张亲子关系存在一方提供的证据应当达到盖然性较高的程度。本案中，苏某提供了照片、证人证言，以及一份其子的《出生医学证明》，上面记载李某是其子的父亲。虽然该证明不具备行政部门认定某种关系或事实的效力，但办理该证明有一定的程序要求，发证部门要根据程序进行审查，故这一书面证据具有较高的证明效力。

（2）庭审中要充分听取双方的全面陈述，对双方当事人的陈述进行全面综合辨析。苏某对其与李某的交往过程作了比较详尽的陈述，其中涉及李某家人情况、居住工作情况、两人交往细节等等，比较合理、可信。

（3）深入询问一方不同意接受亲子鉴定的事由。目前，以 DNA 技术进行亲子鉴定，否认亲子关系的准确率几近 100%、肯定亲子关系的准确率达到 99.99%，且鉴定简便易行，是确定或否定亲子关系的最有力证据。李某在一、二审中均不同意接受亲子鉴定，却除了“没有必要”以外没有提出任何理由。

（4）考虑未成年人的利益。非婚生子女认领案件中具有最大利害关系的人是非婚生子女本人，承认或否认亲子关系，对其人身、财产有重大影响。而未成年子女利益最大化是法院处理同居关系子女抚养问题、非婚生子女强制认领诉讼必须重视的原则，所以对非婚生子女强制认领中，原告的举证不宜过分苛求。

综上，本案中，应认定苏某的举证已经达到提供“必要证据”的要求。

规则 58　【收养登记与成立】未办收养登记的，应当认定该收养关系未成立。

[规则解读]

收养应当向县级以上人民政府民政部门登记，收养关系自登记之日起成立，未办收养登记的应当认定该收养关系未成立。

[案件审理要览]

一、基本案情

2006 年 12 月，原告将自己的女儿送给被告收养，但双方没有办理收养登记。被告收养后即帮小孩上了户口。2011 年 5 月 4 日，原告起诉要求确认他们之间的收养行为无效。

二、审理要览

法院在审理过程中对是否应确认该收养行为无效存在两种意见：

第一种意见认为，根据《中华人民共和国收养法》（以下简称《收养法》）的相关规定，收养必须办理登记，未经登记的收养行为均为无效。

第二种意见认为，虽然该收养行为没有办理登记，但双方已经构成事实收养，而且被告已经帮小孩上了户口,与小孩产生了感情,确认收养无效会产生不好的社会效果,因此,应当驳回原告的诉讼请求。

[规则适用]

1991年通过的《收养法》第15条第1款规定:“收养查找不到生父母的弃婴和儿童以及社会福利机构抚养的孤儿的,应当向民政部门登记。”可见,当时的《收养法》并不要求所有收养均须向民政部门登记,原则上是承认事实收养关系的。但1998年新修正的《收养法》对该款作了修改,将该款修改为:“收养应当向县级以上人民政府民政部门登记。收养关系自登记之日起成立。”可以说,立法修改的意图是非常明确的,即所有的收养均应登记,收养行为以登记为生效要件,收养关系的确定以登记之日为准。

本案所涉收养行为发生在2006年,应适用1998年新修正的《收养法》。双方没有办理收养登记,应当认定该收养关系未成立。

规则59 【收养登记与监护】未办理收养登记手续不能成为离婚时拒绝监护的理由。

[规则解读]

当事人收养未成年人时没有办理收养登记手续,甚至户籍都没有,离婚当事人不可以离婚为由对被监护人拒绝监护或遗弃,法院更不能以不合法为由放弃对未成年人的保护。

[案件审理要览]

一、基本案情

2005年5月1日,原告张某与被告李某举行婚礼并办理结婚登记手续,婚后未生育子女。2008年双方收养一女孩,但未到民政部门办理收养登记手续。2010年10月,双方夫妻感情破裂,原告诉请法院要求离婚,由被告抚养女孩。

二、审理要览

审理中,对离婚后女孩的抚养问题产生了分歧:

第一种意见认为,根据《收养法》第15条之规定,收养关系登记时成立。案件中当事人没有办理收养登记手续,收养关系当然不成立,这些未成年人不享有等同婚生子女的权利,法院应驳回关于女孩抚养权的诉讼请求。

第二种意见认为,女孩与夫妻双方形成了实际的收养关系,为更有利于保护未成年人的合法权益,应比照婚生子女判决当事人履行抚育义务。

[规则适用]

近年来,在离婚诉讼中,有些当事人收养未成年人时没有办理收养登记手续,甚至户籍都没有,离婚时对这些孩子的监护相互推诿,如何判决成为困扰法官的难题。笔者认为,两种观点均不妥当。第一种观点看似合法,却很可能导致原被告在离婚时对孩子抚养问题扯皮、推诿，从而导致这些孩子流离失所、无人监护；第二种观点虽然有利于孩子的安置，但是这些孩子与养父母之间，既不构成收养关系，更没有血亲关系，依照《婚姻法》判决抚养不仅于法无据，而且变相鼓励了非法收养。

离婚当事人（拟收养人）与未成年人监护人（送养人）之间系委托监护关系。最高人民法院《民法通则意见》第22条规定，监护人可以将监护职责部分或者全部委托给他人。前者如父母将子女委托他人监护或配偶将精神病人委托精神病院照料；后者如将子女委托给寄宿制学校、幼稚园等。本案中，在办理收养登记之前，送养人将女孩交予拟收养人，实际是将自己对女儿的监护权全部委托给了拟收养人，二者形成委托监护关系。

离婚不能当然成为当事人拒绝履行监护义务的理由。离婚是不利于继续监护未成年人的一个因素，但不是解除监护关系的必然条件，离婚当事人不可以离婚为由对被监护人拒绝监护或遗弃，法院更不能以不合法为由放弃对未成年人的保护。相反，当事人和判决书应该以更加清晰的方式，对受托人的监护权利和义务进行明确分工、界定，直到委托监护关系解除为止。

离婚当事人应严格履行全部委托监护义务。根据《民法通则意见》第10条的规定，监护人的监护职责包括保护被监护人的身体健康、照顾生活、管理和保护财产、教育等。离婚当事人应该比照该条之规定，在离婚后严格履行监护义务。否则不仅要承担委托监护的民事违约责任，构成遗弃罪或虐待罪，还要承担刑事责任。如果基于委托监护的付出或者解除产生争议，可以另案诉讼处理，但是不能以此抗辩履行监护的职责。

规则60　【人工授精】人工授精而生的子女与婚生子女同等对待，夫妻双方均有抚养子女的义务，离婚后男方仍应支付抚养费。

[规则解读]

人工授精而生的子女与婚生子女同等对待，夫妻双方均有抚养子女的义务，离婚后男方仍应支付抚养费。

[案件审理要览]

一、基本案情

张某与李某于2000年7月结婚，婚后多年不育，经医院检查，丈夫张某无生育能力。2003年10月至12月，张某多次陪同妻子李某到医院使用人类精子库精子实施人工授精手术。2004年，李某生下一子取名张小某。刚开始，张某非常喜欢张小某，经常以父子关系示人，后张某认为张小某非自己亲生，开始对其不冷不热，李某为此事与张某发生多次争吵并大打出手，夫妻感情急剧恶化。2008年5月，李某带张小某另寻住处独自抚养张小某。

2010年12月,李某起诉请求法院判决与张某离婚,并要求张某每月支付孩子张小某抚养费1 000元,直至张小某成年为止。张某辩称,同意与李某离婚,但不同意支付孩子抚养费,因为当时自己并不想要孩子,只是李某非常想要一个孩子,自己才口头同意接受人工授精手术的,再者张小某并非自己亲生,与自己没有血缘关系,自己当然没有抚养义务。

二、审理要览

法院经审理认为,张某与李某双方分居达两年之久,夫妻感情确已破裂,应当准予离婚。张小某系张某、李某夫妻关系存续期间且双方一致同意进行人工授精所生的子女,视为夫妻双方的婚生子女,张某对孩子张小某有抚养的义务,每月应支付抚养费1 000元,直至其年满18周岁为止。一审宣判后,双方当事人均未上诉,一审判决现已发生法律效力。

[规则适用]

关于张小某的法律地位及张某应否支付张小某抚养费的问题,有三种意见:

第一种意见认为,张小某系人工授精而生,只与其生母李某有血缘关系,而和张某没有血缘关系,张某既非生物学意义上也非法律意义上的父亲,故张某在离婚后不承担张小某的抚养费。

第二种意见认为,人工授精而生的子女与婚生子女同等对待,张某与李某均有抚养张小某的义务,离婚后张某仍应支付抚养费。

第三种意见认为,人工授精而生的子女兼有血缘、婚姻与抚养协议的三重属性,不能混同于婚生子女,而是独立的法律主体,法律应赋予其独立的法律地位。张某应否给付抚养费,还得另行考衡再作决定。

笔者同意第二种意见,主张人工授精而生的张小某应视为婚生子女,享有与婚生子女同等的权利义务,张某应支付其抚养费。主要理由如下:

(1)张小某系张某与李某夫妻关系存续期间所生子女。医学上根据授精方法的不同,将人工授精分为将丈夫的精子植入妻子子宫内的同质授精和将第三人捐赠的精子植入妻子子宫内的异质授精两种情形。对于同质授精所生子女的法律地位一般没有质疑,该子女应视为夫妻双方的婚生子女。对于异质授精所生子女的法律地位则比较复杂,根据最高人民法院《关于夫妻关系存续期间以人工授精所生子女的法律地位的复函》的规定,异质授精只有在夫妻关系存续期间受胎或出生,才有获得婚生子女的可能和资格。为保护子女的权益,若该子女在事实婚姻关系存续期间人工授精而生,也应类推为婚生子女。在本案中,张小某系张某与李某夫妻关系存续期间且经夫妻双方一致同意人工授精而生,当然应视为婚生子女。

(2)张小某系张某与李某双方一致同意人工授精而生。根据最高人民法院《关于夫妻关系存续期间以人工授精所生子女的法律地位的复函》的规定:"在夫妻关系存续期间,双方一致同意进行人工授精,所生子女应视为夫妻双方的婚生子女，父母子女之间的权利义务适用婚姻法的有关规定。”“一致同意”的意思表示，既可以是口头的，也可以是书面的，还可以从实际行动推定。张某多次陪同李某到医院实施人工授精手术，虽未办理书面同意手续，但并未提出反对或不同意见，应视为张某默示同意李某进行人工授精手术。张小某出生后，张某多次以父子关系示人，也表明张某认可张小某为其婚生子女，据此可以认定张小某是张某与李某一致同意进行人工授精所生。

(3) 第一种意见、第三种意见均不符合我国法律的规定，也不符合国际上通行的立法惯例和司法判例，不利于保护该类子女的合法利益。将夫妻关系存续期间且双方一致同意人工授精而生的子女视为婚生子女，既可最大限度地保护该子女的合法利益，也保护了夫妻的名誉权和隐私权，有利于维持和谐的家庭婚姻秩序，也是司法参与社会管理的一大创新。

综上，笔者认为，本案中，法院将人工授精而出生的张小某视为婚生子女，判令张某承担抚养费是合法合理的。

规则 61　【抚养费赔偿】侵权发生后出生的婴儿，有权就未出生期间其抚养人受到的侵害主张抚养费赔偿。

[规则解读]

侵权发生后出生的婴儿，有权就未出生期间其抚养人受到的侵害主张抚养费赔偿。

[案件审理要览]

一、基本案情

曹某某之父曹某原为河南省南阳多尔玛副食百货有限公司(以下简称多尔玛公司)员工。2009 年 5 月 16 日，曹某跟随公司原经理出差返回途中，因交通事故死亡。该事故经西峡县公安交警大队事故认定，认定死者曹某无责。2009 年 5 月 18 日，曹某某的母亲吴某、祖母黄某与多尔玛公司达成赔偿协议，由多尔玛公司赔偿曹某家属死亡补偿费等损失 452 120 元。同时，双方另约定：“吴某怀孕子女的抚养费、抚恤金，待子女出生后，受害方有权向多尔玛公司追偿。”2009 年 10 月 11 日，曹某某出生。2010 年 2 月 23 日，曹某某进行了户口登记后，因多尔玛公司未支付曹某某的抚养费，曹某某由母亲作法定代理人，向人民法院提起诉讼，要求多尔玛公司支付曹某某的抚养费及精神抚慰金。

二、审理要览

一审法院经审理认为，曹某某之父曹某是在为多尔玛公司工作过程中死亡，且曹某某的母亲、祖母于 2009 年 5 月 18 日与多尔玛公司达成的赔偿协议中约定的“待吴某子女出生后有权向多尔玛公司追偿抚养费”并不违背法律规定。因此，曹某某在其父发生交通事故时虽然尚未出生，但出生并存活后即享有民事权利，可以成为民事主体，因此，曹某某作为本案的原告主体适格，其诉讼请求的合理数额应当得到法律支持。

一审法院判决：多尔玛公司赔偿曹某某抚育费 97 546. 41 元；驳回原告其他诉求。

多尔玛公司不服一审判决，提起上诉。

二审法院经审理认为，原审认定事实清楚，适用法律适当。遂判决：驳回上诉，维持原判。

[规则适用]

1. 胎儿享有的民事权利

我国对自然人的民事权利能力采用的是出生说，即公民从出生时起到死亡时止，具有民事权利能力，承担相应的民事责任。而关于胎儿享有怎样的民事权利，立法较少，尤其在胎儿的抚养权问题上，目前的法律法规没有明确的规定。但我国《继承法》第 28 条“遗产分割时，应当保留胎儿的继承份额”的规定、劳动和社会保障部颁布的《因工死亡职工供养亲属范围规定》中“遗腹子女可以申请供养亲属抚恤金”的规定，体现了我国法律保护胎儿权利的立法精神，即上述法律法规为胎儿规定了“特留份”制度，也就是说，如果胎儿出生成活，这份遗产或抚恤金的所有权归这个孩子。同时，民法理论上还有一个“延伸保护”的原理，为胎儿在将来出生后行使权利提供了预留的合理空间，也体现了我国民法的公平原则和有损害即有救济的裁判原则。因此，参照上述法律规定，在司法实践中，法院要从人性化角度出发，本着为当事人着想、减少当事人的诉讼负担的原则，有必要对胎儿的“预留权”进行法律保护。

2. 被抚养人范围的界定

被抚养人指由直接受害人承担抚养义务，因侵权行为或其他致害原因致使其抚养权利丧失、生活受到威胁的人。在司法实践中，适当确定被抚养人的范围对案件的公正处理有决定作用。被抚养人从本质上应包括两类人：一是现实利益上的被抚养人，即正在实际接受直接受害人的抚养，但因直接受害人受害而丧失该利益的人。现实利益上的被抚养人，是实际接受直接受害人抚养的人，和直接受害人有法律上的抚养和被抚养的权利义务关系。二是机会利益上的被抚养人，即指那些现在虽还未接受直接受害人的抚养，但若直接受害人生存，则依法享有将来接受直接受害人抚养的期待权利的人。实践中，把享有期待权者作为间接受害人，虽然会加重加害人的赔偿责任，但这并不违背公平正义原则。因为这不仅符合我国《婚姻法》关于“一定亲属间具有法定的抚养权利和义务关系”的立法宗旨，同时也能照顾到近亲属将来的利益。因此，将未出生的胎儿纳入被抚养人的范围，符合法律的公平正义精神，也是对法律本义的诠释。

本案中，虽然在曹某发生交通事故时曹某某还没出生，但是胎儿的出生具有必然性，即孩子出生并存活下来后，必然获得接受抚养的权利，抚养费问题应当得到妥善解决。即使在一般的侵权诉讼过程中,孩子还没有出生,这份赔偿也应预留,等到孩子出生并成活时再执行。而本案中,曹某某已经出生并成活,因而多尔玛公司应该支付曹某某的抚养费。

规则62　【欺诈性抚养】欺诈性抚养侵害了无法定抚养义务人的财产权和人格权,应对其承担侵权民事赔偿责任。

[规则解读]

在夫妻关系存续期间乃至离婚后,女方故意隐瞒其子女非与男方所生之事实,使男方误将子女视为亲生子女予以抚养的行为属于欺诈性抚养。欺诈性抚养侵害了无法定抚养义务人的财产权和人格权,应对其承担侵权民事赔偿责任。

[案件审理要览]

一、基本案情

王甲(男)与江某(女)于1993年结婚。1994年9月,江某生下儿子王乙,夫妻双方将其抚养成人。2011年9月,王甲怀疑王乙不是自己的亲生儿子,经做“亲子鉴定”,证实王甲与王乙非父子关系。2011年12月,在王甲的逼问下,江某承认王乙非王甲亲生,而是其与同村刘某通奸所生。随后,王乙与刘某做“亲子鉴定”,证实刘某系王乙生父。王甲遂与江某协议离婚,王乙由江某抚养。2012年2月,王甲将刘某与江某起诉至法院,请求判令两人返还其抚养王乙所支付的抚养费并赔偿精神损失。

二、审理要览

本案在审理过程中,对刘某与江某是否承担赔偿责任有两种意见:

第一种意见为否定说,认为在夫妻共同生活期间,女方隐瞒真相与他人通奸所生子女,男方虽无法定抚养义务,但由于婚姻关系存续期间夫妻双方财产为共同共有,其各自支出的抚养费金额无法计算,因此男方无权主张返还婚姻关系存续期间的抚养费用。

第二种意见为肯定说,认为刘某与江某应对王甲承担返还和赔偿责任,但所持理由各不相同。一是行为无效说,认为女方在婚姻关系存续期间故意隐瞒子女是与他人通奸所生的事实,致使男方受欺骗后违背自己的真实意思而将该子女当成亲生子女抚养,依照《民法通则》的规定,当属无效民事行为,男方有权请求返还已支出的抚养费;二是无因管理说,认为男方无法定义务对非亲生子女予以抚养,其行为构成无因管理,应返还其已支出的抚养费用;三是不当得利说,认为对于非亲生子女的生父和生母而言,无抚养义务之人已支付的抚养费实属不当得利,生父、生母自应返还不当得利给无抚养义务之人;四是侵权损害赔偿说,认为生父母采取欺骗手段,让非亲生子女生母之配偶相信该子女为其亲生子女,并为之提供抚养费用,侵害了无法定抚养义务人的财产权和人格权,应对其承担侵权民事赔偿责任。

[规则适用]

本案涉及欺诈性抚养关系的认定与处理问题。所谓欺诈性抚养，是指在夫妻关系存续期间乃至离婚后，女方故意隐瞒其子女非与男方所生之事实，使男方误将子女视为亲生子女予以抚养的行为。对于欺诈性抚养关系的认定和处理，我国法律并未给予明确规定。1992 年最高人民法院曾就类似问题有一复函，即《关于夫妻关系存续期间男方受欺骗抚养非亲生子女离婚后可否向女方追索抚养费的复函》(〔1991〕民他字第 63 号)，但该复函也未对欺诈性抚养关系的认定和处理作出明确规定。目前，我国司法实践中对此多采肯定说，但所持理由各不相同，对抚养费返还请求权的性质认定也大相径庭。笔者认为，对于欺诈性抚养关系应采肯定说中的侵权损害赔偿说，理由如下：

(1) 抚养子女是法律规定的义务，并非基于当事人之合意，故将欺诈性抚养行为定性为当事人之合意，不甚妥当。欺诈性抚养是抚养人与被抚养人之间发生权利义务关系，而欺诈人本人并非抚养关系当事人，故认定因当事人之外的第三人欺诈致使某一行为无效，也与法理不通。

(2) 就欺诈性抚养结果来说，无抚养义务人承担了有抚养义务人的抚养义务，将其归属为抚养义务人获得之不当得利，似乎合理。但是，欺诈性抚养强调主观之恶意欺诈与客观不当利益之获得二者结合，而不当得利说仅指出了行为后果的性质，不能概括行为本身的性质，故仅以不当得利定性欺诈性抚养关系，不甚全面、准确。

(3) 无因管理强调无因管理人须知其“无因”而为管理，而事实上欺诈性抚养在进行管理时，是事出有“因”，即是在受他人的欺骗下，将他人的亲生子女当做自己的亲生子女予以抚养。所以，以无因管理定性欺诈性抚养也不甚妥当。

(4) 用侵权责任法理论解释欺诈性抚养较为合理。根据我国《侵权责任法》的规定，侵害民事权益，应当承担侵权责任。民事权益包括民事权利和民事利益。就欺诈性抚养来说，其不仅侵害了无抚养义务人的人格权，尤其是名誉权，也实际造成了无抚养义务人的经济利益受损，再加之其符合侵权责任的构成要件，即行为人有过错、有损害结果发生以及两者存在因果关系，同时也为无抚养义务人主张精神损害赔偿提供了法理支持，故对欺诈性抚养可按侵权责任法理论来定性和处理。

规则 63 【抚养费的放弃】父母离婚时放弃抚养费的约定有效。

[规则解读]

协议离婚中对子女抚养问题的约定，合法、有效，且属蕴含道德义务的约定，均应恪守履行。子女在父母离婚后要求增加抚养费应具有正当理由。当事人未提供有效证据证明原定抚养费用的负担导致不能维持当地生活水平的，应承担不利的法律后果。

[案件审理要览]

一、基本案情

王某(男)与李某(女)原系夫妻，于2005年12月生育女儿王某某。后王某与李某协议离婚，并约定：双方自愿离婚；王某某由王某抚养并负担抚养费，王某放弃要求李某支付抚养费；夫妻共同财产自行分割完毕等。2012年6月，王某某起诉李某要求每月支付抚养费1 000元。

二、审理要览

法院审理后认为，李某与王某协议离婚时对子女抚养问题的约定具有约束力，王某某未提供有效证据证明王某作为直接抚养方承担抚养费已不足以维持当地实际生活水平，故驳回王某某的诉讼请求。王某某要求李某给付抚养费的请求在具备法定条件后，可另行主张。

[规则适用]

本案的争议焦点是：王某某在父母离婚后要求李某增加抚养费是否符合给付条件？笔者认为，王某某未提供有效证据证明具有增加抚养费的合理事由，因此李某不需承担相应的民事责任。理由如下：

(1) 王某与李某离婚协议中对子女抚养问题的约定，合法、有效，且属蕴含道德义务的约定，均应恪守。一方面，对子女而言，该约定是父母双方对如何承担抚养义务的处分，并非免除对子女的抚养义务，故未损害子女利益，具体到本案，李某显然也不属于不履行抚养义务的情形。另一方面，对王某与李某而言，即使在双方离婚的情况下，仍共同享有对女儿的监护权，双方有权对抚养问题作出合理安排。

(2) 子女在父母离婚后要求增加抚养费应具有正当理由。关于增加抚养费的条件，最高人民法院在《关于审理离婚案件处理子女抚养问题的若干具体意见》(以下简称《离婚子女抚养意见》)中规定：子女要求增加抚养费有下列情形之一，父或母有给付能力的，应予支持：原定抚育费数额不足以维持当地实际生活水平；因子女患病、上学，实际需要已超过原定数额；有其他正当理由应当增加的。从上述规定可以看出，子女要求增加抚养费时，应具备必要性与合理性的基本前提，符合增加条件方可获得支持。不能举证证明符合增加条件的，不能因此获得支持。

(3) 王某某及其法定代理人未提供有效证据证明原定抚养费用的负担导致不能维持当地生活水平的，应承担不利的法律后果。法律设定监护制度的本意，在于无行为能力人不能独立实施民事法律行为，必须由监护人协助或直接由监护人实施。在此类无行为能力子女要求增加抚养费案件的背后，往往蕴含直接抚养方的意思表示。在司法实践中，一方为了达到离婚目的，对子女抚养及财产分割进行协议后，转而以子女的名义要求增加抚养费的情况也并不鲜见。若轻易改变离婚双方的协议,既不符合意思自治的法律理念,也会违背婚姻法的立法宗旨。

综上,在处理此类纠纷中,既要考虑父母对子女的抚养义务,也要考虑父母双方离婚协议的约定内容,对增加抚养费的条件及标准应谨慎把握。唯有如此,才能使裁判结果体现法律效果和社会效果的有效结合。

规则 64 【赡养顺位】同一顺位有多个赡养人时,各赡养人按份履行赡养义务;履行了经济供养义务的赡养人,有权向其他赡养人求偿。

[规则解读]

同一顺位有多个赡养人时,应依据各自的经济能力确定赡养义务的份额,各赡养人按份履行赡养义务;履行了经济供养义务的赡养人,可在其他赡养人应当负担而未负担的赡养费范围内,向其他赡养人求偿。

[案件审理要览]

一、基本案情

时某荣、时某华、时某燕、时某娟系周某与时某夫妇的子女,时某、时某荣已于2002 年去世。周某自 2003 年 2 月起直至去世,每月享受 177.5 元至 420 元不等的供养直系亲属的定期救济费,并自 2003 年前后起随女儿时某娟共同生活。2008 年 10 月 5 日,时年 91 岁的周某病危入院治疗,并于同年 11 月 15 日去世,住院期间,周某由时某娟负责照料,并由时某娟垫付了全部医疗费用。2010 年 10 月 26 日,原告时某娟诉至法院,认为三被告对周某均负有赡养义务,应由时某华负担的上述医疗费其已给付原告,但是应由被告时某燕负担的部分至今未付,故请求法院判令被告给付原告垫付的全部医疗费的 1/3,并承担诉讼费用。

二、审理要览

就这样一个看似简单的案件,在审理过程中却产生了三种处理意见:

第一种意见认为,某个子女向其他子女追偿垫付的赡养费无法律依据,应予驳回。

第二种意见认为,多个子女承担的赡养义务为连带义务,依据《民法通则》第 87 条,履行了全部义务的某个子女,有权要求其他负有连带义务的子女偿付其应当承担的份额,故应予以支持。

第三种意见主张,多个子女承担的赡养义务为按份义务,如果某个子女履行了全部义务,对于其他子女而言就构成不当得利,故依据《民法通则》第 92 条的规定,其他子女应当返还各自应承担的份额。

法院经审理最终判决,子女对父母有赡养扶助的义务。如有多个子女的,每个子女应共同履行赡养义务。多个子女之间应依据各自的经济能力及父母的实际需要负担相应份额,且该份额在多个子女赡养能力相当的情况下应是均等的。在成立赡养关系时,履行了全部经济供养义务的子女,有权在满足父母基本生活、医疗、护理需要的限度内,要求其他子女偿付其应当承担的相应份额。这有利于鼓励成年子女积极赡养父母,有利于弘扬中华民族尊老重孝的传统,促进社会文明进步。本案中,年事已高的周某享受的直系亲属的定期救济费,仅能满足其基本生活,其在病危住院时,包括原、被告在内的3名子女均有及时提供医疗费用的赡养义务,而支付了全部医疗费用的原告有权要求被告偿付其应当承担的份额,因未有证据证明3子女中存在无行为能力或无经济能力的情形,故被告应承担周某医疗费用的1/3。

[规则适用]

在司法审判实务中,多数赡养人相互间有争议的案件,是最主要的赡养纠纷案件。此类案件争议的核心问题在于,在有多数赡养人的情形下,彼此之间的法律关系应该如何定性。产生这一争议的根源,是因为现行立法对此未提供明确的规定。理论界就存在多数赡养人情形,各赡养人所承担赡养义务,究竟是按份责任还是连带责任这一问题,目前的理论研究近乎空白,从而对大多办案法官来说,无法为自己的主张寻找到相应的理论支持。于是法官在处理存在多数赡养人时的赡养纠纷案件时,在无直接法律规范可资适用的状态下,往往各持己见,裁判标准严重不统一,案件执行起来也缺乏操作性,容易损害当事人的权利。

一、赡养人与被赡养人间的法律关系:赡养义务属于法定之债

我国学界通说认为,赡养是指子女对父母经济上的供养,即提供必要的生活费用,给予物质上的帮助。而扶助是指子女给予父母精神上的安慰和生活上的照料。[①] 可见,从概念含义上考察,赡养有别于扶助,赡养仅限于经济上的供养,即生活保持义务,不包括生活扶助义务。而且,二者在义务主体的外延上也不一致,赡养义务主体一般为成年子女,而扶助义务主体为所有子女。但在日常生活中,普通民众一般不作严格区分,往往将二者混为一谈,所称赡养一般亦包括扶助的内容。本文所论的赡养,采取通说见解,仅限于经济上的供养。

根据我国现行《婚姻法》《老年人权益保障法》的规定,子女对丧失劳动能力、生活确有困难的父母,必须履行经济上供养、生活上照顾和精神上慰藉的义务,照顾老年人的特殊需要,对患病的老年人应当提供医疗费用和护理,应当妥善安排老年人的住房,老年人自有的住房,子女有维修的义务,子女有义务耕种老年人承包的田地,照管老年人的林木和牲畜等,收益归老年人所有。这些赡养义务的内容,均是由法律直接规定的,这是亲属法所具有的强行法规范特征的体现。因此从法律义务产生角度上来观察,赡养义务具有法定性特征,属于一种法定之债。[②] 当然,赡养费给付请求权是亲属法上的权利,具有很强的身份性特征与专属性特

---

① 参见巫昌祯:《婚姻家庭法新论——比较研究与展望》,中国政法大学出版社2002年版,第231页;杨大文:《亲属法》(第4版),法律出版社2004年版,第214页。

② 王泽鉴教授就明确将亲属间的扶养请求权作为法定之债。参见王泽鉴:《债法原理》,中国政法大学出版社2001年版,第7页。

征,在赡养义务履行期间内,仅为行使者和享有者的专属权利,不得继承、抛弃、让与、设定担保或抵消,也不因时效而消灭。

二、多个赡养人间的法律关系:按份之债

赡养义务这种法定之债,在有多个赡养人的情形下,在债务人一方,构成多个债务人之债的关系。多个人之债在理论上有可分之债与不可分之债、按份之债与连带之债的区分,多个赡养人彼此之间的关系,应该如何定性呢?既然赡养义务的内容在于赡养费用的给付,而费用给付义务一般都是可分债务,因此其可分之债的属性应无疑问。争议的焦点主要集中在后一种分类上。笔者认为,多个赡养人间所负债务的关系,在性质上应当是按份之债。主要理由如下:

(一)从多个债务人关系的法理看,多个赡养人关系符合按份之债的成立要件

(1)各债务人即赡养人的给付义务,是基于同一原因而发生。[①] 这一点应不存在争议,而且多个赡养人赡养义务的产生,均是因为被赡养人无劳动能力或生活困难而有赡养的必要。

(2)债的标的为可分之给付。而且从各国立法例和我国审判实践看,给付的内容即使是以给付赡养费的其他替代形式,如某一赡养人负有与被赡养人共同居住的义务,其他赡养人提供一定的赡养费或实物,但从给付内容的可计算性看,彼此间的给付内容仍然具有可通性,因而仍然不影响其可分之债的属性。

(3)法律无另有规定或当事人无另有约定。连带债务一般需要法律的明确规定,但我国现行法律并未规定多个赡养人对被赡养人须承担连带义务。按照《老年人权益保障法》第17条的规定,赡养人之间可以就履行赡养义务签订协议。而在日常生活中,发生赡养纠纷时,多个赡养人也确实有自行协商的,也有经亲戚朋友、村民委员会、居民委员会调解的,但其最终所订立的赡养协议,普遍都没有约定多个赡养人履行连带义务。

因此,从上述按份之债的成立要件来分析,多个赡养人彼此间的债务关系,应属于按份之债。

(二)从审判实务角度来看,法院以多个赡养人按份履行赡养义务为审理原则

在司法实践中,基本以每个赡养人分担一定数额或比例的被赡养人生活费、医疗费、护理费,或给付粮油、衣物等实物方式来解决。即使是在调解结案的案件中,除部分案件的当事人自愿约定仅由部分赡养人(如今后将继承父母全部遗产的儿子或经济条件明显优越的子女)履行全部赡养义务之外,其他案件也一概约定由多个赡养人分担履行赡养义务。

三、应肯定赡养人之间可成立赡养费份额求偿权

依照上述分析的结论,在多个赡养人之间,成立按份债务关系。再依据按份

---

① 参见张民安:《债法总论》,中山大学出版社2008年版,第40页。

债务的基本原理,各债务人仅就自己所负担的债务份额向债权人清偿,对其他债务人的按份债务,不负清偿义务,而且在其所负担的债务份额清偿完毕时,该部分债务即归于消灭,而其他债务人的按份债务并不因此也归于消灭。因此,在多个赡养人之间,各赡养人应依据各自经济能力所确定的分担份额,按份履行其赡养义务,彼此间的赡养义务原则上互不影响。

但在某些情形下,由某个赡养人先行履行了全部经济供养义务,由此所产生的问题是,该赡养人是否有权向其他赡养人追偿其应当承担的赡养费份额呢?对此笔者持肯定意见。

笔者认为,直接赋予赡养人彼此间的赡养费份额求偿权,其首要目的与制度宗旨,在于在各赡养人之间追求权利义务分配的公平。追求公平,也恰是不当得利返还制度的理论根据。因此,无论是直接赋予赡养人彼此间的求偿权,还是通过对不当得利制度的解释肯定其求偿权,不仅在结果上相同,而且在追求公平这一观念方向上也是一致的。充分保护老年人的合法权益,则是更为根本的制度旨趣。赋予赡养人赡养费份额求偿权,可以鼓励成年子女毫无顾忌地在特殊情形下,如其他子女有能力却怠于履行赡养义务或暂时无法联系,而老年人突发重病急需治疗或急需钱物维持基本生活时,倾其所能地履行赡养义务,从而维持老年人的身体健康和正常生活,使得中华民族尊重、赡养和爱护老年人的传统美德得以弘扬。

四、赡养费份额求偿权的限制条件

赡养费份额求偿权的行使并非毫无限制,在审判实践中,法官须结合个案,对满足以下限制条件的方能予以支持,以实现个案的公平正义。

(1)须成立赡养关系。一般说来,赡养关系成立必须满足两方面的条件,即被赡养人生活困难或无劳动能力且赡养人有行为能力和经济能力。[①] 这里所指的赡养关系成立,不仅要求主张赡养费份额求偿权的赡养人与被赡养人之间成立赡养关系,同时也要求被主张赡养费份额求偿权的其他赡养人与被赡养人之间成立赡养关系。如果前者赡养关系不能成立,譬如老年人生活并不困难或仍有劳动能力的,即使某个赡养人给付了赡养费,也应视为赠与或履行道德义务,不得向其他赡养人追偿份额。如果后者赡养关系不能成立,譬如其他赡养人无经济能力,则该赡养人本身并不负担法律意义上的赡养义务,已履行赡养义务的赡养人不得向该赡养人追偿。

(2)仅能就经济供养上的份额主张追偿。对老年人进行生活照料和精神慰藉,是对老年人的生活扶助义务,并非是维持基本生活所必须的,在我国目前社会发展阶段,此种劳动付出从技术上难以进行计量,也不可能强行要求子女履行。因此,在现阶段多数赡养人仅能就被赡养人的基本生活费、医疗费、护理费等经济

① 参见吴庆宝:《民事裁判标准规范》,人民法院出版社 2006 年版,第 200 页。

供养上的份额主张追偿。

（3）经济上的供养须为被赡养人提供基本生活所需为限。赡养费数额的确定，既要依据赡养人的经济负担能力，又要依据被赡养人的实际需要，一般而言，应不低于赡养人本人或当地的平均生活水平，以确保被赡养人基本的生活需要和医疗护理需要。如果为被赡养人提供的经济供养远远超出当地平均生活水平或被赡养人的基本生活需要的，对于超出的部分，赡养人不得向其他赡养人追偿份额。

（4）未以赠与的意思表示代为履行其他赡养人应当履行的赡养义务或明确表示放弃求偿。如果某个赡养人明确表示代为履行其他赡养人应当履行的赡养义务系对其他赡养人的赠与，或在代为履行后明确表示放弃向其他赡养人求偿的，该赡养人就不得再向其他赡养人求偿赡养费份额。但需要指出的是，放弃求偿赡养费份额的，须以明示意思表示方能成立，不得以默示的意思表示为之。

回应开篇的案例，法院判决充分考虑了公众对司法裁判的可接受性，尊重了公众朴素的法感情，求得了个案的实质公正和妥当性，其确立的多数赡养人根据各自经济能力按份履行赡养义务及彼此间可行使赡养费份额求偿权的规则，极具民法解释方法论的意义。尽管赡养案件系身份关系诉讼，具有鲜明的道德性和伦理性，况且追偿赡养费份额的案件甚为鲜见，但是我们发现，在请求权基础检索过程中，现有的法源并不能周延、便宜地提供相关法律规范，而为妥当解决个案，通过法律解释获取作为判决大前提的类似或邻近法律规范，尚需繁琐的逻辑推演与细致阐释，鉴于此，笔者认为，同一顺位有多个赡养人时，应依据各自的经济能力确定赡养义务的份额，各赡养人按份履行赡养义务；履行了经济供养义务的赡养人，可在其他赡养人应当负担而未负担的赡养费范围内，向其他赡养人求偿。[①]

规则65 【法定赡养】子女对父母有法定的赡养义务，当然包括保障父母的居住权，即子女有义务为父母提供适宜的居住条件，并不得以任何理由拒绝。

[规则解读]

子女对父母有法定的赡养义务，当然包括保障父母的居住权，即子女有义务为父母提供适宜的居住条件，并不得以任何理由拒绝。父母无偿占有、使用子女的房屋，子女请求父母腾退其占有的房屋，有违伦理道德和社会公德，其请求依法不应支持。物权的行使应受到一定限制，应当遵守法律、尊重社会公德，不得损害

---

① 相对于不当得利制度而言，赡养费份额求偿权的法律规定具有特别法的性质，因此在法律适用或者请求权基础检索次序上，凡是有特别法规定或者特别规范的，应该优先适用特别规范，一般性的不当得利返还请求权应被排除。特别规范的好处在于，一方面避免在适用法律时向一般性规范的逃逸，另一方面可以针对特别法律关系中一般性规范无法全面兼顾的利益平衡。参见王泽鉴：《民法思维——请求权基础理论体系》，北京大学出版社2009年版，第57页。

公共利益和他人的合法权益。子女不得以物权排他性对抗其应承担的法定赡养义务。

[案件审理要览]

一、基本案情

宋某、马某系夫妻,宋某某系宋某、马某之子。宋某夫妇于 1982 年修建木瓦房,共计有 8 间小房屋、一间偏房、一间厕所、一间厨房,建筑面积201. 60平方米,该房屋的房产证和集体土地建设用地使用证登记在宋某的名下。宋某、马某在 2000 年之前因从事面粉加工向范某、郎某借债不能清偿,2002 年 5 月 13 日,宋某、马某召集其大女婿冷某、女儿宋某娜、儿子宋某忠、宋某某协商并达成协议,约定:"兹有太白村应岩组宋某夫妇面粉加工厂厂房一栋,由于欠债无法还债,现由(三儿)宋某某清还,人民币壹万贰仟元整,经父、母、子三方协商,从偿还之日起房屋所有权和使用权归宋某某所有。特此书面协议为凭证,任何一方不得反悔。"协议签订后,宋某、马某即从该房屋中搬出并居住在宋某某家中,宋某某还清了其父母所欠的债务,房产证由债权人转交给宋某某。2006 年 3 月 14 月,宋某、马某又搬到面粉加工厂即原房屋内居住,不准宋某某使用,并占用了一间房屋居住,两间房屋作为厨房,一间厕所,其余房间闲置。宋某某认为其已经偿还了父母的债务,争议房屋应归其所有,宋某、马某拒不搬出的行为侵犯了宋某某的合法权益,请求确认双方签订的《协议书》有效,面粉加工厂归其所有,并责令宋某、马某停止侵害,搬出面粉加工厂。

二、审理要览

一审法院作出民事判决认定,宋某、马某占有该房屋的行为侵犯了宋某某的财产权益,应当停止侵害,将房屋交还给宋某某。遂判决:

(1) 宋某某与宋某、马某于 2002 年 5 月 13 日签订的《协议书》有效,面粉加工厂房一栋归宋某某所有;

(2) 宋某、马某在判决生效后 5 日内将面粉加工厂房一栋交给宋某某管理使用。

宋某、马某不服一审判决提起上诉,请求撤销原判,驳回宋某某的诉讼请求。

二审法院认定,原判关于宋某某已经偿还了双方签订的协议书约定的债务以及双方争议的房屋所有权是否已经发生变更的认定正确,应予维持。尽管宋某某取得争议房屋的所有权,享有完全的物权,但根据《中华人民共和国婚姻法》第 21 条第 1 款的规定,子女对父母有赡养扶助的义务,有义务提供让父母满意的居住条件,并不得以任何理由拒绝,父母对其子女所有的房屋有优先选择的权利。故宋某某在有多余房屋可供使用的情况下,无法定理由拒绝其父母宋某、马某对争议房屋优先选择居住,其请求宋某、马某搬出争议房屋有违伦理道德和法律规定,其该请求不应支持。综上,原判认定事实清楚,适用法律不当,应予纠正,遂判决:

(1) 维持一审法院民事判决第一项,撤销第二项;

（2）驳回宋某某的其他诉讼请求。

[规则适用]

一、物权排他性及其限制

物权是指权利人对特定的物享有的直接支配和排他的权利，包括所有权、用益物权、担保物权，又分为权利人对物的占有、使用、收益、处分四项权能。

（一）物权排他性的内容及其范围

我国《物权法》第2条明确规定了物权的定义，特别指出了物权具有排他性。物权排他性是指物权的权利人享有排斥他人干涉的权利，同一物上不得同时成立两个以上互不相容的物权。物权排他性是物权人形成处分意思的独断性和对世性。关于物权排他性，历史上最经典的表述是18世纪英国首相老威廉·皮特在一次演讲中形容的：物权不可侵犯：“即使是最穷的人，在他的寒舍里也有敢于对抗国王的权威。风可以吹进这所房子，雨可以打进这所房子，房子在风雨中飘摇，但是英王不能踏进这所房子，他的千军万马也不敢踏进这间门槛已经破坏的房子。换句话说，穷人也有一国之君不可剥夺的权利。”①

物权排他性效力是指在同一标的物上，依法律行为成立一物权时，不容许再成立与之有同一内容的物权，具体表现为：同一标的物上，不得同时并立两个或者两个以上的所有权；用益物权与担保物权则可以同时并存于同一标的物上；抵押权等担保物权可以复数地同时并存于同一标的物上，其效力依次序先后确定。物权排他性不仅排除一般人对物权的干涉，而且排除国家对物权的干涉，因此物权排他性也是划分公权力与私权利的界限，物权排他性之外属于公权力活动的范畴，物权排他性之内属于私权利的自由空间。因此物权是一种绝对权，具有排他胜、对世性、绝对性，对任何人都有效力，不容许任何人侵犯或者妨碍权利的行使，权利人可以向侵权人主张物权保护请求权。

（二）物权排他性的限制

物权有强烈的排他性，如果对物权的排他性不加以限制，必然导致物权人滥用权利，妨害他人利益和公共利益发展的结果。《物权法》第7条规定：“物权的取得和行使，应当遵守法律，尊重社会公德，不得损坏公共利益和他人合法权益。”因此，物权排他性原则不能被理解为物权人形成处分意思的随意性或者任意性。

对物权绝对性的限制分为两个方面：

1. 对物权取得的限制。

具体包括两方面：

(1) 取得物权应当符合法定形式。如取得不动产物权必须依照法律规定办理产权登记，否则法律不承认其享有物权；取得汽车等大型动产必须办理产权登记，才能对抗善意第三人，一般动产必须通过交付才能取得所有权。

---

① 黄松有主编：《中华人民共和国物权法条文理解与适用》，人民法院出版社2007年版，第44页。

（2）自然人、法人不能取得特定的物的所有权。如土地、森林、矿产、河流等，法律禁止流通的珍稀动植物、文物、军用品等。

2. 对物权行使的限制。

具体包括以下几个方面：

（1）公法限制即社会公共利益的限制。主要表现为宪法、行政法等公法为了公共利益而对个人物权的行使或者享有的限制，使权利人的物权丧失。征收和征用是这种限制的典型表现。在征收征用之外，因公共利益的需要，也可以对个人的财产权利给予其他限制。

（2）权利效力范围的限制。不少国家法律都规定，个人可以对土地拥有所有权或者使用权，但是不论城市土地还是乡村土地的建设，都必须服从规划和耕地保护的要求，个人不得主张"建筑自由"。

（3）在权利人违法、犯罪时没收财产或者收回用益物权，也会产生物权丧失的法律效果。

（4）受到他人合法权益免受损害的限制。实施自卫或者紧急避险的人没有过错，造成他人财产损害的，责任人不承担赔偿责任，但导致物权人的权利行使受到限制。

（5）私法限制。如当事人约定限制物权人行使权利的任意性，典型表现为当事人约定设立地上权等限制物权，从而对所有权的行使构成限制。

（6）不动产相邻关系对物权行使的限制。《物权法》第七章规定，不动产权利人应当对相邻的不动产权利人行使权利提供必要的便利，并要求其容忍来自相邻不动产权利人的轻微伤害。

（7）对行使处分权的限制。对于一些特定的物，法律虽不限制公民取得其所有权，但以其关系到国计民生、文物价值、国防安全等限制其流通或者禁止出入口。

（8）社会公德的限制。物权人对物享有权利的同时，在该物上也设定了一定负担的法定义务和约定义务，物既是人类赖以生存的生活必需品，同时也是人们履行赡养义务、扶养义务等法定义务的必需载体。因此物权人在行使物权时，必须尊重社会公德，物尽其用，不得违背起码的善良、良知和社会公德，不得有违伦理道德。

对物权人排他性的限制，并不是要放弃物权排他性原则。物权作为一项重要的民事权利，将永远保留其绝对权和排他性的特征，这是物权与债权的基本区分。只是要求物权人在行使权利时，必须遵守法律、尊重社会公德、不损害他人利益和公共利益，从而使个人物权与他人利益、公共利益相互协调发展。

二、子女对父母的法定赡养义务的内容

依据我国《婚姻法》第21条"子女对父母有赡养扶助的义务；子女不履行赡养义务时，无劳动能力或者生活困难的父母，有要求子女付给赡养费的权利"的规

定，子女对父母的赡养义务是因婚姻、血缘或者收养关系而产生的法定义务。子女对父母的赡养义务的内容，《婚姻法》未作明确规定，但是在《老年人权益保护法》中作出了较为详细的规定，具体包括以下几个方面：

（1）对父母在经济上给予供养，在生活上给予照顾，在精神上给予慰藉的义务。

（2）对患病的父母给予医疗和支付医疗费用，并给予细心护理。

（3）为父母提供住房保障义务。[①] 子女应当妥善安排父母的住房，不得强迫父母居住条件低劣的房屋，父母自有的或者承租的住房，子女不得侵占，不得擅自改变产权关系和租赁关系，父母自有的住房，子女负有及时维修的义务。

（4）其他义务。子女有为父母义务耕种土地，照管父母的林地和牲畜等，收益归父母所有等义务。

三、父母无偿占用和使用子女的房屋，子女请求父母腾退其占有的房屋，不应支持

综上，物权的排他性并不是绝对的，是要受到法律、社会公德、社会公共利益和他人合法权益等方面的限制的。特别是在物欲横流的现实社会，法律信仰淡化、道德缺失、城乡失衡等不良现象尤为突出，有的人忘却了法律、忘却了起码的诚信和道德良知，为了一己私利，滥用物权，恶意损害他人利益，挑战社会公德，造成了不良的社会影响。因此，对物权排他性进行一定的限制是十分必要的。赡养父母孝敬父母，是我国几千年不变的古训，是不容挑战的基本社会公德。子女基于对父母负有法定的赡养义务，有为父母提供住房保障的义务，子女应当妥善安排父母的住房，提供让父母满意的居住条件，并不得以任何理由拒绝，不得强迫父母居住条件低劣的房屋。父母对其子女所有的房屋有优先选择居住的权利。因此，本案中宋某某作为子女，在有多余房屋可供使用的情况下，无法定理由拒绝其父母宋某、马某对争议房屋优先选择居住，其请求宋某、马某搬出争议房屋，有违伦理道德和法律规定，该请求不应支持。

规则 66 【婚内保证赔偿】婚内保证赔偿是对方以胁迫或乘人之危等手段，使行为人违背真实意思所为，应属无效行为。

[规则解读]

婚内保证赔偿是对方以胁迫或乘人之危等手段，使行为人违背真实意思所为，应属无效行为。

[案件审理要览]

一、基本案情

2009 年 1 月底，妻子谢某与丈夫黄某因家庭琐事打闹后跑回娘家。次月，黄

---

① 参见吴庆宝、俞宏雷、姚兆斌主编：《民事裁判标准规范》，人民法院出版社 2008 年版，第 120 页。

某去接妻子回家,但谢某及其父母、兄弟要求黄某认错并书面保证"如今后再欺打谢某,黄某自愿赔偿谢某2万元",否则不让谢某跟黄某回去,黄某只好按谢某及其亲属的意思作了保证,并修改多次至谢某及其亲属满意为止。2010年2月18日双方再次吵闹,黄忍不住打了谢一耳光,后经亲戚解劝、调解,黄再写"如再次与谢某发生打架现象自愿承担相关法律责任,并罚款3万元"的保证。2012年3月9日,双方又打闹,随后谢某向法院起诉离婚,并请求黄某按保证书承诺赔偿3万元。

二、审理要览

本案对是否支持谢某要求黄某赔偿3万元的请求,存在三种意见:

第一种意见认为,黄某的两份保证书均具有法律效力,对谢某的请求赔偿应予以支持,理由是:黄某是完全民事行为能力人,其自愿书写承诺,且意思表示真实;黄某实施家庭暴力并具有经常性,构成虐待谢某情节;谢某请求赔偿,符合《婚姻法》的规定,也不违反其他法律或者社会公共利益。

第二种意见认为,黄某的第一份保证书属于可变更或可撤销民事行为,而第二份保证书中罚款3万元的承诺无效,但可支持谢某请求黄某赔偿2万元,理由是:根据我国《民法通则》第59条的规定,因本案双方相互吵打,各方都有一定过错或过失,只让黄某个人写下保证书,而且在农村,2万元应算是数额较大,此保证书明显对黄某不公平,属于显失公平的民事行为,依法可变更或者撤销;但是该显失公平的民事行为做出至今已过两年时间,根据最高人民法院《民法通则意见》第73条第2款"可变更或者可撤销的民事行为,自行为成立时起超过一年当事人才请求变更或者撤销的,人民法院不予保护"的规定,第一份保证书已发生法律效力。而按照我国的法律、行政法规、行政规章等规定罚款的主体只属于部分行政机关,公民个人没有罚款的权力,也就是说,只有那些经过法律、法规或者规章授权的行政机关或部门才有罚款的权力,所以谢某无权罚款,而黄某自愿接受罚款3万元的承诺无效。

第三种意见认为,黄某的保证书是对方以胁迫或乘人之危等手段,使黄某违背真实意思所为,应属于无效行为。

[规则适用]

笔者同意第三种意见,理由如下:

根据我国《民法通则》第58条"下列民事行为无效:……(三)一方以欺诈、胁迫的手段或者乘人之危,使对方在违背真实意思的情况下所为的……无效的民事行为,从行为开始就没有法律约束力"的规定,以及最高人民法院《民法通则意见》第70条"一方当事人乘对方处于危难之机,为牟取不正当利益,迫使对方作出不真实的意思表示,严重损害对方利益的,可以认定为乘人之危"的规定,由于本案是黄某到谢某娘家接人,而谢某及其父母、兄弟要求黄某首先认错并书面保证,否则不让谢某跟黄某回去,这就证明黄某当时处于危难之境,谢某及其亲属以胁迫或乘人之危手段,使黄某违背其真实意思而为保证书,承诺赔偿的2万元,已成为谢某的不正当利益,严重损害了黄某的利益,应认定为胁迫或乘人之危行为而无效。另外,按照我国的法律、行政法规、行政规章等规定,公民个人没有罚款的权力,只有那些经过法律、法规或者规章授权的行政机关或部门才有罚款的权力,谢某无权罚款,而黄某自愿受罚款3万元的承诺也属无效。所以不应当支持谢某的赔偿请求。

规则67 【离婚损害赔偿】一方实施家庭暴力,无过错方有权请求离婚损害赔偿。

[规则解读]

一方实施家庭暴力,无过错方有权请求离婚损害赔偿。

[案件审理要览]

一、基本案情

朱某在一审法院起诉称:朱某与尹某于1999年11月经人介绍相识,2000年12月27日结婚,由于婚前双方了解不够,婚后一直感情不好。2005年3月11日生有一子。婚姻关系存续期间,尹某多次对朱某实施家庭暴力并进行人身侮辱,甚至在朱某坐月子的过程中依然对朱某实施家庭暴力,朱某为此多次报警,并因身体伤害到医院进行治疗。家里边的任何事情的处理最终都是以暴力结束。尹某曾因家庭琐事把尿液泼到朱某身上,尹某对自己的行为也曾向朱某承认过错误,对财产问题作出过承诺。现朱某起诉要求与尹某离婚;判令婚生子由朱某抚养,尹某每月支付抚养费1 500元;判令尹某少分夫妻共同财产;判令尹某支付朱某精神损害赔偿1万元;尹某承担本案诉讼费。

尹某在一审法院答辩称:尹某同意离婚。尹某没有对朱某实施过家庭暴力,夫妻之间是有争吵和纠纷;尹某要求抚养孩子;依法分割共同财产。

一审法院经审理查明:朱某与尹某在共同生活中,经常为生活琐事争吵,2008年,朱某至法院起诉离婚,后被驳回。双方自2008年开始经常为生活琐事发生争吵,并多次报警。

双方婚后购买了位于北京市某区房屋两套,其中一处房屋尚欠360 368.64元贷款未还。经评估,一处房屋现值207.09万元;另一处房屋现值108.09万元。

2003年9月27日,尹某书写保证书一份,写明:“在任何情况下,朱某的财产按下面的方式计算:朱某的财产=(总财产-24万元人民币)/2+24万元人民币。”

庭审中,朱某为证明尹某对其实施家庭暴力,提交了尹某于2003年7月21日及2003年9月28日所写打人经过两份,内容为:“在近三个月之内,我三次对朱某实施了家庭暴力,都是一些小事,如系鞋带、吃饭、吃橙子,这些事都是我不对,不应该打人,应该到外面去冷静一下。以后要信受(守)诺言,保持良好的修养和信誉。如果再犯,决(绝)不宽恕”。9月23日,在相川某饭店501号房间,尹某与朱某在饭桌上吵架,之后尹某问朱某修板凳的螺丝在哪里?朱某说在桌子里,尹某找了后没有找到,就对朱某实施了长达4个小时的家庭暴力。此外,朱某还提交了其2008年至2012年的诊断证明,记载内容多为全身多发软组织挫伤或身体某部位软组织挫伤,同时,朱某表示双方在共同生活中多次发生争执,尹某对其实施家庭暴力,为此其多次报警。经法院至北京市某派出所询问,被告知双方经常报警,出警后发现双方从未发生打架致伤的情况,且打架均为双方互相动手、互相摧残,但均没有致伤需要验伤的情况。

二、审理要览

一审法院判决:

(1) 准许朱某与尹某离婚。

(2) 双方之子由朱某抚养,尹某自2012年12月起每月给付子女抚养费1 500元,至其18周岁时止。

(3) 位于北京市某区房屋归朱某所有;位于北京市某区房屋归尹某所有,贷款由尹某自行偿还;朱某给付尹某补偿款466 084.32元,均于本判决生效后7日内执行。

(4) 尹某于本判决生效后7日内给付朱某精神抚慰金1万元。

尹某不服一审法院判决,提出上诉。二审法院驳回上诉,维持原判。

[规则适用]

一、家庭暴力的认定与构成

家庭暴力是指发生在家庭成员之间,以殴打、捆绑、残害身体、禁闭、凌辱、恐吓、性暴虐等手段,对家庭成员从肉体上、精神上进行伤害、摧残、折磨的行为。对此,《婚姻法司法解释(一)》第1条规定:“婚姻法第三条、第三十二条、第四十三条、第四十五条、第四十六条所称的‘家庭暴力’,是指行为人以殴打、捆绑、残害、强行限制人身自由或者其他手段,给其家庭成员的身体、精神等方面造成一定伤害后果的行为。持续性、经常性的家庭暴力,构成虐待。”从法理上讲,家庭暴力的本质是一种侵权行为,其与发生在两个不具有身份关系的人之间的侵权行为一样,都是对对方的一种伤害行为。但是,婚姻法上的家庭暴力与一般的侵权行为还是存在一定差别的,一般来说,在司法实践中,认定家庭暴力至少需要满足三个条件:

(1) 从行为主体上看,家庭暴力不仅指夫妻之间的暴力行为,还包括其他家庭成员之间的暴力行为,而所谓家庭成员的范围,应理解为具有亲属关系且在日常生活中共同居住的人员,即这里的家庭应理解为法律的概念,应以户籍登记为准,而不是传统习俗所理解的家族和家族成员。

(2) 从侵害客体上看,家庭暴力所侵犯的客体既包括身体健康,也包括精神健康,但不包括财产性权利。

(3) 从施暴行为的形式上看,主要包括殴打、捆绑、残害、强行限制人身自由或者其他手段。所谓其他手段,主要是针对家庭暴力行为的复杂多样性而作的概括性规定,既便于对司法实践中出现的各种形式的家庭暴力行为给以灵活认定,也有利于对各种形式的家庭暴力行为给予禁止和制裁。

(4) 从行为主体的主观方面看,施暴者应具有主观上的故意,即施暴者在主观上是抱着追求或放任的态度,通过其行为给受害人人身、精神等方面造成损害的。如果仅是加害人的过失行为造成家庭成员受损,则不构成家庭暴力,如丈夫驾车不慎将妻子撞伤,不应认定为家庭暴力行为。

(5) 从暴力行为所造成的结果上看,家庭暴力应是已经达到相当程度,并给受害人造成了较为严重的损害后果的行为。也就是说,只有施暴行为达到一定程度的才可认定为家庭暴力,这就将家庭成员之间的日常争吵、偶尔打闹及尚未造成后果的家庭纠纷行为排除在家庭暴力之外,有利于维护家庭成员间的和睦和婚姻家庭关系的稳定。何为"一定的伤害后果"?从实践经验来看,一般要证明家庭暴力,可以从两个方面加以说明:一是程度上达到轻微伤;二是时间上有延续性,鉴于家庭暴力取证难、危害大的特点,无过错方要证明存在家庭暴力时,只需证明以上的一点,无须两方面都要证明。

湖南省高级人民法院《关于加强对家庭暴力受害妇女司法保护的指导意见(试行)》第5条规定,对民事诉讼中受害妇女提供以下遭受家庭暴力的基本事实证据,如果对方没有足够证据予以否认,可以认定证据所证明事实存在:① 报警、接警、出警记录;② 法医鉴定;③ 病历;④ 照片、录像等视听资料;⑤ 证人证言;⑥ 社区、妇联等社会团体和组织的相关记录。该规定充分考虑了家庭暴力案件具有隐蔽性及受害妇女取证难等特点,合理分配举证责任,具有一定的参考价值。

二、家庭暴力的类型与实践中的认定

(1) 身体暴力。狭义的家庭暴力指的就是身体暴力,我国《婚姻法》所述的家庭暴力主要也是针对身体暴力。身体暴力包括所有对身体的打击行为。如:殴打、捆绑、残害、强行限制人身自由、使用工具进行打击等。轻则对受害者造成一定的身体轻伤害,重则造成受害者残疾,或者死亡,直至发生严重的刑事案件。

(2) 精神暴力。精神暴力是指双方并不产生肢体上的冲突,而是由加害者通过恐吓、控制、辱骂等方式摧残受害者的精神,伤害对方的自尊,使其精神长期处于巨大的压力之下,甚至产生心理障碍。2001年《婚姻法》修订前,精神暴力并未引起重视,但随着妇女人格的逐步独立,对妇女人格尊严的保护也逐渐受到广泛的重视。《婚姻法司法解释(一)》第1条明确规定,家庭暴力包括"给其家庭成员的身体、精神等方面造成一定伤害后果的行为",将精神损害与身体损害并列作为构成家庭暴力的一种。但由于精神损害发生于受害者的内心,除了一些抑郁症、精神病患者可以通过诊断证明体现出来,一般的精神伤害很难举证,同时,暴力实施者的加害行为和其行为与受害者心理障碍的因果关系，也是举证的难点。

(3) 性暴力。性暴力是指配偶一方违背另一方的意愿，以暴力、胁迫或者其他手段强行与之发生性关系的行为。辽宁省制定的《关于预防和制止家庭暴力行为的规定》第1项明确规定：家庭暴力，是指家庭成员一方实施殴打、捆绑、禁闭、体罚等打击和强制手段，对他方从肉体上、精神上、性等方面进行伤害和摧残的行为。湖南省《关于预防和制止家庭暴力行为的决议》第1项规定：家庭暴力，是指发生在家庭成员之间，以殴打、捆绑、禁闭、残害或者其他手段，对家庭成员从身体、精神、性等方面进行伤害和摧残的行为。这些规定都提到了性暴力，《婚姻法司法解释(一)》考虑到性暴力基本可以归为身体暴力或者精神暴力之中，因此没有单独规定。但无疑，性暴力是家庭暴力的一种，往往给家庭成员造成精神上和身体上的双重伤害。由于性暴力的特殊性，一般只发生在夫妻双方之间，没有第三人在场，从而导致性暴力的取证十分困难，往往需要借助身体受伤害的证明，法院才能采信。

(4) 冷暴力。现代社会，家庭暴力分类中有了新的内容，即“冷暴力”。所谓家庭“冷暴力”，是指夫妻双方在产生矛盾时，不是通过殴打、谩骂的暴力方式处理，而是对对方表现出冷淡、轻视、放任和疏远，最明显的特征就是漠不关心对方、没有语言和情感的沟通，或是将语言交流降到最低限度、停止或敷衍性生活、懒于做一切家庭劳动。冷暴力作为社会转型期新出现的一种暴力形式，大多数是发生在城市的家庭生活中。在这样的家庭里，夫妻双方往往都是高学历的知识分子，他们在出现问题时不会诉诸野蛮的暴力行为，因为他们懂得法律的意义，于是采取这种不闻不问的冷暴力形式。这使得受害者即使深深受到了伤害，也很难得到社会的救助。这样的受害者，他们既要承受工作上的压力，回家还要承受来自家庭的这种冷暴力，对他们来说，这是一种比“热暴力”还厉害的摧残。因而，这种不会带来任何身体明显伤害的冷暴力，更应该引起我们的关注。

三、裁判解析

朱某与尹某虽系自主结婚，但婚后双方经常产生矛盾，多次报警，严重影响了夫妻感情，现双方均同意离婚，法院对此不持异议。子女抚养一节，应本着有利于子女健康成长的原则，并考虑到双方的具体生活状况予以判定，抚养费的数额以当事人的主张依法判决。共同财产、住房问题依法分割，具体分割方式本着照顾子女和女方权益的原则依法判决。现双方之子在北京市某小学就读，考虑到孩子的学习、生活方便，故将离学校较近房屋判归抚养孩子的一方所有，由一方给予另一方房屋差价补偿款，双方就房屋内的物品达成一致，法院对此不持异议。此外，根据尹某所写保证书，朱某亦表示同意，该保证书应属于双方婚内对共同财产的约定，故在共同财产分配时予以考虑。当事人对自己的主张有责任提供证据，根据尹某所写的打人经过可以证实其曾对朱某实施家庭暴力，在尹某未提供相反证据的情况下，法院认定尹某曾对朱某实施家庭暴力，故朱某要求尹某支付精神损害赔偿的请求,予以支持。

本案虽然有尹某自己书写的保证书可以证明存在家庭暴力,但一般案件中,当事人很少会自己书面承认实施过家庭暴力,受害者在没有离婚的想法时,也不会注意保存对方实施家庭暴力的证据。基于家庭暴力受害人举证难的问题,再一概适用“谁主张,谁举证”,不利于对受害人的保护。人民法院应当合理分配举证责任,在主张存在家庭暴力的当事人提出有关病历、照片、法医鉴定书、派出所出警证明等证据的情况下,可以结合案件的具体情况推定家庭暴力事实的存在,由被告举出反证证明原告的伤情不是被告的家庭暴力行为所致,否则由被告承担举证不能的责任。

一旦认定家庭暴力,根据《婚姻法》第46条的规定,有家庭暴力情形,导致离婚的,受害人有权请求损害赔偿,由人民法院根据财产损害程度和精神损害程度,酌情判决。但是否支持受害人要求离婚时判令对方少分财产,我国法律没有这方面的规定,因此该请求一般不予支持。

规则68 【离婚损害赔偿与侵权赔偿】离婚损害赔偿并不是纯粹的侵权损害赔偿,离婚损害赔偿不能代替或排斥夫妻间的一切侵权赔偿责任。

[规则解读]

离婚损害赔偿并不是纯粹的侵权损害赔偿,而是《婚姻法》特别设立的对有重大过错导致离婚一方的惩罚,是对无过错方的一种救济。为此,离婚损害赔偿不能代替或排斥夫妻间的一切侵权赔偿责任。

[案件审理要览]

一、基本案情

罗甲(男)与周某(女)于2000年1月4日登记结婚,2001年8月16日生育一子名罗乙。2006年8月28日,因感情不和双方在婚姻登记机关协议离婚,约定:儿子罗乙由周某抚养,罗甲不承担儿子的一切费用,夫妻共同财产全部归男方所有。离婚后,罗乙由周某抚养。2010年4月,罗甲委托司法鉴定机构对罗乙进行亲子鉴定,鉴定结论为“罗甲不是罗乙的生物学父亲”。罗甲遂诉请周某赔偿抚养费15万元、精神损失费10万元。

二、审理要览

一审法院认为,周某与罗甲在夫妻关系存续期间,周某与他人共同生育一子罗乙,罗甲对罗乙没有法定的抚养义务。离婚前,罗甲虽然对罗乙尽了抚养义务,但在离婚时,罗甲已分得了全部夫妻共同财产。离婚后,罗乙由周某抚养,罗甲未再抚养罗乙,故罗甲要求周某给付罗乙抚养费的理由不成立。周某辩称,离婚时罗甲就已知罗乙不是其亲生儿子的辩解理由成立,且罗甲在离婚3年后才起诉,要求周某赔偿精神损失费的理由也不能成立。法院判决:驳回罗甲的诉讼请求。

罗甲不服一审判决,提起上诉。

二审法院认为,一审法院驳回罗甲要求赔偿抚育费损失的请求正确,但周某的行为给罗甲造成了精神损害,应当承担侵权损害赔偿责任。由于罗甲于 2010 年 4 月 1 日经过亲子鉴定后才确切知道自己不是罗乙的生物学父亲,罗甲至此时才确知自己的权利被侵害并随即提起诉讼,未超过诉讼时效。遂判决撤销原判,改判由周某赔偿罗甲精神抚慰金 1 万元。

[规则适用]

在我国,对婚姻契约论普遍持否定态度,对《婚姻法》第 46 条规定的离婚损害赔偿,通说亦不持违约论,而持侵权损害赔偿论。但从该条规定的承担赔偿责任的情形看,第一项"重婚"及第二项"有配偶者与他人同居",在理论上属于侵害对方的配偶权,但配偶权并未明确纳入侵权责任法的保护范围;第三项"实施家庭暴力",侵害了配偶的人身权;第四项"虐待、遗弃家庭成员",侵害的是家庭成员的人身权和被抚养权,从侵权责任法角度看,在虐待、遗弃其他家庭成员的情形下,无过错方并非赔偿请求权的主体。可见,离婚损害赔偿并不是纯粹的侵权损害赔偿,而是《婚姻法》特别设立的对有重大过错导致离婚一方的惩罚,是对无过错方的一种救济。为此,离婚损害赔偿不能代替或排斥夫妻间的一切侵权赔偿责任。本案虽不成立离婚损害赔偿责任,但仍可成立侵权损害赔偿责任。

周某的行为侵害了罗甲的配偶权。配偶权是夫妻之间享有的具有配偶利益的一种身份权。世界上许多国家的法律都认定通奸行为是一种侵权行为:在大陆法系国家,没有明确的配偶权的概念,在民法典中,对夫妻之间的忠实义务多有明确规定,多将通奸行为视为对无过错配偶名誉权的侵害;英美法系国家有"配偶权"一词,主要以判例的形式确认通奸行为是对无过错一方配偶权的侵害。本案中,周某与他人通奸私生子女,罗甲受欺诈而产生了抚养费损失(已得到适当补偿),同时罗甲心灵遭受创伤,遭受较为严重的精神损失。可见,周某的行为违反了《婚姻法》第 4 条的规定,属违法行为,主观上有过错,客观上给罗甲造成了损害后果,侵权行为与损害后果之间具有因果关系。根据《民法通则》第 106 条和最高人民法院《关于确定民事侵权精神损害赔偿责任若干问题的解释》的规定,周某应当承担精神损害赔偿责任。值得注意的是,《民事审判指导与参考》(总第 44 集)"民事审判信箱"认为,这种精神损害赔偿与《婚姻法》第 46 条规定的离婚损害赔偿是两码事,婚姻关系存续期间与他人通奸生育子女并不一定构成"与他人婚外同居"的赔偿要件,即通奸生育子女与"持续、稳定地共同居住"不能等同。因此,本案不适用《婚姻法》第 46 条及相应司法解释的规定。诉讼中,周某提出时效抗辩的理由也不能成立。本案属一般侵权损害赔偿,应适用《民法通则》第 137 条之规定,即诉讼时效期间从知道或应当知道权利被侵害时起算。周某无充分证据证明罗甲在离婚时就知道罗乙并非其亲生子,而罗甲提供的亲子鉴定报告表明,罗甲于 2010 年 4 月才确知自己并非罗乙的生物学父亲,即罗甲自此才知道其权益受到了侵害，诉讼时效应从此时起算。故罗甲的起诉并未超过法定的诉讼时效期间。

精神损害的赔偿数额应综合侵权人的过错程度、侵权行为所造成的后果、侵权人承担责任经济能力、受诉法院所在地平均生活水平等因素予以确定，二审法院酌定由周某赔偿罗甲精神抚慰金1万元，并无不当。

第三十九章　与继承相关的纠纷与裁判

规则69　【公有住房继承】公有住房承租权可以继承，但是应受到一定的限制，并不是完全意义上的继承，而是一种"准继承"。

[规则解读]

公有住房承租权可以继承，但是应受到一定的限制，并不是完全意义上的继承，而是一种"准继承"。公有住房承租权不能通过遗嘱继承，公有住房承租权继承往往受到户籍地限制。

[案件审理要览]

一、基本案情

李某生前住在单位公有住房内，现李某死亡，李某的继承人和李某单位围绕公有住房能否继承而对簿公堂。

二、审理要览

第一种观点认为，公有住房承租权不可继承，理由有三点：

(1) 从历史上看，公有住房是不具有继承性的，如今公有住房作为历史遗留问题，应按其固有的方式处理；

(2) 依据《继承法》的规定，继承是死者生前的财产（权利和义务）依法转移给继承人所有，而公有住房并非死者生前个人财产，故不能继承；

(3) 公有住房承租人死亡后，原租赁关系消灭，再与其他人建立租赁关系，是产权部门基于其房屋所有权实现所有权能的活动，他人无权干涉。即使按照相关法律政策规定，公有房屋承租人的法定继承人可以继续承租房屋，也是产权人对自己的房产进行的一种处分行为，并非是继承。

第二种观点认为，公有住房承租权可以继承。

[规则适用]

公有住房是我国特定历史条件下的产物，是我国传统福利性住房分配制度的体现。公有住房包括产权属于房产管理部门所有的直管公有住房和产权属于单位所有的自管公有住房两种。公有住房使用人与产权单位签订租赁合同后，房屋使用人即拥有合法承租权。随着住房制度改革的不断深化，住房商品化、社会化的不断普及,福利分房制度已经取消,然而长期计划经济以来形成的公有住房承租权仍然大量存在。近年来房价的大幅上涨以及拆迁的增多,刺激了公有住房承租权纠纷急剧增多。

一、公有住房承租权是一种用益物权,可以继承,主要理由如下:

(1) 按照《继承法》的规定,遗产是公民死亡时留下的个人合法财产,公有住房属于公有,当然不属承租人遗产,但因为公有住房承租权可以转租、转让,使其具有了经济价值,这种公有住房承租权作为附着相应经济价值的财产权具有私有财产的性质,应当界定为公民个人合法财产,属于遗产范围,应像其他财产一样可以作为遗产继承。例如,公民生前享有的担保物权、土地使用权、典权等均属于遗产范围。因此,公有住房承租权作为他物权,当然可以作为遗产。

(2) 公有住房承租权名为租赁权,实质具有实物工资的意义。现在,大部分城市已经放开公产房交易市场,允许公有住房承租权转租、转让,承租权人由此可以获得收益。该收益能够作为公民的个人合法财产,并在死后转化为遗产。如果公有住房承租权不允许继承,会造成法律上的冲突,同时有失公平。

(3) 对于公有住房承租权继承问题,目前法律法规虽然对此没有明确,但有些城市的房屋管理部门已经开始以规范性文件的形式加以规定。如《天津市公有住房变更承租人管理办法》第 2 条规定,公有住房承租人死亡或者户籍迁出本市的,承租人的配偶、子女、父母可以申请过户。公有住房使用权过户只能由一人申请过户,符合过户条件的家庭成员有两人以上(含两人)的,应当达成一致意见后方可申请过户。第 3 条规定,公有住房承租人死亡后没有符合第 2 条规定过户条件的,承租人兄弟姐妹等在本市主要报纸刊登公告,公告 3 个月期满无异议的,提交具结书后可以申请过户。虽然,天津市的规定没有明确表述为继承,但是所规定的当承租人死亡,可以申请过户的人员与《继承法》规定的法定继承人相吻合。既然办法中并未明确限定在继承人中谁享有优先权,而是规定了继承人享有平等的权利,房屋承租权过户到谁的名下,各继承人可自行协商。

综上所述,公有住房承租权是可以继承的。

二、处理公有住房承租权纠纷应注意的问题

由于目前我国法律法规对该权利的继承还没有明确的规定,所以处理该类纠纷应当注意以下几个问题:

1.《合同法》和各省市政策性规定的冲突问题。

如前所述,《天津市公有房屋变更承租人管理办法》规定了承租人死亡,其配偶、子女、父母可以申请过户,没有符合该条件的承租人兄弟姐妹等可以申请过户。《合同法》第 234 条规定,承租人在房屋租赁期间死亡的,与其生前共同居住的人可以按照原租赁合同租赁该房屋。在多数人看来,《合同法》是由全国人大颁布实施的“法律”,而各地颁布实施的房屋管理规范性文件只是地方性规章或仅为“政策”,因此《合同法》的效力大于地方性规范性文件的效力是毋庸置疑的,应当执行《合同法》的规定。笔者认为此种观点值得商榷。前文对公有住房承租权的法律性质已经进行了论述，该权利名为“租赁权”（一种债权），实为物权。《合同法》第234条所规定的继续承租的权利是名副其实的债权，而本文要探讨的公有住房承租权是物权。《合同法》所规定的租赁权是有期限的，权利与义务是对等的。按照我国法律的规定，租赁期限最长不能超过20年，承租人要向出租人支付符合市场价格的租金才能享受承租权，否则出租人有权解除合同或因合同对价显失公平而撤销合同。而公有住房承租并无租赁期限的限制，租金的价格远远低于市场价格，其租金仅是产权单位为公有住房日常维护的正常支出所收取的。因此，笔者认为，《合同法》关于继续租赁权的规定，并不适用于公有住房承租权的继承。

2. 公有住房承租权虽然可以继承，但是受到一定的限制，并不是完全意义上的继承，而是一种“准继承”

（1）《继承法》规定了法定继承和遗嘱继承两种方式。被继承人可以通过遗嘱的方式选定继承人，但公有住房承租权不能通过遗嘱继承。

（2）如果遗产为私产房屋，房屋所有权证可以登记为多个继承人共有，而公有住房承租权只能登记在一人名下，对于其他继承人的权利如何保护没有规定。

（3）继承人继承被继承人其他个人财产不受继承人户籍地限制，而公有住房承租权继承往往受到户籍地限制。如按照《天津市公有房屋变更承租人管理办法》的规定，房屋承租人必须具有本市户籍。原承租人一旦死亡，其法定继承人如果不具有本市户籍，则没有继承公有住房承租权的权利。

规则70　【房屋继承侵权】继承人因继承取得继承份额内的房屋所有权，但其不能因这部分权利的取得，认为被继承人生前的房屋所有权共有登记侵犯了其合法权益。

[规则解读]

继承人因继承取得继承份额内的房屋所有权，但其不能因这部分权利的取得，认为被继承人生前的房屋所有权共有登记侵犯了其合法权益。

[案件审理要览]

一、基本案情

1996年某市交通局职工集资建房，张某为该局职工，以自己的名义交纳了建房集资款，获得涉案房屋。1998年初，张某申请房屋登记，将该房屋登记为其与妻子李某及二儿子张某刚共同共有，领取了房屋所有权证。2008年、2012年，李某、张某先后去世，张某大儿子张某生、二儿子张某刚及女儿张某艳因该房屋的继承产生纠纷。张某刚以自己为涉案房屋共有人为由，主张涉案房屋应先区分出自己的份额,剩余部分方为父母的遗产,由兄妹三人共同继承,张某生、张某艳以市住建局将张某刚登记为涉案房屋的共有人,侵犯了自己共同的合法权益为由提起行政诉讼。

二、审理要览

继承人因继承取得继承份额内的房屋所有权,是否可以因这部分权利的取得认为被继承人生前的房屋所有权共有登记侵犯了其合法权益?有两种意见:

第一种意见认为,被继承人生前的房屋所有权共有登记侵犯了继承人的合法权益。

第二种意见认为,被继承人生前的房屋所有权共有登记没有侵犯继承人的合法权益。

[规则适用]

笔者同意第二种意见。

(1)涉案房产是张某所在单位的集资房产,张某以自己的名义集资获得房产,因此是涉案房产的所有权人,有权处置房屋所有权。张某 1998 年申请房屋所有权登记,将妻子李某、二儿子张某刚登记为共有人。根据法律规定,不动产所有权的转移适用登记主义,不动产自登记之日所有权发生转移,涉案房屋的所有权由张某、李某及张某刚共同共有。

(2)本案中,张某生、张某艳以是张某、李某的继承人为由要求撤销其父张某生前进行的房屋共有登记,可知他们要求保护的是对涉案房屋的继承权。《行政诉讼法》第 2 条规定:"公民、法人或者其他组织认为行政机关和行政机关工作人员的具体行政行为侵犯其合法权益,有权依照本法向人民法院提起诉讼。"此处的"合法权益",应是客观存在、不是可期待的利益,而继承权是一种可期待的利益,在被继承人死亡时,始转化为现实客观存在的利益。本案中,1998 年被继承人张某申请办理房屋登记,将张某刚作为共有人,是对自己权利的合法处置,并没有侵犯张某生、张某艳的继承权。继承发生时,张某生、张某艳在张某、李某的遗产份额内取得房屋的部分所有权,但不能因这部分所有权的取得而认为被继承人生前的房屋所有权共有登记侵犯了他们的合法权益。

规则 71 【遗产继承】拆迁协议中约定的履行标的为将新建造的房产置换给权利人,该债权为财产性权利,可以作为遗产继承。

[规则解读]

公民可继承的其他合法财产包括有价证券和履行标的为财物的债权等。由此可见,债权作为遗产进行分配,是受到法律的认可和保护的。拆迁协议中约定的履行标的为将新建造的房产置换给权利人,该债权为财产性权利,可以作为遗产继承。

[案件审理要览]

一、基本案情

朱某夫妇生前育有7名子女。朱某在河南省洛阳市某干部休养所退休后，单位分给其房产一套。后单位欲对该房产所在地块进行拆迁改造，休养所遂与朱某夫妇签订了《住房改造赔偿协议》，约定拆迁改造后为朱某在原地块置换新房。协议签订后，该套房产拆除并在原址建造置换新房。但是，朱某未来得及为建成新房办理产权登记，即于2011年1月去世，其妻也于2011年8月亡故。

朱某夫妇生前与第四个儿子朱明共同生活，朱乙尽了较多的赡养义务，故朱某在临终前留下遗嘱，将置换来的房产留给朱乙；其他子女和合法继承人对此均无异议。但是，当朱乙到房产登记部门进行登记时，被告知需到公证处公证或以法院生效文书为依据，才能为朱乙进行房产登记。无奈之下，朱乙向洛阳市西工区人民法院起诉，要求法院判令该房产归其所有。

二、审理要览

本案中，关于原告诉讼请求的性质及合理性的确定，有两种不同的意见：

第一种意见认为，原告诉讼请求要求继承的是房屋所有权，因对该房产，朱某夫妇未办理产权登记，房屋所有权不归其所有，所以该房产不是遗产，原告继承此房产的诉讼请求不应支持。

第二种意见认为，原告诉讼请求的基础是父母所签订的《住房改造赔偿协议》，故原告的诉讼请求实际上是要求继承协议中属于父母应享有的权利。所以原告的诉讼请求应予支持。

[规则适用]

笔者同意第二种意见，本案所要继承的遗产是债权，不是物权。

根据《物权法》的规定，不动产所有权的取得依据的是登记。本案中所新建置换房产的所有权登记在干休所名下，并未过户登记到原告父母名下，所以原告的父母还没有取得该套房产的所有权。因此，本案中，原告朱乙虽因没有取得新建房屋的物权而不能将其作为遗产予以继承，但该房屋是依据干部休养所与其父亲签订的《住房改造赔偿协议》而建造的，该《住房改造赔偿协议》约定的相关权利义务并未消失，他所继承的是这份合同约定的权利和义务，即干部休养所将该房产过户给朱乙。就此意义上而言，原告继承的是一种和干部休养所的债权债务关系。

根据我国《继承法》第3条的规定及最高人民法院《关于贯彻执行〈中华人民共和国继承法〉若干问题的意见》(以下简称《继承法意见》)第3条的规定："公民可继承的其他合法财产包括有价证券和履行标的为财物的债权等。"由此可见，债权作为遗产进行分配，是受到法律的认可和保护的。根据上述法条的规定，本案拆迁协议中约定的履行标的为干休所将新建造的房产置换给权利人，该债权为财产性权利，可以作为遗产继承。

规则72 【继承权实现】遗产未分割且继承人未放弃继承的视为接受继承，此时继承已经完毕、继承权已经实现。其后的房屋遗产权属纠纷是物权纠纷而非继承权纠纷，不适用诉讼时效的规定。

[规则解读]

遗产未分割且继承人未放弃继承的视为接受继承，此时继承已经完毕、继承权已经实现。其后的房屋遗产权属纠纷是物权纠纷而非继承权纠纷，不适用诉讼时效的规定。

[案件审理要览]

一、基本案情

周某娥、周某根和周某新系姐弟，1984年，3人之父病故，留有浙江省某镇房屋一幢，但3人当时并未对该房屋进行遗产分割。1986年周某根搬离该房屋，由于周某娥已外嫁，该房屋自此由周某新居住并管理。1989年，该房屋经过周某新的修缮、翻新，用途由住宅用房转为营业用房，由周某新对外出租并收益。2000年，周某新在未取得兄、姐同意的情况下，向某房管处申请并办理了房屋产权登记。2010年下半年，周某娥、周某根得知该情况后提起诉讼，法院判决撤销了房管处对该房屋的产权登记。

2011年10月28日，周某娥、周某根再次诉至法院，请求依法确认对房屋的共有份额。周某新一审答辩称，本案应属继承权纠纷，且自继承开始之日起已逾20年，故已超出《继承法》规定的诉讼时效。

二、审理要览

一审法院经审理认为，诉争房屋系遗产，且周某娥、周某根未放弃继承权。因遗产未分割，故已转化为共有财产。本案系请求确认物权的归属，故周某新关于已超过诉讼时效的抗辩不予支持。但考虑到周某新居住、管理及贡献情况，酌情可多分10%。法院判决：周某娥、周某根各享有房屋面积的30%，周某新享有房屋面积的40%。

一审宣判后，周某新不服，提起上诉。

二审法院经审理认为，诉争房屋的继承人均未放弃继承，因继承人间具有家庭关系且遗产尚未分割，应认定为共同共有。本案实质是共有人对共有权的确认，并以此为前提分配具体份额，而非继承权受到侵害，属于共有权确认纠纷而非继承权纠纷，故不适用继承诉讼时效的规定。周某新对共有物进行了管理与添附，但该行为不能变更物权的共有架构，且长期以来的使用、出租收益由其独享亦应考量，故原判并无不当。法院判决：驳回上诉，维持原判。

[规则适用]

本案争点在于，本案是共有权确认纠纷还是继承权纠纷？是否适用《继承法》关于继承诉讼时效的规定？

案件性质的确定基于对纠纷所侵害的权利对象的认识。继承权虽因身份而产生但具备取得遗产的权能，因而兼具人身权与财产权的双重属性，当遗产为物时，就存在与物权产生冲突的可能。但实践中，由于放弃继承情形的存在，继承权更多地体现为一种取得资格，也即对遗产物的或然性所有。而我国法律设置的拟制继承，显然有助于消除此种权利的不安定状态。申言之，通过法律的拟制，将未表示放弃继承的视为接受，从而加快了遗产物的继承过程，将待定的物之或然性取得变更为确定的物之必然性共有。在这一过程中，以“取得”为特征的继承权纠纷也被技巧性地转化为以“确认与分割”为特征的物权纠纷。

此过程大致有三大步骤：

（1）继承的拟制接受或称继承的拟制完成，依照《继承法》第25条第1款的规定，将遗产分割前未放弃继承的视为接受继承，从而结束继承。

（2）确定继承之物的权利状态，《物权法》第103条将无约定或约定不明的共有物默认推定为按份共有，但有家庭关系等情形的确定为共同共有。也正是基于该规定，最高人民法院《民法通则意见》第177条被废止，而较早的最高人民法院《关于继承开始时继承人未表示放弃继承遗产又未分割的可按析产案件处理问题的批复》却因当事人间具备家庭关系仍然可以适用。

（3）依照一般物权纠纷的相关法律，根据当事人的诉求作出相应裁判。

在案件性质被确定为物权纠纷后，时效的探讨已失去实践意义。这是由于我国主流观点认为，诉讼时效只约束债权请求权，目前立法未对物权进行特殊时效限制，并且也欠缺取得时效制度。但若进一步讨论，各类物权纠纷不适用时效的原因则不尽相同，常见的物权确认诉讼与物之分割诉讼，分属确认之诉与形成之诉，分别对应权利体系中的支配权与形成权，不适用诉讼时效是其性质使然。而《物权法》第34条至第36条的规定，分别对应返还原物、排除妨害、消除危险三大物权请求权，不适用诉讼时效的原因是我国制度的立论基础不同，域外立法明文规定时效制度同时约束物、债两类请求权者并不鲜见。

本案中，诉争房屋为遗产且继承开始后尚未分割，双方当事人均享有继承权且未表示放弃继承，应视为继承完毕，故不属继承权受侵害而是物权纠纷。又因双方系姐弟，具有家庭关系，依法确定该房屋为共同共有。法院综合考虑了双方对该房屋的贡献与收益情况，最终确立了相对合理的物权分配比例。因案件属于共有物的确认诉讼，故不支持基于继承诉讼时效展开的抗辩。

规则73　【遗嘱要件】不符合法定形式要件的遗嘱并不必然无效。

[规则解读]

不符合法定形式要件的遗嘱并不必然无效。如果法律有明确的形式要件规定，则首先根据形式要件进行判断，如果形式要件有欠缺，应由主张遗嘱有效的一方当事人对遗嘱的真实性承担进一步的举证责任。如果有充分的证据可以弥补形式的欠缺,证明遗嘱是立遗嘱人的真实意思表示,则应当认定遗嘱有效。

[案件审理要览]

一、基本案情

崔家有兄弟姐妹5人,其母亲张某于1996年去世。1994年张某口述,崔老大之子小崔代书立下遗嘱文件:"今有张某立此遗嘱,关于家产房产的划分如下:前院动产不动产归崔老二所有,后院动产不动产归崔老大所有,双方养老人终身。立遗嘱人:张某。立字人:长子崔老大,次子崔老二,长女崔老三,次女崔老四,三女崔老五。"小崔代书遗嘱时崔老大和崔老二在场,崔老三、崔老四和崔老五在屋外等候,写完遗嘱后崔老三、崔老四和崔老五进屋,兄弟姐妹5人均在文件上各自姓名处按手印,并由立遗嘱人张某在自己落款姓名处按手印。张某去世后,崔老大及其儿子小崔住后院并进行多次改建,崔老二则住前院并也进行了改建。2010年崔老四、崔老三和崔老五将崔老大和崔老二诉至法院,要求确认遗嘱无效,按照法定继承分割张某留下的房产,理由是该遗嘱不符合代书遗嘱的法定形式要件。另,崔家兄弟姐妹5人均认可遗嘱是张某的真实意思表示。

二、审理要览

本案的焦点是如何认定遗嘱的效力,主要有两种意见:

第一种意见认为,本案中代书遗嘱存在见证人不适格、代书人未签名等问题,不符合法定形式要件,是无效遗嘱,应按照法定继承分割遗产。

第二种意见认为,本案中代书遗嘱虽不符合法定形式要件,但经全部利害关系人见证,确系立遗嘱人的真实意思表示,而且内容合法,应当认定有效。

[规则适用]

笔者倾向于第二种意见,理由如下:

1. 法律未明确规定不符合法定形式要件的遗嘱无效

遗嘱作为要式法律行为,其有效设立需要符合实质要件和形式要件。根据《民法通则》第55条的规定,遗嘱作为一种民事法律行为,需具备的实质要件包括立遗嘱人具有相应的民事行为能力、意思表示真实、不违反法律或者社会公共利益。根据《继承法》第17条、第18条第2款和第3款的规定,本案实为代书遗嘱,依法应当有两个以上无利害关系的见证人在场见证,由其中一人代书,注明年、月、日,并由代书人、其他见证人和立遗嘱人签名。《继承法》第22条对不符合实质要件的遗嘱行为明确规定为无效,即无行为能力或者限制行为能力人所立的遗嘱无效、受胁迫或者欺骗所立的遗嘱无效、伪造或者被篡改的遗嘱无效,当然如果违反法律或者社会公共利益,根据《民法通则》第58条第5款的规定,这样的遗嘱也无效。由此可见,不符合实质要件的遗嘱肯定无效,但对于符合实质要件但不符合形式要件的遗嘱的效力问题,我国《继承法》并未明确规定,而且在《继承法》第22条规定的遗嘱无效的情形中,并不包括欠缺形式要件的情形。本案中,代书人小崔和5位继承人均不具备见证人资格且代书人未签名，不符合遗嘱的形式要件，但经所有利害关系人见证，确信为立遗嘱人的真实意思表示，且不存在《民法通则》第58条和《继承法》第22条规定的情形，符合遗嘱的实质要件，故认定本案中的遗嘱无效并无直接的法律依据。

2. 遗嘱形式要件的目的是确保立遗嘱人意思表示真实

近代民法上的遗嘱制度来源于罗马法，并继承了其遗嘱方式强制的传统。罗马法遗嘱方式强制的重要原因之一是，当时遗嘱是家父将家族统治者的地位遗留给继承人的方式，涉及家族利益甚至社会利益。但近代以来，遗嘱已不再涉及身份继承，仅仅是指定财产继承人和遗赠人。在意思自治得到普遍认同的情况下，遗嘱自由原则得以确立，遗嘱的要式性功能也转变为确保立遗嘱人意思表示真实，防止他人伪造或变造遗嘱。当遗嘱方式强制与立遗嘱人真实意思表示之间产生冲突时，应后者优先，不能一味强调遗嘱的形式完整性，而侵犯遗嘱自由。本案中，5位继承人均认可遗嘱内容是立遗嘱人口述、代书人代写的，是立遗嘱人的真实意思表示。因此，根据《继承法》的立法目的和功能，应认定遗嘱有效。

3. 原告要求确认遗嘱无效的行为违反了诚实信用原则

根据《民法通则》第4条，民事活动应当遵循诚实信用原则。本案中，张某于1994年订立遗嘱，当时包括3位原告在内的5位继承人均在场见证了立遗嘱人在遗嘱上按手印的过程，知道是立遗嘱人的真实意思表示，而且5位继承人也在遗嘱上按手印，表示同意立遗嘱人的遗产分配方案。订立遗嘱后，立遗嘱人既未对遗嘱进行任何改变，亦未有改变遗嘱的意思表示，所有利害关系人亦未对遗嘱提出异议。1996年立遗嘱人去世后，崔老大和崔老二即按照遗嘱的安排，分居前院和后院，并多次对各自院内的房屋进行了改扩建。然而，14年后，3位原告却以遗嘱形式不合法为由要求确认遗嘱无效，明显违反了诚实信用原则。如果法院对此表示支持，则会助长不诚信的社会风气，影响财产和社会秩序的稳定性。

4. 极端地强调遗嘱形式要件不符合中国国情，不符合时代潮流

在我国，老百姓的法律意识比较淡薄，对遗嘱的形式要件一般知之不多，对于代书遗嘱、口头遗嘱等特殊遗嘱的形式要件更是缺乏了解，他们通常根据当地的风俗或者习惯设立遗嘱，如在遗嘱上只按手印不签名，让与继承人有利害关系的亲友作为见证人等。有资料显示，在法院受理的遗嘱继承纠纷中，60%的遗嘱被宣告无效，这60%被宣告无效的遗嘱多数原因都是在遗嘱形式要件方面，如立遗嘱人未签名、遗嘱未写日期、遗嘱见证人的数量未达到法定标准、见证人与立遗嘱人有利害关系，等等。当然，很多遗嘱被认定为无效，除了欠缺形式要件外，还因为无法证明确是立遗嘱人的真实意思表示。而本案中，能够确认是立遗嘱人的真实意思表示，如果仍然机械地认定无效，则会导致司法与百姓生活实际的严重脱节，法治的意义将不能得到体现。另外，在电子媒体兴盛的今天，公民意思表示的方式呈现出电子化、多样化的特点，比如打印遗嘱、网络遗嘱等，在能确认其为立

遗嘱人真实意思表示的情况下，如果过分强调遗嘱的形式要件，将严重违反立遗嘱人的真实意思表示，不符合私权自治的原则与精神，亦不符合时代发展的潮流。

笔者认为，不能只图便于实务操作而将不符合法定形式要件的遗嘱一刀切地认定无效，应该遵循遗嘱自由原则，重点查清立遗嘱人的意思表示的真实性。如果法律有明确形式要件规定，则首先根据形式要件进行判断，如果形式要件有欠缺，应由主张遗嘱有效的一方当事人对遗嘱的真实性承担进一步的举证责任。如果有充分的证据可以弥补形式的欠缺，证明遗嘱是立遗嘱人的真实意思表示，则应当认定遗嘱有效。

规则 74 【代书遗嘱】形式有缺陷的代书遗嘱未必无效。

[规则解读]

实践中，遗嘱继承已经摒弃原来不切实际的观念，更注重私法自治原则与任意性规范的优先适用，与其说书面形式是遗嘱成立的构成要件，不如将之看做是对实质要件的证明更佳。至于遗嘱伪造的排除，可以运用证据规则来实现。现有证据足以证实代书遗嘱是具备立遗嘱条件的遗嘱人所立，且意思表示真实的，该代书遗嘱合法有效。

[案件审理要览]

一、基本案情

遗嘱人俞某坤于 2013 年 3 月 20 日病逝，留下一处房产。原告俞某英，20 岁，系遗嘱人的养女，也是唯一法定第一顺位继承人。被告俞某娟系遗嘱人的同胞妹妹，遗嘱人生病期间主要由其照顾。2012 年 12 月 18 日，遗嘱人在受邀人镇司法所陈某康和基层自治组织负责人等 7 人见证下，并由陈某康代书设立遗嘱，其主要内容是：现有楼房一间，归亲妹俞某娟所有；养女俞某英（系俞某明之女）已成年，财产分配与她无关。遗嘱人不会写字，只在代书遗嘱上按了手印；代书人、其他见证人（下文统称“见证人”）未签名。后原告以该代书遗嘱没有见证人签名为由诉至法院，请求确认该遗嘱无效。

二、审理要览

法院经审理认为，本案代书遗嘱存在的见证人没有签名这一形式缺陷已被现有证据消除，故判决确认该代书遗嘱有效。

[规则适用]

本案主要争议的焦点是：因存在见证人没有签名这一形式缺陷，该代书遗嘱是否有效？对此问题有两种不同的观点：

第一种观点认为，该代书遗嘱无效。理由有三：

（1）见证人没有签名导致代书遗嘱的形式存在缺陷，按照《继承法》及其司法解释的规定，应当认定无效。《继承法》第 17 条第 3 款规定：“代书遗嘱应当有两个以上见证人在场见证……并由代书人、其他见证人和遗嘱人签名。”而最高人民法院《继承法意见》第35条规定：“继承法实施前订立的，形式上稍有欠缺的遗嘱，如内容合法，又有充分证据证明确为遗嘱人真实意思表示的，可以认定遗嘱有效。”由此推知，见证人签名是代书遗嘱的形式要件，既然本案的代书遗嘱是《继承法》实施后所立，且形式上有缺陷，应属无效。

(2)《继承法》的普法宣传和法律实践已近三十年，公众理应知悉相关规定，且实质要件须依赖形式要件来保障，因此，形式要件也应从严要求。

(3) 为了防范遗嘱伪造的发生，从保护法定继承人合法权益的角度，同样应对形式要件严格规范。

第二种观点认为，该代书遗嘱应当有效。遗嘱的核心要件是遗嘱人自由处分权行使的合法性与遗嘱内容(遗愿)的真实性，其形式要件的主要作用则是证明核心要件的存在。本案中，代书遗嘱虽因见证人没有签名而存在形式缺陷，但现有证据足以证实遗嘱人合法行使了自由处分权且遗愿真实，也就修复了该缺陷，因此，认定该遗嘱有效更为公正。

笔者同意第二种意见，理由如下：

1. 本案的遗嘱人完全具备立遗嘱的条件

遗嘱继承制度的根本目的在于保护遗嘱人生前对身后合法遗产的自由处分权，该权利优先于法定继承权，遗嘱可以排除法定继承的适用。但是，立遗嘱时，遗嘱人合法行使这种权利必须具备相应的条件：一是必须具备完全民事行为能力；二是必须意识清醒、具有足够的认知能力；三是立遗嘱完全出于自愿，不受外来不正当的干预；四是遗嘱人对需处置的财产或权益具有合法处分权。本案中，立代书遗嘱和安排见证人都是遗嘱人自愿反复主动请求的结果，是成年遗嘱人在精神和意识完全自由的情况下，自主决定合法遗产归属的结果，因此，遗嘱人完全符合立遗嘱的条件。

2. 本案中的代书遗嘱是遗嘱人的真实意思表示

遗嘱的实质要件是遗嘱内容的真实性，是遗嘱的重心。本案中，现有证据证实：请人代写遗嘱是因为遗嘱人不会写字；急于立遗嘱是因为遗嘱人已重病在身；将遗产留给妹妹而没有留给养女，既是基于血亲关系的农村传统观念，也是基于遗嘱人的基本认知：养女一直有他人照顾，并不存在生活来源问题；见证人人数众多且来源多层次、多元化，说明遗嘱人和当地基层政府、自治组织的审慎态度以及保全遗嘱人遗愿的强烈意识。可见，本案中的代书遗嘱完全是遗嘱人的真实意思表示。

3. 本案中的证据足以修复代书遗嘱的形式缺陷

见证人签名实质上是一种书证，其意义在于证明代书遗嘱是遗嘱人在见证人见证下由代书人完成的，其作用在于防范遗嘱人死后不能证明遗嘱真伪而导致其遗愿无法实现，也可防范他人伪造遗嘱。虽然本案中见证人没有签名是一种缺陷,但现有证据足以证实这一过程,这一缺陷也就得以修复,形式要件即已具足。对于《继承法》及其司法解释的适用,抛开单纯的文义解释,综合运用各种解释方法,才能探知和阐明其中符合当下社会正义的本质意义。时至今日,许多普通民众能明白通过遗嘱实现遗愿这一方式就已不易,再过分强调遗嘱的书面形式实属强人所难,基于此,而今的遗嘱继承实践已经摒弃原来不切实际的观念,更注重私法自治原则与任意性规范的优先适用,与其说书面形式是遗嘱成立的构成要件,不如将之看做是对实质要件的证明更佳。至于遗嘱伪造的排除,可以运用证据规则来实现。

综上,本案现有证据足以证实该份代书遗嘱是具备立遗嘱条件的遗嘱人所立,且意思表示真实,因此,该代书遗嘱合法有效。

规则 75 【公证遗嘱】公证遗嘱不能撤销民事协议中的处分行为,遗嘱人的后一配偶虽不是家事协议的当事人,但依我国善良风俗,可继受取得遗嘱人前一配偶的意定居住权。

[规则解读]

公证遗嘱不能撤销民事协议中的处分行为,遗嘱人的后一配偶虽不是家事协议的当事人,但依我国善良风俗,可继受取得遗嘱人前一配偶的意定居住权。

[案件审理要览]

一、基本案情

1983 年 1 月,蒋甲(男)与余某(女)登记结婚后共同收养蒋乙(已成年)为养女。蒋甲原有住房被拆迁后取得安置房一套(本案讼争房屋,登记的所有权人仍为蒋甲),应补超面积补差款 1.9 万余元。1997 年 11 月 13 日,蒋甲、余某、蒋乙、兰某(余某之女)达成家庭协议,约定:由蒋乙承担房屋补差款,房产权归蒋乙所有;兰某来此房居住照料两老去世为止。蒋乙当即给付蒋甲 2 万元。2001 年余某去世。2004 年 10 月,蒋甲又与廖某结婚,共同居住在该房屋,蒋甲的生活一直由廖某照料。2006 年 6 月 27 日,蒋甲立公证遗嘱:讼争房屋由廖某一人继承。2009 年 10 月 7 日,蒋甲死亡,廖某办理了丧葬事宜。现廖某无其他居所,仍居住在讼争房屋内。

后蒋乙与廖某对该房屋的权属发生争议,蒋乙起诉,要求确认该房屋归其所有,并要求被告廖某搬出。

二、审理要览

一审法院经审理认为,原告蒋乙与蒋甲、余某、兰某达成的家庭协议不违反法律规定,应当认定合法有效。蒋乙按照协议约定给付了房屋超面积补差款后,应当享有该协议约定的权利,即在蒋甲、余某去世后享有本案诉争房屋的所有权。

由于该房屋已通过家庭协议的形式处分给蒋乙，且蒋乙按约定支付了补差款，蒋甲的遗嘱行为不能对抗之前签订的协议行为。因此，廖某不能因蒋甲的遗嘱而取得该房屋的所有权。但鉴于廖某是蒋甲的妻子，对蒋甲尽了主要扶养义务，现年老又无其他居所，且家庭协议中也有"两老居住至去世"的意思，从尊重善良风俗和社会公德的角度，廖某可以对该房屋享有居住权。法院判决：讼争房屋为原告蒋乙所有；驳回原告蒋乙的其余诉讼请求。

廖某不服一审判决，以前述家庭协议无效、已过诉讼时效等理由提起上诉。

二审法院经审理认为，一审判决认定事实清楚，适用法律正确，程序合法，廖某的上诉请求缺乏事实和法律依据，不予支持。法院判决：驳回上诉，维持原判。

[规则适用]

本案案情虽然简单，但存在家事协议与公证遗嘱、所有权与居住权的冲突，法律关系比较复杂。

1. 公证遗嘱不能撤销民事协议中的意思表示

本案中，如何认定家庭协议和公证遗嘱的效力？审理中，有人认为，原告的出资只占房屋价值的小部分，可把协议一分为二看待。原告因支付补差款而取得房屋相应部分的所有权，其余部分可看做是蒋甲的赠与行为，协议签订至蒋甲死亡长达 11 年之久未办理过户登记，已过诉讼时效，该协议不能强制履行。根据物权公示原则，该房屋应视为蒋甲的遗产，鉴于原告支付了补差款，可取得该房屋与出资相应价值（出资时）的部分所有权，其余部分按公证遗嘱处理。这种观点并不正确。家庭协议签订后即要求原告打破亲情，积极"维权"办理过户登记，有强求家庭成员争财夺利之嫌，不利于家庭生活的和谐，与中国家庭生活实际不符。从协议内容看，所有权的转移是附期限的法律行为，该期限为蒋甲夫妇最后一人死亡时，关于所有权转移的约定始生效力，诉讼时效的期限才开始计算。因此，不存在超过诉讼时效期限的问题。民事协议一经签订，即在当事人之间形成"法锁"，非经当事人协商一致或依法律途径，单方不得撤销或变更。公证遗嘱是单方法律行为，不能撤销在民事协议中的处分行为。因此，应判决该房屋归原告蒋乙所有。

2. 同一身份者可享有意定居住权

居住权指以居住为目的，对他人享有所有权的房屋及其附属设施享有占有、使用的权利。在 2002 年《物权法征求意见稿》中首次提出了居住权的概念，2005 年的《物权法草案第四次审议稿》较为详细地规定了该制度，其目的在于保护社会中弱势群体的基本住房权。由于设立居住权制度目前还存在较大的争议，《物权法》通过时未确立居住权制度，但并不意味不保护特定当事人的居住权。设立居住权，可以根据遗嘱或者遗赠，也可以按照合同约定，有法定居住权和意定居住权之分。本案中，从"家庭协议"的本意看，原告蒋乙享有该房屋的所有权，蒋甲夫妇享有居住权。被告廖某作为蒋甲的合法配偶，可以继续享有居住权利至其死亡时止。一审判决被告廖某享有居住权，符合"家庭协议"的本意，也符合我国家庭生活的善良风俗和伦理道德,实现了居住权保护特定身份当事人的居住权利的价值取向。因此,一审判决正确,应予维持。

规则 76 【遗嘱变更】遗嘱人生前可变更、撤销其原来所立遗嘱。当遗嘱人死亡,遗嘱生效,遗嘱继承人只能接受继承或放弃继承,而不能撤销、变更已生效的遗嘱。

[规则解读]

遗嘱人生前可变更、撤销其原来所立遗嘱。当遗嘱人死亡,遗嘱生效,遗嘱继承人只能接受继承或放弃继承,而不能撤销、变更已生效的遗嘱。夫妻双方共立遗嘱,约定互为继承人,此时一方死亡,在世的另一方即为遗嘱继承人,其无权撤销、变更共同遗嘱中已生效部分。

[案件审理要览]

一、基本案情

2004 年 3 月 2 日,牟某与其丈夫卢某共同订立了一份公证遗嘱,将夫妻共有的两处两层沿街楼作如下处分:(1) 夫妇一方死亡后,先死亡者遗留下的房产份额由健在的老伴继承。(2) 夫妇俩均死亡后,一号沿街楼由其子继承,二号沿街楼由其两个女儿共同继承。(3) 夫妇俩健在期间,可共同变更、撤销遗嘱;夫妇俩一人健在时,可以自行变更、撤销本遗嘱。(4) 本遗嘱第一项在夫妇一方死亡后生效,第二项在夫妇俩均死亡后生效。2007 年,卢某因病去世。2009 年 3 月 23 日,牟某向公证部门公证撤销了前述遗嘱,但其认为遗嘱第一项已经生效,其已基于继承取得了房产物权,并与其子女就房产继承发生了纠纷。牟某遂以其 3 名子女为被告诉至人民法院,要求依法确认涉案房产已由其继承、归其所有。

二、审理要览

一审人民法院认为,牟某与卢某共立的遗嘱明确约定一方死亡后,另一方有权撤销该遗嘱,表明遗嘱人已将遗嘱撤销权授权其配偶享有,故牟某在其夫卢某死亡后撤销遗嘱,符合卢某的意愿,该撤销行为合法有效;因遗嘱已被全部撤销,故牟某请求按照遗嘱继承,并确认涉案房产归其所有,无合法依据。

一审法院判决为:驳回牟某的诉讼请求。

牟某不服一审判决,提出上诉。

二审法院认为,卢某死亡后,遗嘱第一项已生效,涉案房产中卢某的份额发生继承,牟某作为遗嘱第一项指定的唯一继承人并未明示放弃继承,应视为其接受了继承。此后,牟某虽公证撤销遗嘱,但遗嘱第一项此前已生效,涉及的房产发生继承,该项遗嘱已无撤销之可能,且牟某作为该项遗嘱的继承人而非遗嘱人,对于涉及该部分遗产的遗嘱第一项亦无撤销权,故牟某公证撤销遗嘱的行为对遗嘱第一项不发生效力。

2012 年 5 月 15 日，二审法院终审判决：确认牟某继承了卢某遗留的房产份额，并取得整个房产的物权。

[规则适用]

共同遗嘱是指两名或两名以上的遗嘱人共同设立的遗嘱。司法部《遗嘱公证细则》第 15 条规定了遗嘱人坚持申请办理共同遗嘱公证的，共同遗嘱中应当明确遗嘱变更、撤销及生效的条件。共同遗嘱在形式和内容上若不为法律禁止，不违背公序良俗，系遗嘱人的真实意思表示，符合《民法通则》第 55 条关于民事法律行为构成要件的规定，认定遗嘱有效并无法律障碍。

本案即为一起因共同遗嘱的撤销而引发的家庭纠纷。卢某死亡后，牟某经公证撤销了共同遗嘱，但对于遗嘱中夫妻互为继承人的遗嘱第一项，是否能够撤销，牟某与其子女持不同观点，这也是本案的讼争焦点。

对于遗嘱的撤销和变更，《继承法》第 20 条规定："遗嘱人可以撤销、变更自己所立的遗嘱；立有数份遗嘱，内容相抵触的，以最后的遗嘱为准；自书、代书、录音、口头遗嘱，不得撤销、变更公证遗嘱。"最高人民法院《继承法意见》第 39 条规定："遗嘱人生前的行为与遗嘱的意思表示相反，而使遗嘱处分的财产在继承开始前灭失、部分灭失或所有权转移、部分转移的，遗嘱视为被撤销或部分被撤销。"其第 42 条规定："遗嘱人以不同形式立有数份内容相抵触的遗嘱，其中有公证遗嘱的，以最后所立公证遗嘱为准；没有公证遗嘱的，以最后所立的遗嘱为准。"根据上述有关遗嘱撤销、变更的法律、司法解释的规定，遗嘱人撤销遗嘱的方式可以是以立新遗嘱撤销原遗嘱，或书面声明原遗嘱无效，以及以具体行为表明撤销的意思，但须遵循"新遗嘱取代旧遗嘱""公证遗嘱须经公证才能撤销"的原则，而且，有权撤销遗嘱的是遗嘱人本人，遗嘱人有权撤销的是自己原先所立遗嘱。上述法律、司法解释条文中"以最后的遗嘱为准""以最后所立的遗嘱为准""以最后所立公证遗嘱为准"及"遗嘱人生前的行为"的表述，进一步说明撤销遗嘱须为遗嘱人生前的行为，且撤销须系针对尚未生效的遗嘱。

本案中，因卢某死亡的事件发生，遗嘱第一项已经具备生效条件，并据此发生继承。很显然，卢某系该项遗嘱的遗嘱人，牟某系该项遗嘱的继承人，其作为继承人取得了涉案房产物权。在继承发生前，并未发生遗嘱第一项被撤销的情形，在卢某死亡后，牟某作为继承人更无权撤销卢某的遗嘱。现遗嘱第一项已经生效且继承也已发生，牟某公证撤销遗嘱的行为对该项遗嘱不发生法律效力。但对于涉案遗嘱的第二项"夫妇俩均死亡后，一号沿街楼由其子继承，二号沿街楼由其两个女儿共同继承"，因牟某仍健在，该项遗嘱尚不具备生效条件，而且其中的"一号楼、二号楼"在卢某死亡后均已归属牟某个人，牟某有权自由处分，包括撤销该财产之上所立遗嘱，因此，遗嘱第三项中的"夫妇俩一人健在时，可以自行变更、撤销本遗嘱"，实际上针对的就是遗嘱第二项，本案应认定牟某经公证撤销了遗嘱第二项。

第四十章　与诉讼程序相关的纠纷与裁判

规则 77　【诉讼主体】女方父母不是婚约财产纠纷案的诉讼主体。

[规则解读]

婚约财产纠纷是指婚约关系存在期间,订婚双方因维持婚约关系而产生的财产关系。这里的婚约关系即是指以结婚为目的而事先达成协议的无配偶的男女之间的关系。同样,在审理离婚案件中,无论双方结婚时间长短,解决彩礼等财物纠纷时,当事人只列男女双方。同样性质的婚约财产纠纷,也应当只列男女双方为当事人,女方父母不是婚约财产纠纷案的诉讼主体。

[案件审理要览]

一、基本案情

张某与沙某经人介绍认识并订立婚约。订立婚约后,经媒人之手,张某给付沙某彩礼6 800元。两年后,因故双方解除婚约,但沙某以张某先提出分手为由不退彩礼,张某遂把沙某及其母亲刘某告上法院,要求二被告返还彩礼。

二、审理要览

这是一起普通而又典型的彩礼纠纷案。本案在审理中,对沙某应将收受的彩礼予以返还无意见,但对当事人的主体资格问题存在两种意见:

第一种意见认为,婚约财产纠纷被告一方应为女方及其父母。因为按照我国的民俗习惯,男方给付彩礼时都是父母及亲属出面,而接受彩礼也是女方及其家人。且收受彩礼用于购买结婚用品,受益的也是女方的家庭,因此,婚约财产纠纷的当事人应包括婚约当事人及其父母。另,单列女方,不把其父母列上,也不利于判决的执行。

第二种意见认为,婚约财产纠纷,当事人应当仅限于男女双方,与其父母没有关系。

[规则适用]

笔者同意第二种意见,理由是:

(1) 婚约财产纠纷因解除婚约而产生,实质争议发生在解除婚约男女之间,因此,其诉讼主体也应是解除婚约的男女双方。按照农村的风俗,男女双方产生婚约的一个显著标志是男方给女方一定数目的彩礼,这是男女订婚的物质体现,它随着婚约关系的产生而产生。虽然婚约不受法律保护,但婚约这一契约行为事实上存在。因此在处理这类案件时,不能无视“婚约”来确定“财产”的诉讼主体。把男女双方及父母列为当事人,其实是将婚约财物纠纷混同于一般的财物纠纷,忽视了此时的财物关系对婚约关系的强烈依附性。

(2) 双方父母仅仅是彩礼交接的代理人或经手人。在农村,举行订婚仪式时,确实是双方父母在交接财物,但不能就此认定他们就是婚约财物的当事人。从婚约中的地位看,父母接受彩礼,一是基于多年传承下来的风俗习惯;二是一种仪式上的需要。订立婚约在农村是一件大事,为了显示家庭对订婚仪式的重视,对男女关系的认可,父母相当重视,仪式也很隆重,经父母交接彩礼很正常,但父母的地位相当于代理人或执行者。同时,女方父母接受彩礼后,一般都用于为女方置办嫁妆,少有彩礼挪作他用的现象。至于说单列女方不利于执行,这的确是个现实问题,但不能因考虑执行问题而把不适格的当事人列上,这不是法定理由。

(3) 有利于法律实施的统一性。最高人民法院下发的《民事案件案由规定(试行)》对婚约财产纠纷作了解释:婚约财产纠纷是指婚约关系存在期间订婚双方因维持婚约关系而产生的财产关系。这里的婚约关系即是指以结婚为目的而事先达成协议的无配偶的男女之间的关系。同样,在审理离婚案件中,无论双方结婚时间长短,解决彩礼等财物纠纷时,当事人只列男女双方。同样性质的婚约财产纠纷,也应当只列男女双方为当事人。

规则 78　【诉讼时效中断】当事人子女提供的证言在一定条件下可以作为诉讼时效中断的证据。

[规则解读]

在使用诉讼中断制度时,如果存在既可以作有利于权利人的理解也可以作有利于义务人的理解的情形时,在不违背基本法理的基础上,应作有利于权利人的理解。当事人子女提供的证言在一定条件下可以作为诉讼时效中断的证据。

[案件审理要览]

一、基本案情

被告顾某与原告曹某之女曹某霞原系夫妻,2003 年 2 月 17 日,顾某以创业需要为由向曹某借款 2 万元并出具借条 1 份,载明:“因创业需要,借曹某同志现金贰万元正,借款日期于 2003 年 2 月 17 日至 2006 年 2 月 17 日,利息以国库券息计算,到时本金和利息一起结清”。此借款发生在顾某与曹某霞夫妻关系存续期间。2011 年 8 月 15 日,顾某与曹某霞经法院调解自愿离婚,双方明确约定:在夫妻关系存续期间产生的债务均由顾某承担。借款到期后,顾某没有归还,曹某每年均以口头方式向顾某和女儿曹某霞催讨,但鉴于双方关系特殊,仅限于口头催讨,没有书面证据,曹某霞作证证明上述事实。2012 年 2 月 16 日,曹某起诉到法院请求顾某归还借款 2 万元及利息,被告顾某抗辩称该笔债务已经超过诉讼时效。

二、审理要览

本案所折射的现象在日常生活中较为普遍,在子女婚姻关系存续期间,为了支持子女或者其配偶的创业或者购买大件商品,父母通常都会借钱给子女。在子女夫妻关系和睦的情形下,父母一般不会经常讨要甚至不要求归还,可是一旦自己的子女与其配偶产生矛盾甚至离婚后,父母就会马上要求儿媳妇或者女婿归还之前所借的钱。本案中,双方当事人的争议焦点是原告女儿的证人证言能否作为证明原告主张的事实的依据和诉讼时效中断的证据?主要有两种观点:

第一种观点认为,借条上明确约定 2006 年 2 月 17 日应当归还借款,原告自借款到期日起就应当知道自己的权利受到侵犯,诉讼时效开始计算。虽原告主张每年都口头向被告及其女儿要求还款,但仅有原告女儿的证人证言,证据不够充分,不能认定有诉讼时效中断的情形,故该债权已经超过诉讼时效。

第二种观点认为,虽然原告女儿与原告之间是父女关系,其作为证人明确陈述原告每年催讨借款的事实的证词效力相对较弱,但也正是因为原被告之间在 2011 年 8 月 15 日前系翁婿关系,在我国比较注重伦理亲情的社会大环境中,翁婿之间催讨借款一般都是口头提及,确实不大可能刻意保留主张债权的书面证据。而且,在被告和原告女儿离婚前,本案借款属夫妻共同债务,原告向其女儿或者被告中的任一人主张债权,均构成诉讼时效的中断,因此可以认为诉讼时效中断。

[规则适用]

笔者倾向于第二种观点。理由如下:

(1) 本案中证人与原被告三人之间的关系是得出结论的关键。虽然最高人民法院《关于民事诉讼证据的若干规定》第 69 条规定,与一方当事人或者其代理人有利害关系的证人出具的证言,不能单独作为认定案件事实的依据,如果仅仅考虑证人与原告系父女关系,其证言的确效力较弱,但是本案中被告与原告同时又是翁婿关系,岳父向女婿催讨债务,采取口头催讨的方式是常理,一般不会通过书面方式催讨或在有他人在场的情况下催讨,作为年纪较大的人,也不可能有催讨债务时采取措施保留证据的意识。因此,原告的主张只能靠在场的女儿所作的证人证言来印证。

(2) 该笔债务原系夫妻共同债务,原告之女承认原告每年均会向其催讨借款,原告之女与被告于 2011 年 8 月 15 日才经法院调解离婚,离婚前双方法律上的夫妻关系一直存续,原告向夫妻双方中的任何一人主张债权均构成诉讼时效的中断。同时,既然被告与原告之女的离婚协议中已经明确了“在夫妻关系存续期间产生的债务均由被告承担”,可见被告在离婚时也应当考虑到自己所欠债务最终由自己承担。

(3) 从诉讼时效制度的立法目的分析,诉讼时效制度虽具有督促权利人行使权利的立法目的,但其实质并非否定权利的合法存在和行使,而是禁止权利的滥用,以维护社会交易秩序的稳定,基于这一立法目的,诉讼时效制度对权利人的权利进行了限制,这是权利人为了保护社会公共利益作出的牺牲和让渡;但是应当注意的是,通过对权利人的权利进行限制的方式保护社会公共利益也是有合理边界的,该边界就是应当在保护公共利益的基础上进行价值衡量,故在使用诉讼中断制度时,如果存在既可以作有利于权利人的理解也可以作有利于义务人的理解的情形时,在不违背基本法理的基础上,应作有利于权利人的理解。本案中被告对于借款事实没有异议,仅就超过诉讼时效提出抗辩,因此,从诉讼时效制度的立法目的考量,也应当作出有利于原告的判决。

规则 79　【婚姻登记审查】在离婚登记行政案件中,法院对婚姻登记机关离婚登记行为的合法性审查遵循形式审查标准,但对离婚登记行为是否具有最终确定性应进行实质审查。

[规则解读]

在离婚登记行政案件中,法院对婚姻登记机关离婚登记行为的合法性审查遵循形式审查标准,但对离婚登记行为是否具有最终确定性应进行实质审查,即对当事人提供的证件、证明材料及自愿离婚声明书的真实性进行实质审查。

[案件审理要览]

一、基本案情

唐某和昌某于2005年5月27日在河南省内乡县民政局处办理了结婚证,婚后生育3个子女。2011年5月19日,唐某在南阳市精神病医院就诊,初步诊断为"精神分裂症"。2012年2月3日,唐某与昌某到被告处申办离婚登记,被告经审核给其二人颁发了《离婚证》。2012年8月14日,唐某经南阳市耿介法医精神病司法鉴定所鉴定,鉴定意见为:精神分裂症;限制民事行为能力。为此,唐某法定代理人依法提起行政诉讼,请求撤销内乡县民政局核发的离婚证书,判决该婚姻登记无效。另,昌某按照法院2012年8月30日"诉讼期间不能结婚"的告知要求,诉讼期间一直未婚。又查明,被告提供的原告身份证复印件与原告身份证原件之图像比对,具有直观的明显差异。

二、审理要览

一审法院审理后,判决:撤销被告给原告和第三人内乡县民政局核发的《离婚证》。判决后,昌某提起上诉。

二审法院审理认为,内乡县民政局对婚姻登记管理依法享有职权,但应依法进行。唐某在离婚证颁发前,已经患有精神分裂症,有在医院治疗的证据证实。

上诉人称离婚时唐某并未患病与事实不符。按照《婚姻登记条例》的规定,属于无民事行为能力或者限制民事行为能力的人办理离婚登记的,婚姻登记机关不予受理。内乡县民政局办理离婚登记时,唐某处于患病期间,应当不予受理和办理离婚登记手续;内乡县民政局也没有提供在办理该离婚登记时对双方当事人进行询问的证据材料;且办理离婚登记时的唐某的身份证复印件与唐某本人存在明显差异。上诉人昌某称办理离婚登记合法有效的理由不能成立,一审判决并无不当。遂判决:驳回上诉,维持一审判决。

[规则适用]

本案的要点是:在离婚登记行政案件中,法院应遵循何种审查原则?

1. 要对离婚登记行政案件据以登记的法律基础作实质性审查

在离婚登记行政案件的司法审查中,法院对婚姻登记机关离婚登记行为的合法性审查遵循形式审查标准,但对离婚登记行为是否具有最终确定性应进行实质审查,即对当事人提供的证件、证明材料及自愿离婚声明书的真实性进行实质审查。这一实质审查是针对离婚登记申请人的,而不是针对婚姻登记机关的;是针对离婚行为据以登记的法律基础所作的审查,而不是针对婚姻登记机关离婚登记行为的审查。法院评价上述申请资料的真实性,不应因为婚姻登记机关形式审查是真实的,从而认定其是真实的,而应以法庭的实质审查结论为准。

2. 要兼顾正义与秩序的平衡限制撤销离婚登记

在离婚登记行政案件中,第三人有可能在离婚登记后再婚,法院要注意婚姻的特殊性,兼顾正义与秩序的平衡,不可盲目予以撤销,否则势必造成法律上的重婚,损害现实的法律秩序和社会公共利益。因而,法院应根据实际情况进行处理:

(1) 如果法院经审查,婚姻登记机关符合法定受理条件,尽到审查义务,当事人离婚申请材料形式合法,内容真实,符合法定离婚条件,则维持离婚登记。

(2) 如果法院经过对婚姻登记机关离婚登记行为的合法性审查,发现婚姻登记机关未尽形式审查义务,申请人未依法提交法定全部材料;或虽已尽形式审查义务,但实质不合法,或不符合法定受理条件,而准予离婚登记的,在第三人未再婚的情形下,法院应依法判决撤销离婚登记;但在第三人已再婚的情形下,法院则应维护现实的法律秩序和社会公共利益,不宜判决撤销离婚登记。法院可以依照最高人民法院《关于执行〈中华人民共和国行政诉讼法〉若干问题的解释》第58条"被诉具体行政行为违法,但撤销该具体行政行为将会给国家利益或者公共利益造成重大损失的,人民法院应作出确认被诉具体行政行为违法的判决,并责令被诉行政机关采取相应补救措施,造成损害的,依法判决承担赔偿责任"的规定,判决确认这一离婚登记具体行政行为违法,但并不撤销,尊重后一婚姻的效力,维护现实的法律秩序。这样既能促使婚姻登记机关依法行政,又能达到司法审查规范行政行为的目的。

规则 80　【抚养再审】对于调解解除婚姻关系的案件，当事人对调解书中所确定的子女抚养问题（包括抚养关系和抚育费）申请再审的，应予驳回。

［规则解读］

当事人对人民法院以调解方式解除婚姻关系的离婚案件可申请再审的，只能是原调解书所涉及的对双方财产的分割事项，而有关夫妻离婚事项则依法不能申请再审；至于子女抚养问题，当事人可另诉请求变更。当事人对调解书中所确定的子女抚养问题（包括抚养关系和抚育费）申请再审的，应予驳回。

［案件审理要览］

一、基本案情

谷甲与王甲于 2002 年 1 月登记结婚，同年 8 月生一子取名谷乙。2008 年 7 月，谷甲第三次起诉妻子王甲要求离婚，经原审法院调解，双方达成离婚协议，该民事调解书载明："……二、儿子谷乙随王甲生活并由王甲负担其生活、医疗、教育等费用至独立生活止；……四、王甲放弃对家庭财产的分割，谷甲从赠与的房屋中拿出 22 万元交付王甲为儿子谷乙购买房屋。"同年 11 月，谷甲向王甲交付了 22 万元。

2009 年 2 月，谷甲和王甲复婚。同年 9 月，谷甲起诉王甲要求离婚，经原审法院调解，双方于同年 12 月 2 日达成离婚协议，内容为："一、谷甲和王甲自愿离婚；二、儿子谷乙随王甲生活，其抚养费因 2008 年的离婚协议未约定，故谷甲同意自 2010 年 1 月起每月给付 500 元至谷乙独立生活止；三、有关谷甲对谷乙的探视权及家庭财产分割等，双方同意按（2008）长民初字第 904 号民事调解书办理。"

2010 年 8 月 16 日，谷甲向湖州中院申请再审，请求撤销上述 2009 年调解书第二项，理由是：

（1）2008 年 11 月，双方当事人曾调解离婚。此后，其按该调解书履行了对儿子的抚养费义务。

（2）2009 年 2 月，双方当事人复婚登记重新开始夫妻生活，但终因不和，再次由本人起诉离婚，但该案经调解无效后承办法官告诫，如调解离婚，儿子谷乙的抚养费按前案离婚调解书执行，否则将判决不准离婚。

（3）基于上述情况其只好接受调解，但问题是前案离婚调解书已就儿子谷乙的 22 万元抚养费有约在案，并且本人亦已全部支付，现本案的调解书再让其每月支付 500 元，这明显不合法。

二、审理要览

围绕调解解除婚姻关系的案件，当事人对调解书中所确定的子女抚养问题（包括抚养关系和抚育费）申请再审的，法院应如何处理的问题，实践中争议很大。

［规则适用］

笔者认为，根据民事诉讼法及婚姻法司法解释的规定，当事人对人民法院以调解方式解除婚姻关系的离婚案件可申请再审的,只能是原调解书所涉及的对双方财产分割事项,而有关夫妻离婚事项则依法不能申请再审;至于子女抚养问题,当事人可另诉请求变更。本案从原审法院依据双方当事人达成的离婚协议而制作送达的民事调解书看,其第二项也即谷甲现申请再审的关于"儿子谷乙随王甲生活,其抚养费因2008年的离婚协议未约定,故谷甲同意自2010年1月起每月给付500元至谷乙独立生活止"的内容,就性质而言,属于本案双方当事人以调解协议的形式对婚生子谷乙抚养问题的约定。申请再审人谷甲对该约定的调解书事项要求再审显于法无据。对于谷甲认为有关原审法院法官干预办案及强迫调解一节,因谷甲在申诉审查期间没有提供相应证据证实,故不予采信。

综上,谷甲对本案离婚调解书的再审申请不符合法律对离婚案件的特别规定和《民事诉讼法》第201条的规定再审事由,故应驳回申请再审人谷甲的再审申请。

规则81 【彩礼返还终结执行】判决返还彩礼后原被告又结婚的,应裁定终结执行。

[规则解读]

彩礼返还以双方未办理结婚登记或双方离婚为条件。在法院判决时双方虽未办理结婚登记手续,但在法院判决后又办理结婚登记,且双方现处在婚姻关系存续期间,应视为原告已失去要求返还彩礼的前提,应裁定终结执行。

[案件审理要览]

一、基本案情

原告蔡某(男)与被告罗某(女)经人介绍相识恋爱,订婚时蔡某给付罗某及其父母彩礼金86 000元,双方后按照农村风俗举行了结婚仪式,但未办理结婚登记手续。同居不久后,被告罗某离家出走,原告蔡某诉至法院要求被告罗某及其父母返还彩礼。2012年3月2日,法院判决罗某及其父母返还蔡某彩礼65 000元。2012年5月18日,蔡某与罗某在婚姻登记机关办理了结婚登记手续。2013年3月,蔡某申请执行罗某及其母亲(其父亲已因病去世)返还彩礼金。

二、审理要览

本执行案的难点在于被执行人罗某现为申请执行人蔡某的妻子,该案是否予以执行?就此产生两种意见:

第一种意见认为,彩礼返还以双方未办理结婚登记或双方离婚为条件。本案中,在法院判决时,原被告虽未办理结婚登记手续,但在法院判决两个多月后又办理了结婚登记,且双方现处在婚姻关系存续期间,应视为蔡某已失去要求返还彩礼的前提,应裁定终结执行。

第二种意见认为,蔡某依据生效法律文书确定的金钱给付义务申请强制执行,符合法律规定。尽管蔡某与罗某之后登记结婚,但在无其他法律文书改变原法律文书的情况下,应执行该份彩礼返还判决。

[规则适用]

笔者同意第一种意见,具体理由如下:

最高人民法院《婚姻法司法解释(二)》第10条规定:"当事人请求返还按照习俗给付的彩礼的,如果查明属于下列情形,人民法院应当予以支持:(一)双方未办理结婚登记手续的;(二)双方办理结婚登记手续但确未共同生活的;(三)婚前给付并导致给付人生活困难的。适用前款第(二)、(三)项的规定,应当以双方离婚为条件。"由此可知,决定彩礼是否返还,以当事人是否缔结婚姻关系为主要判决依据,给付彩礼后未缔结婚姻关系的,原则上应返还彩礼;如果已结婚的,原则上彩礼不予返还(特殊情况除外)。如果给付彩礼之后,在婚姻关系存续期间,给付人要求返还彩礼的,不予支持,因为此时夫妻作为一个共同体,遵循夫妻法定财产共有制。本案中蔡某在办理结婚登记之前要求罗某返还彩礼,依法可以得到法院支持,但双方在判决生效后不久即办理结婚登记,后蔡某申请执行罗某及其母亲返还彩礼,应视为返还彩礼的条件已不具备。另外,根据一般公序良俗,彩礼以结婚为前提,在双方缔结婚姻且未离婚的前提下,也不宜执行彩礼返还。《民事诉讼法》第257条规定了人民法院裁定终结执行的6种情形,笔者认为此种情况应属于其中的"人民法院认为应当终结执行的其他情形",故本案应裁定终结执行。

婚姻家庭纠纷常用规范性法律文件

中华人民共和国婚姻法

1980年9月10日第五届全国人民代表大会第三次会议通过 根据2001年4月28日第九届全国人民代表大会常务委员会第二十一次会议《关于修改〈中华人民共和国婚姻法〉的决定》修正

目　录

第一章　总　　则

第一条　【立法目的】本法是婚姻家庭关系的基本准则。

第二条　【婚姻制度】实行婚姻自由、一夫一妻、男女平等的婚姻制度。

保护妇女、儿童和老人的合法权益。

实行计划生育。

第三条　【禁止的婚姻行为】禁止包办、买卖婚姻和其他干涉婚姻自由的行为。禁止借婚姻索取财物。

禁止重婚。禁止有配偶者与他人同居。禁止家庭暴力。禁止家庭成员间的虐待和遗弃。

第四条　【家庭关系】夫妻应当互相忠实，互相尊重；家庭成员间应当敬老爱幼，互相帮助，维护平等、和睦、文明的婚姻家庭关系。

第二章 结 婚

第五条 【结婚自愿】结婚必须男女双方完全自愿,不许任何一方对他方加以强迫或任何第三者加以干涉。

第六条 【法定婚龄】结婚年龄,男不得早于二十二周岁,女不得早于二十周岁。晚婚晚育应予鼓励。

第七条 【禁止结婚】有下列情形之一的,禁止结婚:

(一)直系血亲和三代以内的旁系血亲;

(二)患有医学上认为不应当结婚的疾病。

第八条 【结婚登记】要求结婚的男女双方必须亲自到婚姻登记机关进行结婚登记。符合本法规定的,予以登记,发给结婚证。取得结婚证,即确立夫妻关系。未办理结婚登记的,应当补办登记。

第九条 【互为家庭成员】登记结婚后,根据男女双方约定,女方可以成为男方家庭的成员,男方可以成为女方家庭的成员。

第十条 【婚姻无效】有下列情形之一的,婚姻无效:

(一)重婚的;

(二)有禁止结婚的亲属关系的;

(三)婚前患有医学上认为不应当结婚的疾病,婚后尚未治愈的;

(四)未到法定婚龄的。

第十一条 【胁迫结婚】因胁迫结婚的,受胁迫的一方可以向婚姻登记机关或人民法院请求撤销该婚姻。受胁迫的一方撤销婚姻的请求,应当自结婚登记之日起一年内提出。被非法限制人身自由的当事人请求撤销婚姻的,应当自恢复人身自由之日起一年内提出。

第十二条 【婚姻无效或撤销的法律后果】无效或被撤销的婚姻,自始无效。当事人不具有夫妻的权利和义务。同居期间所得的财产,由当事人协议处理;协议不成时,由人民法院根据照顾无过错方的原则判决。对重婚导致的婚姻无效的财产处理,不得侵害合法婚姻当事人的财产权益。当事人所生的子女,适用本法有关父母子女的规定。

第三章 家庭关系

第十三条 【夫妻平等】夫妻在家庭中地位平等。

第十四条 【夫妻姓名权】夫妻双方都有各用自己姓名的权利。

第十五条 【夫妻的自由】夫妻双方都有参加生产、工作、学习和社会活动的自由,一方不得对他方加以限制或干涉。

第十六条 【计划生育义务】夫妻双方都有实行计划生育的义务。

第十七条 【夫妻共有财产】夫妻在婚姻关系存续期间所得的下列财产,归夫妻共同所有:

(一) 工资、奖金;

(二) 生产、经营的收益;

(三) 知识产权的收益;

(四) 继承或赠与所得的财产,但本法第十八条第三项规定的除外;

(五) 其他应当归共同所有的财产。

夫妻对共同所有的财产,有平等的处理权。

第十八条 【夫妻一方的财产】有下列情形之一的,为夫妻一方的财产:

(一) 一方的婚前财产;

(二) 一方因身体受到伤害获得的医疗费、残疾人生活补助费等费用;

(三) 遗嘱或赠与合同中确定只归夫或妻一方的财产;

(四) 一方专用的生活用品;

(五) 其他应当归一方的财产。

第十九条 【夫妻财产约定】夫妻可以约定婚姻关系存续期间所得的财产以及婚前财产归各自所有、共同所有或部分各自所有、部分共同所有。约定应当采用书面形式。没有约定或约定不明确的,适用本法第十七条、第十八条的规定。

夫妻对婚姻关系存续期间所得的财产以及婚前财产的约定,对双方具有约束力。

夫妻对婚姻关系存续期间所得的财产约定归各自所有的,夫或妻一方对外所负的债务,第三人知道该约定的,以夫或妻一方所有的财产清偿。

第二十条 【夫妻扶养义务】夫妻有互相扶养的义务。

一方不履行扶养义务时,需要扶养的一方,有要求对方付给扶养费的权利。

第二十一条 【父母与子女】父母对子女有抚养教育的义务;子女对父母有赡养扶助的义务。

父母不履行抚养义务时,未成年的或不能独立生活的子女,有要求父母付给抚养费的权利。

子女不履行赡养义务时,无劳动能力的或生活困难的父母,有要求子女付给赡养费的权利。

禁止溺婴、弃婴和其他残害婴儿的行为。

第二十二条 【子女的姓】子女可以随父姓,可以随母姓。

第二十三条 【父母对子女的保护和教育】父母有保护和教育未成年子女的权利和义务。在未成年子女对国家、集体或他人造成损害时,父母有承担民事责任的义务。

第二十四条 【继承遗产】夫妻有相互继承遗产的权利。

父母和子女有相互继承遗产的权利。

第二十五条 【非婚生子女】非婚生子女享有与婚生子女同等的权利,任何人不得加以危害和歧视。

不直接抚养非婚生子女的生父或生母,应当负担子女的生活费和教育费,直至子女能独立生活为止。

第二十六条 【收养关系】国家保护合法的收养关系。养父母和养子女间的权利和义务,适用本法对父母子女关系的有关规定。

养子女和生父母间的权利和义务,因收养关系的成立而消除。

第二十七条 【继父母与继子女】继父母与继子女间,不得虐待或歧视。

继父或继母和受其抚养教育的继子女间的权利和义务,适用本法对父母子女关系的有关规定。

第二十八条 【祖与孙】有负担能力的祖父母、外祖父母,对于父母已经死亡或父母无力抚养的未成年的孙子女、外孙子女,有抚养的义务。有负担能力的孙子女、外孙子女,对于子女已经死亡或子女无力赡养的祖父母、外祖父母,有赡养的义务。

第二十九条 【兄姐与弟妹】有负担能力的兄、姐,对于父母已经死亡或父母无力抚养的未成年的弟、妹,有扶养的义务。由兄、姐扶养长大的有负担能力的弟、妹,对于缺乏劳动能力又缺乏生活来源的兄、姐,有扶养的义务。

第三十条 【尊重父母婚姻】子女应当尊重父母的婚姻权利,不得干涉父母再婚以及婚后的生活。子女对父母的赡养义务,不因父母的婚姻关系变化而终止。

第四章 离 婚

第三十一条 【离婚自愿】男女双方自愿离婚的,准予离婚。双方必须到婚姻登记机关申请离婚。婚姻登记机关查明双方确实是自愿并对子女和财产问题已有适当处理时,发给离婚证。

第三十二条 【离婚诉讼】男女一方要求离婚的,可由有关部门进行调解或直接向人民法院提出离婚诉讼。

人民法院审理离婚案件,应当进行调解;如感情确已破裂,调解无效,应准予离婚。

有下列情形之一,调解无效的,应准予离婚:

(一)重婚或有配偶者与他人同居的;

(二)实施家庭暴力或虐待、遗弃家庭成员的;

(三)有赌博、吸毒等恶习屡教不改的;

(四)因感情不和分居满二年的;

(五)其他导致夫妻感情破裂的情形。

一方被宣告失踪,另一方提出离婚诉讼的,应准予离婚。

第三十三条 【军人配偶要求离婚】现役军人的配偶要求离婚,须得军人同意,但军人一方有重大过错的除外。

第三十四条 【离婚禁止】女方在怀孕期间、分娩后一年内或中止妊娠后六个月内,男方不得提出离婚。女方提出离婚的,或人民法院认为确有必要受理男方离婚请求的,不在此限。

第三十五条 【复婚】离婚后,男女双方自愿恢复夫妻关系的,必须到婚姻登记机关进行复婚登记。

第三十六条 【离婚后父母子女关系】父母与子女间的关系,不因父母离婚而消除。离婚后,子女无论由父或母直接抚养,仍是父母双方的子女。

离婚后,父母对于子女仍有抚养和教育的权利和义务。

离婚后,哺乳期内的子女,以随哺乳的母亲抚养为原则。哺乳期后的子女,如双方因抚养问题发生争执不能达成协议时,由人民法院根据子女的权益和双方的具体情况判决。

第三十七条 【离婚后的子女抚养】离婚后,一方抚养的子女,另一方应负担必要的生活费和教育费的一部或全部,负担费用的多少和期限的长短,由双方协议;协议不成时,由人民法院判决。

关于子女生活费和教育费的协议或判决,不妨碍子女在必要时向父母任何一方提出超过协议或判决原定数额的合理要求。

第三十八条 【离婚后的子女探望权】离婚后,不直接抚养子女的父或母,有探望子女的权利,另一方有协助的义务。

行使探望权利的方式、时间由当事人协议;协议不成时,由人民法院判决。

父或母探望子女,不利于子女身心健康的,由人民法院依法中止探望的权利;中止的事由消失后,应当恢复探望的权利。

第三十九条 【夫妻共同财产的离婚处理】离婚时,夫妻的共同财产由双方协议处理;协议不成时,由人民法院根据财产的具体情况,照顾子女和女方权益的原则判决。

夫或妻在家庭土地承包经营中享有的权益等,应当依法予以保护。

第四十条 【补偿】夫妻书面约定婚姻关系存续期间所得的财产归各自所有,一方因抚育子女、照料老人、协助另一方工作等付出较多义务的,离婚时有权向另一方请求补偿,另一方应当予以补偿。

第四十一条 【共同债务】离婚时,原为夫妻共同生活所负的债务,应当共同偿还。共同财产不足清偿的,或财产归各自所有的,由双方协议清偿;协议不成时,由人民法院判决。

第四十二条 【适当帮助】离婚时,如一方生活困难,另一方应从其住房等个人财产中给予适当帮助。具体办法由双方协议;协议不成时,由人民法院判决。

第五章　救助措施与法律责任

第四十三条　【家庭暴力与虐待】实施家庭暴力或虐待家庭成员,受害人有权提出请求,居民委员会、村民委员会以及所在单位应当予以劝阻、调解。

对正在实施的家庭暴力,受害人有权提出请求,居民委员会、村民委员会应当予以劝阻;公安机关应当予以制止。

实施家庭暴力或虐待家庭成员,受害人提出请求的,公安机关应当依照治安管理处罚的法律规定予以行政处罚。

第四十四条　【遗弃】对遗弃家庭成员,受害人有权提出请求,居民委员会、村民委员会以及所在单位应当予以劝阻、调解。

对遗弃家庭成员,受害人提出请求的,人民法院应当依法作出支付扶养费、抚养费、赡养费的判决。

第四十五条　【重婚、家庭暴力、虐待、遗弃犯罪】对重婚的,对实施家庭暴力或虐待、遗弃家庭成员构成犯罪的,依法追究刑事责任。受害人可以依照刑事诉讼法的有关规定,向人民法院自诉;公安机关应当依法侦查,人民检察院应当依法提起公诉。

第四十六条　【损害赔偿】有下列情形之一,导致离婚的,无过错方有权请求损害赔偿:

(一) 重婚的;

(二) 有配偶者与他人同居的;

(三) 实施家庭暴力的;

(四) 虐待、遗弃家庭成员的。

第四十七条　【隐藏、转移共同财产等】离婚时,一方隐藏、转移、变卖、毁损夫妻共同财产,或伪造债务企图侵占另一方财产的,分割夫妻共同财产时,对隐藏、转移、变卖、毁损夫妻共同财产或伪造债务的一方,可以少分或不分。离婚后,另一方发现有上述行为的,可以向人民法院提起诉讼,请求再次分割夫妻共同财产。

人民法院对前款规定的妨害民事诉讼的行为,依照民事诉讼法的规定予以制裁。

第四十八条　【强制执行】对拒不执行有关扶养费、抚养费、赡养费、财产分割、遗产继承、探望子女等判决或裁定的,由人民法院依法强制执行。有关个人和单位应负协助执行的责任。

第四十九条　【婚姻家庭的其他违法】其他法律对有关婚姻家庭的违法行为和法律责任另有规定的,依照其规定。

第六章 附　　则

第五十条　【变通规定】民族自治地方的人民代表大会有权结合当地民族婚姻家庭的具体情况,制定变通规定。自治州、自治县制定的变通规定,报省、自治区、直辖市人民代表大会常务委员会批准后生效。自治区制定的变通规定,报全国人民代表大会常务委员会批准后生效。

第五十一条　【新法的生效】本法自 1981 年 1 月 1 日起施行。

1950 年 5 月 1 日颁行的《中华人民共和国婚姻法》,自本法施行之日起废止。

最高人民法院关于适用《中华人民共和国婚姻法》若干问题的解释(一)

法释〔2001〕30号

为了正确审理婚姻家庭纠纷案件,根据《中华人民共和国婚姻法》(以下简称婚姻法)、《中华人民共和国民事诉讼法》等法律的规定,对人民法院适用婚姻法的有关问题作出如下解释:

第一条 婚姻法第三条、第三十二条、第四十三条、第四十五条、第四十六条所称的"家庭暴力",是指行为人以殴打、捆绑、残害、强行限制人身自由或者其他手段,给其家庭成员的身体、精神等方面造成一定伤害后果的行为。持续性、经常性的家庭暴力,构成虐待。

第二条 婚姻法第三条、第三十二条、第四十六条规定的"有配偶者与他人同居"的情形,是指有配偶者与婚外异性,不以夫妻名义,持续、稳定地共同居住。

第三条 当事人仅以婚姻法第四条为依据提起诉讼的,人民法院不予受理;已经受理的,裁定驳回起诉。

第四条 男女双方根据婚姻法第八条规定补办结婚登记的,婚姻关系的效力从双方均符合婚姻法所规定的结婚的实质要件时起算。

第五条 未按婚姻法第八条规定办理结婚登记而以夫妻名义共同生活的男女,起诉到人民法院要求离婚的,应当区别对待:

(一) 1994年2月1日民政部《婚姻登记管理条例》公布实施以前,男女双方已经符合结婚实质要件的,按事实婚姻处理。

(二) 1994年2月1日民政部《婚姻登记管理条例》公布实施以后,男女双方符合结婚实质要件的,人民法院应当告知其在案件受理前补办结婚登记;未补办结婚登记的,按解除同居关系处理。

第六条 未按婚姻法第八条规定办理结婚登记而以夫妻名义共同生活的男女,一方死亡,另一方以配偶身份主张享有继承权的,按照本解释第五条的原则处理。

第七条 有权依据婚姻法第十条规定向人民法院就已办理结婚登记的婚姻

申请宣告婚姻无效的主体,包括婚姻当事人及利害关系人。利害关系人包括:

(一)以重婚为由申请宣告婚姻无效的,为当事人的近亲属及基层组织。

(二)以未到法定婚龄为由申请宣告婚姻无效的,为未达法定婚龄者的近亲属。

(三)以有禁止结婚的亲属关系为由申请宣告婚姻无效的,为当事人的近亲属。

(四)以婚前患有医学上认为不应当结婚的疾病,婚后尚未治愈为由申请宣告婚姻无效的,为与患病者共同生活的近亲属。

第八条 当事人依据婚姻法第十条规定向人民法院申请宣告婚姻无效的,申请时,法定的无效婚姻情形已经消失的,人民法院不予支持。

第九条 人民法院审理宣告婚姻无效案件,对婚姻效力的审理不适用调解,应当依法作出判决;有关婚姻效力的判决一经作出,即发生法律效力。

涉及财产分割和子女抚养的,可以调解。调解达成协议的,另行制作调解书。对财产分割和子女抚养问题的判决不服的,当事人可以上诉。

第十条 婚姻法第十一条所称的“胁迫”,是指行为人以给另一方当事人或者其近亲属的生命、身体健康、名誉、财产等方面造成损害为要挟,迫使另一方当事人违背真实意愿结婚的情况。

因受胁迫而请求撤销婚姻的,只能是受胁迫一方的婚姻关系当事人本人。

第十一条 人民法院审理婚姻当事人因受胁迫而请求撤销婚姻的案件,应当适用简易程序或者普通程序。

第十二条 婚姻法第十一条规定的“一年”,不适用诉讼时效中止、中断或者延长的规定。

第十三条 婚姻法第十二条所规定的自始无效,是指无效或者可撤销婚姻在依法被宣告无效或被撤销时,才确定该婚姻自始不受法律保护。

第十四条 人民法院根据当事人的申请,依法宣告婚姻无效或者撤销婚姻的,应当收缴双方的结婚证书并将生效的判决书寄送当地婚姻登记管理机关。

第十五条 被宣告无效或被撤销的婚姻,当事人同居期间所得的财产,按共同共有处理。但有证据证明为当事人一方所有的除外。

第十六条 人民法院审理重婚导致的无效婚姻案件时,涉及财产处理的,应当准许合法婚姻当事人作为有独立请求权的第三人参加诉讼。

第十七条 婚姻法第十七条关于“夫或妻对夫妻共同所有的财产,有平等的处理权”的规定,应当理解为:

(一)夫或妻在处理夫妻共同财产上的权利是平等的。因日常生活需要而处理夫妻共同财产的,任何一方均有权决定。

(二)夫或妻非因日常生活需要对夫妻共同财产做重要处理决定,夫妻双方应当平等协商,取得一致意见。他人有理由相信其为夫妻双方共同意思表示的,另一方不得以不同意或不知道为由对抗善意第三人。

第十八条 婚姻法第十九条所称“第三人知道该约定的”，夫妻一方对此负有举证责任。

第十九条 婚姻法第十八条规定为夫妻一方的所有的财产，不因婚姻关系的延续而转化为夫妻共同财产。但当事人另有约定的除外。

第二十条 婚姻法第二十一条规定的“不能独立生活的子女”，是指尚在校接受高中及其以下学历教育，或者丧失或未完全丧失劳动能力等非因主观原因而无法维持正常生活的成年子女。

第二十一条 婚姻法第二十一条所称“抚养费”，包括子女生活费、教育费、医疗费等费用。

第二十二条 人民法院审理离婚案件，符合第三十二条第二款规定“应准予离婚”情形的，不应当因当事人有过错而判决不准离婚。

第二十三条 婚姻法第三十三条所称的“军人一方有重大过错”，可以依据婚姻法第三十二条第二款前三项规定及军人有其他重大过错导致夫妻感情破裂的情形予以判断。

第二十四条 人民法院作出的生效的离婚判决中未涉及探望权，当事人就探望权问题单独提起诉讼的，人民法院应予受理。

第二十五条 当事人在履行生效判决、裁定或者调解书的过程中，请求中止行使探望权的，人民法院在征询双方当事人意见后，认为需要中止行使探望权的，依法作出裁定。中止探望的情形消失后，人民法院应当根据当事人的申请通知其恢复探望权的行使。

第二十六条 未成年子女、直接抚养子女的父或母及其他对未成年子女负担抚养、教育义务的法定监护人，有权向人民法院提出中止探望权的请求。

第二十七条 婚姻法第四十二条所称“一方生活困难”，是指依靠个人财产和离婚时分得的财产无法维持当地基本生活水平。

一方离婚后没有住处的，属于生活困难。

离婚时，一方以个人财产中的住房对生活困难者进行帮助的形式，可以是房屋的居住权或者房屋的所有权。

第二十八条 婚姻法第四十六条规定的“损害赔偿”，包括物质损害赔偿和精神损害赔偿。涉及精神损害赔偿的，适用最高人民法院《关于确定民事侵权精神损害赔偿责任若干问题的解释》的有关规定。

第二十九条 承担婚姻法第四十六条规定的损害赔偿责任的主体，为离婚诉讼当事人中无过错方的配偶。

人民法院判决不准离婚的案件，对于当事人基于婚姻法第四十六条提出的损害赔偿请求，不予支持。

在婚姻关系存续期间，当事人不起诉离婚而单独依据该条规定提起损害赔偿请求的,人民法院不予受理。

第三十条 人民法院受理离婚案件时,应当将婚姻法第四十六条等规定中当事人的有关权利义务,书面告知当事人。在适用婚姻法第四十六条时,应当区分以下不同情况:

(一) 符合婚姻法第四十六条规定的无过错方作为原告基于该条规定向人民法院提起损害赔偿请求的,必须在离婚诉讼的同时提出。

(二) 符合婚姻法第四十六条规定的无过错方作为被告的离婚诉讼案件,如果被告不同意离婚也不基于该条规定提起损害赔偿请求的,可以在离婚后一年内就此单独提起诉讼。

(三) 无过错方作为被告的离婚诉讼案件,一审时被告未基于婚姻法第四十六条规定提出损害赔偿请求,二审期间提出的,人民法院应当进行调解,调解不成的,告知当事人在离婚后一年内另行起诉。

第三十一条 当事人依据婚姻法第四十七条的规定向人民法院提起诉讼,请求再次分割夫妻共同财产的诉讼时效为两年,从当事人发现之次日起计算。

第三十二条 婚姻法第四十八条关于对拒不执行有关探望子女等判决和裁定的,由人民法院依法强制执行的规定,是指对拒不履行协助另一方行使探望权的有关个人和单位采取拘留、罚款等强制措施,不能对子女的人身、探望行为进行强制执行。

第三十三条 婚姻法修改后正在审理的一、二审婚姻家庭纠纷案件,一律适用修改后的婚姻法。此前最高人民法院作出的相关司法解释如与本解释相抵触,以本解释为准。

第三十四条 本解释自公布之日起施行。

最高人民法院关于适用《中华人民共和国婚姻法》若干问题的解释(二)

法释〔2003〕19号

为正确审理婚姻家庭纠纷案件,根据《中华人民共和国婚姻法》(以下简称婚姻法)、《中华人民共和国民事诉讼法》等相关法律规定,对人民法院适用婚姻法的有关问题作出如下解释:

第一条 当事人起诉请求解除同居关系的,人民法院不予受理。但当事人请求解除的同居关系,属于婚姻法第三条、第三十二条、第四十六条规定的"有配偶者与他人同居"的,人民法院应当受理并依法予以解除。

当事人因同居期间财产分割或者子女抚养纠纷提起诉讼的,人民法院应当受理。

第二条 人民法院受理申请宣告婚姻无效案件后,经审查确属无效婚姻的,应当依法作出宣告婚姻无效的判决。原告申请撤诉的,不予准许。

第三条 人民法院受理离婚案件后,经审查确属无效婚姻的,应当将婚姻无效的情形告知当事人,并依法作出宣告婚姻无效的判决。

第四条 人民法院审理无效婚姻案件,涉及财产分割和子女抚养的,应当对婚姻效力的认定和其他纠纷的处理分别制作裁判文书。

第五条 夫妻一方或者双方死亡后一年内,生存一方或者利害关系人依据婚姻法第十条的规定申请宣告婚姻无效的,人民法院应当受理。

第六条 利害关系人依据婚姻法第十条的规定,申请人民法院宣告婚姻无效的,利害关系人为申请人,婚姻关系当事人双方为被申请人。

夫妻一方死亡的,生存一方为被申请人。

夫妻双方均已死亡的,不列被申请人。

第七条 人民法院就同一婚姻关系分别受理了离婚和申请宣告婚姻无效案件的,对于离婚案件的审理,应当待申请宣告婚姻无效案件作出判决后进行。

前款所指的婚姻关系被宣告无效后,涉及财产分割和子女抚养的,应当继续审理。

第八条　离婚协议中关于财产分割的条款或者当事人因离婚就财产分割达成的协议,对男女双方具有法律约束力。

当事人因履行上述财产分割协议发生纠纷提起诉讼的,人民法院应当受理。

第九条　男女双方协议离婚后一年内就财产分割问题反悔,请求变更或者撤销财产分割协议的,人民法院应当受理。

人民法院审理后,未发现订立财产分割协议时存在欺诈、胁迫等情形的,应当依法驳回当事人的诉讼请求。

第十条　当事人请求返还按照习俗给付的彩礼的,如果查明属于以下情形,人民法院应当予以支持:

(一) 双方未办理结婚登记手续的;

(二) 双方办理结婚登记手续但确未共同生活的;

(三) 婚前给付并导致给付人生活困难的。

适用前款第(二)、(三)项的规定,应当以双方离婚为条件。

第十一条　婚姻关系存续期间,下列财产属于婚姻法第十七条规定的"其他应当归共同所有的财产":

(一) 一方以个人财产投资取得的收益;

(二) 男女双方实际取得或者应当取得的住房补贴、住房公积金;

(三) 男女双方实际取得或者应当取得的养老保险金、破产安置补偿费。

第十二条　婚姻法第十七条第三项规定的"知识产权的收益",是指婚姻关系存续期间,实际取得或者已经明确可以取得的财产性收益。

第十三条　军人的伤亡保险金、伤残补助金、医药生活补助费属于个人财产。

第十四条　人民法院审理离婚案件,涉及分割发放到军人名下的复员费、自主择业费等一次性费用的,以夫妻婚姻关系存续年限乘以年平均值,所得数额为夫妻共同财产。

前款所称年平均值,是指将发放到军人名下的上述费用总额按具体年限均分得出的数额。其具体年限为人均寿命七十岁与军人入伍时实际年龄的差额。

第十五条　夫妻双方分割共同财产中的股票、债券、投资基金份额等有价证券以及未上市股份有限公司股份时,协商不成或者按市价分配有困难的,人民法院可以根据数量按比例分配。

第十六条　人民法院审理离婚案件,涉及分割夫妻共同财产中以一方名义在有限责任公司的出资额,另一方不是该公司股东的,按以下情形分别处理:

(一) 夫妻双方协商一致将出资额部分或者全部转让给该股东的配偶,过半数股东同意、其他股东明确表示放弃优先购买权的,该股东的配偶可以成为该公司股东;

(二) 夫妻双方就出资额转让份额和转让价格等事项协商一致后,过半数股东不同意转让,但愿意以同等价格购买该出资额的,人民法院可以对转让出资所得财产进行分割。过半数股东不同意转让,也不愿意以同等价格购买该出资额的,视为其同意转让,该股东的配偶可以成为该公司股东。

用于证明前款规定的过半数股东同意的证据,可以是股东会决议,也可以是当事人通过其他合法途径取得的股东的书面声明材料。

第十七条 人民法院审理离婚案件,涉及分割夫妻共同财产中以一方名义在合伙企业中的出资,另一方不是该企业合伙人的,当夫妻双方协商一致,将其合伙企业中的财产份额全部或者部分转让给对方时,按以下情形分别处理:

(一)其他合伙人一致同意的,该配偶依法取得合伙人地位;

(二)其他合伙人不同意转让,在同等条件下行使优先受让权的,可以对转让所得的财产进行分割;

(三)其他合伙人不同意转让,也不行使优先受让权,但同意该合伙人退伙或者退还部分财产份额的,可以对退还的财产进行分割;

(四)其他合伙人既不同意转让,也不行使优先受让权,又不同意该合伙人退伙或者退还部分财产份额的,视为全体合伙人同意转让,该配偶依法取得合伙人地位。

第十八条 夫妻以一方名义投资设立独资企业的,人民法院分割夫妻在该独资企业中的共同财产时,应当按照以下情形分别处理:

(一)一方主张经营该企业的,对企业资产进行评估后,由取得企业一方给予另一方相应的补偿;

(二)双方均主张经营该企业的,在双方竞价基础上,由取得企业的一方给予另一方相应的补偿;

(三)双方均不愿意经营该企业的,按照《中华人民共和国个人独资企业法》等有关规定办理。

第十九条 由一方婚前承租、婚后用共同财产购买的房屋,房屋权属证书登记在一方名下的,应当认定为夫妻共同财产。

第二十条 双方对夫妻共同财产中的房屋价值及归属无法达成协议时,人民法院按以下情形分别处理:

(一)双方均主张房屋所有权并且同意竞价取得的,应当准许;

(二)一方主张房屋所有权的,由评估机构按市场价格对房屋作出评估,取得房屋所有权的一方应当给予另一方相应的补偿;

(三)双方均不主张房屋所有权的,根据当事人的申请拍卖房屋,就所得价款进行分割。

第二十一条 离婚时双方对尚未取得所有权或者尚未取得完全所有权的房屋有争议且协商不成的,人民法院不宜判决房屋所有权的归属,应当根据实际情况判决由当事人使用。

当事人就前款规定的房屋取得完全所有权后,有争议的,可以另行向人民法院提起诉讼。

第二十二条 当事人结婚前,父母为双方购置房屋出资的,该出资应当认定为对自己子女的个人赠与,但父母明确表示赠与双方的除外。

当事人结婚后,父母为双方购置房屋出资的,该出资应当认定为对夫妻双方的赠与,但父母明确表示赠与一方的除外。

第二十三条 债权人就一方婚前所负个人债务向债务人的配偶主张权利的,人民法院不予支持。但债权人能够证明所负债务用于婚后家庭共同生活的除外。

第二十四条 债权人就婚姻关系存续期间夫妻一方以个人名义所负债务主张权利的,应当按夫妻共同债务处理。但夫妻一方能够证明债权人与债务人明确约定为个人债务,或者能够证明属于婚姻法第十九条第三款规定情形的除外。

第二十五条 当事人的离婚协议或者人民法院的判决书、裁定书、调解书已经对夫妻财产分割问题作出处理的,债权人仍有权就夫妻共同债务向男女双方主张权利。

一方就共同债务承担连带清偿责任后,基于离婚协议或者人民法院的法律文书向另一方主张追偿的,人民法院应当支持。

第二十六条 夫或妻一方死亡的,生存一方应当对婚姻关系存续期间的共同债务承担连带清偿责任。

第二十七条 当事人在婚姻登记机关办理离婚登记手续后,以婚姻法第四十六条规定为由向人民法院提出损害赔偿请求的,人民法院应当受理。但当事人在协议离婚时已经明确表示放弃该项请求,或者在办理离婚登记手续一年后提出的,不予支持。

第二十八条 夫妻一方申请对配偶的个人财产或者夫妻共同财产采取保全措施的,人民法院可以在采取保全措施可能造成损失的范围内,根据实际情况,确定合理的财产担保数额。

第二十九条 本解释自 2004 年 4 月 1 日起施行。

本解释施行后,人民法院新受理的一审婚姻家庭纠纷案件,适用本解释。

本解释施行后,此前最高人民法院作出的相关司法解释与本解释相抵触的,以本解释为准。

最高人民法院关于适用《中华人民共和国婚姻法》若干问题的解释(三)

法释〔2011〕18号

为正确审理婚姻家庭纠纷案件,根据《中华人民共和国婚姻法》、《中华人民共和国民事诉讼法》等相关法律规定,对人民法院适用婚姻法的有关问题作出如下解释:

第一条 当事人以婚姻法第十条规定以外的情形申请宣告婚姻无效的,人民法院应当判决驳回当事人的申请。

当事人以结婚登记程序存在瑕疵为由提起民事诉讼,主张撤销结婚登记的,告知其可以依法申请行政复议或者提起行政诉讼。

第二条 夫妻一方向人民法院起诉请求确认亲子关系不存在,并已提供必要证据予以证明,另一方没有相反证据又拒绝做亲子鉴定的,人民法院可以推定请求确认亲子关系不存在一方的主张成立。

当事人一方起诉请求确认亲子关系,并提供必要证据予以证明,另一方没有相反证据又拒绝做亲子鉴定的,人民法院可以推定请求确认亲子关系一方的主张成立。

第三条 婚姻关系存续期间,父母双方或者一方拒不履行抚养子女义务,未成年或者不能独立生活的子女请求支付抚养费的,人民法院应予支持。

第四条 婚姻关系存续期间,夫妻一方请求分割共同财产的,人民法院不予支持,但有下列重大理由且不损害债权人利益的除外:

(一)一方有隐藏、转移、变卖、毁损、挥霍夫妻共同财产或者伪造夫妻共同债务等严重损害夫妻共同财产利益行为的;

(二)一方负有法定扶养义务的人患重大疾病需要医治,另一方不同意支付相关医疗费用的。

第五条 夫妻一方个人财产在婚后产生的收益,除孳息和自然增值外,应认定为夫妻共同财产。

第六条 婚前或者婚姻关系存续期间,当事人约定将一方所有的房产赠与另一方,赠与方在赠与房产变更登记之前撤销赠与,另一方请求判令继续履行的,人民法院可以按照合同法第一百八十六条的规定处理。

第七条 婚后由一方父母出资为子女购买的不动产,产权登记在出资人子女名下的,可按照婚姻法第十八条第(三)项的规定,视为只对自己子女一方的赠与,该不动产应认定为夫妻一方的个人财产。

由双方父母出资购买的不动产,产权登记在一方子女名下的,该不动产可认定为双方按照各自父母的出资份额按份共有,但当事人另有约定的除外。

第八条 无民事行为能力人的配偶有虐待、遗弃等严重损害无民事行为能力一方的人身权利或者财产权益行为,其他有监护资格的人可以依照特别程序要求变更监护关系;变更后的监护人代理无民事行为能力一方提起离婚诉讼的,人民法院应予受理。

第九条 夫以妻擅自中止妊娠侵犯其生育权为由请求损害赔偿的,人民法院不予支持;夫妻双方因是否生育发生纠纷,致使感情确已破裂,一方请求离婚的,人民法院经调解无效,应依照婚姻法第三十二条第三款第(五)项的规定处理。

第十条 夫妻一方婚前签订不动产买卖合同,以个人财产支付首付款并在银行贷款,婚后用夫妻共同财产还贷,不动产登记于首付款支付方名下的,离婚时该不动产由双方协议处理。

依前款规定不能达成协议的,人民法院可以判决该不动产归产权登记一方,尚未归还的贷款为产权登记一方的个人债务。双方婚后共同还贷支付的款项及其相对应财产增值部分,离婚时应根据婚姻法第三十九条第一款规定的原则,由产权登记一方对另一方进行补偿。

第十一条 一方未经另一方同意出售夫妻共同共有的房屋,第三人善意购买、支付合理对价并办理产权登记手续,另一方主张追回该房屋的,人民法院不予支持。

夫妻一方擅自处分共同共有的房屋造成另一方损失,离婚时另一方请求赔偿损失的,人民法院应予支持。

第十二条 婚姻关系存续期间,双方用夫妻共同财产出资购买以一方父母名义参加房改的房屋,产权登记在一方父母名下,离婚时另一方主张按照夫妻共同财产对该房屋进行分割的,人民法院不予支持。购买该房屋时的出资,可以作为债权处理。

第十三条 离婚时夫妻一方尚未退休、不符合领取养老保险金条件,另一方请求按照夫妻共同财产分割养老保险金的,人民法院不予支持;婚后以夫妻共同财产缴付养老保险费,离婚时一方主张将养老金账户中婚姻关系存续期间个人实际缴付部分作为夫妻共同财产分割的,人民法院应予支持。

第十四条 当事人达成的以登记离婚或者到人民法院协议离婚为条件的财产分割协议,如果双方协议离婚未成,一方在离婚诉讼中反悔的,人民法院应当认定该财产分割协议没有生效,并根据实际情况依法对夫妻共同财产进行分割。

第十五条 婚姻关系存续期间,夫妻一方作为继承人依法可以继承的遗产,在继承人之间尚未实际分割,起诉离婚时另一方请求分割的,人民法院应当告知当事人在继承人之间实际分割遗产后另行起诉。

第十六条 夫妻之间订立借款协议,以夫妻共同财产出借给一方从事个人经营活动或用于其他个人事务的,应视为双方约定处分夫妻共同财产的行为,离婚时可按照借款协议的约定处理。

第十七条 夫妻双方均有婚姻法第四十六条规定的过错情形,一方或者双方向对方提出离婚损害赔偿请求的,人民法院不予支持。

第十八条 离婚后,一方以尚有夫妻共同财产未处理为由向人民法院起诉请求分割的,经审查该财产确属离婚时未涉及的夫妻共同财产,人民法院应当依法予以分割。

第十九条 本解释施行后,最高人民法院此前作出的相关司法解释与本解释相抵触的,以本解释为准。

中华人民共和国继承法

1985年4月10日第六届全国人民代表大会第三次会议通过 1985年4月10日中华人民共和国主席令第二十四号公布 自1985年10月1日起施行

目 录

第一章 总 则

第一条 【立法目的】根据《中华人民共和国宪法》规定，为保护公民的私有财产的继承权，制定本法。

第二条 【继承的开始】继承从被继承人死亡时开始。

第三条 【遗产范围】遗产是公民死亡时遗留的个人合法财产，包括：

（一）公民的收入；

（二）公民的房屋、储蓄和生活用品；

（三）公民的林木、牲畜和家禽；

（四）公民的文物、图书资料；

（五）法律允许公民所有的生产资料；

（六）公民的著作权、专利权中的财产权利；

（七）公民的其他合法财产。

第四条 【承包关系与继承】个人承包应得的个人收益，依照本法规定继承。个人承包，依照法律允许由继承人继续承包的，按照承包合同办理。

第五条 【继承方式】继承开始后,按照法定继承办理;有遗嘱的,按照遗嘱继承或者遗赠办理;有遗赠扶养协议的,按照协议办理。

第六条 【无行为能力人、限制行为能力人继承权、受遗赠权的行使】无行为能力人的继承权、受遗赠权,由他的法定代理人代为行使。

限制行为能力人的继承权、受遗赠权,由他的法定代理人代为行使,或者征得法定代理人同意后行使。

第七条 【继承权的丧失】继承人有下列行为之一的,丧失继承权:

(一) 故意杀害被继承人的;

(二) 为争夺遗产而杀害其他继承人的;

(三) 遗弃被继承人的,或者虐待被继承人情节严重的;

(四) 伪造、篡改或者销毁遗嘱,情节严重的。

第八条 【诉讼时效】继承权纠纷提起诉讼的期限为二年,自继承人知道或者应当知道其权利被侵犯之日起计算。但是,自继承开始之日起超过二十年的,不得再提起诉讼。

第二章 法定继承

第九条 【男女平等原则】继承权男女平等。

第十条 【继承人范围及继承顺序】遗产按照下列顺序继承:

第一顺序:配偶、子女、父母。

第二顺序:兄弟姐妹、祖父母、外祖父母。

继承开始后,由第一顺序继承人继承,第二顺序继承人不继承。没有第一顺序继承人继承的,由第二顺序继承人继承。

本法所说的子女,包括婚生子女、非婚生子女、养子女和有扶养关系的继子女。

本法所说的父母,包括生父母、养父母和有扶养关系的继父母。

本法所说的兄弟姐妹,包括同父母的兄弟姐妹、同父异母或者同母异父的兄弟姐妹、养兄弟姐妹、有扶养关系的继兄弟姐妹。

第十一条 【代位继承】被继承人的子女先于被继承人死亡的,由被继承人的子女的晚辈直系血亲代位继承。代位继承人一般只能继承他的父亲或者母亲有权继承的遗产份额。

第十二条 【丧偶儿媳、女婿的继承权】丧偶儿媳对公、婆,丧偶女婿对岳父、岳母,尽了主要赡养义务的,作为第一顺序继承人。

第十三条 【遗产分配】同一顺序继承人继承遗产的份额,一般应当均等。

对生活有特殊困难的缺乏劳动能力的继承人,分配遗产时,应当予以照顾。

对被继承人尽了主要扶养义务或者与被继承人共同生活的继承人,分配遗产时,可以多分。

有扶养能力和有扶养条件的继承人,不尽扶养义务的,分配遗产时,应当不分或者少分。

继承人协商同意的,也可以不均等。

第十四条 【酌情分得遗产权】对继承人以外的依靠被继承人扶养的缺乏劳动能力又没有生活来源的人,或者继承人以外的对被继承人扶养较多的人,可以分配给他们适当的遗产。

第十五条 【继承解决方式】继承人应当本着互谅互让、和睦团结的精神,协商处理继承问题。遗产分割的时间、办法和份额,由继承人协商确定。协商不成的,可以由人民调解委员会调解或者向人民法院提起诉讼。

第三章 遗嘱继承和遗赠

第十六条 【遗嘱与遗赠的一般规定】公民可以依照本法规定立遗嘱处分个人财产,并可以指定遗嘱执行人。

公民可以立遗嘱将个人财产指定由法定继承人的一人或者数人继承。

公民可以立遗嘱将个人财产赠给国家、集体或者法定继承人以外的人。

第十七条 【遗嘱的形式】公证遗嘱由遗嘱人经公证机关办理。

自书遗嘱由遗嘱人亲笔书写,签名,注明年、月、日。

代书遗嘱应当有两个以上见证人在场见证,由其中一人代书,注明年、月、日,并由代书人、其他见证人和遗嘱人签名。

以录音形式立的遗嘱,应当有两个以上见证人在场见证。

遗嘱人在危急情况下,可以立口头遗嘱。口头遗嘱应当有两个以上见证人在场见证。危急情况解除后,遗嘱人能够用书面或者录音形式立遗嘱的,所立的口头遗嘱无效。

第十八条 【遗嘱见证人】下列人员不能作为遗嘱见证人:

(一) 无行为能力人、限制行为能力人;

(二) 继承人、受遗赠人;

(三) 与继承人、受遗赠人有利害关系的人。

第十九条 【特留份规定】遗嘱应当对缺乏劳动能力又没有生活来源的继承人保留必要的遗产份额。

第二十条 【遗嘱的撤销、变更】遗嘱人可以撤销、变更自己所立的遗嘱。

立有数份遗嘱,内容相抵触的,以最后的遗嘱为准。

自书、代书、录音、口头遗嘱,不得撤销、变更公证遗嘱。

第二十一条 【附义务的遗嘱】遗嘱继承或者遗赠附有义务的,继承人或者受遗赠人应当履行义务。没有正当理由不履行义务的,经有关单位或者个人请求,人民法院可以取消他接受遗产的权利。

第二十二条　【遗嘱的无效】无行为能力人或者限制行为能力人所立的遗嘱无效。

遗嘱必须表示遗嘱人的真实意思,受胁迫、欺骗所立的遗嘱无效。

伪造的遗嘱无效。

遗嘱被篡改的,篡改的内容无效。

第四章　遗产的处理

第二十三条　【继承开始的通知】继承开始后,知道被继承人死亡的继承人应当及时通知其他继承人和遗嘱执行人。继承人中无人知道被继承人死亡或者知道被继承人死亡而不能通知的,由被继承人生前所在单位或者住所地的居民委员会、村民委员会负责通知。

第二十四条　【遗产的保管】存有遗产的人,应当妥善保管遗产,任何人不得侵吞或者争抢。

第二十五条　【继承和遗赠的接受和放弃】继承开始后,继承人放弃继承的,应当在遗产处理前,作出放弃继承的表示。没有表示的,视为接受继承。

受遗赠人应当在知道受遗赠后两个月内,作出接受或者放弃受遗赠的表示。到期没有表示的,视为放弃受遗赠。

第二十六条　【遗产的认定】夫妻在婚姻关系存续期间所得的共同所有的财产,除有约定的以外,如果分割遗产,应当先将共同所有的财产的一半分出为配偶所有,其余的为被继承人的遗产。

遗产在家庭共有财产之中的,遗产分割时,应当先分出他人的财产。

第二十七条　【法定继承的适用范围】有下列情形之一的,遗产中的有关部分按照法定继承办理:

(一)遗嘱继承人放弃继承或者受遗赠人放弃受遗赠的;

(二)遗嘱继承人丧失继承权的;

(三)遗嘱继承人、受遗赠人先于遗嘱人死亡的;

(四)遗嘱无效部分所涉及的遗产;

(五)遗嘱未处分的遗产。

第二十八条　【胎儿的预留份】遗产分割时,应当保留胎儿的继承份额。胎儿出生时是死体的,保留的份额按照法定继承办理。

第二十九条　【遗产分割的规则和方法】遗产分割应当有利于生产和生活需要,不损害遗产的效用。

不宜分割的遗产,可以采取折价、适当补偿或者共有等方法处理。

第三十条　【再婚时对所继承遗产的处分权】夫妻一方死亡后另一方再婚的,

有权处分所继承的财产，任何人不得干涉。

第三十一条 【遗赠扶养协议】公民可以与扶养人签订遗赠扶养协议。按照协议，扶养人承担该公民生养死葬的义务，享有受遗赠的权利。

公民可以与集体所有制组织签订遗赠扶养协议。按照协议，集体所有制组织承担该公民生养死葬的义务，享有受遗赠的权利。

第三十二条 【无人继承遗产的处理】无人继承又无人受遗赠的遗产，归国家所有；死者生前是集体所有制组织成员的，归所在集体所有制组织所有。

第三十三条 【继承遗产与清偿债务】继承遗产应当清偿被继承人依法应当缴纳的税款和债务，缴纳税款和清偿债务以他的遗产实际价值为限。超过遗产实际价值部分，继承人自愿偿还的不在此限。

继承人放弃继承的，对被继承人依法应当缴纳的税款和债务可以不负偿还责任。

第三十四条 【遗赠与债务清偿】执行遗赠不得妨碍清偿遗赠人依法应当缴纳的税款和债务。

第五章 附 则

第三十五条 【民族自治地方的变通或补充规定】民族自治地方的人民代表大会可以根据本法的原则，结合当地民族财产继承的具体情况，制定变通的或者补充的规定。自治区的规定，报全国人民代表大会常务委员会备案。自治州、自治县的规定，报省或者自治区的人民代表大会常务委员会批准后生效，并报全国人民代表大会常务委员会备案。

第三十六条 【涉外继承】中国公民继承在中华人民共和国境外的遗产或者继承在中华人民共和国境内的外国人的遗产，动产适用被继承人住所地法律，不动产适用不动产所在地法律。

外国人继承在中华人民共和国境内的遗产或者继承在中华人民共和国境外的中国公民的遗产，动产适用被继承人住所地法律，不动产适用不动产所在地法律。

中华人民共和国与外国订有条约、协定的，按照条约、协定办理。

第三十七条 【生效日期】本法自一九八五年十月一日起施行。

最高人民法院关于贯彻执行《中华人民共和国继承法》若干问题的意见

（1985年9月11日）

第六届全国人民代表大会第三次会议通过的《中华人民共和国继承法》，是我国公民处理继承问题的准则，是人民法院正确、及时审理继承案件的依据。人民法院贯彻执行继承法，要根据社会主义的法制原则，坚持继承权男女平等，贯彻互相扶助和权利义务相一致的精神，依法保护公民的私有财产的继承权。

为了正确贯彻执行继承法，我们根据继承法的有关规定和审判实践经验，对审理继承案件中具体适用继承法的一些问题，提出以下意见，供各级人民法院在审理继承案件时试行。

一、关于总则部分

1. 继承从被继承人生理死亡或被宣告死亡时开始。

失踪人被宣告死亡的，以法院判决中确定的失踪人的死亡日期，为继承开始的时间。

2. 相互有继承关系的几个人在同一事件中死亡，如不能确定死亡先后时间的，推定没有继承人的人先死亡。死亡人各自都有继承人的，如几个死亡人辈份不同，推定长辈先死亡；几个死亡人辈份相同，推定同时死亡，彼此不发生继承，由他们各自的继承人分别继承。

3. 公民可继承的其他合法财产包括有价证券和履行标的为财物的债权等。

4. 承包人死亡时尚未取得承包收益的，可把死者生前对承包所投入的资金和所付出的劳动及其增值和孳息，由发包单位或者接续承包合同的人合理折价、补偿。其价额作为遗产。

5. 被继承人生前与他人订有遗赠扶养协议，同时又立有遗嘱的，继承开始后，如果遗赠扶养协议与遗嘱没有抵触，遗产分别按协议和遗嘱处理；如果有抵触，按协议处理，与协议抵触的遗嘱全部或部分无效。

6. 遗嘱继承人依遗嘱取得遗产后，仍有权依继承法第十三条的规定取得遗嘱未处分的遗产。

7. 不满六周岁的儿童、精神病患者,应当认定其为无行为能力人。

已满六周岁,不满十八周岁的未成年人,应当认定其为限制行为能力人。

8. 法定代理人代理被代理人行使继承权、受遗赠权,不得损害被代理人的利益。法定代理人一般不能代理被代理人放弃继承权,受遗赠权。明显损害被代理人利益的,应认定其代理行为无效。

9. 在遗产继承中,继承人之间因是否丧失继承权发生纠纷,诉讼到人民法院的,由人民法院根据继承法第七条的规定,判决确认其是否丧失继承权。

10. 继承人虐待被继承人情节是否严重,可以从实施虐待行为的时间、手段、后果和社会影响等方面认定。

虐待被继承人情节严重的,不论是否追究刑事责任,均可确认其丧失继承权。

11. 继承人故意杀害被继承人的,不论是既遂还是未遂,均应确认其丧失继承权。

12. 继承人有继承法第七条第(一)项或第(二)项所列之行为,而被继承人以遗嘱将遗产指定由该继承人继承的,可确认遗嘱无效,并按继承法第七条的规定处理。

13. 继承人虐待被继承人情节严重的,或者遗弃被继承人的,如以后确有悔改表现,而且被虐待人、被遗弃人生前又表示宽恕,可不确认其丧失继承权。

14. 继承人伪造、篡改或者销毁遗嘱,侵害了缺乏劳动能力又无生活来源的继承人的利益,并造成其生活困难的,应认定其行为情节严重。

15. 在诉讼时效期间内,因不可抗拒的事由致继承人无法主张继承权利的,人民法院可按中止诉讼时效处理。

16. 继承人在知道自己的权利受到侵犯之日起的二年之内,其遗产继承权纠纷确在人民调解委员会进行调解期间,可按中止诉讼时效处理。

17. 继承人因遗产继承纠纷向人民法院提起诉讼,诉讼时效即为中断。

18. 自继承开始之日起的第十八年至第二十年期间内,继承人才知道自己的权利被侵犯的,其提起诉讼的权利,应当在继承开始之日起的二十年之内行使,超过二十年的,不得再行提起诉讼。

二、关于法定继承部分

19. 被收养人对养父母尽了赡养义务,同时又对生父母扶养较多的,除可依继承法第十条的规定继承养父母的遗产外,还可依继承法第十四条的规定分得生父母的适当的遗产。

20. 在旧社会形成的一夫多妻家庭中,子女与生母以外的父亲的其他配偶之间形成抚养关系的,互有继承权。

21. 继子女继承了继父母遗产的,不影响其继承生父母的遗产。

继父母继承了继子女遗产的,不影响其继承生子女的遗产。

22. 养祖父母与养孙子女的关系,视为养父母与养子女关系的,可互为第一顺序继承人。

23. 养子女与生子女之间、养子女与养子女之间，系养兄弟姐妹，可互为第二顺序继承人。

被收养人与其亲兄弟姐妹之间的权利义务关系，因收养关系的成立而消除，不能互为第二顺序继承人。

24. 继兄弟姐妹之间的继承权，因继兄弟姐妹之间的扶养关系而发生。没有扶养关系的，不能互为第二顺序继承人。

继兄弟姐妹之间相互继承了遗产的，不影响其继承亲兄弟姐妹的遗产。

25. 被继承人的孙子女、外孙子女、曾孙子女、外曾孙子女都可以代位继承，代位继承人不受辈数的限制。

26. 被继承人的养子女、已形成扶养关系的继子女的生子女可代位继承；被继承人亲生子女的养子女可代位继承；被继承人养子女的养子女可代位继承；与被继承人已形成扶养关系的继子女的养子女也可以代位继承。

27. 代位继承人缺乏劳动能力又没有生活来源，或者对被继承人尽过主要赡养义务的，分配遗产时，可以多分。

28. 继承人丧失继承权的，其晚辈直系血亲不得代位继承。如该代位继承人缺乏劳动能力又没有生活来源，或对被继承人尽赡养义务较多的，可适当分给遗产。

29. 丧偶儿媳对公婆、丧偶女婿对岳父、岳母，无论其是否再婚，依继承法第十二条规定作为第一顺序继承人时，不影响其子女代位继承。

30. 对被继承人生活提供了主要经济来源，或在劳务等方面给予了主要扶助的，应当认定其尽了主要赡养义务或主要扶养义务。

31. 依继承法第十四条规定可以分给适当遗产的人，分给他们遗产时，按具体情况可多于或少于继承人。

32. 依继承法第十四条规定可以分给适当遗产的人，在其依法取得被继承人遗产的权利受到侵犯时，本人有权以独立的诉讼主体的资格向人民法院提起诉讼。但在遗产分割时，明知而未提出请求的，一般不予受理；不知而未提出请求，在二年以内起诉的，应予受理。

33. 继承人有扶养能力和扶养条件，愿意尽扶养义务，但被继承人因有固定收入和劳动能力，明确表示不要求其扶养的，分配遗产时，一般不应因此而影响其继承份额。

34. 有扶养能力和扶养条件的继承人虽然与被继承人共同生活，但对需要扶养的被继承人不尽扶养义务，分配遗产时，可以少分或者不分。

三、关于遗嘱继承部分

35. 继承法实施前订立的，形式上稍有欠缺的遗嘱，如内容合法，又有充分证据证明确为遗嘱人真实意思表示的，可以认定遗嘱有效。

36. 继承人、受遗赠人的债权人、债务人，共同经营的合伙人，也应当视为与继承人、受遗赠人有利害关系，不能作为遗嘱的见证人。

37. 遗嘱人未保留缺乏劳动能力又没有生活来源的继承人的遗产份额，遗产处理时，应当为该继承人留下必要的遗产，所剩余的部分，才可参照遗嘱确定的分配原则处理。

继承人是否缺乏劳动能力又没有生活来源，应按遗嘱生效时该继承人的具体情况确定。

38. 遗嘱人以遗嘱处分了属于国家、集体或他人所有的财产，遗嘱的这部分，应认定无效。

39. 遗嘱人生前的行为与遗嘱的意思表示相反，而使遗嘱处分的财产在继承开始前灭失、部分灭失或所有权转移、部分转移的，遗嘱视为被撤销或部分被撤销。

40. 公民在遗书中涉及死后个人财产处分的内容，确为死者真实意思的表示，有本人签名并注明了年、月、日，又无相反证据的，可按自书遗嘱对待。

41. 遗嘱人立遗嘱时必须有行为能力。无行为能力人所立的遗嘱，即使其本人后来有了行为能力，仍属无效遗嘱。遗嘱人立遗嘱时有行为能力，后来丧失了行为能力，不影响遗嘱的效力。

42. 遗嘱人以不同形式立有数份内容相抵触的遗嘱，其中有公证遗嘱的，以最后所立公证遗嘱为准；没有公证遗嘱的，以最后所立的遗嘱为准。

43. 附义务的遗嘱继承或遗赠，如义务能够履行，而继承人、受遗赠人无正当理由不履行，经受益人或其他继承人请求，人民法院可以取消他接受附义务那部分遗产的权利，由提出请求的继承人或受益人负责按遗嘱人的意愿履行义务，接受遗产。

四、关于遗产的处理部分

44. 人民法院在审理继承案件时，如果知道有继承人而无法通知的，分割遗产时，要保留其应继承的遗产，并确定该遗产的保管人或保管单位。

45. 应当为胎儿保留的遗产份额没有保留的应从继承人所继承的遗产中扣回。

为胎儿保留的遗产份额，如胎儿出生后死亡的，由其继承人继承；如胎儿出生时就是死体的，由被继承人的继承人继承。

46. 继承人因放弃继承权，致其不能履行法定义务的，放弃继承权的行为无效。

47. 继承人放弃继承应当以书面形式向其他继承人表示。用口头方式表示放弃继承，本人承认，或有其他充分证据证明的，也应当认定其有效。

48. 在诉讼中，继承人向人民法院以口头方式表示放弃继承的，要制作笔录，由放弃继承的人签名。

49. 继承人放弃继承的意思表示,应当在继承开始后、遗产分割前作出。遗产分割后表示放弃的不再是继承权,而是所有权。

50. 遗产处理前或在诉讼进行中,继承人对放弃继承翻悔的,由人民法院根据其提出的具体理由,决定是否承认。遗产处理后,继承人对放弃继承翻悔的,不予承认。

51. 放弃继承的效力,追溯到继承开始的时间。

52. 继承开始后,继承人没有表示放弃继承,并于遗产分割前死亡的,其继承遗产的权利转移给他的合法继承人。

53. 继承开始后,受遗赠人表示接受遗赠,并于遗产分割前死亡的,其接受遗赠的权利转移给他的继承人。

54. 由国家或集体组织供给生活费用的烈属和享受社会救济的城市居民,其遗产仍应准许合法继承人继承。

55. 集体组织对"五保户"实行"五保"时,双方有扶养协议的,按协议处理;没有扶养协议,死者有遗嘱继承人或法定继承人要求继承的,按遗嘱继承或法定继承处理,但集体组织有权要求扣回"五保"费用。

56. 扶养人或集体组织与公民订有遗赠扶养协议,扶养人或集体组织无正当理由不履行,致协议解除的,不能享有受遗赠的权利,其支付的供养费用一般不予补偿;遗赠人无正当理由不履行,致协议解除的,则应偿还扶养人或集体组织已支付的供养费用。

57. 遗产因无人继承收归国家或集体组织所有时,按继承法第十四条规定可以分给遗产的人提出取得遗产的要求,人民法院应视情况适当分给遗产。

58. 人民法院在分割遗产中的房屋、生产资料和特定职业所需要的财产时,应依据有利于发挥其使用效益和继承人的实际需要,兼顾各继承人的利益进行处理。

59. 人民法院对故意隐匿、侵吞或争抢遗产的继承人,可以酌情减少其应继承的遗产。

60. 继承诉讼开始后,如继承人、受遗赠人中有既不愿参加诉讼,又不表示放弃实体权利的,应追加为共同原告;已明确表示放弃继承的,不再列为当事人。

61. 继承人中有缺乏劳动能力又没有生活来源的人,即使遗产不足清偿债务,也应为其保留适当遗产,然后再按继承法第三十三条和民事诉讼法第一百八十条的规定清偿债务。

62. 遗产已被分割而未清偿债务时,如有法定继承又有遗嘱继承和遗赠的,首先由法定继承人用其所得遗产清偿债务;不足清偿时,剩余的债务由遗嘱继承人和受遗赠人按比例用所得遗产偿还;如果只有遗嘱继承和遗赠的,由遗嘱继承人和受遗赠人按比例用所得遗产偿还。

五、关于附则部分

63. 涉外继承,遗产为动产的,适用被继承人住所地法律,即适用被继承人生前最后住所地国家的法律。

64. 继承法实行前,人民法院已经审结的继承案件,继承法施行后,按审判监督程序提起再审的,适用审结时的有关政策、法律。

人民法院对继承法生效前已经受理,生效时尚未审结的继承案件,适用继承法。但不得再以超过诉讼时效为由驳回起诉。